中国铁路设计集团有限公司年鉴2020

中国铁路设计集团有限公司 编

CRDC

图书在版编目（CIP）数据

中国铁路设计集团有限公司年鉴. 2020 / 中国铁路设计集团有限公司编. -- 天津 : 天津大学出版社, 2021.8

ISBN 978-7-5618-7018-1

Ⅰ. ①中… Ⅱ. ①中… Ⅲ. ①铁路企业－企业集团－中国－2020－年鉴 Ⅳ. ①F532.6-54

中国版本图书馆CIP数据核字(2021)第162974号

Zhongguo Tielu Sheji Jituan Youxian Gongsi Nianjian 2020

出版发行	天津大学出版社
地　　址	天津市卫津路92号天津大学内（邮编：300072）
电　　话	发行部：022－27403647
网　　址	www.tjupress.com.cn
印　　刷	天津三苑印刷有限公司
经　　销	全国各地新华书店
开　　本	185mm×260mm
印　　张	30.75
字　　数	868千
版　　次	2021年8月第1版
印　　次	2021年8月第1次
定　　价	180.00元

《中国铁路设计集团有限公司年鉴 2020》
编写委员会

编写委员会委员

编辑说明

《中国铁路设计集团有限公司年鉴》（简称《集团公司年鉴》）是一系列综合性资料工具书。对内，为集团公司各级领导干部以及各单位、各部门提供翔实可靠的历史资料和现实依据，为企业发展改革、生产经营、转型升级服务。对外，是宣传集团公司，让外界了解集团公司的权威资料。其具有可追溯性、连续性和现实性。

《集团公司年鉴（2020）》，是自《铁三院年鉴》1997 年首次出版以来的第 24 部年鉴。该年鉴全面系统地记载了 2019 年集团公司以习近平新时代中国特色社会主义思想为指引，深入开展“不忘初心、牢记使命”主题教育，深化“强基达标、提质增效”工作主题，坚持以生产经营为中心，以确保工程质量安全为重点，以建设工程产业集团为目标，强化战略管理及体制机制建设，拓展经营领域，推进科技创新，加强人才培养和文化引领，在设计咨询、勘测勘探、工程承包、生产经营、转型升级、党群工作以及构建和谐企业等方面的基本情况和业绩。

本年鉴采用分类编辑法，框架结构按类目、分目、条目三个层次展开，以条目为基本内容和主要表现形式。全书设 14 个类目、65 个分目、527 个条目。

本年鉴依据集团公司年鉴结构模式修订和编辑。所采用的稿件、资料、图片等，均由集团公司所属各单位、机关各部门提供，经本单位、部门主管领导阅签后报集团公司，再经年鉴编辑部编辑汇总，副主编审改，主编审定。为保证年鉴质量，除坚持层层负责、逐级审核外，各供稿单位、部门负责人均为编委会委员，每个类目的文尾均署有供稿人姓名。

衷心感谢集团公司各级领导和撰稿人、资料图片提供者、排版印刷人员以及出版社审校人员对本年鉴出版给予的大力支持。由于编者水平有限，不妥之处，敬请批评指正。

《中国铁路设计集团有限公司年鉴 2020》编委会

2020 年 12 月

目　录

专　文

大事记

·中国铁路设计集团有限公司·
·2019年大事记·

概况

·中国铁路设计集团有限公司简介·

·组织机构·

发展改革

·机构改革·

·发展规划·

·公司治理及制度建设·

科研项目

·获奖科研项目·

·新开科研项目·

·结题科研项目·

主要工程项目

·工程总承包项目·

·铁路勘察设计项目·

·城轨项目·

·境外项目·

·公路市政项目·

职能管理

·办公室·

·企法部·

·发展部·

·科技部（全质办）·

·人资部·

·财务部·

·审计部·

·生产经营中心·

·质量安全中心·

·离退休部·

党群工作

·集团公司党委·

·党办·

·宣传部·

·组织部·

·纪委（监察处）·

·工会·

·团委·

·机关党委·

直属单位

·实验室·

·信息化院·

·线站院·

·土建院·

·工经院·

·运规院·

·建筑院·

·电化电信院·

·机环院·

·地勘院·

·测绘院·

·总包事业部·

·海外事业部·

·城交事业部·

·公路事业部·

·资产事业部·

·上海分公司·

·华南分公司·

·江苏分公司·

·西南分公司·

子公司

·铁三院公司·

·监理公司·

·产业化公司·

·沈阳公司·

·内蒙古公司·

·吉林公司·

学会协会

·铁道学会·

·集团公司体协·

·集团公司老科协·

·集团公司关工委·

人　物

·领导干部名册·

·人才榜·

·光荣榜·

统计资料

附　录

专　　文

专　文
大事记
概况
发展改革
科研项目
主要工程项目
职能管理
党群工作
直属单位
子公司
学会协会
人物
统计资料
附录

CRDC

专 文

深入解放思想　勇于担当作为
为推进集团公司高质量发展提供坚强保障

——在中国铁设 2019 年工作会议上的报告

（2019 年 1 月 22 日）

刘 为 群

同志们：

这次会议的主要任务：以习近平新时代中国特色社会主义思想为指导，深入学习贯彻党的十九大和十九届二中、三中全会精神，认真落实总公司工作会议部署，总结集团公司2018年工作，分析面临的形势，部署2019年工作，动员全体干部职工统一思想、开拓创新，确保全面完成今年各项任务。

一、2018年主要工作总结

2018年是极不平凡的一年，集团公司各级党组织深入学习贯彻习近平新时代中国特色社会主义思想和党的十九大精神，认真落实中央和总公司党组决策部署，聚焦总公司交通强国、铁路先行历史使命和集团公司转型发展建设工程产业集团规划目标，坚持全面从严治党，调动广大党员、干部和职工的积极性、主动性、创造性，全年新签合同额786.4亿元，营业收入141.65亿元，利润13.98亿元，取得了历史性的成绩，实现了跨越式发展。

（一）用党的最新理论成果武装党员干部头脑

把学习贯彻习近平新时代中国特色社会主义思想、党的十九大精神和习近平总书记系列重要讲话、对铁路的重要指示批示精神，作为践行“两个维护”的最高政治原则和最根本的政治纪律，把总公司党组的重大决策部署作为重要学习内容，积极开展专题学习研讨。集团公司中心组全年集中学习研讨44次，其中围绕党的十九大精神开展了6个专题的学习研讨。坚持读原著、学原文、悟原理，并与推进新时代铁路改革发展和党的建设联系起来，与贯彻交通强国、铁路先行目标任务联系起来，与深化强基达标、提质增效工作主题联系起来，与领导干部思想和工作实际联系起来，切实提高了学习研讨质量。坚持把政治建设摆在首位，教育引导党员干部牢固树立“四个意识”，坚定“四个自信”，坚决做到“两个维护”，严守党的政治纪律和政治规矩，提升政治能力，提高政治站位。结合学习十九大精神和集团公司转型发展、推进工程总承包等形势任务需要，在总公司党校组织两期处级领导人员集中轮训，确保全员覆盖。创新学习培训方式和载体，采取中心组联学、邀请中央党校专家授课、党支部书记实务工作展示交流、分组研讨和汇报等多种形式，确保学习实效。

（二）坚决贯彻落实总公司党组重要决策部署

集团公司党委把积极服务国家战略决策部署、贯彻落实总公司工作会议精神要求作为各级党组织工作的出发点、落脚点，扎实推进各项重点工作，确保发挥党委把方向、管大局、保落实的领导作用。贯彻“高起点、高标准、高质量”要求，积极参与川藏铁路地勘监理、设计咨询、科技研发等工作；服务“货运增量行动”、京津冀协调发展和长江经济带发展，深入研究京津冀、长三角等地区大宗货物运输方案，加快推进专用线项目；落实总公司扶贫攻坚三年规划要求，确保交通扶贫“双百工程”项目深入开展；服务“一带一路”建设，雅万高铁、泰国铁路、匈塞铁路等项目进展顺利；深化精品智能客站建设，强化课题研发和成果运用，做好雄安、丰台、星火等大型客站工作；统筹资源，全力完成京雄、哈牡、济青、蒙华以及深圳、天津地铁等重点项目的勘察设计和配合施工工作；盐通、杭绍台、克塔等项目有序推进，主数据中心项目当年开工当年建成，中标昌景黄、汕汕铁路先开段并实现开工目标，总承包业务对集团公司发展作出了重大贡献。

（三）领导班子和干部人才队伍建设取得显著成效

抓好领导干部接续培养，建立、完善领导干部储备人员库，探索构建“从室所到项目、从项目到院、从院到集团公司”的干部培养链条。推进领导人员岗位交流，积极引导优秀干部向集团公司战略发展需要的总承包、海外、产业化等复杂、艰苦领域流动，选派高素质员工到地方政府、项目一线挂职锻炼。动态调整优化领导班子结构，提升领导班子能力和专业化水平，全年优化调整领导班子17个。坚持事业为上选拔任用干部，突出政治标准，把好政治关、品行关、廉洁关，培养选拔具有政治素养、专业能力、专业精神，积极服务集团公司转型发展的好干部。全年完成干部任免67人次，其中处级干部提拔9人，调整53人次，免职5人。加大领导班子和领导人员考核力度，不断完善考核制度，进一步健全激励约束机制。坚持从严管理监督领导人员，探索领导人员“能下”途径，结合定期调研考核结果，对2名不能胜任岗位要求的干部进行组织调整。从严管理领导人员兼职。大力培养高素质人才队伍，认真做好专家推荐工作，制定高端专家培养措施，落实专家工作室机制。5人入选总公司“百千万人才工程”专业领军人物，13人入选专业带头人；1人入选2017年度中国科协“青年人才托举工程”；1人当选2018年天津市有突出贡献专家。

（四）基层党组织和党员队伍建设深入推进

推动党委领导作用组织化、制度化、具体化，把党的领导全过程地体现和落实到集团公司改革发展的各个方面。贯彻落实总公司党组新要求，修订《中国铁设决策“三重一大”事项实施细则》，明确党委会先行研究讨论重大事项程序和党委会、董事会、经理层研究决策重大事项清单。印发《中国铁设党委会工作细则》，督导所属单位制定党委会工作细则，明确党委会组成、职责、组织原则。制定下发《健全落实各生产单位领导班子工作机制的指导意见》，指导各生产单位健全、完善相关制度体系。开展党组织按期换届工作，做到“应换尽换”。认真落实党委书记抓党建职责清单，压实党委书记履行党建工作第一责任人的责任，牵动落实党委主体责任。常态化、制度化推进“两学一做”学习教育，认真组织实施“三会一课”质量年，扎实推进境外党建工作。加强基层党支部书记队伍建设，提高素质和能力。加强党员教育管理，做实创岗建区工作，推动党建工作责任制贯通到底。把政治标准放在首位，认真落实发展党员计划，提高发展党员质量，把优秀人才培养成党员。创新和改进党内活动方式，开展好党内主题实践活动。配合做好总公司督导检查工作，对反馈问题举一反三，及时进行整改。推进集团公司党费管理工作规范化。

（五）党风廉政建设和反腐败斗争不断引向深入

集团公司党委与14个中层单位党委、中层单位党委与各党支部层层签订党风廉政建设责任书，结合干部考核对生产单位党风廉政建设责任制进行检查，形成一级抓一级、层层抓落实的工作格局。召开集团公司党风廉政建设专题分析会，建立正处职领导干部落实党风廉政建设主体责任、纪委书记落实监督责任月报告制度，有效压实“两个责任”。推进党员领导干部廉政档案建设，初步建成处级和正科级干部电子廉政档案系统。高度重视信访举报，认真梳理问题线索，严肃查处违反“六项纪律”和八项规定精神的问题。全年共受理信访举报14件，给予企业纪律处分10人，组织处理10人。完成3个单位的巡查工作和4个单位的巡查“回头看”工作。围绕风险债权专项清理、巡视整改和配合国家审计工作开展监督工作。围绕形式主义、官僚主义方面存在的突出问题进行调研并督促整改。建立总承包业务廉政风险防控制度。转发上级纪检监察组织大量案例通报，在重大节假日前及时下发通知，提醒和要求严格执行八项规定，进一步增强党员干部的纪律规矩意识。

（六）宣传思想文化工作的正面导向作用不断加强

依托《铁三院简讯》、“中国铁设”微信公众号、手机报等平台，认真开展内部宣传，营造积极向上的舆论氛围，统一全体干部职工思想。通过回顾集团公司改革开放40年来发生的巨大变化和取得的丰硕成果，增强干部职工对未来的信心。广泛开展“不忘初心、牢记使命、交通强国、铁路先行”宣讲活动，积极培育、选树、宣传先进典型，罗健同志荣获总公司“新时代铁路榜样”提名。结合京津冀一体化交通、京雄铁路、哈佳铁路、济青高铁、铁路主数据中心等重点项目，宣传集团公司在科技创新、项目管理等方面取得的成果，鼓舞干部职工士气。积极开展对外宣传，对外报道发稿105篇，其中中央级报刊台网5篇，《人民铁道》报26篇，进一步提高了集团公司的知名度。加强对雅万高铁、越中友谊宫等境外项目的宣传，助力“一带一路”建设，促进海外业务的发展。坚持发挥新媒体优势，提升新媒体平台宣传效果，“中国铁设”微信公众号的影响力显著增强，成为对外宣传展示企业形象的重要窗口。认真落实《意识形态工作责任制实施意见》，及时把握职工思想动态，加强对海外项目的舆情监控。开展企业文化建设专题研究，积极推进企业文化建设。

（七）群团组织的凝心聚力作用得到充分发挥

围绕强基达标、提质增效工作主题，不断深化“四比四保”劳动竞赛，不断提高业务能力和工作水平。围绕安全工作，以“安康杯”竞赛为载体，不断深化群众性保安全活动，增强职工风险防范意识。围绕人才队伍建设，坚持面向基层，面向生产经营一线，培育、选树反映时代特色、业绩突出的先进典型。集团公司荣获3枚火车头奖章、2个火车头奖杯和1枚天津市“五一劳动奖章”、1个“工人先锋号”称号。加强落实和完善职代会制度，进一步推动司务公开民主管理制度建设。积极开展文体系列活动，丰富职工业余文化生活。

组织文化服务“大篷车”，慰问现场一线职工。不断完善常态化帮扶救助机制，全年慰问困难职工726人次。认真落实职工带薪休假制度。组织召开集团公司工会第一次代表大会，选举产生了新一届工会委员会和经费审查委员会。共青团组织紧抓团干部和团员青年理想信念教育，围绕青年需求服务青年成长成才，广泛开展青年读书学习交流、青年科技创新创效、“四季一竞赛”“青春建功促转型”等主题活动，团结带领广大团员青年积极投身企业转型发展，切实提高了广大青年职工的综合素质和能力。吴梦芹同志光荣当选共青团十八届中央委员会委员，取得历史性突破；1人荣获“全国青年岗位能手”称号，1人荣获“全国优秀共青团干部”称号，1人荣获第十七届“铁路青年五四奖章”，共有18个集体和22名青年获得国家或省部级荣誉。组织召开集团公司第一次团员代表大会，选举产生了新一届共青团委员会。

加强信访维稳工作，积极化解各种矛盾纠纷，离退休、统战、综合治理、女工委、关工委等各项工作也都取得了新的成绩，为集团公司的转型发展创造了和谐稳定的局面。

总之，2018年是集团公司转型发展的第一年，面对复杂的外部环境和繁重的工作任务，我们开拓进取、攻坚克难，圆满完成了各项任务，取得了良好成绩，实属不易。

各位代表、同志们！2018年是改革开放40周年，今天我们所取得的重大成就，得益于40年来共和国改革开放的伟大实践，得益于中国铁路快速发展的大好局面，同时也是几代中国铁设人接续奋斗的丰硕成果。40年来，我们立足铁路事业发展大局，坚定不移地跟党走，努力奔跑，砥砺前行，谱写了改革发展的壮丽诗篇。40年来，我们深化体制机制改革，由事业单位逐步发展建设成为集团有限公司，冠名“中国铁路”，担负起更加光荣的历史使命。40年来，我们不断拓展业务领域，由铁路单一业务，逐步向纵向一体化和相关多元化深入推进，收入规模从依靠事业拨款跃升为百亿级。40年来，党的建设和宣传思想文化工作不断加强，为集团公司改革发展提供了强有力的政治保证、思想保证和组织保证。历史证明，在党中央和总公司党组的坚强领导下，集团公司每一次重大变革都为企业发展带来了新的生机与活力。回顾40年来的改革实践成就，展望新时代美好明天，我们更加坚定了实现高质量发展、建设工程产业集团的信心与决心。

借此机会，我代表集团公司党委向辛勤付出、默默奉献的广大党员、干部职工及其家属、全体离退休老同志表示崇高的敬意和衷心的感谢！

二、集团公司党的建设面临的形势任务

2019年，是中华人民共和国成立70周年，是决胜全面建成小康社会的关键年，也是铁路改革发展和集团公司转型发展的关键年。面对新时代、新使命对集团公司党的建设提出的新要求、新目标，各级党组织要加强形势任务宣讲，凝聚力量，担当作为，狠抓落实，实现集团公司高质量发展。

（一）实现交通强国、铁路先行历史使命和集团公司发展目标，必须进一步增强大局意识和担当奋斗精神

党的十九大提出了建设交通强国的目标要求。习近平总书记对铁路工作多次作出重要指示批示，充分体现了总书记对铁路工作的关心，为铁路工作发展指明了方向。总公司党组主动把握铁路企业发展定位，鲜明地提出了交通强国、铁路先行历史使命，并确定了“三个世界领先”“三个进一步提升”的目标任务。集团公司在铁路事业全局中肩负着重要责任和使命，要找准自身的历史方位，自觉把发展重点放在总公司工作大局中来定位，为总公司改革发展、铁路建设、科技创新、“走出去”提供支持、承担重任。

实现集团公司发展目标，迫切需要增强大局意识。回顾中国铁设发展历程，我们之所以能够从当初一个装备落后、技术跟随、营收体量小的设计单位，发展成为现在装备一流、技术先进的百亿级集团公司，是因为党员、干部职工具有大局意识，起到了关键作用。当前，集团公司全体干部职工肩负着铁路事业发展、集团公司转型升级的重大历史责任，写好这篇大文章，要求我们必须拥有高度自觉的大局意识，从集团公司转型发展的大局看问题，把工作放在是否有利于促进转型发展的大局中思考和把握，坚持单位利益服从集团公司利益、局部利益服从整体利益，牢固树立“一盘棋”思想，做到目标同向、步调一致、统一行动、服从指挥。

实现集团公司发展目标，迫切需要增强担当精神。习近平总书记指出“担当就是责任，好干部必须有责任重于泰山的意识，坚持党的原则第一、党的事业第一、人民利益第一，敢于旗帜鲜明，敢于较真碰硬，对工作任劳任怨、尽心竭力、善始善终、善作善成”。是否具有担当精神，体现着党员干部的先进性。集团公司的干部职工具有关键时期冲得上、顶得住、打得赢的战斗精神，具有坚韧不拔、勇往直前的优秀品质，具有敢担当、能成事的文化基因，要充分倡导和发扬这些优良传统，在集团公司转型发展的关键时期，克服思想认识还不到位、激情减退、工作畏首畏尾、遇事绕着走、不敢拍板、不敢负责的问题，敢于担当、勇于作为，向集团公司第一次党代会提出的战略目标大步前进。

实现集团公司发展目标，迫切需要弘扬奋斗精神。几代中国铁设人传承艰苦奋斗、拼搏奉献精神，创造出多项中国铁路勘察设计史上的第一，取得了可圈可点的业绩。新时代是奋斗者的时代，高质量发展不是等来的、喊来的。奋斗要成为我们各级领导干部的鲜明特质，坚决防止歇歇脚、喘口气的想法。船到中流浪更急，人到半山路更陡，愈进愈难，愈行愈险，愈要使出更大的气力，一刻也不能松懈，始终保持向前进发的态势。集团公司迫切需要广大党员干部接力奋斗、共同奋斗、艰苦奋斗，不畏艰难、迎难而上，把握住承担工程总承包、“一带一路”建设项目的历史机遇，坚决防止出现不计成本、铺张浪费的现象，勠力同心、攻坚克难，努力把历史性窗口期转化为改革创新突破期、转型发展黄金期，迈上发展的新台阶。

（二）争创行业标杆企业，必须大力提高干部职工的能力素质

总公司领导十分支持集团公司发展并寄予厚望，希望我们作为总公司唯一勘察设计企业，要建成行业标杆企业。分析我们今后一个时期面临的形势，可以说既有机遇又有挑战，既有压力又有动力，争创行业标杆企业要成为我们的目标导向和价值追求。

争创有条件，我们有最好的外部环境。习近平总书记在中央经济工作会议上明确提出要加快国资国企改革，专门提出加快推动中国铁路总公司股份制改造；国家大力推行工程总承包模式，各地政府积极推动；总公司将深化公司制改革，培育一流企业，将会进一步支持集团公司发展改革，开拓市场；铁路、城市轨道交通等基础设施建设，在今后一个时期仍将保持一定规模。这都给集团公司争创行业标杆企业带来十分有利的外部条件。

争创有基础，我们有优秀的人才队伍和较强的创新能力。经过多年发展，我们在高速铁路、重载铁路、综合交通枢纽、城市轨道交通、新型轨道交通、磁浮交通等领域具有突

出优势，部分技术达到国际先进水平，取得了一批科技创新成果。秦沈客专、京津城际、京沪高速、大秦重载、北京南站等多个项目创造了国内外第一。以大师、省部级专家、各专业技术骨干等为核心的人才队伍初步形成。初步建成了现代企业制度，形成了厚重的企业文化。2018年我们已经迈出了转型升级的重要一步，只要我们坚定信心，发挥自身的优势，就完全有能力奋勇争先，乘风破浪，行稳走远。

争创有挑战，我们还存在不少差距和困难。对标先进企业，我们在体制机制、科技创新、管理水平、激励措施、竞争意识、适应市场等方面还有差距。解放思想、转变观念还远远不够，传统思维定式尚未被打破，小富即安的心理不同程度存在，创新创造动力不足，改革机制体制的决心、转型升级的思想自觉都还不够。

面对机遇与挑战，我们不能沾沾自喜、盲目自大，更不能故步自封、抱残守缺，我们要形成共识，用好优势，转化为行动，统筹改革发展和党的建设两个大局，对标国内外先进企业，定目标、找差距，定措施、补短板，以滚石上山的坚韧，打破制约发展的桎梏，努力争创标杆企业、一流企业。

（三）实现集团公司转型发展，必须转变思想认识、充分调动全体干部职工的积极性

在总公司发展和改革会议上，提出打造一批“上百、过千亿元”的非运输业优势产业集群，对集团公司而言，这是责无旁贷的政治责任和历史使命，是企业发展的愿景目标，是赋予我们的工作任务，也是职工实现美好生活的希望所在。我们要深入分析研究企业形态架构，以及由此带来的管理、科技、人才、信息等体制机制的变革。这是一次自我革命，像我们这样的大型综合性设计企业，没有成功的经验可以借鉴，需要集思广益，充分发挥干部职工的智慧，充分调动全体干部职工的积极性、主动性、创造性。

必须通过广泛深入的宣传思想文化工作，让干部职工充分了解集团公司面临的复杂形势和繁重的工作任务，统一意志，形成合力。通过深入开展“新时代铁路榜样”选树宣传和学习活动，用生动鲜活的人物故事和榜样的力量激发爱国爱路爱企的奋斗精神，在集团公司形成崇尚榜样、学习榜样、争当榜样的浓厚氛围；要加强对职工的关心关怀，把解决思想问题与解决实际问题结合起来，进一步激发职工爱企兴企的责任感；教育引导广大职工把个人理想自觉融入国家发展伟业和集团公司转型发展建设工程产业集团的生动实践，认清形势、凝聚共识、心系企业、无私奉献，做新时代的奋斗者，为集团公司战略转型升级贡献智慧和力量。

（四）实现集团公司转型发展、争创标杆企业的宏伟目标，必须坚持党的领导、加强党的建设、全面从严治党

当前，中国特色社会主义进入新时代，党要团结带领人民进行伟大斗争、建设伟大工程、推进伟大事业、实现伟大梦想，必须毫不动摇坚持党要管党、全面从严治党。我们必须始终坚持党对企业领导这一重大政治原则，扛起管党治党的主体责任，推动全面从严治党向纵深发展。对照党中央和上级要求，对照我们事业所需的干部人才队伍能力素质和精神面貌，我们要清醒地认识到，集团公司党建工作中依然存在亟待解决的问题和不足。各级党组织和党员领导干部要进一步加强政治建设，增强政治意识，提升政治能力，提高政治站位，针对有的班子成员履行“一岗双责”不到位，落实双重组织生活制度、基层联系点制度不扎实；有的单位党建融入中心工作、发挥“把方向、管大局、保落实”作用不佳，与中心工作存在“两张皮”现象；有的单位执行“三重一大”事项集体决策制度不到位，决策程序还不够规范；有的支部党建基础工作薄弱，支部的战斗堡垒作用和党员先锋模范作用发挥不够；有的领导干部干事创业激情减退，担当精神不够；现有的人才队伍还不能满足业务发展的需要；有的领导存在“好人主义”思想，爱惜羽毛，不愿红脸出汗、严抓严管、较真碰硬；个别党员干部纪律规矩意识不强，对全面从严治党的认识还不够深刻，仍然存在违反八项规定精神等问题，要进一步增强责任感、使命感、紧迫感，健全党建工作责任制，深入推进“两学一做”学习教育常态化、制度化，全面加强党的建设，坚持党要管党、从严治党，不断提高党建工作质量和水平。

三、2019 年集团公司党的建设重点工作

今年，集团公司党建工作总体思路：以习近平新时代中国特色社会主义思想为指导，深入学习党的十九大和十九届二中、三中全会精神，贯彻落实总公司工作会议部署，以党的政治建设为统领，统筹推进党的政治建设、思想建设、组织建设、作风建设、纪律建设，把制度建设贯穿其中，深入推进反腐败斗争，不断提高党的建设质量，调动广大党员、干部和职工的积极性、主动性、创造性，争创行业标杆企业，推进集团公司高质量发展，以优异成绩庆祝中华人民共和国成立70周年。

（一）坚持把政治建设放在首位，坚决做到“两个维护”

坚决做到“两个维护”。两级党委要强化政治建设，深入落实《中共中国铁路总公司党组关于贯彻落实〈中共中央政治局关于加强和维护党中央集中统一领导的若干规定〉的实施办法》，组织干部职工深入学习领会习近平总书记系列重要讲话精神和对铁路工作的重要指示批示精神，筑牢“四个意识”，坚定“四个自信”，坚决维护习近平总书记在党中央的核心、全党的核心地位，坚决维护党中央权威和集中统一领导。要认真贯彻落实总公司党组各项工作部署，及时传达学习，精心制定落实措施，加大实施推进力度，及时报告落实情况。

进一步深入学习贯彻习近平新时代中国特色社会主义思想。按照中央和总公司党组统一部署，扎实开展“不忘初心、牢记使命”主题教育。利用“学习强国”平台，及时学习了解党的新思想、新理论、新要求。提高党委中心组学习质量，发挥好“流动党校”和“中国铁设大讲堂”平台作用。精心制定方案，组织开展处级领导人员全覆盖集中轮训。探索建立基层党组织政治学习制度。围绕企业转型发展深入推进重点课题研究工作。

严守党的政治纪律和政治规矩。抓好党章、《中国共产党纪律处分条例》学习教育和经常性警示教育，引导党员自警自律，做到“五个必须”，严防“七个有之”，落实巡视整改责任。严格执行向总公司党组请示报告工作制度和个人重大问题、重要事项请示报告等制度。加强对违反政治纪律和政治规矩行为的检查监督问责。

严肃党内政治生活。按总公司党组统一部署，以整风精神开好2018年度集团公司和处级领导班子民主生活会，从严从实组织完成党支部组织生活会和民主评议党员工作。认真组织好各级党组织书记抓党建工作述职评议考核工作。注重党员领导干部参加双重组织生活、“三会一课”、民主生活会、落实民主集中制等党内政治生活质量，坚持和完善新党员入党宣誓、重温入党誓词等政治仪式，引导党员干部继承发扬党的光荣传统。

（二）发挥集团公司党委领导作用，努力践行总公司交通强国、铁路先行历史使命

做好重点项目的组织。坚决贯彻落实总公司重要决策部署。提高政治站位，把川藏铁路建设作为集团公司重点工程来推进，加强组织领导，保障资源投入，确保按计划完成咨询、地勘监理等年度任务目标。做好克塔项目总结，梳理总包工作存在的问题，在后续项目中优化改进，深化质量安全红线管理。围绕“保开通、保在建、保开工”，做好勘察设计和配合施工工作。积极推进京雄城际精品工程，加强智能建造关键技术研究。规划设计好雄安站、丰台站，建设现代化铁路客站枢纽。服务大宗货运公转铁，加快铁路专用线、集疏港铁路项目勘察设计或总包工作。服务“一带一路”建设，扎实推进雅万高铁、匈塞铁路、泰国铁路等境外项目，打造中国高铁品牌；菲律宾南部铁路是习近平总书记见证合同文书交换的项目，要以极强的政治荣誉感组织好各项工作。加强科技创新，积极与路局合作，推动产业化发展。

争创行业标杆企业。铁路已由高速发展阶段转向高质量发展阶段。我们现在有总公司有力的政策支持，希望我们建成行业标杆企业。我们要把握机遇，制定“建设标杆企业三年行动计划”，首先要对标铁科院、铁四院及其他行业的先进设计企业，在发展规模、发展质量、创新能力、人才储备、管理体系、企业文化、党建工作等方面找出差距，改革创新，补齐短板，成为行业领先者，推动转型升级，为基业长青打好基础。

（三）坚持以事业为上为出发点，努力打造高素质专业化领导班子和干部人才队伍

加强领导班子建设。不断优化领导班子梯次结构。按照科学规范、运转高效、有机衔接的原则，推进生产单位领导班子工作机制建设。建立较完备的集团公司司管领导人员分类考核体系，完善形成每3年一个周期的近距离考核工作机制，创新部门联动机制，改进日常考核，把功夫下在平时。严格落实领导人员定期谈心谈话制度。认真执行因私出国（境）管理制度。

构建源头培养的素质培养体系。面对集团公司转型升级的巨大挑战和艰巨任务，领导人员能力素质提升，尤其是培育各级领导人员的企业经营管理专业化素养已成为当前最紧迫的任务。要做好培训工作的总体策划与顶层设计，改进培训方式。开展领导人员“素质提升年”活动，研究制定具体措施，推进实施习近平新时代中国特色社会主义思想教育培训、领导人员专业化能力提升和年轻干部理想信念宗旨教育。结合建设工程产业集团的发展目标，加强各级管理人员的企业管理、会计知识的应用培训，强化法律知识普及培训，注重总承包业务上岗人员的岗前、岗中强制培训。

健全、完善领导人员选拔任用工作体系。坚持好干部标准、把政治标准放到第一位，坚持事业为上、以事择人、人岗相适，进一步完善干部选拔任用制度体系。推进领导人员能上能下的落实落地。加大领导干部交流力度，有序推进同一岗位任职时间较长领导人员的岗位交流。要把大力选拔优秀年轻干部到总承包、海外等艰苦岗位、关键吃劲岗位交流任职，作为今年的重点工作，结合内外部挂职锻炼，培养一大批具有多专业、多领域技术，且能力、懂技术、善经营、能管理的复合型年轻干部，适应集团公司各业务板块发展需要。建立优秀领导人员储备库，不断优化干部成长路径。

激励干部担当奋斗。全面落实《关于进一步激励集团公司广大干部新时代新担当新作为的措施》，选拔任用敢于负责、勇于担当、善于作为、实绩突出的干部，激励干部担当作为。鼓励干部以集团公司事业发展为引导，在转型升级的大局下担当作为，激发领导人员的创新活力、创造潜能和奋斗精神。健全容错纠错、澄清保护和激励保障机制。

做好高素质人才队伍培养。积极组织院士申报推选工作，落实高端专家培养措施和专家工作室机制，扎实做好总公司“百千万人才工程”人选和省部级高端人才的选拔推荐工作。开展“弘扬爱国奋斗精神，建功立业新时代”活动，将优秀骨干、专业技术资源向集团公司战略目标聚集；结合各业务板块发展以及职级体系建设，推动集团公司“千人计划人才工程”和“青年人才托举工程”的人才选拔与培养；认真落实集团公司评聘办法，组织好2019年各级专业技术职务聘任工作。

（四）大力推进组织体系建设，进一步夯实党建工作基础

完善党委会工作机制。认真做好集团公司章程修订后续工作，督导子公司按新要求完成公司章程修订注册等工作。按照总公司统一部署要求，进一步完善党委会前置范围和程序，厘清党委会、董事会、经理层决策权责边界，对“五个是否”融入经营管理重大事项决策全过程作出程序性设计。尊重和支持董事会、经理层依法行使职权，形成有效制衡机制。对生产单位党委会、党政联席会的工作制度和运行机制进行深入研究，健全、完善相关制度。认真贯彻落实集团公司决策“三重一大”事项实施细则，组织各单位党委修订完善“三重一大”事项决策制度。

夯实基层党支部建设。认真贯彻落实《中国共产党支部工作条例（试行）》《铁路企业党支部建设纲要》，修订完善《中国铁设党支部建设实施细则》。结合集团公司深化改革、转型发展需要和境内外组织机构实际，健全基层组织，优化支部设置，理顺隶属关系，抓实党支部按期换届，做到“应换尽换”。结合实际创新党支部设置形式，在川藏铁路等重点项目、菲律宾铁路等境外项目（机构）及时成立党组织，让流动分散党员始终处于党组织的带领之下，实现党的组织和工作全覆盖。对“三会一课”质量年进行达标验收，推动党支部组织生活标准化、规范化。

抓好党支部书记和党员队伍建设。落实《党支部书记队伍建设实施办法》，加强培训交流和实践锻炼，提高党支部书记政治能力和业务能力，让党支部书记当好支部“领头雁”。在较大室所探索实施年轻党员担任或挂职党支部副书记（书记）。严把党员发展政治关，认真落实发展党员计划，突出源头把关，做好发展党员工作。改进党员教育管理方式，提升党员队伍素质。

深化分领域创先争优。围绕集团公司转型发展的重要目标、重大举措、重点任务，坚持“两学一做”学习教育常态化、制度化，抓实党员创岗建区等载体平台。在职能部门范围开展“创先进、强作风、作表率、促转型”活动，在勘察设计领域开展“争四强、当工匠、做示范、提质量”活动，在工程总承包领域开展“三保一促”活动，培育、选树一批争做合格党员、岗位创先争优的标杆，总结交流基层一线发挥党组织战斗堡垒作用和党员先锋模范作用的经验。党支部要开展好主题党日活动，通过到红色教育基地参观学习等方式唤醒党员意识、增强党性、牢记使命。持续推动党内品牌建设。

压实党建工作责任制。制定并落实2019年度集团公司两级党委书记抓党建工作重点任务清单，落实好月报告制度，落实党建工作考核结果，压实党委书记认真履行党建工作第一责任人责任，牵动党委主体责任落实。探索把党建清单制度延伸到基层党支部，拓展到党委委员、支部委员，增强“一岗双责”意识，探索建立委员定期向同级委员会报告履行党建责任情况制度。健全、完善党委—支部—党员各层级党建责任考核评价办法。

（五）落实全面从严治党主体责任，扎实推进党风廉政建设

切实抓好主体责任落实。认真开展党风廉政建设责任制检查考核，压紧压实党风廉政建设主体责任。坚持管生产经营必须管廉政，做到党风廉政建设与业务工作同部署、同落实、同检查、同考核，每年至少两次研究党风廉政建设重点工作。建立党风廉政建设专题分析会制度。突出工程建设、招投标、委外分包、物资设备采购、对外支付、产品产业化等重点领域，进一步完善廉政风险防控机制，完善制度办法，让权力在阳光下运行，防范被“围猎”风险。针对总公司党组巡视铁路局集团公司发现的问题，要举一反三进行自查，做好整改工作。要克服“好人主义”思想，敢抓敢管、严抓严管。要加强对关键岗位人员的纪律教育，让党员、干部知敬畏、存戒惧、守底线，习惯在受监督和约束的环境中工作生活。

从严监督执纪问责。用好监督执纪“四种形态”，让红脸出汗、咬耳扯袖成为常态。紧盯“关键少数”和重点领域，有案必查，违纪必究，严肃查处违反“六项纪律”和八项规定精神问题、“小金库”问题、重大风险债权背后的腐败问题，以及职工群众身边的微腐败问题，持续保持高压态势。注重纪检监察、组织人事、审计部门监督工作的协调联动，用好审计结果，形成综合监管合力。要坚持“一案双查”，加大追责问责力度。要加大典型案例通报力度，以案促改，督促相关单位、部门深化标本兼治，夯实治本基础，一体推进不敢腐、不能腐、不想腐。要制定和完善纪检监察工作制度办法。要坚持把监督挺在前面，围绕总承包管理等重点环节开展专项监督检查，对正科级干部廉洁自律情况进行调研摸底。

坚定不移纠正“四风”。深入落实中纪委关于贯彻习近平总书记重要指示精神，集中整治形式主义、官僚主义的工作意见，找准焦点，精准整改，锲而不舍深化作风建设。职能部门上接总公司，下对广大职工群众，要结合实际制定办法，增强为基层服务的意识，防止“上下一般粗”。广大党员干部要以刀刃向内的自我革命精神，敢于直面问题，主动进行查找、自觉加以整改。坚持抓常抓细抓长，对违反八项规定精神问题，对“四风”顽疾和各类隐形变异新表现，对不担当、不作为、乱作为、有令不行、有禁不止的党员干部要严肃问责，点名曝光。

（六）聚焦举旗帜、聚民心、育新人、兴文化、展形象，加强宣传思想文化工作

加强意识形态工作。加强对意识形态工作的统一领导，牢牢把握正确的政治方向。加强检查考核，推动落实主体责任。定期分析研判和通报意识形态领域情况，对重大事件、重要情况、职工队伍思想动态中的倾向性、苗头性问题，有针对性地进行宣传引导。充分发挥《上级重要精神和重大信息联学通报制度》作用。积极发挥“独立信息员”队伍在及时、真实地反映职工关注重点方面的作用。落实总公司“改革促发展、先行展作为”主题教育活动。深化“互联网+思想政治工作”实践。组织召开集团公司第17届政研会年会。

切实加强宣传工作。始终坚持正面宣传为主、促进团结鼓劲的原则，推动宣传工作守正创新。要深入开展以集团公司转型发展为主要内容的形势任务宣传教育，广泛宣传集团公司改革发展的显著成就，提升干部职工的使命感、责任感和荣誉感。讲好中国铁设故事，提升集团公司在“一带一路”沿线国家的影响力。开展“身边的榜样”选树活动，厚植选树“铁路榜样”的群众基础，发挥典型示范带动作用。积极推动媒体融合工作，推广集团公司业绩品牌。提升舆情引导能力和防控能力，特别是在工程总承包业务范围，营造良好的舆论环境。

推进企业文化建设。大力弘扬社会主义核心价值观，坚定文化自信，凝聚强大精神力量。深化企业文化研究，丰富理念系统。完成企业视觉识别系统设计和新版宣传画册、宣传片制作。筹建集团公司“历史与文化展厅”，推动二级单位开展以“历史、现在与未来”为主轴的陈列室建设工作。

（七）坚持依靠职工兴旺企业，凝聚转型发展强大合力

充分发挥工会组织作用。各级工会组织要在职工队伍建设中发挥自身优势，尊重职工首创精神，结合集团公司业务特点，积极开展劳动竞赛、技术创新、劳模工匠工作室建设等活动，树立劳动光荣、崇尚实干的鲜明导向。完善职代会、司务公开、平等协商集体合同等制度，加强职工民主管理，保障维护职工合法权益。健全慰问活动机制，做好帮扶救助工作。积极开展丰富多彩的文化体育活动，强健职工体魄，陶冶职工情操，发挥凝心聚力作用。

创新青年工作。青年员工是企业发展的希望所在，各级党组织要加强对共青团工作的领导，为团组织和团干部开展工作创造良好条件；要关心关爱青年，为他们成长成才、施展才华提供广阔舞台。共青团组织要牢牢把握青年运动的时代主题，聚焦主责主业，抓住根本任务、政治责任、工作主线这三个根本性问题，做好引领凝聚青年、组织动员青年、联系服务青年工作。要积极服务企业工作大局，围绕集团公司转型发展提出的各项任务部署，找准工作切入点、结合点、着力点，不断深化创新品牌活动，团结引领广大团员青年坚定理想信念、不断锤炼本领、拼搏奋斗实干，勇于走在突击攻关、拼搏奉献的前列。

各级组织要关心关爱职工，继续开展职工健康体检，组织好职工健康休养，关注驻外职工的身心健康；落实信访工作责任制，规范信访秩序，妥善解决职工群众反映的突出问题，巩固和谐劳动关系；加强服务和管理，带着责任和感情做好离退休老党员、老职工工作；做好扶贫工作；进一步加强对国安、统战、保密、综合治理和关工委等工作的领导，充分调动各方面的积极性。

各位代表、同志们，集团公司正处在转型发展的关键时期，时不我待，我们要万分珍惜！让我们以习近平新时代中国特色社会主义思想为指引，认真贯彻党的十九大和十九届二中、三中全会精神，在铁路总公司党组的正确领导下，不忘初心、牢记使命，振奋担当、拼搏奉献，以优异的成绩迎接中华人民共和国成立70周年！

把握战略机遇期　重整行装再出发
为实现集团公司高质量发展奠定坚实基础

——在集团公司一届二次职工代表大会上的报告

（2019 年 1 月 22 日）

曾 鸣 凯

各位代表、同志们：

现在，我代表行政向大会报告2018年工作，并结合学习贯彻党的十九大和十九届二中、三中全会及中央经济工作会议精神和总公司工作会议部署，深入分析面临的形势与任务，提出2019年工作安排意见，请大会审议。

一、2018 年工作回顾

2018年是贯彻落实党的十九大精神的开局之年，也是集团公司转型发展三年攻坚战的第一年。一年来，在总公司党组和集团公司党委的坚强领导下，广大干部职工以习近平新时代中国特色社会主义思想为指导，深入学习贯彻党的十九大精神，努力践行交通强国、铁路先行历史使命，深化强基达标、提质增效工作主题，推进集团公司转型发展取得阶段性进展。全年实现营业收入141.65亿元，同比增长76.1%；利润13.98亿元，同比增长67.8%；新签合同额786.4亿元，同比增长407.4%。落实总公司党组要求，担当国字号企业使命，为争创铁路设计企业标兵迈出了坚实的一步。

（一）强化党的领导，公司治理进一步完善

深入贯彻落实党的领导。认真执行“三重一大”等议事制度，梳理完善“三重一大”事项清单。落实党委会前置研究要求，党委“把方向、管大局、保落实”在工作中得到有效贯彻，强化议事事项可行性分析论证，规范会议纪要管理，加强重要事项信息报告的沟通督办，狠抓决策落实。

推进管理制度体系建设。以战略规划为引领，突出全面预算管理主线，系统梳理总公司及上级文件的承接执行情况与集团公司现行制度办法，统筹修订集团公司人、财、物等一系列基本管理制度，制度体系建设稳步推进。

规范子公司治理。理顺母子公司职能定位、管理关系和运行机制，制定子公司管理办

法、委派股东代表和派出董事监事管理办法，研究制定参股公司法人治理方案，指导子公司建立健全现代企业制度，子公司运营管理更加规范。

注重法律风险防控。以法律法规、总公司制度为准绳，强化重大决策法律论证以及重要文件合法性、合规性审查。注重合同风险防控，服务业务发展，编制总承包法律风险识别及防范指引等文件。多措并举，法律风险防控工作有效推进。

（二）加强组织，生产经营成效显著

全力推进川藏铁路工作。贯彻高起点、高标准、高质量规划建设川藏铁路的要求，迅速部署，立即行动，抽调骨干力量，组建专家团队，建立工作机制，全面推动川藏铁路地勘监理、设计咨询、科技攻关等工作，迅速形成会战态势。

勘察设计业务。贯彻新发展理念，深化精品客站智能铁路建设，提升服务质量、创新组织形式。服务蓝天保卫战、货运增量行动，深入研究京津冀、长三角等区域大宗货物运输方案，加快推进蒙华、唐呼通道以及唐山地区公转铁等相关工程建设。落实扶贫攻坚要求，精心组织、加强投入，雄忻铁路、京原电化等交通扶贫项目深入开展。落实“保开通、保在建、保开工”要求，统筹资源细化措施，哈牡客专、济青高铁等13个项目按期开通，商合杭高铁等在建项目兑现年度目标，雄安站、京雄城际等新开工项目供图满足建设需求。着力开拓市场，强化经营策划与前期研究，中标承揽沪宁北沿江高铁、重庆5A线、深圳黄木岗综合交通枢纽工程等多个项目。新签合同额48.7亿元。

工程总承包业务。紧扣节点工期，充分发挥技术优势，推进EPC（设计采购施工）项目高标准、高质量、高效率建设，总公司主数据中心实现当年开工、当年交付；杭绍台和盐通铁路等重点项目均完成了建设目标。积极追踪铁路大中型总承包项目，发挥集团优势，强化内部协作，统筹谋划和深化前期工作，成功中标昌景黄铁路等工程总承包项目。新签合同额709亿元。

海外业务。服务“一带一路”建设，推进雅万高铁、泰国铁路、匈塞铁路、中老铁路、巴基斯坦城轨等项目。注重合同履约管理，高度关注、妥善应对外部条件变化，较好兑现项目年度目标。加大开拓海外市场力度，深入开展菲律宾、泰国、匈塞等铁路项目的开发。新签合同额16.2亿元。

产业化及多元业务。车载移动三维激光扫描等8项产业化项目获得新收益，三维可视化运维信息管理系统等10项研发成果实现转化效益，新增电动智能防寒保温系统等24个储备项目，实现产业化合同4.2亿元。沈阳、锦州、吉林、内蒙古子公司充分发挥区域优势深耕市场，区域业务得到进一步巩固。监理公司、铁三院公司攻坚克难，业务实现新增长。各生产单位发挥专业优势，努力拓展市场，实现自揽外委合同额6.6亿元。

（三）强化管理，转型发展迈出新步伐

战略引领作用不断强化。适应新时代、新形势、新要求，强化顶层设计，编制集团公司战略规划管理办法，搭建集团公司规划、子规划与二级单位规划的两级规划体系，基本实现了相互衔接。开展“十三五”规划中期评估，编制完成集团公司2018—2020年发展规划及9个子规划，各生产单位、子公司完成本单位、本专业发展规划。

供给端调整稳步推进。围绕管理转型和生产要素调整，安排15项管理课题研究，集团公司领导、承担课题的各单位，站位发展大局，积极开拓思路，深入调研论证，统一思想认识，形成一系列重要成果。聚焦人、财、物、生产、经营、技术等六要素，健全管理机制，推进资源有效配置。

推进全面预算管理。创新发展计划管理机制，统筹下达年度发展计划。突出预算管理主线，夯实合同管理基础，强化资金管理，集中开展预算、合同、资金管理办法的制定和修订，初步形成集团公司、业务板块与生产单位两级管理体系。

实施量本利经济责任制。顺应集团公司发展要求，引导资源向高质量、高效益的业务配置。统一业务量纲，以合同额为基础、发展资金为补充合理计“量”；强化成本管控，细化各单位考核成本要素，规范成本管理；加强考核管理。各单位更加注重发展质量与效率效益。

推进转型业务的基础建设。强化专项管理，制定战略规划、发展资金、实验室资源共享等管理办法，建立总承包、海外等业务临时管理办法，设立产业化公司，深入开展城轨、海外、市政公路事业部研究，达成共识。有效推进转型业务的基础建设，为深入推进转型发展创造有利条件。

推进三项制度改革。在2017年研究的基础上，试点五序列职级晋升体系，制定生产单位及子公司领导班子绩效考核办法、工资总额管理办法和员工绩效管理指导意见。结合发展战略策划人才结构顶层设计，开展用工、用人、分配制度研究并取得积极成果，为下一步三项制度改革打下基础。

（四）安全质量保持稳定，科技创新取得新成效

安全质量平稳有序。集团公司及各单位积极落实安全生产责任制，深化风险管控和隐患排查治理，强化现场安全管理，严格责任事故追究，安全生产总体平稳；围绕工程总承包、委外管理、风险控制等发布了一系列管理制度，技术管理机制不断完善，各级技术人员精耕细作，产品质量稳步提升；围绕重大重点项目，两级专家团队开展130余次咨询与论证活动，不断提升技术决策水平。依托“大讲堂”，开展了形式多样的技术交流研讨，促进了技术和管理水平的不断提升。完成质量、环境管理体系转版工作，大力推进过程方法和基于风险思维的实践应用，基本实现了各项质量、环境和职业健康安全管理目标，管理体系运行适宜，证书持续有效。全年未发生质量责任事故，没有出现违反环境法律法规的问题，单位工程一次验收合格率达100%。

科技创新成效显著。聚焦关键技术，不断开拓创新，围绕川藏铁路、精品智能客站、BIM（建筑信息模型）技术、信息化建设等开展了725项科技攻关活动，取得了一系列创新成果，有力指导了工程建设，促进了质量和效率的提升。各单位加大科研投入，承揽了“天津港一体化发展战略研究”等一批高水平课题，提高了集团公司影响力。修订科技开发、科技奖奖励等管理办法，激发员工创新积极性。在干部职工的共同努力下，荣获国家科技进步一等奖1项，省部级科技奖23项、勘察设计奖52项；获批专利132项（其中发明专利35项）、登记软件著作权53项，全面完成年度科技创新目标。

（五）规范经营行为，综合管理不断改进

持续规范经营行为。落实总公司部署，对照法律法规和相关规定，深入开展经营行为突出问题检查，坚持立行立改、持续整改与完善制度相结合，有效规范经营行为。发挥内部审计作用，覆盖面同比增加30%，积极配合国家和总公司审计，内部管理得到认可。落实债权清理主体责任，制定风险债权签认和清收目标，量化考核标准，深入推进专项清理。

优化改进综合管理。持续强化“四个意识”，落实“一岗双责”责任，扎实推动党风廉政责任制的落实，开展专项检查，贯彻月报告制度。结合业务管理，广泛开展廉政教育，干部职工纪律规矩意识进一步增强。加快推进“三供一业”分离移交，完成协议签订。搭建专家工作室平台，建立高端专家培养机制，组建首批8个创新团队，统筹推进人才队伍建设。规范车辆管理，制定公务用车配备使用管理规定。此外，信访、保密、扶贫、综合治理、离退休、档案管理等各项工作也都取得较好成效。

这一年来，广大干部职工，努力奔跑、团结协作、无私奉献，圆满完成了年度制定的各项目标，经济指标再创新高，成绩的取得离不开离退休老同志和职工家属的鼎力支持。在此，我代表行政向所有关心、支持、帮助集团公司发展的各级领导和同志们表示衷心感谢！向全体干部职工、离退休老领导和老同志以及广大职工家属致以崇高的敬意！

在总结成绩的同时，我们也应该清醒认识到，在新时代、新形势、新要求下，我们在思想观念、体制机制、业务能力等方面还有改进的空间，需要我们重整行装再出发。

二、2019 年面临的形势与任务

习近平总书记在中央经济工作会议上，科学作出了我国发展仍处于并将长期处于重要战略机遇期的重大判断、对川藏铁路规划建设给予了肯定，要求加快推动总公司股份制改造。总公司对新时代铁路改革发展作出了系列新部署。需要我们充分认清面临的新形势、新要求，凝聚共识，把握机遇，迎接挑战。

（一）把握新时代铁路改革发展带来的机遇

在总公司工作会议上，陆东福书记要求集中全力办好规划建设川藏铁路和加快推进股份制改造两件大事，号召我们奋勇担当交通强国、铁路先行历史使命，努力开创新时代中国铁路改革发展新局面。集团公司必须把握好战略机遇期，贯彻总公司党组决策部署，着力推动集团公司改革发展。

川藏铁路建设带来的机遇。川藏铁路具有“显著的地形高差”“强烈的板块活动”“频发的山地灾害”“脆弱的生态环境”等独特特征，其艰险复杂程度远超以往任何铁路工程，建设难度史无前例，需要突破一系列世界级难题，是一项划时代的标志工程。集团公司能参与其中应倍感珍惜，这是总公司党组对我们的殷切重托，我们在得到难得的发展机遇的同时，也面临巨大的挑战。回顾攻克高速铁路勘察设计技术难关，集团公司走过了光辉的历程，取得了辉煌的成就。川藏铁路的选线将是集工程建造、复杂地质、环境保护、工程安全、施工组织、装备制造、国土开发、运营管理等于一体的技术体现，需要突破勘察设计基础理论，提升科技攻关能力。解决突破这些难题，将从整体上更新我们的理念、创新勘察设计手段和方法，提升集团公司的技术水平及管理能力。主动作为，勇于担当，把握这一重大机遇，是我们实现做强企业目标的唯一选择。

国铁企业改革带来的机遇。为落实党中央的号召，总公司部署了一系列管理体制和运行机制改革的重大举措，推进多层次、多渠道的股份制改造、铁路领域混改、非运输业资源整合等改革措施，必将有效推动国铁企业的改革发展。我们完全可以抓住机遇，顺势而为，乘势而上。集团公司虽然实现了公司制改造，但现代企业制度还不健全，还没有建立集团化的组织架构和管理体系。加快构建现代企业治理体系，理顺控股公司的权责与管理关系，探索集团化管控模式，着力推进市场化经营体制的建设，是总公司的要求，更是集团公司自身发展的要求，是成为行业标杆企业的唯一选择。

围绕市场，通过技术、资本等要素优化产业升级，推进质量变革、效率变革、动力变革，正深刻影响着各行业。把握集团公司供给侧的内在要求，我们去年开展了管理课题研究等69项行政重点工作，就是着力推动人、财、物、生产、经营、技术创新等要素科学配置，促进质量、效率、动力的“三大变革”。目前，管理转型还没有落地，“量本利”经济责任制、全面预算管理、职级体系、绩效管理等制度的激励作用还没有充分显现；部门管控一体，缺少在实践中不断改进、完善的机制，规范经营意识不强；随着市场的不断完善，法务风险增多。通过供给侧结构调整重塑机制，推动“三大变革”是实现战略目标的唯一选择。

铁路高质量发展带来的机遇。总公司大力推动智能、精品铁路建设、铁路创新、国铁企业的高质量发展，明确了交通强国、铁路先行的使命任务，提出了“三个世界领先、三个进一步提升”，率先实现铁路现代化的发展目标，为集团公司实现高质量发展指明了方向，在科技创新、产业链、产业化等方面提供了难得的发展机遇与更宽广的平台。以京张、京雄高铁推动智能化建设，为我们提升科技创新能力、实现产业化提供了机遇；以杭黄铁路推动的生态铁路建设，贯彻五大发展理念，为我们更新设计理念、改进生产组织方式、实现多元业务发展和补短板强弱项提供了发展机遇；以京雄高铁为代表推动精品工程建设，为我们实现EPC深度融合、快速提升总承包管理能力与水平、打造EPC模式下的建造技术提供了创新榜样，在推动EPC业务、完善产业链、实现纵向一体化发展方面提供了发展机遇；以雄安、丰台、星火站房推动站城融合的精品站房建设，为我们打造品牌和发展市政工程、综合交通枢纽等提供了机遇。

铁路创新实现高质量发展，既是集团公司的机遇也是挑战，机遇稍纵即逝，失去机遇便是危，克服危机便是机。迎接挑战，变压力为动力，推动服务质量由产品向作品、精品转化，是实现高质量发展的唯一选择。

（二）把握发展要求迎接新挑战

作为总公司唯一勘察设计企业，总公司党组对集团公司的改革发展寄予厚望，希望我们在铁路率先实现现代化的征程中担当国字号企业使命。党组有号召，我们就要有行动。集团公司党委明确提出了“建设标杆企业三年行动计划”，需要我们在服务新时代铁路建设发展的各项工作中当先行、做表率，这既是机遇，也是挑战。

在服务国家战略中当标杆。聚焦国家发展战略和总公司工作部署，服务川藏铁路规划建设、京津冀协同发展、长江经济带、粤港澳大湾区建设、雄安新区等国家战略，需要我们把习近平新时代中国特色社会主义思想落实到规划咨询等具体工作中，需要贯彻五大发展理念，提升服务能力和水平，打造全产业链、全方位的服务能力，努力成为国家和总公司的智库。

在勘察设计中做表率。聚焦“三个世界领先、三个进一步提升”的先行目标，牢固树立为运营服务和全生命周期的理念，在勘察设计工作中深刻把握先进、可靠、成熟、经济、必须的原则，需要我们在运量预测、经济评价、技术标准、控制投资等方面当表率，提升设计成果质量；依靠科技创新，发挥科技保安全作用，服务好精品智能铁路建设。

在工程建设中当先行。深刻把握好铁路工程EPC总承包试点工作的重大意义，聚焦铁路建造水平、新时代精品工程，需要我们在管理体系、组织模式、强化项目管理能力等方面当先行；需要发挥好设计龙头作用，实现设计、采购、施工的深度融合，建立EPC模式下的建设管理体系，提升项目管理能力；需要结合铁路实际，利用各方人才，优化资源配置，创新组织模式。我们要发挥好技术优势，把新技术、新工艺、新材料应用于铁路建设，提升建造水平，建造精品工程。

在打造产业链中有担当。聚焦提升铁路产业链水平、培育和发展新产业集群的目标要求，在总公司非运输企业资源整合、提升产业链水平中有担当、展作为；需要我们发挥技术和资源优势，利用资产经营资本运作手段，依托工程总承包平台，加强与国铁企业合资合作，共同推动产业发展、土地综合开发，服务好铁路市场化发展。

在服务“一带一路”倡议中有作为。聚焦服务“一带一路”倡议，发挥好“走出去”骨干企业作用，需要我们在国际标准研究、国际合作交流，开展重点国别交通规划研究，推动中国标准、中国技术“走出去”，为中国高铁品牌增光添彩等方面有作为。需要以雅万高铁、匈塞铁路等项目为契机，锻炼培养海外人才，不断增强技术实力，增强国际竞争实力，打造国际化工程产业集团。

争当行业标杆企业，不仅体现在做大企业规模上，也体现在企业发展质量、创新能力、人才储备等综合能力的做强做优上。与行业优秀企业相比较，我们并不具备突出优势，甚至还存在差距。不进则退，进就赢得了市场、赢得了未来，退就是危，甚至将面临生存危机。我们需要积极应对挑战，扎实推进“建设标杆企业三年行动计划”，对标杆、补短板、强弱项，共同努力提升集团公司在行业中的地位和影响力，增强综合竞争力。

（三）市场形势发展变化对我们提出了新要求

勘察设计行业经历十几年的高速发展，正面临着前所未有的重大变革，管理模式不断创新，业务模式加快转型，科技创新、资本运作、外延并购、业务延伸已成为设计企业快速做大做优做强的有力举措。目前，虽然我们在铁路项目上保持优势，但整体上项目减少，地铁项目更是下滑严重，有些区域无标可投。同时，市场竞争更趋激烈，“僧多粥少”的局面加剧；随着投融资体制改革的推进，资本优势、体制优势在市场竞争中的作用充分显现，进一步挤占我们的市场空间。勘察设计市场已由买方市场转化为供方市场，供大于求的趋势明显。勘察设计市场空间已难以支撑集团公司可持续发展，难以满足员工日益增长的对美好生活的需求。需要我们积极应对市场形势的变化，加快转型升级。

拓展发展空间。面对复杂多变的市场形势，需要拓展发展空间，以勘察设计为基础，拓展产业链，向上拓展高端咨询、投融资咨询、规划等业务，向下向工程建设、总承包、运维延伸，打造纵向一体化，为总公司及各类业主提供全过程、全方位的服务。以各类业务为基础，拓展土地综合开发、城市规划、综合交通枢纽、产业化等业务，实现相关多元化；以市政类业务为主，采用外延并购、资本运作、战略合作等方式，快速获得互补性资源，实现横向一体化。

转变思想观念。充分认识到我们的转型发展不是转行发展，转型发展的实质是以勘察设计为基础，是产业链的延伸。打造工程总承包、产业化等全产业链服务能力，不仅能有效拓展我们的发展空间，也有利于提升我们的设计服务水平和创新能力。从员工个人发展角度，参与工程总承包等业务，有利于提高个人技术水平和综合能力，由点向面发展，提升设计创新能力。企业转型发展也为员工提供了多途径、多渠道的选择和更广阔的发展平台。

充分认识和深刻把握当前内部形势。随着各类业务构成的变化，勘察设计业务的营业额所占比例下降，不再成为主导业务，但是人员结构、管理制度、组织模式仍然是以勘察设计为主。勘察设计业务占比下降，但总量未降，各研究院仍然难以释放资源。而各类业务的增长又需要高端资源，确保业务发展，创市场、创品牌。政策上，尤其在职称评定、高端人才评选方面，还没有形成导向，思路上动力不足，多种因素、矛盾造成人员结构调整困难重重；去年启动了海外、总承包等业务的管理制度建设，但还没有完全到位，相关人、财、物及部分生产管理等仍依托原制度，不能适应业务发展的需要；新制度不完善，难以发挥作用，组织模式上沿用直线职能管理，不能适应业务规模的扩张，不能适应集团化管控。去年启动管理转型意在推动建立集团化管理模式，但也还未到位。2019年我们正处于管理转型、建立各类业务管理制度与管控模式、人员结构调整的交会期；同时，还面临着复杂多变的市场环境、机制创新、技术创新、专业融合等一系列的问题和挑战。我们要充分认识到转型发展是应对市场变化的必然选择，是企业长远发展的内在规律。交会期的矛盾也是发展中的问题，是客观必然的，没有新业务就不可能有转型发展，也不需要管控。新业务的规模、能力也不可能一天形成，需要培育。发展中的问题在发展中解决，集团公司的转型发展正是顺应市场的要求；有总公司的支持，条件成熟，是转型的最佳时期。

2018年集团公司提出，未来的三年是集团公司转型发展的决胜阶段，跨不过这道关口，我们就谈不上今后的高质量发展，甚至会面临生存危机。今年已进入决胜转型发展的第二年，也是最关键的一年，面临更严峻的市场形势、更高的外部要求、更多的风险挑战、更艰巨的改革任务，我们要统一思想、齐心协力、攻坚克难，努力缩短交会期。

三、2019 年工作目标及重点任务

2019年是新中国成立70周年，是全面建成小康社会关键之年，是集团公司转型发展的攻坚年。总体工作思路：以习近平新时代中国特色社会主义思想为指引，贯彻落实总公司工作部署，聚焦川藏铁路和铁路改革两件大事，坚守安全质量红线，深化体制机制改革，着力供给侧结构性调整，推动各业务发展，推进标杆企业建设，狠抓全面预算管理，推动提质增效高质量发展，为转型发展奠定坚实基础，以优异成绩迎接中华人民共和国成立70周年。

总体经营方针：立足国内、拓展海外，一个目标、两个手段、三个方向、四类业务、五大区域、面向世界。一个目标：以交通强国、铁路先行，“三个世界领先、三个进一步提升”为指引，以推动建设国际一流千亿级工程产业集团为目标，争创标杆企业。两个手段：资产经营、资本运作。三个方向：向纵向一体化、横向一体化与相关多元化拓展。四类业务：基础类业务，规划与高端咨询（智库）、勘察、设计等；工程类业务，总承包、项目管理等；产品类业务，产业化、运维服务等；经济类业务，综合开发、资产开发等。五大区域：东北、华北、华东、华南、西南；未来拓展西北区域。面向世界：服务国家“一带一路”倡议，以东南亚、非洲、东欧为主要经营发展区域。

经营目标：营业收入156.7亿元，利润12.1亿元。

质量目标：杜绝重大勘察设计质量责任事故；项目前期工作质量评价不低于B级；总承

包项目杜绝工程质量责任较大及以上事故，单位工程一次验收合格率为100%。

科技创新目标：力争获省部级及以上科技进步奖15项、省部级及以上优秀勘察设计奖16项、专利授权100项、软件著作权登记40项，建成国家工程实验室并通过验收。

健康安全目标：不发生死亡以上人身伤亡责任事故，不发生一般B类以上铁路交通责任事故，不发生重大以上交通责任事故，不发生火灾事故。

职工收入目标：在经济效益增长和劳动生产率提高的同时，保持工资总额和职工收入稳步增长。

（一）深化体制机制改革，推进供给侧结构性调整

贯彻党管企业要求。旗帜鲜明讲政治，增强“四个意识”，坚定“四个自信”，坚决做到“两个维护”。将党的全面领导一以贯之，深入落实党委“把方向、管大局、保落实”的要求，在党委领导下，不断完善公司治理结构，健全现代企业制度，按照民主集中制原则，严格执行“三重一大”决策制度，持续规范经理层经营行为。落实“一岗双责”责任，坚持党风廉政建设与业务工作同部署、同落实、同检查，将廉政风险防控措施嵌入业务管理流程。细化落实“一岗双责”责任标准，完善责任考核，做好考核结果利用，推动党风廉政建设在工作中的落实。

完善子公司治理。进一步完善子公司法人治理结构，建立以资本为纽带的母子公司关系，指导子公司建立现代企业制度，规范股东会、董事会、监事会、经理层的运作，依法合规履行对子公司的管理。引入战略投资者，推动子公司股份制改造并稳步推进改革重组。

深化体制改革。全面梳理总结去年15项管理课题，推进研究成果转化。逐步推动集团管总、区域主战+专业化事业部的管控发展模式，推动管理转型，业务优化升级。建立管理课题研究先行，持续推动体制机制完善的长效机制。各单位也要采用不同的方式，作为今年重点工作，推进体制改革与创新。

持续推进机制创新。以供给端各要素实现科学配置为目标，推动机制创新。着力建立市场、生产经营、技术创新“三位一体”的机制，研究编制“三位一体”实施指导意见；通过市场调查，分析用户需求，依靠技术创新，细化生产经营组织，实现“产品”质量向作品、精品转化；各业务板块选择项目试点，围绕影响产品质量的各要素，编制质量计划，以质量计划实施为主线，科学组织生产经营，加快实现生产经营机制的转换。以市场为导向，实现市场、生产经营、技术创新的融合，推动人、财、物、市场、生产、技术各要素的科学配置。各生产单位以推动“质量计划”的实施为抓手，内部按照责权利统一的原则，打破框框，围绕用户需求、技术创新，创新生产经营组织形式，解决市场、生产经营、技术脱节的问题；横向按照专业融合发展的原则，相互沟通形成生产单位之间的协作机制，上下共同努力，加快建立“三位一体”机制，提升效率效益。

持续推进制度建设。完善“量本利”经济责任制，优化计“量”规则，探索项目分阶段内部计价模式，建立内部交易制度，减少委外。以全面预算管理为主线，完善制度建设，形成集团公司相互协调统一的基本制度、工作制度、责任制度。加快构建横向协作、纵向一体的两级管控体系，集团公司逐步以方向目标管控、财务管控、关键资源调配、绩效考核等总部职能管理为主，由业务管理向综合管理、经济管理转变；优化生产单位定位和职责权限，赋予其更大的生产经营主体责任。各生产单位要去机关化、行政化，以生产经营、科技创新为主题，加快内部制度改革创新，共同加快实现人、财、物管理的协调统一。

推进三项制度改革。充分利用管理课题研究成果，选择部分单位开展用工制度改革，实现多种用工融合。推进建立以成本为核心多层次的劳动用工方式；完善劳动用工管理制度，细化不同类型劳动合同文本，实现差异化管理；改进员工招聘管理，推进属地化招聘和区域化用工；按照集团化的格局推进人力资源布局，完善人力资源纵向、横向结构分布；大力推动人才内部流动，在助勤、调转等交流方式的基础上，增加借调、临时调转、挂职等方式，建立内部人才交易机制。完善职级体系，建立各序列职级和薪档调整机制，实现各职级间人才交流，促进人才融合发展，调动员工积极性；加大人员培训力度，多渠道、多层次开展员工培训，补强企业管理人才短板，快速提升专业人员的业务能力、综合能力，培养综合型人才；按照“全面+试点”同步开展，推进绩效薪酬管理改革，优化工资总额挂钩考核机制，修订处职领导人员和机关部门人员奖金管理办法；各二级单位根据绩效管理指导意见推动本单位的绩效管理，试点单位重点推进，形成可复制的经验，稳步推进、逐步完善，形成以工作质量、数量为主线的绩效管理体系，激发员工的创造性。

深化全面预算管理。在全面预算管理办法的基础上，编制全面预算管理手册，指导各单位开展全面预算管理工作，促进全面预算管理有效推进。建立和完善两级预算指标体系、定额体系，推进开展原始记录、计量、标准化、信息、内部“价格”、技能培训等基础工作，提高全面预算管理的准确性、可行性，推动业务财会的结合。各单位要推动全面预算管理，并与责任制挂钩，“量本利”与绩效统一，推动全员参与、全方位管理、全过程控制；突出预算内、预算外两条主线，开展预算评审，将预算决策与“三重一大”决策相结合，简化决策程序和会议。通过全面预算管理的有效实施，降本增效。

强化财务管理。按照总公司“建机制，强基础，增效益，控风险”的工作部署，推动财务管理上台阶，适应建立现代企业制度的需要，以股份制企业、上市企业的财务管理要求，结合设计企业的特点规范财务管理。理顺各层级财务管理关系与权责，修订完善财务管理办法。以健全各业务财务管理为目标，以增进效益为导向，制定总承包财务管理办法，研究海外财务管理办法，推进财务管理与生产经营的结合。健全和完善资产管理机制，推动资产经营、资本运作业务的开展。以审计为契机，查找薄弱环节，存在问题及时整改。强化会计核算工作，修订收入结转办法；加强财税政策研究，做好税收筹划，争取政策支持；出台税务风险管理指引，指导下属子公司防控财务风险。推进管理会计应用，加强业财融合，促进降成本增效益。持续开展风险债权清理。通过多措并举，加强财务管理，提升管理水平。

（二）坚守安全红线，全力确保工程总承包安全

强化落实全员安全生产责任制。落实安全责任的核心在一把手，各单位领导要亲自组织制定和落实安全责任制，进一步完善安全生产考核办法，促进安全责任的有效落实。各单位领导、项目经理要把安全放在心中，并落在行动上。强化安全生产宣传教育与培训；建立安全问题库，把历年来内外单位发生的安全问题、教训以及处理方法做成培训教材；培训要结合实际、注重效果，绝不能走过场，让每位员工对安全要点入心入脑，落实到工作中。要学习借鉴安全管理先进经验，并通过安全责任制落实下去。针对一些工点、岗位设立安全风险告知卡，确保安全生产。

强化落实风险隐患预防机制。定期开展安全隐患排查治理，建立问题台账，确保安全隐患闭环整治。对于重点风险划定红线管理，制定现场安全管理手册。将双重预防机制落实情况纳入安全生产考核，加强激励约束作用。提升安全应急管理能力，健全应急管理机制，总承包和海外项目现场要针对安全风险隐患，逐项制定应急预案，有计划地组织应急救援一体化实战演练，确保应急预案可实施、有效果。

突出抓好总承包工程安全。要将总承包工程安全上升到集团公司生命线的高度抓实抓好。要深入落实总包方安全主体责任，深化安全红线管理，建立现场巡检制度，加强对施工工序、工艺、工法，以及现场标准化作业、安全施工的监督检查力度，确保施工企业严格执行相关规定，严格按图施工，确保工程安全。结合季节特点、地域特点和既有线施工作业等，要科学制定施工专项方案，严格落实各项安全防护措施，确保安全作业。严格原材料质量检查把关，建立相关机制，加大对水泥、钢材等大宗原材料，特别是施工单位自购原材料质量的管控力度，加大原材料抽检频次，把控工程安全源头风险。加大惩处考核力度，对于检查发现的施工方案重大缺陷、投标承诺履约不到位、不按规定的方法和安全步距开挖等违规违章施工问题，加大惩处问责力度，下决心、出重拳，强化对施工企业安全管理的监督问责。春节前要对照总公司安全红线问题库，举一反三、全面排查、立行立改，全力抓好安全问题的整改落实，到一季度末整治到位。

加强总承包现场安全管理。加强施工驻地用火、用电、用气的安全管理。加强对起重机、架梁机、盾构机等大型机械设备管理的检查力度，督促施工方加强日常检查维修和保养，持证上岗、规范操作，杜绝违规指挥、违章带病作业。加强火工品管理，专人专管，严格出库登记和使用管理，储存地要远离火源，做好防盗、防破坏工作。高度重视安全维稳工作，梳理敏感时段的维稳工作重点，关注舆情发展，依法合规督促落实农民工工资发放，及时排查、化解矛盾，防止发生群体性、突发性事件。

强化安全标准化、信息化建设。贯彻落实总公司铁路建设安全管理相关规定，制定工程总承包安全管理指导意见，压实各级组织和岗位职责，突出项目部的主体责任。大力推进BIM系统的研发应用，深化安全质量信息化管理。制定完善的项目安全检查作业指导书，搭建科学合理、符合实际的考评体系，形成有特色、能推广、可复制的安全管理标准化模板。

（三）创新生产组织，优质高效完成生产经营任务

全力推进川藏铁路规划建设。各级领导要把自己当成生产者亲力亲为。在生产组织、科技攻关上要打破传统框框，创新咨询、地勘监理、科技研发方式方法。要汇集多年的技术积累成果，动态对勘察设计进行有效的咨询、监理。认真落实总公司领导在地路院调研期间提出的要求，研究以物探为主的综合勘探成果，服务于川藏铁路建设；开展遥感技术、高海拔地区复杂环境隧道关键技术等课题研究，为川藏铁路建设提供有力支撑。各级组织要关心关爱现场职工，切实帮助解决实际困难。

做优基础类业务。落实总公司党组对我们的期望和要求，组织调研，找差距，补短板，围绕新形势、新要求制订建设标杆企业实施计划，并结合实际和项目有序组织实施。优化勘察设计组织，以项目质量计划为核心，强化“三位一体”协调联动。各单位行政主要领导是质量管理的第一责任人，要亲自参与项目质量计划的制订，统筹安排资源，准确把握各阶段工作重点，及时掌握生产信息，及时协调解决各类生产矛盾，提高勘察设计质量和效率。落实“保开通、保在建、保开工”工作要求，以开通在建和开工项目为重点，统筹资源，加强沟通，制订计划，明确责任，确保不因设计原因影响工程建设目标。服务精品工程建设，要贯彻新理念，将创新发展理念贯穿于设计全过程，优化整体设计，深化细部设计，加强接口设计，完善动态设计，全力推进京雄铁路、雄安站、丰台站等智能精品工程建设。服务蓝天保卫战、货运增量行动，加快推进蒙华铁路供图，深化完善瓦日铁路、唐呼铁路集疏运系统研究，推动唐山地区、黄骅港矿石“公转铁”项目。落实总公司扶贫工作的有关要求，做好扶贫项目施工便道、梁场等大临工程与永久性工程有机结合，合理设计利用隧道弃渣，优先选择采购当地砂石料，着力推进扶贫项目工作，保证工作进度和质量。加大市场开发力度。优化经营布局，加强经营力量，充分发挥属地化的经营资源作用，推进“三位一体”融合，提高市场开发成功率；巩固传统区域市场，积极拓展成渝城市群、长江中下游城市群、中原城市群、山东半岛城市群等区域目标市场。筑牢“做好在手项目就是最大经营”的思想，持续发挥基础业务的“孵化器”作用，拓展衍生项目。发挥综合技术优势，积极承揽区域规划、投融资等研究工作，培育潜在项目，推进资产经营、资本运作，拓展市政建设目标市场。保证资源投入，加强投标组织，确保实现开发目标，完成今年的各项经济指标。

做大工程类业务。系统总结克塔铁路、主数据中心及杭绍台、盐通铁路等总承包项目各环节运作管理经验，规范业务流程，指导新项目开展实施。细化昌景黄铁路开工计划，尽快落实南昌枢纽实施方案，完善施组设计，认真落实环评、水保要求，满足开工前置条件要求，尽快形成全面开工的局面。统筹把控“质量、安全、工期、投资、环保、稳定”六位一体，有序推进总承包工程建设，盐通铁路等项目要优化施组，力争在一季度完成更多实物工程量。严格落实开通条件要求，倒排节点梳理消防验收、环水保等制约因素，制订切实可行的推进计划，确保克塔、阳大铁路等项目高质量竣工，并做好竣工验交、财务决算，为后续项目积累经验。按照总公司要求，将铁路建设新技术应用到昌景黄铁路等项目中，打造世界一流高铁，建设精品工程。推进设计、采购、施工三者的深度融合，各单位要把总承包业务作为重点工作来抓，着力解决人、财、物、项目部和配合施工融合不够、互相扯皮等问题，提升现场管理快速反应能力和管理效率。做好汕汕等铁路后续投标工作，努力实现目标，做大工程类业务。把握“公转铁”运输结构调整的机遇，深度开发重点地区铁路专用线项目。依托总承包项目平台，加强与路内企业合资合作，推动土地综合开发、产业化、运维服务等业务的延伸。加强与铁路局所属企业的合作，扩大涉铁工程总承包市场。

深耕海外市场。以“一带一路”项目为重点，扎实推进境外项目的实施，加快雅万高铁站房概念设计，保障设计供图和施工配合，确保完成年度建设目标。做好中泰铁路土建详细设计和施工监理服务以及后续总承包合同谈判，着力促成项目按期签约。加快推进匈塞铁路塞尔维亚段工作，积极配合匈牙利段招标工作。梳理巴基斯坦拉合尔橙线项目剩余工作，为年内开通创造条件。加强沟通协调，促进菲律宾南部铁路项目贷款协议的签订，推动项目建设实施。大力拓展海外市场，制定海外业务综合管理办法，创新海外项目生产组织、管控模式。落实海外业务发展规划，整合区域资源，加快海外布局，增强属地机构开发能力，实现属地市场开发。以建设项目为依托，开展高端咨询和区域互联互通规划研究，服务国家战略。研究重点国别本地企业合资、并购投资方案，深化与境内外企业合作，多措并举推动目标市场开发。推进海外业务纵向一体化、横向一体化和相关多元化发展，拓展海外市场空间。

做强产品类业务。依托工程总承包平台，推动形成工程产业链条，探索建立工程产业化新模式。对标路内企业，开发差异化产品和路内空白产品，形成集团公司拳头产品。全面梳理既有专利和产品技术，制定切实可行的转化实施方案，打通"最后一公里"。依托产业化公司，搭建产业化营销平台、合作平台，促进产业化与工程建设、运营维护等深度融合。探索合资合作共建模式，选择规模效益较好的制造企业开展并购、入股、联合开发等研究，实现工程产品或工业产品外延发展，推动产业化规模再上新台阶。各生产单位在一季度要研究提出依托总承包平台在产业化方面的具体思路措施。产业化公司要大胆探索，对标先进企业，在国有企业治理框架下，建立适宜产业化长远、健康发展的体制机制。

拓展经济类业务。全面梳理既有资产，摸清底数，分类建档，加强与路内外企业的合作，以京津冀地区既有资产开发为重点，在去年研究的基础上采用资产置换、股权交易、联合开发等方式，对部分闲置、利用率不高的资产进行开发利用或处置，盘活既有资产。开展路内目标企业的投资研究，以金鹰重工为重点，开展尽职调查、可行性研究，制定实施方案，推动用资本运作方式打造工程产业链。研究探索投资铁路项目，结合自身能力选择适宜项目，通过投资依法合规获取总承包项目，获取稳定收益。

（四）推动科技创新与信息化建设取得新成效

推进重大课题研发。服务国家战略规划，大力推进高速磁浮、天津港发展战略等中国工程院课题研发。做好"高速铁路智能牵引供电系统关键技术及工程应用""铁路BIM技术标准"等重大重点课题研发，力争早出成果实现工程应用。大力推进艰险复杂山区铁路"空天地"立体勘察新技术、以物探为主的综合勘察技术、高海拔地区复杂环境隧道关键技术等课题研发和工程实践，服务川藏铁路建设。重点推进"智能京雄关键技术研究""新时代绿色智能客站关键技术研究及示范应用"等总公司重大课题研发，提出精品智能的设计理念、方法和标准，助力打造经济合理、安全可靠、生态绿色、运转智能高效的精品工程，为精品智能铁路项目勘察设计提供技术支撑、指导大型客站建设。结合研发成果及生产需求，大力推进企业标准规范、标准设计的制定和修订工作，加大对核心技术知识产权的保护力度，加强科技成果奖项申报工作，进一步提升企业品牌和社会影响力。

大力推进信息化建设。按照信息化建设规划，以实现远程设计为目标，整合相关应用软件，加快推进云平台建设，争取年底部分项目实现远程设计；在铁路BIM、深圳地铁14号线BIM的基础上，进一步提升BIM技术水平，实现正向设计，提升勘察设计的效率与效益。结合总承包项目推动BIM技术在工程建设，尤其是站房建设中的应用。通过信息化技术，安排研究铁路"工厂化+拼装"建造技术，实现"工厂"无人化、拼装机械化，实现在建造技术上有作为；以GIS（地理信息系统）为基础，拓展目前"GIS+地质"的研发内容，争取今年建成"云数据"，满足三维协同、BIM等各专业设计数据要求；拓展GIS+BIM在工程建设、运维方向的应用范围，争取应用于汕汕铁路。完成管理信息化顶层设计，推动建立设计、生产经营管理、行政管理相互融合的管理信息化系统，解决目前程序繁杂、互不相通的问题，争取年底完成管理云平台的建设。优化完善档案信息系统，开展纸质档案电子化工作。各单位要结合专业特点和管理实际，加强信息化建设，促进提升生产效率、管理效率和成果质量。研究解决与总公司数据接口问题，实现与总公司数据中心的互联互通，并争取参与数据维护工作。

驱动业务板块发展。以提升勘察设计手段、质量、产业化为目的，促进基础研究和新技术应用有机结合，全面提升科技成果转化率，驱动业务发展。围绕新材料、设备、管理开展“新技术+专业”的智能铁路研究，例如“智慧用电”研究，应用于既有铁路和站房。各单位要关注相关专业的研究成果，推动相互应用，如线站院要关注航测、地质等方面的研究成果，应用于选线等设计中。改进方法，提升质量，实现“专业+专业”融合发展。要深化节能技术、环保技术、装配式技术的研究与铁路发展方向的融合应用。

推进国家工程实验室建设。做好国家工程实验室土建工程建设、设备软件安装及调试，确保实验室5月份验收。推动实验室建设期科技开发课题研发工作，尽快形成一批成果。召开国家工程实验室第一次理事会，成立理事会及下设机构，组建国家工程实验室组织机构，建立实验室管理机制。

（五）转变工作作风，推进综合管理上水平

强化担当作为。大道至简，实干为要。在当前转型发展的关键时期，需要各级领导干部主动作为、勇于担当，切实把总公司和集团公司决策部署落到实处。要在善思善谋中强本领，观大势、谋大局、抓大事，着眼全局，把握重点，明方向、找思路、想办法，勇于破解发展难题，多想“怎么办”的方法和措施；要具有“功成不必有我”的胸怀和钉钉子的韧劲，始终保持在状态、有激情、敢担当，抓好各项工作措施的落实，确保工作成效；要坚定不移纠“四风”、树新风，坚决纠正形式主义、官僚主义，大兴调查研究之风，拿出更多更硬的实招，推动各项工作取得更好成效。

深化人才队伍建设。推动高端专家培养工作，做好院士推选申报工作，总公司“百千万人才工程”、省部级高端人才、“青年人才托举工程”以及集团公司“千人计划”选拔推荐工作。开展“弘扬爱国奋斗精神，建功立业新时代”活动，推动优秀资源向集团公司战略目标聚集。完善高端专家、总体、青年骨干等各层次人员的培养选拔机制，推进纵向人才梯队建设，丰富各板块资源储备。举办技术业务、企业管理、制度政策、管理会计、法务法律等业务培训。继续深化总承包、海外等业务从业人员岗前、岗中培训。拓宽人才培养路径，采用“定向委培”“请进来”“走出去”等方式，加强与高校、先进企业的沟通合作，聚焦紧缺人才需求，加大招聘、引进力度，完善人才结构。

发挥审计作用。贯彻落实习近平总书记关于审计工作的重要讲话精神及总公司审计工作部署，转变审计工作理念，发挥好审计工作作用。要从以往的以经济责任、经营业绩审计为重点，转向全面审计，推动国家重大政策措施的落实，结合集团公司实际，加强对川藏铁路、货运增量行动、精准扶贫等相关重大工程项目的跟踪审计、专项审计。要加大对落实八项规定精神、“小金库”治理等工作的审计力度，助力反腐倡廉建设。要结合全面预算管理、提质降本增效、防范重大风险，开展内审工作，推动规范经营管理上水平。对内、外部审计发现的问题，各单位要立行立改，举一反三，查找管理漏洞，建立长效机制，扩大审计成果的运用。

加强企业文化建设。以制度建设为着力点，开展企业文化建设，持续构建与集团公司战略目标相适应的企业文化体系。发挥文化引领作用，加大对转型发展过程中典型人物事迹的宣传力度，继续讲好“中国铁设故事”。积极营造发展有空间、待遇有保障、创新有动力、价值有体现的环境氛围，使员工有更多的获得感、成就感、荣誉感。

关心关爱职工。积极支持工会、共青团组织工作，尊重和维护广大职工的根本利益，充分发挥青年生力军作用，凝聚攻坚克难、砥砺前行的奋斗力量。组织做好职工健康体检，落实带薪休假、职工健康休养等制度。精心组织研发基地搬迁工作，确保平稳有序过渡。关注困难职工，加大帮扶救助力度。认真贯彻落实总公司和天津市部署要求，进一步做好综合治理、信访、保密、扶贫、档案、离退休等工作，提高保障能力。

各位代表、同志们！做好全年工作，任务艰巨，责任重大。需要我们以习近平新时代中国特色社会主义思想为指引，不忘初心、牢记使命，努力奔跑、追梦前行，以更高的站位、更大的决心、更实的举措，深入贯彻落实总公司党组、集团公司党委的工作部署，把握战略机遇期，重整行装再出发，以优异成绩迎接中华人民共和国成立70周年！

认清形势奋勇担当
再铸集团公司改革发展新辉煌

——在 2019 年集团公司改革与发展工作会议上的报告

（2019 年 3 月 29 日）

方 天 滨

同志们：

在这万物生发、万象更新，空港新园区到处洋溢着喜庆乔迁、美好憧憬之际，集团公司召开2019年改革与发展工作会议；置身新环境、开启新纪元、踏上新征程，蕴意深远、意义重大。会议主要任务：全面贯彻党的十九大、十九届二中、三中全会、中央经济工作会议和政府工作报告精神，认真落实总公司系列工作会议和集团公司“两会”工作部署。分析研判集团公司发展面临的新形势、新要求，再宣贯、再动员、再鼓劲，进一步提高认识、统一思想、转变观念，以时不我待的紧迫感、舍我其谁的使命感，围绕改革激发生机活力、发展实现提质增效，砥砺奋进，谋划安排推动2019年改革发展重点工作，再铸集团公司改革发展新辉煌。

一、充分认识集团公司发展面临的新形势、新要求，进一步提高对改革发展重要意义的认识

2018年，集团公司走过了转型发展三年攻坚的第一个年头。一年来，全体干部职工在总公司党组和集团公司党委的坚强领导下，以习近平新时代中国特色社会主义思想为指导，自觉践行“交通强国、铁路先行”使命担当，不断深化“强基达标、提质增效”工作主题，团结协作、攻坚克难，全年实现营业收入141.65亿元，同比增长76.1%；利润13.98亿元，同比增长67.8%；新签合同额786.4亿元，同比增长407.4%，生产经营迈上新台阶。围绕集团公司转型发展完成了一系列管理课题研究，形成了重要成果，奠定了集团公司改革转型优化、业务升级发展的基础。

推进集团公司业务转型和高质量发展，首先我们要准确分析，认清形势，下面我主要从宏观、中观、微观三个层面进行形势报告。

（一）国家宏观层面

从去年年底的中央经济工作会议和今年政府工作报告综合研判，今年的宏观形势，可以概括为“复杂严峻、稳中有变、危中有机”。

“复杂严峻”是对形势的总体把握。全球经济发展不确定性增加，贸易保护主义盛行，海外市场环境复杂多变；国内经济依然面临下行压力，经济运行稳中有变、变中有忧；行业形势不容乐观，传统业务产能过剩加剧，市场竞争呈现白热化；原材料价格处于高位，人力成本明显提升，企业加速优胜劣汰。集团公司业务发展面临着复杂、严峻的挑战。

“稳中有变”是对形势的基本判断。中央经济工作会议提出了稳就业、稳金融、稳外贸、稳外资、稳投资、稳预期。明确加大基础设施领域补短板力度。政府工作报告提出了合理扩大有效投资。紧扣国家发展战略，加快实施一批重点项目。完成铁路投资8000亿元。加大城际交通等基础设施投资力度，加强新一代信息基础设施建设。中央预算内投资安排比去年增加400亿元。总公司工作会议提出了集中全力办好规划建设川藏铁路和加快推进股份制改造两件大事。可以预见，今年的市场容量、投资规模、财税政策、货币政策、投融资政策和行业发展政策等将继续保持平稳并有望出现利好局面，企业改革发展的宏观环境将保持稳定。稳字当头是大前提，但还需看到的是，去产能、去库存、去杠杆、降成本、补短板等方面的举措将会继续加强，市场上传统领域与新兴领域的此消彼长将会加剧。国资国企、行业发展、财税金融、市场准入等方面的改革将会深化，科学技术、信息技术、商业模式等方面的创新将会提速，这些变化总体对我们来说是有利有弊，要想趋利避害，我们就要牢牢把握住“稳字当头”这一窗口期，加快改革发展的步伐，在“变”中把握主动。

“危中有机”是对形势的理性认识。事物总是辩证的，有危必有机，有劣汰必有优胜。是“危”还是“机”取决于我们的选择和行动，对于集团公司发展而言，偏离时代航道是危，顺应时代趋势是机；消极懈怠是危，积极应对是机。集团公司在60多年的发展历程中，之所以在每一次的逆境和挑战中都能发展得更好，正是因为我们在应对挑战的过程中始终保持了自我警醒、自我加压，通过自我变革，实现了自我提升。

（二）行业中观层面

行业正在步入一个全新的发展阶段，竞争格局深化演进，商业模式创新加速，信息化技术创新发展进程加快。主要体现在以下几方面。

1. 传统业务产能过剩，竞争加剧

过去10余年间，在国家固定资产投资高速增长的背景下，勘察设计单位快速扩充。“十一五”期间全国勘察设计企业数量基本维持在1.4万家左右，至2017年底，统计在册的全国工程勘察设计企业数量达到2.5万家。在市场经济形态明显下行的情况下，产能过剩问题暴露明显。产能过剩直接带来的是同质化竞争严重，恶性竞争现象时有发生。

2. 行业结构性调整，客户需求多元化

（1）新的市场参与规则不断调整。国家明确提出：要培育全过程工程咨询，加大EPC工程建设模式和PPP融资建设模式的推广。行业的业务发展覆盖了项目规划、投资咨询、勘察设计、项目投融资、施工建设、运维管理等各环节资源的协同配合，从提供单个项目的设计服务到提供全产业链的服务。

（2）业务发展模式不断转变。一是整个行业的商业生态环境正在从静态、有边界的状

态走向动态、行业交融的状态，工程勘察设计企业不再拘泥于行业界限，而是以价值创造为导向呈现多行业的业务组合，创新发展更广阔的市场空间。比如：综合交通一体化、站城一体化、TOD综合开发（以公共交通为导向的开发）、产业化等。二是勘察设计企业与业主的关系也从甲乙方关系向合作伙伴发展，由适应需求到满足需求再到创造需求，层层递进。行业内企业间除了互为竞争对手外，在业务拓展、内部管理提升等方面开展横向、纵向、上下游各层面的合作，形成你中有我、我中有你的关系。三是互联网大发展带来的互联网思维，以数字化为手段，面向工程的智慧化服务需要传统工程服务企业与信息化企业相结合，打造新型工程智慧化服务商，带来了行业服务模式、设计手段、管控模式的转变。可以说，数字化互联网绝不是单纯的技术创新，其带来的理念、模式的结构性冲击远大于技术本身。

（3）资本在行业中的重要性不断增强。一是随着行业市场逐步开放，资本力量的重要程度日益凸显，行业内重组、并购时有发生。大型勘察设计院通过并购、重组专业化设计院，成为拓宽业务、迅速占领市场的主要途径。二是BOT（建设—经营—转让）、PPP等融资建设模式的推广，资本与勘察设计市场联系更加紧密，成为行业拓展发展空间与竞争优势的主要途径。

（三）企业微观层面

当前国家宏观、行业中观的外部形势发生深刻变化，集团公司处于业务升级与管理转型的交会期，管理转型又处于建立各类业务管理制度与管控模式、人员机构调整的交会期。交会期的矛盾是发展中的问题，主要表现如下。

1. 业务现状不满足高质量发展要求

一是发展不平衡。业务经营开发习惯固守在传统业务领域，转型发展、创新发展、相关多元发展力度不够，开辟新业务、拓展新空间、培育新动能的能力不足，传统业务和新兴业务发展不平衡，新产业、新业态比重过小。二是发展不充分。竞争力发展不充分，发展能力释放不足，发展空间拓展不够，竞争力没有完全体现。资源和资产发展不充分，很多存量资源、资产处在冬眠状态，没有发挥应有的效益；产业链优势发挥不充分，拥有的勘察、设计、规划咨询、投融资等资质优势发挥不够，没有将优势转化为胜势；各单位发展不充分，个别单位市场经营贡献不大，有的甚至拖了集团公司后腿。对标行业内传统铁路勘察设计院，我们的生产效率、效益较低，新签合同总额、营业收入、利润总额不靠前。与铁四院相比，人员数量相当，2018年铁四院的利润是我们的1.4倍。三是发展不协同。资源协同不够、经营协同不够、产业协同不够、部门及单位协同不够、上下协同不够，产业与投资引领、科技创新、人力资源之间协同体系没有构建完善。四是发展不适应问题。经营能力与市场变化和发展要求不适应；价值创造能力与产业迈向价值链中高端不适应；人才数量、质量与业务发展需求不适应；服务质量与时代精品工程、智能工程、绿色建筑要求不适应。

2. 管理机制不适应新的市场要求

一是直线职能式管理不适应多元业务发展的需要。集团公司60多年的发展历程中，在业务相对单一、规模体量相对较小的阶段，直线职能式的管理发挥了其集中统一的优势，为集团公司转型发展奠定了坚实基础。按照“以勘察设计为基础、工程总承包为核心、工程产业为驱动、多元业务为补充的国际一流的千亿级工程产业集团”的战略目标，目前集团公司已发展为四类业务、九大板块，直线职能管理的短板已经显现。二是“市场、生产经营、技术创新”三位一体的生产经营机制还未形成。目前，我们的生产经营和项目组织实施以计划经营部集中统筹管理为主，每年几百个业主、上千项工作任务，这样的生产经营体制造成经营与生产链条长，客户需求与设计服务关系远；经营与技术脱节，信息渠道不畅；未赋予各生产单位主体经营责任和权益，长此以往容易造成有些单位“等、靠、要”思想严重。面对复杂多变的市场形势，集团公司需要向纵向一体化、横向一体化与相关多元化拓展发展空间，亟待建立“市场、生产经营、技术创新”三位一体的管理机制，实现市场、管理、技术、人、财、物各要素的科学配置，解决“市场、资源、机制”不紧密、不联动问题。有时即使机构进行了优化调整，也要建立相应的机制让新的机构有效运转，还需要认真思考，拿出切实可行的办法和措施。

同志们，回顾集团公司66年的发展历程，从“以铁路勘察设计业务”而生，到“以勘察设计业务为主、多元业务发展”而起，再到如今提出的“以勘察设计为基础、工程总承包为核心、工程产业为驱动、多元业务为补充的国际一流的千亿级工程产业集团”战略转型升级，无论哪一个发展阶段，我们无不是在主动适应外部环境的新变化，在主动响应时代发展提出的新要求。

复星集团董事长郭广昌曾说过这样一句话：“如果世界上要有一个救世主，那就是‘市场’，但在市场里，能救你的只有你自己。”当前，在外部复杂形势的挤压下，我们迫切需要诊断根治多年来因发展顺利而滋生的“大企业病”，如机构臃肿、体制官僚、机制僵化、内部管理流程和管理链条冗余繁杂等导致一线战斗力下降。当下，内忧外患、机会与挑战并存，开展改革需要坚决的意志和不动摇的决心，推进改革需要“踏石留印、抓铁有痕”的作风和昂扬向上的激情，要敢于刀刃向内、刮骨疗伤。改革有风险，但不改革就会腐化死亡。

“天下之祸不生于逆，生于顺”。改革发展的新征程，对集团公司而言就是一场生死攸关的战役，只要我们认识到面临的挑战和不足，坚持集团公司改革发展战略定力，以集团公司转型发展为统领，以争创铁路设计企业标杆为抓手，充分激活组织生机和员工活力，改变作战方式，提升作战能力和效率，就一定能够破解改革发展中的难题，夺取战役的全面胜利，早日实现建设国际一流工程产业集团的目标。

二、认真落实集团公司一届二次职代会工作部署，扎实做好2019年改革与发展各项工作

2019年是集团公司转型发展三年攻坚承上启下的关键一年。集团公司改革与发展工作的总体要求：以习近平新时代中国特色社会主义思想为指导，贯彻落实总公司系列工作会议和集团公司两会重点工作部署，按照“立足国内、拓展海外，一个目标、两个手段、三个方向、四类业务、五大区域、面向世界”的总体经营方针，以规划建设川藏铁路和总公司股份制改造两件大事为契机，推进标杆企业建设，深化体制机制改革，着力实现“人、财、物”管理协调统一和“市场、生产经营、技术创新”三位一体，推动实现集团公司高质量发展迈出实质性步伐，以优异成绩迎接中华人民共和国成立70周年。

今年要重点抓好以下四方面工作。

（一）始终坚持党的领导，筑牢改革发展的政治保障

党的领导是集团公司改革发展的“定海神针”，必须继续保持高度政治定力，始终坚持两个“一以贯之”，落实党委“把方向、管大局、保落实”的要求。大力发扬我们这支队伍对党忠诚、听党指挥的光荣传统，切实将党建活力转化为发展活力，将党建优势转化为改革发展优势，持续推动党建工作与改革发展深度融合。各级领导干部要认真学习习近平新时代中国特色社会主义思想和十九大精神，以此为遵循寻找做好改革发展具体工作的方法和路径。树牢“四个意识”、坚定“四个自信”、坚决做到“两个维护”，把增强企业竞争力、提高经营效益、实现集团公司转型发展作为党组织工作的出发点和落脚点。要善于在纷繁复杂和千头万绪中把握发展规律、抓住问题关键，要始终坚持在实处精准发力、在实处久久为功，要坚决把党中央、总公司决策部署和集团公司改革发展各项任务落到实处、抓出成效。

（二）全力推进生产经营，厚实改革发展基础保障

企业发展需要以市场为导向、市场开发为龙头，顺应环境变化，积极拓展市场空间。集团公司行政工作报告中提出：“以勘察设计为基础，拓展产业链，向上拓展高端咨询、投融资咨询、规划等业务，向下向工程建设、总承包、运维延伸，打造纵向一体化，为总公司及各类业主提供全过程全方位的服务。以各类业务为基础，拓展土地综合开发、城市规划、综合交通枢纽、产业化等业务，实现相关多元化；以市政类业务为主，采用外延并购、资本运作、战略合作等方式，快速获得互补性资源，实现横向一体化”。为此，生产经营要重点做好以下三方面的工作。

1. 全力推进川藏铁路规划建设

中央决定高起点、高标准、高质量规划建设川藏铁路项目，对于推进铁路勘察设计变革具有深远的意义。我们一定要把川藏铁路建设项目作为平台，整体更新技术质量管理理念、创新勘察设计手段，提升技术与管理水平。一是更新规划设计理念。川藏铁路项目是重大综合性规划建设项目，内容涵盖国土开发、电力规划、道路配套、城镇建设、装备制造等，是全新课题。我们要创新思维，统筹兼顾地质选线、环保选线、施组选线、安全选线、装备选线等多种选线手段，多方案综合比选，提出系统最优方案；同时要做好总结，加快勘察设计理念更新。二是创新勘察设计手段。川藏铁路沿线山高谷深、水系发达，地形地貌、地质条件异常复杂，很大程度上制约了传统勘察设计技术手段，需要广泛采用地质遥感、航空物探等多种信息技术手段查明地质，深入开展长大坡道、高墩大跨桥梁、深埋特长隧道等重大课题研究来破解难题。我们要积极建立完善基于空天地一体化、大数据、信息化的综合勘探技术体系，形成一大批实实在在的科研成果，创新提升勘察设计手段。

2. 着力推进区域统筹经营开发

我们要深入解读国家“一带一路”建设、京津冀协同发展、长江经济带发展“三大战略”以及党中央深入实施的西部大开发、东北振兴、中部崛起、东部率先的区域发展总体战略，分析研判蕴含的市场前景。一是突出以规划、咨询撬动市场开发的经营策略，积极开展规划编制。二是强化从全过程咨询，从全局高度进行经营谋划，以规划为引领，分区域梳理形成重点项目市场开发计划。以提供高品质、全方位的技术服务为主要经营手段“贴身短打”，实现创造市场、创造需求、创造项目，厚实项目储备，把握市场开发的主动权。

三是发挥规划咨询、勘察设计“孵化器”作用，坚持市场导向，开展区域统筹综合业务开发，实现纵向一体化、相关多元化和横向一体化经营，拓宽拓展发展空间。

3. 以总公司股份制改造为契机，加快资产经营开发

运用市场化手段，在依法合规、风险可控的前提下，推进资产经营、资本运作。一是探索与勘察设计企业合资合作共建模式，选择规模效益较好、互补性强的企业开展并购、入股、联合开发等研究，快速扩大集团公司业务范围，拓宽发展空间。二是探索与业主合资合作共建模式，建立更紧密的联系，拓展发展优势。三是开展资产经营，盘活存量资产，提升企业效益。

（三）深入推进体制机制改革，确保改革发展落地生根

面对复杂多变的市场，需要拓展发展空间；拓展发展空间需要创新提升我们企业的体制机制。要以问题为导向，以破解企业突出的体制机制问题为抓手，把集团公司的改革发展引向深入。

1. 加快推进机构优化调整

要认识机构调整的重要意义，机构调整不仅仅是换名字、换身份，也不是简单的加加减减，而是要通过调整、重组、撤销，实现职能转变，从根本上解决职能重叠、效率低下的问题。总公司批复的机构编制优化调整方案，是集团公司在充分认识发展需要，科学把握优化协同高效的丰富内涵和内在联系的基础上研究提出的，目的是为了真正实现组织形态和治理方式等体制机制深层次转换，有效促进公司治理结构完善和市场化生产经营水平的提升，进一步推动集团公司更高质量、更有效率、更加公平、更可持续的发展。各单位、各部门要站在集团公司战略发展的大局想问题、干事情，以高度的政治责任感，抓好“设计”与“施工”的衔接落实，当好“施工队长”，把机构优化调整任务走深走实。

2. 深化体制改革

推动集团管总、区域主战+专业化事业部的管控发展模式，实现行政管理、生产经营、考核监督三分开，实现管理转型和业务优化升级。生产经营中心，要抓好国铁项目的经营开发，积极与总公司相关部门对接，确保国铁重点项目的保有量和占有率。区域分公司，要按照“市场、生产经营、技术创新”三位一体的要求，统筹区域生产经营，创新生产经营组织，要统一管理区域分公司人、财、物。推动市场、生产经营、技术、人、财、物各要素的科学配置，解决好市场、资源、机制脱节的问题。要结合各区域的市场实际，突出做好除国铁项目外的全业务区域统筹经营开发，对照梳理区域的重点目标市场，以重点项目为突破，以点带面，横向、纵向、多元开发，建立区域统筹经营生产优势。事业部要结合各自业务特点，对标行业先进企业，研究建立事业部的管控模式。工程总承包事业部要加强E、P、C三者的深度融合，加快研究建立工程公司式的管控模式；海外业务事业部要紧紧围绕海外业务的具体特点，强化法律、财务管理，创新海外项目生产组织、管控模式；城市轨道交通事业部、公路市政事业部要对标行业内管理先进、制度完善的专业设计院，尽快建立事业部管控模式；资产经营事业部要围绕集团公司纵向、横向、相关多元发展要求，借鉴投资公司、基金公司等相关企业的管理模式，建立事业部管控模式。各研究院要加强与各区域分公司的协同联动，根植经营和发展中心不偏离，充分发挥专业优势，做好技术创新、专业人才队伍建设工作，打造专业化竞争优势。

3. 推进机制创新

干好在手项目就是最好的经营，高质量的经营也会对在手项目提供最大的支持。要加快建立“三位一体”的生产经营机制。总的原则：让揽活的从保障市场经营的角度有效参与到干活的组织和监管中，赋予市场经营主体在后续任务分配和项目绩效评价中的话语权甚至否决权，“让听得见炮声的人来呼唤炮火”；让干活的积极参与到揽活的过程中，赋予干活的投标决策和投标报价等方面的话语权甚至否决权。要进一步完善经营开发考核激励机制和配套办法，研究制定区域经营管理实施细则和专项经营奖励办法，让揽活的不但想着怎么揽，而且要有效支持干活的把活干好、实现创誉创效目标，确立区域生产经营综合优势，实现多方位立体开发。要建立内部价格交易体系，让干活的不但想着有活干，而且要深度思考揽到以后怎么干、怎么干好，对经营质量负起应尽的责任。各单位要贯彻这一要求，结合自身实际，优化职能定位，强化联动考核与协同管控，努力实现经营与生产有机结合、良性互动。

（四）加强基础能力建设，助力改革发展走深走实

无论是企业转型、业务升级，还是生产经营、改革创新，都必须建立在坚实的基础上。我们要始终把夯基础、抓基层、练内功的工作摆在突出位置。

1. 加强人才队伍建设

人才是第一资源。要以“优化存量、提升素质、激发活力”为根本，加强人才队伍建设。一是加强经营人员业务培训，厚实总承包、勘察设计，法律、经济等业务知识储备，加强沟通技巧和沟通能力的历练，提升与新时代市场开发相适应的素质能力，培养和打造适应新时代市场开发需求的经营队伍。二是以提升培训质量、学习效果和学员满意度为着力点，持续加强多领域、多层次、多形式的干部职工教育培训工作，培养和打造适应新时代企业高质量发展要求的人才队伍。大力开展“导师带徒”，提倡在实践中学习，深入推进“全员素质提升工程”，打造“学习型中国铁设”；大力开展业务比武、劳动竞赛、创先争优，选树典型和标杆，提供机会与平台，激发人才干事创业的潜能。三是进一步加大人才横向、纵向交流任职力度；完善职业化人才发展通道；加大青年人才的培养使用力度，打破制约青年人才成长的思想藩篱和机制障碍。四是对标行业优秀企业市场开发先进经验，根据发展需要，结合区域化经营布局，采取更为灵活的方式，大力培养和引进新兴产业人才，研究聘用属地化成熟人才。

2. 加强基层制度建设

结合集团公司这次机构优化调整，各单位、各部门要在厘清主体责任的基础上，系统梳理主体责任内发布实施的相关制度办法，提出废、改、立意见，加快推进适应现代化企业管理的“$1+N+X$”制度体系建设。

“船到江心浪更急，人到半山坡更陡”。新一轮改革发展要啃的“硬骨头”多，打的攻坚战多；改革发展不进则退，进就赢得了市场、赢得了未来，退就是危，甚至将面临生存危机。我们既要面对复杂多变的外部市场形势，又要面对繁重艰巨的内部改革任务，我们要围绕市场谋发展，围绕发展谋改革，围绕改革促发展。这就需要我们全体干部职工以更加强烈的进取担当精神，在市场上勇于创新经营生产，在经营生产中勇于创新管理。

兄弟单位说我们是“皇家设计院”，也有业主评价我们“江湖地位高”，说明集团公

司拥有千载难逢的黄金机遇、独一无二的有利条件，通过努力能够实现千亿级工程产业集团的目标；到那时，我们的体制机制更加完善高效，治理体系和治理能力更加科学规范，企业发展动力和创新活力更加激昂澎湃，品牌价值和综合竞争力更加稳固攀升，广大职工的获得感、幸福感更加丰富充实。

同志们，集团公司历经66年风雨历程，铸就今天的辉煌成就。“雄关漫道真如铁，而今迈步从头越”。回首过去，我们秉承初心、牢记使命、砥砺前行；展望未来，我们坚定决心、斗志昂扬、锐意进取。让我们在总公司党组和集团公司党委的坚强领导下，勠力同心、重整行装、奋勇拼搏，共同铸就集团公司改革发展新辉煌！

强基础　重创新　铸精品
为集团公司高质量发展提供技术支撑

——在2019年集团公司改革与发展工作会议上的报告

（2019年3月29日）

孙 树 礼

同志们：

今天，集团公司召开2019年度改革与发展工作会议，主要任务：以习近平新时代中国特色社会主义思想为指导，贯彻落实总公司系列会议及集团公司一届二次职代会暨工作会的部署要求。下面我就科技质量方面简要总结2018年工作，分析当前面临的形势，部署2019年重点工作。

第一部分　2018年工作简要回顾

2018年，在集团公司党委的坚强领导下，广大干部职工认真贯彻落实交通强国、铁路先行的战略部署，积极践行强基达标、提质增效工作主题，紧紧围绕集团公司行政重点工作和2018年质量会重点工作部署，开拓创新，攻坚克难，良好地完成了技术质量、科技创新、产业化发展、体系运行等各项目标要求。

一、产品质量稳步提升

全年未发生质量责任事故，未出现违反环境法律法规的现象，未发生因勘察设计原因引起的I类变更设计，严守了质量红线。勘察设计项目合格率达100%，获省部级优秀勘察设计奖52项，省部级优秀咨询成果奖7项，优良率为74.2%，海外项目优良率达到80%，工程总承包单位工程一次验收合格率为100%，未收到重大顾客抱怨，累计收到表扬信246封次，实现了预期的质量目标，产品质量稳步提升。

一是管理机制不断完善。集团公司制定发布了建设项目质量安全红线管理规定、总包项目设计优化和施工组织设计指导意见等管理规定，制定、修订了消防、人防、列车追踪间隔检算等87项专业分工，组织开展专业间有争议的接口问题优化研究。总包事业部、地路院、电化电信院、公路院等单位，围绕红线管理、委外管理、风险管控、质量评价、标准化建设等，发布了一系列管理制度。

二是勘察设计精耕细作。广大技术人员在集团公司转型发展中争当先行，强化精品意识，弘扬工匠精神，认真履行职责，精心勘测、精细设计，认真做好外业勘察、标准选定、方案论证、设计优化、投资控制、施工配合等工作。各级技术管理者超前谋划，加强过程管控，严格成果把关。集团公司川藏铁路指挥部及各单位投入骨干力量，精心组织，参战各级技术人员攻坚克难，超前研究川藏铁路重难点技术问题、重大技术方案。多数项目以优良的品质、优质的服务赢得相关方的高度信任和好评。

三是技术决策不断加强。围绕京雄铁路等重点项目，项目团队聚焦智能铁路、精品工程，广泛调研，深入研究，及时稳定重大技术方案。围绕雄安、星火、丰台等大型站房，贯彻落实新时代客站建设新理念，勇于创新，持续优化，不断改进。围绕昌景黄、杭绍台、盐通、雅万等重大项目以及各专业重难点技术问题，集团公司及各单位广泛开展专家咨询与论证活动达130余次，提升了项目技术决策质量，有效防范了质量安全风险。

四是技术交流广泛深入开展。依托“中国铁设大讲堂”，集团公司组织开展了环水保设计、总包项目优化和施工组织设计等技术交流活动20余场；城交院、测绘院、线站院等单位围绕打造精品工程、总体能力提升、质量管理知识、新技术手段应用、案例剖析、新政策解读等，积极开展了多种形式的技术交流活动100余场。

五是质量检查活动不断强化。各单位、各指挥部坚持问题导向，严格落实质量安全红线管理规定，对在建项目开展了质量红线全面排查，发现并整改问题368个；对75个建成项目、63个在建项目开展接触网、信号电路设计等专项排查并及时整改，有效消除了质量隐患。

二、科技创新取得新成效

获省部级科技奖23项，参与的“复杂环境下高速铁路无缝线路关键技术及应用”获国家科技进步奖一等奖；获批专利132项（其中发明专利35项），登记软件著作权53项，全面超额完成年度科技创新目标。

一是管理机制进一步完善。贯彻落实集团公司发展战略和“量本利”、发展资金、专项奖励、综合考核等管理新思路，编制2018—2020年科技发展规划，修订并发布科技开发、科技奖评选、商业软件采购等管理办法。

二是科技创新活动有序推进。聚焦关键技术，围绕川藏铁路、精品智能客站、BIM技术、信息化建设、产业化发展等，立项内部课题201项，承揽省部级以上科研和标准项目68项，其中主持30项、参研38项。全年开展了725项科技攻关活动，取得了一系列创新成果，5项总公司课题通过结题验收、20项通过年度检查，结题内部课题257项，登记科技成果68项。

三是重点研发取得新成果。海峡通道研究、天津港一体化发展战略研究、高速铁路设计标准优化研究等重大课题有序推进，BIM技术在智能京雄、克塔总包、深圳地铁14号线等应用取得实质性效果；主编的《铁路旅客车站设计规范》发布实施；铁路工程总承包项目施工组织设计研究、设计优化研究、盈利模式研究等结题验收并推广应用，总承包项目部级管理信息化平台建成并在克塔、主数据中心、盐通项目试点应用。

四是创新平台建设取得新成效。申报的国家企业技术中心已通过国家发改委认定。积极申报天津市首批智能制造专项鼓励企业，加大项目研发力度，建设国家创新人才培养示范基地。国家工程实验室土建工程建设、设备软件采购和建设期课题研发取得阶段性成果。

三、科技成果转化效果持续提升

集团公司产业化新签合同额4.26亿元，首次突破4亿元，是年度计划的170.4%，同比增长22.8%；完成进款额3.0亿元，为年度计划的166.7%，同比增长23.6%。集团公司完成产业化发展管理课题研究，注册成立产业化公司。各单位转型意识日渐浓厚，主动加大产业化资源投入，成效显著。电化电信院主动自我施压，高起点实现高增长，全年新签合同额达到1.87亿元，同比增长67%，进款额达到1.1亿元，同比增长93%；建筑院发展后劲初显，全年实现新签合同额4269万元，同比增长183%；城交院奋起直追，在适合本单位的产业化发展上迈出了坚实的一步。

四、体系运行持续有效

质量、环境管理体系转版换证工作圆满完成。集团公司各部门、各单位按照新版要求，更加关注内外部形势的变化和相关方的需求和期望，大力推进过程方法和基于风险思维的实践应用，实现了年初制定的各项质量、环境管理目标；内审和外审没有发现严重不符合项，集团公司各项业务所有产品和服务能够持续满足顾客和适用的法律法规要求，管理体系运行适宜、充分，持续有效。

回顾一年来的工作，我们在总结成绩的同时，也必须清醒地认识到当前科技质量工作中存在的问题和不足，并进一步改进与加强。

（一）技术质量方面

一是质量风险防范需进一步加强。主要表现在：部分项目对本身特有的重大质量风险识别、评价、措施制定等落实不到位，如某项目对工程附近煤层开采形成高陡边坡带来应力释放提醒不够，深厚回填土施工在厚度、顺序、对称性方面说明不详细；个别项目对严寒地区隧道防排水研究不透，隧道洞口附近出现渗漏后产生挂冰现象，带来运营安全隐患；有的单位对复杂结构难度、风险认识不够，生产组织策划考虑不周，人员能力不满足设计要求；个别项目对勘测验收期间遗留问题、施工过程和设计巡检反映的问题没有及时追踪关闭，留有质量隐患；有的人员对现场发现的问题处理不及时，增加后期的处理难度和风险。

二是勘测调查基础工作欠扎实。主要表现在：有的项目现场调查不深不细，直接影响到设计方案的稳定和工程措施的针对性；地勘工作遗留较多，个别工点资料不够完善，引起后续变更较多；有些项目取弃土场位置不稳定、不合理，施工期间变化大，竣工验收困难；有的项目调查期间收集地方产矿的规划及既有资料不齐全，施工期间关注周边环境不够，开通前暴露出地方尾矿库弃砟与废水覆盖隧道洞身，形成安全隐患，不得不采取补救措施；有的专业人员施工知识匮乏，对施工方案和施工措施所要求的现场调查不清楚，影响到施工方案的合理性。

三是精细化设计不够。主要表现在：以项目周期短、任务重、压力大为理由，专业把关不严，管控不到位，出手质量不高，造成设计成果差、错、漏、碰现象较为普遍。有的专业工点图和参考图设计参数不一致，专业设计文件和总体设计文件表述不一致，专业设计文件前后章节表述不一致等；部分专业对非主体结构的设计重视不够，对建设运营的影响重视不够，生搬硬套通用标准图，如有的天沟、排水沟尺寸偏小，排水能力不足；有的项目采用的材料、设计尺寸不明确，缺少对特殊工艺施工的说明；上序专业按常规通用图预留设计，不能满足实际安装要求；部分单位委外管理不到位，对外协人员能力要求不高，技术交底培训不够，质量管控不严；有的项目环评及其批复意见落实不到位；有的专业设计措施多以原则性描述为主，针对性不强。

四是总包项目工程质量管控待加强。主要表现在：部分管理人员的经验、能力与总包施工管理的要求尚有差距，对工程质量的主体责任认识不到位，对工程质量管控的手段不多、力度不够；有的项目违反建设管理规定，如专项方案未评审批准，现场就已经开始实施；有的项目管控不到位，导致施工违反相关规定，如钻孔桩钢筋安装偏位造成保护层不足，钢拱架连接钢板和防水板厚度不足，路基工点边坡防护未按图施工，隧道边仰坡刷坡不到位，路桥过渡段、涵洞涵背回填填料不合格，桥梁焊接工艺差、混凝土浇筑施工质量未达标等。

五是技术管理绩效需进一步提升。主要表现在：技术管理与市场开发的需求及与发展计划的要求还需进一步加强融合，项目质量计划编制的针对性、有效性、指导性还需进一步加强；专业间的协调性、系统性，还不能满足集团公司高质量发展的要求；新技术、新手段的推广应用力度还不够强，质量效益需要不断提升；有的单位技术管理的能动性不足，主动落实上级政策的动力不足，等靠思想严重。

（二）科技创新方面

一是科技创新水平不够高。主要表现在：全员科技创新意识不强，与集团公司高质量发展的要求还有差距；创新的体制机制有待进一步完善；承担外部科研和标准类项目的数量还不够多、层次还不够高，基础性、前瞻性重大课题立项偏少；高层次系统性、综合性重大课题推进比较困难；部分课题成果质量不高，科技成果再次转化率偏低；科技成果对打造精品智能铁路及川藏铁路等重大工程建设的支撑还不足；工程总承包项目科技投入不够，总承包相关的设计技术、施工技术、知识产权储备匮乏，支撑总承包业务发展及集团公司高质量发展的作用有待进一步加强。

二是信息化管理水平不高。主要表现在：信息化管理系统的统计、分析、辅助决策功能不强，相关系统间的数据信息共享不够、传递不畅，数据或资料积累等基础工作不扎实，信息化技术对提升生产、科研和管理效率效益的支撑作用尚待进一步提升。

三是产业化规模效应尚不突出。主要表现在：研发成果、持有知识产权的整体二次转化效率效益挖掘不足，思路还不够开阔；产业化与总承包的业务融合、协同创效的发展思路、路径探索推进较为缓慢；与总公司下属企业合资合作方面推进力度有待加强；对工商财税、招投标等涉及产业化业务的法律法规研究不够，相关资源配备不足。

（三）体系建设方面

一是体系按照新版标准要求运行的绩效需要不断提升。新版标准中关于“基于风险的思维”和应用“过程方法”等要求如何深入，还需要加强学习、理解和有效运用；如何将对标指标融入集团公司既有绩效管理中，还需要研究落实。

二是体系运行与现实操作仍存在“两张皮”问题。仍存在较多制度执行和实际操作“脱节”的现象，同时随着集团公司推进高质量发展，管理体系架构和目标尚待提升。

第二部分　2019 年面临的形势和总体要求

2019年是集团公司机构改革、机制创新、迈向高质量发展的关键一年，集团公司在技术质量、科技创新、产业化发展和体系运行中，面临着更高的内外部要求、更大的机遇和挑战，需要我们充分认清新形势、新要求，凝聚共识，把握机遇，迎接挑战。

一是川藏铁路设计咨询和地勘监理为集团公司创新勘察设计带来了新的机遇。按照“科学规划、技术支撑、保护生态、安全可靠”的总体要求，要高起点、高标准、高质量推进川藏铁路规划建设。川藏铁路地形地质条件极其复杂，沿线生态环境敏感脆弱，遇到的工程技术难题前所未有，需要突破一系列世界级难题。各级领导要提高政治站位，强化责任担当，切实转变理念，集中力量打好川藏铁路前期工作和科技创新的攻坚战，为川藏铁路规划建设贡献力量。同时，我们要充分认识到川藏铁路建设给勘察设计技术和管理带来的变革，需要我们积极追踪、认真总结川藏铁路勘察设计和工程建设的新理念、新方法、新技术、新手段，快速积累复杂艰险山区项目勘察设计、建设管理技术和经验，不断改进管理方法，增强技术管理的适应性，持续提升集团公司勘察设计质量、工程建设管理水平。

二是新时代铁路高质量发展对绿色、智能、精品工程设计提出了高要求。铁路建设经过几十年的发展，铁路勘察设计工作已经到了向不断总结提升和迈上更高水平的发展阶段，绿色、智能、精品已成为新时代铁路高质量发展的主基调，高质量发展对技术创新、产品品质提出了新要求。需要各级管理者，特别是技术管理者以新发展理念为引领，坚持目标导向，以京雄城际、丰台客站等精品智能工程为牵引，创新思路，更新理念，发扬工匠精神，努力打造绿色、智能、精品工程，实现由设计产品向作品、精品的转变，在中国高铁提档升级中当好先行。

三是新时代高质量发展对确保建设项目质量安全提出了高要求。轨道交通建设任务仍持续高位，京雄、蒙华等工程将于年内开通，沈白、包银、丰雄商等重大项目将开工建设，盐通、昌景黄、杭绍台等总包项目进入全面建设阶段，总体而言，项目建设标准高、各方关注度高，尤其是总包项目点多、面广、实施难度大，质量安全面临严峻挑战；境外项目、城轨项目等外部环境复杂多变，服务要求高。需要各级管理者牢固树立安全发展理念，坚持问题导向，加强质量红线管理，强化风险预防，落实主体责任，依法合规、科学有序、安全优质做好各项工作，为集团公司持续健康发展提供基础保障。

四是新时代高质量发展对进一步提升科技创新能力和水平提出了新要求。建设标杆企业是集团公司“两会”提出的高质量发展内在要求，必须在大力提升科技创新能力和创新绩效上狠下功夫。国家工程实验室建设已进入攻坚阶段，对大力推进国家工程实验室体制机制建设、实验平台建设、建设期科技开发课题研发、满足项目验收要求等方面提出了迫切要求。需要我们深入调研、总结分析集团公司在基础理论、前瞻技术、专业技术、信息技术、产业化发展及体制机制上存在的优劣势，高标定位、扬长补短，强力推进科技创新发展。

五是新时代高质量发展为产业化发展提供了新机遇。近年来，总公司倡导内生增长的发展方式，大力支持下属企业推进自主科技创新和产业化应用，为我们依托工程总承包项目开展工程产业化业务，与铁科院、铁路局开展产研用合资合作，带来了广阔的空间和新的机遇。同时，5G通信技术将为基于信息化的铁路建造、运维提供强大的技术支撑，也为我们围绕智能建造、智能运维开展产业化业务，实现弯道超车创造了更大的机会。

六是集团公司高质量发展给创新技术管理机制带来新的挑战。2019年集团公司在搬迁空港新园区的同时，结合机构改革将大力推进“市场开发、发展计划、技术管理”三位一体的深入实施，需要我们各级管理者站在集团公司发展大局，深入研究市场开发、发展计划对技术管理的需求和存在问题，积极思考解决问题的思路与措施，不断创新技术管理机制，推动“三位一体”落地实施。

2019年主要工作思路：全面落实总公司重要会议部署及集团公司职代会暨工作会要求，牢固树立新发展理念，落实高质量发展要求，坚守质量红线，提升科技创新水平，打造绿色、智能、精品工程，推动产业化规模发展，优化管理机制，提升管理绩效，为集团公司高质量发展提供强有力的技术支撑。

主要工作目标：杜绝重大勘察设计质量责任事故；项目前期工作质量评价不低于B级；工程总承包项目杜绝工程质量责任较大及以上事故，单位工程一次验收合格率100%，工程质量合格；严守质量红线；力争获省部级及以上科技进步奖15项、省部级及以上优秀勘察设计奖16项、专利100项、软件著作权40项，国家工程实验室通过验收；确保管理体系顺利通过监督审核，认证证书继续有效；质量目标完成情况综合评价不低于93分。

第三部分　2019 年重点工作

2019年要做好以下七项重点工作。

一、提高政治站位，强化责任担当

一是强化红线意识。确保高铁和旅客安全万无一失，是国家和人民对铁路高质量发展的基本要求，是铁路企业首要的政治红线，也是集团公司干部职工的政治责任和职业底线。广大干部职工要充分认识到高铁无小事，一旦发生问题，后果极其严重。各单位要本着对党和国家、对铁路事业、对人民群众高度负责的态度，坚持质量红线管理不动摇，广泛开展全员质量教育，提升质量意识，规范质量行为，守住质量红线和职业底线。

二是强化精品意识。打造精品工程，是新时代铁路高质量发展的内在要求，应充分认识到精品工程建设中设计的龙头与灵魂作用。各部门、各单位要坚持文化引领，追求精细设计，广泛开展精品设计展评、劳动竞赛、评先创优、QC（质量控制）等活动，进一步弘扬工匠精神，提升全员精品意识，实现设计产品向作品、精品的转变。

三是强化标杆意识。争创标杆企业是今年集团公司提出的目标和要求，各单位要提高认识，强化标杆意识。标杆是学习的榜样，是引领前进的方向，这就要求我们不断精益求精，始终站在引领位置。我们要切实坚持目标导向，贯彻“三个世界领先、三个进一步提升”的要求，高标定位找差距，快速突破补短板，引领发展创标杆。

四是强化创新意识。创新是实现高质量发展的动力源泉，广大技术人员在设计中，要突出项目的特点和个性特征，敢于突破，追求设计有新意、设计有创意。各单位要加强引导，强化激励，不断提升各级的创新意识和能力。我们不仅要重视专业自身的技术创新、设计创新，也要按照“三位一体”发展的要求，强化管理和产品的集成创新、协同创新。

二、坚守质量红线，争创设计精品

一是服务川藏铁路高水平。川藏铁路是国家大事、民族大计，各单位要贯彻落实川藏规划建设推动会精神，强化责任担当。要充分运用集团公司几十年来积累的规划设计经验，运用新技术、新手段，围绕稳定建设方案，紧盯勘测、设计、审查等重要节点目标，聚焦重大地质问题研判、地震断裂带活动分析、隧道单双洞设置、重大技术方案比选、先期开工重点工程施组方案等重大问题持续深入开展专题研究论证，确保为总公司决策提供高质量咨询成果。

二是坚守质量红线。各部门、各单位要严格落实质量红线管理规定，把质量红线纳入设计及审查重点，减少设计源头风险。坚持问题导向，加大对设计文件的检查力度和频次，要以零容忍的态度和决心，对红线问题重拳整治，加大通报、考核力度，减少问题存量，遏制问题增量。研究修订质量信息报告制度，促进质量信息的有效及时传递，对质量问题瞒报、漏报、未报的要加大考核力度。研究质量监督、检查考核的长效机制，建立质量监管的新格局。

三是推动精品设计常态化。集团公司研究制定铁路建设项目精品设计指导意见，明确精品设计内容与分类等级，探索评价标准，指导精品设计工作。各单位也要超前研究专业精品设计的方向和内容，形成作业指导书，推动专业精品设计。研究探索设立精品设计奖、精品设计补“量”等考核激励措施的可行性。同时，要围绕提高勘察质量，研究创新外业勘察的手段和方法，为精品设计打好基础。

四是倾力打造智能铁路。智能铁路是新时代铁路高质量发展的特征，要以打造智能京雄为引领，以雄安、丰台、星火大型站房为典范，依托信息化、人工智能技术，不断研发应用智能客服、智能控制技术，提升铁路智能化水平。有关单位要结合项目需求，认真总结当前智能技术成果，加快技术研发及成果应用，推进智能感知系统、电子客票系统、自助实名制核验系统、站内智能导航、智能控制等技术的应用，为旅客出行提供更加便捷、更加舒心、更加周到的服务。

五是创新市场开发、发展计划、技术管理三位一体新机制。计划、科技管理部门要组织专题研究，以满足顾客需求为核心与目标，以机构改革为契机，研究建立以质量计划为抓手，市场开发、发展计划、技术管理“三位一体”的融合管理创新机制，鼓励项目经营、生产、技术人员的管理融合和责任担当，推进经营、生产与技术管理的协调统一，强化打造精品、守住底线的质量承诺与质量计“量”的考核挂钩，研究激励措施，充分调动项目人员的积极性，推动项目整体运行绩效的不断提升。

六是强化配合施工服务质量。配合施工是勘察设计质量风险防范的最后一道关，也是服务客户的重要窗口，要守住关口、开大窗口，既不能放过一个设计隐患，也不能回避任何设计问题。各专业要加强风险工程、关键环节的现场巡检，及时发现问题，积极解决问题。变更设计要依法合规、客观公正，符合程序要求，确保真实有效。对相关方提出的设计问题，要增强敏感性，仔细核查，及时确认，快速处理。要加强沟通，主动征求建设单位等对设计服务的建议和意见，不断改进工作，为建设运营做好服务。

七是加强技术总结，强化知识分享。成功是奋斗的结晶，经验的获得有时要依靠代价的付出，我们必须高度珍惜，善于运用经验和教训指导我们的工作。集团公司和各单位要系统总结勘察设计中的经验和教训，形成案例，纳入知识管理，深入交流，共同改进和提高。

三、狠抓严管，提升总包项目质量

一是持续完善管理制度。按照管理制度化、制度流程化、流程表单化、表单信息化的思路，建立EPC创新管理机制，由业务管理向综合管理、经济管理转变。完善总包投标和施工分包技术标应用模板，规范技术方案及相关措施的内容。研究优化变更设计管理流程、审批权限，以及相应的费用审批管理办法，合理配置项目部设计资源，提高变更设计效率。建立总包项目履约诚信综合评价考核管理办法，强化对施工分包单位的管理，强化对施工企业质量管理的监督问责。

二是重视设计优化。以提高效益、保证质量、控制投资为目标，以设计优化为切入点，坚持先进、可靠、成熟、经济的原则，结合克塔、主数据中心项目，做好EPC项目设计优化总结，指导在建项目。研究总包项目地勘工作开展模式，强化质量、投资、成本控制，鼓励新技术新手段投入，指导总包地勘工作。结合现场实际，深化盐通铁路、杭绍台、昌景黄铁路等施工优化工作。组织专家团队深入现场，及时解决重大施工技术难题，及时完善设计，指导施工，提升总包项目管理绩效。

三是强化实体质量管控。贯彻总公司铁路建设质量安全管理相关规定，压实各级组织和岗位职责，落实总包项目管理的主体责任，总包事业部、各项目部要加强风险超前管控，管理人员要全面了解设计意图、施工边界条件、重大风险分布及关键环节的管控措施，实现由事后被动整改向事前预防的转变，牢牢把握风险管控的主动性。项目部要加强关键工序和关键环节的检查和指导，结合季节特点、地域特点和既有线施工作业等，严格施工专项方案审查，强化现场原材料抽检，强化桩基、隧道、路基检测，加大对施工工序、工艺、工法的监督检查，强化现场巡检，严格按图施工，依法合规做好变更设计、工程验收。总包事业部、各项目部、各总包单位要严格落实质量安全红线管理规定，加大对盐通、昌景黄等在建项目工程实体质量和质量行为的检查，对不按规定的方法和安全步距开挖等红线问题，要零容忍、下决心、出重拳。要定期开展质量隐患排查治理，加大自查自纠力度，建立问题库和销号制度，建立台账，闭环整治，确保工程质量。

四是推进信息化建设。依托盐通、昌景黄和汕汕铁路等重点项目，搭建基于BIM技术的信息管理平台，推进三维协同设计，拓展GIS+BIM在工程建设、运维方向的应用范围。引进无人机先进管理技术，实施工程远程监控，加大对重要工点、制梁场、搅拌站、中心试验室等地点的管理工作，对施工安全、质量、进度、投资、环保进行集成化管理，提高智能化管理水平和施工效率。

四、坚持创新驱动，为高质量发展提供动力源泉

一是着力完善科技开发管理机制。宣贯集团公司2018至2020年科技子规划、科技开发课题管理等办法，组织指导基层单位承接、落实与实施，调研审视实施效果，研究进一步提升管理绩效的方法和措施。结合新的管理思路和科技成果转化需求，修订集团公司知识产权管理办法。研究实施成果发布、课题验收评价等措施的可行性。大力推广研发成果的应用和转化、助推“专业+专业”融合发展、进一步提升选题立项水平和研发成果的质量效益。

二是充分发挥科技创新对重大工程建设的引领作用。重点推动总公司重大课题“艰险复杂山区铁路空天地立体勘察新技术及数据平台应用技术研究”，做好“高海拔区复杂环境隧道智能化建造技术研究”“遥感技术在川藏铁路地勘监理中的应用研究”“新时代川藏铁路设计咨询审核方法研究”等内部课题的研发，积极参与“川藏铁路雅安至林芝段建设方案深化研究”等总公司科研课题，服务川藏铁路建设。大力推进国家发改委海峡跨海通道深化前期研究，以及海峡跨海通道建设方案、低真空管道高速磁浮、天津港发展战略等中国工程院课题研究，按照进度、质量要求早出成果，服务于国家跨海工程、高速磁浮、公转铁蓝天工程等重大项目建设规划决策。推进“新时代绿色智能客站关键技术研究及示范应用”总公司重大课题研发，研究提出新时代精品智能客站建设的设计理念与总体思路，力争早出成果并指导大型客站建设，做好“京津冀地区重点客站关键技术研究”“大型铁路综合交通枢纽绿色建筑设计关键技术研究”等课题的研发，为打造经济合理、安全可靠、生态绿色、智能高效的精品智能客站工程提供技术支撑。

三是重点把控科技管理关键环节。以提升勘察设计手段、质量、产业化效益为目的，围绕促进基础研究和新技术应用有机结合、全面提升科技成果转化率、驱动业务发展、“新技术+专业”的智能铁路研究等方面，充分发挥集团公司、基层单位两级总工团队作用，通过“自上而下、自下而上”相结合的方式，做好外部课题需求征集及申报、内部课题选题立项、课题研发过程控制及成果质量把关等环节的工作，力争承揽更多的外部高层次科研课题和标准项目，提高选题立项水平和研发成果质量。做好“高速铁路智能牵引供电系统关键技术及工程应用”“铁路BIM技术标准”等重大重点课题的研发，力争早出成果并实现工程应用。推进“基于BIM的铁路工程节段预制拼装式桥墩关键技术研究”“城市铁路明挖隧道装配式技术研究”“基于胶拼技术的装配式混凝土地铁车站设计关键技术研究”等课题的研发，在“工厂化+拼装”建造技术方面创新突破。结合研发成果及生产需求，大力推进企业标准规范、标准设计的制（修）订工作，加大对核心技术的知识产权保护力度，加强科技成果申报外部科技奖工作，进一步提升企业品牌和社会影响力。通过调研、分析等方式对标先进企业，制定争创行业标杆企业的目标、措施并推进实施，进一步提升集团公司创新能力和科技开发管理绩效。

四是强力推进信息化建设。继续推进三维协同系统、BIM技术研发和生产应用，进一步提升集团公司BIM（三维）设计能力，推进BIM技术正向设计，牵头做好轨道、路基、公共元素等专业组的国际铁路BIM标准编制工作。结合汕汕铁路特点，进一步研发基于CRDC_RIM的铁路EPC项目管理平台，拓展GIS+BIM在工程建设和运维的应用范围。组织推进云计算平台方案研究，做好相关设备软件的采购或整合，力争实现远程设计能力并选择适合项目试点应用。组织《集团公司地理信息服务平台建设与数据服务关键技术研究》等课题的研发，推进“GIS+地质”“云数据”技术发展。以集团公司勘察设计和科研项目过程管理为主线，系统梳理、识别相关管理要素和数据需求，建立基础数据库平台，实现数据采集、提取、共享传递和统计分析功能，为项目成本管理、员工绩效管理和职能管理提供信息化支撑。

五是加大总承包项目科技投入。根据承揽的工程总承包项目特点，做好项目科技创新策划。开展总承包项目设计优化技术、施工建设技术研发，推广应用四新技术的论证、测试和实验验证，推进“杭绍台铁路硅藻土工程特性及对策研究”“工程总承包事业部管理标准化研究”“高速铁路总承包项目安全管理研究”等课题的研发，力争早出成果。做好总承包项目相关的专利、软著、工法等知识产权的研发和申报工作，支撑总承包业务发展和企业战略转型。

六是加快推进创新平台建设。制订“城市轨道交通数字化建设与测评技术国家工程实验室建设重点工作计划”，明确工作内容、责任单位和时间要求。相关部门、单位要高度重视、分工协作、统筹推进，按计划做好组建国家工程实验室机构、召开国家工程实验室第一次理事会、完成土建设施建设和设备软件安装测试、推进国家工程实验室建设期课题研发、建立国家工程实验室规章制度、组织国家工程实验室自验及试运行、迎接国家发改委验收等各项工作，满足项目验收条件，确保顺利通过国家发改委验收。

五、以高质量发展的历史担当，推进产业化向纵深发展

一是加快推进产业化拳头产品培育。用好集团公司890项知识产权及其他积累的课题成果资源。具备直接转化条件的，加快推进市场转化；需二次研究方能具备转化条件的，加快推进二次研发；需要对外合作补短板的，加快推进合作研发。力争通过自主研发、合作研发、集成研发、引进消化吸收再创新研发等，在智能建造、智能运维服务等领域，尽快形成一批集团公司自主的应用型产业化拳头产品。

二是谋深做实产业化与总承包协同创效。抢抓工程总承包机遇，总承包事业部、科技部、产业化公司要站在集团公司长远发展角度，以更高的视野，发挥工程总承包平台作用，将产业化与总承包协同创效尽快推向深入，作出质量、作出效益。

三是推进外延式增长，实现根本性突破。主动响应和落实总公司发展导向，积极融入与铁科院、铁路局下属企业的产研用合作发展大局，立足工程产业化，以更灵活的方式、更开阔的视野，大力挖掘合作项目、合作产品，创新合作模式，成熟一项实施一项，争取实现根本性突破。

四是强化产业化发展体制机制保障。以产业化公司成立为契机，从人、财、物、生产、经营、技术多个方面，构建适宜产业化发展的体制机制，形成综合管理办法。加强对法律、法规、制度流程等的深入研究，形成业务探索、模式创新的有力保障，真正将产业化公司做成集团公司产业化业务长远发展的重要平台。

六、应用先进管理方法，提升管理体系运行绩效

一是推动新版标准要求得到有效落实。充分发挥各级管理者和内审员作用，广泛开展部门、单位级学习和培训，强化室所队级培训，对新标准要求及新版管理体系文件等加深学习，引导激励各级员工积极应用先进管理方法，提高管理能力和管理绩效。

二是不断完善集团公司既有绩效评价体系。在既有评价体系的基础上，开展建设标杆企业实施方案研究，以国内外一流企业为标杆，构建科学的对标指标体系和评价体系，分析评价自身发展现状，制定切实可行的改进措施，全面提升集团公司体系管理绩效水平。

三是持续完善集团公司管理体系文件架构。结合集团公司管理体系转版以及管理改革现有成果，梳理集团公司管理手册、程序文件以及各部门和各单位规章制度，分类分层建立制度体系构架和目标。

四是持续改进内审、外审和管理评审。坚持问题导向和目标导向，按照集团公司转型发展及新版标准要求开展审核，总结问题，提出改进建议和措施，监督落实各项改进，持续提升体系运行水平。

七、加强党风廉政建设

各部门、各单位要认真贯彻落实集团公司党风廉政建设工作会议精神，严格落实“两个责任”，紧盯重大项目、重大领域的重要环节和关键少数，在设计委外、产品选型、科技成果产业化、配合施工、变更设计、验工计价、质量管理等关键领域和关键环节中，把廉政风险防控举措嵌入管理流程，加强监督检查，确保落实到位。各级技术负责人、广大技术人员、特别是党员领导干部，要严格遵守八项规定精神和廉洁自律各项规定，以身作则严格要求自己的同时，加强管理、带好队伍，营造风清气正、干事创业的工作氛围。

同志们，全面推进集团公司高质量持续健康发展，使命光荣、任务艰巨、责任重大，我们必须要认真贯彻落实总公司、职代会暨工作会工作部署，勇于担当、奋发有为，勠力同心、砥砺前行，为集团公司高质量发展提供坚强的技术支撑。

谢谢大家！

聚焦服务企业发展　全面强化经济管理 为推进集团公司转型发展作出新的贡献

——在2019年集团公司改革与发展工作会议上的报告

（2019年3月29日）

曾　波

同志们：

我向大会报告的主要内容：贯彻铁路总公司工作会议和财会、审计工作会议精神，全面落实集团公司“两会”提出的任务目标，总结2018年财务和审计工作，分析当前面临的形势，部署2019年财务及审计重点工作。

一、2018年财务审计工作总结

2018年，在集团公司党委的正确领导下，各级管理者和全体财务、审计人员，主动适应集团公司转型发展，紧密围绕集团公司中心工作，勇于担责，务求实效，扎实推进财务、审计各项工作，在建立健全制度、加强监督管理，防范财务、审计风险等方面，较好完成了全年财务、审计工作任务。

（一）财务工作

1. 全面预算管理不断深化

预算管理实现全覆盖，审核、平衡、批复了97个单位及部门的成本费用及资金预算，并于9月根据业务进展实施预算调整，将各项经营活动全部纳入预算管理。全面兑现预算目标，全年完成营业收入141.65亿元，超预算6.65亿元；实现利润13.98亿元，超预算3.98亿元；实现进款超预算2.46亿元；实现净资产收益率29.6%，为预算的147.3%；实现总资产收益率12.2%，为预算的129.8%。业财融合进一步加强，相关部门各司其职，协同配合，全面完成集团公司2018年度执行预算及2019年建议预算编报工作，预算编制和预算调整等关键环节较以前年度更加完善。

2. 经营管理行为进一步规范

一是组织做好审计问题整改落实。高度重视、精心组织，圆满完成审计署经济责任审计、总公司审计和考核局2017年度经济责任审计等配合工作，并迅速开展审计问题整改落实。按照总公司会计基础工作规范化考核检查要求，自检各类会计证表，顺利通过总公司基础工作规范化考核。二是组织开展经营管理行为自查自纠。按总公司统一部署，财务部牵头，审计部、纪委督导，组织集团公司各部门、各单位，全面梳理经营管理过程中不规范问题。严格落实八项规定和国家、总公司各项法律法规及规章制度，对规对标，确保经济管理行为依法合规。三是组织开展风险债权清理。贯彻落实总公司开展风险债权专项清理工作要求，统筹谋划、精心组织，下发《关于进一步加强风险债权专项清理工作的通知》，明确风险债权签认和清收目标，提出落实目标措施，明确考核标准。2018年末，风险债权总量较2017年同期减少295笔，降幅31.34%，完成总公司下达的风险债权下降10%的目标。

3. 管理会计研究运用顺利推进

一是开展管理会计培训。向各单位党政负责人、会计主管印发《财政部〈管理会计应用指引第100号——战略管理〉等22项管理会计应用指引》200余册，集中组织管理会计知识培训，推动管理会计学习研究在集团公司的落地实施，提升管理水平，推动经营管理转型升级。二是开展管理课题研究。推进管理会计理论和管理实践紧密结合，开展管理会计实践应用试点，实施“量本利”研究以及管理会计在杭绍台总包项目中的应用等具体实践。三是开展管理会计运用。采用管理会计中“量本利”的工具方法，围绕“量本利”，综合考虑新增合同额和进款等因素，以经济效益为中心，激发增收节支积极性；树立全员增收节支理念，促进各单位加大管理力度，保证增收节支目标实现；采用成本管理工具，制定总包项目成本核算办法，完整归集项目成本，准确核算项目盈亏，充分发挥管理会计作用。

4. 管理课题研究成果显著

全面梳理集团公司固定资产、流动资产、无形资产现状，调研先进企业，学习相关政策，按照集团公司重点工作安排，完成“资产经营开发研究报告”。围绕集团公司发展战略，开展投资方向、盈利方式等可行性分析，完成“投资机会研究报告”，为拓展投资业务做好准备。根据发展新形势，编制完成财务子规划，为企业财务管理转型奠定基础。

5. 资金管理继续加强

严格依据预算进行资金拨付，强化大额资金运用事前监督。按照“量本利”经济责任制，下放委外用款审批与支付权限，构建两级资金管控体系；定期清查各类账户，依法合规办理账户开立、年检、备案管理，提高账户管理效率；加强外汇收支管理，监控境外资金变动，确保境外资金存放安全；加强与外管局和外汇银行的沟通协调，完善外币备用金借款流程管理，捋顺境外分支机构外汇收支备案流程；积极协调金融机构，新增授信127亿元，充分满足集团公司各项业务需求，最大限度减少企业资金占用，提升资金效益。

6. 成本管控得到强化

加强成本管控措施研究，梳理工程总承包、勘察设计、咨询、产业化等各业务版块成本核算现状，分析各项成本要素，确定成本核算试点项目。实施“量本利”经济责任制，以降本增效为目标，统一业务量纲，以合同额为基础，实施勘察设计工作计“量”。以战略规划为引领，突出战略目标实现，强化成本过程管控，细化各单位考核成本要素。明晰费用渠道，从源头加强成本管控。

7. 制度建设进一步完善

修订全面预算管理办法，建立以预算管理为导向的管理工作机制，有效组织和协调集团公司生产经营活动。对办法进行宣贯，指导各所属单位制定预算管理实施细则，加强基层单位预算管理，提升预算管理水平；做好上级文件承接，制定下发集团公司教育经费、差旅费、因公临时出国经费、企业账户等管理办法；修订资金、合同管理办法，指导各单位建立资金管理实施细则；根据集团公司转型发展需要，重新修订保函业务管理办法，规范保函业务管理行为和授信使用，防范信用风险。

8. 税收筹划成效显著

加强税收筹划，2018年度集团公司继续享受高新技术企业所得税税收优惠政策。做好个人所得税纳税筹划，顺利完成个税申报方式改为年度综合申报过渡，制定个税管理措施，跟进税务总局个税实施细则落地。持续做好总包项目税收政策指导，结合合同签订情况，组织项目税收筹划；依法合规使用税收筹划工具，积极推进境内项目成本境外列支，充分利用国家相关优惠政策，认真做好境外税负抵免工作。

9. 信息化建设持续改进

实施集团公司用友系统同总公司账表子系统对接程序开发；改进和优化综合办公平台资金管理审批流程、合同管理系统，满足各单位日常管理需求；发布《财会信息系统应用维护管理暂行办法》，规范集团公司财会信息系统日常维护。

（二）审计工作

2018年完成审计项目17项，其中：经营业绩审计5项；领导人员任期中审计5项，离任审计3项；工程总承包项目管理审计2项；集团公司党费收支专项审计1项；预算管理审计1项。查出和纠正债权债务等资产方面不规范款项1.1067亿多元，收回合同资金29万元。提出审计意见和建议50多条，均被审计单位采纳，内部审计监督效果明显。

1. 强化审计监督考核作用

一是突出重大决策落实监督。按照铁总审计函〔2018〕23号要求，开展预算和经营目标专项审计，确保总公司和集团公司重大决策部署全面落实落地。二是突出风险债权清理监督。把风险债权管理作为审计工作重点，密切关注已完工项目债权债务清理和管理情况，督促各单位落实债权清理责任。三是突出经营结果考核。以经营业绩考核指标为抓手，认真核查领导人员薪酬管理；鉴别资产、负债、所有者权益真实性以及经营管理行为的规范、合法性，揭示经营管理中存在的问题，经营结果考核得到进一步完善。

2. 强化经济责任审计

一是督促内控制度建设。从制度的建立健全和执行力入手，检查制度是否贯彻落实以及执行效果如何，督促各单位及时建立或修订相关制度和规定。二是加大过程控制监督。从过程管理监控入手，加大对关键环节、关键节点的管控监督力度，严格按照规范经营管理要求，反映存在的问题。提升被审计单位领导人员履行第一责任人责任。三是促进信息沟通协调。针对有些单位内部管理信息传递滞后、协调沟通有效程度不够和单位间有效沟通不畅等问题，督促领导人员明确责任，提升大局意识。

3. 强化专项审计作用

一是开展总包项目专项审计。联合工程概算、法律、合同管理等各方面专家组成审计组，对阳大、克塔总承包项目实施全方位监督和评价，提出积极建议，督促主管部门及时完善制度措施，建立健全“三重一大”决策程序和审批管理制度。二是开展党费管理专项审计。详细制定审计方案，认真审核党费收入、使用、结存情况。专项审计对规范党费管理，发挥了良好的促进作用，个别党费管理失职人员受到处理。

4. 强化发现问题整改落实

一是对审计发现的问题，能立即整改的，审计组督促被审计单位立行立改，并在审计报告中作出说明。二是严格按照问题清单一一对照整改情况，在后续审计报告中如实披露，责成被审计单位落实整改责任。三是充分发挥审计、纪检、人事联动机制作用，有效利用各项检查中发现的问题线索，不断形成大监督格局。四是审计发现较突出或较重大普遍性问题，通过移交被审单位党委处理等措施，强化问题整改责任落实。

以上这些成绩的取得，靠的是集团公司党委和各级领导的亲切关怀、正确领导，靠的是集团公司各单位、部门的全力支持，靠的是全体财务和审计人员的兢兢业业、高效履职、无私奉献。借此机会，向大家表示衷心的感谢！

二、财务和审计工作面临的形势

今年已进入决胜转型发展第二年，今年也是最关键的一年。刘为群书记在2019年党委工作报告中指出，面对新时代、新使命对集团公司党的建设提出的新要求、新目标，必须进一步增强大局意识和担当奋斗精神， 把握住承担工程总承包、“一带一路”建设项目的历史机遇，勠力同心、攻坚克难，努力把历史性窗口期转化为改革创新突破期、转型发展黄金期，实现集团公司高质量发展。曾鸣凯总经理在2019年行政工作报告中，从把握新时代铁路改革发展带来的机遇、把握发展要求迎接新挑战和市场形势发展变化三个方面分析了当前形势，指出集团公司将面临更严峻的市场形势、更高的外部要求、更多的风险挑战、更艰巨的改革任务。需要我们充分认清财务和审计工作面临的形势，把握机遇，迎接挑战，付出艰辛和努力，全力做好今年工作，为服务集团公司转型发展作出新的更大贡献。

（一）在全面预算管理方面

一是预算编制方法仍需改进，预算单位划分和预算责任履行仍需深化，预算指标需要形成全面覆盖的体系，财务预算与业务预算的融合还有差距，预算管理的指挥棒作用没有得到充分发挥。二是预算执行过程缺乏更有效的指导和更有力的动态监控，宽打窄用情况时有发生，预算的刚性约束需进一步加强。三是对预算执行的阶段性和最终结果分析评价针对性不强，在日常经济活动分析工作中，更多的是简单的数据对比，深层次原因分析尚不透彻，对策措施尚不具体，未能形成分析、改进、提高的良性循环机制。四是履行预算主体责任的压力传递不到位，在精准引导、实行刚性约束上需要进一步强化。

（二）在防控财务风险方面

一是集团公司风险债权规模仍然较大，经过近两年的集中清理，2019年风险债权清理进入了攻坚期，债权清理工作需要进一步加强，防控企业资产损失风险。二是随着国地税合并、增值税改革以及总承包、海外、产品产业化等业务的发展，企业税务风险逐步显现，需要不断加强政策研究，密切与税务部门沟通协调，规范纳税行为，防范税务风险。三是在开展规范经营管理行为自查自纠和各类审计检查中，仍然存在一些不规范问题，经济业务会计核算需要进一步规范，质量需要进一步提高。

（三）在财务基础建设方面

一是财务管理制度体系还不适应集团公司转型发展要求，需要进一步研究完善。二是财会信息化水平有待提升。大数据、云计算等信息化现代技术还没有得到充分应用，对财务数据的分析和利用形成一定制约，难以适应经营管理需求，也导致财会人员具体事务工作量居高不下，工作压力不断增加。三是财会队伍建设需要加强。目前集团公司财会人员存在人员严重不足、人才相对匮乏、结构配备不尽合理等情况，人员数量、专业素养不能很好适应集团公司转型发展要求。

（四）在资本运作方面

加强资产经营、资本运作，优化资产结构，做强做优做大国有资本既是总公司对非运输企业的要求，又是业内企业实现规模扩张、收益增长的共识之举。近年来，勘察设计行业以资本为纽带的投资融资、兼并重组风起云涌，通过资产经营、资本运作，不仅能为企业带来稳定收益，而且通过投资更能够为企业补强短板、拓展延伸业务带来重大机遇。随着PPP（政府和社会资本合作）模式的推进，国内大型工程企业集团带资参与项目建设，旗下勘察设计企业的投融资能力和竞争优势得到进一步增强。集团公司投融资业务刚刚起步，还存在资产闲置、资金“睡觉”情况，没有充分发挥资产资本价值，需要整合相关资源，开展资产经营、资本运作，加强对股权转让、引入外部投资者等事项的研究论证，扩大资本溢出效应，打造新的利润增长极，提高经营发展水平。

（五）在审计监督方面

2018年是国家审计体制改革的重要一年。5月23日，中央召开审计委员会第一次会议，指出改革审计管理体制，组建中央审计委员会，是加强党对审计工作领导的重大举措。9月11日，中央审计委员会办公室、审计署召开全国内审工作会议，研讨部署全国内部审计工作。国家审计管理体制的改革，使国家审计和内部审计形成了全国统一部署、统一协调、统一管理、上下联动、层层监督、资源共享的一盘棋审计网络体系。总公司审计工作管理办法将于近期颁布实施。

今年，集团公司总承包、境外项目、投融资、产业化、资产管理创新等业务的不断拓展，需要审计工作向多元化、深层次延伸，需要加大对经营风险、债权债务风险、法律风险以及合同管理、制度建设、决策程序等方面的审计监督，实现审计监督全覆盖，发挥审计对企业风险管理的评价和建议作用。同时，集团公司体制机制改革对审计工作提出了新要求，集团公司转型和高质量发展给审计工作赋予了艰巨任务。物资采购、项目分包、招投标管理、严格履行“三重一大”决策、严格执行八项规定精神、严禁设立“小金库”等廉政建设，对审计工作提出了严峻考验。

面对这些挑战和考验，我们要坚持问题导向，眼睛向内，敢于攻坚，按照“健机制、强基础、增效益、控风险、促落实”的总体思路，采取有效措施推动财务、审计工作再上新台阶。

“健机制”，就是要适应集团公司转型发展和市场化经营需要，进一步建立健全财会管理制度和机制，完善相关管理办法，优化管理流程。重点是要健全全面预算管理机制，提高预算管理的全面性，提升对经济活动和资源配置的规划功能，有效发挥全面预算管理的指挥棒作用；健全内部控制机制，按照现代企业管理要求，进一步建立健全财会内部控制机制，推动业务流程再造，将内控机制根植于信息控制系统，确保财会信息质量。

“强基础”，就是要立足岗位职责，深入分析总结目前集团公司财会、审计管理中存在的问题，研究具体解决措施，进一步夯实基础、增强基本功。重点要适应集团公司发展需要，建立完善财务、审计基本管理制度体系；以各项审计和监督检查发现的问题为切入点，持续加强财会、审计管理过程监督，确保各项制度得到真正执行落实；要持续提升财会、审计人员素质，解决人员严重不足、人才相对匮乏、人员结构配备不合理问题，打造懂业务、精管理、善谋略的专业财会、审计人员队伍。

“增效益”，就是要紧紧围绕提质增效、国有资产保值增值，不断优化资产配置，加大资产管理的监管和审计，提高资产使用效率；不断优化资源配置，提升资源开发效益；不断加强资金管理，加大债权债务清理和审计监督力度，加快资金周转效率；通过预算、决算、分析、评估、考核与监督，指导增收节支、提质增效，不断提升企业经济效益。

“控风险”，就是要把风险防控放在重要位置，发挥财务和审计专业特长，不断地识别、分析、评估风险，提出有针对性的防控措施，确保风险在可承受范围内。要规范对外投资、资产处置、产权变化等过程管理，加强对实物资产和无形资产的日常管理；根据税收征管改革进程，深化政策研究，加强与税务部门的沟通协调，依法规范企业涉税行为，防控税务风险；要把债权清理纳入日常工作，不断强化权责意识，规范经营管理行为，防控国有资产流失风险。

“促落实”，就是要在促进审计问题整改落实上见实效， 落实党中央、总公司和集团公司对财务、审计工作的部署要求，促进重大政策落实落地，更好发挥财务管理和审计监督的作用。各部门、各单位要提高政治站位，强力推动重大政策落实，抓好审计，发现问题及时整改，举一反三，务必保证整改落实效果，加快形成审计问题抓落实工作机制，做到分工明确、责任明晰、任务到人、考核到位。要充分发挥好审计监督作用，强化监督问责“促落实”，确保重大决策部署和问题整改落实到位。

三、2019 年财务和审计重点工作安排

根据集团公司“两会”总体部署和要求，2019年主要经营目标为：完成营业收入156.7亿元，实现利润总额12.1亿元。围绕目标任务，今年财务和审计工作的总体思路：以习近平新时代中国特色社会主义思想为指导，深入贯彻总公司工作会议精神，认真落实集团公司“两会”部署，紧紧围绕“健机制、强基础、增效益、控风险、促落实”的工作思路，以管理改革为动力，持续深化“强基达标、提质增效”，深化全面预算管理，提高资产使用效率效益，夯实业财管理基础，推进业财信息化建设；发挥审计功能作用，突出审计工作重点，严格审计监督程序，为集团公司转型发展作出新贡献。

要完成以上目标任务，重点做好以下七个方面的工作。

（一）深化全面预算管理，提升预算管理水平

1. 推进预算编制更科学

健全全面预算管理的基本制度、工作制度和责任制度，编制全面预算管理手册，规范管理流程，明确各环节责任部门和工作任务分工，促进全面预算管理制度落地实施。按照财务指标体系为主，非财务指标体系为补充的原则，建立完备的预算指标体系。启动业务预算定额编制、制订质量计划，规范采购、任务、验工计价标准，科学合理计“量”，实现数据统计分析标准化、清算价格体系化。强化全面预算管理的全员参与、全方位管理、全过程控制，突出预算内、预算外两条主线，规范决策行为，简化决策程序，实现增收、节支、创效。

2. 推进预算管控更有效

各单位、各部门要坚决贯彻总公司及集团公司预算管理要求，强化预算对业务活动的指导和约束，加强业务活动与预算管理互动，使业务与财务深度融合。在预算编制过程中，各相关部门要紧密配合、分工协作，认真研究分析历史数据和当年业务状况，科学编制各项预算，形成良性预算编制管理机制；围绕集团公司批准的计划和预算，优化配置人、财、物等各类资源，保证管理活动顺利实施，实现资源、资本效益最大化；在预算执行过程中，要加强预算过程控制，财务部门及时监控预算执行进度，及时向业务部门进行反馈。当生产形势发生变化时，业务部门及时通报财务部门，启动并实施预算调整，实现预算的动态管控，确保预算目标的实现。

（二）加强资金管理，增强资金运用效果

1. 清理银行账户

认真分析研究开设银行账户（包括专用账户、异地账户、定期账户、保证金账户）的必要性，开展各类账户清理，最大限度减少冗余账户。对项目已完结而对应项目账户闲置的，要跟进了解项目进展情况，在确保满足生产需求、账户资金安全前提下，提出销户安排，加强资金集中管理。

2. 减少资金沉淀

及时清理保证金，做好勘察设计、总承包等业务招投标保证金的清收、清退工作，盘活保证金资金流的融通。在债权债务、合同清理时，对收、付款数据不一致的情况要逐一核实，根据实际及时完成清收、清付工作。严格落实备用金管理制度，及时核销相关费用，及时清缴溢余备用金。

3. 改进境外资金管理

学习掌握外汇政策法规，改进境外项目外币备用金支取方式。对“一带一路”等海外项目，做好资金支持和收支管理。加强外币资金汇兑动态变化研究，积累汇兑风险防控经验。

4. 加强银行授信管理

通过多种方式协调金融机构，提升授信额度，满足工程总承包、境内外业务开展需要，最大限度减少资金占用。

5. 做好资金结算

尽快实现集团公司资金结算所与总公司资金结算中心联网，进一步加强资金集中管理，最大限度实现账户归集和资金归集，强化资金监管，提高资金效益。加强与国有银行的合作，深入研究设立境内、外资金池业务，实现资金集中调配，确保资金效益。

（三）强化资产管理，提高资产使用效率和效益

1. 加强债权债务管理

强化基础管理，充分利用信息化手段，全面梳理债权债务及相关合同，进一步完善管理台账，确保数据准确完整。发挥清欠领导小组、工作小组作用，压实管理责任，细化清欠措施，明确时间节点，严格责任考核。各部门、各单位要加强协调配合、统筹联动，拓展思路、综合施策，研究采取资产置换、作价入股、法律诉讼等多种方式，加大债权清理

力度。严格支付和发票管理，强化债权控制，严控新增债权。加强全过程控制，做好事前防范，加强对新签合同的法律、财务、经济风险评估，从源头上控制风险。建立预案和应急处置机制，执行过程中发现重大风险债权，要及时采取有效防控措施。严格落实债权管理主体责任，明确债权领导责任制、债权工作交接制和债权现任管理责任制。2019年风险债权总额比2018年下降20%。加强债务管理，特别是要高度重视对民企的债务管理，认真清理拖欠债务，严格履行合同，防范法律风险和信用风险，避免产生债务纠纷。

2. 着力盘活资产

一是全面梳理既有资产。建立资产管理档案，全面梳理资产使用和管理状况，充分识别闲置资产和低效资产，有效利用既有资产。二是提高资产利用效率。充分利用研究成果，合理利用或处置闲置资产和低效资产，采取资产置换、综合开发、拍卖或出租等方式盘活资产，减少管理成本，增加企业收入。三是完善资产管理机制。建立健全资产管理机制，通过委托所属单位管理、经营等方式，明确责任主体，推动资产经营开发业务发展，挖掘闲置资产的潜在价值。

（四）夯实基础工作，推进业财融合

1. 持续加强制度建设

一是认真学习股份制企业、上市企业相关财务管理制度，结合集团公司实际，理顺各层级财务管理关系与权责，修订完善财务管理办法。二是修订收入确认办法，规范收入确认标准与流程，强化合同收支管理，严格按照合同约定履行资金收付职责，按权责发生制和配比原则确认收入、列支成本。三是结合总承包业务工作实际，扎实推进项目全成本核算，按照有效管用原则，制定总承包财务管理办法。四是调研海外财务管理模式，结合海外业务特点和实际，研究制定海外财务管理试行办法。

2. 深入推进管理会计运用

系统研究战略管理、预算管理、成本管理、运营管理、投融资管理、绩效管理等方面的应用内容、思路措施，开展《管理会计应用指引202号——零基预算》等12项应用指引的学习研讨和应用，促进企业由业务管理向综合管理、经济管理转型。按照预算主体逐步建立责任成本中心，按责任主体进行成本归集、控制、考核，压实经济责任。

3. 不断规范会计基础工作

严格执行企业会计准则，提高会计信息质量。按照总公司会计基础工作规范化要求，结合集团公司实际，以问题为导向，进一步规范会计基础工作，提高会计基础工作水平。强化会计核算工作，逐步推进项目独立核算，在现有会计核算科目基础上，优化科目设置，满足项目全成本核算需要，实现会计数据与业务管理有效对接。

4. 深入研究税收政策

强化税收基础工作，出台税务风险管理指引，指导所属单位开展涉税业务。系统研究税收政策，全面分析企业缴税情况，预测年度缴税金额，统筹企业投资行为、融资方式、分公司（子公司）设置等因素，进一步加强对总承包业务、境外业务、产业化业务、跨省市业务、高新企业认定等涉税业务的指导，做好税收筹划，防控企业涉税风险。加强对企业涉税业务人员的培训，结合落实《个人所得税专项附加扣除暂行办法》要求，持续做好个税筹划，统筹绩效工资发放，提高职工收入质量。

5. 加大监督检查力度

一是针对内外部审计、检查发现的问题，结合总公司要求，统筹抓好整改落实，实现闭环管理。建立问题整改清单，明确责任部门和时间节点，组织实施整改销号，规范经营管理行为。坚持系统管理原则，主责部门要不折不扣抓好问题整改，深刻分析问题产生的原因，查找制度缺陷和管理漏洞，进一步推进长效机制建设。加强督查督办和信息共享，整改落实情况要同各单位考核、领导人员考核等挂钩，对整改不力的点名通报，按照程序追责问责。二是围绕集团公司预算、资金、成本、内控制度等事项开展监察工作，突出重点单位和重点业务，保证集团公司决策部署落实落地。采取定期检查与抽查相结合的方式，每年监察不少于所属单位的20%，5年内完成财务监察全覆盖，为集团公司健康发展提供保障。

（五）推进业财信息化建设，为财务转型打好基础

1. 优化现有信息系统

对现有的网上报销系统、发票系统、公积金管理系统、酬薪系统、合同系统等财务相关系统进行优化，进一步提高管理效率。加强业财融合，逐步实现数据对接共享。

2. 加强新兴业务板块信息化支持

对工程总承包、海外、产业化等板块业务深入研究，探索既有财务相关系统改造升级，逐步满足各板块业务发展需求。

3. 推进财务共享与财务信息系统升级相融合

积极向总公司争取政策支持，依托总公司财务共享平台，深入学习先进企业财务共享经验，对现有财会信息化平台进行优化升级，逐步搭建集团公司财务共享平台，努力实现财务共享与信息化融合。

4. 提升信息化工作能力

加强财会信息化队伍建设，实现由高度扁平化建设、管理、维护向纵深化、垂直管理转变，提升使用者信息化运用能力，更好服务集团公司转型发展、业务开拓、管理会计推广应用、经济责任制实施，提高财务管理水平。

（六）加强审计监督，促进企业规范管理

1. 抓好审计机构政治建设

一是落实总公司审计工作会议部署要求，做到应审尽审、凡审必严、严肃问责，更好发挥审计在集团公司监督体系中的重要作用。按照集团公司部署要求，结合实际，细化安排。二是坚持党对审计工作的全面领导，重大事项向党委报告。年度审计计划和安排，审计重点问题，审计重大事项，严格履行请示报告制度。接受总公司审计和考核局的日常监督和检查。三是按照总公司审计和考核局统一部署，结合审计部支部创岗建区工作安排，开展“立身、立业、立信”主题实践活动。

2. 推动重大政策措施落实

按照集团公司党委工作安排，开展审计监督工作。促进集团公司重大决策落实，反映执行中存在的问题，提出改进建议。聚焦科学管理，围绕提质增效目标，促进企业规范运作，增加价值。一是补短板、强措施。紧跟川藏铁路、京雄铁路等重大建设项目工作进展，开展跟踪审计，促进集团公司地勘监理和设计咨询工作规范、高效推进。二是“一带一路”

项目制度落地。开展境外资产资金的规范管理工作监督，充分反映境外资产管理和境外经济活动全过程中较大风险点和风险因素， 探索境外审计方式方法，为集团公司境外业务健康有序发展提供有效的审计监督服务，促进建立健全管理制度和办法。三是改善民生事项落地。按照企业年金管理办法要求，牵头各有关部门共同协作，做好企业年金管理的监督和检查工作。

3. 促进公司加强管理

一是监督全面预算落实。结合去年全面预算管理审计，今年将全面预算管理执行情况，全部纳入各审计项目，并作为重要内容监督检查。二是促进经营目标实现。对所属单位经营考核指标的规范性、真实性，年度决算前开展执行监督。结合提质、降本、增效总体要求，开展绩效审计，全面揭示内控制度建设、执行效果以及预算执行、利润分配、资产管理、合同管理等情况。客观评价经营业绩完成、资产管理质量和运营效果，反映存在问题，提出审计建议，确保国有资产保值增值。三是强化建设项目管理。针对城市轨道交通数字化建设与测评技术创新能力建设项目年内销号开展审计监督。督促建设项目严格执行管理程序，合理、有效使用建设资金，控制建设投资，保证工程质量，提高风险管控能力，促进项目规范建设。

4. 反腐倡廉惩防并举

一是紧盯关键少数。加强对领导人员的监督，聚焦合规经营，防范权力、决策和行为失控。按照总公司经济责任审计坚持"逢离任必委托，逢委托必审计"、领导人员任期满3年必审计1次的要求，采取任中和离任相结合的方式，开展领导人员经济责任审计，促进领导人员任期内规范履行经济责任。二是坚持问题导向。加大审计发现问题惩处力度，严肃查处违反八项规定精神的行为。拓展审计线索渠道，坚决严厉查处设立"小金库"行为。三是加大整改问责力度。落实审计问题整改，对审计问题实施闭环管理，坚持销号制度，压实整改第一责任人责任，推动将审计问题整改情况纳入领导人员经营业绩考核，按照规定进行审计约谈和问责。强化审计结果运用，发挥纪检、组织、审计联动作用，落实联席会议制度，形成审计工作合力，切实做好问题清单的整改落实、重大问题的移交追责。

（七）加强队伍建设，提高队伍专业素质水平

1. 加强党建和作风建设

一是加强政治能力建设。要牢固树立"四个意识"，坚定"四个自信"，坚决做到"两个维护"，自觉在思想上、政治上、行动上同以习近平同志为核心的党中央保持高度一致。二是加强党风廉政建设。全面落实从严治党要求，始终把纪律和规矩挺在前面，以求真务实的作风，从严落实"一岗双责"，强化部门和岗位职责，防控廉政风险。三是坚强队伍作风建设。深入贯彻落实八项规定和总公司、集团公司关于加强作风建设的具体要求，切实防止官僚主义、形式主义，坚决杜绝"只听楼梯声，不见人下来"，加强调查研究，了解生产经营需求，切实解决困难和问题。严格执行制度，加强审核把关，防控职务违纪违规。

2. 提高人员素质能力

采取多种方式和途径，把加强财务负责人和业务骨干使用培养，作为队伍建设的重中之重，切实抓实、抓好。实施分层次人才梯队建设，引入激励和淘汰机制，为优秀拔尖人才脱颖而出搭建平台，造就既精通业务又熟悉管理的复合型人才。要把高素质财务人员充

实到总承包项目、大型海外项目中层管理团队中，为他们发挥聪明才智创造条件。

3. 完善交流学习机制

完善人员交流轮岗机制，提升财会、审计人员适应不同岗位能力。推动完善人才选拔机制，把政治建设放在首位，大力培养选拔优秀年轻干部，优化人员年龄、知识结构。建立与国内先进企业财会、审计、业务部门交流学习机制，促进财务、审计干部队伍拓宽视野，更好服务集团公司转型发展。

4. 大力做好培训工作

按照转型发展新要求，以提高依法理财、科学理财能力为重点，积极创造条件，开展多种形式的分层次知识更新培训、职业技能培训和继续教育培训，提高财会、审计人员理论水平、综合素质及业务能力。加强法律法规、制度办法学习，防止非职务违纪违法。

同志们，做好2019年财务和审计工作任务重大，我们要贯彻落实总公司和集团公司部署要求，在集团公司党委正确领导下，以滚石上山的精神，“三千越甲可吞吴”的担当，为集团公司转型发展作出新的更大贡献。

谢谢大家！

落实两个责任　敢于担当作为
为推进集团公司高质量发展提供纪律保证

——在集团公司党风廉政建设工作会议上的报告

（2019 年 3 月 12 日）

单 万 水

同志们：

下面，我代表集团公司党委对2018年党风廉政建设工作情况进行报告，并对2019年集团公司党风廉政建设工作进行部署。

一、2018 年党风廉政建设工作总结

2018年以来，中国铁设集团公司党委以习近平新时代中国特色社会主义思想为指引，认真贯彻落实党的十九大、十九届中央纪委二次和三次全会精神以及总公司工作会议精神和总公司党组纪检组月商会精神，加大纪律审查力度，认真开展巡查工作，积极开展党风廉政教育，努力推动“两个责任”的落实，为企业转型发展提供纪律保证。

（一）努力压实党风廉政建设“两个责任”

集团公司党委认真落实企业党委在法人治理结构中的法定地位和“把方向、管大局、保落实”的领导作用，完善“三重一大”事项决策等工作机制，认真落实各层级各方面的党建责任。集团公司党委与14个中层单位党委、中层单位党委与各党支部层层签订党风廉政建设责任书，对全年党风廉政建设重点任务进行细化分解，建立责任清单，认真加以落实。结合班子和干部考核，对各个生产单位党风廉政建设责任制进行全面考核。14位中层单位党委书记兼纪委书记把党风廉政建设作为专项内容，分别围绕落实主体责任和监督责任进行了述职。集团公司党委班子成员认真落实党风廉政建设主体责任和“一岗两责”，在党风廉政建设专题分析会上，就分管范围内值得关注的人和事进行汇报分析；根据总公司党组纪检组“月报告”制度要求，认真上报具体内容，努力提高上报质量。集团公司纪委建立正处职领导干部落实党风廉政建设主体责任、纪委书记落实监督责任月报告制度，有效压实“两个责任”。推进党员领导干部廉政档案建设，初步建成处级和正科级干部电子廉政档案系统。

（二）抓紧抓实纪律审查工作

各级党组织大力支持纪检监察组织纪律审查工作。纪检监察组织认真梳理问题线索，认真查处违反“六项纪律”和八项规定精神的问题。全年共受理信访举报14件，办结11件，立案8件。重点查处了领导干部违规收受下属公款购买的礼品、接受相关利益单位宴请及重点岗位人员违规侵占公有财产等问题，给予党纪、企业纪律处分10人，其中处级干部2人。把握运用监督执纪“四种形态”中第一种形态，抓早抓小，对6名干部职工进行了批评教育，要求3名处级干部责令检查，对2名处级干部分别进行了廉政约谈和诫勉谈话，指导1个单位召开了领导班子专题民主生活会。对违反八项规定的问题及时向总公司纪检组汇报，并在集团公司点名道姓通报曝光。落实总公司党组纪检组纪律处分执行情况自查自纠要求，对自查发现的问题及时纠正整改。制定下发《中国铁设纪检监察信访受理和问题线索处置办法》，将正科级及以下人员问题线索交由二级单位纪委进行独立核查，集团公司纪委强化对二级单位纪委纪律审查工作的指导，将正科级干部问题线索处置交由集团公司纪委审核把关、统一管理。主动跟进国家监察体制改革，积极与天津市纪委、监委沟通对接。

（三）认真开展巡查等监督工作

各级党组织强化政治担当，认真做好党内监督工作。完成了对3个单位的巡查工作和对4个单位的巡查“回头看”工作，对于进一步增强党员干部纪律规矩意识、压紧压实全面从严治党主体责任起到了积极推动作用。纪检监察组织围绕风险债权专项清理、巡视整改和配合国家审计工作开展监督工作。围绕形式主义、官僚主义方面存在的突出问题进行调研并督促整改。开展参观上海铁路技术装备展有关情况的自查自纠工作；围绕总公司党组纪检组通报的案例，就是否存在违反八项规定精神等问题进行自查自纠；开展局级、处级干部非班子成员参加组织生活情况的自查自纠。在学习总公司党组纪检组下发的十起“微腐败”典型问题查处情况通报和党组纪检组提出要求的基础上，结合《中国共产党纪律处分条例》学习贯彻情况，就各单位开展“微腐败”自查自纠和清理整治工作进行调研推动。指导工程总承包事业部梳理廉政风险点、开展廉政风险防控工作，先后深入阳大、盐通等总承包项目部调研廉政风险防控工作，就进一步强化教育、监督和完善制度提出要求。积极落实《集团公司纪检监察、组织人事、审计部门监督工作联动实施办法》，努力增强监督合力和效果。

（四）积极开展纪律教育

各级党组织广泛开展纪律教育，纪检监察组织积极开展案例警示教育。在元旦、春节、五一、端午、中秋、国庆等重大节假日前及时下发通知，对严格执行八项规定精神进行提醒和要求，并要求节后上报执行情况。及时下发铁路总公司党组纪检组和天津市纪委通报的大量典型案例，要求组织开展纪律警示教育。为新员工及机械环工院等8个生产单位有针对性地开展了专题廉政教育，先后4次为总承包事业部及总承包业务培训班开展案例警示教育，对9名新任处级领导干部进行廉政谈话。利用中国铁设简报、手机报下发党纪条规知识和廉政格言警句，进一步提高党员、干部纪律规矩的意识。

（五）不断加强纪检组织自身建设

集团公司党委高度重视纪检监察组织建设，大力支持纪检组织持续推进“三转”，配齐配强集团公司纪委力量。纪检监察组织坚持打铁还需自身硬，不断加强自身建设。积极配合总公司纪检组工作，按照总公司纪检组的统一要求，派员助勤、学习提高。举办纪检监察业务培训班，70余人参加纪检监察业务培训和业务知识考试，明晰了纪检监察各项业务的流程和要求，提升了执纪审查、审理工作能力。建立集团公司纪委每周一次学习研讨制度，通过学习研讨习近平新时代中国特色社会主义思想、党的十九大精神、十九届中央纪委二次全会精神、转型升级决策部署等，有效提高纪检监察干部的思想政治素质和业务能力，特别是通过学习研讨总公司党组纪检组孙怀新组长的几次讲话精神，对总公司党组纪检组从严监督、执纪问责的决心、要求及纪检监察干部自身肩负的责任使命有了新的更深认识，进一步增强了思想自觉和行动自觉。

2018年，在总公司党组纪检组和集团公司党委的领导下，经过各级党政组织和领导干部的共同努力，集团公司党风廉政建设和反腐败工作取得一些新的成绩。但我们的工作与上级要求和广大职工的期盼还存在着一定的差距，主要表现如下。一是有的单位“两个责任”落实还不到位，重业务、轻党建、轻廉政的问题仍然存在，检查中找不到传达学习上级廉政精神、研究本单位党风廉政建设工作的记录；存在制度不健全、不规范或把关不严、有制度不落实的问题；有的领导干部思想认识不到位，存在“好人主义”思想，怕得罪人，不愿红脸出汗、严抓严管，对党员职工的教育监管不到位。二是个别党员干部纪律规矩意识不强；个别党员干部对全面从严治党的认识还停留在过去，对纪律和规矩缺乏敬畏和戒惧，仍然我行我素，出现违规接受礼品、违规接受业务相关方宴请和娱乐活动安排等违反八项规定的问题。三是有的单位法制教育有欠缺，少部分职工法制意识淡薄，出现私开增值税发票、私刻公章、打架致伤等违法犯罪问题。四是监督工作力度不够，不能适应集团公司转型发展对监督工作的要求。

二、2019 年度党风廉政建设工作主要任务

2019年是中华人民共和国成立70周年，是全面建成小康社会、实现第一个百年奋斗目标的关键之年，也是铁路改革发展和集团公司转型发展的关键年，做好纪检监察工作责任重大。党的十九大以来，以习近平同志为核心的党中央一以贯之，坚定不移推进全面从严治党，反腐败斗争取得压倒性胜利，党内政治生态展现新气象，但反腐败斗争形势依然严峻复杂，去存量、遏增量依然艰巨繁重，全面从严治党依然任重道远。习近平总书记在十九届中央纪委三次全会上做了重要讲话，强调要坚定不移推动全面从严治党，巩固发展反腐败斗争压倒性胜利，为决胜全面建成小康社会提供坚强保障，充分彰显了党中央“把党的伟大自我革命进行到底”的坚定决心。十九届中央纪委三次全会处处释放全面从严治党“严”的信号，传递着正风肃纪反腐的新动向。

铁路总公司纪检组改为中央纪委、国家监委向铁路总公司派驻机构，体现全面从严治党的力度越来越大。总公司党风廉政建设工作会议对全年工作做了全面部署，对压紧压实各级组织“两个责任”、正风肃纪、强力反腐提出更严更高的标准和要求。总公司党组利剑高悬，每年组织开展两轮高质量巡视工作，要求全面从严治党工作来不得半点虚假，必须扎扎实实、不折不扣得到落实，总公司党组纪检组组长孙怀新从高度重视线索处置、执纪审查工作，主动查找问题线索、实现“攻防转换”，加强统筹协调、学会借力借势，高度重视二级单位存在问题四个方面对集团公司党风廉政建设工作提出明确要求。就集团公司而言，它承担着川藏铁路设计咨询、地勘监理重任和中老铁路咨询、监理工作，川藏铁路、京雄铁路和中老铁路等项目是习近平总书记高度关注的项目，十九届中央纪委三次全会提出了加强廉洁丝绸之路建设，打造中老铁路廉洁建设示范工程的要求，集团公司参战人员在党风廉政建设方面必须严之又严，绝对不能出现任何违纪违规问题。伴随着集团公司转型升级的不断深入，总承包工作的体量越来越大，从事总承包工作人员越来越多，潜藏着的廉政风险越来越大、越来越多，我们的管理和技术人员存在被诱惑、被攻关、被“围猎”的风险，有的总承包项目部领导班子组建时间不长，不能腐的机制制度还未形成，管控力度还存在不足，对总承包技术和管理人员如何开展有效的廉政教育和监督管理工作提出了新的要求和巨大挑战。

针对党风廉政建设和反腐败工作面临的形势，结合实际，集团公司党风廉政建设和反腐败工作的总体要求：以习近平新时代中国特色社会主义思想为指导，深入贯彻党的十九大和十九届二中及三中全会精神、中央纪委三次全会精神，增强“四个意识”，坚定“四个自信”，坚决做到“两个维护”，贯彻总公司党组和集团公司党委关于全面从严治党、党风廉政建设和反腐败工作的部署和要求，坚持“稳”中求“进”总基调，强化监督执纪问责工作，一体推进不敢腐、不能腐、不想腐，推动纪检监察工作高质量发展，为集团公司转型发展提供坚强纪律保证。

（一）深入学习贯彻习近平新时代中国特色社会主义思想，坚定不移践行“两个维护”

深入学习贯彻习近平新时代中国特色社会主义思想。要在学懂、弄通、做实上下功夫，全面系统、一篇一篇地学习，认真贯彻落实习近平新时代中国特色社会主义思想和十九大精神。各级领导干部要把学习习近平在中央纪委三次全会上的讲话精神作为重要的政治任务，先学一步，学深一步，把自己的工作和职责摆进去，把思想和行动统一到党中央对党风廉政建设和反腐败工作的决策部署上来。深入开展“不忘初心，牢记使命”主题教育，牢记许党报国的初心使命，在务实践行上持续发力，直面实际问题，推动知行合一，加大监督执纪力度，严肃批评、追责问责。

坚决做到“两个维护”。加强对十九大精神学习贯彻情况、党中央重大决策部署和党章党规执行情况的监督检查，督促党员干部增强“四个意识”，坚定“四个自信”，坚决维护习近平总书记党中央的核心、全党的核心地位，坚决维护以习近平同志为核心的党中央权威和集中统一领导。实施政治监督，把“两个维护”具体化，确保川藏铁路、京雄铁路等重点工程和中老铁路、雅万高铁等“一带一路”重点项目不因廉洁问题造成政治上的负面影响，确保扶贫攻坚、货运增量行动等要求落到实处。各级领导干部要进一步提高政治站位，落实政治责任，要在“两个维护”上做表率，要在深入学习贯彻习近平新时代中国特色社会主义思想上做表率，要在严明政治纪律和政治规矩上做表率，要在严格党内政治生活上做表率，坚决防止“七个有之”，切实做好“五个必须”，坚持有令必行、有禁必止。加强对政治纪律和政治规矩行为的检查监督，严查违规越矩行为，对在集团公司转型发展过程中拒不执行党组织分配、调动、交流等决定的党员干部要敢于进行问责。

坚决破除形式主义、官僚主义。落实中央纪委印发的《关于贯彻习近平总书记重要指示精神 集中整治形式主义、官僚主义的工作意见》，紧盯对党中央和总公司重大决策部署不敬畏、不在乎、喊口号、装样子的错误表现，严肃查处空泛表态、应景造势、敷衍塞责、执行不力等问题，对不担当、不作为、乱作为、假作为、造成不良后果的要坚决进行问责。各级党员干部要以刀刃向内的自我革命精神，直面具体问题，重点查找、主动整改在贯彻落实党的路线方针政策、中央和上级重大决策部署，联系群众、服务群众，履职尽责、服务经济社会发展，学风会风文风及检查调研等方面存在的突出问题。

（二）加大执纪审查力度，保持惩处高压态势

加大执纪审查力度。坚持靶向治疗、精确惩治，紧盯重大工程、重大领域和关键岗位，坚决查处总承包分包、物资设备采购、勘察设计委外、产品产业化、对外支付、验工计价、质量安全管理、项目部管理、产品选型等关键领域和关键环节中违反“六项纪律”的行为、“小金库”问题、重大风险债权背后的腐败问题和侵害职工群众利益的“微腐败”问题，发现一起，查处一起，一查到底，特别要对党的十九大后仍然不收敛不收手，问题线索反映集中、群众反映强烈，现在重要岗位且可能还要提拔使用的领导干部的顶风违纪问题，严肃查处，寸步不让，形成强大震慑，让心存侥幸的人知畏知止、收敛收手，持续释放越往后越严的强烈信号。要由被动变主动，积极拓宽问题线索来源，善于从审计、财务、组织人事及专项检查中发现重要线索，实现“攻防转换”。要定期听取二级单位查办案件的进度，提高二级单位执纪审查的效率和质量。要注意办案过程的安全，做到安全办案、文明办案、规范办案。

严格落实八项规定精神。要站在“两个维护”的高度，充分认识落实八项规定精神的极端重要性，持续督查落实八项规定及其实施细则精神，一个节点一个节点盯住，坚持不懈，化风成俗。要保持高压态势，对违规收送礼品礼金、违规接受业务相关方宴请和娱乐活动安排等不良风气要露头就打，对“四风”一些隐形变异新动向要着力防范。对屡教不改的，要加大惩治力度，痛下杀手，有一个查一个，见一桩查一桩，一律通报曝光，坚决防范业务相关方拉拢腐蚀党员干部，推动建立风清气正的营商关系。

发挥执纪审查的治本作用。坚持“一案两报告”制度，做好案件调查报告和案件分析报告。坚持以案促教，警钟长鸣，加大典型案例通报力度，达到查处一人、警示教育一片的效果。坚持以案促改，针对违纪问题暴露出的管理漏洞，下达检查建议书，督促相关部门、单位健全、完善制度，堵塞管理漏洞，一体推进不敢腐、不能腐、不想腐的机制制度。

（三）紧盯重大工程和“关键少数”，把监督工作做实做细

开展专项检查。围绕生产经营重点和薄弱环节，坚持关口前移，加大监督力度，管好关键人，管到关键处，管住关键事，管在关键时，使监督常在，形成常态，也使党员干部习惯在受监督和约束的环境中工作生活。围绕总公司对铁路局巡视发现问题“举一反三自查”、对巡视问题整改进行监督。对正科级干部党风廉政建设责任制落实情况进行调研摸底。集团公司纪委和总承包事业部纪委要对总承包招投标和物资设备采购工作开展专项检查，对合同额大的一级总承包项目部党风廉政建设责任制和廉政风险防控情况进行专项检查，对在专项检查中发现的违纪问题线索要进行立案审查，对需要重点整改的问题下达“监察建议书”，要求进行整改。要指导总承包事业部探索建立与工程建设单位纪委的沟通，实现联防共建，打造廉洁工程。

着力在日常监督、长期监督上探索创新。紧盯“关键少数”，对其履职用权进行监督。要了解各单位各部门政治生态情况，努力做到三个“心中有数”，即对其党风廉政建设状况心中有数、对其“树木”和“森林”关系心中有数、对其领导班子中“不托底”的人和事心中有数。认真分析正处级干部和纪委书记“月报告”情况，重点加强对所属单位一把手在“三重一大”、选人用人等事项上的监督。落实《集团公司纪检监察、组织人事、审计部门监督工作联动实施办法》，强化相关部门定期联系与日常沟通，特别要掌握业务部门开展专项检查、专项清理中发现的问题，提高监督针对性和有效性。要督促业务部门主动立项、开展专项检查工作，对发现的问题要及时研究处理。要充实完善领导干部电子廉政档案系统，对所属单位进行政治生态分析，对所属单位领导班子成员，特别是一把手要作出比较客观的画像评价。强化对领导班子民主生活会和领导班子专题民主生活会的监督指导，确保民主生活会的质量，尤其不能让专题民主生活会成为新的形式主义，成为演戏。严把选人用人政治关、品行关、作风关、廉洁关，全面净化党内政治生态。注重日常监督和执纪问责贯通应用，让监督带电长牙。

（四）坚持不懈开展纪律教育，增强党员干部纪律规矩意识

广泛开展案例警示教育。坚持早预防，采取多种方式，加强党纪条规教育。深入学习贯彻《中国共产党纪律处分条例》，引导党员从总公司党组纪检组、天津市纪委和集团公司纪委通报的大量案例中吸取教训、引以为戒，持续增强党员干部的纪律规矩意识，促使广大党员知敬畏、存戒惧、守底线，在各种利益和诱惑面前，始终保持定力，坚守法律、纪律和道德红线。要突出重点，继续对关键岗位人员开展专题廉政教育，继续对新提拔处级领导干部进行廉政谈话，打好岗前“预防针”，不断提高领导干部的“免疫力”。

运用监督执纪“四种形态”中第一种形态。坚持早发现，每季研判信访举报情况，及时发现党员干部苗头性、倾向性问题；坚持早纠正，抓好谈话函询、提醒教育和诫勉谈话等措施的落实，抓早抓小，防微杜渐。要注重谈话和函询相结合，加大对谈话函询的抽查核实力度，按照全年不少于20%的比例抽查核实。对如实说明的予以采信，对不如实说明、欺瞒组织的要严肃处理、给予纪律处分。

切实加强纪律教育和法制教育。各单位要把党章党规党纪、宪法法律法规、企业重要制度规定等教育纳入党员职工的教育培训计划，促使党员干部把应知必守的法律和纪律记在脑中、落实到行动中。要引导党员积极践行《中国共产党廉洁自律准则》，培养高尚道德情操，抵制不良风气，严格遵守法律法规，远离黄赌毒和低级趣味，自觉做到廉洁从业、廉洁修身、廉洁齐家。

（五）严格追责问责，协助党委推动全面从严治党责任得到落实

以问责倒逼责任落实。严格落实《中国共产党问责条例》，坚持“逢案必双查”，加大问责力度，使失责必问、问责必严成为常态，倒逼主体责任落实，对于发生严重违纪违规问题的，既严肃处理当事人，也对其领导人员和管理人员进行问责；对该问责而不问责的，也要严肃问责。各级党组织要进一步提高对党风廉政建设和反腐败工作极端重要性的认识，主动担当作为，敢于斗争，善于斗争，不松劲、不停歇，以永远在路上的坚韧和执着认真履职尽责，扎实推进全面从严治党向纵深发展。二级单位纪委要强化日常监督，着力解决日常监督不力的问题。

开展党风廉政建设责任制考核。由集团公司领导带队，对各单位、有关职能部门党风廉政建设责任制落实情况进行全面考核。建立、完善党风廉政建设专题分析会制度。各单位、部门党政主要领导要当好落实主体责任的明白人、责任人和带头人，定期学习上级党风廉政建设精神，一年至少两次研究党风廉政建设重点工作和存在的突出问题，工作中要尽责担当，敢抓敢管，严抓严管，对苗头性问题早打招呼、猛喝一声，防患于未然。班子副职要认真落实“一岗双责”，不怕得罪人，不当“老好人”，要在用好第一种形态上下更大力气，经常性地进行提醒教育，敢于旗帜鲜明地批评和纠正所分管部门、范围的违规违纪言行。

注重源头防控廉政风险。各单位要坚持问题导向，认真做好审计发现问题的整改工作。坚持标本兼治、源头治理，一体推进不敢腐、不能腐、不想腐，围绕重点领域、重点环节、重点岗位和重点人员，加强对权力行为的监督和约束，认真梳理廉政风险点和风险环节，突出重点，有针对性地健全、完善制度，建立廉政风险防控体系，把廉政风险防控举措有机镶嵌到管理流程之中，切实扎牢不能腐的制度笼子，从源头上堵塞滋生腐败的漏洞，让权力在阳光下运行。

（六）按照政治过硬、本领高强要求，加强纪检监察队伍建设

加强政治建设。纪检监察干部要带头践行“两个维护”，要带头忠于党、忠于人民，带头严以律己、担当作为，带头查找纪检监察工作中的形式主义、官僚主义问题，采取有力措施加以整改。要有好的精神面貌、工作状态，做到骨头硬。努力做到脊梁硬，立场坚定，忠诚干净；做到肩膀硬，意志坚强，敢扛事，能扛事；做到拳头硬，行动坚决，高威慑、打得疼。

继续深化“三转”。按照上级组织要求，持续深入转职能、转方式、转作风，聚焦监督执纪问责主责主业。主动适应上级纪检监察体制改革，在问题线索处置、执纪审查等方面要加强向上级纪检监察组织的汇报，认真做好“两个责任”落实情况月报告工作。制定完善纪检监察工作制度办法，修订、落实《监督执纪工作规则》，加强规范化建设，完善基础资料和台账，做到严格执纪、精准执纪、依规依纪办案。

提高纪检干部素质与能力。以“以案带训”、挂职锻炼、指导基层人员、组织交流研讨等方式，强化纪法思维，特别是程序意识，提高兼职纪检监察干部的思想政治素质和执纪审查能力。纪检监察干部要下载、用好“学习强国”平台，反复深入加强党纪条规和执纪审查业务学习。进一步强化对二级单位纪委执纪审查工作的指导，提高二级单位执纪审查人员的工作能力，在实践中锻炼培养业务骨干。

牢记打铁必须自身硬的政治要求。纪检监察干部要以强烈的事业心和责任感，以严细深实的工作态度和方法，无私无畏，勇于担当，秉公执纪，克己慎行，让纪律管住全体党员，努力为集团公司转型发展提供坚强的纪律保证。

大事记

CRDC

大 事 记

·中国铁路设计集团有限公司2019年大事记·

一 月

2日 铁路总公司在京召开工作会议。总公司党组书记、董事长陆东福作题为“奋勇担当交通强国、铁路先行历史使命 努力开创新时代中国铁路改革发展新局面”的报告。集团公司党委书记、董事长刘为群，总经理曾鸣凯，工会主席李龄参会。

3日 中国工程院重大咨询研究项目“低真空管道超高速磁悬浮铁路战略研究”课题六“低真空管道关键技术方案研究”启动暨第一次工作会议在北京中国工程院召开。会议邀请了包括孙永福、何华武、卢春房、乐嘉陵、周建平、黄维和6位院士在内的15位专家进行研讨，集团公司副总经理、总工程师孙树礼作为课题组副组长主持会议，副总工程师胡叙洪汇报课题总体工作方案。

4日 集团公司召开2018年管理评审会议。总经理曾鸣凯主持会议并作集团公司管理评审决定报告，副总经理、总工程师孙树礼作集团公司管理体系运行综合报告。

6—7日 铁路总公司在京召开发展和改革会议，集团公司总经理曾鸣凯、计经部负责人参加会议。

10—11日 铁路总公司在京召开铁路建设工作会议。集团公司总经理曾鸣凯，副总经理、总工程师孙树礼，计经部相关负责人参加会议。

14日 铁路总公司召开对外工作会议，总结2018年工作，部署2019年重点任务。集团公司副总经理何松林、海外部负责人参加会议。

15日 铁路总公司副总经理黄民到科创中心现场检查，集团公司副总经理沈荣发、总建筑师周铁征参加检查。

同日 广东省铁路投资公司总经理王刚一行来访，就汕汕铁路相关事宜交换了意见，集团公司党委书记、董事长刘为群，总经理曾鸣凯，副总经理张利国及总包事业部等部门参加会议。

同日 乌兰察布市副市长雷儒鑫一行来访，就集大原项目推进情况进行沟通交流，集团公司副总经理贺挨宽、副总工程师李秉涛及铁三院公司、计经部等单位负责人参加会议。

16日 铁路总公司副总经理黄民主持召开总公司发展和改革领导小组会议，集团公司副总经理方天滨、副总工程师秦宝来、项目总体参加会议。

17日 铁路总公司副总经理王同军组织召开蒙华铁路项目推进座谈会，集团公司副总经理贺挨宽参加会议。

18日 集团公司召开2019年第一次生产调度会。党委书记、董事长刘为群，总经理曾鸣凯参加会议并讲话，会议由副总经理方天滨主持，在津集团公司领导、副总工程师及各部门相关负责人参加会议。

23日 集团公司召开2018年度党委书记抓党建工作述职评议会议。党委书记刘为群作述职报告。集团公司第一次党代表大会代表、群众代表共106人，听取述职报告并进行民主评议。

23—24日 集团公司召开第一届二次职工代表大会暨2019年工作会议。集团公司党委书记、董事长刘为群，总经理曾鸣凯分别作党委工作报告、行政工作报告。

23—27日 铁路总公司副总经理王同军带队赴印尼雅万高铁现场检查指导工作，集团公司总经理曾鸣凯、副总经理何松林、副总工程师赵斗及海外部负责人参加现场活动。

24日 铁路总公司在成都召开川藏铁路前期工作推进会，陆东福书记出席会议并讲话。集团公司党委书记、董事长刘为群和副总经理、总工程师孙树礼参加会议并汇报川藏铁路地勘监理、设计咨询工作进展。

29日 集团公司召开2018年度领导班子民主生活会，铁路总公司党组成员、副总经理黄民到会指导并讲话。

同日 铁路总公司副总经理王同军组织召开京津冀客站小组会议，副总经理沈荣发、总建筑师周铁征和京津冀站房办公室相关负责人参加会议。

31日 集团公司召开后勤管理专题会议，听取研发基地搬迁筹备及既有院落维修整治工作汇报，党委书记刘为群、总经理曾鸣凯、工会主席李龄、副局级王云鹏及司办、行管部、基地指挥部有关负责人参加会议。

二 月

1日 集团公司召开2019年行政重点工作座谈会。总经理曾鸣凯出席会议并讲话，会议由副总经理方天滨主持。

12日 集团公司总经理曾鸣凯召开2018年管理课题研究成果推进会，副总经理贺挨宽、副总工程师李华良及发展部等单位负责人参加会议。

13日 集团公司召开投资铁路项目研讨会，党委书记刘为群、总经理曾鸣凯，副总经理方天滨、贺挨宽，以及发展部、运规院相关负责人参加会议。

14日 京津冀铁投副总经理李波一行来院对接京唐、京滨、城际联络线铁路项目有关事宜，集团公司副总经理方天滨及计经部、建筑院等单位负责人参加接待。

同日 集团公司副总经理贺挨宽会见内蒙古自治区发改委铁航办李欣处长一行，对接集大原铁路项目事宜。集团公司副总工程师李秉涛，计经部、呼和分院等单位负责人参加接待。

同日 乌兰察布市副市长雷儒鑫一行对接集大原铁路项目事宜。集团公司副总经理贺挨宽、副总工程师李秉涛，计经部、呼和分院等单位负责人参加接待。

15日 集团公司党委书记、董事长刘为群带队拜访山东省铁路投资集团公司，副总经理贺挨宽、副总工程师李树德，计经部、线站院等单位负责人参加相关活动。

19日 集团公司召开行政重点工作启动会，总经理曾鸣凯、总会计师曾波，司办、发展部、计经部、人力资源部、财务部相关负责人参加会议。

同日 集团公司工会主席李龄参加天津市总工会第十七届委员会第五次全体会议。

20日 国家铁路局总工程师兼科法司司长严贺祥带队到集团公司交流调研，听取高铁工程学科建设研究进展情况，集团公司总经理曾鸣凯、副总经理兼总工程师孙树礼，科技部及4个课题组成员参加会议。

20—21日 集团公司工会主席李龄参加铁总工会第十四届执行委员会第七次会议。

21—22日 集团公司总经理曾鸣凯带队拜访陕西省铁路集团公司、西成铁路公司，副总经理贺挨宽和计经部、总包事业部、线站院等单位负责人参加相关活动。

22日 铁路总公司党组在京召开2018年度铁路局集团公司党委书记抓基层党建工作述职评议会议，陆东福同志主持会议。集团公司党委书记刘为群参会并述职。

25日 总公司召开2019年信访工作会，副书记甄忠义出席会议并讲话，集团公司工会主席李龄参加会议。

27—28日 中泰铁路合作联委会第27次会议在北京召开，会议由国家发改委副主任宁吉喆和泰国交通部长阿空共同主持，双方就泰国铁路项目合同2.3进行磋商谈判。集团公司党委书记、董事长刘为群，副局级调研员郭珠远，海外部及泰国项目部负责人参加会议。

28日 集团公司与比亚迪签订战略合作协议，总会计师曾波、计经部和广东分公司相关负责人参加相关活动。

三　月

1日 总公司召开铁路建设电视电话会议，副总经理王同军出席会议并讲话，集团公司副总经理、总工程师孙树礼以及计经部、科技部、总包事业部和监理公司相关负责人收听收看。

同日 中老泰铁路合作三方会议在北京召开，会议由中国国家发改委副主任宁吉喆、泰国交通部长阿空和老挝交通部部长本占·辛塔冯共同主持，集团公司党委书记、董事长刘为群和副局级调研员郭珠远参会。

4日 集团公司召开搬迁动员会，集团公司党委书记、董事长刘为群，总经理曾鸣凯，工会主席李龄，副局级王云鹏，在津各部门单位主要负责人及搬迁负责人参加会议。

同日 集团公司总会计师曾波出席基层法务人员培训班开班典礼并发表开班讲话，培训班由南开大学法学院、集团法律事务部及人力资源部共同举办。

5日 集团公司党委召开2018年度各单位党委书记抓基层党建工作述职评议会，党委书记、董事长刘为群主持会议，党委委员出席会议。

6日 靖江市委书记赵叶一行就北沿江高铁项目进行沟通交流，集团公司总经理曾鸣凯、副总经理方天滨、副总工程师李树德及计经部、线站院等单位负责人参加会议。

7日 集团公司党委副书记、纪委书记单万水和工会主席李龄参加天津市农民工入会、两新组织建会工作会议。

同日 中国铁路总公司副总经理王同军调研检查丰台站，集团公司副总经理沈荣发及项目总体陪同检查。

8日 集团公司召开第三届九次董事会，集团公司党委书记、董事长刘为群主持会议，董事会其他成员刘辉、曾鸣凯、夏喜全、李凤超、孙树礼、曾波、李龄等参加会议，监事会成员以及其他班子成员、相关职能部门负责人列席参加。

11日 铁路总公司审计局进驻集团公司开展2018年经济责任审计。当天下午召开审计进点会议，集团公司党委书记、董事长刘为群，总经理曾鸣凯，在津领导班子成员以及相关职能部门人员参加会议。

13—16日 集团公司党委书记、董事长刘为群，总经理曾鸣凯，副总经理巫伟军、张利国拜访广州局集团公司、广东省铁路投资公司和深圳地铁公司等，计经部、总包事业部、广东分公司相关负责人参加拜访。

15日 东营市纪委书记孙早军一行就京沪二通道铁路项目事宜到集团公司沟通

交流，集团公司副总经理方天滨，计经部、线站院等单位负责人参加会议。

20日　菲律宾交通部长阿瓦亚一行在北京会见集团公司领导，沟通交流菲律宾南部铁路项目管理咨询工作，集团公司党委书记、董事长刘为群，副局级调研员郭珠远及海外部、菲律宾项目部负责人参加会谈。

21日　集团公司总会计师曾波参加财务审计主题报告讨论会。

21—22日　铁路总公司在京召开科技和信息化工作座谈会，集团公司副总经理兼总工程师孙树礼、副总工程师兼科技部部长张涵参加会议。

22日　国家铁路局副局长苏全利带队检查京雄城际铁路项目现场，集团公司副总经理方天滨、副总工程师康学东，线站院、建筑院等单位负责人参加相关活动。

同日　集团公司党委书记、董事长刘为群，总经理曾鸣凯听取总公司主数据中心建设情况汇报，审查向总公司党组汇报的材料，集团公司副总经理张利国、总包事业部相关人员参加会议。

22—23日　国家发改委副主任宁吉喆一行赴印尼对雅万高铁进行现场检查，集团公司副总经理何松林、海外部及印尼项目部负责人参加检查活动。

27日　集团公司在空港园区举行升旗仪式，党委书记、董事长刘为群出席仪式并致辞，仪式由总经理曾鸣凯主持。

29—30日　集团公司召开2019年度改革与发展工作会议，党委书记、董事长刘为群，总经理曾鸣凯对改革与发展相关工作提出要求；副总经理、总工程师孙树礼，总会计师曾波，副总经理方天滨分别作了主题报告。

四　月

1日　中铁六院党委书记、董事长姜春林，总经理张先锋一行到空港园区拜访，集团公司党委书记、董事长刘为群，总经理曾鸣凯及相关部门负责人参加接待交流。

1—3日　中国工程院院士孙永福、卢春房一行调研渤海海峡跨海通道，并与山东省、辽宁省及烟台市、大连市相关部门负责人座谈，集团公司副总经理沈荣发、项目总体及相关专业负责人参加座谈。

2日　中设设计集团副总裁胡安兵一行带队到集团公司就加强合作进行交流，集团公司副总经理方天滨、江苏分公司等负责人参加会议。

3日　集团公司总经理曾鸣凯主持召开会议，听取2018年经济责任制考核情况、存在问题分析以及内部交易制度编制情况汇报，总会计师曾波及发展部、计经部、人力资源部等相关负责人参加会议。

4日　集团公司工会主席李龄主持召开工会第一届二次全委（扩大）会。

同日　集团公司副总经理巫伟军接待中铁咨询副总经理辛兵一行，计经部、线站院有关人员参加相关活动。

8日　铁路总公司党组召开季度党建和经营工作会议，集团公司党委书记刘为群、总经理曾鸣凯在京参会。

9日　集团公司召开建立标杆企业实施方案推进会。党委书记、董事长刘为群，总经理曾鸣凯，司办、发展部、计经部、科技部、人力资源部、财务部、海外部、总包事业部等相关负责人参加会议。

同日　集团公司机构优化调整资产清查推进组召开第一次会议。总经理曾鸣凯、总会计师曾波及财务部、审计部、行管部相关负责人参加会议。

同日　呼和浩特市委员会办公厅党组成员张瑞平就项目事宜到集团公司沟通交流，集团公司副总经理贺挨宽及计经部、线站院、城交院等单位负责人参加会议。

10日 集团公司与中新国际运输公司商谈境外项目合作，党委书记、董事长刘为群，副总经理何松林及海外部负责人参加会议。

同日 集团公司召开区域公司组建工作组研讨会。总经理曾鸣凯，副总经理方天滨、贺挨宽，以及计经部、人力资源部、财务部、行管部相关负责人参加会议。

11日 集团公司总经理曾鸣凯会见总公司经开部土地开发处处长彭声应一行，就集团公司资产经营产开发工作进行交流，计经部等相关负责人参加会议。

同日 南通市市长单晓鸣一行就北沿江铁路项目到集团公司进行沟通交流，集团公司总经理曾鸣凯、副总经理贺挨宽及计经部、线站院等单位负责人参加会议。

12日 寿光市市长赵绪春一行就津潍铁路项目事宜到集团公司对接，集团公司党委书记、董事长刘为群，副总经理贺挨宽，计经部、线站院等单位负责人参加会议。

13—14日 由中国铁道学会、江苏省综合交通运输学会和南通市政府联合主办的中国高速铁路桥梁工程创新技术论坛在江苏省南通市举行，集团公司副总经理、总工程师孙树礼和桥梁院负责人参加论坛。

14日 内蒙古自治区主席布小林到集通铁路现场调研，集团公司总经理曾鸣凯、副总经理贺挨宽及计经部、线站院等单位负责人参加调研。

15日 大原公司董事长马瑞峰一行就集大原铁路项目到集团公司沟通交流，集团公司副总经理贺挨宽及计经部、线站院等单位相关负责人参加相关活动。

16—17日 铁路总公司副总经理王同军调研检查大张高铁施工现场，集团公司副总经理贺挨宽及计经部、线站院等单位负责人参加相关活动。

同日 集团公司向总公司经开部汇报资产经营开发工作，总经理曾鸣凯、总会计师曾波、工会主席李龄，行管部、运规院相关负责人参加相关活动。

19日 中国国家发改委与泰国交通部就中泰铁路项目合作在北京召开视频会议，国家发改委副主任宁吉喆与泰国交通部长阿空出席会议，铁路总公司副总经理黄民，集团公司党委书记、董事长刘为群，副局级调研员郭珠远及项目负责人参加会议。

22日 中泰铁路合作视频会议在北京召开，国家发改委副主任宁吉喆和泰国交通部长阿空出席会议，铁路总公司副总经理黄民、集团公司副局级调研员郭珠远及泰国项目部负责人参加会谈。

23日 铁路总公司总工程师郑健主持召开总工程师办公会，专题研究京雄城际铁路采用智能建造、装备及运营技术的情况，集团公司副总经理巫伟军、项目总体参加会议。

同日 集团公司总经理曾鸣凯主持召开建设标杆企业指标体系研讨会，人力资源部、科技部、生产经营中心、运规院等部门、单位相关负责人参加会议。

24日 菲律宾交通部副部长狄杰、菲律宾铁路公司总经理俊一行到集团公司考察交流，集团公司党委书记、董事长刘为群，铁路总公司国际合作部副主任鲍忠庆、集团公司副总经理何松林、副局级调研员郭珠远等参加活动，双方就菲律宾南部铁路项目进行深入友好的会谈交流。

同日 集团公司召开总公司反间谍安全防范责任制落实情况自查工作部署会，党委副书记、纪委书记单万水，工会主席李龄，办公室、海外事业部、资产事业部、信息化院有关人员参加会议。

同日 集团公司总会计师曾波组织召开2019年度各部门执行预算评审会。办公室、企法部、发展计划部、科技部、人力资源部、财务部、生产经营中心、总承包事业部、海外事业部、资产事业部相关负责人参加会议。

25日 集团公司召开机关职能部门和生产业务机构内设机构编制及职责分工研讨会，党委书记、董事长刘为群，总经理曾鸣凯，人力资源部相关负责人参加会议。

同日 集团公司总经理曾鸣凯主持召开公司房地产经营开发研讨会，总会计师曾波，工会主席李龄，资产事业部、建筑院、运规院等单位相关负责人以及思源公司相关负责人参加会议。

同日 集团公司副总经理何松林在北京接待肯尼亚铁路局局长马伊纳一行，就铁路项目合作进行交流会谈。

26日 菲律宾总统杜特尔特在第二届"一带一路"国际合作高峰论坛访华期间，率参加峰会的全体内阁部长（包括外交、财政、公共建造、交通、能源部部长等），以及交通部主管铁路的副部长、国家铁路公司总经理，在北京东方君悦酒店会见了设计集团公司、中铁工、中铁建、中交、中建集团等中资企业，就中菲基础设施合作进行交流会谈。集团公司党委书记、董事长刘为群，副局级调研员郭珠远及菲律宾项目负责人参加会见。

同日 集团公司总经理曾鸣凯接待中铁建工集团总经理毕彦春一行来访。总会计师曾波，办公室、资产事业部等相关负责人参加接待。

同日 集团公司副总经理沈荣发接待来访的佳木斯市委常委、常务副市长孙希平一行，双方就相关在建项目进展情况及下一步工作安排进行了沟通交流。生产经营中心、公路事业部、土建院分管领导及相关项目总体参加会议。

28日 中国工程院、铁路总公司、国家铁路局在成都召开川藏铁路调研暨项目阶段成果检查会，集团公司副总经理、总工程师孙树礼，副总工程师王立暖和项目组成员参加会议。

30日 集团公司总会计师曾波组织研究高新技术企业认定工作，计经部、科技部、财务部及总包事业部负责人参加会议。

同日 铁路总公司信息中心组织召开主数据中心项目运维移交会，集团公司副总经理方天滨、总包事业部等单位负责人参加会议。

同日 集团公司团委组织召开纪念五四运动100周年青年职工座谈会，党委副书记、纪委书记单万水出席会议并讲话。

五 月

5日 铁路总公司党组召开学习贯彻习近平总书记重要讲话精神暨纪念五四运动100周年电视电话会议。集团公司党委书记、董事长刘为群，总经理曾鸣凯及其他在津领导班子成员、党群部门主要负责同志及部分团员代表在津收听收看。

10日 铁路总公司召开全路网络安全工作电视电话会议，总公司总经理杨宇栋出席会议并讲话，集团公司党委书记、董事长刘为群在会议现场参会。

13日 集团公司总经理曾鸣凯召开会议听取2019年经济责任制编制情况汇报，研究安排下一步工作，发展计划部、生产经营中心相关负责人参加会议。

同日 集团公司总经理曾鸣凯接待上海市政工程设计院总院总裁张亮一行，副总经理巫伟军及生产经营中心、公路事业部、机环院、上海公司有关人员参加相关活动。

13—15日 集团公司党委书记、董事长刘为群率队到克塔铁路现场检查指导工作并拜访乌鲁木齐局，副局级调研员刘来明及生产经营中心、总包事业部等负责人参加相关活动。

15日 国家局工程监管司到盐通铁路项目现场督导检查并调研，集团公司副总经理方天滨及总包事业部、项目部负责人参加相关活动。

同日 集团公司召开信访工作联席会，集团公司工会主席李龄、副局级王云鹏，办公室、人资部、离退休部有关人员参加会议。

16日 铁路总公司召开“一带一路”境外铁路重点项目推进动员会。集团公司党委书记、董事长刘为群，副总经理何松林参加会议。

同日 集团公司工会主席李龄接待深圳市龙华区政府一行，生产经营中心、城交事业部、实验室、华南公司有关人员参加相关活动。

17日 集团公司与中建铁投签署战略合作协议，集团公司党委书记、董事长刘为群，工会主席李龄，中建铁投党委书记、总经理陈卫国及双方相关部门负责人参加会议。

同日 铁路总公司召开印尼雅万高铁工作推进会议，总公司副总经理王同军出席会议，集团公司副总经理何松林在京参会。

19—25日 集团公司党委书记、董事长刘为群，副总经理何松林赴菲律宾参加铁盟亚太区年会。

19—26日 围绕“智能时代 科技强市 全域科普”活动主题，开展形式多样的科技周活动。

20日 宁波铁路指挥部指挥长任建成一行就通苏嘉甬铁路项目到集团公司进行沟通交流，集团公司副总经理方天滨、副总工程师胡叙洪及生产经营中心、项目团队等单位负责人参加会议。

22日 集团公司工会主席李龄主持召开工会财务审计工作会议。

同日 集团公司召开编写员工培训系列教材和开发培训课程研讨会，总经理曾鸣凯出席会议并讲话，会议由副总经理、总工程师孙树礼主持。

23日 集团公司副总经理贺挨宽就兰州到武威项目拜访甘肃省发改委、甘肃省铁路投资集团公司，生产经营中心、总包事业部等单位负责人参加相关活动。

24—25日 集团公司召开铁路项目土地综合开发与综合交通站城一体化研究技术交流会，会议邀请杭黄公司、思源公司等外部专家进行研讨交流。总经理曾鸣凯，副总经理、总工程师孙树礼，工会主席李龄出席会议并参加研讨，总建筑师周铁征、副总工程师张涵参加会议。

28日 集团公司在南京召开新时代江苏省铁路战略和规划研究研讨会。在与会的总公司、江苏省及有关部门各级领导的共同见证下，江苏分公司揭牌成立正式运营。集团公司党委书记、董事长刘为群，副总经理方天滨，副总工程师李树德出席会议。

同日 集团公司总经理曾鸣凯会见华为公司技术专家，就集团公司信息化建设思路交流研讨，副总经理、总工程师孙树礼，副总工程师沈荣发，以及办公室、企法部、发展部、科技部、人资部、财务部、信息院相关负责人参加会议。

28—31日 劳氏公司对集团公司天津本部进行体系监督审核，对集团公司管理体系的符合性和持续改进情况进行验证并提出改进建议。集团公司顺利通过质量、环境管理体系监督审核和职业健康安全管理体系的换版审核，认证证书继续有效。

29日 集团公司召开“三供一业”分离移交工作领导小组会议，总会计师曾波、工会主席李龄、副局级王云鹏及人资部、财务部、资产事业部有关负责人参加会议。

30日 乌鲁木齐局召开克塔铁路开通仪式，集团公司副局级调研员刘来明、克塔铁路总承包项目部有关人员参加开通仪式。

31日 集团公司法务人员培训班结业式在南开大学举行，总会计师曾波出席会议并讲话。

六 月

3日 集团公司党委中心组召开（扩大）学习会，围绕“习近平总书记关于全面深化改革、做好经济工作的重要论述”专题开展集体学习研讨。集团公司党委书记刘为群主持会议。

同日 南通市政府秘书长景安一行就北沿江高铁项目到集团公司沟通交流，集团公司副总经理方天滨，生产经营中心、项目团队等负责人参加会议。

4—5日 铁路总公司在京组织召开川藏铁路雅安至林芝段可行性研究评审会 ，集团公司党委书记、董事长刘为群，副总经理、总工程师孙树礼，副总工程师王立暖及相关人员参加会议。

5日 总公司副总经理王同军检查京雄铁路建设现场，集团公司党委书记、董事长刘为群，副总经理方天滨，副总工程师康学东，生产经营中心以及项目团队等负责人参加活动。

9日 集团公司召开“不忘初心、牢记使命”主题教育动员部署会议，总公司第三巡视指导组组长谷晓明率指导组到会指导，集团公司党委书记、董事长刘为群出席会议并讲话，会议由总经理曾鸣凯主持。

11日 集团公司组织召开“不忘初心、牢记使命”主题教育骨干培训会，对6个巡回指导组全体成员、机关各部门负责人及各单位党委书记和组织干部进行培训，集团公司党委副书记、纪委书记单万水出席培训会并提出要求。

13日 集团公司副总经理沈荣发接待来访的辽宁省抚顺市朱光明副市长一行，并就沈白客专相关事宜进行了沟通交流。生产经营中心、地勘院、线站院、项目总体及相关专业负责人参会。

同日 集团公司副总经理巫伟军接待温州市政府一行，就温武吉铁路前期工作进行沟通，副总工程师胡叙洪，副总经济师、生产经营中心主任李洪，生产经营中心、上海公司有关人员及项目总体参加会议。

14日 总公司副总经理黄民听取包银铁路补充方案情况汇报，集团公司总经理曾鸣凯、副总工程师李秉涛及相关专业人员参加会议。

同日 总公司副总经理王同军检查郑阜铁路、商合杭铁路施工现场，并召开座谈会，集团公司副总经理贺挨宽，太原地区铁路指挥部、项目团队等相关人员参加现场活动。

17日 集团公司领导班子成员以读书会的形式开始了第一次集中学习，党委书记刘为群主持读书会。刘为群、单万水、李龄、曾波先后领学部分篇章并交流个人学习体会。

18日 中国铁路总公司在京举行中国国家铁路集团有限公司揭牌仪式。集团公司党委书记、董事长刘为群，总经理曾鸣凯在现场参加会议。

23—27日 集团公司副总经理何松林赴匈牙利、塞尔维亚陪同国铁集团副总经理王同军检查匈塞铁路现场工作及参加国际铁路联盟年会。

24日 集团公司党委进行“不忘初心、牢记使命”集中学习研讨，围绕“不忘初心、践行宗旨”主题开展交流讨论。刘为群主持会议并作重点发言。

25日 天津市河北区副区长刘彤一行就科技合作等事宜到集团公司沟通交流，集团公司党委副书记、纪委书记单万水，科技部、产业化公司等负责人参加会议。

26日 中车时代电气丁荣军院士到集团公司参加“网络化牵引供电系统拓扑结构与技术方案研究”开题报告评审会，集团公司党委书记、董事长刘为群，党委副书记、纪委书记单万水，副总工程师蒋先国，电化电信院负责人以及课题有关人员参会调研。

同日 国铁集团副总经理李文新到沙午线、马磁线、邯郸南至马头增三线调研，集团公司副总经理巫伟军，生产经营中心、项目总体等参加调研。

27日 集团公司工会主席李龄参加天津市总工会农民工入会两新组织推动会。

30日 国铁集团发改部副部长王彦华带队与集团公司联合开展“七一”党日活动，并召开铁路项目相关技术座谈会。集团公司总经理曾鸣凯、副总经理沈荣发，生产经营中心、线站院、工经院、运规院、机环院、实验室等单位相关负责人及专业技术人员参加相关活动。

七 月

1日 国家铁路集团公司副总经理、党组成员黄民就推进高质量发展和深化改革工作到集团公司调研指导，与班子成员及部分部门、单位负责人进行了深入座谈。集团公司党委书记、董事长刘为群，全体党委委员，企法部、人资部、发展部、生产经营中心相关负责人参加会议。

2日 集团公司党委进行“不忘初心、牢记使命”集中学习研讨，围绕第二专题“牢记使命、担当作为”开展交流讨论。国铁集团主题教育第三巡回指导组组长谷晓明率指导组成员到会指导。集团公司党委书记刘为群主持会议并作重点发言。

同日 集团公司总经理曾鸣凯接待来访的中国银行天津市分行行长马超龙一行，集团公司总会计师曾波、副总经济师李洪，企法部、财务部、总包事业部、海外事业部、团委相关负责人参会。

同日 集团公司总会计师曾波接待来访的天津港保税区空港管委会副巡视员刘志毅一行，人资部、财务部、资产事业部相关负责人参会。

3日 集团公司副总经理方天滨接待来访的清华大学于明教授一行，科技部、生产经营中心等单位负责人参加相关活动。

同日 泰兴市人民政府市长刘志明一行到集团公司就北沿江铁路项目进行座谈交流，集团公司副局级调研员刘来明、生产经营中心负责人以及项目有关人员参会。

同日 中国工程院召开低真空管道超高速磁浮铁路战略研究课题中期评审暨阶段成果研讨会，集团公司总经理曾鸣凯，副总经理、总工程师孙树礼，副总工程师胡叙洪，以及线站院、工经院等相关技术人员参加会议。

同日 巴基斯坦青年团一行9人来到集团公司参观交流，集团公司副总经理何松林陪同接待并与巴基斯坦青年团进行交流。

4日 中国铁路经规院副院长俞祖法一行到集团公司开展“不忘初心、牢记使命”主题教育——中国铁路标准国际化专题调研。集团公司副总经理何松林及科技部、生产经营中心、质量安全中心、海外事业部相关负责人参加调研交流。

同日 集团公司总会计师曾波主持召开清偿民营企业债务会议，就抓紧落实清偿民营企业债务工作进行了安排部署。办公室、财务部、总包事业部、资产事业部、电化电信院、机环院相关负责人参加会议。

4—6日 集团公司总经理曾鸣凯出差成都参加川藏铁路技术创新公司推进会（暨股东会），科技部负责人一同参加会议。

5日 集团公司副总经理巫伟军参加中国城市轨道交通协会设计咨询专业委员会第七次秘书长工作会。

6日 国铁集团召开“不忘初心、牢记使命”主题教育首批单位领导小组办公室主任和巡回指导组组长座谈会。集团公司党委副书记、纪委书记单万水在京参会。

10—16日 国铁集团举办纪检监察领导人员培训班。集团公司党委副书记、纪委书记单万水参加了培训。

11日 国铁集团召开京津冀地区重点客站课题开题会，国铁集团总工程师郑健主持会议，集团公司副总经理沈荣发、总建筑师周铁征及精品客站办、生产经营中心、建筑院相关负责人参加开题会。

16日 国铁集团副总经理王同军组织召开高铁大会筹备情况汇报会，集团公司副总经理贺挨宽、总建筑师周铁征、建筑院等单位负责人参会。

17日 由集团公司与大连地铁集团有限公司合资成立的大连轨道交通设计院有限公司举行揭牌仪式。集团公司党委书记、董事长刘为群，总经理沈荣发，企法部、人资部、财务部、生产经营中心、城交事业部相关负责人参加相关活动。

18日 河南省铁投总经理谢亚伟一行到集团公司就郑登洛项目沟通交流，集团公司副总经理贺挨宽及生产经营中心、线站院等单位负责人参会。

同日 集团公司副总经理巫伟军接待广东省铁投副总经理霍燕滨一行，生产经营中心、运规院、华南公司有关人员参加相关活动。

18—19日 国铁集团在北京召开领导干部会议，董事长、党组书记陆东福作主题教育专题党课。集团公司党委书记、董事长刘为群，总经理曾鸣凯在京参加会议。

22日 集团公司领导班子围绕“查找差距、抓好落实”主题，开展了第三专题集中学习研讨。党委书记刘为群主持会议并作重点发言。国铁集团主题教育第三巡回指导组组长谷晓明率指导组成员到会指导。

23日 集团公司召开半年党建和经营工作会暨党委书记讲党课会议。党委书记刘为群讲专题党课，总经理曾鸣凯作工作总结；在津集团公司领导、副总工程师以及在津副处级以上干部参加会议。国铁集团主题教育第三巡回指导组成员参加部分会议议程。

同日 国家铁路局召开川藏铁路工程监管座谈会。集团公司副总经理、总工程师孙树礼，地勘院和川藏铁路指挥部负责人参加会议。

24日 集团公司总会计师曾波在飞泰交通有限公司接待来访的河北区区长李新一行。资产事业部和飞泰交通有限公司相关负责人参加会谈。

同日 国铁集团召开“不忘初心、牢记使命”主题教育专题党课暨“十四五”规划研究编制座谈会，集团公司总经理曾鸣凯、副总经理贺挨宽，发展部、运规院等单位负责人参加会议。

同日 集团公司党委书记刘为群，党委副书记、纪委书记单万水一行前往蓟州区张家峪调研帮扶工作落实情况。

25日 集团公司总会计师曾波接待来访的中国工商银行天津市分行副行长梅霜一行，双方就相关合作事宜进行了沟通交流。财务部和资金结算中心主要负责人参加了会谈。

26日 集团公司党委书记、董事长刘为群接待来访的潍坊市滨海经济技术开发区管委会主任张恒通一行，双方就天津至潍坊至烟台铁路在滨海经济技术开发区境内线位方案进行了沟通交流。集团公司副总经理沈荣发、副总工程师张涵，生产经营中心分管领导、调度及线站院总体参加会议。

同日 集团公司工会主席李龄参加国铁集团信访工作会议。

28日—8月1日 集团公司副局级调研员郭珠远带队赴柬埔寨，就柬埔寨新建铁路项目开展工作情况向柬埔寨交通部部长进行沟通汇报。

29日 集团公司召开保密工作会议，国铁集团办公厅机要保密处处长吴剑波一行莅临集团公司进行指导，在津集团公司领导、副总工程师及直属各单位副处级以上领导参加会议。

30日 国铁集团工管中心设计部部长孙明智一行到集团公司调研检查，并与生产经营中心联合开展党日活动，集团公司副总经理方天滨，副总工程师张西泽、杨德修，生产经营中心、总包事业部、线站院、土建院、建筑院、电化电信院、铁三院公司等单位负责人参加调研活动。

31日 肯尼亚铁路局董事海伦一行到集团公司参观交流，集团公司党委书记、董事长刘为群，副总经理何松林参加会谈交流，双方就肯尼亚标准轨铁路项目业主代表执行情况和推进后续项目合作进行了深入友好的交流。

同日 集团公司与国家国防科技工业局重大专项工程中心签署战略合作协议。国防科技重大专项工程中心主任童旭东，集团公司党委书记、董事长刘为群，总经理曾鸣凯，副总经理沈荣发，国家勘察设计大师、副总工程师、工程实验室主任王长进，企法部、科技部、地勘院、测绘院相关负责人出席签约仪式。

八 月

2日 集团公司党委书记、董事长刘为群，副总经理贺挨宽参加济南致通华铁测量技术有限公司成立揭牌仪式，生产经营中心、测绘院等单位负责人参加仪式。

5日 集团公司领导班子成员以读书班的形式集中学习，党委书记刘为群主持并讲话。

6—7日 集团公司总经理曾鸣凯到上海拜访上海申通地铁集团有限公司、上海申铁投资有限公司，生产经营中心、上海分院相关负责人参加相关活动。

7日 军委后勤保障部运输投送局组织召开交通运输系统抢修（建）研讨会，集团公司副总经理方天滨、线站院等单位负责人参会。

8日 瀚阳国际荣誉董事长塞泊院士、董事长孙峻岭一行到集团公司交流合作，并签署战略合作协议，集团公司总经理曾鸣凯、副总经理何松林及发展部、生产经营中心、海外事业部、华南公司负责人参加会谈交流。

13日 集团公司总经理曾鸣凯接待中铁第四勘察设计院集团有限公司总经理蒋兴锟一行，副局级调研员刘来明，副总经济师、生产经营中心主任李洪及企法部、发展部、总包事业部、海外事业部相关负责人参会。

14—16日 国铁集团副总经理黄民到集大原铁路现场调研检查，并在太原与山西省政府召开项目推进座谈会。集团公司总经理曾鸣凯，副总工程师赵斗，副总经济师、生产经营中心主任李洪以及项目相关负责人全程参会。

15日 集团公司工会召开第一届女职工委员会第一次全委（扩大）会议。集团公司工会主席李龄作工作报告；会议选举产生集团公司工会第一届女职工委员会。

16日 集团公司党委召开“不忘初心、牢记使命”主题教育对照党章党规找差距专题学习研讨会议。会议由集团公司党委书记、董事长刘为群主持，国铁集团第三巡回指导组组长谷晓明及相关成员、集团公司党委班子成员全部参会。

19日 扬州市副市长丁一就北沿江高铁项目到集团公司沟通交流，集团公司副总经理方天滨、副总工程师李树德，生产经营中心、项目团队等负责人参会。

20日 济南铁路物资工业集团公司总经理韩庆增一行到集团公司就战略合作协议事宜沟通交流，集团公司副总经理贺挨宽，企法部、测绘院、产业化公司等单位负责人参加相关活动。

同日 集团公司组织召开管理信息化工作会议，副总经理沈荣发主持会议。集团公司总经理曾鸣凯，副总经理、总工程师孙树礼分别讲话，党群各部室、机关党委、各行政职能部门和各事业部、研究院、津内子公司第一管理者及管理信息化建设项目组成员参加会议。

22日 国铁集团副总经理王同军到浩吉铁路现场检查调研，集团公司副总经理贺挨宽、蒙华铁路指挥部负责人参加调研。

23日 国铁集团副总经理黄民听取老泰连接线工作进展情况汇报，集团公司副局级调研员郭珠远及泰国项目部负责人在北京参加会议。

同日 孟加拉国政府铁道部部长努鲁尔·伊斯拉姆·舒琼一行11人到访集团公司，就孟加拉国铁路建设合作开展交流。集团公司党委书记、董事长刘为群，副总经理何松林，副局级调研员郭珠远，副总工程师孙海富及海外事业部、孟加拉项目部负责人参加会谈交流。

26日 国铁集团董事长陆东福会见孟加拉国铁道部部长苏简一行，双方就中孟铁路交流合作进行会谈。集团公司党委书记、董事长刘为群，副总经理何松林参加会谈交流。

27—28日 集团公司副总经理沈荣发到哈尔滨，参加“中俄同江跨江铁路大桥国际发展论坛”，并就同江铁路大桥的建设方案、建设功能进行主旨发言，会议由中国铁道学会、黑龙江铁道学会、佳木斯市政府、同江市政府联合举办，项目总体、哈尔滨地区铁路指挥部有关人员参会。

29日 中铁物资集团总经理王辉一行到集团公司交流会谈，集团公司党委书记、董事长刘为群，副总经理方天滨，总包事业部等单位负责人参加相关活动。

30日 集团公司党委召开“不忘初心、牢记使命”专题民主生活会。会议由集团公司党委书记、董事长刘为群主持，全体党委班子成员参加。国铁集团第三巡回指导组组长谷晓明出席会议并指导点评。

九 月

1日 集团公司召开学习贯彻习近平新时代中国特色社会主义思想专题研修班暨发展改革培训班启动会。党委书记刘为群讲话，在津的集团公司领导及第一期至第四期全体学员320余人参加培训班启动会。

4日 集团公司总经理曾鸣凯带队拜访广东省铁投有限公司，副总经理方天滨、副总工程师李南秋、副总经济师李洪，总包事业部、华南公司等单位主要负责人参加会议。

5日 塞尔维亚国务秘书科恩一行到访中国，就匈塞铁路塞尔维亚段工作沟通商谈，集团公司副总经理何松林及匈塞项目部负责人在北京参加会谈。

同日 国铁集团总工程师郑健组织召开“智能牵引变电所及智能供电调度系统技术导则”编制情况汇报会，集团公司副总经理贺挨宽、副总工程师蒋先国、项目团队负责人参加会议。

同日 集团公司工会主席李龄接待国铁集团信访工作检查组一行，信访办、离退休部、人资部、线站院有关负责人参加相关活动。

6日 国铁集团副总经理王同军听取匈塞铁路项目进展情况，集团公司副总经理何松林及匈塞项目部负责人参加会议。

9日 集团公司党委组织召开集团公司党风廉政建设专题分析会、集团公司贯彻落实国铁集团党组意识形态工作实施意见专题会。党委书记刘为群主持会议。

同日 国铁集团召开“保安全、保稳定、保开通，增运量、增收入、增效益”电视电话会议。集团公司党委书记、董事长刘为群，总经理曾鸣凯，在津领导班子成员及相关部门负责人参加会议。

同日 国铁集团总工程师郑健组织对郑济铁路引入济南枢纽及相关项目开展调研。集团公司副总经理贺挨宽、副总工程师张涵、项目团队负责人参加调研。

11日 国铁集团党组成员、副总经理王同军主持召开2019年高铁开通项目设计普查布置暨勘察设计现场管理座谈会，集团公司总经理曾鸣凯，副总工程师、质量安全中心主任杨德修参加会议。

同日 集团公司副总经理何松林接待山西省河津市委书记一行，就韩河候铁路项目规划建设沟通交流。

同日 上海市崇明区副区长胡柳强一行就北沿江高铁项目到集团公司沟通交流，集团公司副总经理方天滨、副总工程师李树德，生产经营中心、线站院、项目团队等负责人参加相关活动。

12日 集团公司召开“不忘初心、牢记使命”主题教育第一批总结第二批部署会议。集团公司党委书记刘为群作总结和工作部署报告。国铁集团主题教育指导组副组长孙曙光发表讲话。集团公司党委副书记、纪委书记单万水主持会议。

13—15日 国铁集团董事长、党组书记陆东福，副总经理、党组成员王同军、刘振芳等一行，到浩吉铁路、郑万高铁看望慰问一线干部职工，检查调研工程建设和运营准备情况，集团公司党委书记、董事长刘为群参加相关活动。

16日 国铁集团副总经理黄民在成都主持召开川藏铁路前期工作调研座谈会，集团公司副总经理、总工程师孙树礼参加并代表集团公司汇报了前期工作进展。

17日 集团公司召开第二批“不忘初心、牢记使命”主题教育指导工作培训暨党支部书记培训班。党委副书记、纪委书记单万水参加会议并提出要求。

17—20日 国铁集团副总经理王同军到盐通铁路项目现场检查指导工作，集团公司总经理曾鸣凯、总包事业部相关负责人全程参加相关活动。

18日 中国工程院院士孙永福到集团公司听取《高速铁路工程设计技术》教材编写情况并进行交流，集团公司党委书记、董事长刘为群，副总经理、总工程师孙树礼，副总工程师李树德和编写组成员参加交流。

18—19日 集团公司工会主席李龄到苏州参加中华全国铁路总工会第五届女职工委员会第四次全委（扩大）会议。

19日 国铁集团召开全路“三供一业”分离移交工作电视电话会议，副总经理李文新主持会议。集团公司总会计师曾波、工会主席李龄、副局级王云鹏，财务部、资产事业部负责人在分会场参加会议。

同日 集团公司总会计师曾波接待来访的中国武汉局集团有限公司经开部及金鹰重工相关人员一行，双方就投资入股金鹰重工的后续工作进行了沟通交流。企法部、财务部、运规院等相关负责人参加会议。

20日 集团公司召开党委会，专题研究集团公司贯彻落实习近平总书记对铁路工作重要指示批示和中央重大决策部署的工作措施。集团公司党委书记刘为群主持会议并提出要求。

同日 集团公司副局级调研员郭珠远到北京参加国家发改委关于匈塞项目的专题会议，海外事业部负责人参加会议。

同日 集团公司召开集团公司物资采购和设备管理专题会，集团公司总会计师曾波、工会主席李龄、副局级王云鹏，企发部、发展部、财务部、资产事业部负责人参加会议。

23日 集团公司党委书记、董事长刘为群主持召开会议研究勘察设计大师参评工作，总经理曾鸣凯，副总经理、总工程师孙树礼及办公室、人资部等部门相关人员参加会议。

25日 集团公司参与建设的杭州市钱江新城二期连堡丰城一期工程举行开工仪式，集团公司党委书记、董事长刘为群出席仪式并讲话。

26日 由中国科协主办、中国科技馆承办的“礼赞共和国——庆祝新中国成立70周年科技成就科普展”在京举行开幕式活动。集团公司为活动支持单位，副总经理、总工程师孙树礼参加开幕式。

同日 集团公司党委书记刘为群、总经理曾鸣凯带队，对集团公司老干部、老党员等进行慰问。

27日 国铁集团召开全国铁路先进劳动模范和先进工作者表彰电视电话会议，集团公司工程实验室高级工程师韩祖杰被评选为全国铁路劳动模范。集团公司党委书记、董事长刘为群，总经理曾鸣凯，在津的集团公司领导，职能部门负责人，部分职工代表在津收听收看会议。

同日 集团公司“我和我的祖国——庆祝中华人民共和国成立70周年职工合唱比赛”在空港园区报告厅隆重举行。党委书记、董事长刘为群，总经理曾鸣凯等集团公司领导在现场观看节目，并向优秀演唱单位颁发奖杯。

29日 集团公司关工委、团委联合组织召开庆祝新中国成立70周年青年员工与“老领导、老专家”座谈会。集团公司党委副书记、纪委书记单万水出席会议并讲话。

30日 集团公司承担的广湛铁路总承包项目在广州茂名举行开工动员会。广东省省长马兴瑞、副省长张虎，国铁集团副总经理黄民出席会议，集团公司总经理曾鸣凯参加仪式并代表参建单位作表态发言。

十 月

8—20日 集团公司总经理曾鸣凯在上海参加中组部组织的中央企业提升创新能力研讨班培训。

9日 国铁集团董事长、党组书记陆东福到京雄城际雄安站现场检查指导。集团公司党委书记、董事长刘为群，副总经理沈荣发，生产经营中心等相关人员参加相关活动。

12日 国铁集团董事长、党组书记陆东福主持召开机关季度党建和经营工作会议。集团公司党委书记、董事长刘为群在京参会。

14日 集团公司工会主席李龄参加天津市总工会第十七届委员会第六次会议。

14—19日 集团公司副总经理、总工程师孙树礼参加国铁集团安全管理领导人员专题培训班。

15日 2021—2050年铁路网暨铁路“十四五”（华北及东北地区、晋豫蒙等省区）规划方案座谈会在天津召开，会议由国家铁路局党组成员、副局长安路生主持，集团公司副总经理沈荣发、生产经营中心及运规院相关人员参加交流。

同日 国家铁路局党组成员、副局长安路生，总工程师兼科技与法制司司长严贺祥一行到院调研交流，集团公司在津领导班子成员及有关部门人员参加会谈交流。

16日 集团公司党委副书记、纪委书记单万水在京参加国铁集团第二批主题教育工作暨第一批主题教育整改落实工作推进会，并进行交流发言。

同日 集团公司副局级调研员郭珠远接待来访的铁科院总会计师曹惠萍一行，就海外业务及海外财务管理进行交流。

17日 集团公司党委副书记、纪委书记单万水到龙岩参加福建省常务副省长张志南对龙龙铁路项目的调研。总包事业部有关同志参加调研。

19日 山西省省长楼阳生组织就太原高铁枢纽选址建设情况进行踏勘，集团公司副总经理贺挨宽，太原地区铁路指挥部、项目团队等负责人参加相关活动。

21日 集团公司党委召开中心组（扩大）学习会议，围绕“习近平总书记关于脱贫攻坚的重要论述”专题开展集体学习研讨。集团公司党委书记刘为群主持会议。

21日 集团公司总经理曾鸣凯召开会议研究工资管理机制，总会计师王敬孝，人资部、发展部相关负责人参加会议。

22—27日 集团公司副局级调研员郭珠远到菲律宾，参加国合署领导到菲律宾南部铁路项目检查指导，海外事业部及菲律宾项目部负责人参加检查。

23日 日照市副市长郑德庆就京沪高铁二通道潍坊至新沂铁路项目到集团公司沟通交流，集团公司党委副书记、纪委书记单万水，生产经营中心、项目团队等负责人参加交流。

25日 集团公司召开新时代城市轨道交通创新与发展相关专题研究部署会，总经理曾鸣凯出席会议并讲话，副总经理、总工程师孙树礼主持会议。

25—26日 国铁集团副总经理王同军到太焦铁路现场调研检查，集团公司副总经理贺挨宽，太原地区铁路指挥部、项目团队等负责人参加调研。

28日 集团公司召开子公司、分公司座谈会，集团公司党委书记、董事长刘为群，总经理曾鸣凯结合各部门发言情况对相关工作提出要求。会议由副总经理沈荣发主持，党委副书记、纪委书记单万水，总会计师王敬孝出席会议。

29日 集团公司总经理曾鸣凯到北京参加国家发改委基础设施发展司召开的关于深化有关项目前期工作中期推进会，线站院、地勘院项目负责人参会。

同日 集团公司党委副书记、纪委书记单万水在津参加中国老科协铁道分会京津协作区2019年会并致辞，离退休部等负责人参会。

29—30日 国铁集团对昌景黄铁路安徽段进行红线检查，集团公司副总经理方天滨，总包事业部、昌景黄项目部等负责人参加检查。

30日 集团公司总经理曾鸣凯到北京参加国家发改委基础设施发展司召开的沿江高铁前期工作专题会议，集团公司副总工程师李树德、项目总体参会。

31日 集团公司副总经理方天滨带队就北沿江高铁项目事宜拜访扬州市政府，副总工程师李树德，江苏分公司、项目团队负责人参会。

同日 国铁集团党组成员、副总经理王同军到基层联系点集团公司地质勘察设计研究院，参加地勘院领导班子“不忘初心、牢记使命”主题教育对照党章党规找差距专题研讨会议，并进行调研指导。集团公司党委书记、董事长刘为群，总经理曾鸣凯，地勘院领导班子成员等参会。

同日 国铁集团工管中心主任李志义调研京雄铁路装配式桥梁并召开现场会，集团公司副总经理、总工程师孙树礼，副总工程师王召祜及项目相关人员参会。

十一月

6日 呼和局集团公司副总经理于文峰一行就集通铁路到集团公司对接交流，集团公司副总经理贺挨宽、副总工程师李秉涛及生产经营中心、项目团队等负责人参会。

7日 国铁集团在北京召开党组会议，研究落实雅万高铁建设工作，集团公司副总经理何松林列席会议。

同日　集团公司副总经理贺换宽带队就战略合作协议事宜拜访枣庄市政府，生产经营中心、济南分院、项目团队负责人参加相关活动。

8日　中国铁路经济规划研究院有限公司党委书记江正林率队来访交流，集团公司党委书记、董事长刘为群，总经理曾鸣凯出席会议，副总经济师李洪，发展部、运规院等部门相关负责人参会。

同日　集团公司副总经理沈荣发带队赴中国铁道科学研究院集团有限公司调研，企法部、发展部、科技部、人资部、财务部、电化电信院、机环院、飞泰公司相关负责人参加调研。

同日　集团公司副总经理贺换宽带队拜访山东省铁投，生产经营中心、济南分院、项目团队等单位负责人参加相关活动。

9日　国铁集团、天津市人民政府共同举办推动运输结构调整学术研讨会，集团公司党委书记、董事长刘为群，副总经理方天滨参加会议。

11日　集团公司召开四季度党建和经营工作会议。集团公司党委书记、董事长刘为群讲话，党委副书记、纪委书记单万水主持会议。

同日　集团公司党委中心组召开（扩大）学习会议，专题研讨中共中央、国务院印发的《交通强国建设纲要》。集团公司党委书记、董事长刘为群主持会议并领学。

12日　伊金霍洛旗旗委常委白剑刚一行就东台项目到集团公司对接交流，集团公司副总经理贺换宽、副总工程师李秉涛及生产经营中心、项目团队等负责人参会。

12—13日　国铁集团党组成员、副总经理黄民到沿江城际铁路项目现场检查调研，集团公司总经理曾鸣凯、总承包事业部相关人员参加调研。

同日　集团公司党委书记、董事长刘为群带队就汕汕EPC总承包项目拜访广东省铁投，集团公司副总经理方天滨、副总工程师郑贺民，广东分公司、项目团队等负责人参加。

14日　集团公司召开第一批主题教育问题整改“回头看”座谈会，国铁集团第三巡回指导组成员，集团公司党委副书记、纪委书记、主题教育办公室主任单万水，机关部门主要负责人以及一线党员群众职工代表参会。

14—16日　国铁集团召开新建川藏铁路雅安至林芝段深化可研评审会，党组成员、副总经理黄民出席会议。会议由国铁集团副总工程师、发改部主任黄殿辉主持。集团公司总经理曾鸣凯，副总经理、总工程师孙树礼及项目相关负责人参会。

14—19日　国铁集团到中老铁路现场检查指导。集团公司党委书记、董事长刘为群，副局级调研员郭珠远，海外事业部负责人参加活动。

15日　国家发改委基础司副司长马明到集团公司调研指导，集团公司总经理曾鸣凯、副总经济师李洪、运规院等相关负责人参加会议。

同日　中国城市轨道交通协会在广州举办城轨领域7家国家工程实验室建设和运行管理现场交流会，集团公司副总经理、总工程师孙树礼和工程实验室负责人参加会议。

同日　集团公司副总经理何松林接待来访的印尼雅万高铁业主、监理和建筑设计代表团，双方就雅万高铁建筑设计开展交流，海外事业部、建筑院、机环院相关负责人参加会谈交流。

17日　中共中央政治局常委、全国政协主席汪洋视察中老铁路项目，集团公司党委书记、董事长刘为群，副局级调研员郭珠远参加活动。

18日 国家发改委在北京召开深圳市轨道交通规划研讨会，集团公司总经理曾鸣凯、副总经济师李洪，生产经营中心、华南公司等单位相关负责人参加会议。

20日 集团公司总经理曾鸣凯在北京参加第十五届中国国际现代化铁路技术装备展览会论坛。

同日 集团公司副总经理何松林在北京参加第二届中国铁路建设国际论坛，海外事业部负责人参加会议。

22日 集团公司总经理曾鸣凯组织召开会议，研究2020年建议预算编制和全面预算手册编写工作。总会计师王敬孝，发展部、人资部、财务部、生产经营中心等部门单位负责人参加会议。

同日 集团公司副总经理何松林接待来访的中土集团调研团，企法部、发展部、科技部、人资部、海外事业部和资产事业部负责人参加调研交流。

26日 国铁集团第三巡回指导组组长谷晓明、副组长孙曙光到线站院、电化电信院参加指导主题教育专题民主生活会并点评讲话。集团公司党委书记刘为群参加指导线站院主题教育专题民主生活会。

同日 集团公司副总经理贺挨宽参加鲁南（日兰）高铁日照至临沂至曲阜段开通运营首发活动，铁三院公司负责人参加。

同日 集团公司工会主席李龄参加正达酒店第十九次股东会及第四届董事会暨监事会第十次会议。

27日 集团公司总经理曾鸣凯接待中铁科学研究院有限公司副总经理王国昌一行，就科研合作事宜交换意见。总包事业部、城交事业部、土建院、西南公司等单位负责人参加相关活动。

28日 集团公司工会主席李龄到大连，就“三供一业”事宜与大连市国资委沟通。

29日 国铁集团和甘肃省联合召开“一带一路”轨道交通发展论坛，集团公司党委书记、董事长刘为群出席会议并作专题报告，副总经理何松林及海外事业部负责人参加会议。

十二月

2日 集团公司党委书记、董事长刘为群接待来访的中铁十五局集团公司总经理黄昌富一行，双方就总承包项目开展交流。集团公司副局级调研员刘来明，总包事业部有关同志参加会谈交流。

3日 集团公司党委书记、董事长刘为群带队与枣庄市人民政府签订战略合作协议。副总经理贺挨宽、副总经济师李洪，发展部、生产经营中心、公路事业部、项目总体参加签约仪式。

同日 国铁集团物资公司党委书记、董事长彭声应一行来访，与集团公司就项目合作事宜进行了交流洽谈，集团公司党委书记、董事长刘为群，总经理曾鸣凯，以及发展部、总包事业部等相关负责人参加活动。

同日 集团公司召开国家工程实验室建设筹备工作专题会议，集团公司副局级王云鹏及办公室、财务部、资产事业部以及工程实验室有关人员参会。

4日 集团公司举行第二届“创新汇报手段、彰显技术亮点”总体汇报比赛，集团公司党委副书记、纪委书记单万水，副总经理、总工程师孙树礼，副总经理沈荣发出席并观看比赛。

4—6日 集团公司总经理曾鸣凯带队拜访南京市政府、江苏交通厅、江苏省铁路集团公司等相关部门单位。副总经济师李洪及生产经营中心、江苏公司等单位负责人参加活动。

8—9日 集团公司党委书记、董事长刘为群赴北京参加国铁集团党组中心组（扩大）专题学习研讨会。

8—11日 集团公司总经理曾鸣凯带队拜访京福（安徽）公司，并到宣绩铁路现场进行探勘，同京福公司一起拜访宣城市、黄山市政府。总包事业部、线站院、土建院、工经院等部门单位负责人参加活动。

9—11日 集团公司党委书记、董事长刘为群赴深圳拜访深圳市地铁集团有限公司。

12日 集团公司组织召开党的十九届四中全会精神辅导报告会，集团公司党委书记、董事长刘为群主持会议，总经理曾鸣凯、在津班子成员、副处级以上干部参会。

15—22日 国家发改委组织召开印尼雅万高铁现场会。集团公司副总经理贺挨宽，项目团队、项目部等负责人参会。

18日 国铁集团第三巡回指导组马锐锋书记参加集团公司第二批主题教育座谈会，集团公司工会主席李龄主持会议。

18—19日 集团公司总经理曾鸣凯赴山西，参加忻州至榆林至鄂尔多斯铁路项目合作协议签署会议。副总经济师李洪参加会议。

19日 集团公司与济南局集团公司战略合作签约，产业化公司与济南铁路物资工业集团合资生产简统化接触网零部件协议书签约暨铁设（济南）电气设备有限公司揭牌仪式在济南铁道大厦举行。集团公司党委书记、董事长刘为群，副总经理、总工程师孙树礼，济南局集团公司党委书记、董事长王新春，副总经理吴兆新等相关领导出席签约仪式。

同日 集团公司总会计师王敬孝组织召开2019年度财务决算暨2020年度财务预算布置会。

20日 集团公司政研会召开第十七届年会，集团公司党委书记、政研会会长刘为群出席会议并讲话。集团公司党委副书记、政研会副会长单万水，工会主席、政研会副会长李龄出席会议。

同日 集团公司举办纪检监察业务培训班，集团公司党委副书记、纪委书记单万水结合实际作学习贯彻党的十九届四中全会精神辅导。

25日 集团公司召开2019年度管理评审会议，集团公司总经理曾鸣凯主持会议并讲话，副总经理、总工程师孙树礼参会并作报告，副总工程师及所属各单位、在津子公司主要负责人参会。

26日 国铁集团召开全路风险债权清理工作电视电话会，国铁集团总会计师余邦利出席并讲话。集团公司总会计师王敬孝，企法部、财务部、审计部负责人在分会场收听收看。

27日 国铁集团发改部组织召开勘察设计座谈会，集团公司副总经理贺挨宽、生产经营中心负责人在京参加会议。

28—29日 集团公司召开流程管理和信息化总体方案评审会议，邀请内外部专家对总体方案进行评审。会议期间，邀请浙江清华长三角研究产业互联网研究中心主任、AMT共同创始人王玉荣讲授流程管理理念、方法与实例。

概　况

CRDC

概 况

·中国铁路设计集团有限公司简介·

【概述】 中国铁路设计集团有限公司（简称中国铁设），其前身为铁道第三勘察设计院集团有限公司，成立于1953年2月，总部位于天津。2001年由事业单位改制为科技型企业，2007年组建为集团公司，2017年4月，经中国铁路总公司批准，更名为中国铁路设计集团有限公司，现直属于中国国家铁路集团有限公司（简称国铁集团）。

中国铁设是以铁路、城市轨道交通、公路等工程勘察、设计咨询、工程总承包、工程监理以及产品产业化业务为主的大型企业集团，具有工程设计综合资质甲级证书和铁路投资、城市轨道交通投资咨询评估资质，具有独立完成轨道交通路网规划、规范编制、项目管理、勘察设计的全部专业，建立了质量管理、职业健康安全管理和环境管理三大体系，铁路、城市轨道交通市场份额持续位居行业前列，集团公司综合实力位居中国勘察设计企业前列，是国家首批认定的高新技术企业和国家火炬计划重点高新技术企业，是国际咨询工程师联合会成员协会（FIDIC）会员。

2019年，集团公司转型升级取得重要阶段性成果；国际、国内ENR排名分列第38位和第4位，创历史新高；首次入围中国承包商80强榜单，成为铁路行业唯一同时入围“工程设计企业60强和中国承包商80强”的企业；空港新园区正式启用。全年实现营业收入265亿元，同比增长87%；实现利润16亿元，同比增长14%；新签订合同额371.5亿元。

【职工队伍】 截至2019年底，集团公司职工总数4834人，其中高级工程师以上人员2200余人；国家级勘察设计大师6人，省级勘察设计大师8人，享受国务院政府特殊津贴专家26人，各类省部级以上专家120余人；职工中有858人次取得注册（执业）资格，其中一级注册建筑师22人、注册城市规划师22人、一级建造师240人、环境影响评价工程师19人、一级注册结构工程师39人、注册土木工程师（岩土）58人、注册电气工程师17人、注册公用设备工程师31人、注册监理工程师92人、注册咨询（投资）工程师128人、注册造价工程师81人、注册测绘师49人、注册安全工程师60人。

【生产经营】 （1）铁路领域：加强生产组织及质量管控，创新勘测、设计手段，扎实推进川藏铁路建设，京雄城际、郑阜铁路等8个铁路项目实现高质量开通，确保中国铁设参与勘察设计的铁路建设项目有序推进，先后中标合武高铁安徽段、哈绥、潍新、扬马城际等多个铁路项目。（2）城市轨道交通领域：加强城轨市场调查分析，超前布置新时代轨道交通创新与发展课题研究，推动城轨业务创新发展。（3）工程总承包领域：积极探索铁路工程EPC试点模式，发布实施总承包业务综合管理办法，克塔铁路实现提前开通，盐通、昌景黄、杭绍台等在建项目有序推进，中标汕汕、宣绩铁路等项目；与7个铁路局联合开展涉铁工程总承包业务，总承包业务新签合同额334亿元，成为集团公司新的增长极。(4) 境外项目领域：服务“一带一路”建设，精心组织中老铁路、印尼雅万高铁、匈塞铁路等项目。(5) 公路市政领域：深挖市场潜能，实现较好发展。(6) 多元业务领域：探索建立工程产业化新模式，完成产业化公司组建；昌景黄板厂生产基地落地实施；积极开展与相关方的战略合作以及投融资机会研究与实践，实现经济类业务新拓展。

【体制机制建设】 依据国铁集团批复意见，有序推进组织机构优化调整，完成职能部门、业务机构的职责调整和内设机构及岗位设置，整合部分生产和科研资源，明确各事业部、研究院职责定位。构建“责、权、利”统一、“人、财、物”协调、“市场、生产经营、技术创新”三位一体的管理机制，初步形成“集团管总、二级单位主战”的两级管理体系。

【质量安全】 一是强化质量管理。创新勘察设计思路、方法，结合项目特点制订质量计划；完善技术管理，发布质量红线、铁路工程总承包项目地质工作意见等6项办法，以“三位一体”为原则调整专业分工协调机制；优化各级专家团队的技术管理机制，充分发挥专家团队在降低工程风险、保障工程质量方面的重大作用。二是完善安全管理制度。修订全员安全生产责任制、质量安全考核办法，发布质量安全监督检查工作规定等7项制度。将总承包工程质量安全上升为企业的“生命线”，建立总承包安全生产责任制、总承包方施工质量独立抽检等6项制度。三是加强质量安全过程监管。全年开展监督检查25次，排查出质量安全隐患269项，建立问题库销号制度，以问题整改促进管理不断完善。顺利完成职业健康安全管理体系转版。

【科技创新】 围绕川藏、智能京雄、绿色客站、磁浮、装配式、产业化、总承包、BIM技术等开展738项科技攻关活动；遥感地质新技术在川藏铁路的应用取得良好效果，为线路方案比选和地勘监理工作提供了重要的技术支持；无人机、RIM、BIM等先进技术手段、研究成果在勘察设计、总承包现场施工中得到良好应用。“京雄高速铁路BIM设计”荣获2019年度国际基础设施领域特别奖。2019年，集团公司荣获国家科技进步奖一等奖1项、二等奖1项，省部级科技奖21项；荣获国家级詹天佑土木工程大奖3项、省部级勘察设计奖90项、省部级优秀工程咨询成果奖31项；获批专利88项（其中发明专利19项）、登记软件著作权59项。

【业财融合】 加强财务管理与合同管理、资金管理、预算管理的协调，突出预算管理的“全面性”，明确预算编制的目标、范围、流程、内容以及各部门、单位编制过程中的职责，促进财务管理与战略规划、发展计划、生产经营的融合。修订《收入管理办法》，推进项目独立核算；出台税务管理指引，指导各单位、子公司防控财务风险；加强财税政策研究，新旧税率转换工作平稳进行。围绕“小金库”及执行八项规定精神，按照财务监察覆盖率不低于独立核算单位20%的目标，有序开展财务监察。开展风险债权清理，完成国铁集团下达的风险债权下降10%的目标。

【综合管理】　落实“一岗双责”，廉政工作与中心工作同谋划、同部署、同检查、同考核，严格制度执行。顺利搬迁新园区，办公环境得到改善，企业形象得到提升。组织修编员工培训教材，开展多形式的员工培养培训，参培员工28453人次。“三供一业”分离移交改造协议已全部签订，廊坊、天津、唐山和大连改造工作全面推进。信访、保密、综合治理等各项工作均取得良好成效。

【党群工作】　贯彻落实习近平总书记对铁路工作的重要指示批示精神及国铁集团工作部署；充分发挥党委领导作用，持续推动现代企业制度建设，修订集团公司章程，将党建工作总体要求纳入公司章程；认真履行党管干部、党管人才职责，制定《领导人员能上能下实施办法（试行）》等6项制度。分两批组织集团公司29个领导班子、170个党支部、248名党员领导人员和3803名党员扎实开展“不忘初心、牢记使命”主题教育，统筹推进四项重点措施落实落地，取得了重要的思想、制度和实践成果。扎实做好高层次专家培养推荐工作，设立高端专家培养奖励基金，成立两级专家工作室，选拔高端专家20人，建立8个专家团队，5人入选国铁集团“百千万人才工程”专业带头人。坚持面向基层，培育先进典型，1人获“全国铁路劳动模范”称号、4人获火车头奖章、2人获“全路先进女职工”称号，1个集体获“天津市工人先锋号”称号。

·组织机构·

中国铁路设计集团有限公司行政机构系统图（2019 年度）

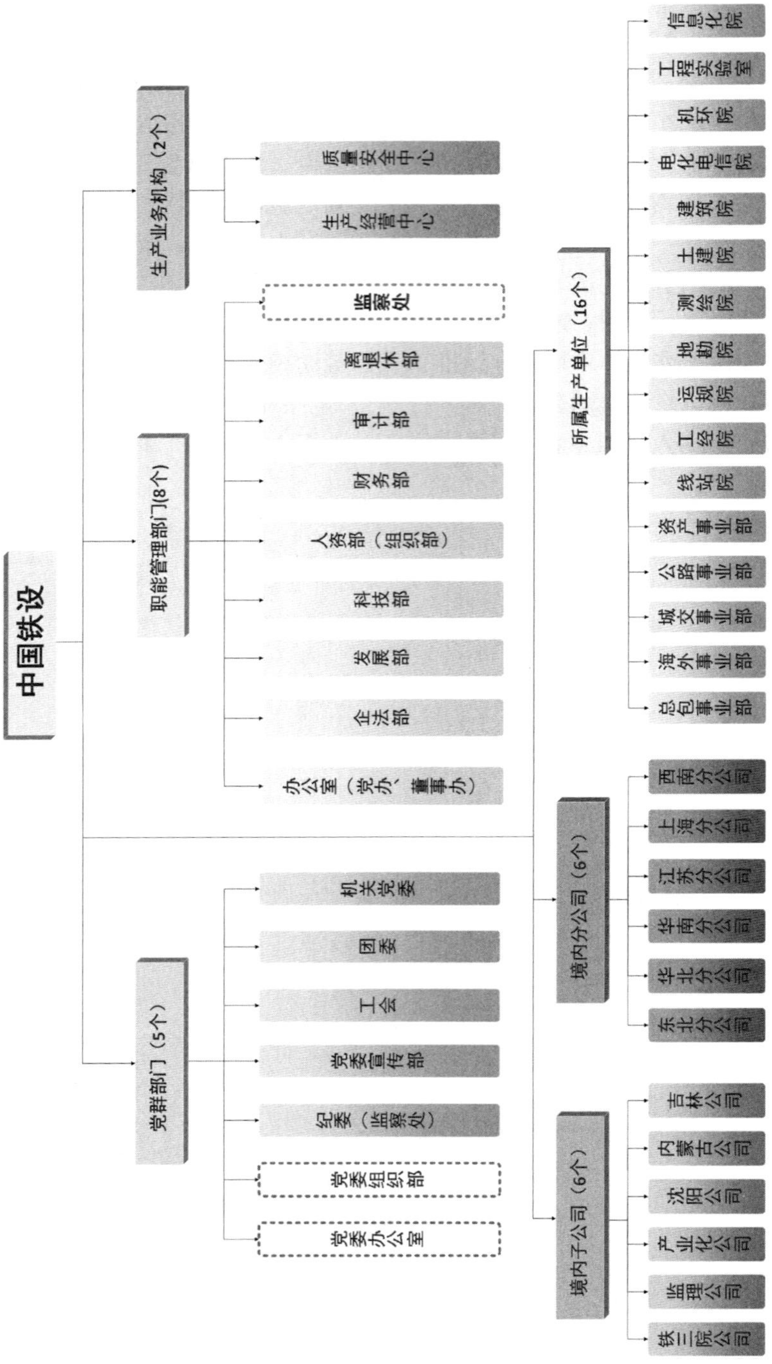

中国铁路设计集团有限公司党组织机构系统图（2019年度）

中国铁设党委

党组织	下设机构
党委办公室	政研室
党委宣传部、党校	新闻宣传室；企业文化室
党委组织部	组织室
离退休部党工委	基层党支部17个
机关党委	基层党支部25个；党总支1个
总包事业部党委	基层党支部11个；党群工作部
海外事业部党委	基层党支部6个；党群工作室
城交事业部党委	基层党支部12个；党群工作室
公路事业部党委	基层党支部2个；党群工作室
资产事业部党委	基层党支部3个
线站院党委	基层党支部8个；党群工作室
地勘院党委	基层党支部11个；党群工作室
测绘院党委	基层党支部10个；党群工作室
土建院党委	基层党支部7个；党群工作室
建筑院党委	基层党支部6个；党群工作室
电化电信院党委	基层党支部6个；党群工作室
机环院党委	基层党支部6个；党群工作室
华南分司党委	基层党支部3个；党群工作室
铁三院公司党委	基层党支部11个；党群工作室
沈阳公司党委	基层党支部11个；党群工作室
内蒙古公司党委	基层党支部7个；党群工作室
吉林公司党委	基层党支部7个；党群工作室

中国铁路设计集团有限公司纪检（监察）组织机构系统图（2019年度）

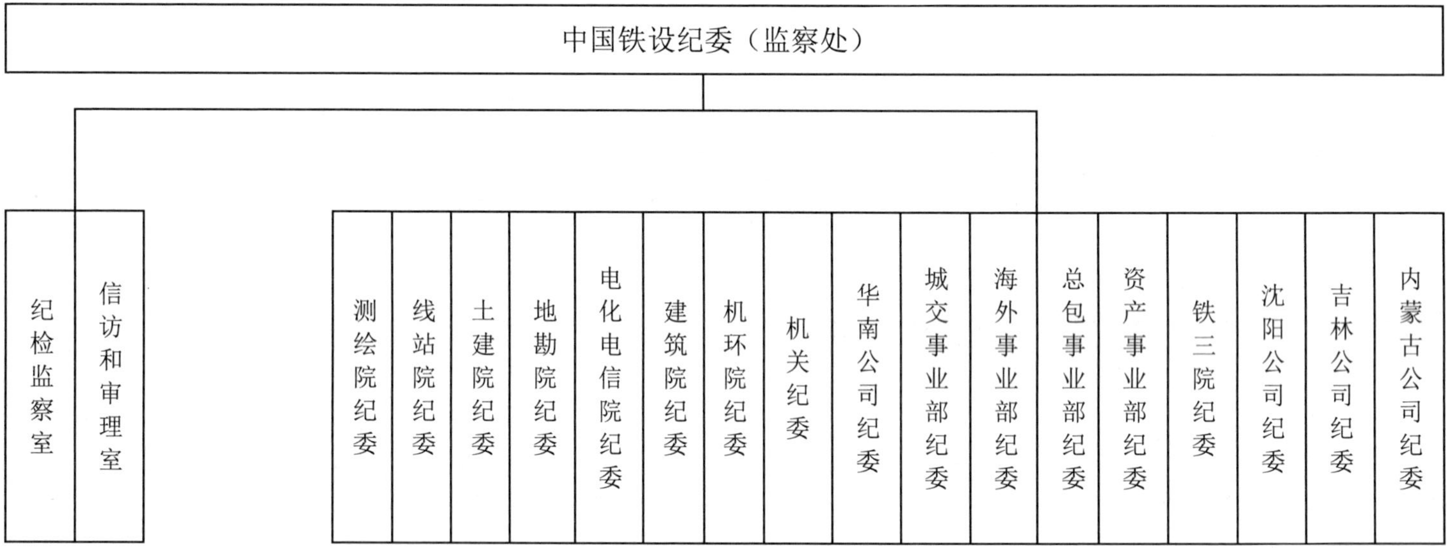

中国铁路设计集团有限公司工会组织机构系统图（2019年度）

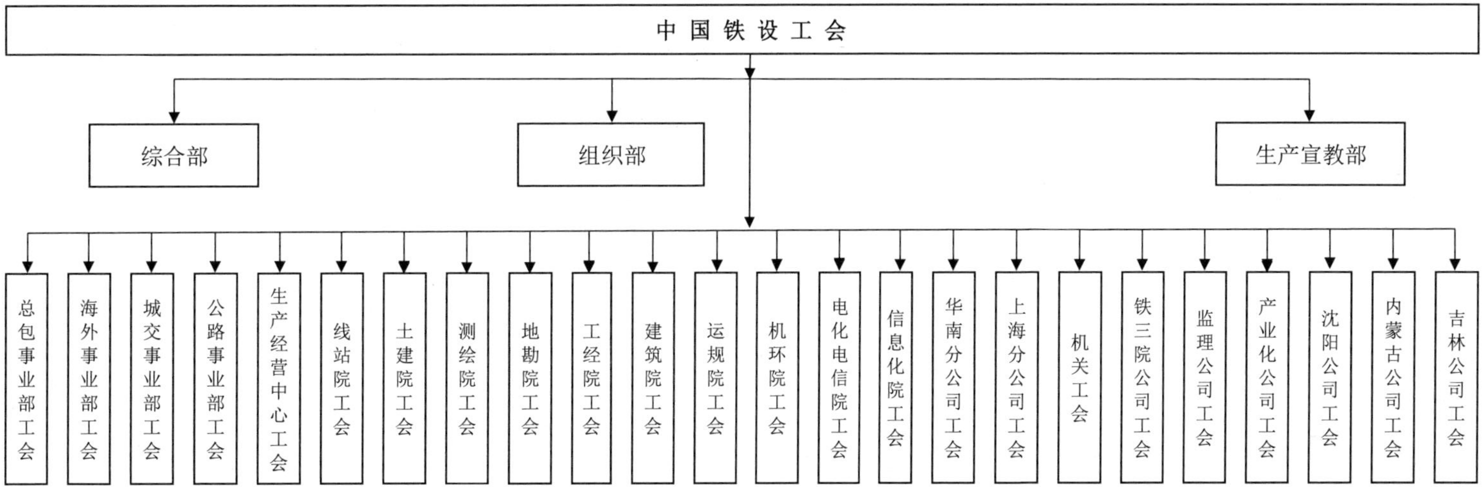

中国铁路设计集团有限公司共青团组织机构系统图(2019年度)

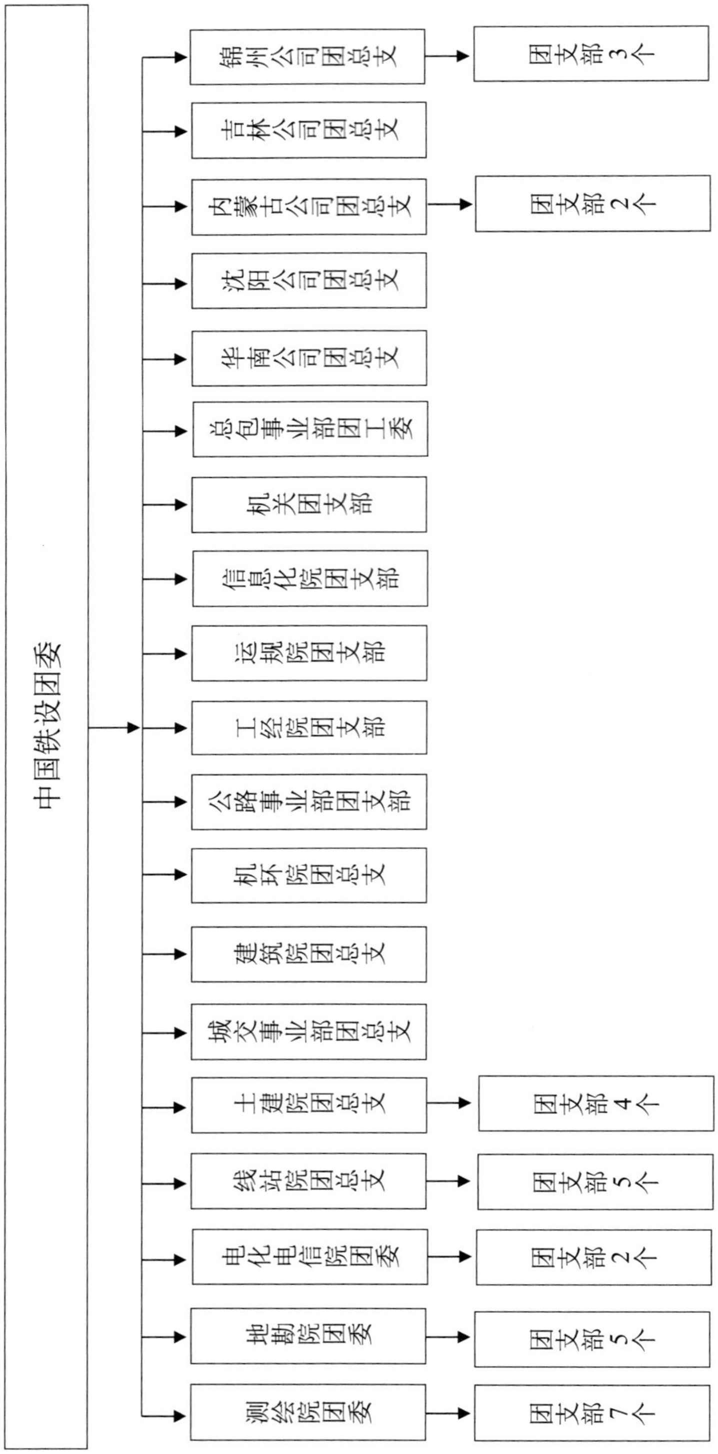

发展改革

CRDC

发展改革

·机构改革·

【概述】 经原中国铁路总公司批准，2019年集团公司以适应市场、实现企业转型升级为目标，进行机构优化调整。通过建立“集团公司管总主建，各事业部、研究院、区域公司、子公司主战”的两级管控体系，“责、权、利”统一，“人、财、物”管理协调，“市场、生产经营、技术创新”三位一体的机制，集团公司由把控风险、资金管理为主，向管战略目标过渡；各生产单位主战，成为生产经营主体。

【完善法人治理结构，建立现代企业制度】 为适应战略转型要求，落实国铁集团部署，建立健全现代企业制度。完善股东会、董事会、监事会运作机制，健全权责对等、有效制衡、运转协调、适应市场的公司法人治理结构，充分发挥党组织的领导核心作用、董事会的决策作用、监事会的监督作用、经理层的经营管理作用。完善子公司的管理，进一步理顺母子公司定位、管理关系和运行机制，指导各子公司建立健全现代企业制度。集团公司逐步实现由以管企业为主，向以管资本为主的转变。

【优化机构设置】 2019年4月17日，中国铁设党〔2019〕17号公布集团公司下属一级机构优化调整方案。主要体现在以下方面。

（一）实现管理高效，做优企业。按职能管理、业务管理、监督检查机构三分开原则，设置职能部门、生产经营机构、监督检查机构，重点将生产相关的管理及服务部门剥离，促进体制机制不断完善。一是以优化管理流程为基础，进行职责整合；二是以集约使用资源为前提，进行岗位整合；三是以运营高效为原则，进行内设机构整合。

（二）根据发展战略、经营方针设置生产经营单位。以贯彻落实“交通强国、铁路先行”的目标使命，实现企业战略发展目标和生产经营方针为原则。围绕“立足国内、拓展海外，一个目标、两个手段、三个方向、四类业务、五大区域、面向世界”的总体经营方针要求，促进各业务板块资源整合重组、减少生产组织协调、推动相近专业融合发展、提升资源综合能力、强化市场经营、实现效率变革、确保安全生产。一是对于条件成熟的业务板块按子公司模式独立开展生产经营，做强业务。二是对于依托集团公司资源，且具有一定规模的业务板块，按事业部模式进行重组整合。建立与市场相适应的体制机制，做强业务及实现相关多元化。三是适应新形势、新要求，设置经济类生产经营单位。开展资产经营、对外投资、资本运作等业务，实现补短板、横向一体化目标。

（三）各研究院重组整合。各设计研究院是铁路业务的主体，按照发展战略、经营方针重新定位、整合各研究院。一是对下属专业设计院的相近专业进行合并重组，减少相互协调，促进独立经营，形成总体咨询类、土建类、站后设备类等专业设计院；以着力打造工程产业链，积极拓展相关多元化为主；二是按专业＋信息化融合发展的思路，形成基础类、创新开发类、信息类专业研究院；服务科技保安全，运维、管理信息化、支持产品产业化业务。

（人资部）

·发展规划·

【“十三五”规划完成情况】 2019年集团公司紧紧围绕《中国铁设2018—2020年发展规划》（“十三五”中期调整）提出的战略定位和发展目标，坚持“以市场为导向，以战略为引领，增强工程建设全产业链服务能力”，企业综合实力进一步提升。2019年新签合同额达371.52亿元；实现营业收入265.31亿元，首次突破200亿元大关，同比增长87%；利润16.58亿元，同比增长14%。对照“十三五”中期规划调整目标完成情况，各项经济指标完成情况均超预期，2016—2019年新签合同额累计1437.72亿元，完成规划调整目标1500亿元的95.8%；累计实现营业收入555.06亿元，完成规划调整目标750亿元的74%；累计实现利润45.8亿元，完成规划调整目标50亿元的91.6%。

从不同业务类别看，工程类业务不断壮大，实现克塔铁路提前开通，有序推进盐通、昌景黄、杭绍台等在建项目，中标汕汕、宣绩铁路等新开工项目，工程类业务成为集团公司新的增长极；基础类业务持续巩固，铁路业务方面深耕目标市场，注重客户需求分析，分层分类实施重点项目追踪，中标合武高铁安徽段，哈绥、潍新、扬马城际等多个铁路项目。城轨业务方面，坚持“市场、生产经营、技术创新”三位一体理念，积极响应深圳14号线、重庆5A线等重点城轨项目建设要求，生产经营工作稳步推进，集团公司全年新签勘察设计咨询业务合同额33亿元；产业化业务基础不断夯实，完成了产业化公司组建。昌景黄板厂生产基地落地实施，合资共建接触网零部件研发制造、声屏障、轨道板生产基地等项目取得阶段进展，二氧化碳热泵机组、简统化新型接触网等一批具有国内领先水平的自主知识产权，有望转化为经济效益；经济类业务实现新拓展，出资组建了川藏铁路技术创新公司、测量公司，参股浩吉铁路、金鹰重工等企业，股权投资迈出新的一步，推动用资本运作方式拓展业务、完善产业链。

【“十四五”规划编制情况】 根据《中国铁路总公司办公厅关于做好“十四五”企业发展规划编制的通知》（铁总办发改函〔2019〕124号）、《中国铁路总公司办公厅关于印发“十四五”重点专项规划预案的通知》（铁总办发改函〔2019〕126号）文件要求，结合国铁集团有关要求和工作实际，于9月28日启动“十四五”发展规划筹备及相关工作，具体包括以下几方面。

一是提出“1+7+26”“十四五”战略规划体系，其中“1”即集团公司总体发展规划，是设计集团“十四五”规划的全局性规划；“7”即市场开发及科技创新、人力资源、财务管理、信息化建设、法治建设和企业文化建设7个专项规划，即专项规划，也为总体规划“1”提供重要支撑；“26”即所属生产单位、境内分公司及境内子公司部门规划，既是各部门的发展规划，也是设计集团“十四五”战略规划体系的重要组成部分。

二是提前安排市场开发专项规划，具体包含了《集团公司勘察设计及咨询类业务“十四五”发展规划》《集团公司工程总承包业务“十四五”发展规划》《集团公司产品类业务“十四五”发展规划》《集团公司经济类业务“十四五”发展规划》《集团公司监理业务“十四五”发展规划》《集团公司海外业务“十四五”发展规划》《集团公司城轨及市政业务“十四五”发展规划》《集团公司公路与市政道桥业务“十四五”发展规划》等九大业务板块。

三是委托运规院开展《集团公司业务发展空间机遇研究》《集团公司改革管理优化策略研究》两项管理课题的申报工作，为集团公司“十四五”发展规划提供支撑。

四是起草集团公司“十四五”总体发展规划编制大纲并上报集团公司主管领导审核同意，为后续工作夯实基础。

【2019年集团公司本部年度计划情况】 2019年勘察设计及配合施工任务繁重，总承包项目在建工程体量大，海外重点项目均已进入实施阶段，科技开发课题多，产业化取得较大发展，固定资产投资和长期股权投资数额较大，研究院自揽业务平稳发展，2019年发展计划目标任务如下。

一、勘察设计计划

计划营业额为39.38亿元，完成营业额40.49亿元。

二、工程总承包计划

计划营业额为186.04亿元，完成营业额235.38亿元；计划进款额为166.3亿元，完成进款额206亿元。

三、海外业务计划

计划营业额为5.1亿元，完成营业额5.1亿元。

四、科技开发计划

（一）科技开发课题。计划开展课题738项，经费预算87897.3万元，其中工程科研50000万元。开展课题研发738项，结题验收课题152项，研发经费投入额度为99167.8万元，其中工程科研59886万元。

（二）管理信息化任务。计划开展任务2项，涉及制度建设和云平台系统开发，费用预算250万元。完成任务2项，涉及制度建设和云平台系统开发，投资245万元。

（三）软件采购。计划软件采购97项，经费预算3589.7万元。完成软件采购97项，使用经费2230万元。

五、产业化计划

计划营业额3.16亿元，完成营业额3.75亿元；计划新签合同额3.84亿元，完成新签合同额4.1亿元；计划进款额3.11亿元，完成进款额3.75亿元。

六、固定资产投资计划

计划固定资产投资23219万元，其中基本建设项目投资14959万元、设备购置投资5875万元、房屋建筑物大维修投资2385万元。完成固定资产投资20108.4万元,其中基本建设项目投资14595万元、设备购置投资3159万元、房屋建筑物大维修投资2354.4万元。

七、对外投资计划

计划长期股权投资105380万元，其中参股投资大连轨道交通设计院有限公司680万元、沈阳铁道工程建设集团有限公司3300万元、蒙华铁路公司76000万元、金鹰重型工程机械有限公司15200万元、川藏铁路技术创新中心有限公司5000万元、济南致通华铁测量技术有限公司200万元，新设飞泰交通科技有限公司投资5000万元。

完成长期股权投资102824.65万元，其中参股投资大连轨道交通设计院有限公司680万元、沈阳铁道工程建设集团有限公司3273.15万元、蒙华铁路公司76000万元、金鹰重型工程机械有限公司15171.5万元、川藏铁路技术创新中心有限公司2500万元、济南致通华铁测量技术有限公司200万元，新设飞泰交通科技有限公司投资5000万元。

八、各研究院自揽开发计划

计划新签合同额4.8亿元，完成新签合同额5.97亿元；计划进款额5.36亿元，完成进款5.98万元。

（发展部）

·公司治理及制度建设·

【规范公司治理】 启动公司章程的修订工作，将党建工作总体要求纳入公司章程，明确党组织在公司治理中的法定地位。

制定并下发《中国铁路设计集团有限公司子公司管理办法（试行）》《中国铁路设计集团有限公司委派股东代表和派出董事、监事管理办法（试行）》，加强对集团公司控股、参股公司的法人治理。

调整子公司的治理结构：将大部分子公司的7人董事会调整为5人；将兼职董事由集团公司和职能部门领导担任，调整为由相关生产业务机构和生产单位领导兼任。通过调整以期提高子公司治理效率，加强子公司和集团公司生产经营管理部门及相关事业部、研究院、分公司的沟通合作，更好利用集团公司的综合优势解决子公司发展问题。

进行控股子公司法人治理结构研究，围绕对控股子公司进行股权结构调整、引入战略投资者、实施混改的可行性等方面进行研究。期望通过股权结构调整等手段简化管理关系，进而通过引入战略投资者和混改解决子公司发展过程中市场空间等问题，同时进一步规范子公司管理、激发内在活力。

【管理制度建设】 系统梳理集团公司各类管理关系、既有管理制度及未来管理需求，研究建立健全以公司章程为核心、以各管理领域的制度办法为支撑的横向协作、纵向一体的分层管理制度体系。

依据国铁集团《铁路企业管理制度制定格式指南》的相关要求，修订《中国铁路设计集团有限公司制度管理办法》；制定《中国铁路设计集团有限公司管理制度制定格式》；完善“量本利”经济责任制，优化计“量”规则，探索项目分阶段内部计价模式，建立内部交易制度；制定、修订《集团公司战略规划管理办法》《集团公司计划管理办法》《集团公司全面预算管理办法》，搭建集团公司战略规划全过程管理体系；开展管理信息化顶层设计，组建专业团队集中力量推动建立设计、生产经营管理、行政管理相互融合的管理信息化系统。

（企法部）

科研项目

CRDC

科研项目

·获奖科研项目·

【概述】2019年，集团公司获国家科技进步奖2项、天津市科技进步奖2项，获中国铁道学会科学技术奖14项、中国工程建设标准化协会科技创新奖4项、中国岩石力学与工程学会科技进步奖1项。

表5-1　集团公司2019年科技开发获奖项目统计表

序号	主持单位	获奖项目名称	获奖等级	颁奖单位
1	土建院	复合地基理论、关键技术及工程应用	国家科技进步奖一等奖	中华人民共和国国务院
2	土建院	严寒季冻区高速铁路毫米级变形标准下路基平稳性控制技术及应用	国家科技进步奖二等奖	中华人民共和国国务院
3	地路院	复合地基理论、关键技术及工程应用	科技进步奖特等奖	中国岩石力学与工程学会
4	线站院	高速铁路设计规范	标准科技创新奖一等奖	中国工程建设标准化协会
5	线站院	市域铁路设计规范	标准科技创新奖一等奖	中国工程建设标准化协会
6	桥梁院	高速铁路泡沫轻质土路基关键技术及工程应用	铁道科技奖一等奖	中国铁道学会
7	电化电信院	高寒高纬高速铁路牵引供电系统成套技术创新及应用	铁道科技奖一等奖	中国铁道学会
8	线站院	隧道衬砌缺陷防治成套技术	铁道科技奖一等奖	中国铁道学会
9	电化电信院	电气化铁路大型卷铁心节能型系列变压器的研制及应用	铁道科技奖一等奖	中国铁道学会
10	土建院	高速铁路车—桥系统抗风设计关键参数深化研究及应用	铁道科技奖一等奖	中国铁道学会
11	土建院	呼准铁路大路黄河特大桥关键技术研究	铁道科技奖二等奖	中国铁道学会
12	地路院	铁路工程三维电磁勘探技术及应用研究	铁道科技奖二等奖	中国铁道学会
13	运规院	路网运输能力评测关键技术研究	铁道科技奖二等奖	中国铁道学会

续表

序号	主持单位	获奖项目名称	获奖等级	颁奖单位
14	土建院	张唐铁路复杂软土地区桥涵结构设计综合对策研究	铁道科技奖三等奖	中国铁道学会
15	实验室	铁路工程高边坡及支挡结构监测与评估技术研究	铁道科技奖三等奖	中国铁道学会
16	地路院	微动技术及其在铁路勘察中的应用研究	铁道科技奖三等奖	中国铁道学会
17	工经院	境外铁路建设项目概算编制方法研究	铁道科技奖三等奖	中国铁道学会
18	土建院	铁路风沙防治关键技术研究	铁道科技奖三等奖	中国铁道学会
19	实验室	适用于普速铁路的快速测量成套装备	铁道科技奖三等奖	中国铁道学会
20	电化电信院	高寒高纬高速铁路牵引供电系统成套技术创新及应用	科技进步奖二等奖	天津市人民政府
21	线站院	弹性夹式钢轨无损加固装置关键技术研究	科技进步奖三等奖	天津市人民政府
22	土建院	铁路桥涵混凝土结构设计规范	标准科技创新奖	中国工程建设标准化协会
23	土建院	铁路隧道防灾疏散救援工程设计规范	标准科技创新奖	中国工程建设标准化协会

·新开科研项目·

【概述】2019年度，集团公司新承担外部科研项目22项，其中国家铁路局8项、天津市3项、中国工程院2项、国铁集团9项；集团公司内部新立科研课题231项，其中重大课题3项、重点课题70项、引导课题158项。

【代表性项目】

（一）**渤海海峡通道设计关键技术研究（2019YY120501）**。通过该课题的研究，全面梳理跨杭州湾工程建设条件，提出合理的工程方式，掌握高速铁路跨杭州湾大桥的结构及基于BIM的设计关键技术和施工方案，掌握跨杭州湾大桥的智能抗风、智能运营维护、智能防灾等系统及其信息化关键技术，为工程建设提供技术支持与依据，指导后续类似工程建设。

（二）**高海拔地区复杂环境隧道关键技术研究（2019YY120301）**。通过该课题的研究，全面梳理高海拔地区复杂环境隧道特点、应用现状和适应性研究，提出高海拔地区复杂环境隧道选型和设计、施工关键技术研究及高海拔区复杂地质地段施工技术研究。课题成果可应用于依托项目，指导集团公司参与川藏铁路设计咨询等工作；研究成果可以为集团公司在当代隧道掘进技术发展方向方面提供必要的技术储备，拓展集团公司的生存与发展空间。

表5-2　集团公司2019年新开科研课题统计表

序号	合同编号	项目名称	项目类别	项目级别	起始年份	结束年份	备注
1	2019BZ01-1	客货共线铁路设计规范	应用研究	重点	2019	2019	国家铁路局—线站院
2	KFJF2019-008	高速铁路运输能力设计	应用研究	重大	2019	2020	国家铁路局—运规院
3	K2019G031	沈白铁路综合勘察新技术研究	应用研究	重大	2019	2021	国家铁路局—地勘院
4	2019-DE-005	《铁路机务车辆机械工程预算定额》修订工作大纲编制	开发研究	重点	2019	2019	国家铁路局规划与标准研究院—机环院
5	2019-DE-003	铁路房屋工程预算定额	应用研究	重点	2019	2019	国家铁路局规划与标准研究院—建筑院
6	KFJF2019-002	高铁工程技术总结	开发研究	重点	2019	2020	国家铁路局科技与法制司—线站院
7	KFJF2019-007	高铁工程技术总结：软土地区高速铁路建造技术	开发研究	重点	2019	2020	国家铁路局科技与法制司—土建院
8	KFJF2019-006	高铁工程技术总结：寒冷地区高速铁路建造技术	应用研究	重大	2019	2020	国家铁路局科技与法制司—地勘院
9	tj2019B01	城市轨道交通管线综合BIM设计标准（C）	应用研究	重点	2019	2019	天津市地下铁道集团有限公司—城交事业部
10	19YFZCGX00890	面向轨道交通基础设施运营安全的网络化智能预警监测系统研发	应用研究	重点	2019	2022	天津市科学技术局—测绘院
11	tjbz2019-001	天津市城市轨道交通地下工程防水技术规程	应用研究	重点	2019	2020	天津市绿色建筑促进发展中心—城交事业部
12	2019-ZD-7	渤海海峡跨海通道建设方案研究	应用研究	重点	2019	2021	中国工程院—线站院
13	2019001	天津港一体化发展战略研究	应用研究	重大	2019	2019	中国工程院—运规院
14	P2019G029	CRTSⅢ型板式无砟轨道智能建造技术及成套装备研究	应用研究	重大	2019	2021	国铁集团—线站院
15	19CR047	铁路桥面预制装配整体式混凝土防护墙和电缆槽	开发研究	重点	2019	2020	国铁集团—土建院
16	N2019G016	高速铁路基础设施地震震后设备状态评估技术研究	应用研究	重大	2019	2020	国铁集团—土建院

续表

序号	合同编号	项目名称	项目类别	项目级别	起始年份	结束年份	备注
17	K2019G005	基于川藏铁路沿线地材的机制砂和矿物掺和料混凝土简支梁建造关键技术研究	应用研究	重大	2019	2023	国铁集团—土建院
18	K2019G007	川藏铁路相关地区地质形变、桥隧形变及地质灾害微波遥感监测系统及技术研究	应用研究	重大	2019	2022	国铁集团—土建院
19	N2019G026-1	北斗、GPS与惯导组合轨道几何状态快速测量技术研究及应用	应用研究	重点	2019	2020	国铁集团—测绘院
20	N2019J005	动车组自动驾驶能耗与追踪间隔优化技术研究	应用研究	重大	2019	2020	国铁集团—运规院
21	N2019X013	200km/h动力集中型动车组运用可行性分析及经济评价研究	应用研究	重大	2019	2020	国铁集团—机环院
22	2019F004	铁路环境保护发展现状与评估研究	应用研究	重大	2019	2020	国铁集团—机环院
23	2019YY222101	高速铁路悬臂U形路基结构设计关键技术研究	应用研究	重点	2019	2021	工程实验室
24	2019YY222102	铁路工程勘察计算机辅助设计系统研发（II期）	应用研究	重点	2019	2021	工程实验室
25	2019YY222103	铁路路基刚性桩复合地基变形与稳定性分析系统研发	应用研究	重点	2019	2021	工程实验室
26	2019YY222104	遥感技术在川藏铁路的应用研究	应用研究	重点	2019	2020	工程实验室
27	2019KF222105	基于CRDC_RIM的铁路EPC项目管理平台深化研究及开发	开发研究	重点	2019	2021	工程实验室
28	2019KF222106	施工场界噪声自动辨识监控系统工程化应用研究	开发研究	重点	2019	2020	工程实验室
29	2019KF222107	新建铁路三维协同设计平台深化研究	开发研究	重点	2019	2019	工程实验室
30	2019YY120101	沈白铁路以物探为主的综合勘察试验研究	应用研究	重大	2019	2021	地路院
31	2019YY220102	航空物探技术在铁路工程勘察中的可行性研究	应用研究	重点	2019	2020	地路院
32	2019YY220103	季节性冻区运营高铁冻胀监测系统研究	应用研究	重点	2019	2021	地路院
33	2019YY220104	严寒地区高速铁路设计技术研究	应用研究	重点	2019	2020	地路院
34	2019YY320105	地震横波反射法在哈尔滨地区岗阜状平原浅层地层划分中的应用	应用研究	一般	2019	2021	地路院

续表

序号	合同编号	项目名称	项目类别	项目级别	起始年份	结束年份	备注
35	2019YY320106	工程总承包项目试验专业管理标准化指南	应用研究	一般	2019	2019	地路院
36	2019YY320107	激光粒度分析仪在土工颗粒分析试验中的应用研究	应用研究	一般	2019	2019	地路院
37	2019YY320108	境外铁路工程地质勘察工作指南	应用研究	一般	2019	2019	地路院
38	2019YY320109	境外铁路工程路基设计指导原则	应用研究	一般	2019	2019	地路院
39	2019YY320110	深厚土层高压段压缩模量预测研究	应用研究	一般	2019	2021	地路院
40	2019YY320111	铁路工程地质勘察技术创新与实践	应用研究	一般	2019	2020	地路院
41	2019YY320112	铁路工程勘察深层触探技术及应用	应用研究	一般	2019	2019	地路院
42	2019YY320113	铁路路基岩溶注浆效果检测方法研究	应用研究	一般	2019	2020	地路院
43	2019YY320114	物探作业指导书（修订）	应用研究	一般	2019	2020	地路院
44	2019YY320115	岩石崩解性试验研究	应用研究	一般	2019	2020	地路院
45	2019YY320116	中外抗震设计规范地震动参数转换关系研究	应用研究	一般	2019	2020	地路院
46	2019YY220201	北斗单频高精度变形监测关键技术研究	应用研究	重点	2019	2020	测绘院
47	2019YY220202	基于线路工程方案汇报的视频制作深化应用研究	应用研究	重点	2019	2020	测绘院
48	2019YY220203	集团公司地理信息服务平台建设与数据服务关键技术研究	应用研究	重点	2019	2021	测绘院
49	2019YY220204	全国铁路地理信息服务平台框架体系与数据服务关键技术研究——京雄铁路示范工程	应用研究	重点	2019	2020	测绘院
50	2019YY320205	车载三维激光扫描技术在轨道交通工程总承包项目竣工测量中的应用研究	应用研究	一般	2019	2021	测绘院
51	2019YY320206	车载三维激光扫描限界测量作业指导书	应用研究	一般	2019	2020	测绘院
52	2019YY320207	高速铁路自由测站三角高程测量作业指导书	应用研究	一般	2019	2020	测绘院
53	2019YY320208	基于IGS基站传递的大范围区域工程控制网整网平差研究	应用研究	一般	2019	2020	测绘院
54	2019YY320209	基于大疆M600 Pro无人机的免像控航摄技术研究	应用研究	一般	2019	2020	测绘院

续表

序号	合同编号	项目名称	项目类别	项目级别	起始年份	结束年份	备注
55	2019YY320210	基于时序高分卫星影像的高铁沿线地理要素变化探测关键技术及示范应用研究	应用研究	一般	2019	2019	测绘院
56	2019YY320211	空地一体全景VR技术在铁路项目中的应用研究	应用研究	一般	2019	2020	测绘院
57	2019YY320212	隧道盾构测量及数据处理系统研究	应用研究	一般	2019	2020	测绘院
58	2019YY320213	新型高速铁路CRTSⅢ型无砟轨道板尺寸检测系统的研发	应用研究	一般	2019	2021	测绘院
59	2019YY320214	自动化监测数据查询系统App研发	应用研究	一般	2019	2020	测绘院
60	2019KF320215	测绘地理信息研究院队务管理系统	开发研究	一般	2019	2020	测绘院
61	2019KF320216	城轨第三方监测数据实时处理及成果可视化管理系统	开发研究	一般	2019	2021	测绘院
62	2019KF320217	海量多源航测数据管理平台研发及应用研究	开发研究	一般	2019	2020	测绘院
63	2019KF320218	航遥所综合管理系统平台研发	开发研究	一般	2019	2019	测绘院
64	2019KF320219	总承包施工测量管理平台开发	开发研究	一般	2019	2020	测绘院
65	2019YY120301	高海拔地区复杂环境隧道关键技术研究	应用研究	重大	2019	2021	城交院
66	2019YY220302	城市轨道交通车站绿色标准关键技术研究	应用研究	重点	2019	2021	城交院
67	2019YY220303	城市铁路明挖隧道装配式技术研究	应用研究	重点	2019	2021	城交院
68	2019YY220304	地下大型公共交通枢纽内部环境保障关键技术研究	应用研究	重点	2019	2021	城交院
69	2019YY220305	基于Bentley平台的城市轨道交通参数化、模块化设计技术研究——BIM模型库建立标准与开发应用研究	应用研究	重点	2019	2021	城交院
70	2019YY220306	基于高度限值的地铁车辆段上盖高层建筑结构形式及抗震性能研究	应用研究	重点	2019	2020	城交院
71	2019YY220307	基于胶拼技术的装配式混凝土地铁车站设计关键技术研究	应用研究	重点	2019	2022	城交院

续表

序号	合同编号	项目名称	项目类别	项目级别	起始年份	结束年份	备注
72	2019YY220308	新型太阳能光热技术在城市轨道交通工程中的应用研究	应用研究	重点	2019	2021	城交院
73	2019YY220309	重庆地铁深埋软岩大跨暗挖车站关键技术研究	应用研究	重点	2019	2022	城交院
74	2019YY320310	车辆段装配式结构关键技术	应用研究	一般	2019	2020	城交院
75	2019YY320311	城市轨道交通大埋深岩石隧道防水技术研究	应用研究	一般	2019	2022	城交院
76	2019YY320312	城市轨道交通工程全套管全回转咬合桩工法定额指标分析研究	应用研究	一般	2019	2020	城交院
77	2019YY320313	城市轨道交通绿色建筑设计——高架站绿色建筑设计要点研究一（采光与节能）	应用研究	一般	2019	2021	城交院
78	2019YY320314	大跨度钢桁架公轨两用斜拉桥轨道结构关键技术研究	应用研究	一般	2019	2020	城交院
79	2019YY320315	轨道交通工程标准化建设——地铁车站细部设计	应用研究	一般	2019	2021	城交院
80	2019YY320316	轨道交通工程标准化建设——地下站设备区标准化研究	应用研究	一般	2019	2020	城交院
81	2019YY320317	海外项目隧道工程技术标准对照研究	应用研究	一般	2019	2019	城交院
82	2019YY320318	环控、给排水专业互提资料指导手册编制研究	应用研究	一般	2019	2020	城交院
83	2019YY320319	环控专业计算关键技术研究及程序开发	应用研究	一般	2019	2020	城交院
84	2019YY320320	深圳地区城市轨道交通项目渣土排放筹划及造价指标研究	应用研究	一般	2019	2020	城交院
85	2019YY320321	新型轨道交通车站方案研究——山地深埋车站建筑方案设计研究	应用研究	一般	2019	2021	城交院
86	2019YY320322	蒸发式冷凝机组应用于地铁车站的标准化研究及能效、经济分析	应用研究	一般	2019	2022	城交院
87	2019KF320323	城市轨道交通TSD2型扣件研发	开发研究	一般	2019	2020	城交院
88	2019KF320324	铁路隧道设计程序Railway Tunnel Design Programs（RTDP）研究与开发	开发研究	一般	2019	2020	城交院

续表

序号	合同编号	项目名称	项目类别	项目级别	起始年份	结束年份	备注
89	2019KF220401	山区高速公路互通式立交设计BIM应用研究	开发研究	重点	2019	2022	公路市政院
90	2019YY120501	渤海海峡通道设计关键技术研究	应用研究	重大	2019	2021	线站院
91	2019YY220502	川藏铁路设计咨询质量保证措施研究	应用研究	重点	2019	2020	线站院
92	2019YY220503	高速铁路设计技术	应用研究	重点	2019	2020	线站院
93	2019YY220504	基于GIS系统的铁路选线设计关键技术研究	应用研究	重点	2019	2020	线站院
94	2019YY220505	嘉甬铁路通道跨杭州湾关键技术研究	应用研究	重点	2019	2020	线站院
95	2019YY220506	时速600km高速磁浮轨道板精调系统研究	应用研究	重点	2019	2020	线站院
96	2019YY320507	磁浮铁路技术	应用研究	一般	2019	2020	线站院
97	2019YY320508	价值工程在海外铁路项目方案优选中的应用与研究	应用研究	一般	2019	2020	线站院
98	2019YY320509	铁路线路系统动力学理论与应用	应用研究	一般	2019	2019	线站院
99	2019YY320510	《悬挂式胶轮有轨电车设计标准》编制	应用研究	一般	2019	2020	线站院
100	2019YY320511	初步设计和施工图站场专业设计原则样板	应用研究	一般	2019	2020	线站院
101	2019YY320512	大型客运站复杂咽喉进路布置研究	应用研究	一般	2019	2019	线站院
102	2019YY320513	动车运用所布置图形研究	应用研究	一般	2019	2019	线站院
103	2019YY320514	钢筋混凝土车挡通用图	应用研究	一般	2019	2020	线站院
104	2019YY320515	高速铁路无砟轨道病害整治维修技术研究	应用研究	一般	2019	2020	线站院
105	2019YY320516	京雄城际雄安站桥式站咽喉区布置优化研究	应用研究	一般	2019	2019	线站院
106	2019YY320517	勘测任务书模板（增补环水保要求）	应用研究	一般	2019	2019	线站院
107	2019YY320518	可研汇报PPT模板	应用研究	一般	2019	2019	线站院
108	2019YY320519	连续式无砟轨道损伤机理研究	应用研究	一般	2019	2020	线站院
109	2019YY320520	山西中南部铁路通道设计关键技术研究	应用研究	一般	2019	2019	线站院
110	2019YY320521	铁路工程总体设计手册	应用研究	一般	2019	2020	线站院

续表

序号	合同编号	项目名称	项目类别	项目级别	起始年份	结束年份	备注
111	2019YY320522	铁路客运站双层布置技术研究	应用研究	一般	2019	2019	线站院
112	2019YY320523	无砟轨道服役状态评估关键技术研究	应用研究	一般	2019	2020	线站院
113	2019YY320524	线间整体弹性缓冲道口板通用图	应用研究	一般	2019	2020	线站院
114	2019YY320525	线路文件示意图制作标准研究	应用研究	一般	2019	2019	线站院
115	2019YY320526	线路专业铁路建设项目勘察设计复核、审核大纲修编	应用研究	一般	2019	2019	线站院
116	2019YY320527	站场示意图制图标准	应用研究	一般	2019	2019	线站院
117	2019YY320528	站场专业投标攻略	应用研究	一般	2019	2019	线站院
118	2019YY320529	高速铁路站场与枢纽设计	应用研究	一般	2019	2019	线站院
119	2019YY320530	瓦日铁路通道工程设计与创新	应用研究	一般	2019	2019	线站院
120	2019KF320531	AutoCAD与多源地图交互系统的设计与开发	开发研究	一般	2019	2020	线站院
121	2019KF320532	CAD改图插件	开发研究	一般	2019	2019	线站院
122	2019KF320533	RDS二次开发平台研究与开发	开发研究	一般	2019	2021	线站院
123	2019KF320534	RSD系统补强插件	开发研究	一般	2019	2019	线站院
124	2019KF320535	高速铁路管线过轨设计辅助软件	开发研究	一般	2019	2020	线站院
125	2019KF320536	线路勘测调查信息综合管理系统研发	开发研究	一般	2019	2020	线站院
126	2019KF320537	站场CAD横断面与达索系统交互软件研发	开发研究	一般	2019	2019	线站院
127	2019YY220601	超长群桩桩基础受力机理研究	应用研究	重点	2019	2020	桥梁院
128	2019YY220602	软土、松软土地区高速铁路设计技术研究	应用研究	重点	2019	2019	桥梁院
129	2019YY220603	铁路大跨悬索桥技术理论应用研究	应用研究	重点	2019	2021	桥梁院
130	2019YY220604	铁路桥涵极限状态法重要设计参数研究	应用研究	重点	2019	2022	桥梁院
131	2019YY220605	铁路预应力混凝土现浇梁智能张拉控制技术研究	应用研究	重点	2019	2021	桥梁院
132	2019YY220606	新建杭绍台铁路椒江特大桥防撞设施研究	应用研究	重点	2019	2020	桥梁院

续表

序号	合同编号	项目名称	项目类别	项目级别	起始年份	结束年份	备注
133	2019YY220607	中等跨度等跨连续梁节段预制拼装设计研究	应用研究	重点	2019	2020	桥梁院
134	2019YY320608	跨海桥梁前期理论应用技术研究	应用研究	一般	2019	2021	桥梁院
135	2019YY320609	昌景黄特殊桥梁设计研究	应用研究	一般	2019	2020	桥梁院
136	2019YY320610	轨道交通小曲线波形刚腹板组合结构矮塔斜拉桥关键技术研究	应用研究	一般	2019	2020	桥梁院
137	2019YY320611	杭绍台铁路桥梁设计关键技术及应用研究	应用研究	一般	2019	2022	桥梁院
138	2019YY320612	齐富公路跨越运营高速铁路设计与施工关键技术研究	应用研究	一般	2019	2021	桥梁院
139	2019YY320613	时速200km简支箱梁(ZK荷载，单双线)通用图	应用研究	一般	2019	2020	桥梁院
140	2019YY320614	时速200km简支箱梁圆端形实体桥墩（ZK活载、单双线）通用图	应用研究	一般	2019	2020	桥梁院
141	2019YY320615	铁路桥梁健康监测数据处理分析关键算法研究	应用研究	一般	2019	2020	桥梁院
142	2019YY320616	铁路专用线常用跨度简支T梁通用图	应用研究	一般	2019	2020	桥梁院
143	2019YY320617	盐城至南通城际铁路桥梁关键技术研究	应用研究	一般	2019	2020	桥梁院
144	2019KF220618	青岛高速磁浮试验线新型轨道梁关键技术研究	开发研究	重点	2019	2021	桥梁院
145	2019KF320619	铁路桥梁新型铝合金衬板整体球冠钢支座研发	开发研究	一般	2019	2020	桥梁院
146	2019KF320620	预应力混凝土梁辅助设计软件	开发研究	一般	2019	2020	桥梁院
147	2019YY220801	铁路工程总承包单价模式下的工程量清单研究	应用研究	重点	2019	2019	工经院
148	2019YY320802	采用T11运输车施工方案条件下的高速铁路无砟轨道定额测定与分析	应用研究	一般	2019	2020	工经院
149	2019YY320803	明挖法城市隧道定额测定与分析	应用研究	一般	2019	2020	工经院
150	2019YY320804	桥下式长钢轨铺轨基地及配套施工方案研究	应用研究	一般	2019	2020	工经院
151	2019YY320805	铁路工程汽车运输便道深化设计研究	应用研究	一般	2019	2019	工经院
152	2019YY320806	铁路工程制存梁场深化设计研究	应用研究	一般	2019	2019	工经院

续表

序号	合同编号	项目名称	项目类别	项目级别	起始年份	结束年份	备注
153	2019YY320807	铁路工程主要技术经济指标统计（2019年度）	应用研究	一般	2019	2019	工经院
154	2019YY320808	装配式铁路综合管廊施工组织及定额测定与分析	应用研究	一般	2019	2020	工经院
155	2019KF320809	基于模糊算法的工程量自动检索识别系统	开发研究	一般	2019	2020	工经院
156	2019YY220901	超大城市大客流通道多线轨道交通规划研究	应用研究	重点	2019	2020	运规院
157	2019YY220902	高速铁路通道客流预测方法研究	应用研究	重点	2019	2020	运规院
158	2019YY220903	高速铁路运输能力系统设计研究	应用研究	重点	2019	2019	运规院
159	2019YY220904	公转铁形势下环渤海地区铁路矿石集疏运分析研究	应用研究	重点	2019	2020	运规院
160	2019YY320905	2018年度东北华北地区（含山东）铁路基础技术资料分析研究	应用研究	一般	2019	2019	运规院
161	2019YY320906	2019年度东北华北地区（含山东）国民经济基础资料分析研究	应用研究	一般	2019	2019	运规院
162	2019YY320907	2019年度国内物流设施技术资料分析研究	应用研究	一般	2019	2019	运规院
163	2019YY320908	2019年铁路网发展动态研究	应用研究	一般	2019	2019	运规院
164	2019YY320909	城市轨道交通运营管理关键技术研究	应用研究	一般	2019	2020	运规院
165	2019YY320910	国家调整运输结构背景下京津冀地区煤炭运输通道分析研究	应用研究	一般	2019	2020	运规院
166	2019YY320911	国外典型地区铁路需求预测研究	应用研究	一般	2019	2020	运规院
167	2019YY320912	全路商品汽车物流基地布局规划及场站设计标准研究	应用研究	一般	2019	2020	运规院
168	2019YY320913	铁路行业咨询业务涉税研究	应用研究	一般	2019	2019	运规院
169	2019YY320914	铁路运营管理模式研究	应用研究	一般	2019	2020	运规院
170	2019YY320915	新形势下全路集装箱运量发展特点和趋势研究	应用研究	一般	2019	2020	运规院
171	2019YY320916	新形势下铁路网规划体系及方法研究	应用研究	一般	2019	2020	运规院
172	2019YY320917	中等城市轨道交通线网规划研究	应用研究	一般	2019	2020	运规院

续表

序号	合同编号	项目名称	项目类别	项目级别	起始年份	结束年份	备注
173	2019KF220918	基于三维协同设计的铁路运营仿真技术与系统开发一期工程	开发研究	重点	2019	2021	运规院
174	2019YY221001	北京城市副中心铁路车站设计关键技术研究	应用研究	重点	2019	2022	建筑院
175	2019YY221002	大型铁路综合交通枢纽绿色建筑设计关键技术研究	应用研究	重点	2019	2021	建筑院
176	2019YY221003	连堡丰城地下空间综合开发项目设计关键技术研究	应用研究	重点	2019	2020	建筑院
177	2019YY321004	大型铁路客站雨棚上盖停车关键技术研究	应用研究	一般	2019	2021	建筑院
178	2019YY321005	电磁加热技术在暖通空调领域的运用研究	应用研究	一般	2019	2021	建筑院
179	2019YY321006	软土地区复杂环境下地铁深基坑地下水综合控制实践与关键技术研究	应用研究	一般	2019	2021	建筑院
180	2019YY321007	适应新时代大型客站的结构关键技术研究	应用研究	一般	2019	2021	建筑院
181	2019YY321008	泰国地区建筑内消防系统设计标准研究	应用研究	一般	2019	2020	建筑院
182	2019YY321009	铁路主导型综合客运枢纽的交通一体化设计理论、规模和换乘系统研究	应用研究	一般	2019	2020	建筑院
183	2019YY321010	新时代铁路客站建筑技术研究	应用研究	一般	2019	2021	建筑院
184	2019YY321011	岩石地区大型综合交通枢纽综合抗浮技术研究	应用研究	一般	2019	2021	建筑院
185	2019YY321012	站城一体化交通枢纽综合技术研究	应用研究	一般	2019	2020	建筑院
186	2019YY321013	客运专线铁路桥上救援疏散设施通用参考图修订	应用研究	一般	2019	2019	建筑院
187	2019KF221014	基于BIM技术的交通枢纽信息化设计技术研究	开发研究	重点	2019	2021	建筑院
188	2019YY221101	大型铁路客站信息与电力智能技术应用研究	应用研究	重点	2019	2021	电化电信院
189	2019YY221102	网络化牵引供电系统拓扑结构与技术方案研究	应用研究	重点	2019	2021	电化电信院
190	2019YY221103	智能接触网系统架构及关键技术研究	应用研究	重点	2019	2021	电化电信院
191	2019YY221104	智能牵引供电系统运行仿真验证平台研究	应用研究	重点	2019	2021	电化电信院
192	2019YY321105	CBTC系统运行关键能力仿真研究	应用研究	一般	2019	2020	电化电信院

续表

序号	合同编号	项目名称	项目类别	项目级别	起始年份	结束年份	备注
193	2019YY321106	城市轨道交通整合UPS电源系统研究	应用研究	一般	2019	2020	电化电信院
194	2019YY321107	风监测布点及大风监测处置规则相关技术研究	应用研究	一般	2019	2021	电化电信院
195	2019YY321108	基于大数据和云计算的铁路通信维护平台研究	应用研究	一般	2019	2021	电化电信院
196	2019YY321109	境外铁路不同电压标准的电力供配电设计方案研究	应用研究	一般	2019	2021	电化电信院
197	2019YY321110	下一代移动通信技术引起的铁路通信传输网、数据通信网适应性方案研究	应用研究	一般	2019	2021	电化电信院
198	2019KF221111	基于BIM的铁路四电工程数字化模型构建、交付技术规范体系研究	开发研究	重点	2019	2021	电化电信院
199	2019KF321112	地铁风水联动节能控制系统的研究	开发研究	一般	2019	2020	电化电信院
200	2019KF321113	接触网系统装置防护研究	开发研究	一般	2019	2020	电化电信院
201	2019KF321114	考虑牵引工况的电力牵引供电系统仿真计算软件	开发研究	一般	2019	2019	电化电信院
202	2019YY321115	铁路四电工程案例总结汇编	应用研究	一般	2019	2020	电化电信院
203	2019YY321116	铁路通信设计文件模板	应用研究	一般	2019	2020	电化电信院
204	2019YY321117	铁路信息、防灾及FAS、BAS设计文件模板	应用研究	一般	2019	2020	电化电信院
205	2019YY321118	铁路信号设计文件模板	应用研究	一般	2019	2020	电化电信院
206	2019YY321119	铁路电力设计文件模板	应用研究	一般	2019	2020	电化电信院
207	2019YY321120	铁路信号室外箱盒配线图	应用研究	一般	2019	2020	电化电信院
208	2019YY321121	信号铁路设计专业下序资料标准化	应用研究	一般	2019	2020	电化电信院
209	2019YY321122	信号技术综合管理平台研发与应用	开发研究	一般	2019	2020	电化电信院
210	2019YY321123	企业工时定额自动统计计算软件	开发研究	一般	2019	2020	电化电信院
211	2019JC221201	城市轨道交通车辆段上盖物业开发的环境振动预测方法、减振技术研究	基础研究	重点	2019	2021	机械环工院
212	2019YY221202	BIM技术在综合管廊中的关键技术研究	应用研究	重点	2019	2020	机械环工院

续表

序号	合同编号	项目名称	项目类别	项目级别	起始年份	结束年份	备注
213	2019YY221203	基于印尼雅万高铁项目的境外高速铁路噪声振动影响及降噪措施研究	应用研究	重点	2019	2020	机械环工院
214	2019YY221204	铁路通透声屏障应用技术研究	应用研究	重点	2019	2021	机械环工院
215	2019YY321205	高排放标准下铁路中小站污水处理新技术研究	应用研究	一般	2019	2020	机械环工院
216	2019YY321206	机械工程总承包发展路径及主要技术研究	应用研究	一般	2019	2020	机械环工院
217	2019YY321207	普速铁路桥梁声屏障通用图	应用研究	一般	2019	2020	机械环工院
218	2019YY321208	铁路能源管理系统设计技术管理暂行规定	应用研究	一般	2019	2020	机械环工院
219	2019YY321209	综合管廊工程专业设计分工	应用研究	一般	2019	2020	机械环工院
220	2019KF221210	铁路建设项目环水保综合管理信息系统研究	开发研究	重点	2019	2021	机械环工院
221	2019KF221211	动车所设备设施生命周期管理BIM应用技术研究	开发研究	重点	2019	2020	机械环工院
222	2019KF321212	电扶梯及站台门辅助设计系统研究	开发研究	一般	2019	2020	机械环工院
223	2019KF321213	铁路真空卸污设施智能云平台研发（智慧运维云系统）	开发研究	一般	2019	2019	机械环工院
224	2019KF221301	城轨地下车站BIM设计关键技术研究	开发研究	重点	2019	2020	信息院
225	2019KF221302	集团公司发展计划管理系统研发与应用	开发研究	重点	2019	2020	信息院
226	2019KF221303	集团公司经济责任制管理信息系统研发与应用	开发研究	重点	2019	2019	信息院
227	2019KF221304	集团公司科技开发管理系统升级改造	开发研究	重点	2019	2019	信息院
228	2019KF221305	集团公司移动办公App优化升级	开发研究	重点	2019	2019	信息院
229	2019KF221306	三维协同IFC数据接口开发	开发研究	重点	2019	2019	信息院
230	2019KF221307	数据中心自动化运维技术研究与应用	开发研究	重点	2019	2019	信息院
231	2019KF321308	基于公有云的短信通知及认证平台研究与应用	开发研究	一般	2019	2019	信息院
232	2019YY240801	EPC项目施工发包单价承包相关问题研究	应用研究	重点	2019	2020	总包事业部
233	2019YY240802	高速铁路大断面四线隧道综合施工技术研究	应用研究	重点	2019	2020	总包事业部

续表

序号	合同编号	项目名称	项目类别	项目级别	起始年份	结束年份	备注
234	2019YY240803	工程总承包事业部管理标准化研究	应用研究	重点	2019	2020	总包事业部
235	2019YY240804	沿海地区四线大跨度高速铁路钢桁斜拉桥施工技术研究	应用研究	重点	2019	2020	总包事业部
236	2019YY340805	EPC模式下现场设计资源协同管理研究	应用研究	一般	2019	2020	总包事业部
237	2019YY340806	高速铁路工程总承包项目安全管理研究	应用研究	一般	2019	2019	总包事业部
238	2019YY340807	坡度测量仪研发及应用	应用研究	一般	2019	2020	总包事业部
239	2019YY340808	铁路EPC项目施工标段划分及接口界面研究	应用研究	一般	2019	2019	总包事业部
240	2019YY340809	铁路工程EPC模式下验工计价节点划分研究	应用研究	一般	2019	2020	总包事业部
241	2019YY340810	铁路工程EPC项目初步设计资料交接模板研究	应用研究	一般	2019	2019	总包事业部
242	2019YY340811	铁路工程EPC项目投标技术标标准模板研究	应用研究	一般	2019	2019	总包事业部
243	2019YY340812	铁路工程EPC总承包项目现场管理研究	应用研究	一般	2019	2021	总包事业部
244	2019YY340813	预制箱梁端模预应力锚垫板定位及检测方法研究	应用研究	一般	2019	2020	总包事业部
245	2019YY240601	胶轮有轨电车交通设计标准研究	应用研究	重点	2019	2019	广东分公司
246	2019YY340602	胶轮有轨电车（比亚迪云巴）设计专业分工	应用研究	一般	2019	2019	广东分公司
247	2019YY340603	城市轨道交通大断面矩形顶管研究	应用研究	一般	2019	2022	广东分公司
248	2019YY340604	广州地铁岩溶区设计施工关键技术研究	应用研究	一般	2019	2019	广东分公司
249	2019YY201301	铁路土建结构美标规范的应用研究	应用研究	重点	2019	2019	海外部
250	2019YY301302	海外铁路项目可研阶段投标技术标标准模板研究	应用研究	一般	2019	2020	海外部
251	2019YY301303	海外市场法律环境调查工作手册	应用研究	一般	2019	2020	海外部
252	2019YY301304	海外合同决策与评审业务标准化研究	应用研究	一般	2019	2020	海外部
253	2019YY301305	海外项目合作协议类文件示范文本研究	应用研究	一般	2019	2020	海外部

·结题科研项目·

【概述】 2019年，集团公司承担的9项国铁集团科研课题通过结题验收。集团公司对152项内部科研课题进行结题验收，其中重大课题21项、重点课题89项、引导课题42项，保证了课题研发质量。

【代表性项目】

（一）铁路预应力混凝土连续梁节段预制拼装法建造关键技术研究（合同编号：2016G002-H）。2019年3月1日，集团公司承担的"铁路预应力混凝土连续梁节段预制拼装法建造关键技术研究"顺利通过国铁集团的结题验收。

该课题对铁路预应力混凝土连续梁节段预制拼装法建造的设计技术、线形控制、拼装装备、施工技术以及经济性等进行分析研究，并开展相关试验研究。

形成了铁路预应力混凝土梁节段预制拼装设计、施工技术标准即《铁路预应力混凝土梁节段预制拼装技术指南》，首次提出了一次半联满挂拼装工艺和一次拼装多对预制节段即"小节段预制、大节段拼装"的平衡悬臂拼装工艺。开发了"铁路工程连续梁节段预制架设线形控制系统"。研制了一种可同时适用于简支梁和连续梁节段拼装的新型TPZ80/2500型节段拼装造桥机，该造桥机满挂梁段总重达2500t，水平适用于跨度64m及以下的双线节段拼装简支梁和跨度80m及以下的节段拼装连续梁桥，居当前国内之首、世界领先。科研成果成功应用于郑阜铁路和京唐铁路，其中郑阜铁路周淮特大桥跨新运河3-（40+56+40）m节段预制拼装连续梁采用一次半联满挂拼装工艺，京唐铁路潮白新河特大桥2-（48+80+48）m连续梁采用一次拼装3对预制节段的"小节段预制、大节段拼装"的平衡悬臂拼装工艺，填补了此类工法在我国高速铁路预应力混凝土连续梁领域的应用空白。形成了"铁路预制节段拼装连续梁施工工法"。获得了相关试验成果，提出了C55混凝土试件之间黏结正拉强度不小于3.0MPa的指标及相关试验方法。

研究表明当铁路预应力混凝土连续梁桥长超过3km时，节段预制拼装方案具有更好的经济性能与竞争力。

（二）时速300km有砟轨道深化研究（合同编号：2016G002-B）。2019年2月25日，集团公司承担的"时速300km有砟轨道深化研究"顺利通过国铁集团的结题验收。

课题组从高速铁路有砟轨道适用性、高速铁路有砟轨道道砟飞溅机理及防治措施、高速铁路有砟轨道减缓道砟劣化技术、高速铁路有砟轨道结构优化方案、时速300km有砟轨道结构技术标准研究等五个方面开展了大量理论和试验研究。建立了高速行车条件下有砟轨道力学特性及道床顶面空气动力学特性仿真分析模型；提出了有砟轨道与高速行车条件适应的参数范围、道床断面优化方式的防道砟飞溅措施、减缓道砟劣化技术措施及建议参数取值；提出了道砟级配曲线的优化建议、道床结构断面优化方案；提出了道床脏污合理评价指标、道床质量状态评价指标；完成了道床阻力和刚度检测设备优化改进；编制了有砟轨道部件技术条件。

（三）基于单桩静载试验的群桩沉降预测分析技术研究（合同编号：721613）。2019年3月13日，工程实验室承担的"基于单桩静载试验的群桩沉降预测分析技术研究"顺利通过中国铁设科技部组织的结题验收。

课题组开展了基于单桩静载试验的群桩沉降预测分析技术研究，提出了堆载法p-s曲线修正方法，建立了单桩p-s曲线理论模型；采用数值仿真技术，提出桩桩相互作用系数的影响因素；推导了桩、土相互作用系数的理论解，建立了不同桩顶约束下、可求解不同位置处位移量的群桩基础模型；研发了基于单桩静载试验的群桩沉降预测分析软件，编制了《基于单桩静载试验的群桩沉降预测分析指南》。课题利用京津城际路基段载荷试验和沉降观测数据，对研究成果进行了验证，具有较好的推广应用前景。

（四）城市轨道交通噪声振动测试技术研究及数据库开发（合同编号：721741）。 2019年3月11日，工程实验室承担的“城市轨道交通噪声振动测试技术研究及数据库开发”顺利通过中国铁设科技部组织的结题验收。

课题研究突破了噪声源辨识阵列优化技术，提升阵列辨识精度；研制坐标可调的阵列并进行噪声源辨识技术试验验证，达到±0.2m辨识精度要求；开展青岛地铁11号线高架段、路基段噪声源辨识测试与分析，形成可工程应用的等效声源；测试深圳地铁11号线和厦门地铁1号线振动特性，初步掌握时速50～110km/h列车运行时地下段振动源强；开发数据库系统，对振动、噪声测试数据进行结构化管理。研发的城市轨道交通噪声源辨识声阵列装备和城市轨道交通噪声振动数据库软件已在现场测试和数据管理中应用。

表5-3 集团公司2019年完成科研成果报告统计表

序号	项目名称	级别	设计种类	实际工作年份		备注
				起	止	
1	城市轨道交通预应力混凝土轨枕研发	院控	科研	2015	2019	城交事业部
2	电气化铁路锚段关节式电分段电弧产生机理及工程控制措施研究	院控	科研	2016	2019	电化电信院
3	基于LTE的城市轨道交通车地无线通信技术方案研究	院控	科研	2017	2019	电化电信院
4	铁路下一代无线通信实施方案研究	院控	科研	2017	2019	电化电信院
5	移动支付技术在地铁自动售检票系统的应用研究	院控	科研	2017	2019	电化电信院
6	工程总承包四电物资采购管理办法研究	院控	电算	2018	2019	电化电信院
7	城市轨道交通低压配电与照明设计标准化研究	院控	电算	2017	2019	电化电信院
8	城市轨道交通基础设施维修基地的物业开发——大底盘建筑群体结构技术研究	院控	电算	2014	2019	建筑院
9	铁路工程主要技术经济指标统计（2018年度）	院控	电算	2018	2019	工经院
10	铁路桥上反向曲线夹直线有关问题研究	院控	电算	2015	2019	线站院

续表

序号	项目名称	级别	设计种类	实际工作年份		备注
				起	止	
11	公铁立交勘察设计作业指导书	院控	科研	2018	2019	公路事业部
12	基于统一图形平台的铁路工程物探综合解译技术研究	院控	科研	2015	2019	实验室
13	原位土体孔内剪切测试技术及应用研究	院控	科研	2016	2019	实验室
14	城市轨道交通减振试验场设计技术与试验技术研究	院控	科研	2017	2019	实验室
15	城市轨道交通噪声振动测试技术研究及数据库开发	院控	科研	2017	2019	实验室
16	基于单桩静载试验的群桩沉降预测分析技术研究	院控	科研	2016	2019	实验室
17	铁路项目BIM设计（施工图）数据传递标准研究	院控	科研	2016	2019	实验室
18	中低速磁浮车辆段及综合维修基地总图新技术研究	院控	电算	2014	2019	城交事业部
19	地铁车站大型物业开发防灾设计研究	院控	科研	2016	2019	城交事业部
20	城市轨道交通新型超高支挡结构设计及施工技术研究	院控	科研	2015	2019	地路院
21	地路软件开发支持平台	院控	科研	2018	2019	地路院
22	静力触探在黄土地区的应用研究	院控	科研	2016	2019	地路院
23	土的抗剪强度影响因素及不同土层经验值分析研究	院控	科研	2013	2019	地路院
24	绿色环保高效节能新技术在城市轨道交通领域的应用研究	院控	科研	2014	2019	城交事业部
25	铁路客站售票空间规模研究	院控	科研	2018	2019	建筑院
26	新建客运专线、城际铁路工程区间通过信号机分布与检算可行性研究、初步设计和施工图文件编制办法	院控	科研	2017	2019	运规院
27	新建（改建）铁路物流园区（基地）工程预可行性研究、可行性研究和设计文件编制办法	院控	标准	2017	2019	运规院
28	倾斜摄影测量数据处理技术研究	院控	科研	2017	2019	实验室
29	研发基地绿色建筑技术研究	院控	科研	2013	2019	资产事业部
30	BIM技术在研发基地施工及运维阶段应用关键技术研究	院控	科研	2014	2019	资产事业部
31	城市轨道交通建设管理信息化平台建设与示范研究	院控	电算	2016	2019	实验室

续表

序号	项目名称	级别	设计种类	实际工作年份		备注
				起	止	
32	3DGIS+BIM技术应用于隧道施工关键技术研究	院控	科研	2017	2019	实验室
33	社会资本进入铁路行业的对策	院控	业建	2017	2019	运规院
34	铁路信息化模型技术在大型车站改造中的产业化示范应用研究	院控	科研	2014	2019	测绘院
35	机载激光雷达在铁路勘测中的深化应用研究	院控	科研	2014	2019	测绘院
36	无人机在铁路勘察设计中的应用研究	院控	科研	2016	2019	测绘院
37	北同蒲取直线雁门关隧道设计、施工技术总结	院控	科研	2014	2019	城交事业部
38	城市轨道交通60kg/m钢轨12号道岔5m间距交叉渡线通用图	院控	科研	2017	2019	城交事业部
39	天津地铁新线防火设计技术要求	院控	科研	2018	2019	城交事业部
40	城市轨道交通工程海绵城市建设设计文件编制办法	院控	科研	2018	2019	城交事业部
41	隧道衬砌质量无损检测作业指导书	院控	科研	2014	2019	地勘院
42	岩土施工项目部标准化管理手册	院控	科研	2014	2019	地勘院
43	检测项目标准化管理手册	院控	科研	2015	2019	地勘院
44	基于重力加速度微电子机械系统（MEMS）的变形监测技术开发及推广应用	院控	科研	2015	2019	测绘院
45	基于分布式光纤感测技术在轨道交通基础构筑物变形监测中的应用研究	院控	科研	2016	2019	测绘院
46	快速移动定姿定位搭载系统的集成研究	院控	科研	2017	2019	测绘院
47	《Photoshop遥感影像工程制图》的编写与出版	院控	电算	2018	2019	测绘院
48	铁路工程卫星定位高程拟合技术	院控	电算	2018	2019	测绘院
49	太原地铁可液化地层地下结构的地震响应及应对措施研究	院控	科研	2014	2019	城交事业部
50	全路径法铁路遥感影像专题地图制图的研究	院控	科研	2014	2019	测绘院
51	北斗卫星系统在铁路中应用的研究	院控	标准	2015	2019	测绘院
52	便携式移动激光扫描机器人系统的集成研制	院控	科研	2017	2019	测绘院
53	基于移动三维激光扫描系统的既有铁路检测监测技术研究	院控	科研	2015	2019	实验室

续表

序号	项目名称	级别	设计种类	实际工作年份		备注
				起	止	
54	小型检测维修机具在客专工务养护维修中的应用及配置标准研究	院控	科研	2011	2019	机环院
55	铁路建设项目工程能耗统计、计算及分析研究	院控	科研	2011	2019	机环院
56	基于GIS的铁路工程生态敏感区信息系统的建立与应用研究	院控	科研	2012	2019	机环院
57	城市轨道交通噪声控制技术及防护距离研究	院控	科研	2012	2019	机环院
58	沉降器开发研究	院控	科研	2014	2019	机环院
59	带式输送机驱动方式的研究	院控	科研	2015	2019	机环院
60	铁路项目环境影响后评价内容和方法研究	院控	科研	2015	2019	机环院
61	长距离带式输送工程总体设计关键技术研究	院控	科研	2015	2019	机环院
62	封闭式框架结构声屏障综合技术研究	院控	科研	2015	2019	机环院
63	高速铁路养护维修精密测量控制技术研究	院控	科研	2014	2019	测绘院
64	多轨集成DInSAR模式下的大尺度沉降监测方法及其在京津冀铁路网区域沉降中的应用研究	院控	科研	2017	2019	测绘院
65	基于多源基础数据的1：1万地形图制作在境外铁路勘察设计中的应用研究	院控	科研	2017	2019	测绘院
66	地铁车站环境标准及控制手段研究	院控	科研	2016	2019	城交事业部
67	城市地下综合管廊关键技术研究	院控	科研	2016	2019	城交事业部
68	城市轨道交通工程设计防火规范	院控	科研	2013	2019	城交事业部
69	跨座式单轨交通标准梁通用图设计	院控	科研	2018	2019	土建院
70	新一代高速铁路接触网研究	院控	科研	2015	2019	电化电信院
71	高速铁路沿线周界入侵报警系统关键技术研究	院控	科研	2017	2019	电化电信院
72	无人值班牵引变电所机器人应用技术研究	院控	标准	2017	2019	电化电信院
73	盾构隧道钢纤维混凝土管片力学性能及设计关键技术研究	院控	科研	2017	2019	城交事业部
74	饱和土体在地铁列车振动长期作用下诱发的次生灾害及其控制措施的研究	院控	科研	2015	2019	城交事业部
75	铁路（城轨）综合监测检测平台研究与开发	院控	科研	2015	2019	测绘院

续表

序号	项目名称	级别	设计种类	实际工作年份		备注
				起	止	
76	中低速磁浮交通工程关键技术研究	院控	科研	2011	2019	城交事业部
77	大连地区特殊环境城市轨道交通工程系统性研究	院控	科研	2013	2019	城交事业部
78	复杂山区高速铁路隧道洞口工程	院控	科研	2017	2019	城交事业部
79	轨道交通交直流牵引供电系统干扰防护研究及设备研制	院控	科研	2015	2019	电化电信院
80	城市轨道交通配电系统关键技术综合创新研究	院控	科研	2016	2019	电化电信院
81	运行图模式下电气化铁路电能质量实时仿真分析系统研究	院控	业建	2017	2019	电化电信院
82	城际铁路到发线有效长度研究	院控	科研	2016	2019	线站院
83	基于点线能力协调的客运专线车站规模及布置研究	院控	科研	2015	2019	线站院
84	超限大型铁路站房基于性能的抗震设计研究	院控	科研	2011	2019	建筑院
85	“房桥合一”站房结构风险分析及控制技术研究	院控	科研	2012	2019	建筑院
86	复杂地形情况下“四电”房屋选址研究	院控	科研	2012	2019	建筑院
87	铁路轨道吸音板应用技术深化研究	院控	科研	2017	2019	线站院
88	城际铁路轨道系统减振技术研究	院控	科研	2016	2019	线站院
89	城市轨道交通高架段轨道减振降噪综合技术研究与应用	院控	科研	2016	2019	线站院
90	客运专线城市隧道消防设计深化研究	院控	科研	2012	2019	机环院
91	大型客站垃圾气力收集输送系统技术研究	院控	科研	2013	2019	机环院
92	高速铁路给排水控制与管理一体化信息集成技术研究	院控	科研	2011	2019	机环院
93	利用可再生能源提高污水自然处理效能的技术研究	院控	科研	2014	2019	机环院
94	中国高速铁路标准在印度的适应性研究	院控	科研	2016	2019	线站院
95	浅埋暗挖结构设计指南	院控	科研	2017	2019	建筑院
96	电子卫星地图在工经专业勘测设计中的应用研究	院控	电算	2017	2019	工经院
97	社会稳定风险分析报告编制和评估费用分析研究	院控	电算	2016	2019	工经院

续表

序号	项目名称	级别	设计种类	实际工作年份		备注
				起	止	
98	东北林区铁路施工组织设计关键问题研究	院控	电算	2017	2019	工经院
99	济青高速铁路特殊桥梁关键技术研究	院控	电算	2017	2019	土建院
100	运营高速铁路桥梁附属设施提升改造措施研究	院控	科研	2015	2019	土建院
101	既有线路加固体系的横承式便梁体系研究	院控	科研	2017	2019	土建院
102	站台栏杆标准图	院控	科研	2012	2019	建筑院
103	沈阳南站站房BIM技术应用研究	院控	科研	2014	2019	建筑院
104	城际铁路沿线车站综合开发方案研究	院控	电算	2015	2019	建筑院
105	动车融冰除雪系统设计的关键技术研究	院控	科研	2016	2019	建筑院
106	动车运用所动车组地面电源配电系统研究	院控	科研	2017	2019	电化电信院
107	城市轨道交通线网级云平台应用研究	院控	科研	2017	2019	电化电信院
108	铁路建设项目线路、建筑节能评价技术研究	院控	科研	2013	2019	机环院
109	铁路大宗散货装卸工艺的研究	院控	科研	2012	2019	机环院
110	铁路站房及沿线房屋建筑不同地震烈度（6度、7度、8度）混凝土钢筋含量研究	院控	科研	2014	2019	建筑院
111	城市轨道车辆新造厂组装及调试库工艺设计及设备配置研究	院控	科研	2012	2019	机环院
112	大功率机车运用维修段工艺设计研究	院控	科研	2011	2019	机环院
113	地铁区间穿越杭州复杂地层高铁站房等建筑群综合技术研究	院控	科研	2015	2019	建筑院
114	BIM和三维GIS用于桥梁工程施工仿真关键技术研究	院控	科研	2017	2019	土建院
115	巴基斯坦轨道交通桥梁新结构及关键技术研究	院控	科研	2015	2019	土建院
116	山西省公路主要技术经济指标统计	院控	科研	2018	2019	公路事业部
117	时速200km城际铁路简支箱梁标准图设计	院控	科研	2018	2019	土建院
118	深圳市城市轨道交通三期工程技术经济指标研究	院控	科研	2018	2019	华南公司
119	征地拆迁影像资料形成、留存及提交标准化研究	院控	科研	2018	2019	线站院

续表

序号	项目名称	级别	设计种类	实际工作年份		备注
				起	止	
120	高速铁路隧道降噪措施研究	院控	科研	2010	2019	机环院
121	铁路工程施工、运营期对湿地型自然保护区的影响及对策研究	院控	科研	2008	2019	机环院
122	地裂缝综合物探技术研究	院控	科研	2014	2019	地勘院
123	第四系松散地层综合物探勘察技术研究	院控	科研	2014	2019	地勘院
124	风积砂用于铁路工程混凝土结构的应用试验研究	院控	科研	2013	2019	地勘院
125	土工试验数据转换系统开发	院控	科研	2018	2019	地勘院
126	线路专业铁路建设项目勘察设计复核、审核大纲修编	院控	科研	2019	2019	线站院
127	线路文件示意图制作标准研究	院控	科研	2019	2019	线站院
128	勘测任务书模板	院控	科研	2019	2019	线站院
129	商业广告系统与室内空间设计相结合的研究	院控	科研	2011	2019	建筑院
130	城市轨道交通工程数字化设计交付研究	院控	科研	2018	2019	城交事业部
131	隧道超前地质预报信息系统研究	院控	科研	2015	2019	地勘院
132	京沈客专长大顺层边坡渐进破坏机理、评估及防治技术研究	院控	科研	2016	2019	城交事业部
133	城轨海底隧道设计关键技术研究	院控	科研	2015	2019	城交事业部
134	复杂环境城市大型地下工程修建关键技术研究	院控	科研	2011	2019	城交事业部
135	现行铁路工程现场管理费水平分析与研究	院控	科研	2016	2019	工经院
136	客运专线薄涂型改性聚氨酯桥面防水层计价标准研究	院控	科研	2017	2019	工经院
137	既有铁路Ⅱ型板式无砟轨道路基地段抬升补充定额研究	院控	科研	2018	2019	工经院
138	铺轨基地设计手册	院控	科研	2012	2019	工经院
139	丰台枢纽地下工程关键技术研究	院控	科研	2011	2019	建筑院
140	自然灾害及异物侵限监测系统室内部分设计图纸计算机辅助设计软件开发	院控	科研	2017	2019	电化电信院
141	LKJ数据与设计里程互换软件开发	院控	科研	2016	2019	线站院

续表

序号	项目名称	级别	设计种类	实际工作年份		备注
				起	止	
142	铁路物流中心铺面设计研究与开发	院控	科研	2017	2019	线站院
143	铁路线路平纵横实时联动设计系统研究与开发	院控	科研	2013	2019	线站院
144	基于GIS技术道路声屏障声学设计计算程序	院控	科研	2015	2019	机环院
145	集团公司项目设计技术作业平台研发与应用	院控	科研	2017	2019	信息化院
146	企业管理信息化基础平台建设（一期）	院控	科研	2017	2019	信息化院
147	企业移动办公系统研发与应用	院控	科研	2017	2019	信息化院
148	智慧铁路测绘信息系统设计与开发	院控	科研	2013	2019	测绘院
149	基于地面激光扫描仪的地铁测量与三维设计系统	院控	科研	2013	2019	测绘院
150	铁路噪声振动预测程序	院控	科研	2015	2019	机环院
151	地下管线风险辨识与成图系统	院控	科研	2017	2019	地勘院
152	工经处网站系统升级改造研发	院控	电算	2016	2019	工经院
153	总公司“走出去”竞争优势量化分析和策略研究	国铁集团	科研	2017	2018	海外部
154	电力电子开关自动过分相技术研究	国铁集团	科研	2016	2018	电化电信院
155	无人值守中继站室内信号设备智能巡检及远控技术研究	国铁集团	科研	2017	2018	电化电信院
156	时速300km有砟轨道深化研究	国铁集团	科研	2016	2018	线站院
157	铁路旅客车站导向标识系统创新关键技术研究	国铁集团	科研	2017	2018	建筑院
158	高铁快运物流设施设计标准与建设技术研究	国铁集团	科研	2017	2018	线站院
159	寒区高速铁路隧道防寒排水系统关键技术研究	国铁集团	科研	2014	2018	土建院
160	智能牵引供电设备状态监测与故障预警技术研究	国铁集团	科研	2016	2018	电化电信院
161	铁路预应力混凝土连续梁节段预制拼装法建造关键技术研究	国铁集团	科研	2016	2018	土建院

主要工程项目

CRDC

主要工程项目

·工程总承包项目·

【概述】 2019年集团公司主要承担10个工程总承包项目，其中包括新开工项目3个、竣工开通项目2个、在建项目5个。

【新建宣城至绩溪高速铁路】 该项目位于安徽省境内，北起宣城市，南到绩溪县，途经宣城市的宣州区、宁国市。正线长度为111.601km，另含宣城右线4.863km、绩溪右线13.044km。设宣城（不含）、宁国南、绩溪北（不含）等3座车站，设十里岩线路所1座。

该项目的主要技术标准如下。铁路等级：高速铁路。正线数目：双线。设计行车速度：350km/h。正线线间距：5.0m。最小曲线半径：一般地段7000m，困难地段5500m。最大坡度：20‰。到发线有效长度：650m。列车运行控制方式：CTCS-3级列控系统。调度指挥方式：调度集中。

该项目的新技术与设计创新点如下。围绕打造宣绩铁路精品工程的总体工作目标，在集团公司的领导下，宣绩项目组先后完成了17.08km的平面优化、27.8km的纵断面优化工作，以及路基高边坡处理、取弃土（渣）场设置、隧道弃渣利用、围岩等级优化、梁场设计优化和短路基设置等6个专题的工作，不仅优化了项目投资，有效地降低了工程实施风险、实施难度，同时也为后期运维打下了良好的基础。与此同时，组织站前站后一体化设计，优化了专业接口，充分发挥了总承包项目的优势。

当年完成设计工作量：2019年4月，完成现场踏勘，形成宣绩铁路踏勘及优化方案报告；2019年9月，完成资料收集工作；2019年9—10月，总包投标准备，同步开展站前施工图设计工作；2019年11月，中国铁设中标本项目EPC总承包合同；2019年12月15日，京福安徽公司组织中国铁设、中铁四院完成资料交接；2019年11—12月底，中国铁设组织开展站前施工图设计及站后施工图设计工作，完成阶段性工作。

（线站院—曾晓辉）

【龙岩至梅州至龙川铁路龙岩至武平段】 新建龙岩至梅州至龙川铁路龙岩至武平段，线路正线自赣瑞龙铁路古田会址站北端咽喉引出，途经龙岩市上杭县，终到龙岩市武平县，龙岩至古田会址段利用赣瑞龙铁路28.357km，古田会址至武平段新建正线全长64.336km。

该项目使用的新技术与设计创新点如下。（1）新建新阳明山隧道与既有赣瑞龙铁路阳明山隧道近接段设计。新阳明山隧道与既有赣瑞龙阳明山隧道近接段落，与既有隧道净距小于30m的段落及洞身处于全风化、强风化花岗岩的段落采用洗挖法施工，鉴于在弱风化花岗岩段落洗挖法施工困难，与既有隧道净距30m至100m且处于弱风化花岗岩的段落采用天窗点控制爆破施工，爆破振速不大于2cm/s，以减小新建隧道开挖对既有隧道的影响；在新阳明山GDYK0+207—GDYK0+217段，靠近既有阳明山隧道一侧，距离新建隧道明洞外衬砌30cm处布置一排φ1.5m间距3m的人工挖孔桩，桩长18.5m（共计4根），桩顶设置1.7m×1.5m（宽×高）冠梁，人工挖孔桩及冠梁均采用C35钢筋混凝土施作；在新阳明山GDYK0+210—GDYK0+217段采用护拱暗挖法施工，护拱角度为157°，暗洞进洞前，GDYK0+210—GDYK0+250段拱部设置一环长40mφ108mm的大管棚超前支护，大管棚采用热轧无缝钢管，壁厚6mm。（2）占压天然冲沟高填方无砟轨道路堤，采用高桩板结构进行地基加固。DK30+625.00—DK30+670.00段路基位于金玉顶隧道进口，路基中心最大填高10.4m，路堤边坡最大高度22.3m，线路方向同自然沟谷方向接近正交，路堤阻断自然沟谷。地表可塑粉质黏土厚2.0～5.0m，承载力180kPa；全风化花岗岩厚7.0～22.0m，承载力250kPa，以下强风化—弱风化花岗岩。地表覆盖松软土，路堤填方较高，为严格控制无砟轨道路基沉降，采用钢筋混凝土钻孔灌注桩支撑钢筋混凝土板结构。钢筋混凝土板位于基床表层底部，桩端置于稳定岩层上，嵌入弱风化层不小于2m，保证路基沉降控制及线路运营安全。

当年完成设计工作量：完成除常规设计及配合施工外，本项目结合地方政府、路局意见完成改移道路用地、站后房屋及通所道路用地调整等工作。

（线站院—彭东辉）

【新建南昌经景德镇至黄山铁路】 新建南昌经景德镇至黄山铁路（简称“昌景黄铁路”）位于赣东北和皖南地区，西起江西省南昌市，途经江西省上饶市、景德镇市，东至安徽省黄山市。正线自南昌东站引出向东，跨越鄱阳湖平原经余干、鄱阳，沿在建九景衢铁路引入景德镇北站，经瑶里国家级景区西侧至安徽省，经祁门、黟县引入黄山地区黄山北站。正线全长289.807km，其中江西省境内200.276km、安徽省境内89.531km；联络线长29.383km。正线桥梁152座，总桥长178.86km，隧道51座，总长74.17km，桥隧总长253.03km，占线路长度的87.31%，全线设黄山北、黟县东、祁门南、瑶里、景德镇北、凰岗（预留）、鄱阳南、余干、军山湖、南昌东共10个车站。

全线于2019年5月1日开工建设。集团公司结合项目特点成立了昌景黄江西段、安徽段两个总承包项目部。截至2019年底，开累完成投资21.07亿元，进款14.94亿元。

（总包事业部）

【新建汕头至汕尾铁路】 新建汕头至汕尾铁路位于广东省东南部沿海地区，线路起自广梅汕铁路汕头站，向西南经汕头市、揭阳市、汕尾市，在汕尾站接广州至汕尾铁路。正线全长162.368km，全线共设车站7座，依次为汕头站、汕头南站、潮南站、惠来站、陆丰东站、陆丰南站、汕尾站，其中新建5座（1座地面站）、改建1座（汕头站）、接轨站1座（汕尾站），新建汕头站存车场1座。本项目是粤东城际网的重要组成部分，也是构建东南沿海高速铁路通道的重要环节，是一条以中长途客流为主，兼顾部分广东省域城际客流的客运专线铁路。在厦深铁路汕尾站与在建的广汕铁路衔接并进一步沟通珠三角核心区，在汕头站与广梅汕铁路衔接并进一步沟通中南以及华东、东南沿海地区。

该项目使用的新技术与设计创新点如下。（1）桥梁跨越活动断裂带设置可调高支座技术。濠江特大桥跨越榕江断裂主断裂带和榕江断裂次断裂带，在41号墩—47号墩、95号墩—103号墩采用可调节变形的支座，以适应后期可能发生的变形，便于调整高程。(2) 海底盾构洞内无损拆解技术。汕头湾海底隧道首次设计采用盾构洞内无损拆解方案，于海域段设置盾构机拆解洞室，在不破坏盾构机主要构件完整性的前提下，对盾构机进行拆解。其中刀盘、主驱动、台车、盾壳均能保持原有状态，不影响以后的正常拼装使用。(3) 不同类型刚性桩加固铁路松软土路基技术。该工程对花岗岩残积土及全风化地层分别采取CFG桩（水泥粉煤灰碎石桩）、挤密螺纹桩和新型挤密变径桩进行加固，并进行沉降、位移、桩间土强度等参数的观测采集，为花岗岩地层条件下刚性桩复合地基桩型的选择提供指导。

当年完成工作量：完成汕头至汕尾铁路全线站前施工图设计工作，并于7月底通过国铁集团工程中心审查，8月底全线施工分包挂网招标。截至2019年底，汕汕铁路站前5个标段，路基土石方累计完成7.62万m^3；桥梁桩基累计完成338根（5039m），承台累计完成11个；隧道开挖累计完成746.8m，二衬累计完成198m；斜井（辅助坑道）开挖累计完成168.1m；二衬累计完成84m。

（总包事业部　线站院—蒋小军）

表6-1　2019年集团公司工程总承包项目统计表

序号	分目	项目名称	规模		起止时间		2019年主要工作	项目负责人
			线路长度/项目面积	投资	开工时间	完工时间		
1	新开工项目	龙龙铁路（龙岩至武平段）	64.336km	初设批复总投资80.78亿元，中标价58.63亿元	2019年9月28日	计划2023年9月30日竣工验收	完成了站前工程施工图设计、站前工程分包招标	李洪斌
2	新开工项目	广湛铁路先开段	3.34km	初设批复总投资2.288亿元，中标价2.08亿元	2019年9月30日	计划2021年12月底验收	完成了站前工程施工图设计、站前工程分包招标	郑贺民
3	新开工项目	宣绩铁路	111.601km	初设批复总投资149.54亿元，中标价112.39亿元	2020年8月18日	计划2023年8月底验收	完成了站前、四电工程施工图设计及施工分包招标	谢跃军
1	在建项目	盐通铁路	156.68km	初设批复总投资248.46亿元，中标价166.98亿元	2018年5月1日	计划2020年底竣工验收	完成了站房工程施工图设计、站房工程分包招标	田万俊
2	在建项目	昌景黄铁路	319.19km	初设批复总投资470.45亿元，中标价332.24亿元	2018年12月31日	计划2023年4月底验收	完成了站前工程施工图设计及施工分包招标，完成了四电工程施工图设计	张永利 菅三虎

续表

序号	分目	项目名称	规模		起止时间		2019年主要工作	项目负责人
			线路长度/项目面积	投资	开工时间	完工时间		
3	在建项目	杭绍台铁路	271km	初设批复投资373.8亿元，中标价270.66亿元	2018年1月	计划2021年12月底验收	完成了站前施工图剩余设计及变更设计、四电工程施工图及站房施工图设计，四电施工分包招标	李建威
4	在建项目	阳大铁路	79.07km	批复投资45.79亿元，中标价34.25亿元	2015年9月	计划2020年10月底验收	变更设计及配合验收	刘占友
5	在建项目	汕汕铁路	162.368km	初设批复概算总额253.52亿元，中标价158.79亿元	2018年12月	计划2023年9月底验收	完成了站前工程施工图设计、站前工程分包招标	李敬增
1	新开通项目	主数据中心工程	5.5万m^2	可研投资批复投资10.41亿元，中标价11.20亿元	2018年1月	2019年3月	变更设计	全玉山
2	新开通项目	克塔铁路	173.1km	初设批复投资35.72亿元，中标价25.25亿元	2017年1月	2019年10月1日	变更设计及配合验交	郑贺民

（生产经营中心）

·铁路勘察设计项目·

【概述】 2019年集团公司主要承担57个铁路勘察设计项目，其中新项目4个，延续项目46个，新开通项目7个。

【新建哈尔滨至铁力铁路】 该项目位于黑龙江省中部，整体呈西南—东北走向，线路起自哈尔滨市，途经松北区、呼兰区、巴彦县、绥化市、庆安县，终至铁力市。正线线路长度为207.616km，新建线路长度为187.792km；全线设车站7座，其中新建呼兰北、兴隆西、绥化南、庆安南4座车站，改建铁力站（纳入铁伊段工程范围），利用哈尔滨、哈尔滨北站2座；该项目含哈尔滨枢纽、绥化地区相关工程。全线投资估算总额为2128069.94万元。

该项目的主要技术标准如下。铁路等级：高速铁路。设计行车速度：250km/h。正线数目：双线。正线线间距：4.6m。最小曲线半径：3500mm。最大坡度：20‰。到发线有效长度：650m。列车运行控制方式：自动控制。调度指挥方式：调度集中。最小行车间隔：5min。

当年完成设计工作量：2019年2月，编制完成项目的预可行性研究（送审稿）；2019年2—4月，完成了项目投标工作；2019年5月，结合投标文件，重新编制了项目预可行性研究；2019年5月8日，铁路总公司计划统计部组织召开了预可行性研究审查会；2019年6月，结合预可研审查会精神编制完成了可行性研究（送审稿）；2019年9月，按照国铁集团发改部要求，将哈尔滨至铁力铁路和铁力至伊春铁路两个项目合并成一个项目上报，作为总体设计单位，于9月底编制完成哈尔滨至伊春全线可行性研究（送审稿）；2019年10月29—31日，由中国国家铁路集团有限公司工程设计鉴定中心对哈尔滨至伊春铁路可行性研究报告进行了审查；2019年12月，根据可研审查意见编制完成了可研补充材料。

（线站院—郭强）

【天津至潍坊铁路】 该工程是京沪辅助通道和沿海通道的重要组成部分，位于津冀鲁两省一市环渤海地区，北起天津枢纽滨海站，经天津市滨海新区、河北省沧州市及山东省滨州市、东营市。正线长度为349.579km，其中天津市60.503km，河北省65.039km，山东省224.037km；全线共设车站9座；投资估算总额为777.78亿元。

该项目的主要技术标准如下。铁路等级：高速铁路。设计速度：350km/h。正线数目：双线。正线线间距：5m。最小平面曲线半径：一般地段7000m，困难地段5500m，引入枢纽加减速地段及大型车站前后曲线半径根据地形地物控制和行车速度匹配设置。最大坡度：一般地段20‰，困难地段30‰。到发线有效长度：650m。列车运行控制方式：自动控制。行车指挥系统：调度集中。最小行车间隔：3min。

线路选线：天津至黄骅段结合滨海新区规划、沿线厂矿企业、军事禁区、环境敏感点等重大控制点的分布，分别研究了并行北穿港路方案、并行海滨高速方案和经大港西方案，推荐采用线路长度短、较好绕避了南港工业园区和北大港湿地自然保护区的并行北穿港路方案；滨州至东营段结合黄委会管理要求，对黄河桥位研究比选了并既有德大桥位、并既有黄大桥位、与G220国道共桥位方案和新建三岔村黄河桥位4个方案，推荐采用线路顺直、集约利用桥位资源且工程投资节省的与G220国道共桥位方案，经数值模拟计算及水工模型试验，拟采用（70+112+188+600+188+112+70）m钢桁梁斜拉桥（平层设计，中间为双线铁路，两侧为公路上下幅）跨越黄河主槽；东营至潍坊段结合地面沉降漏斗区域、企业及环境敏感点分布情况，比选研究了侯镇工业园区西侧设寿光北站方案、留吕镇北侧设寿光北站方案、潍坊滨海设站方案和绕避沉降区靠近寿光设站方案，鉴于潍坊至烟台铁路不再于本项目接轨，推荐采用施工及运营安全性较高、线路长度短的绕避沉降区靠近寿光设站方案。

当年完成设计工作量：2019年6月，完成可行性研究报告（送审稿）；2019年8月，国铁集团工程设计鉴定中心在现场对本项目可行性研究（送审稿）进行了评审；2019年12月完成可研鉴修材料。

（线站院—胡冰）

【新建沿江高速铁路上海至合肥段】 该项目位于上海市、江苏省、安徽省境内，线路运营长度为531.489km，新建线路长度为496.773km，其中上海市境内新建线路长度为50.699km，江苏省境内新建线路长度为346.644km，安徽省境内新建线路长度为99.43km。全线共设车站15座，其中上海北站、南通站、扬州东站、南京北站、合肥南站为始发站，陆渡站为越行站，其余均为中间站。上海枢纽、南京枢纽各设动车运用所1座，扬州地区设动车组存车场。项目投资估算总额为1362.85亿元（不含综合开发用地费用），其中沪宁段1140.49亿元，安徽段222.36亿元。中国铁设与中铁大桥院联合体为总体单位，并承担沪宁段勘察设计任务，铁一院承担安徽段勘察设计任务。

该项目的主要技术标准如下。铁路等级：高速铁路。设计行车速度：350km/h。正线数目：双线。正线线间距：5.0m。最小曲线半径：一般地段7000m，困难地段5500m。最大坡度：一般地段20‰，困难地段25‰。到发线有效长度：650m。列车运行控制方式：CTCS-3级自动控制。调度指挥方式：调度集中。最小行车间隔：3min。

线站方案：上海至南通段围绕长江过江通道选择，重点聚焦了七丫口与浏河口通道，经充分比选，推荐符合上海铁路枢纽总图规划、越长江隧道工程实施难度相对较小的七丫口通道方案；南通至泰州段，结合泰州、黄桥客站选址方案，统筹研究与规划盐泰锡宜铁路在路网中定位分工，研究了“北线”与“南线”方案，推荐客站选址符合地方意见的“北线”方案；扬州至南京段，围绕扬州市客站布局，统筹考虑扬州至南京间经济据点分布，研究了新建扬州南站、扬州站并站、扬州东并站3个方案，比选后推荐扬州市客站布局合理、市政配套设施完备、线路走向兼顾经济据点更多的扬州东并站方案；南京至合肥段，围绕引入滁州站方案，研究了并站方案与骑跨式方案，经比选，虽线路有所展长，工程投资稍高，但仍推荐了运输组织更便利、车站布置更合理的滁州并站方案。

该项目使用的新技术与设计创新点如下。（1）引入上海枢纽，在充分调研上海城市总体规划的基础上，深化研究上海铁路枢纽总图规划，提出在枢纽北部新设上海北站，“把口”沪通方向。结合上海北站衔接沪通铁路为隧道区段，沿江高铁坡度灵活，考虑尽量节约占地，减少征拆，同时避免形成大型地下客站运营管理不便，上海北站设计为地下、高架双层车场布置。（2）跨越长江工程，从河势、河道、航道、港口现状、锚地分布、两岸码头等建筑物布置，江上生态红线分布等多方面调研分析了苏通长江大桥至上海隧桥工程之间80km范围内可能的新建越江通道位置，并结合沿线经济据点分布，统筹线路走向方案，确定了长江北支于启东市西侧采用桥梁跨越，长江南支于七丫口位置采用隧道形式越江。其中北支长江大桥，研究创新采用主跨400m斜拉桥同时桥上采用无砟轨道。长江南支越江隧道，长14.15km，盾构段12.49km，长江隧道单距离掘进长度在国内尚属首次。

当年完成设计工作量：2019年6月，完成沿江高铁上海至合肥段可研设计，2019年9月完成可研评审。

（线站院—孙永华）

【新建南通至苏州至嘉兴至宁波铁路】 该项目位于长三角城市群中心地区江苏省和浙江省境内，线路起自南通市南通西站，与盐通铁路正线贯通，向南跨过长江后（利用沪通四线桥），经过苏州市、嘉兴市后跨过杭州湾进入宁波市。全线正线运营长度为310.381km，新建线路长301.308km，全线投资估算总额为8676072.0万元。浙江段区间正线全长166.142km，其中桥梁长149.527km，隧道长12.1km，桥隧比为97.28%；浙江段设车站4座，新建海盐西、慈溪站，改扩建嘉兴南、庄桥站；控制性工程为杭州湾跨海大桥，全长29.177km，设3座航道桥。中国铁设与中铁大桥院联合体为全线总体设计单位，并承担浙江段勘察设计工作。

该项目的主要技术标准如下。铁路等级：高速铁路。正线数目：双线。速度目标值：350km/h。正线线间距：5.0m。最小曲线半径：一般地段7000m，困难地段5500m。最大坡度：一般地段20‰，困难地段25‰。到发线有效长度：650m。牵引种类：电力。机车类型：动车组。列车运行控制方式：CTCS-3级自动控制。调度指挥方式：综合调度集中。

铁路选线：引入嘉兴地区结合项目功能定位、嘉兴市总体规划、既有客运站布置、市政配套等因素，研究了引入沪杭客专嘉兴南站方案、引入沪昆铁路嘉兴站方案和新建嘉兴东站方案，经论证推荐换乘方便、符合城市规划、能充分利用既有车站周边配套设施的引入沪杭客专嘉兴南站方案；宁波地区结合城市总体规划、枢纽总图规划、既有客运车站分布、枢纽点线能力情况、近远期工程投资等因素，研究了引入枢纽既有宁波站及新建枢纽高铁站两大系列方案，经论证推荐符合城市总体规划和路网规划的引入枢纽既有宁波站方案，远期修建慈城北至奉化段；嘉兴至宁波段结合控制因素和通道选择的研究，根据杭州湾南岸慈溪市、余姚市、杭州湾新区等城市现状及规划和既有铁路的情况，研究了经海盐西慈溪北方案、经海宁东余姚北方案和经海宁东慈溪北方案，经论证推荐技术成熟、路网覆盖范围大、客流吸引能力强的经海盐西慈溪北方案。

当年完成设计工作量：2019年3月，编制完成了项目的预可行性研究（送审稿）；2019年4月，原铁路总公司发展和改革部组织预可行性研究审查；2019年4月至8月，完成项目初测及初步勘察；2019年10月至12月，组织召开水文分析计算及波浪数学模型研究、海床冲淤演变分析、航路调整专题研究报告、现场水文观测、现场波浪观测、鸟类生态环境调查与建桥对鸟类的影响研究等专题专家审查会；2019年12月，编制完成项目可行性研究文件。

（线站院—张建）

【潍坊至新沂铁路】 该项目正线线路长度为332.969km，设潍坊北、安丘、诸城西、五莲西、莒县北、沂南、临沂北、兰陵、郯城西、新沂东站共10座车站。工程另含潍新济青上下行联络线，分别长4.50km、4.55km；潍新潍莱上下行联络线，分别长4.748km、3.785km；潍新日兰上下行联络线，分别长5.98km、5.42km；潍坊北存车场、临沂北动车所及走行线工程。工程投资概算总额570.19亿元。

该项目的主要技术标准如下。铁路等级：高速铁路。正线数目：双线。设计行车速度：350km/h，引入枢纽地区两端局部地段速度适当降低。正线线间距：5.0m，局部限速地段可适当减小。最小曲线半径：一般地段7000m、困难地段5500m，引入枢纽地段根据技术条件可适当降低。最大坡度：一般地段20‰、困难地段30‰。到发线有效长度：650m。列车运行控制方式：CTCS-3级列控系统。调度指挥方式：调度集中。最小行车间隔：3min。

该项目使用的新技术与设计创新点如下。线路总体走向与东亚大陆上的1条主干断裂带郯庐断裂带中段沂沭断裂带走向一致。线路3次穿越沂沭断裂带，以路基、有砟轨道等简单易修复的工程大角度通过，断裂带范围内的铺设有砟轨道，并采用道砟胶进行道床表面封闭，路基段通过路基面宽度加宽、放缓坡度、采用加筋土、地基处理加强和拱形骨架护坡防护等措施，设置断裂带远程监控系统，为后续高速铁路穿越活动断裂带工程方案提供参考。

当年完成设计工作量：2019年10月，完成了预可研文件编制；10月至12月，完成了初测工作。

（线站院—龙许友）

【沿江高铁合肥至武汉段（安徽段）】 该项目起自合肥南站，途径合肥市、六安市、武汉市，终至汉口站，线路长度为340.9km。安徽段新建正线长度为166.7km，其中正线桥梁总长96.24km、占线路总长度的57.73%，隧道总长53.68km、占线路总长度的32.2%，正线桥隧比为89.93%；新建六安北、金寨东、南溪3座车站；新建合肥枢纽配套工程。工程预估算投资总额为243亿元。

该项目的主要技术标准如下。铁路等级：高速铁路。正线数目：双线。设计行车速度：350km/h。正线线间距：5.0m。最小曲线半径：一般地段7000m、困难地段5500m，引入枢纽地段的速度根据技术条件可适当降低。最大坡度：20‰。到发线有效长度：650m。列车运行控制方式：CTCS-3级列控系统。调度指挥方式：调度集中。最小行车间隔：3min。

该项目使用的新技术与设计创新点如下。勘察设计应用多光谱遥感、高分辨率三维遥感、雷达遥感等技术，提高不良地质勘察的效率和准确性。线路引入新合肥西站需要对既有线进行拆改，施工过渡方案复杂，实施难度大，拟应用RIM（反应注塑成型）技术和BIM技术进行数字化设计，选取合理可行的过渡方案。基于沿线良好的自然风光推进站房智能化和绿色景观设计。桥隧相连、桥路相连，桥梁与隧道、路堑接口多，重点推行接口设计标准化，确保接口顺畅。

当年完成设计工作量：2019年1月，完成沿江高铁合肥至武汉段勘察设计投标；2月，配合国铁集团发改部对沿江高铁合武段现场踏勘并召开方案评审会；4月，集团公司中标安徽段勘察设计；5月，完成上海至成都（重庆）沿江高速铁路预可研；5月至7月，完成合武高铁安徽段初测工作；8月，开展可行性研究文件编制工作。

（线站院—龙许友）

【新建郑州至济南铁路山东段】 新建郑州至济南铁路位于河南省东北部和山东省西部，连接河南、山东两省省会。山东段起自京沪高铁济南西站，向西途经济南市、德州市、聊城市，至山东省与河南省省界，新建正线全长168.403km，其中桥梁长度为158.5km，占比94%；设车站5座，包括济南枢纽、聊城相关工程。可研批复投资额为355.38亿元。

该项目的主要技术标准如下。铁路等级：高速铁路。正线数目：双线。设计行车速度：350km/h。正线线间距：5.0m。最小曲线半径：一般地段7000m、困难地段5500m，枢纽地区根据工程技术条件适当减小。最大坡度：一般地段20‰，困难地段不大于30‰。到发线有效长度：650m。调度指挥方式：调度集中。列车运行控制方式：CTCS-3级。最小行车间隔：3min。

当年完成设计工作量：2019年1月，完成可研报告上报国家发改委；3月，完成初步设计（送审稿）；8月，完成初步设计鉴修；10月，完成全线站前施工图（咨询稿）；11月，完成济南枢纽站后施工图（咨询稿）。

（线站院—张伟）

【雄安新区至忻州高速铁路】 该项目位于华北地区中部，走行于河北省和山西省境内，大致呈东西走向，线路东起雄安新区雄安站，西至大西铁路忻州西站，途经雄安新区、保定市、忻州市，并经由大西客专与山西省省会太原相连。新建正线长度为341.955km，其中桥梁长189.99km，隧道长111.95km，桥隧比为88.3%。新建车站9座，分别为雄安城际、保定东、保定南、望都北、曲阳、阜平、五台山、五台县、定襄北；接轨站2座，分别为雄安、忻州西；预留小里站，预留莲池线路所和顿村线路所。投资估算总额为703.4亿元。

该项目的主要技术标准如下。铁路等

级：高速铁路。正线数目：双线。设计行车速度：350km/h，雄安段按250km/h设计（雄保DIIK105+050—雄保CK139+180）。正线线间距：5.0m，雄安段4.6m。最小曲线半径：一般地段7000m、困难地段5500m，引入枢纽（地区）地段可根据速度曲线计算确定。最大坡度：一般地段20‰，困难地段30‰。到发线有效长度：650m。列车运行控制方式：CTCS-3级列控系统。调度指挥方式：调度集中。最小行车间隔：3min。

新技术与设计创新：拟采用全生命周期形位监控技术对隧道运营期进行监控，对隧道运营期的地层分层沉降、异物侵限（周界侵入）、变形、内力进行分布式、智能化感测，建立隧道全生命周期健康管理系统和灾害、异常预报警系统，确保雄保隧道在雄安新区大规模建设产生扰动的情况下的变形、内力可控，确保运营安全，降低运维成本。

当年完成设计工作量：2019年3月，完成雄忻铁路可行性研究报告（送审稿）；2019年5月，国铁集团鉴定中心在太原市组织召开了雄忻铁路可行性研究审查会；2019年9月，国铁集团鉴定中心在北京市组织召开了雄忻铁路可行性研究鉴修审查会；2019年10月至12月，完成了该项目的定测工作。

（线站院—刘金旺）

【集宁经大同至原平铁路】 该项目位于华北北部，北接内蒙古自治区乌兰察布市，途经山西省大同市、朔州市，南连忻州市并经由大西客专与山西省省会太原贯通。新建线路长度为268.5km，其中内蒙古自治区境内71.131km，山西省境内197.369km。项目可行性研究批复投资估算总额为339.3亿元。

新技术与设计创新：该项目设计中，综合考虑各线分工，贯彻“地质选线”，选择合适越岭方案，综合地质条件、环保因素，结合地方设站要求，合理选择越岭隧道位置、长度及越岭高程，有效节约工程投资、确保工期，同时减少施工、运营风险；针对隧道引线地区穿越恒山南、北麓活动断裂带，结合区域地形、地质条件，进行了路基和桥梁结构穿越断裂带的综合研究、多方案比选，推荐以有砟轨道路基形式通过活动断裂带，并对路基本体内分层加筋，提高适应变形能力，将高铁运营风险降至最低，可为其他项目类似条件下的工程设计提供借鉴。

当年完成设计工作量：完成大同至原平段初步设计、集宁至大同段初步设计、大原段先期开工段施工图设计。

（线站院—苏勇）

【天津至北京大兴国际机场铁路】 该项目新建线路起自津保铁路的胜芳站，上下行线外包津保铁路引出，接入京雄城际固安东站。新建线路长度为47.17km，全部位于河北省廊坊市境内，其中桥梁长40.26km，桥梁比为85.4%。全线设胜芳、安次、永清南、固安东4座车站，其中新建站2座，既有车站2座，新建永清西线路所1座。预留永清西线路所至固安南站的联络线。可研批复投资96.2亿元。

该项目的主要技术标准如下。铁路等级：高速铁路。正线数目：双线。设计行车速度：250km/h。正线线间距：4.6m。最小曲线半径：一般地段3500m，困难地段3000m。最大坡度：一般地段20‰，困难地段30‰。牵引种类：电力。列车类型：动车组。到发线有效长度：650m。行车指挥方式：调度集中。列车运行控制方式：CTCS-2级列控系统。

当年完成设计工作量：2019年6月，完成可研；7月底，可研批复；10月，完成初步设计；10月底，完成初设批复；11月底，完成施工图；12月初，完成施工图批复；12月底，完成站前工程招标。

（线站院—穆清）

表6-2　2019年集团公司铁路勘察设计项目统计表

序号	分目	项目名称	规模			设计阶段	总体负责人
			线路长度/项目面积	设计速度（km/h）	投资额（亿元）		
1	新设计项目	东胜东至台阁庙铁路	113.214km	80	88.7	可研	孟永新
2		汉沽至曹妃甸铁路	72.335km	80	31.8	可研	张乐诚
3		潍坊至新沂铁路	332.969km	350	570.19	预可研	龙许友
4		哈尔滨至绥化至铁力铁路	187.792km	250	212.81	预可研 可研	郭　强
1	延续设计项目	佳木斯至鹤岗铁路扩能改造	71.3km	200	31.38	施工图 配合施工	牛永平 唐伟强
2		天津至大兴国际机场铁路	47.17km	250	96.20	配合施工	穆　清
3		新建苏南沿江铁路（南京南至常州东段）	137.99km	350	231.90	配合施工	李金川
4		赤峰至京沈高铁喀左站铁路	166km	250	169.32	配合施工	刘　伟
5		北京至雄安城际铁路新机场（含）至雄安段	56.9km	350	201.33	配合施工	肖　锐
6		新建潍坊至莱西铁路	126km	350	154.06	配合施工	田成军
7		北京至沈阳客运专线京冀段	290.019km	350	700	配合施工	赵长石 伍　东
8		牡丹江至佳木斯铁路客运专线	372km	250	374.67	配合施工	牛永平
9		白河至敦化客运专线	110km	250	130.35	配合施工	徐礼胜
10		朝阳至秦沈高铁凌海南站铁路联络线	105.7km	350	115.94	配合施工	赵长石
11		北京至唐山城际铁路	148.74km	350	449.00	配合施工	张　柯
12		城际联络线一期工程（北京）	40km	250	191.00	配合施工	梁振发
13		北京至滨海城际铁路	56.2km	250	238.11	配合施工	程　杰 王富伟
14		太原至焦作城际铁路	359km	250	412.33	配合施工	李中海
15		集宁至通辽扩能改造查布嘎站（不含）至平安地（不含）	85km	160	10.75	配合施工	高庆宝
16		集宁至通辽扩能改造公主埂站（含）至蒙根塔拉站（不含）	61km	160	8.37	配合施工	高庆宝
17		集宁至通辽扩能改造大板站（含）至林东站（不含）	92km	160	11.53	配合施工	高庆宝

续表

序号	分目	项目名称	规模			设计阶段	总体负责人
			线路长度/项目面积	设计速度(km/h)	投资额(亿元)		
18	延续设计项目	北京至原平铁路电化改造（北京局管段）	233km	80	30.02	配合施工	关文波
19		天津南港铁路	33.46km	120	43.05	配合施工	黎家戎
20		北京枢纽丰台站改建（一站、两段、两线）	126.93km	80/120/160/250/350	265.07	配合施工	杜　刚
21		京雄城际雄安站站房	47.5万m^2	—	85.79	配合施工	杜昱霖
22		京沈客专星火站站房	—	—	35.92	配合施工	王青衣
23		郑州至济南铁路（山东段）	168.403km	350	355.38	初设 施工图	张　伟
24		沈阳至白河高速铁路	427.752km	350	707.03	施工图	王志新
25		包头至银川铁路（内蒙古段）	402.00km	250	417.00	初设	贺永志
26		京港通道丰台至雄安至商丘段	644.872km	350	1018.00	可研	李永庆
27		巴彦乌拉至新邱铁路扩能改造（一期）	488km	120	74.30	施工图	穆　清
28		秦沈铁路客运专线能力加强	405km	200	13.91	施工图	谢志平
29		集通电化	927km	120	126.28	初设	高庆宝
30		石家庄至雄安城际铁路保定至石家庄段	166.3km	350	346.42	可研	童发明
31		北同蒲铁路韩家岭至应县增建四线朔州至山阴联络线	56.044km	120	20.71	施工图	苏　勇
32		神朔铁路3亿吨扩能	266km	100	12.40	施工图	宋　欣
33		浦城至梅州铁路建宁至冠豸山（建宁至宁化段）	80km	160	54.26	施工图	丁顺均
34		集宁至大同至原平高速铁路	268.5km	250预留300	339.30	施工图	秦元营 苏　勇
35		迁曹线扩能改造工程	201.988km	120	82.90	可研	张乐诚
36		天津至潍坊铁路	349.579km	350	777.78	可研	胡　冰
37		沿江高铁上海至合肥段（上海至南京段）	496.773km	350	1362.85	可研	孙永华
38		合肥至武汉高铁安徽段	340.9km	350	243.00	可研	龙许友

续表

序号	分目	项目名称	规模			设计阶段	总体负责人
			线路长度/项目面积	设计速度（km/h）	投资额（亿元）		
39	延续设计项目	南通至苏州至嘉兴至宁波高速铁路（嘉兴至宁波段）	301.308km	350	867.61	可研	张　建
40		雄安至忻州高速铁路	341.955km	350	703.40	可研	刘金旺
41		石衡沧黄（港）城际铁路	237km	250	336.90	初设	赵爱军
42		城际联络线二期工程	100.43km	200	649.82	可研	赵　鹏
43		烟台至潍坊快速铁路	236.44km	350	499.29	修改可研	田成军
44		沪乍杭铁路	192.70km	350	626.70	预可研	张　建
45		运城至三门峡铁路	56.7km	160	103.61	可研	李中海
46		沙河至午汲铁路扩能改造	90km	80	37.80	预可研	刘睿璋
1	新开通项目	北京至雄安城际铁路李营至新机场段	35.88km	350	130.78	配合施工	肖　锐
2		大同至张家口高速铁路	142km	250	165.5	配合施工	苏　勇
3		郑州至周口至阜阳铁路	267km	350	376.40	配合施工	姚章军
4		商丘至合肥至杭州铁路商丘至合肥段	268km	350	402.71	配合施工	周博拓
5		新建蒙西至华中地区铁路煤运通道	661km	120	657.00	配合施工	李永金
6		太原铁路枢纽新建西南环线	54km	120	91.45	配合施工	秦旭柯
7		邯济铁路至胶济铁路联络线工程	50.47km	120	45.71	配合施工	罗　毅

·城轨项目·

【概述】　2019年集团公司承担的主要地铁项目共有148项，其中包括总承包项目34项、总体总包项目22项、工点项目92项；承担的主要综合交通枢纽项目有11项。

【沈阳地铁4号线一期工程】　该项目北起大东区望花街站，南至浑南区航天南路站。途经大东区、沈河区、和平区、苏家屯区、浑南区5个行政区。线路全长约32.528km，均为地下线；全线设站23座，均为地下车站，其中换乘站12座；设文官屯车辆段1处，航天南路停车场1处；设控制中心1座，与地铁10号线共用；设主变电所2座，分别与地铁9、10号线共用。集团公司为该项目的总体总包单位，同时负责土建4、5标段及车辆段、供电系统的设计工作。

该项目的技术创新点如下。（1）盾构直

接切削大直径障碍群桩施工新工艺。依托沈阳地铁四号线一期工程沈一皇区间切削既有2号线围护群桩，对切削钢筋机理、切削混凝土机理、刀具磨损机理、刀盘群刀配置理论、掘削参数特征与控制技术等多方面的研究，最终目标是形成一套成熟可靠的技术工法，促进盾构直接切桩的理论发展和技术进步，广泛应用于指导盾构实际切桩工程施工。(2)一种大跨地下结构管幕暗挖新工法。为解决目前大型地下结构暗挖工法存在的问题，近年，沈阳地铁在借鉴吸收国外管幕工法的同时，改进形成了我国修建地铁车站的STS管幕工法。该工法拟应用于沈阳地铁4号线市府大路站。STS管幕工法是在拟建地下工程设定的轮廓外侧顶进直径900mm左右带翼缘板的密排钢管群，管间连通后，采用高强螺栓进行环向连接，钢管和管间构筑门型临时支护结构，再利用导洞、人工挖孔施工车站顶纵梁、中柱结构对顶部管幕进行支撑、减跨，再大开挖施工车站余下结构。与传统暗挖工法相比，该工法对地下结构覆土埋深要求不高，可应用于超浅埋平顶直墙大跨地下结构的非开挖施工；顶纵梁完成后即可进行地下结构的大断面开挖施工，施工速度快；中间立柱和顶纵梁为永久结构，受力转换次数少，且该工法免去了开马头门、扣拱作业，暗挖施工风险大幅降低。该工法适用于超浅埋、重要交叉路口条件下大型地下结构的暗挖施工。(3)盾构管片预埋槽道。盾构采用了管片预埋槽道技术，避免后期区间综合管线支架及疏散平台安装对管片结构的破坏，保证工程质量，同时便于后期检修和更换，降低区间的综合运营维护成本。同时，预埋槽道埋设方案，采用半环及全环相结合的埋设方案，即标准环采用半环埋设，转弯环则采用全环埋设；相比全环埋设方案，造价约降低15.39%，同时避免了因管片拼装精度不足而产生后期人工钻孔打设后植锚栓的风险。(4)车辆。具备受电弓动态监测设备的车辆新增应压力检测功能，其余车辆增加受电弓监控摄像头，可实现受电弓关键特性参数的在线监测及车顶异物监察，保障受电弓故障的及时发现、维修。(5)信号系统。无线通信系统采用1.8GHz频段LTE（长期演进）宽带集群技术组网，与信号系统合网建设，技术更为先进，系统投资减少。(6)通信系统。采用分布式云存储方案，云存储技术具有硬盘负载均衡、容量扩展方便、数据高速恢复、数据重构算法先进等优点，可靠性更高。(7)通风系统。采用多联机、分体空调替代风冷冷水机组空调系统，节省投资、运营管理更灵活、减少运营维护量，取消空调地面设备，减小对周边居民及企业等的影响。

2019年完成主要工作：开展全线土建施工图设计、现场土建施工配合工作，设备系统方案研究及用户需求书编制工作。

【洛阳市城市轨道交通1号线工程】 该工程为洛阳市首条地铁线路工程，线路西起谷水站，东至杨湾站，串联涧西区、西工区、老城区、瀍河回族区。线路全长22.4km，按地下线敷设；设车站18座，与规划线网中的2、3、4号线各有一座换乘站。线路西端设红山车辆基地，东部设瀍东停车场。集团公司为该项目总体总包单位及工点设计单位。

该项目的特点及技术创新点如下。(1)该项目承担线网多项资源共享功能（车辆基地、控制中心、主变电所等）；同时，本线设计中制定了洛阳市轨道交通主要技术标准，为后续线路标准提供了借鉴。(2)多个站点、区间涉及全国重点文物保护单位。线路下穿国家级及省级重点文物保护单位5处。针对文物保护重点方案比选及专题研究，区间纵断面避让文物层，个别车站设为地下3层站。(3)结合砂卵石地层特点的车站围护结构方案设计。该工程瀍河以东车站（5站6区间）位于洛河I级阶地，卵石地层深度达60～80m；地下水主要为卵石孔隙潜水，水位高，透水能力强，降水难度大，该类地层国内较少见。设计采用钻孔咬合桩围护，施工期设置坑内及坑外降水井，经试验段验证止水效果良好。该工程的实践经验和研究成果可为后期洛阳地铁及其他地铁建设提供参考。

2019年度主要完成工作如下。（1）完成总体审查施工图纸338册，年度完成施工图数占总施工图册数的33%，累计完成施工图总比例为55%；完成线路施工图、轨道系统施工图、铺轨图及调线调坡工作；总体技术牵头，配合业主办理消防、人防、文物、给排水接驳等报批报建工作。（2）总包管理按照合同要求开展对设计单位定期巡检、抽查、考核工作，保证项目管理正常运行；依照合同约定和业主要求，开展费用申报工作。（3）6标土建工点完成各车站附属结构、区间联络通道施工图；完成施工图55册，其中车站34册，区间21册，完成图册占全部图册的54%。7标场段完成施工图140册，占总工作比例为82%。9标供电系统设备招标及设计联络，开展施工图设计、配合土建孔洞整改工作。

截至2019年底，1号线18座车站主体结构完成封顶、车站附属施工；实现区间隧道贯通，完成正线铺轨，即“洞通”和“轨通”；红山车辆段运用库主体结构封顶。总工程形象进度达85%。

【天津滨海新区轨道Z4线一期工程】 该项目南起津晋高速北侧，北至营城街站北侧，沿线途经中部新城、于家堡、天碱商务区、开发区、北塘、中新生态城及汉沽地区，为滨海新区沿海发展带南北骨干线，与规划线网中的B1、B2、B3、B4、B5、B7、M9、Z1、Z2、京津城际铁路、环渤海城际共11条线路形成换乘关系。线路全长43.7km，其中，地下段约17.4km、高架段约24.9km、敞开段长约0.9km、路基段约0.5km；全线共设车站24座，其中，地下车站12座、高架车站11座、地面站1座；设新城停车场和汉沽车辆段各1处；设北塘运管中心1处；黄港控制中心与B1线、Z2线分摊；于家堡分摊；换乘节点与B3线、Z2线同步实施；设停车场主变（远期建设）、第五大街主变、玉砂道主变。Z4线一期工程为总体总包项目，中国铁设为设计总体院和工点设计单位。设计范围包括：泰达站—航母公园站的10站11区间（其中4站4区间为地下）土建设计，全线轨道、人防、装修设计，通信、信号、综合监控、自动售检票、安检、屏蔽门、气消、动照、电扶梯、环控、给排水及水消防等系统设计（不含供电系统）。

该项目使用的新技术与设计创新点如下。（1）正线车场一体化控制。车辆段/停车场信号系统被纳入正线ATC（列车自动控制）管理，配置与正线相同的信号设备，实现一体化场段。（2）采用蒸发冷却式冷水机组系统。全部地下车站采用蒸发冷却式冷水机组作为冷源，是集合冷却塔的水冷和风冷冷水机组的风冷功能于一体的新型制冷机组。该机组采用较小的冷却水量和较小的冷却风量来达到相同的制冷量。解决了因地面空间有限、征地困难及环评受限而导致的冷却塔用地问题，同时避免了冷却塔噪声、飘水等问题引起的居民投诉等。（3）车辆专家分析系统。①该项目为国内首条采用有气密性要求的速度为120km/h的地铁车辆，动态密封指数τ＞5s。首次在地铁空调中采用压力波装置，首次在地铁车门采用气动辅助锁。②车辆的列车网络控制系统，采用以太网传输，进行网络整合，确保网络上各个系统的正常数据交换。③列车设置雷达辅助防护系统，能够实时测量本车与同方向运行的前车的距离，防止列车追尾。④列车设置车辆数据地面专家分析系统，实现对列车运行状态的实时监测、历史数据统计分析、故障诊断和相关故障处置准确的智能指导，以及维修规程策略的优化。（4）U梁预制架设。采用预制U梁，保证施工工期，减少对线路周边环境的污染，提高环保质量。（5）连续U箱组合梁悬臂拼装。Z4线在U梁段落的连续梁多数采用连续U箱组合梁，在结构上可保证与邻近U梁完美过渡，提升桥梁景观，采用悬臂拼装避免了常规连续梁施工存在的问题，保证梁部施工质量及降低对周围环境的噪声及空气污染，缩短施工工期。Z4线采用连续U箱组合梁，以及采用悬臂拼装施工工艺属于天津市首次。（6）矮塔斜拉桥。为跨越北塘雨水泵站、京津二线高速联络线桥梁，结构设计右线采用（82+148+70+35）m矮塔斜拉桥（波形钢腹板）、左线采用（76+140+124+62）m 矮塔斜拉桥（波形钢腹板）。该桥是国内第一座采用波形钢腹板的轨道交通桥梁，也是天津市第一座最大跨度矮塔斜拉桥轨道交通桥梁，桥梁的设计、建设将为类似工程积累大量宝贵经验。（7）管片预埋槽道。采用管片预埋槽道技术，避免后期区间综合管线支架及疏散平台安装对管片结构的破坏，保证工程质量，同时便于后期检修和更换，降低区间的综合运营维护成本。

2019年完成主要工作：总体组配合泰达城轨完成PPP项目的相关论证、评审及入库工作；完成投资调整的报批工作；完成部分土建施工图的出图及机电设备招标图初稿的编制工作。

【哈尔滨地铁3号线二期工程】 该项目正线全长共计32.180km，全线设车站31座，均为地下车站，其中换乘站8座。最小站间距约为0.63km，为珠江路站至湘江路站区间，最大站间距约为1.93km，平均站间距约为1.06km。在进乡街站设置与规划地铁5号线的联络线；在会展中心站设置与规划地铁6号线的联络线；在进乡街站北侧及汽轮机厂站南侧引出出入线与安通街车辆段衔接。设车辆基地、控制中心、消防站各1处。该项目2016年开工，分两期建设运营，东南半环19座车站计划2021年开通运营，西北半环12座车站计划2023年全线贯通运营。

该项目的主要技术标准如下。最高运行速度80km/h，6B编组；采用1435mm标准轨距；车辆外形尺寸19000mm×2800mm×3800mm，B型车。牵引系统：变频变压（vvvf）交流传动系统。变电方式：架空接触网变电。

该项目使用的新技术与设计创新点如下。（1）装配式车站：为顺应国家大力发展装配式建筑的指导政策，解决在严寒且漫长的气候条件下有效缩短建设工期的问题、实现在狭窄且局促的场地条件下减少场地占用，确保如期顺利完成西北环工程建设，将丁香公园站主体全现浇结构创新变为叠合装配式结构。（2）悬挂式止水帷幕：针对松花江河漫滩地貌富水地区，目前哈尔滨地区以隔断方案为主，即止水帷幕（地连墙）插入泥岩，隔断坑内外水力联系，确保坑内降水施工对周边环境的影响可控。基于以上背景，我院以哈尔滨地铁3号线二期工程建设为依托，结合工程实际，研究松花江河漫滩富水地区不同地连墙深度条件下基坑降水对周边环境的影响，并对地下墙插入泥岩和悬挂式止水帷幕两种形式的优缺点进行比较分析，深入开展悬挂式止水帷幕在哈尔滨松花江河漫滩地区应用的相关研究与试验。悬挂止水帷幕条件下，基坑对周边环境的影响可控，基坑降水引起的沉降量较小；悬挂式止水帷幕可大大减少工程造价，节约工期，具有良好的社会经济效益，后续工程建设中具有很好的应用推广价值。（3）智慧车站：为服务城市发展和方便市民出行，提高乘客安全性、舒适性需求，通过提升车站整体的智慧化程度来提高运营管理效率。目前哈尔滨地铁已建成通车1号线和3号线一部分，2号线一期工程主体和3号线剩余部分也在同期建设中，随着各条线路的逐渐建成，哈尔滨市地铁很快将从单线运营过渡到网络化运营，随之客流也将有快速的提升。建设智慧车站有利于提升哈尔滨运营的整体管理水平，提升乘客的乘车体验，同时对于提升紧急情况下的应急指挥也大有好处。

2019年主要完成工作：总体总包组根据现场施工组织需求，全年共组织完成东南半环19座车站附属建筑、结构施工及西北环9个车站主体围护及结构施工的出图工作；组织完成东南半环19座车站的主体建筑砌筑施工图，开展综合管线施工图的深化设计工作；组织开展了河山街站与安阳路高架桥设计预留条件对接、河松街站线站位调整等重要方案研究工作；设备系统配合地铁公司完成阶段性调整初步设计、消防报建、人防报建工作；配合项目公司完成招标清单、图纸、用户需求书编制工作及风水电专业施工准备用图；组织开展智慧地铁专题研究、和兴路控制中心改造及应急指挥中心研究工作；组织调研了北京、上海、杭州、深圳等地车辆基地上盖项目建设情况，配合开发细化方案，开展结构超限审查、盖下消防设计咨询、盖下车辆基地初步设计咨询审查等。

【石家庄市城市轨道交通3号线二期工程】 该工程为一期工程东延伸线，线路全长约7.342km，均为地下线，设车站5座，其中换乘站2座，设北乐乡车辆基地1处。集团公司为该工程总承包单位，负责轨道系统、通风空调系统、给排水系统、动力照明系统、通信系统、场段等系统、土建工点设计工作及总包管理工作。对参与本工程的各设计单位（含装修、导标、出入口、景观、人防等设计单位）的设计全过程及其成果实施全方位的管理、控制、协调。

2019年完成主要工作如下。（1）勘察。完成勘探孔170孔、3550m，具体情况如下：完成二期工程中仰陵站、天山大街站、北乐乡站补充勘察报告，完成二期工程天山大街站—南豆站勘察报告，完成北乐乡车辆段与综合基地（单体房屋建筑）详细勘察报告、北乐乡车辆段与综合基地补充勘察报告；完成北乐乡站110kV管线迁改电力工程详细勘察报告；完成北乐乡站管线迁改工程和管线接驳的地形和管线补测工作，配合开工工点的施工验槽和区间阶段验收工作。（2）设计。①车站及区间工程：完成了天山大街站、南豆站、韩通站主体建筑施工图；完成了5个车站的主体结构轨顶风道、站台板、二次结构（楼梯）施工图；完成了5个车站部分附属结构施工图；完成了5个区间盾构区间正洞、盾构区间联络通道、盾构区间防水施工图，出入段线地下段结构施工图，防水施工图等。②轨道系统：完成了轨道系统一般地段长轨枕式整体道床图、中等减震地段长轨枕式整体道床图、道岔道床图、产品铺设图DTVI2扣件铺设图、压缩型减震扣件铺设图、单开道岔及交叉渡线铺设图、轨道附属设备图、北乐乡车辆段轨道施工图。③北乐乡车辆段与综合基地：完成了北乐乡车辆车辆段与综合基地出入段线罩棚、站场、路基、桥涵施工图；完成了停车列检库、联合检修库、综合楼、公寓食堂浴室、内燃机车及特种车库、物资总库、换热站及锅炉房、牵引降压混合变电所、易燃品间、门卫、垃圾运转站、废水处理站、轮对踏面与受弓在线检测棚、工务料棚、雨水泵站、地下车库、地下通道、档案中心、地下车库人防等单体的建筑、结构、动力照明、通风空调、给排水及水消防施工图；完成了室外综合管线、结构室外工程、动力照明、通风空调、给排水室外管线施工图。④常规设备：配合车站主体建筑结构施工图B版设计；配合车站附属建筑结构施工图设计；开展车站风水电施工图设计工作。

【深圳黄木岗综合交通枢纽】 该枢纽位于福田中心区东北部笋岗路与华富路交叉口处，由既有运营的地铁7号线、在建的14号线、规划24号线、改造华富路—泥岗西路和自然形成的地下公共空间组成。

主要工程内容：包含市政道路工程（笋岗西路、华富路—泥岗西路）、轨道交通工程、地下空间开发工程；其中，市政道路工程包括地面道路2.6km、下沉隧道（笋岗西路）、桥梁（华富路）、交通设施、市政管线，轨道交通工程包括既有7号线改造、新建14号线、24号线，地下空间开发工程包括地下慢行系统、空间综合利用。

主要技术标准：14号线最高运行速度为120km/h，8A编组；24号线最高运行速度为80km/h，6A编组；道路为城市主干路，设计年限20年，主路设计行车速度为60km/h，路面标准轴载BZZ-100，交通工程及沿线设施等级为A级。

该项目使用的新技术和设计创新点如下。（1）实现高水平的公共服务。一是实现轨道交通的便捷换乘。通过对黄木岗既有立交系统的拆除及改造，对分离设置、通道换乘的 7、14、24号线进行整合，无缝衔接，提升轨道交通出行体验。二是优化道路交通。采用南北向桥梁、东西向隧道、地面平交的“一桥一隧”交通组织形式，将城市道路与轨道交通相结合，优化市政交通接驳，实现地上、地面、地下交通体系的快捷转换。三是全面升级慢行系统。建立地面、地下无障碍的步行系统，消除立交对城市割裂的影响，联系枢纽周边地块。（2）创造高品质的地下空间，实现住有宜居。黄木岗交通枢纽以“高品质的生活”为总体设计理念，以阳光、绿色、生态为目标，创造独特、丰富、亲民的“地下街区”。结合天窗采光和中庭设置，在地下空间引入绿植，塑造自然生态空间，地下空间地上化；首次在地下建筑采用大倾角V柱空间。（3）枢纽建设紧密结合周边城市更新，塑造城市功能融合体。（4）基于智慧枢纽的新科技应用。（5）基于GIS平台下BIM技术的应用。（6）利用拆桥混凝土，循环再利用于工程建设。

2019年完成的设计工作如下。（1）地形测量2.56km^2，精密控制测量2km，完成大纲工作量100%；综合管线探测749105m^2，电力拉管陀螺仪探测376.606m，完成大纲工作量的100%；钻孔190个、7428.9m；详勘报告通过咨询、强审及专家审查，已提交正式详勘报告。（2）2019年1月完成拆桥阶段初步设计文件、钢便桥初步设计文件，并通过深圳市轨道办组织召开的专家暨政府审查会；2019年1月25日向人大代表、周边单位代表汇报枢纽规划设计拆桥及交通疏解方案获得认可，并于2019年1月28日至2月15日完成既有黄木岗立交拆除，2019年6月15日钢便桥已通车。（3）完成黄木岗交通枢纽工程可行性研究报告，并通过专家评审；完成黄木岗枢纽前期工程初步设计文件、枢纽总体方案设计，并通过专家预评审；完成既有7号线改造，14号线车站深基坑、24号线车站、市政隧道工程、东区及西区地下空间基坑围护设计，并通过专家审查；截至2019年12月31日，黄木岗枢纽主体围护结构施工图已全部完成。

（城交事业部）

表6-3　2019年集团公司城轨项目统计表

序号	分目		项目名称	规模		设计阶段	总体负责人
				线路长度/项目面积	投资额（亿元）		
1	地铁项目	总承包项目	哈尔滨市轨道交通3号线一期工程	5.607km	30.18	通车	甘继国
2			1号线东延线（西段）	6.6km	60.00	初设	齐　峰
3			大连地铁1、2号线工程	65.10km	342.84	施工图	毕书孟
4			大连市202路轨道线路延伸工程	40.40km	40.20	施工图	袁英玉
5			大连金普城际铁路工程（勘察设计总承包）	43.10km	80.00	施工图	魏晨光
6			大连快轨3号线改造一期工程（大修）	48.90km	7.07	施工图	陈尔超
7			呼和浩特市城市轨道交通2号线一期工程	27.3km	203.04	施工图 配合施工	庞　山
8			天津地铁7号线一期工程	26.5km	268.97	施工图	韩　静
9			天津地铁10号线一期工程	21km	220.69	施工图	华国海
10			天津地铁11号线一期工程	22.6km	256.00	施工图	董秀竹
11			石家庄市城市轨道交通3号线一期工程	19.6km	156.20	施工图	王瑞震
12			石家庄市城市轨道交通3号线二期工程	7.34km	59.59	施工图	刘志雄
13			洛阳市城市轨道交通瀍东停车场至洛阳中车机车厂联络线勘察设计总承包	2km	0.80	初设	李　超
14			洛阳市城市轨道交通1号线红山站及红山车辆基地预留工程设计总承包	—	7.64	初设 施工图	冉学雷
15			重庆轨道交通5A线勘察设计总承包	29.45km	95.97	勘察设计 全阶段	万　清
16			深圳市城市轨道交通14号线工程勘察设计总承包	50.32km	435.00	施工图	许　磊
17			深圳市城市轨道交通1号线（罗宝线）续建工程	23.373km	121.00	已开通	刘　刚
18			深圳市城市轨道交通5号线工程	40.001km	200.60	已开通	李永福
19			深圳市城市轨道交通7号线工程	30.202km	257.00	已开通	李永福
20			华强北路地下空间项目	—	12.10	已开通	陈　进

续表

序号	分目		项目名称	规模		设计阶段	总体负责人
				线路长度/项目面积	投资额（亿元）		
21	地铁项目	总承包项目	深圳市城市轨道交通8号线一期工程	12.38km	108.10	施工图	李建伟
22			深圳市城市轨道交通5号线工程（黄贝岭站后至大剧院段）	2.871km	30.00	施工图	吴劲旸
23			深圳市城市轨道交通4号线三期工程勘察设计总承包	10.791km	97.85	施工图	邹晋华
24			深圳市城市轨道交通8号线二期工程	7.94km	54.40	施工图	李建伟
25			深圳市城市轨道交通8号线三期工程	4.08km	61.19	施工图	李建伟
26			深圳市城市轨道交通NOCC二期工程	—	9.00	可研	张　辉
27			深圳市城市轨道交通10号线工程	29.31km	287.99	施工配合	陈　剑
28			深圳市坪山云轨旅游专线试验线一期工程可行性研究及勘察设计总承包	8.8km	70.00	项目终止	唐　鼎
29			深圳坪山云巴（胶轮有轨电车）1号线一期项目	8.8km	21.27	施工图	唐　鼎
30			深圳市龙岗区中心城现代有轨电车	12.5km	19.90	项目暂停	伍卫凡
31			深圳市城市轨道交通14号线工程可行性研究及勘察设计总承包	50.33km	443.55	施工图	郭现钊
32			深大城际（33号线）工程	86.158km	523.95	初设	寇胜宇
33			深圳市龙岗区小运量轨道交通首期示范线工程	6.5km	16.96	初设	郭　臣
34			杭州至绍兴城际铁路工程	20.3km	128.00	施工图 施工配合	魏　征
35		总体总包项目	哈尔滨市轨道交通3号线二期工程	32.18km	264.43	施设	于升才
36			沈阳地铁4号线一期工程	32.53km	210.00	施工图	谭小兵
37			大连地铁4号线工程总体总包初步设计	23.01km	195.86	初设	袁英玉
38			大连地铁4号线一期工程总体总包施工图设计	23.01km	195.86	施工图	于　海
39			金普城际延伸线总体总包	22.40km	74.00	初设 施工图	康　直
40			北京市中低速磁浮交通示范线（S1线）西段工程	10.21km	88.99	施工图	曾国保
41			天津地铁1号线东延至国家会展中心项目	16.039km	126.00	施工图	董秀竹

续表

序号	分目		项目名称	规模		设计阶段	总体负责人
				线路长度/项目面积	投资额（亿元）		
42	地铁项目	总体总包项目	天津地铁1号线东延至国家会展中心项目（工点）	10.2145 km	27.50	施工图	董秀竹
43			天津地铁5号线工程（工点梨园头车辆段变更设计）	—	0.01	施工图	杜志田
44			滨海新区轨道交通Z2线一期工程（滨海机场—北塘）	39.1km	338.00	可研	陆文钊
45			滨海新区轨道Z4线工程	43.7km	336.00	施工图	李敬梅
46			青岛市地铁8号线工程	61.4km	447.90	施工图	张　鹏
47			南京地铁6号线工程可行性研究报告编制及设计总体—总包管理（D6-XS01标）	32.365km	293.16	施工图	王国光
48			洛阳1号线设计LYGD-SJ-01标段（设计总体总包）服务	22.34km	182.71	施工图	李　超
49			厦门市轨道交通3号线一期工程设计总体总包及单项系统设计建设工程设计合同	36.72km	309.80	施工图	刘爱芳
50			厦门市轨道交通3号线二期工程（林前站（不含）至翔安机场站）设计总体总包及单项系统设计合同				
51			深圳市城市轨道交通1号线一期工程	17.37km	115.53	已开通	刘　刚
52			深圳市城市轨道交通4号线一期工程	4.012km		已开通	刘　刚
53			杭州至富阳城际铁路工程	23.508km	132.98	施工图 配合施工	刘大治
54			杭州地铁9号线一期工程	29.476km（临平支线12.537km）	177.98	施工图 配合施工	何占坤
55			杭州地铁10号线	15.1km	157.02	施工图 配合施工	孟凡祥
56			杭州市钱江新城二期连堡丰城一期工程	16.58万m^2	43.28	施工图 配合施工	于德新
57		工点项目	哈尔滨市轨道交通1号线一、二期工程轨道系统	17.4km	0.58	通车	田苗盛
58			哈尔滨市轨道交通1号线一、二期工程停车场	—	0.66	通车	刘　伟
59			哈尔滨市轨道交通1号线三期工程停车场	—	1.62	通车	刘　伟
60			哈尔滨市轨道交通2号线一期工程土建4标	2.573km	10.30	施设	马　强
61			哈尔滨市轨道交通2号线一期工程轨道系统	28.91km	5.56	施设	陈敦昌

续表

序号	分目		项目名称	规模		设计阶段	总体负责人
				线路长度/项目面积	投资额（亿元）		
62	地铁项目	工点项目	哈尔滨市轨道交通2号线一期工程车辆基地	—	7.62	施设	韩秀辉
63			哈尔滨市轨道交通3号线二期工程土建1标段（总体总包项目）	4.836km	10.22	施设	于升才
64			哈尔滨市轨道交通3号线二期工程土建9标段（总体总包项目）	4.138km	10.73	施设	于升才
65			哈尔滨市轨道交通3号线二期工程轨道系统（总体总包项目）	32.18km	6.42	施设	田苗盛
66			哈尔滨市轨道交通3号线二期工程车站设备系统（总体总包项目）	—	8.57	施设	常　明
67			哈尔滨市轨道交通3号线二期工程车辆基地（总体总包项目）	—	9.19	施设	刘　伟
68			沈阳地铁3号线一期工程土建2标	3.3km	7.85	施工图	关永平
69			沈阳地铁3号线一期工程土建7标	10km	12.80	施工图	关永平
70			沈阳地铁6号线一期工程供电系统	35.26km	14.58	初设	饶棪毓
71			沈阳地铁4号线土建4标	2.908km	7.95	施工图	户书辉
72			沈阳地铁4号线土建5标	2.608km	9.08	施工图	姚建华
73			沈阳地铁4号线供电系统	34km	14.24	施工图	饶棪毓
74			沈阳地铁4号线车辆段及停车场	—	11.21	施工图	魏　强
75			大连地铁5号线工程土建7标段	4.69km	8.47	施工图	关永平
76			大连地铁5号线工程土建8标段	0.10km	9.34	施工图	张汉冰
77			大连地铁5号线工程供电系统标	—	11.05	施工图	孟祥印
78			大连地铁4号线工程土建工程初步设计	1.27km	18.02	初设	毕书孟
79			大连地铁4号线一期工程土建工点施工图设计8标段	1.27km	18.02	施工图	毕书孟
80			金普城际延伸线工点设计1标段设计	6.58km	9.52	初设 施工图	康　直
81			金普城际延伸线供电系统设计	—	5.42	初设 施工图	张　雷
82			金普城际延伸线弱电系统设计	—	4.66	初设 施工图	武少峰

续表

序号	分目		项目名称	规模		设计阶段	总体负责人
				线路长度/项目面积	投资额（亿元）		
83	地铁项目	工点项目	呼和浩特新机场配套工程（轨道交通区间段预留）	0.5km	3.55	可研 初设 施工图	庞　山
84			北京地铁3号线工程工点设计06合同段	3.36km	11.87	施工图	邵　标
85			北京地铁8号线三期工程工点设计03合同段	3.37km	7.91	施工图	张继清
86			北京地铁14号线工程工点设计04合同段	3.56km	6.50	施工图	王明昇
87			北京地铁14号线工程工点设计05合同段	2.28km	6.40	施工图	王明昇
88			天津地铁4号线工程	12.72km	71.30	施工图	徐振艳
89			天津地铁6号线工程（一个出入口）	—	—	配合施工	程　苇
90			天津地铁4、5、6环控工程（4号线部分）	43.3km	—	施工图	丁少昆
91			天津地铁4、5、6信号工程（4号线部分）	43.3km	5.40	施工图	王喜军
92			天津地铁2号线增设出入口通道	—	3.87	施工图	华国海
93			天津地铁3号线遗留工程	—	0.08	施工图	华国海
94			京滨城际北辰站轨道交通预留预埋工程	0.4km	3.75	施工图	韩　静
95			石家庄市城市轨道交通1号线一期工程04标段	—	—	已通车	刘　欢
96			济南轨道交通R1号线土建4标	3.757km	10.42	已运营	高国忠
97			济南轨道交通R3号线土建4标	6.716km	12.90	已运营	高国忠
98			济南轨道交通M1号线（6号线）土建1、10标	7.643km	18.40	初设	王　彪
99			青岛市地铁1号线工程土建5标	8.7km	19.40	施工图	李军省
100			青岛市地铁1号线工程通风空调、动力照明等系统设计	59.97km	16.10	施工图	刘学志
101			青岛市地铁8号线通风空调、给排水等系统设计（8号线总体总包）	61.4km	11.10	施工图	武世强
102			青岛胶东国际机场轨道交通结建工程勘察及土建工点设计（8号线总体总包）	8.9km	20.10	施工图	邢家勇

续表

序号	分目		项目名称	规模		设计阶段	总体负责人
				线路长度/项目面积	投资额（亿元）		
103	地铁项目	工点项目	青岛市红岛—胶南城际轨道交通二期工程	41.3km	3.90	完工	张晓江
104			青平城际轨道交通下穿潍莱高铁段结建工程	0.2km	0.90	施工图	时晓贝
105			南京地铁6号线工程单项设计（D6-XS04标）	5.245km	12.95	施工图	李凤涛
106			南京地铁6号线工程单项设计（D6-XS09标）	32km	8.50	施工图	曹宇泽
107			南京至句容城际轨道交通工程单项设计（DS6-XS02标）	7.5km	20.90	施工图	徐　磊
108			南京至句容城际轨道交通工程单项设计（DS6-XS07标）	43km	6.30	施工图	曹宇泽
109			南京地铁1号线北延工程单项设计（D1N-XS04标）	用地面积 $101190m^2$ 建筑面积 $32854.34m^2$	3.24	施工图	孙志强
110			太原市城市轨道交通2号线一期工程（小店南—西涧河）土建设计01标段合同段	24.89km	204.68	施工图	杨　峥
111			太原市城市轨道交通2号线一期工程（小店南—西涧河）土建设计07标段合同段			施工图	杨　峥
112			太原市城市轨道交通1号线一期工程设计SJTJ1107标段（土建工点）合同	28.737km	223.39	初设	杨　峥
113			解放路改造工程安全评估、检查及第三方检测项目	—	—	—	杨　峥
114			洛阳1号线设计LYGD-SJ-06标段（土建单项设计）服务	6.4km	12.26	施工图	高宏博
115			洛阳1号线工程设计LYGD-SJ-07（停车场和车辆段设计）服务	—	15.76	施工图	安中伟
116			洛阳1号线设计 LYGD-SJ-09标段（供电系统设计）服务	—	11.01	施工图	胡　斌
117			洛阳2号线一期工程设计LYGD2-SJ-04标段（土建单项设计）服务	4.7km	10.42	施工图	张收朋
118			洛阳2号线一期工程设计LYGD2-SJ-05标段（车辆段设计）服务	—	18.99	施工图	雷明波
119			厦门市轨道交通1号线一期工程土建设计2标段	5.1km	20.30	配合施工	王翔昊
120			厦门市轨道交通3号线土建工程设计2标段建设工程设计合同（3号线总体总包）	7.86km	18.70	施工图	王翔昊
121			厦门轨道交通6号线一期工程土建05标段	6.9km	23.10	暂停	郝旭楠

续表

序号	分目		项目名称	规模		设计阶段	总体负责人
				线路长度/项目面积	投资额（亿元）		
122	地铁项目	工点项目	长沙市轨道交通3号线一期工程土建4标设计	36.399km	239.00	施工图 配合施工	石 波
123			广州市城市轨道交通11号线工程土建4标设计	4.522km	462.44	施工图	李永福
124			广州市城市轨道交通21号线工程土建16标设计	27.94km	318.09	施工图	赵丽丽
125			广州市城市轨道交通第三期建设规划（2017—2023年）线路设计等前期研究13号线二期工程（朝阳—天河公园）（含交通衔接工程）朝阳站（含）—罗冲围站（含）设计	10.8km	294.81	施工图	张 煜
126			广东佛山市南海区新型公共交通系统试验段（桂城至广州南站段）项目	6.865km	42.21	施工图	王垚磊
127			上海轨道交通14号线工程（设计7标）	40km（1站1场）	576.86	施工图 配合施工	许佃明 马晓彤
128			上海轨道交通15号线工程设计11标（梅岭北路、大渡河路、长风公园）	39.8km（3站）	425.12	施工图 配合施工	王财华
129			上海轨道交通15号线工程设计6标（陈太路停车场）	1场	425.12	施工图 配合施工	许佃明
130			上海轨道交通18号线工程设计御桥路及联络线	37km（1站1区间）	393.09	施工图 配合施工	马晓彤
131			上海轨道交通11号线陈翔路站工程机电系统设计	—	—	配合施工	张 洋
132			上海市轨道交通崇明线工程金吉路站设计设计10标段	43.003km（1站）	328.20	初设	陈 玮
133			杭州地铁5号线一期工程	51.321km（5站5区间）	360.64	施工图 配合施工	许佃明
134			机场轨道快线工程设计03标（工点设计）	58.5km（2站2区间）	432.02	施工图 配合施工	孟凡祥
135			杭州至富阳城际铁路工程中文区间U形槽（不含）—高汽区间U形槽（不含）	23.508km	132.98	施工图 配合施工	刘大治
136			杭州至富阳城际铁路工程系统设计（含AFC、安检、电扶梯及屏蔽门、综合监控、FAS、BAS、ACS、气体灭火、轨道、通风空调、给排水与水消防、动照系统等）			施工图 配合施工	

续表

序号	分目		项目名称	规模		设计阶段	总体负责人
				线路长度/项目面积	投资额（亿元）		
137	地铁项目	工点项目	杭州地铁9号线一期工程系统设计（含AFC、安检、电扶梯及屏蔽门、综合监控、FAS、BAS、ACS、气体灭火、轨道、通风空调、给排水与水消防、动照系统等）	29.476km	177.98	施工图 配合施工	何占坤
138			杭州地铁9号线一期工程四季青站—客运中心站（不含），不含三堡站共9站10区间			施工图 配合施工	
139			杭州地铁9号线一期工程四堡停车场、昌达路车辆段			施工图 配合施工	张　徐
140			杭州地铁9号线一期工程四季青—客运中心站、临平站—昌达路站工程通信（含OA）、信号系统设计			施工图	孙立权
141			杭州地铁10号线一期工程系统设计（含AFC、安检、电扶梯及屏蔽门、综合监控、FAS、BAS、ACS、气体灭火、轨道、通风空调、给排水与水消防、动照系统等）	15.1km	157.02	施工图	孟凡祥
142			杭州地铁10号线一期工程浙大站—国际会展中心站（不含）			施工图 配合施工	
143			杭州地铁10号线一期工程设计4标供电系统			施工图	陈翼龙
144			绍兴城市轨道交通1号线工程（工点设计SXGD1-SJ-08标段）	31.3km（3站3区间）	238.73	施工图 配合施工	刘亚威
145			宁波地铁3号线工程工点设计（SJ3010）	9.038km（1站1区间1出入场）	56.00	初设 施工图	张鹏成
146			宁波地铁4号线工程工点设计（SJ4005）	35.95km（4站4区间）	247.00	施工图 配合施工	李　钢
147			宁波地铁5号线一期工程工点设计（SJ5107）	27.6km（3站5区间）	223.00	施工图 配合施工	张晓磊
148			宁波至奉化城际铁路工程轨道系统设计（SJFH08）	21.808km	80.00	配合施工	张　龙
149	综合交通枢纽项目		天津站交通枢纽工程（总承包）	—	70.19	配合结算	郑东文
150			天津西站交通枢纽市政配套公用工程（总体总包）	—	24.56	配合结算	董秀竹
151			于家堡交通枢纽配套市政公用工程（总体总包）	—	53.00	后期配合	马　瑾
152			京滨城际滨海西站市政配套工程（总承包）	—	32.86	初设	张　方

续表

序号	分目	项目名称	规模		设计阶段	总体负责人
			线路长度/项目面积	投资（亿元）		
153	综合交通枢纽项目	天津西站交通枢纽改造提升工程	—	0.34	施工图	陈建敏
154		洛阳市轨道交通1号线工程设计LYGD-SJ-17标段（控制中心设计总承包）	—	6.91	施工图	杨　聍
155		洛阳龙门站综合交通枢纽中心北广场工程可行性研究及勘察设计总承包	—	19.11	施工图	杨　聍
156		深圳市黄木岗综合交通枢纽勘察设计总承包	18.27万m^2	72.00	施工图	姬利伟
157		深圳市大运城市综合交通枢纽工程勘察设计总承包	16.54万m^2	47.00	施工图	王明升
158		深圳市岗厦北综合交通枢纽工程	—	77.90	施工图	赵　林
159		杭州南站综合交通枢纽	19.5万m^2	25.86	施工图	鲍　宁

·境外项目·

【概述】 2019年集团公司主要承担12个境外铁路项目，其中包括新开项目1个，延续项目10个，竣工开通项目1个。

【印度尼西亚雅万高铁设计】 该铁路连接首都雅加达和西爪哇省省会万隆，线路正线长142.3km，全线共设4座车站，综合维修基地、调度指挥中心与动车所共址。中印尼企业成立项目合资公司KCIC负责建设和运营管理，是响应国家“一带一路”倡议、推动中国高速铁路技术标准“走出去”的重要项目。

主要技术标准如下。铁路等级：高速铁路。正线数目：双线。最高设计速度：350 km/h。牵引种类：电力。列车类型：动车组。列车运行控制方式：CTCS-3。行车指挥方式：综合调度集中。

主要工作进展：完成四电工程修改详细设计、房屋建筑申报建筑许可详细设计文件提交业主公司；土建工程完成141.0km施工图，占比99.2%，四电工程完成招标施工图设计，完成不受设备招标影响施工图送强审，房屋建筑工程完成4座车站及站区生产生活房屋施工图送强审；配合施工完成147项变更设计，其中包括路基16项，桥梁31项，隧道100项；本体工程地勘工作量完成93.6%。

当年完成的设计工作量：共完成141km土建工程施工图图纸（604册，12726张）；完成建筑、结构施工图图纸（60册，3450张）送强审；完成四电工程施工图图纸（179册，3982张）送强审；完成路基、桥梁、轨道、综合接地、声屏障等10余批次技术交底。

【中老铁路磨丁至万象咨询】 新建磨丁至万象铁路位于老挝境内，北接中国境内在建的玉溪至磨憨铁路（拟与中老铁路同期通车），南联泰国境内规划的曼谷至廊开线，线路全长414.332km。按中国Ⅰ级铁路单线标准建设。老中铁路项目批复总投资374亿元，资本金40%，其他60%建设资金为中国进出口银行优惠贷款。2016年12月25日正式开工建设，计划于2021年12月2日（老挝国庆日）竣工通车。

主要技术标准如下。铁路等级：I级。正线数目：单线。设计行车速度：160km/h。牵引种类：电力。机车类型：客机HXD3D，货机HXD2。牵引质量：3000t。闭塞类型：自动站间闭塞。行车指挥方式：调度集中。

主要工作进展：2019年度项目投资完成75.04亿元，施工形象进度隧道完成总工程量的85%，桥梁和路基基本完成；制架梁工程全面展开，T梁预制548孔，完成设计的30%，架设完成381孔，完成设计的20%；铺轨工程准备有序开展。

当年完成工作量：完成审查施工图文件679册，变更设计37册，参加友谊隧道岩盐问题技术会、四电对接会、运营方案技术会等共19个重点会议；完成轨道铺设施工标、监理标资格预审及招标，万象至万象南施工标资格预审，梁场制、运、架第五招标段招标，四电工程强弱电施工标及监理标资格预审和招标等合计7个建设任务招标工作。

【中泰铁路】 中泰铁路项目一期工程（曼谷—呵叻）全长252.3km，采用政府对政府合作模式。一期工程于2017年9月签署土建工程详细设计合同（合同2.1）和土建工程施工监理合同（合同2.2）。2018年，上述两个合同进入执行阶段，线上工程总承包合同的谈判工作也取得了积极进展。

主要技术标准如下。铁路等级：高速铁路。正线数目：双线。最高设计速度：250km/h。到发线有效长度：650m。牵引种类：电力。列车类型：动车组（8辆编组）。列车运行控制方式：CTCS-2。行车指挥方式：综合调度集中。行车方向：左侧行车。建筑限界：按中国《铁路技术管理规程》（TG/01—2014）执行。

新技术与技术创新：中国铁路标准“走出去”与当地法律法规相融合，采用基于材料本地化的设计思路；概算编制是中国造价标准体系与泰国国情相融合的首次探索。

主要工作进展如下。（1）合同2.1执行方面：配合业主完成土建工程12个标段的招标工作，同时配合泰铁开展相关环评工作。合同2.2执行方面：正常推进已开工的C1、C2标段的施工监理和施工图审核工作，截至2019年底C1标段已完成设计量的74.86%，C2标段已完成设计量的9.02%。（3）合同2.3谈判方面：双方已就合同条款、合同币种、技术建议书和技术规格书达成共识，目前双方正履行各自审批程序，同时合同汇率问题还需政府层面确认。

当年完成工作量如下。（1）合同2.1方面：2019年度完成C3-2、C3-3、C3-5、C4-5、C4-7等5个标段的招标。（2）合同2.2方面：对已开工C1和C2-1两个标段承包商提交的图纸展开审批和相关技术咨询；对泰籍员工完成1400多人次、938小时的专业技术培训，全年CSC审批shop drawing、施工方案、各类往来文件以及材料、构配件等RFA函件392份、RFI函件共计377份。（3）合同2.3方面：中泰双方工作层合同组、轨道组、动车组、四电组和培训组共5个小组，就合同2.3又进行了近5轮谈判，目前双方已达成共识，正牵头组织合同文本中技术附件的校核等工作。

【匈塞铁路扩能改造工程设计】 该工程线路全长301.2km，其中匈牙利段159.4km，塞尔维亚段141.8km，主要工程为既有线增二线提速改造。

主要技术标准如下。铁路等级：泛欧高铁II级。正线数目：双线。设计速度：200km/h。牵引种类：电力。机车（动车组）类型：中国动车组。闭塞类型：自动闭塞。行车指挥方式：综合调度集中。列车控制方式：ETCS-L2。

新技术与技术创新：该项目在信号—列

控系统中采用欧洲列车控制系统2级（ETCS-L2）设计；200km/h接触网系统融入中国标准设计，通过欧标检算和验证。

主要工作进展如下。（1）塞尔维亚段：2019年4月，向业主提交泽巴段和巴旧段施工图文件；5月完成旧诺段建筑许可设计；10月指导联合体合作伙伴CIP完成诺苏段土建专业初步设计工作，并自身完成供变电、接触网和信号专业的初步设计工作；10—11月，完成诺苏段现场简易勘测；12月完成诺苏段勘察设计的设计份额商谈及联合体协议签订。（2）匈牙利段：2019年1—4月，配合CRE联合体完成EPC项目延续阶段投标工作；5—6月，与匈牙利Kontúr公司成立设计联合体，签署联合体协议；7—10月，配合CRE联合体和中国设备供货商提供四电系统技术服务支持；11—12月，与CRE联合体进行设计合同谈判。

当年完成的设计工作量：完成贝旧段全部施工图设计及年度配合施工工作；完成旧诺段供变电、接触网和信号专业的建筑许可设计；完成诺苏段初步设计及现场简易勘测；完成塞尔维亚南部铁路预可行性研究。

【巴基斯坦拉合尔轨道交通橙线设计】 该项目是巴基斯坦第一条轨道交通工程，是中巴经济走廊示范性项目。项目正线全长约25.58km，设车站26座。合同建设工期为27个月。集团公司承担该项目的可研、概念设计以及机电系统详细设计、施工配合及现场服务等工作。

主要技术标准：土建、机电系统及机车车辆全部采用中国技术标准，车辆及机电系统采用中国设备。

新技术与技术创新：橙线项目地下段环保标准执行巴基斯坦当地标准，经振动预测后采取中等减振措施，实现中国标准与当地标准相融合。

主要工作进展：2019年10月3日，全线成功送电，橙线项目全面进入系统调试、联调联试及试运行阶段。

当年完成的设计工作量：完成年度施工配合及技术服务工作，及时解决技术问题，积极与咨询单位沟通对接；编制主变电所继电保护计算，编制及批复定值设定报告；协助处理U梁支座安全隐患等土建问题；5月、10月分别完成两期全线沉降监测工作。

【马来西亚东海岸铁路独立审核工程师（ICE）】 该铁路横贯马来半岛东西，线路全长640km，其中正线长约590km，支线长度约50km，全线共设车站20座；全线投资440亿令吉；项目分为A、B、C三段开工建设，计划2026年12月完工。独立审核工程师（ICE）是东海岸铁路项目业主MRL聘请的独立第三方咨询工程师，整个工作服务期为9年。集团公司与马来西亚本土设计咨询公司MMSB组成联合体，承担该项目独立审核工程师工作，其中集团公司负责线轨、运维及四电系统的全过程审查工作。

主要技术标准：该铁路是一条以货运为主的客货混运标准轨距铁路，线路等级为中国国铁I级。设计速度：客车为160km/h，货车为80km/h。列车运行控制方式采用CTCS-2。

主要工作进展：2019年4月12日，中马两国签订马来西亚东海岸铁路补充协议，项目复工。2019年5月6日，东海岸铁路业主马来西亚铁路公司（MRL）向MMSB- CRDC联合体致函，通知马来西亚东海岸铁路独立审核工程师项目于5月15日重新启动，之后项目部组织商务及技术团队陆续开展了商务合同谈判及技术咨询工作。

当年完成的设计工作量：2019年项目复工后，集团公司主要完成了龙运至文德甲段线路初步设计平纵审核意见闭合，土建工程与四电系统预留接口施工图设计审核工作，同时就业主关切的重大技术问题，提供专业顾问咨询意见，先后完成了“无线通信系统制式报告”“动车组选型报告”“站台建筑限界分析报告”。

【肯尼亚内罗毕至纳瓦沙铁路工程咨询服务】 该项目位于肯尼亚共和国内罗毕市西北方向，正线全长120km。集团公司作为牵头方与肯尼亚APEC、EDON公司成立咨询联合体，共同承担该项目的咨询服务管理，工作内容包括设计审核、工程监理及设备采购安装咨询。

主要技术标准如下。全线采用中国铁路标准设计。铁路等级为I级铁路。正线数目为单线。轨距1435mm；设计速度，旅客列车120km/h，货运列车80km/h；牵引种类为内燃，预留电气化条件；闭塞方式为自动站间闭塞。

主要工作进展：完成初步验收工作，并分别于2019年10月16日和2019年12月17日开通客运列车和货运列车，项目进入缺陷责任期。中国铁设牵头的咨询联合体（CRDC-APEC-EDON）向施工现场派驻管理人员、工程师及辅助人员共计209人，其中包括集团公司43人、肯方166人。按照合同要求开展现场的进度、质量、安全、环境及社会管理工作。

当年完成工作量：完成项目铺架工程、车站以及站后系统的设计审核、施工监理和装备安装咨询管理等各项工作。

【菲律宾南部长途铁路项目管理咨询（PMC）】 该铁路起于菲律宾首都马尼拉向南至阿尔拜省的黎牙实比和索索贡省的马特诺格，全长约639km。该项目是中菲政府间首批合作项目中的重点铁路项目。集团公司于2018年11月17日与业主菲律宾交通部签约菲律宾南部长途铁路项目管理咨询（PMC）商务合同，PMC工作范围主要包括项目管理、设计管理、施工管理和管理服务四大部分。

主要技术标准：轨距1435mm；正线数目为单线；限制坡度为20‰；设计速度，客车120~160km/h，货车80~100km/h；牵引种类为内燃，预留电化条件；到发线有效长度为400m；机车类型为客车内燃动车组、货车DF4系列；闭塞方式为自动站间闭塞。

主要工作进展：2019年1月25日，业主召开南铁PMC启动会；4月24日，菲律宾交通部副部长、菲律宾国家铁路公司总经理访问中国铁设天津总部，商讨推进南部铁路进展；5月22日，国铁集团董事长陆东福一行赴菲律宾参加铁盟亚太会议期间，与菲律宾交通部部长及菲律宾国家铁路公司总经理进行会谈，双方表达了加强合作的愿望；8月29日，中国进出口银行与菲财政部正式签订项目贷款协议；10月18日，业主召开会议明确南铁项目划分为5个包，优先实施1个包。

当年完成设计工作量：完成项目的主要技术标准规格书；完成初步线站方案研究报告；完成控制测量报告；完成招标文件初稿、基础设计报告送审稿；2019年12月，启动航测。

【援巴拿马巴拿马省至奇里基省铁路】 该项目起自巴拿马共和国巴拿马省，终至奇里基省，途经科克莱、埃雷拉、贝瓜拉斯省。线路全长391.4km，其中桥梁长33.7km，隧道长55.1km，桥隧比为22.7%，设车站21座。

主要技术标准如下。正线数目：单线。设计速度：160km/h。轨距：1435mm。最小曲线半径：一般地段2000m，困难地段1600m。限制坡度：12‰。牵引种类：电力。机车类型：货运HXD，客运动力集中式动车组。牵引质量：客运编组9辆，货运2500t。到发线有效长度：650m。建筑限界：双层集装箱列车限界。闭塞类型：自动站间闭塞。

新技术与设计创新：采用遥感技术开展沿线断裂构造及不良地质勘察，为地质勘察和选线设计提供基础资料；项目航飞工作、客货运量预测及区域经济影响分析、地勘工作采取与巴拿马当地的专业公司合作完成，节约集团公司人力物力的投入，缩短设计周期。

当年完成设计工作量：完成可研报告及图纸中英文版，并由中国驻巴拿马大使馆正式递交巴拿马政府；组建专家组赴巴拿马完成可研技术澄清工作。

【孟加拉国达卡至吉大港高速铁路】 该铁路连接孟加拉国首都达卡和最大的港口城市吉大港。线路全长约227.3km，新建车站6座，分别为达卡、那拉杨甘杰、库米拉、费尼、帕哈塔里及吉大港站，平均站间距为45.34km，最大站间距为86.7km。2018年11月底，孟加拉国铁道部通过会议研究决定，该项目采用标准轨距，300km时速标准、客专、无砟轨道技术。

主要技术标准：客运专线；正线数目为双线；设计速度为300km/h；轨距1435mm；最小曲线半径，一般地段5000m；最大坡度20‰；牵引种类为电力、动车组列车；到发线长度为650m；行车指挥方式为综合集中调度；列车控制方式为CTCS-3。

主要工作进展：2019年1月，向业主提交可研报告中期I成果；4月向业主提交可研报告中期Ⅱ成果；5月向业主提交可研报告初稿；8月22日至9月2日，应孟方请求，促成国铁集团邀请孟铁道部部长团组访华；10月向业主提交可研报告终稿；11月向业主提交详细设计初始报告。

当年完成设计工作量：完成该项目可行性研究可研中期Ⅱ报告、可研报告初稿及可研报告最终稿，可行性研究获得孟加拉国铁道部正式批复；同时完成详细设计初始报告并提交业主。

（海外事业部）

表6-4　2019年集团公司境外项目统计表

序号	分目	项目名称	规模		设计阶段	总体负责人
			线路长度（km）	投资（亿元）		
1	新设计项目	马来西亚东海岸铁路独立审核工程师（ICE）	640	704	初设审查 施工图审查	管建华
1	延续项目	印度尼西亚雅万高铁设计	142.3	413	施工图 配合施工	王文博
2		中老铁路（磨丁至万象）咨询	414.332	374	施工图审查	刘海中
3		中泰铁路	252.3	359	详细设计 施工监理	马胜双
4		匈塞铁路扩能改造工程	301.2	280	配合施工 许可设计	耿　欣 彭殿东
5		巴基斯坦拉合尔轨道交通橙线设计	25.58	109	配合施工	王立暖

续表

序号	分目	项目名称	规模		设计阶段	总体负责人
			线路长度（km）	投资（亿元）		
6	延续项目	菲律宾南部长途铁路项目管理咨询（PMC）	639	182	项目管理 基础设计 详细设计 施工图	郭为东
7		援巴拿马巴拿马省至奇里基省铁路	391.4	270	可研	彭殿东
8		孟加拉国达卡至吉大港高速铁路	227.3	715	可研 详细设计	张　阳
9		援约旦萨尔特公路升级改造项目	12.5	—	项目管理	陈东升
10		援赞比亚姆皮卡市政道路项目	7.5	—	项目管理	宫昆峰
1	竣工开通项目	肯尼亚内罗毕至纳瓦沙铁路工程咨询服务	120	101	设计审核 工程监理 设备采购 安装咨询	林卫东

·公路市政项目·

【概述】 2019年集团公司主要承担37个公路市政项目，其中包括新开项目10个，延续项目20个，竣工开通项目5个，设计咨询项目2个。

【呼北国家高速公路山西隰县至吉县段（简称隰吉高速公路）】 该工程是国家公路网呼和浩特至北海高速公路重要组成部分，也是山西省高速公路网3纵12横12环中西纵重要路段。工程始自隰县城北，止于吉县城东，路线全长105.449km。公路事业部为总体设计单位，并承担大宁至吉县段47.555km勘察设计任务。该项目采用双向四车道高速公路标准，设计速度为80km/h，路基宽度为25.5m，大吉段总投资约58.1亿元。2019年6月通过施工图设计审查，9月完成施工图设计，12月通过山西省交通厅批复并开工建设，截至2019年底完成路基土石方工程约3%、桥梁下部结构约20%、隧道工程约10%。

【G2003太原绕城高速公路义望至凌井店段第XEH标段（简称太原西北二环高速公路）】 该工程是京昆国家高速公路太原辖区段的重要组成部分。该标段主线全长37.59km，太古连接线长13.202km；采用双向四车道高速公路标准，设计速度为80km/h，路基宽度为25.5m。全线设桥梁41座，其中包括特大桥3座；隧道5座，其中包括特长隧道1座；互通立交4处，服务区1处；概算总额约 82.5亿元。2019年6月通过山西省交通运输厅初测外业验收，10月通过山西省交通运输厅初步设计审查，12月通过交通运输部初步设计审查。

【京秦高速公路北戴河新区支线涉铁工程】 该工程是秦皇岛市重点项目，是京津冀、环渤海综合交通运输网络的重要组成部分；采用双向四车道高速公路标准，设计速度为120km/h，共有4处涉铁工点，估算总额约4.38亿元。其中上跨大秦铁路立交桥，桥梁全长281m，桥梁宽度为27m，采用2m×30m预应力混凝土简支小箱梁+2m×92m钢箱梁转体T构+30m预应力混凝土简支小箱梁；上跨津山铁路立交桥，桥梁全长475.5m，主桥宽度为33m，引桥宽度为27m，采用4m×30m先简支后连续小箱梁+2m×86m钢箱梁转体T构+6m×30m先简支后连续小箱梁；上跨京哈铁路立交桥，桥梁全长485.5m，主桥宽度为33m，引桥宽度为27m，采用2m×61m预应力砼转体连续梁+12m×30m先简支后连续小箱梁；下穿津秦高铁桥梁，桥梁全长112m，桥梁宽度为27m，采用3m×35m先简支后连续小箱梁。 2019年9月完成方案设计。

【国道G342晋城市过境段改线工程（简称G342晋城一级路）】 该工程是山西省交通运输厅“十三五”重点项目，工程始自泽州县高都镇续家村，止于泽州县南村镇张庄村，路线全长35.929km；采用双向四车道一级公路标准，设计速度为80km/h，路基宽度为25.5m；全线设特大桥1座、大中桥12座、互通立交5处、天桥6座、通道17座、涵洞49道；总投资约30.7亿元。2019年处于施工阶段，截至2019年底完成全部采空区处治，完成路基土石方约88%、桥梁桩基约89%、预制梁约62%、涵洞约83%。

【风情大道改建工程（金城路—湘湖路）】 该工程是杭州市萧山区快速路网重要组成部分，是杭州市重点建设工程。工程起点位于既有风情大道与金城路交叉口，终点与风彩互通相接，全长707m。与既有沪昆铁路绕行线及既有地铁1号线立体交叉，工程内容包括高架桥、路面工程、路基工程、下穿铁路框构、道路排水及铁路四电迁改工程。高架桥采用双向八车道城市快速路标准，桥梁宽度为33m；地面道路采用双向六车道城市主干路标准，道路宽度为50m，下穿既有沪昆铁路段预留双向八车道；总投资约7亿元。2019年10月完成施工图并开工建设。

表6-5　2019年集团公司公路市政项目统计表

序号	分目	项目名称	规模			设计阶段	总体负责人
			线路说明	设计速度（km/h）	投资（亿元）		
1	新项目	北沿江高铁江苏启东段跨长江北支公铁两用桥（公路桥）引道（桥）接线工程	高速公路，全长16km，双向四车道	80	20	可研	陈东升
2		京昆国家高速公路太原绕城西北段改线工程起点段	高速公路，全长6km，双向四车道	80	12	施工图设计	闫宝敏 卢业旭
3		聊城经济技术开发区黑龙江路跨徒骇河特大桥工程	城市主干路，全长0.84km，双向八车道	60	4.3	初设 施工图设计	支燕武

续表

序号	分目	项目名称	规模			设计阶段	总体负责人
			线路说明	设计速度（km/h）	投资（亿元）		
4	新项目	江西新建长坡工业园区望北大道（坚磨大道—宏图北大道）工程勘察设计、采购、施工（EPC）总承包工程	涉铁项目，城市主干路，全长1.46km，双向六车道	50	2.94	初设	卞迁甬
5		九江市城西港区铁路专用线港城大道工程	涉铁项目，市政道路，桥梁全长1.34km，双向六车道	60	4.6	初设	薛乃祯
6		滨江高新技术产业园路网项目	涉铁项目，城市快速路，桥梁全长0.43km	40	4.6	施工图设计	薛乃祯
7		宜春至温汤（宜春大道段）旅游公路及武功山大道拓宽改造涉铁工程	涉铁项目，城市快速路，桥梁全长0.44km	60	2.4	初设	薛乃祯
8		哈尔滨机场第二通道迎宾路高架工程伊春路上跨铁路立交工程	涉铁项目，城市快速路，桥梁全长0.42km	60	6.6	方案设计	刘　涛
9		北京至秦皇岛高速公路遵化至秦皇岛段工程上跨京哈铁路立交桥	涉铁项目，桥梁全长0.652km，双向四车道	80	2.04	方案设计	王　菲
10		石家庄解放大街下穿直通线立交工程	涉铁项目，城市主干路，桥梁全长0.025km，双向四车道	50	0.5	方案设计 施工图设计	刘海亮
1	延续项目	呼北国家高速公路山西省隰县至吉县段工程	高速公路，全长47.555km，双向四车道	80	58.1	施工图设计 配合施工	梁学荣
2		赤曹线（G508）滦州至青坨营段工程	一级公路，全长55.15km，双向四车道	80	26.1	配合施工	梁学荣
3		G2003太原绕城高速公路义望至凌井店段第XEH标段	高速公路，全长50.792km，双向四车道	80	82.5	初设	韩传玉
4		G342晋城市过境段改线工程	一级公路，全长35.929km，双向四车道	80	30.7	配合施工	黄文卿 梁学荣
5		天津津汉公路改造工程上跨北环、大北环铁路立交桥工程	涉铁项目，一级公路，桥梁全长0.275km，双向四车道	80	2.0	初设 施工图设计	刘　涛
6		京秦高速公路北戴河新区支线涉铁工程	涉铁项目，高速公路，四处桥梁全长1.354km，双向四车道	120	4.38	方案设计 施工图设计	阮立冬
7		京雄城际铁路雄州路立交工程	涉铁项目，城市主干路，桥梁全长0.94km，双向六车道	60	1.3	施工图设计	韩传玉

续表

序号	分目	项目名称	规模			设计阶段	总体负责人
			线路说明	设计速度（km/h）	投资（亿元）		
8	延续项目	同翔高新技术产业基地五显片区配套道路工程	城市次干路，城市支路，总长约13.923km	20～30	4.77	初设	王明利
9		佳木斯市高新区新建道路一期工程	城市主干路，全长6.473km	40	4.14	施工图设计	高文阳
10		江西永修县万宝路新建工程	涉铁项目，城市主干路，道路全长1.64km，双向六车道	50	2.95	施工图设计	薛乃祯 支燕武
11		即墨区鳌东路上跨胶济铁路工程	涉铁项目，三级公路，全长1.193km，双向四车道	40	3.38	施工图设计	高文阳
12		杭州风情大道改建工程（金城路—湘湖路）	涉铁项目，城市快速路，全长0.707km，双向八车道	80	7	施工图设计 配合施工	李鹏飞
13		深圳黄木岗综合交通枢纽黄木岗立交改造工程	城市主干道，道路全长约2.6km，双向六车道	60	—	初设	张　路
14		国道同哈公路（G221）水稻研究所至双合段改建工程	一级公路，全长23.4km（其中15.292km为新建），双向四车道	80	4.7	配合施工	田洪文
15		国省干线纵四线长泰草洋至枧头段公路工程	二级公路，全长21.642km，双向两车道	40	5.4	配合施工	陈东升
16		G102线秦皇岛市区段改建工程大秦铁路立交桥工程	涉铁项目，一级公路，全长1.073km，双向四车道	80	1.81	配合施工	阮立冬
17		国道307、207阳泉市绕城改线工程	涉铁项目，一级公路，三处涉铁桥梁全长1.255km，双向四车道	80	3.6	配合施工	王思宇
18		深圳葵涌环城西路新建工程	城市快速路，全长4.5km，双向六车道	60	12.24	配合施工	张　路
19		天津市滨海新区第二大街跨津山铁路立交工程	涉铁项目，城市主干路，全长1.125km，双向四车道	50	5.2	配合施工	刘　涛
20		天津市东丽八号路下穿军粮城电厂铁路专用线工程	涉铁项目，城市主干路，全长0.08km，双向六车道	60	1.44	配合施工	卞迁甬
1	新开通项目	四平市紫气大路跨铁路立交工程	涉铁项目，城市主干路，双向六车道，主桥为独塔单索面斜拉桥，转体施工，桥长0.255km	50	2.6	竣工	刘　涛

续表

序号	分目	项目名称	规模			设计阶段	总体负责人
			线路说明	设计速度（km/h）	投资（亿元）		
2	新开通项目	四平市东丰路上跨铁路立交工程	涉铁项目，城市主干路，双向六车道，跨京哈铁路处为独塔单索面斜拉桥，转体施工，桥长0.259km	50	3.7	竣工	刘　涛
3	新开通项目	石家庄正定县河北大道穿越既有京广铁路工程	涉铁项目，一级公路，桥梁全长0.048km，双向六车道	60	1.26	施工图设计 配合施工 竣工	刘海亮
4	新开通项目	阳泉市漾泉大道上跨白茵铁路、阳大铁路公路桥节点改造工程	涉铁项目，一级公路，桥梁全长1.073km，双向四车道	80	1.81	竣工	赵　川
5	新开通项目	唐山市动车城外环路下穿京哈铁路立交工程	涉铁项目，一级公路，长0.117km，双向六车道	60	0.97	竣工	王思宇
1	设计咨询项目	呼北国家高速公路山西离石至隰县段	设计咨询项目，高速公路，全长83.213km，双向四车道	80	—	初设咨询	梁学荣
2	设计咨询项目	国道341线平顺县境内王庄至晋豫省界段	设计咨询项目，二级公路，全长36.844km，双向二车道	60	—	施工图咨询	左伟平

职能管理

CRDC

职能管理

·办公室·

【概述】 2019年集团公司深化体制机制改革，对内设机构进行调整，将党委办公室与行政办公室整合，增加董事会办公室职责，成立集团公司办公室（党委办公室、董事会办公室），简称办公室（党办、董事办）。办公室是集团公司的综合办事机构，主要负责集团公司党委、董事会、行政日常工作的组织协调和督办落实；负责集团公司目标管理、信息调研、政务督办、公文、印章、保密、会务、史志、信访、乘车证、签售票、天津地区办公用房分配、值班、管理信息化、总工办等相关工作。代管集团公司保密委员会办公室、信访办公室、史志办公室、网络安全和信息化领导小组办公室。

办公室设主任1人，副主任3人，下设政研室、督办室、总工办（信息办）、文书室、综合室（信访办）。

2019年，办公室围绕集团公司中心工作，积极发挥参谋助手、桥梁纽带作用，做好综合协调、政策研究、公文处理、信息沟通、督查督办、信访接待、机要保密、重大活动安排等工作。

【目标管理和督查督办】 一是强化源头管理，细化目标分解。编制印发行政重点工作目标及责任分工，分解下达2019年度行政重点工作，划分为4类共计66项，并按照机构优化调整及时调整部门分工。二是完善督办工作机制。印发《督办工作实施办法》，细化行政重点工作督办管理，将国铁集团党组领导和上级机关交办工作、集团公司重要会议布置工作、主要领导批示指示事项等纳入督办管理，确保重点工作抓落实的全覆盖；围绕督办工作程序，健全、完善“台账+通知+专报”的督办过程管理方式。明确督办机制、延期办结程序、办结认定标准等管理要求，提升督办工作标准化、制度化、精细化水平。强化日常会议明确事项的督办落实，明确责任分工，强化会议落实。三是强化过程盯控、注重管理实效。采用“月度+季度”督办管理方法，建立5本督办台账，下达督办通知9期，编制完成情况专报10期，对620件（次）重要事项开展了跟踪督办，实现年度重点工作办结率90%以上。为提升督办质量和效率，积极筹划研究“互联网+督办”的督办管理信息化系统建设。

【信息工作】 及时将集团公司贯彻中央、国铁集团重要会议精神和上级领导具体讲话要求的具体措施行动，以及公司重大项目等情况起草报送重要信息，2019年共上报重要工作信息26条，被国铁集团采用7条。完成政务通报51期，翔实记载集团公司重要工作安排及领导政务信息。

【完善管理制度】 制定《办公室绩效管理办法（试行）》，修订《集团公司公文管理办法》，下发《手机和便携电子设备使用保密管理办法》等。

【公文管理】 做好收发文处理工作，确保公文处理准确及时。认真审核各类发文，关注紧急公文流转，避免收发文出现差错漏现象。全年处理中央、天津市、国铁集团各类文件共1800余份，向中层党委登记下发文件件数近1000余件，并按时进行收回、存档及集中销毁。完成2018年文件的归档及涉密销毁工作。对1979—2018年党委文件进行清理，完成党委文件汇编，印刷220册并下发各单位。全年完成收文6100多份，发文4883份，扫描文件约10000页；签报约400份，收发邮件200多份，出国审批表200多份，秘密文件80多份，接收机要文件8份。严格执行印章使用管理规定，全年共使用印章5000多批次（不含文整使用印章批次），做到了印章使用有序、无差错；共刻制印章63枚；进一步优化了印章审批流程。

【管理信息化】 撰写和审核网络安全等各类总结、报表30余份；审批和协调各类信息化流程事项60余项。组织开展与华为公司的学习交流，推动成立集团公司管理信息化工作组专职推进信息化工作；组织完成标杆企业信息化建设指标体系建立；完成人力资源系统（一期）和设校审系统验收工作；组织开展综合办公平台持续优化改进；完成了网络安全管理办法征求意见稿；组织推动集团公司云平台试点应用工作。将网络安全知识两次纳入集团公司领导中心组学习内容，强化网络安全意识；制定集团公司网络安全整治方案并制订工作计划，组织开展网络应急演练和网络安全检查等工作。组织做好两会、国庆等重点时期网络安全保障、专项整治、零报告等工作。

【高端专家培养及服务】 一是组织编写院士申报总结报告和高端专家团队建设建议，提出下阶段工作建议。二是组织制订全国工程勘察设计大师申报工作计划，并完成2位专家申报材料。三是完成副总工日常服务工作；建立专家阅览室；组织召开2次集团公司总工例会。

【会议管理及政务服务】 一是编制完成2019年度会议计划。二是组织完成搬迁升旗仪式、改革和发展工作会议、主题教育工作会议等30余项大型会议的会务及材料准备工作，并及时整理发布会议精神。三是组织或协助完成总经理办公会29次、集团公司领导周例会42次，起草纪要71份；起草完成各类报告等文稿40余篇，协助完成总经理专题会议150余次，安排行程60余次。

【接待工作】 提升服务意识，围绕生产经营大局，按照规定严格控制接待规模，厉行节约，加强沟通协作，做好会议材料、会场、车辆等保障工作。全年共完成正式公务、商务、外宾接待150余次。

【保密工作】 一是召开集团公司2019年保密工作会议，传达落实国家保密局、天津市和国铁集团保密管理要求，通报2018年集团公司保密检查情况，并部署年度保密工作。二是下发2019年保密工作要点，组织开展集团公司保密自评自查工作，完成对重点生产单位和保密要害部位的检查，对检查发现的问题，督促各单位采取有效措施，切实整改落实。三是认真落实“五个一”要求，利用多种形式开展保密法治宣传教育活动，集中对集团公司党委中心组和涉密人员开展专题保密培训，并制作保密培训课件下发各单位，完成集团公司涉密人员的审核及保密要害部门安装电子设备存放处和提示标牌等工作，提高干部职工保密意识和知识能力。

【信访工作】 一是深入学习国铁集团信访工作会议及信访工作联席会议精神，及时召开集团公司信访工作会议，做好精神传达和贯彻落实。在新中国成立70周年及重要节假日期间，召开专题信访工作会议，开展矛盾排查及自查，制定实行信访信息“零报告”和领导干部备勤制度，在“国庆”期间集团公司未出现进京上访现象。二是完善信访工作制度，制定下发《中国铁设信访工作联席会议工作规则》。召开集团公司信访会议3次，集团公司信访工作联席会议2次，复核信访事项1件。截至2019年11月底，共接待来访143人次，其中集体访3批、21人次，个体访83人次，电话访12人次，信访信（转）件27件。2019年集团公司开展信访排查化解22余次，下达书面处理意见4次，对天津市及总公司信访系统登记信息回复、处理24起；完成集团公司信访基本情况12篇，信访月报12篇。信访主要诉求涉及：内退及退休待遇、生活困难、辅业改制以及历史遗留问题等。

【乘车证和签售票工作】 严格执行《铁路乘车证管理办法》以及国铁集团、北京局有关代售处的相关规定，与天津站签署严禁以票谋私若干规定承诺书以及年度代售点协议。截至2019年11月底，办理各类乘车证11015张，签票7912张，售票33张。

【年鉴编制工作】 完成集团公司年鉴（2018年）的编制定稿、印刷、发放。开展2019年鉴编纂工作。按时完成《天津年鉴》《中国铁道年鉴》和《中国交通年鉴》2019年刊的供稿素材编辑、上报工作。

【综合服务】 一是做好集团公司副总工程师的后勤服务。二是完善办公用房方案。针对研发基地及既有房产搬迁布局方案，深入研究，广泛征求意见，组织专题会议与各单位对接搬迁布局方案。按照集团公司搬迁组织安排，按计划圆满完成搬迁启动会，新址升旗仪式以及新、老园区搬迁入驻等各项工作，未发生安全问题。结合新址入驻，主动协调相关单位进行各类办公用房调整。三是做好扶贫工作。根据《中国铁设与张家裕村结对帮扶合作协议》规定，及时向帮扶张家峪村拨付2019年扶贫资金行政费15万元。主动号召职工采取自愿原则购买滞销的本地特产，解决了当地百姓的燃眉之急。配合审计部深入现场对扶贫资金使用情况进行专项审计，加强扶贫资金监管，规范扶贫资金使用。积极响应天津市委号召，完成天津港保税区2019年广泛动员社会力量参与东西部扶贫协作和支援合作捐款相关工作。四是牵头完成企业年度报告、“三保三增”攻坚战工作方案、2019年国铁集团工作会、巡视回头看、推进标杆企业建设等集团公司布置的专项工作，为进一步规范管理要求发挥重要作用。五是印发《集团公司值班工作及补贴标准管理办法》，做好工作日、节假日值班工作计划安排，落实重大节日领导带班和24小时在岗值班，策划起草国庆期间公司领导项目检查慰问工作方案，全年共值班452人次，确保了集团公司的安全稳定和生产经营的正常运转。

（办公室）

·企法部·

【概述】 企业管理和法律事务部（简称企法部）是集团公司负责法律事务管理及企业管理的职能部门。主要职责是负责集团公司章程、企业管理（含子公司管理）制度的制定和修编、合同管理制度体系的建立和维护、长期股权投资，集团公司法律事务管理以及企业管理方面的日常工作，对下属子公司行使股东权力，归口负责指导控股子公司法人治理结构建设、集团公司派出董事的日常管理工作，以及子公司年度经济业绩考核办法制定和考核工作。

截至2019年底，企法部在岗10人，其中部长1人、副部长2人、正处级调研员1人，员工6人，无内设机构。

【企业管理】

（一）规范公司治理。组织对集团公司章程进行修订，将党建工作总体要求纳入公司章程，明确党组织在公司治理中的法定地位。下发《集团公司子公司管理办法（试行）》《集团公司委派股东代表和派出董事、监事管理办法（试行）》，加强控股参股公司法人治理；组织对子公司章程进行修订，确立党组织在子公司治理中的法定地位；对子公司治理结构进行调整。

（二）管理制度建设。依据国铁集团《铁路企业管理制度制定格式指南》的相关要求，修订《集团公司制度管理办法》，组织制定“集团公司管理制度制定格式”；完善“量本利”经济责任制，制定“集团公司内部资源交易制度”；规范建立集团公司各类战略合作伙伴关系，有效管控相关风险，组织制定《中国铁路设计集团有限公司战略合作协议管理办法》。

（三）组织企业管理培训。进一步提高集团公司企业管理水平，补强企业管理人才短板，在6月28日至7月2日组织对集团公司部分中层管理干部和部门单位科室负责人50人进行企业管理知识培训，主要讲授企业管理、公司治理及相关法律法规知识。

（四）推进公司管理课题研究及成果转化。（1）组织制定《集团公司管理课题管理办法》。按照集团公司行政重点工作要求，企法部拟定了《中国铁路设计集团有限公司管理课题管理办法》初稿，并结合《集团公司总经理奖励基金管理办法》文件要求，研究不再单独制定管理创新奖励实施细则，将相关内容纳入管理课题管理办法，增加了相关条款。（2）组织进行控股子公司法人治理结构研究。重点研究股权结构调整、引入战略投资者，论证实施混改的可行性，通过股权结构调整等手段简化管理关系，引入战略投资者和混改解决子公司发展过程中市场空间等问题，进一步规范子公司管理、激发内在活力。（3）组织开展集团公司两级管控体系研究。系统梳理集团公司各类管理关系、既有管理制度及未来管理需求，研究建立、健全以公司章程为核心、以各管理领域的制度办法为支撑的横向协作、纵向一体的分层管理制度体系，提出构建1+N+X集团公司层级制度体系总体思路。（4）制定2018年管理课题成果转化应用工作安排及责任分工。根据《集团公司2019年度行政重点工作目标及责任分工的通知》要求，全面梳理总结2018年管理课题成果，研究提出转化应用建议，包括发展思路研究、体制机制研究、制度办法研究等共40项成果转化应用工作，经总经理办公（扩大）会研究通过后下发。

（五）组织制订“建设标杆企业三年行动计划”。为承接国家铁路集团新要求，落实2019年党委工作报告中提出的把争创标杆企业作为设计集团的目标导向和价值追求，组织完成建设标杆企业实施方案研究，制订下发“建设标杆企业三年行动计划”。

（六）推进投资业务发展。推进集团公司与沈阳局战略合作协议及股权置换等合作事项，推进集团公司投资金鹰重型工程机械有限公司、蒙西至华中铁路公司，集团公司与济南铁路物资工业集团有限公司共同出资成立济南致通华铁测量公司，飞泰公司在昌景黄铁路现场成立轨枕项目分公司。

【法律事务管理】

（一）加强法律队伍建设。一是在2019年机构改革中将发展战略部（法律事务部）优化调整为企业管理和法律事务部，促进法律事务专业化建设。二是加大法律专业人才引进力度。2019年校招并入职3名法律专业研究生，2名安排在企法部工作，1名安排到工程总承包事业部工作。三是加强法务人员自我培养。2019年从所属各单位选送了44人到南开大学法学院进行了为期3个月的脱产培训学习，集中学习了“民法”“合同法”“招投标法”“知识产权法”“公司法”“劳动法”“劳动合同法”“证据法”“民事诉讼法”“仲裁法”等十几门法律课程。四是加强法务人员交流。1名长期在机关法律事务岗位的公司律师交流到工程总承包事业部工作，1名长期在生产一线的公司律师交流到企法部工作。通过上述系列措施，法律队伍建设得到一定加强。五是积极组织法务人员参加国铁集团组织的总法律顾问培训、合规管理培训和公司律师培训等。

（二）改进完善企业合同管理。一是按照国铁集团在全路系统推广使用企业管理和法律事务信息系统的要求，企法部会同相关部门进行了全面梳理和评估。根据评估，明确了在案件管理、商标管理和工商事务3个模块直接使用国铁集团企法信息系统；对于合同系统，由于集团公司所属各单位不能全面使用国铁集团内网等因素，集团公司按照与国铁集团的系统做接口的方案实施，并根据国铁集团数据提取要求，调整完善了集团公司合同信息系统内容；向国铁集团申请在集团公司企法部增设了铁路内网终端，满足国铁集团企法部推广使用企业管理和法律事务信息系统要求。二是为适应集团公司战略规划，落实改革发展要求，结合集团公司机构优化调整和有关机构主要管理职责调整情况，对《集团公司合同管理办法》和《集团公司合同专用章管理办法》进行了修订，合并制定了新的《集团公司合同管理办法》。新办法明确了合同综合管理部门、各业务合同归口管理部门和合同承办部门的职责；优化调整了各类合同的分类标准；按照集团公司两级管控管理要求，优化了合同法律分层审查规定。三是依据国铁集团发布的合同标准（示范）文本，组织编制了适合集团公司使用的41项各类经济合同示范文本，明确采用22项国铁集团发布的合同示范文本，下发了《关于印发中国铁设合同示范文本及有关补充说明的通知》。通过培训宣贯、审查把关，推动所属各单位全面使用发布的各类合同示范文本，提升了合同文本编制质量和管理效率，降低了合同管理风险。

（三）依法合规加强法律风险防范。一是为规范集团公司重大决策行为，有效防范重大决策法律风险，保证经营管理活动依法合规，承接《中国国家铁路集团有限公司重大决策法律论证管理办法（试行）》，研究拟定了《集团公司重大决策法律论证实施办法》。根据《集团公司决策“三重一大”事项实施细则》对重大决策事项需出具法律论证意见书的事项组织进行了法律论证。二是为适应集团公司的管理改革，加强法律风险管理，对原《铁三院集团公司法律事务管理办法》和《铁三院集团公司重要文件合法性审查办法》进行了修订。三是结合2018年度法律风险防范研究报告课题研究成果，提炼了各单位法律风险及评价措施，形成了《集团公司法律风险识别与评价措施表》印发所属各单位，用于指导集团公司各单位法律风险防范工作。四是改进法律咨询处理方式，企法部承担着为所属各单位提供法律咨询和服务的职责，为避免以前电话咨询存在的咨询需求表达不清、背景情况介绍不全、法务人员答复的准确性和全面性难以保证等情况，2019年将电话咨询全部改为书面咨询，并要求法务人员出具书面法律咨询意见，确保出具的法律咨询意见严谨和准确。

（四）审慎应对、妥善处置纠纷案件。一是强化案件管理工作，审慎处理好各类纠纷案件，2019年共处理纠纷案件16件（新增案件8起、延续案件8起）、处理律师函1件、协助法院调查案件1起、处理债务人破产重整债权转股权1起，我方主动维权发出律师函2件。本年度办结案件10起。在处理各类纠纷案件中，一般案件由集团公司律师代理，对于重大复杂案件委托公司常年法律服务所或委托专业的知名律所代理案件。每次开庭审理前，企法部均组织研究，督促案发单位系统全面地做好庭审的支持配合工作。重要案件组织案发单位领导干部参加庭审活动，2019年共组织处级领导干部3人次参加庭审。二是积极开展主动维权，配合集团公司集中开展的债权清理活动，对3家债务人提起了诉讼或仲裁，通过诉讼和仲裁收回债权331万元，对于新乡市公路管理局和安阳县交通局两笔合计80万元的债权发出律师函予以催收。

（五）积极组织开展法治宣传教育。一是依据国铁集团关于在全路范围内开展“宪法微视频活动”的通知，企法部组织所属各单位开展“我与宪法”视频征集评选活动，各基层单位通过视频制作，进一步拉近了与宪法的距离，增强职工宪法法治意识，促进了业法融合。二是推荐4名职工参加国铁集团组织的“青春与法同行”青年职工法律知识竞赛全路总决赛。三是依据国铁集团普法办公室在全路范围内《关于开展2019年全民国家安全教育日普法宣传活动的通知》，企法部和宣传部联合，紧扣主题，抓住宣传重点，开展了多种形式的普法宣传活动。四是为了给集团公司工程总承包业务安全管理保驾护航，企法部组织开展了主题为“依法履行安全生产管理职责、规避工程总承包企业安全管理法律风险”的培训，集团公司从事工程总承包业务管理的80余名工程管理人员参加了培训学习。

【其他工作】

组织完成集团公司加入协学会专项清理整治工作。按照《中国铁路总公司办公厅关于对总公司所属单位学协会工作中的不规范行为进行专项清理治理的通知》（铁总办劳卫电〔2019〕号）要求，组织集团公司所属各单位对学协会等社会组织工作中存在的各类不规范行为，积极开展专项清理整治工作。对照通知中的各项内容要求进行了认真的梳理、清理，清理整治情况及时上报总公司。

组织完成国际ENR、ENR及《建筑时报》中国承包商80强和工程设计企业60强及天津市百强等企业排名申报工作。

（卢慧丽）

·发展部·

【概述】 发展计划部（简称发展部）于2019年4月成立，是负责集团公司体制改革，研究制定集团公司发展战略、发展规划、年度发展计划、经济责任制，负责综合统计、合同综合管理、资质维护、定额管理以及负责董事会下设的战略委员会日常工作的职能部门。另外，作为集团公司设备和低耗品归口部门，负责集团公司设备和低耗品备案管理。

截至2019年底，发展部共有员工14人（含在岗职工12人、借调2人），其中部长1人、副部长2人，内设发展战略室、计划考核室、合同统计室。

【整章建制职能管理】 发展部自成立以来，按照集团公司相关要求，完成整章建制工作，完善各项工作管理体系。一是印发了《发展部部务会议议事决策规则》《关于发展部领导班子工作分工的通知》《发展部领导班子成员沟通交流制度》等管理制度，规范了发展部管理决策程序。二是制定了部内分工实施细则，形成各室之间独立而又相互协作的工作机制。三是对战略协议签订、资产开发、生产单位签报等业务流程进行标准化设置，服务集团公司各部门、各单位有序开展相关工作。

【企业发展战略管理】

（一）启动集团公司“十四五”规划编制工作。根据《中国铁路总公司办公厅关于做好“十四五”企业发展规划编制的通知》（铁总办发改函〔2019〕124号）、《中国铁路总公司办公厅关于印发“十四五”重点专项规划预案的通知》（铁总办发改函〔2019〕126号）文件要求，发展部结合集团公司发展改革实际，提出建立“1+7+26”“十四五”规划体系，并于2019年9月27日安排九大业务板块的专项规划研究，12月18日全面启动公司层、业务层、部门（单位）层“十四五”规划研究工作。2019年12月底九大业务板块专项规划研究报告形成初稿。

（二）制定2020年度经营目标。经过市场调研、业务板块分析、分部门对接、部内研究等过程，提出集团公司2020年经营目标建议。

（三）组织开展发展部管理课题研究。一是完成《“十四五”规划研究》管理课题研究报告，于11月22日完成向总经理汇报，并按规定履行结题手续。二是完成管理课题申报工作，将《集团公司改革管理优化策略研究》《集团公司业务发展空间机遇研究》两项管理课题纳入2020年集团公司管理课题研究计划。

（四）推进集团公司标杆企业建设。集团公司于2019年7月下发《中国铁路设计集团有限公司建设标杆企业三年行动计划》（中国铁设〔2019〕32号），发展部作为主责部门，积极推动各项重点任务稳步落实，于2019年11月先期下发了《关于开展集团公司大力推进建设标杆企业三年行动计划工作的通知》，建立指标报告分析制度，每半年汇总分析一次。

（五）扎实推进战略合作管理。共组织5项战略合作协议的签订管理。一是牵头组织完成了集团公司与瀚阳国际的战略协议签订工作；二是组织生产经营中心、产业化公司完成集团公司与枣庄市、济南铁路局战略协议签订工作；三是对《高分辨率对地观测系统重大专项在铁路工程应用推广战略合作协议》《中国铁路设计集团有限公司与比亚迪股份有限公司、天津市城市规划设计研究院战略合作协议》进行了备案管理。

【计划管理】 精心组织，推进集团公司计划管理。一是组织完成2019年集团公司调整计划的编制和下达。二是组织完成集团公司发展计划管理办法、基本建设管理办法的修订（初稿）。三是组织安排了2020年度发展资金使用计划、2020年集团公司发展年度计划、2020年固定资产投资计划、2020年固定资产预算的编制工作。四是按照国铁集团发改综电〔2019〕4号《关于编制上报2020年铁路发展建议计划的通知》要求，组织各部门、各单位完成建议计划报国铁集团发展和改革部。

【考核管理】 为落实集团公司改革与发展工作的具体要求，在经营和生产活动中发挥政策导向作用，按照责、权、利统一，人、财、物协调“三位一体”的管理思路，研究制定经济责任制考核体系。一是优化量本利体系，结合集团公司经营生产现状完成了量本利单位主要经营、经济指标的考核框架构建，组织完成2019年度集团公司研究院、事业部、区域公司经济责任制的数据测算、办法制定、重点宣贯等各项工作。二是组织完成了2019年发展资金计划落实，并对全年使用进行了核定。三是优化集团公司计“量”和责任制考核流程，组织完成2019年全年计“量”工作。四是组织安排了2019年度经济责任制考核工作。五是组织完成了集团公司计“量”规则的初稿编制工作。

【资质管理】 一是不断加强业务建设。完成《中国铁路设计集团资质汇编》，在集团公司局域网统一发布，提高资质的应用效率，有效避免了无效证书应用，为生产经营工作提供了坚实的基础；完成电子图纸资质章应用模块的开发实施，有效提高了办事效率，适应了信息化需求。二是完成大量资质延续、变更等工作。完成设计综合甲级资质延续换证工作；完成水土保持资质延续；申报天津市工程建设项目验收阶段“联合测绘”中介服务机构名录并获批复，扩展了测绘服务范围；完成中国工程咨询协会组织的工程咨询资信核查。三是完成资质管理检查工作。完成“测绘资质年度报告”“测绘统计年报”“测绘年鉴”等工作；组织完成“天津市工程咨询单位执业检查工作核查”工作。

【合同管理】 一是不断进行业务建设，从完善规章制度及优化合同管理手段入手，优化合同管理流程及管理系统，强化合同管理。完成境内勘察设计咨询承揽及委外13个合同范本的发布实施，从源头上规范了合同签订内容，有效减少了合同风险；完成合同盖章签收软件开发，增强了信息的自动化、智能化，具备较强的统计功能、合同办理督促功能，应用效果良好；补充完善、优化了OA合同管理系统相关流程，为统计月报、经济运行分析打下了良好基础。二是加强合同日常管理。组织完成“2018年度勘察设计类合同自查工作”，对存在的问题和不足进行了探讨和交流，提出了改进意见；组织《境内勘察设计类产品与服务采购暂行管理实施办法》《境内勘察设计合同管理实施办法》宣贯。通过对合同管理各种常见问题的分析、与相关单位深入交流，为合同管理的规范化、信息化打下了基础。配合完成审计署、国铁集团审计工作。

【统计定额管理】 2019年，发展部按照国铁集团发展和改革工作要点，夯实统计基础能力建设，建立、健全统计指标体系；强化统计分析服务作用；积极推进统计信息化建设，全面完成了各项统计任务。

（一）**夯实统计基础能力建设。**结合生产组织机构变化以及业务类别的重新划分，修订了《集团公司统计管理标准》；根据集团公司总体经营方针，提出了“生产经营月报”改版工作方案，使其更清晰地反映集团四大业务及区域的经营情况。

（二）**着力强化统计分析能力建设。**着力强化分析职能，提升分析能力。重点做好“集团公司经济运行通报及分析”工作，广泛搜集市场信息，做好报告期财经指标解析，抓好监控分析预警，为集团科学决策、战略规划和高质量发展提供了主要依据和有力支撑。

（三）**积极推进统计信息化建设。**结合“生产经营月报”改版工作，以及“集团公司经济运行通报及分析”和“生产经营月报”数据采集过程中发现的问题，对集团公司“合同管理系统”的进一步完善提出了管理建议，并与系统开发人员进行了工作对接和研讨。

集团公司2018年劳动统计获国铁集团直属单位组第三名。

【设备低耗管理】 2019年度集团公司购置设备2753万元，其中集团公司直属单位2684万元，研发基地一期筹备、二期筹备、空港园区运营设备完善购置设备19万元、16万元和34万元；购置低耗品270万元；设备大修136万元。各个设备采购工作组进行公开招标8次，邀请招标13次，竞争性谈判9次，单一来源13次，询价80次，延续2018年集团公司采购87次。

2019年结合集团公司搬迁通过公开招标处置一批设备低耗品报废工作，回收资金0.33万元。2019年通过拍卖方式报废车辆1辆，回收价款2.40万元。共计2.73万元。

【其他工作】 按照集团公司要求，于10月28日组织开展了分、子公司座谈会，全面梳理、分析、汇总分、子公司相关问题和各部门意见，建立分、子公司座谈会限期督办落实重点问题库，形成长效工作机制。

组织开展集团公司江苏分公司、华南分公司、上海分公司购房的批复前期研究工作。组织开展海外事业部孟加拉国分公司设立的批复前期研究工作。

分析解读《非运输企业负责人经营业绩考核办法的通知》（铁总审〔2019〕57号），完成考核办法的梳理、各类考核指标的分工、相关数据的测算等工作，形成分析报告初稿。

（毕海峰）

·科技部（全质办）·

【概述】 科研技术管理部（简称科技部）与全面质量管理办公室（简称全质办）合署办公，主要负责集团公司质量、科研、标准、专业信息化建设以及全面质量管理的职能管理工作，负责集团公司三体系维护和开展内审与管理评审工作，代管天津市铁道学会工作。

2019年4月17日，根据《关于公布集团公司下属一级机构优化调整方案的通知》（中国铁设党〔2019〕17号），科技部原先承担的质量、安全监督检查职责划转至新成立的质量安全监督检查中心，撤销产业化管理内设机构。

科技部设部长1人、副部长2人；内设技管室、科管室。截至2019年12月，科技部全部现员12人，在职人员中正高级工程师2人、高级工程师10人。

【技术质量管理】

（一）**参与召开集团公司改革与发展工作会议。**3月29日，召开集团公司改革与发展工作会议。会上集团公司总工程师孙树礼作题为“强基础 重创新 铸精品 为集团公司高质量发展提供技术支撑”的报告，总结2018年科技质量工作，分析2019年面临的形势和总体要求，对2019年重点科技质量工作提出管理要求。

（二）制度建设。2019年编制发布5项技术质量管理规章制度：（1）4月15日，发布《关于加强铁路工程总承包项目地质工作的意见》（中国铁设科技〔2019〕54号）；（2）4月26日，发布《境外项目质量计划编制指导意见》（中国铁设科技〔2019〕19号）；（3）8月27日，发布《关于铁路建设项目文件编制办法新增与调整内容有关工作分工的通知》（中国铁设科技〔2019〕70号）；（4）10月24日，发布《工程总承包技术管理两级管控指导意见（试行）》（中国铁设科技〔2019〕76号）；（5）11月6日，发布《加快推进土地综合开发工作实施指导意见》（中国铁设科技〔2019〕78号）。

（三）专业分工。2019年组织、协调重大复杂专业分工73次，梳理明确项目新出现的复杂专业接口、分工，为项目尤其是开通项目生产进度、质量提供保障。

（四）专家委员会管理。集团公司围绕川藏铁路勘察设计咨询及地勘监理、总包、城轨、海外以及铁路等重难点项目召开专家咨询（评审）会议87次，有效防范质量安全风险，提升技术决策质量。

【体系管理】

（一）顺利通过管理体系监督审核。审核范围涵盖19个部门/单位及4个指挥部/项目部，劳氏公司共提出改进建议45项。审核结果证明集团公司体系运行符合管理体系标准要求，集团公司管理体系认证证书继续有效。

（二）完成内审及联合检查。4个内审组共审核了18个部门/单位、3个总承包项目部、1个配合施工指挥部，涉及铁路、城市轨道交通、公路等领域的勘察、设计、咨询以及工程总承包项目。审核共提出一般不符合项23项，改进建议125项，跟踪项4项。

（三）开展管理评审活动。组织召开管理体系转版后第一次管理评审会议，总结2018年提出的改进建议落实情况，分析2019年体系运行总体情况和存在问题，对2020年各项管理提出改进建议和要求。

（四）开展集团公司质量、环境目标管理工作。组织制定并发布集团公司2019年度质量、环境目标指标及管理方案，督促指导各部门、各单位做好目标分解与承接，在内审和联合检查中把控目标管理情况，于年底完成目标情况总结。

（五）完成管理体系维护工作。完成环境因素及法律、法规和其他要求更新，完成绩效监视测量与合规性评价，完成全面质量管理QC小组活动，完成顾客满意测评及顾客抱怨管理等工作。

【科技开发管理】

（一）加强立项管理。（1）围绕重点工程建设，承揽“智能动车段（所）总体技术深化研究”“沈白铁路综合勘察新技术研究”“智能牵引供电系统仿真测试平台研究”“川藏铁路相关地区地质形变、桥隧形变及地质灾害微波遥感监测系统及技术研究”“客货共线铁路设计规范”“高铁工程技术总结”“面向轨道交通基础设施运营安全的网络化智能预警监测系统研发”“渤海海峡跨海通道建设方案研究”“天津港一体化发展战略研究”等国铁集团、国家铁路局、天津市、工程院等外部课题22项。(2)坚持申报单位、专家和集团公司逐级审查制，确立集团公司年度新开内部科技开发项目253项。（3）2019年课题研发经费列支9.92亿元。

（二）抓好重点项目开发过程控制和质量。（1）对2项集团公司内部重大课题进行开题报告评审，明确开发方向和成果要求；

强化研发课题监督考核，有力推动课题研发。（2）集团公司承担的“铁路预应力混凝土连续梁节段预制拼装法建造关键技术研究”“无人值守中继站室内信号设备智能巡检及远控技术研究”“智能牵引供电设备状态监测与故障预警技术研究”等9个铁路总公司课题顺利通过国铁集团结题验收。（3）对152项集团公司级科研课题进行结题验收，保证了课题研发质量。

【信息化应用及开发】

（一）管理信息化建设。按照“组织、流程、IT”三大管理理念，研究论证管理信息化建设的总体思路和顶层设计方案，抽调骨干人员成立专项领导小组和工作组，初步形成流程建设与信息化总体工作方案。开展云平台试点应用工作，取得良好效果。

（二）系统平台建设。根据集团公司关于“三维协同设计系统”相关安排，科技部根据各专业在包银、雄商等项目初步设计的应用报告，对“三维协同设计系统”进行了系统的梳理、分析、总结，对系统开发整体完成情况进行分析、总结，梳理既有系统存在的问题，提出了“以铁路工程建设法律法规、技术标准、数据标准为依据，以铁路勘察设计项目为载体，以正向三维（BIM）协同设计为主线，以施工、建设、运营维护管理为延伸，坚持科技进步和管理创新相结合，实现铁路工程项目全生命周期三维（BIM）技术研发与应用”的总体思想，确定了总体目标，协同推进三维协同及BIM技术研发。

【知识产权管理】 2019年共申请专利121项（其中发明专利81项），获批专利88项（其中发明专利19项），登记软件著作权59项。

【科技信息管理】

（一）高质量完成“纪念新中国成立70周年科技成就科普展”相关工作。由中国科学技术协会主办、中国科学技术馆承办并自主设计开发的“礼赞共和国——庆祝新中国成立70周年科技成就科普展”，分别在2019年全国科普日北京主场活动和中国科学技术馆短期展厅展出。集团公司在铁道学会的组织下，积极参与了此次展览，以“70年勘察设计手段变迁”为主题，制作了视频宣传片《沧海桑田，铁路勘察设计70年》，通过介绍70年间铁路勘察设计手段的变迁，展示铁路设计手段的发展历程，让民众切身体会到我国铁路科技的发展。制作的视频宣传片得到了中国科协和铁道学会的高度赞扬。

（二）圆满完成各类期刊、会议论文征集、出版工作。组织完成2019年《铁道工程学报》稿件征集工作，完成69篇稿件审查、编辑等工作。完成各类交流会、论坛会议征文，重点组织十一届世界高铁大会征文，征集论文52篇。完成全年《科技通讯》4期的征文、编辑、出版等工作，其中第1、2期的出版由科技部负责完成，3、4期的出版由实验室负责完成。

（三）网络科技信息相关工作。完成2019年“科技知识系统”数据上载、外网“企业知识门户系统”维护及数据服务、“万方数据”更新工作。

（四）学会、协会相关工作。2019年完成各类学会、协会的专项清理工作，并在此基础上完成学会、协会的各类活动组织工作。完成加入UIC可行性和必要性的相关调研工作，为集团公司加入UIC提供决策依据。

【保密管理】 一是2019年5月开展《保密法》宣传周活动。根据集团公司保密工作的总体要求，科技部坚持以各科室、领导干部和涉密人员为重点，充分利用民主生活会、座谈会等形式，组织学习保密法律法规知识和保密科技知识。二是深化保密工作责任制。进一步落实领导干部的保密工作责任制，及时调整保密工作领导小组，坚持一把手亲自抓、分管领导具体管、各科室负责日常工作的保密工作组织原则；把保密工作纳入单位目标考核内容。三是坚持做到保密工作机构健全。坚持做到保密工作人员及时调整、补充和工作交接，不断完善工作机制，将本单位保密工作纳入党支部工作议事日程，认真履行管理职责，充分发挥保密委“议事决策”“统筹协调”作用，不断完善保密工作队伍建设。四是进一步完善本部门保密工作各项规章制度，抓好保密载体收发、登记、保管、清退、销毁等环节，堵塞各种失、泄密漏洞。

【QC小组活动】 2019年度集团公司质量管理小组活动获得省部级及以上奖项30项。

【技术交流】 利用集团公司技术交流平台，邀请知名专家开展了“区块链技术及应用”“铁路产品CRCC认证”“航（地）空电磁探测系统及其在复杂地质环境中的应用”“铁路工程地质遥感技术开发与应用”等7次技术交流活动，参加人员400余人次。各基层单位也根据自身特点分别开展形式多样的技术交流与培训工作，取得了良好效果。

【重大活动】

（一）**科技周活动**。5月19日至26日，围绕“智能时代 科技强市 全域科普”活动主题，以推动人工智能、信息技术为重点，集团公司专业特色重点在军民融合技术应用（北斗卫星应用、高清卫星遥感技术应用）、智能高铁（包括智能运营技术、智能装备技术、智能建造技术）、大数据等方面，采用传统媒体和网络媒体形式，开展了形式多样的科技周活动，取得很好成效。

（二）**质量月活动**。9月1日—30日，在集团公司范围内全面开展以“稳步推进两级管控，推动高质量发展”为主题的“质量月”活动，推动质量改进、质量攻关，收到良好效果。

（孟雷）

·人资部·

【概述】 人力资源部（简称人资部）是集团公司职工招聘、职工培训培养、工资管理、劳动关系管理、社会保险和福利管理的职能部门。

2019年6月前内设机构为管理干部科、技术干部科、职工培训科、综合科（含人力资源市场管理）、劳资科、社保中心、企业年金办公室。2019年6月，集团公司下发《关于公布集团公司职能管理部门、党群部门、生产业务机构内设机构设置及管理岗位编制的通知》（中国铁设党〔2019〕23号），内设机构调整为组织室、人才与培训室、社保与年金室、综合劳资室。管理岗位编制为：部长1人，副部长3人，组织室主任1人、副主任1人；人才与培训室主任1人、副主任1人；社保与年金室主任1人、副主任1人；综合劳资室主任1人、副主任1人。截至2019年底，人力资源部在岗职工22人。

【领导班子和干部队伍建设】 一是认真谋划领导班子和干部队伍建设工作。集团公司党委研究干部任免79人次；人资部部务会研究科级层面39人次。人力资源部答复二级单位关于副总工程师和三级项目经理等任职征求意见53人次。二是围绕构建从严管理、素质培养、知事识人、选拔任用、正向激励，制定了《中国铁路设计集团有限公司决策“三重一大”事项实施细则》《中国铁路设计集团有限公司所属单位中层管理人员选拔任用工作责任追究及有关事项报告暂行办法》《中国铁路设计集团有限公司领导人员能上能下实施办法（试行）》《中国铁路设计集团有限公司领导人员交流管理暂行办法》《中国铁路设计集团有限公司关于防止领导人员“带病提拔”的实施办法》《中国铁路设计集团有限公司挂职管理办法》等规章制度。三是优化干部成长路径，积极推动干部交流任职，选派机关人员到生产单位挂职锻炼，选派生产单位人员到机关培养锻炼，有效提升了干部队伍的能力素质。四是落实国铁集团党组要求，下发《关于进一步激励集团公司广大干部新时代新担当新作为的措施》，抓实激励措施落实。五是结合各单位职代会（职工大会）指导完成对领导班子及成员的民主评议和选人用人“一报告两评议”等工作。六是结合主题教育，做好领导人员亲属违规经商办企业问题专项整治工作，对246名处级干部家属经商办企业情况展开摸排，掌握领导人员亲属经商情况，联合纪委、财务、审计等部门做好监督工作，严格管理监督领导人员。

【人才引进】 组织完成2019年138名应届毕业生的接收工作；面向总承包和财务等引进27名成熟人才。同时鼓励总承包、海外、产业化、区域化公司加大人才引进力度，支持总体专业加强人才储备，控制各工点研究院员工规模，促进人力资源结构与业务布局相匹配。

【专业技术人员队伍建设】 一是实施“百千万人才工程”，1人当选总公司“百千万人才工程”专业领军人物，4人当选专业带头人。二是以高端咨询服务为平台，建立集团公司“智库”，搭建高端咨询团队，人才发展空间和平台不断拓展，为集团公司发展新局面提高有力人才支撑。三是围绕“千亿级工程产业集团”战略目标，修订《中国铁设员工招聘管理办法》。四是严把评审范围和评审条件、严格履行程序、严肃评审纪律，完成2019年度专业技术职称和政工专业职称评审。

【职工培训】 制订下发集团公司2019年培训计划，做好常规培训和针对性较强的专业培训，采用自培、委培和岗位锻炼等方式积极培养工程管理、海外、商务、经济等方面的专业人才以及既懂管理又懂业务的复合型人才。一是精选并处理9个管理类视频课件发布到网络培训系统。二是组织中国铁设领导人员学习贯彻习近平新时代中国特色社会主义思想专题研修班暨发展改革培训班和2019年新员工岗前培训班。三是配合发展部策划实施“合同管理人员法律知识培训班”和“企业管理知识培训班”。四是选拔推荐1名员工参加铁总境外培训项目“铁路技术创新体系和知识产权德国培训”。五是加强新兴业务知识学习，组织集团公司级系列教材编写的整体推动，牵头负责新员工培训教材的编写工作。

【劳动用工管理】 一是积极推进建立以成本为核心多层次的劳动用工方式改革，不断完善劳动用工制度。开展劳动用工制度改革课题研究，为后续制度建设提供方案可行性研究和措施方案，进一步推进差异化、属地化用工管理体系，建立与集团公司发展需要相适应的用工机制。二是进一步完善劳动合同协议签订的标准文本，明晰职责权限，强调职工应享受的权利和履行的义务，并强化劳动协议作为管理职工的第一层依据。三是承接内外部审计的要求，结合劳务派遣用工中存在的问题，进一步完善劳务派遣协议，规范各单位劳务派遣用工，提升用工法律意识。明确劳务外包管理界面和法律风险，指导各单位在开展劳务派遣、劳务外包工作中规避法律风险。

【职工带薪休假和健康管理】 持续推进职工健康行动计划，以“健康体检、健康宣传、健康维护”为重点，建立局域网健康宣传平台。开展职工心理评估，发放健康管理书籍，不断提高集团公司职工健康水平。组织完成职工健康体检，让职工全面掌握自身的身体状况，确保集团公司职工的身体健康。制订职工健康休养计划，积极安排职工到五龙背和扬州疗养院进行健康休养。

【工资总额管理】 按照国铁集团工资决定和增长机制的要求，研究建立集团公司职工工资与企业效益联动的决定机制，优化工效联动指标，综合考虑企业发展战略、经济效益指标、人工成本等因素，对集团公司2019年度工资总额发放、结算及调整进行了测算。建立以经济效益和劳动生产率为导向优化薪酬分配制度。对各事业部、研究院、分公司、子公司，以效益为中心，充分考虑人工成本投入产出率，确定各所属单位工资总额分配情况。在绩效管理的基础上，构建以工作结果为导向的薪酬分配制度，充分体现效率与贡献在分配中的作用。在职级体系的基础上，研究晋升规则和职级晋升办法，进一步促进人才的融合发展，调动员工积极性。

【机构编制管理】 成立机构编制优化调整工作领导组织机构，全面负责机构编制优化调整工作的协调推进工作。开展内部机构设置改革优化，促进区域整合，对机构编制进行优化调整，完成集团公司下属一级机构优化调整方案和集团公司职能管理部门、党群部门、生产业务机构内设机构设置及管理岗位编制。在内设机构编制顺利完成的基础上，进一步优化理顺管理职责，完成了集团公司职能管理部门、党群部门、生产业务机构和其他有关机构主要管理职责，确保管理机构有效运转。

【社会保险】 一是针对集团公司搬迁到空港新址的情况，积极与保税区、河北社保部门沟通协调，于2019年11月完成了集团公司的社保整体参保转移，确保社保参保、缴费和待遇支付平稳衔接。二是完成社保缴费工资基数的确定；完成64名职工的退休待遇报批工作。三是建立社会保险月度统计制度，认真做好监控分析社保缴费和节支的预算执行情况。三是积极争取社保降费、稳岗补贴等优惠政策，努力降低集团公司成本支出，2019年因社保费率降低节支单位缴费1415.16万元，申请到稳岗补贴336万元。四是完成2018年度职工补充医疗保险补助工作，提高了职工医疗保障水平。同时在中铁自保公司为职工投保了意外伤害险和附加病故险。

【企业年金】 针对企业年金专项审计，积极落实整改要求，防控年金运行风险。研究企业年金管理制度，完成修订《中国铁路设计集团有限公司企业年金实施细则》，提升管理水平，确保年金资金安全和投资收益，实现2019年度年金计划投资收益率为7.80%，同比增长182.61%；组合成立以来累计收益率为65.13%，同比增长22.47%。

（任瑞宁）

·财务部·

【概述】 财务部是集团公司财务管理职能部门，主要负责全面预算、财务管理、会计核算、成本控制、资金管控、税务筹划、内部财务清算、科研经费核算、财务监察检查、内控制度建设、财务状况分析及资本运作等工作。

2019年内设机构调整后，设财务室、会计室、税收室、机关财务室和资金结算所（代集团管理）。截至2019年底，财务部在册职工25人，其中部长1人，副部长2人。截至2019年底，集团公司现有持证在册在岗财务人员110人，其中高级职称46人、中级职称29人、初级职称35人。

【财务决算】 2019年集团公司实现总收益2654837万元，实际总支出2489003万元，实现利润总额165834 万元，所得税费用22773 万元，实现净利润143061万元。

【财务状况】 2019年末，集团公司资产总计1632193万元，负债总计1048463万元。

【全面预算】 预算管理实现全覆盖。审核、平衡、批复87个单位及部门的成本费用及资金预算。同年9月，根据业务进展情况，按照两级管控的原则，对所属各单位实施预算调整，使各项经营活动全部纳入预算管理。全面兑现预算目标。全年完成营业收入265.31亿元，超预算106.10亿元；实现利润16.58亿元，超预算2.00亿元；实现进款额超预算120.93亿元；实现净资产收益率27.3%，为预算的120.6%；实现总资产收益率10.2%，为预算的97.2%。

完成《全面预算管理手册》课题研究，对全面预算管理进行全方位细化补充；优化和完善预算评审机制，简化了决策程序，提高了管理效率，两级管控水平进一步提高；进一步加强业财融合，突出预算管理的“全面性”，加强预算管理与合同管理、资金管理的协调性，促进了财务管理与战略规划、发展计划、生产经营的融合。

【财务管理】 一是结合勘察设计、总承包业务、海外业务实际规范财务管理，理顺各层级财务管理关系与权责，推进财务管理办法的制定。二是提前谋划新会计准则的过渡工作，对总承包项目财务管理及会计核算体系进行梳理和优化，完成总承包项目会计核算向建造合同核算方式的转变。三是境外业务财务管理的介入节点得以进一步提前，在匈塞项目、菲律宾项目等新签合同中，境外项目税务筹划提前至合同谈判及合同签订阶段，为后期的税务筹划提供了时间和空间。

【会计核算】 一是严格执行企业会计准则，提高会计信息质量。二是简化费用核销流程，完善资金审批、网上报销系统，优化用友软件系统功能，进一步提高工作效率，并做好用友软件与国铁集团会计核算5.0系统接口筹划。三是按照国铁集团会计基础工作规范化要求，以问题为导向，进一步规范会计基础工作，提高会计基础工作水平。四是加快推进项目独立核算，优化会计科目设置，满足项目全成本核算需要，逐步实现会计数据与业务管理的有效对接。

【成本控制】 一是加强成本管控措施研究，梳理集团公司成本管控现状，掌握工程总承包、勘察设计、咨询、产业化等各业务板块成本核算情况，分析各项成本要素，确定成本核算项目。二是加快推进总承包项目和海外项目全成本核算，明晰费用渠道，从源头加强成本管控。三是实施“量本利”经济责任制，以降本增效为目标，突出战略目标实现，强化成本过程管控，细化各单位考核成本要素。

【资金管控】 2019年，各银行授信总额度达到170.20亿元，全年共开具各类保函180笔，金额33.83亿元；到期保函及时办理撤销，全年共撤销各类保函147笔，金额11.41亿元，保证信用额度的及时释放。2019年末，保函存量408笔，金额98.01亿元。

全年完成72个内部账户的日常资金结算和17个银行归集账户的资金往来和管理工作。集团公司资金结算所于6月经国铁集团验收合格后积极组织开展资金归集和资金上（回）调工作，在保证资金安全前提下统筹资金使用计划，满足正常生产经营资金需要，合理压缩资金头寸，将沉淀资金最大限度上调国铁集团，为集团公司争取更大资金效益。2019年末，资金结算所归集资金余额44.72亿元，上调国铁集团资金35亿元，收到国铁集团拨付上调资金占用费1858.32万元，奖励工资总额128.70万元。

组织开展风险债权清理工作。贯彻落实国铁集团风险债权常态化管理要求，统筹谋划、精心组织，下发《关于做好2019年风险债权专项清理工作的通知》，明确风险债权签认和清收目标，提出落实目标措施，明确考核标准。全年共清理存量风险债权115笔、1.12亿元，较年初压缩34.5%，完成国铁集团下达的风险债权下降目标。

【税务筹划】

（一）完成2018年度高新技术企业认定专项审计及研发费用加计扣除认证工作。随着集团公司体量增加，对高新技术收入指标、研发投入指标均提出更高要求，总包业务占比的增长，同样加大了高新技术收入风险，通过积极与专项审计人员沟通，认真研究政策，规避高新认证及加计扣除专项审计风险。

（二）个人所得税纳税方案策划。一是做好2019年度个人所得税汇算清缴宣传工作，指导、提醒涉及职工及时办理补退税。二是及时优化个税申报上下续工作。打通薪酬系统、申报系统、专项附加扣除信息等多平台数据信息交叉，使得纳税申报高效准确，提高效率。三是对年终一次性奖金和工资薪金进行筹划，加强财务人员与人力资源管理人员的沟通，给出建议筹划表，合理降低职工个税税负。

（三）落实国铁集团减税降费优惠政策工作要求。国家和地方出台了一系列税费优惠措施支持大中小型企业节支降耗，及时掌握政策动态，积极与有关部门沟通对接，做好政策申请工作，确保政策应享尽享，维护集团公司利益，建立沟通协调机制，通畅政策传达渠道，依法合规落实各项政策。

（四）依法纳税，信誉良好。2019年度集团公司纳税信用等级评定预评为A级。A级纳税信用等级的荣获是天津市国家、地方税务局对集团公司纳税信用的肯定。

【内控制度建设】 结合各类课题研究，修订发布《中国铁路设计集团有限公司收入确认暂行办法》，规范收入确认，强化合同收支管理，按权责发生制和配比原则确认收入、列支成本，推进项目独立核算；出台税务管理指引，指导税收管理工作，推进业财融合。

【资产管理】 根据国铁集团及集团公司有关资产管理要求，结合年度财务决算和实际情况，完成集团公司2019年度固定资产、无形资产、存货、低值易耗品等各类资产专项清查工作。集团公司成立清查工作领导小组，对实物盘点工作作出具体安排；各基层单位认真清查资产，填报盘点报表，完成实物清查工作。

【配合审计工作】 2019年财务决算年度审计期间，配合中路华会计师事务所审计工作，协调解决事务所提出的问题，取得会计师事务所出具的无保留意见的审计报告。

【财会人员培训】 2019年，为了使财务人员更好地适应集团公司转型发展，实现知识更新，打造一支懂业务、精管理、善谋略的专业财会队伍，财务部对全体财务人员进行了成本管控、投资决策管理、营运资本管理以及管理会计报告方面的继续教育培训。培训提高了全体财务人员的综合管理水平，促进财务工作由传统的报账型向管理型、决策型的转变。

（张健）

·审计部·

【概述】 审计部是集团公司履行审计监督和服务的职能部门，主要职责是对集团公司及所属单位内部业务运行进行独立客观的监督、评价和建议。负责制定集团公司内部审计规章制度和办法；对集团公司及所属单位发展规划、战略决策、重大措施、年度业务计划的执行情况，贯彻落实国家重大政策措施情况，内部控制、风险管理、经济管理和效益情况，资产管理履行情况，社会资源采购管理情况，工程总承包、工程监理、固定资产投资等项目的各项管理及经济运行、效益情况，财务收支（或经营业绩）情况，以及集团公司管理领导人员履行经济责任情况进行审计监督；负责集团公司监事会办公室日常工作。

截至2019年底，审计部定员8人，现员5人；设部长1人，工作人员4人；其中高级会计师2人、会计师3人。

【制订审计工作要点、计划及计划落实情况】

（一）部署制订2019年集团公司审计工作要点和计划。召开年度财务审计工作会议，制订《2019年集团公司审计要点和项目计划》。一是将重大决策精神，融入审计计划。二是加大对境外资产、资金的审计，重大决策落实落地的审计；加大对总包项目、基本建设项目的审计。三是对集团公司战略方针和规划、计划的执行落地和落实效果实施审计监督，促进政令畅通；督促建立容错机制，鞭策谋事创业。四是将“三重一大”议事规则等规矩意识和制度要求明确传达到各级管理者，使之清楚理解、正确认识职权和责任，提高政治站位，保障党的统一领导，作为审计重要内容。

（二）审计计划落实情况及审计成果。2019年度计划审计项目18项，完成18项，完成年度计划的100%。完成经营业绩审计7项，任期经济责任审计5项，境外项目审计1项，总承包项目审计2项；承接国铁集团项目3项（扶贫资金审计1项、年金审计1项、国家实验室建设项目1项）。配合其他部门，完成公务用车专项整治检查、八项规定专项检查等多项工作。

通过审计，收回违规款项2.16万元，收回合同款162多万元，纠正债权债务、合同管理等不规范款项过亿元；建立2项集团公司层面制度《中国铁路设计集团企业年金计划投管人考核管理办法（修订）》《集团公司海外业务汇率使用相关规定》，建立完善所属单位层面内控制度多项；提出审计意见和建议51条（不含立审立改问题），被审计单位均按审计意见逐步开展整改。

【深入开展主题教育，促进工作水平提高】 一是有序推进“不忘初心、牢记使命”主题教育工作。通过集中学习和自学相结合，在学懂、弄通、做实上下功夫。坚持四个贯穿始终，努力做到学思用贯通，知行信统一。践行理论学习有收获，思想政治受洗礼，干事创业敢担当，为民服务解难题，清正廉洁做表率目标。全体党员干部，不断增强“四个意识”、坚定“四个自信”、做到“两个维护”，更加筑牢信仰之基、补足精神之钙、把稳思想之舵。通过全面落实践行宗旨，找差距、抓落实，使全员政治思想境界不断提高，理论水平逐渐提升，自身修养明显改进，审计工作效果显著呈现。二是主动落实“一岗双责”。积极落实党支部党建主体责任，审计的监督责任。每月积极上报“两个责任”的落实情况，接受集团公司纪委、机关党委的监督和检查。不断学习找差距，仔细思考查不足，脚踏实地定措施。

【加强审计内业管理，促进监督质量提高】 一是接受国铁集团审计局的重点监督和经常性监督。组织上年度审计工作和经济责任情况总结，上报上年度审计工作和重大信息；报告上年度审计部长工作情况，接受审计局和人事部考核考评。二是不断完善考核工作。按照员工考核程序，结合审计内业质量检查考评要求，开展激励先进、鞭策后进的工作考核；并开展相互交流，查摆问题，分析成因，分享工作经验，取长避短。

【全面推进审计项目实施】 一是重大决策落实监督。发挥内审对重大决策执行落实的监督和保障作用，突出审计重大决策部署的落实落地情况。加大对决策部署贯彻执行的监督，推动不断改进管理，保障政令畅通。重大决策部署落实落地逐步得到有效改善。二是强化债权清理监督。认真落实债权清理工作要求，对债权清收领导责任制落实、债权签任、应收款项台账的建立、清收长期拖欠款项责任人及职责等情况进行审计。三是严格把控审计要点的落实。贯彻国铁集团审计局关于国内公务和商务接待、会议费、培训费、出国人员经费管理、固定资产投资等审计查证要点指导意见，每个审计项目针对上述内容均做全面审计。特别是将八项规定落实情况作为审计监督必查、严查内容四是深耕业绩和责任审计工作。（1）强化经营结果绩效审计。重点审查经营结果的准确性、规范性和效益性。审计还积极协调机关职能管理部门，指出在审核、确定子公司各项指标过程中存在的不规范做法，建议改进内部计价的方式方法和制度措施。有效促进考核的进一步完善。严把“关键少数”履职关口。（2）深化预算管理、量本利考核监督。细化合同管理、资金运用的检查；严格核实利润的真实性，理清资产、负债和所有者权益核算及结果的规范性和完整性，查实资金流动过程的规范性。（3）客观、准确界定领导人员履职责任。揭示资金流净额为负值这个隐形风险，及时提醒管理层，高度关注资金流。披露重大经济事项履行决策程序不规范问题。领导人员应高度关注业务运营和管理关键点，敢抓、敢管，真抓、真管。严禁触及法律和制度红线，切实规范经营管理行为。对存在问题，立审立改，建立长效机制，严格把住领导人员履职尽责重要关口。

【拓展管理审计，防范重大风险】 突出审计对重大风险隐患的防范，开展总承包、境外、年金和扶贫资金等项目审计。促进建设管理、专项管控等工作规范、合法运作，维护投资人、企业和职工三方利益，为保障国有资产不断增值发挥突出作用。

（一）**做好年金专项审计。**承接国铁集团审计局项目。认真核实年金资产和收益；仔细核对个人账户资金和年金资产；辨识年金投资管理的风险；揭示年金管理过程中的薄弱环节，促进管理的精细化、规范化，提示对账户管理人、投资管理人和年金资产的管控和风险辨识。维护企业职工年金安全，提高年金资产收益，增强职工的获得感。

（二）**开展扶贫资金审计。**承接国铁集团审计局项目，深入扶贫村现场，调查了解相关情况，检查扶贫资金使用流程，检查项目建设资金的批复、使用及项目管理情况。对存在的问题，向扶贫办提出追踪落实完善整改意见。

（三）**境外项目审计调查。**重点审查境外项目汇率核算、项目建设、资金运作、风险防控、制度建设、管理流程的规范性和完整性。对境外会计档案保管（印尼会计原始资料保管与中国不同）、境外项目人员的休假制度、薪酬发放以及境内外税务征收管理等具体措施和策略，提出建议和意见。管理层高度重视，主管部门积极研究应对，相关制度规定陆续出台实施。

（四）**加大总包监督力度。**开展杭绍台、盐通铁路总承包项目审计，防范重大风险隐患。经过审查、探讨、论证，对铁路总包项目建设存在的重大风险因素，提出积极建议。主管部门积极落实完善制度措施，健全流程控制，建立、健全决策和审批管理办法。

（五）**加强固定资产投资项目审计。**开展新建城市轨道交通数字化建设与测评技术国家工程实验室建设项目管理情况审计，针对验工计价、审批管理、项目竣工及建设费用管理等问题，提出建设性意见，督促加强管理。

【紧盯发现问题，督导整改落实】 一是发现问题立审立改。审计发现的问题，能立即整改的，督促立审立改，审计结束前已经完成整改的，视同立审立改。二是发现问题追踪整改。不能立审立改的问题，负责人员按照整改回复意见和问题清单督导整改，明确时限，整改完成。并在后续审计报告中对整改落实情况如实披露。三是发现问题协同整改。审计发现较突出或较重大的问题，坚持与被审计单位班子成员集体谈话交换意见，按照程序及时汇报，采取移交同级党委处理的措施，促进被审计单位党组织，履行“一岗双责”责任，有效发挥“四种形态”中前两种监督方式，强化问题整改的落实。四是发现问题移交整改。审计发现的存在的违法违纪问题线索，移交相关执纪、执法部门，采取相关措施。积极发挥审计、纪检、人劳联动机制作用。通过不断形成的大监督格局，织密监督网，落实整改效果。

【审计工作信息化建设】 落实审计局审计信息化建设。配置设备，接入专网，全员培训，录入数据信息，运行模拟操作，基本实现与铁路审计管理信息系统对接并网。

【其他工作】

（一）**履行集团公司工会经费审查委员会工作职责。**完成了集团公司工会2018年度财务决算和2019年度财务预算报表审查工作。参与完成了19个工会经费收支审计项目工作。

（二）**履职尽责各子公司监事的工作。**认真参加监事会，切实履行工作职责，竭尽全力做好规范公司治理工作。

（三）**履职集团公司监事会办公室职责**。完成上年度监事会报告，履行程序后，向股东会报告。年内两次召集组织监事会，列席董事会，做好监事会闭会期间工作。

（于洁）

·生产经营中心·

【概述】 生产经营中心是集团公司生产经营管理的生产业务机构，负责境内铁路、市政项目勘察设计、咨询等业务的经营开发、生产计划管理、投标组织、配合施工管理、合同管理及工程总承包项目前期工作，负责基本建设计划管理，代管驻外经营分院等工作。

截至2019年底，生产经营中心有职工66人，其中主任1人，党总支书记1人，副主任3人，项目经理27人，驻外经营分院22人；内设经营开发室、投标室、生产管理室、项目管理室、综合管理室5个部门；代管北京分院、哈尔滨分院、沈阳分院、大连分院、呼和浩特分院、滨海分院、石家庄分院、太原分院、济南分院、青岛分院、郑州分院、福州（厦门）分院等12个驻外经营分院。

【生产形势和生产主要特点】 2019年铁路业务整体任务量有所下滑，京雄商、沈白、包银铁路等重大开工项目推进缓慢，前期项目储备不足，以往年份结转京雄城际、京沈客专、京唐城际、敦白铁路、太焦铁路等重大项目后续阶段工作生产任务量依然处于高位，生产组织和资源统筹压力没有缓解。京津冀地区雄安、丰台、星火等大型客站创精品要求高，雄忻铁路地下段、雄安西站、通州副中心综合交通枢纽等工程结构复杂，需发挥集团公司综合技术优势，建筑、结构关键岗位人员需求量增加。国铁集团安排的专项规划研究本年度延续推进，新安排的新时代铁路发展战略等重大课题研究工作，需加强集团公司顶层领导，加大优质资源投入，为国铁集团提供科学精准的前期规划、课题研究、发展规划等综合服务；大力拓展EPC总承包业务，新中标的龙龙铁路、汕汕铁路勘察设计生产组织和资源调配面临较大考验；现有城轨资源和组织状况，基本满足现场设计和资源投入要求，各单位要稳定现场技术力量，强化委外管理，加强施工配合服务。

（一）**铁路业务方面**。铁路安排309个项目工作，其中国铁集团新开工项目7个，国铁集团建成投产项目8个，续建项目54个，国铁集团储备项目5个，国铁集团前期研究项目5个，国铁集团货运增量项目2个，其他前期项目83个，开发项目27个，销号项目42个，规划、总图、咨询评估项目72个，其他类项目4个。主要特点如下。（1）重点项目雄商、沈白、包银、郑济、集大原、雄忻、津潍（烟）、北沿江（上海至合肥、合肥至武汉段）、通苏嘉甬铁路等均为路网干线，各方关注线路走向和车站设置，稳定方案困难，地质勘察、初步设计和施工图集中开展。（2）站前、站后施工图同步设计，满足国铁集团最新要求。（3）地方主导的京唐、京滨、潍莱等城际铁路已开工，开展施工配合工作。（4）积极参与“新时代铁路发展战略”重大课题研究，承担“贯彻落实长江三角洲区域一体化发展战略 高质量推进区域铁路建设发展”和“铁路支撑东北振兴战略实施推进作用研究”研究报告及指导意见的编写，承担国家重点课题“渤海海峡通道项目研究”。

（二）**城轨业务方面**。安排157个项目工作，其中后期项目100个，前期项目14个，开发项目30个，规划研究项目13个。主要特点：重点推动徐州6号线、天津西青T2线、石家庄R2线、天津市郊铁路(武清线、宁河线、静海线)、天津建设规划调整、雄安R1、沈阳1号线东延伸线等项目前期工作；完成沈阳3号线、南京6号线、太原1号线、天津地铁4号线北段、天津Z2线等项目初步设计；天津(4号线、7号线、10号线、11号线、Z4线)、杭州(9号线、10号线、杭富及杭绍城际)、哈尔滨(2、3号线)、大连(5号线)、青岛(1号线、8号线)、厦门(3号线)、洛阳(1号线、2号线)、石家庄(3号线)、重庆(5A线)、广州(11号线、23号线)等施工图设计任务持续高位，加强资源组织管理，确保供图及配合服务质量；加大深圳地区资源投入，积极响应深圳14号线、8号线、大运枢纽、黄木岗枢纽等项目需求；应对日益激烈的市场竞争，加大开发力度，中标滨海站市政配套工程总承包等项目；加强市场调查分析，布置新时代轨道交通创新与发展课题研究，推动城轨业务创新发展。

(三)境外业务方面。安排35个项目工作。重点项目：印尼雅万高铁基本完成土建施工图，并完成四电和建筑施工图送强审；中老铁路基本完成站前施工图审核，开展了站后施工图审核及招投标咨询；泰国铁路完成全线设计，已开工两个标段，现场监理工作稳步推进；匈塞铁路完成贝旧段施工图及旧诺段建设许可设计；巴基斯坦轨道交通橙线全面进入联调联试阶段；菲律宾南铁项目管理完成基础设计和招标文件编制，开展现场勘测；肯尼亚内纳铁路客、货运列车成功运营开通；巴拿马铁路完成可研报告及图纸中英文版，并递交巴拿马政府；孟加拉国高铁完成可研设计并开展详细设计。同时重点跟踪匈塞铁路匈牙利段设计合同、塞尔维亚诺苏段设计合同以及泰国铁路轨道、动车及四电总包等开发项目。

【市场开发经营管理】 2019年度，面对市场容量急剧下降，市场竞争异常激烈的现状，迎难而上，全力以赴做好市场开发。签订勘察设计咨询合同965项，合同额28.85亿元，完成年度勘察设计合同指标的103%；中标47项，中标额约15.9亿元，综合中标率60.1%。

一、提高政治站位，指导经营工作

扎实开展“不忘初心、牢记使命”主题教育，围绕生产经营中心工作大局，落实“创岗建区”任务要求，着力加强政治建设、队伍建设、业务能力建设，拓展经营思路，增强面对新形势下市场开发的应对能力。

二、超前经营谋划，全力市场开发

紧抓热点市场，超前投入方案研究，以编制“质量计划”为抓手，推动市场、生产经营、技术创新“三位一体”。深耕市场，积极开展区域规划和项目前期研究工作，为项目开发当好先行。

(一)工程总承包。一是加强工程总承包项目开发追踪和前期组织，中标龙龙铁路龙岩至武平段、汕汕铁路、广湛铁路先期开工段、宣城至绩溪高铁4项工程总承包任务，中标额331.88亿元。二是加强涉铁工程项目开发归口管理，组织和协调子公司、研究院与铁路局进行项目对接。

(二)铁路勘察设计。一是铁路勘察设计实现重要突破，中标沿江高铁武汉至合肥段、潍坊至新沂铁路、扬州至南京至马鞍山铁路、如东至南通至苏州至湖州等铁路重大勘察设计和咨询项目30项，预计形成合同额13.6亿元。二是承担新时代铁路发展战略规划研究、2021—2050年铁路网

（华北及东北地区）规划方案研究、新时代江苏省铁路网规划等任务，为后续项目开发赢得有利条件。三是重视投标和项目开发总结，围绕后续重点项目开发，超前分析客户需求和竞争对手情况，制定开发策略，开展实质性工作。

（三）城市轨道交通。一是天津轨道交通市场得到持续开发。中标京滨城际滨海西站市政配套工程勘察设计总承包、津滨轻轨扩能咨询等5项，中标额约2.2亿元。二是轨道交通评估市场进一步维护及拓展。中标安徽省发展改革委投资咨询评估服务供应商库、武汉市发展和改革委员会工程咨询评估服务等6项评估资格。三是实现雄安新区轨道交通项目前期开发。中标及承揽雄安新区启动区城际站点（地下工程）项目可研报告编制、雄安新区昝岗组团控制性详细规划地下工程方案预研究等项目。

三、加强业务建设，提升经营质量

一是贯彻落实“生产经营中心全员业务能力建设工程”要求，组织开展业务知识培训4次，组织职工制订个人学习计划，逐步提升与岗位职责相匹配的工作能力。二是严格贯彻落实“市场、生产经营、技术创新”三位一体工作机制，牵头组织编制项目投标阶段质量模板，编制重大及以上项目投标阶段质量计划16个，为潍坊至新沂、东台铁路、滨海西站市政配套工程项目中标奠定基础。三是建立经营信息周报、工程总承包项目前期进展月报制度，编制经营信息周报24期、总包项目月报11期，及时掌握项目最新经营动态，避免重要信息遗漏。四是主办津潍烟、跨渤海通道、沿江高铁、集大原等项目可研及专题评审大型会务20次，得到鉴定中心领导表扬，协办全国运输结构调整学术研讨会，经营团队会务办理能力进一步提升。

【驻外分院经营及综合管理】 驻外经营分院承担着集团公司指定区域建设市场的调研、经营开发、合同谈判及生产服务工作。生产经营中心负责驻外分院培训、考核、经营管理及日常管理工作。2019年组织驻外分院集中培训1次，深入领会学习《中国铁路设计集团有限公司生产经营管理暂行办法》《集团公司项目管理“三位一体”实施指导意见》等管理文件，指导经营活动，开拓经营思路，提升经营人员项目开发技能及综合素质能力。

【生产管理】

一、计划兑现情况

2019年持续推广技术作业平台应用，加强项目过程管控，提高各节点计划兑现率，计划兑现率为98.6%。

二、完成主要工作量指标

（一）铁路。完成1795.3铁路折算公里。完成地质勘探110.8万m。全年完成铁路各阶段勘测3627正线公里，其中初测1534km、定测及补充定测2093km。全年完成铁路各阶段设计6910正线公里，其中预可研1969km、可研2054km、初步设计1669km、施工图1218km。

（二）城轨。开展了156个城市轨道交通项目阶段工作。

（三）境外及其他。开展了35个境外项目、7个综合交通枢纽项目、130个咨询项目工作。

三、生产管理成效

（一）加强组织领导，全力推进川藏铁路规划建设。深入贯彻国铁集团“川藏铁路勘察设计再动员会”的会议精神，坚持高标准、严要求，坚持目标引领、问题导向，坚持周密精细，坚持务实创新，坚持质量第一。在川藏公司领导下深入开展“可研设计回头看”活动，重点围绕系列专家会意见，结合新的地勘资料、新的设计资料重新进行解读、研判、分析，强化地质、线路、桥、隧、工经专业专家资源配置，发挥设计集团的综合技术优势，扎实做好全过程地勘监理和设计咨询工作，完成的深化可研咨询报告得到专咨委及国铁集团一致认可。

（二）勇当先行，积极参与重大课题研究。积极服务国家重大战略，积极参与“新时代铁路发展战略”重大课题研究，并承担“铁路发展战略形势分析和需求预测”“新时代铁路网高质量发展研究”等专题中多项子课题。承担“贯彻落实长江三角洲区域一体化发展战略 高质量推进区域铁路建设发展”和“铁路支撑东北振兴战略实施推进作用研究”研究报告及指导意见的编写。承担的国家重点课题“渤海海峡通道项目研究”，由设计集团总工程师挂帅，组建精锐团队，采取集中设计形式，内外业平行推进，中国工程院对课题研究内容及深度给予高度评价。

（三）强化理念创新，扎实推进精品客站智能建设。落实雄安站、丰台站等客站规划建设，打造畅通融合、绿色温馨、经济艺术、智能便捷的现代化铁路客站枢纽，成立中国铁设京津冀地区客站创精品工程设计领导小组和办公室，全面贯彻新时代客站建设新理念，高质量做好精品站房设计和现场服务。以质量为核心的绿色、智能、精品建设理念在设计集团得到进一步强化。

（四）坚持技术创新，推动新技术及新手段应用。一是以京雄为平台，积极推动智能化和BIM设计等关键技术应用。施工图阶段建立全线参数化BIM模型，开展线路、路基、桥梁、隧道、轨道等部分工点的正向设计探索；建设阶段建立BIM+GIS电子沙盘，关联施工进度、工程影像等信息，实现过程的碰撞检查及方案优化。二是因地制宜，积极探索采用综合勘察方法。针对沈白铁路林区分布的特点，在定测中采用“以物探为主、钻探验证”的综合勘察方法，综合勘察成果在沈白铁路初步设计过程中得以应用，保证了初步设计文件如期上报。三是注重汇报创新，提升整体汇报水平。采用航飞、机载雷达、无人机、三维协同、BIM+GIS等手段，融入动画、实景摄录、VR等演示方式持续创新设计成果演示，在北沿江高铁、通苏嘉甬、雄忻、丰雄商等前期项目审查汇报中，得到与会各方高度认可。秉持“做得好讲得更好”，加强总体汇报能力锻炼，举办总体项目汇报竞赛，总体汇报水平大幅提升。

（五）强化过程管控，确保兑现目标。以打赢“三保三增”攻坚战为动力，着力在“保开通、保在建、保开工”上下功夫。一是紧盯节点保开通。按照目标要求，统筹资源细化措施，确保京雄城际（李营至新机场段）、浩吉、郑阜、商合杭等8个铁路项目顺利开通。二是强化资源保在建。加强现场施工配合，太焦、佳鹤等铁路项目，雄安、丰台、星火等大型站房按时优质供图，为打造精品工程发挥技术支撑作用。三是积极筹划保开工。加强对拟开工项目重点工程方案的研究，设置环保副总体，为郑济、包银、沈白、京雄商等项目开工做足技术准备。

（六）开展专项研究，确保前期文件设计质量。为加快推进通苏嘉甬项目，在预可研阶段超前开展“运量预测及开行方案”“接轨及线路走向”等4项专题研究。为稳定北沿江高铁上海至合肥段线站位方案，开展“入沪方案专题研究”和“引入南京枢纽专题研究”；穿越长江的地段超前开展“航道通航条件影响评价”“河床演变分析”等18项涉水专题研究。通过对项目重大技术问题的超前梳理，开展专项、专题研究，为高质量完成勘察设计提供强有力的技术支撑。结合京沪辅助通道研究，完成潍坊至新沂铁路相关区域路网关系研究及潍坊、临沂枢纽总图规划，超前完成预可研和全线航飞及成图，针对沂沭断裂带特殊地质情况，开展必要的地质加深工作，为稳定线路走向提出有针对性的工程措施。

（七）重视投资分析，严格有效把控成果质量。一是压实责任主体，明确责任分工。坚持集团主管副总工程师对项目投资控制负总责，审定项目投资规模；项目总工程师对投资控制负总责，组织投资控制目标分解和多专业方案优化、组织协调解决多专业综合性问题和单专业重大问题以及重大投资风险因素的识别、分析、处理等工作。二是坚持标准先行，规范指导投资控制工作。三是坚持加强策划，实现投资控制工作重心前移，提高整体效益。要求各项目在总体设计原则中研究制定主要投资控制措施、下达投资限额、制定统一的投资分析表格，实现事前确定投资控制目标、主攻方向和实施方案，为投资可控奠定扎实基础。四是坚持目标导向，制定明确的质量控制标准。坚持各阶段投资应满足合规性、经济性、合理性、符合性和准确性的“五性”要求。在项目投资控制目标的把握上，初步设计阶段要求按专业、章节和分类费用控制在可研批复投资规模以内，施工图预算按照分专业、分章节和分类费用进行控制，不得串换。五是坚持加强全过程控制，实现投资控制工作有机融合。站前各专业在设计过程中结合设计内容进行投资匡算，充分发挥各设计专业在投资控制中的源头性和基础性作用，将投资控制更好地融入设计全过程，增强设计的技术经济合理性，减少工程数量差错漏和投资偏差超出正常合理范围引起的工作反复。2019年各项目初步设计总概算未出现超出可研批复投资估算10%的现象。

【投标管理】 根据《关于公布集团公司职能管理部门、党群部门、生产业务机构内设机构设置及管理岗位编制的通知》（中国铁设党〔2019〕23号），生产经营中心投标室设置4个管理岗位编制。投标室主要职责是集团公司国（境）内勘察、设计、咨询项目投标工作的归口管理；负责完成集团公司勘察设计投标项目的商务文件编制、全一册文件汇总、投标文件文整、封标、归档，建设、更新及维护管理投标数据库，投标文件文整费用清算。

（一）确保重点项目投标工作顺利完成。2019年投标室主责完成的投标项目中标37个，中标金额6.54亿元（不含费率标）。按照行业划分为铁路项目中标25个，城市轨道交通和市政项目中标10个，综合交通枢纽项目中标2个。黑龙江、山东、京津冀、珠三角、长三角等区域内的城轨或铁路项目实现中标目标。

（二）加强投标过程管理，确保投标文件质量。集团公司机构改革过渡期，投标室在完成好自身工作的同时，协助并指导区域公司和事业部、研究院完成投标工作；通过积极筹划，对区域公司的投标文件，给予全程过程指导，并进行复核、审核，加强投标过程控制，确保投标文件质量。

（三）加强沟通、策划，做好投标室人力资源安排。2019年，投标室处于满负荷状态，针对人力资源不足问题，积极筹划。一是从子公司借调人力资源临时放大生产能力，以满足投标所需；二是大家加班加点，为项目中标打下坚实基础。

（四）大力推进勘察设计投标管理平台的开发。为推进集团公司两级管控，为基层做好服务，2019年开始组织搭建勘察设计投标业务管理平台。2019年已开发“单位业绩部分”内容，拟在2020年先期投入使用。

（五）及时更新完善投标数据库内容。2019年两次更新单位基本情况资料和数据；财务审计报告、单位业绩证明、中标通知书、资质更新、业主委托、业主表扬、评估报告等资料及时收集入库。第三季度，组织各单位对投标常用人员基本数据资料进行更新；第四季度，组织相关单位和部门梳理铁路、城轨、交通枢纽等业绩。另外，2019年新增业绩证明约80个，并及时归档，做到资料共享，提高编标效率和投标质量。

（六）加强培训指导，实现开发目标。投标室对区域公司（华南、上海、江苏公司）、城交事业部标书编制人员进行培训，并指导编制投标文件、审核标书、封标等，加强过程指导；配合指导铁三院公司、总包事业部、公路事业部、研究院完成投标工作。

（七）主动为基层服务，开放投标数据库共享。投标室对区域公司、事业部、研究院开放投标数据库共享，将投标形成标准化资料及时共享至各生产单位，既保证各单位投标数据的一致性，又为各单位投标工作高效优质完成打下良好基础。

（八）做好资料归档工作。组织完成2018年投标文件资料（招标文件、投标文件、中标通知书）的及时归档，做到资料共享，方便各部门对投标文件的查阅。

【合同管理】 主要负责境内勘察设计咨询合同的归口管理，负责合同评审系统以及合同管理系统的维护、优化，负责持有合同印章的管理。

一是加强制度建设，研究编制《境内勘察设计咨询承揽合同管理实施办法》《境内勘察设计采购合同管理实施办法》讨论稿，从控制合同签订风险入手，细化规范合同谈判、合同评审、合同签订、合同履行、合同后评价等关键环节的具体流程，指导合同主体部门完成铁路、城市轨道交通、公路和市政等业务的勘察设计咨询合同的承揽签订。二是认真履行职责，按照合同管理权限完成相关合同的法务审查，注重细节分析，降低由于合同条款不当而带来的法律、经济风险。三是严格审核承办部投标保证金和合同履约保函的网上申请，从源头上把控风险，保证集团公司的利益最大化。四是做好本部门承揽合同的系统录入、维护工作，根据要求配合完成承揽合同统计分析。

【综合管理】

（一）加强目标管理。承接集团公司2019年行政重点工作，组织编制生产经营中心2019年度行政主要目标及重点工作，每季度做好督查督办，检查各部门重点工作完成情况，推动各项重点工作任务的完成。

（二）做好公文管理。全年共接收处理各级公文11000余件；按照文件类型仔细辨识，分类提交各分管领导，有效地提高了公文流转效率。

（三）加强设备管理。完成2019年集团公司拨新购置设备的分配，协助驻外分院新增设备的采购，完成新设备增值入账和旧设备的报废工作；根据部门需要上报2020年设备购置申请计划；对设备使用过程中出现的故障及时维修，加强设备、低值易耗品管理，按时上报设备台账。

（四）加强绩效考核评价与员工薪酬优化改革。按照《中国铁设集团公司员工绩效管理指导意见》，结合生产经营中心实际，制定《生产经营中心员工绩效管理办法（暂行）》，加强员工绩效管理，提升管理效能，确保中心年度各项工作目标及时高效完成。按照绩效考核评价结果配合人力资源部做好生产经营中心处级领导人员和各级工作人员绩效工资分配方案。

（五）做好安全管理及检查。加强对中心和驻外分院驾驶人员的安全提示，加强对车辆及驾驶员的管理，完成年度车辆上保险，做好驾驶员准驾证的申请和管理。坚持安全检查制度，每季度、长大节假日期间，积极督促各部门、驻外分院进行生产办公、防火、用电、交通等全面安全检查。

【配合施工管理】 项目管理室（以下简称项管室）负责境内勘察设计项目配合施工生产组织归口管理。2019年，现场共设18个配合施工指挥部、项目部， 60个配合施工小组，现场设专职指挥长、项目经理27名，综合管理人员（集团公司正式员工）49名，外聘文秘、司机、厨师及其他后勤人员173名，高峰期约316名专业技术人员驻现场。

2019年铁路施工图评价获得了上半年A级第二名、下半年A级第一名的好成绩；收到外部表扬信69封；京雄城际设计团队被评为火车头先进集体，太原指挥部获得省级和路局表彰，长春、天津指挥部获得市级表彰，京雄、中原指挥部被建设单位评选为优秀集体。33名员工被建设单位或地方评为先进个人，122人获建设单位点名表扬。

（一）生产经营。2019年新成立南沿江城际铁路指挥部、铁科调度楼指挥部，撤销石济指挥部、呼准鄂指挥部，调整京津冀项目部项目经理、沈阳指挥部常务副指挥长。整合长春指挥部与沈阳指挥部；结合区域公司成立，南沿江指挥部移交至江苏分公司。集团公司统筹策划，优化组织，加强计划管理，落实关键措施，各指挥部和各单位主动服务、快速响应，较好地完成95个项目的现场设计服务任务。京雄城际李营至新机场段、浩吉、郑阜、商合杭、太原西南环、邯济铁路至胶济铁路联络线、大张铁路、黑龙江同江铁路大桥等8个项目顺利开通，现场技术服务得到建设单位充分肯定；敦白、牡佳、太焦、南沿江、浦梅、新白广、丰台站、星火站等重点项目实现建设节点目标；佳鹤铁路、郑济铁路、雄安站、铁科调度楼及科创展示中心、邹平专用线等重点项目顺利开工建设。重视债权清理和收款工作，通过采取专题会和周报制度、专人盯控等措施，各指挥部完成收款18.6亿元，超额完成指标。

（二）综合管理。一是加强计划、预算管理。核定并汇总上报各指挥部、项目部以及总包事业部、城交事业部及各分公司等报送的《2019年集团公司配合施工计划》；9月中旬整理、核定上述部门报送的《2019年集团公司配合施工调整计划》。核定各指挥部、项目部《2019年勘察设计和配合施工工作量和人力资源投入计划》；根据财务部年初批复的2019年度各指挥部、项目部的成本预算，结合集团公司机构改革， 9月中旬进行调整审定。二是安全管理与日常督导检查。督促各指挥部、项目部要在月度例会中形成安全教育制度，重点检查配合施工的日常巡检工作，结合每季度的安全隐患排查情况形成书面报告；督促各指挥部、项目部上报“安全生产大检查总结报告”和“安全隐患问题库汇总表”，汇总编写完成安全生产大检查督导总结报告。根据《中国铁设集团公司质量红线管理办法》（中国铁设质安〔2019〕7号）和《中国铁设集团公司安全红线管理办法》

（中国铁设质安〔2019〕4号）的相关要求，宣贯相关内容，督促各指挥部、项目部对项目红线问题建立台账，排查安全隐患，落实销号管理，牢固树立红线意识和底线思维，确保质量安全稳定。组织各指挥部、项目部先后进行公务用车加油卡专项整治、管理工作全面检查整治工作，合同管理自查工作，领导干部办公用房自查整改工作，保密自查自评工作，安全大检查工作等，汇总编写完成总结报告。要求各指挥部、项目部开展暑期防暑降温工作，做好劳动保护，全力做好防汛抢险救灾工作，分析识别风险，开展应急演练。2019年发生1起交通安全事故。三是房屋、车辆管理。根据《中国铁路设计集团有限公司公务用车配备使用管理规定（暂行）》对指挥部、项目部的用车配备数量、使用等方面进行规范管理。 梳理呼准鄂、中原和蒙华指挥部剩余的配合施工工作量，对其房屋间数和使用面积、车辆数量进行核减和调配；汇总填报公务用车信息及动态信息维护，18个指挥部、项目部共使用124辆汽车，全年行车里程达316万km。四是信息化管理。制订配合施工管理系统信息平台年度开发计划，并和信息院完成对接与开发启动，形成平台初步界面。五是配合施工组织管理。先后赴现场检查沈阳、哈尔滨、蒙华、集通、苏南沿江等指挥部的标准化管理和制度建设工作；根据项目建设进展需要，新增城际铁路联络线一期工程站前配合组、京原电化（北京局）配合组、雄安站站房配合组、佳鹤配合组、邹平专用配合组。六是计费管理。优化计量规则，分别核定2019年前三季度、第四季度铁路勘察设计项目和城轨项目的配合施工计量。七是培训管理。组织召开2018年铁路建设项目指挥长交流培训会。

【配合施工指挥部】

（一）哈尔滨铁路指挥部。该指挥部成立于2009年10月14日，主要负责管理集团公司承揽的哈尔滨铁路局范围内的铁路建设项目，下设3个配合施工小组，主要负责哈牡客专、哈佳铁路、牡佳客专等8个项目。

指挥部地址：黑龙江省哈尔滨市道里区安隆街43号405房间。

（二）长春地区铁路指挥部。该指挥部成立于2014年10月21日，主要负责管理集团公司承揽的沈阳局范围吉林省区域国铁项目的勘察设计和配合施工工作，下设2个配合施工组，主要负责敦化至白河铁路1个在建项目以及长白铁路扩能改造工程等6个收尾项目。

指挥部地址：吉林省长春市宽城区辽宁路458号中长大厦3楼。

（三）沈阳地区铁路指挥部。该指挥部成立于2009年11月20日，前身为哈大客运专线勘测设计指挥部，下设3个配合施工组，主要负责朝阳至秦沈客专凌海南站连接线等3个在建项目，京沈客专、丹大铁路等14个开通收尾项目。

指挥部地址：沈阳市沈河区环球金融中心一期26楼。

（四）北京地区铁路指挥部。该指挥部成立于2010年4月，下设承德、顺义、星火站房、丰台、丰台站房5个配合施工组，主要负责北京至沈阳铁路客运专线、星火枢纽工程、丰台站改建工程等17个项目的勘察设计生产组织和配合施工工作。

指挥部地址：北京市丰台区丰台路口188号国润商务酒店9号行政楼2层。

（五）天津地区铁路指挥部。该指挥部成立于2008年11月28日，前身为铁三院集团公司天津铁路项目指挥部。2017年10月16日，原唐山地区铁路项目勘察设计和配合施工指挥部并入天津地区指挥部。指挥部下设设大港、天津机场、曹妃甸3个配合施工小组，主要负责唐山地区（公转铁）、天津枢纽总图规划、豆张庄至双口联络线等17个前期设计规划项目；唐山至曹妃甸铁路、天津西南环线、天津机场线等14个配合施工项目。

指挥部地址：天津市空港经济区东七道集团公司本部。

（六）山东地区铁路指挥部。该指挥部成立于2014年6月，前身为青岛地区铁路项目勘察设计和配合施工指挥部，下设6个施工配合组，主要负责济南至青岛高速铁路、石济客专等6个开通项目的“保驾护航”、克缺整改、清概等工作，潍莱铁路、郑济铁路山东段等7个项目勘察设计及配合施工工作。

指挥部地址：济南市历下区旅游路杰正中心3楼。

（七）太原地区铁路指挥部。该指挥部成立于2010年1月19日。2014年11月5日，根据集团公司区域化管理要求，准朔铁路指挥部并入太原指挥部；2015年11月5日，大西铁路指挥部并入太原指挥部。指挥部主要负责集团公司在山西地区铁路项目的勘测设计与配合施工工作，下设6个配合施工组，主要负责太原至焦作新建铁路、朔州至山阴联络线工程等7个在建项目的勘测设计与配合施工工作，其中3个项目2019年已开通；另外负责大西客专等10个已开通待国家验收项目。

指挥部地址：太原市建设北路196号太铁广场13楼。

（八）中原地区铁路指挥部。该指挥部成立于2015年8月，下设4个配合施工小组，根据工作需要在郑州和阜阳两地设置指挥部生产管理机构，主要负责郑州至周口至阜阳铁路、商丘至合肥至杭州铁路、郑州至登封至洛阳城际铁路的勘察设计和配合施工工作，前2个项目2019年已开通运营。

指挥部地址：河南省郑州市莱酒店，安徽省阜阳市格林贝斯特酒店。

（九）蒙华铁路指挥部。该指挥部成立于2014年7月，2015年6月更名为“蒙西至华中地区煤运通道浩三段设计指挥部”（简称“蒙华铁路指挥部”）。指挥部下设3个配合施工组，主要负责组织蒙西至华中地区铁路煤运通道浩勒报吉至三门峡段正线、联络线和相关集疏运项目的勘察设计和现场设计工作。蒙华（浩吉）铁路2019年9月28日提前8个月建成并开通运营。

指挥部地址：陕西省延安市宝塔区百米大道锦绣苑小区4号楼2单元1301室。

（十）呼准鄂铁路及大马铁路指挥部。该指挥部成立于2013年7月1日，下设1个配合施工小组，主要负责呼准鄂、大马铁路2个项目的勘察设计生产组织和配合施工工作。大马铁路处于停工状态。

指挥部地址：呼和浩特市赛罕区大学东路朝阳家园小区7号楼1至2层1-1012、1-1022。

（十一）集通铁路指挥部。该指挥部成立于2013年1月1日，主要负责集通铁路扩能改造工程及集通电气化改造工程的勘察设计和配合施工工作，沿线设经棚、大板、林东3个配合施工小组。

指挥部办公地址：内蒙古自治区赤峰市克什克腾旗经棚镇。

（十二）京雄铁路勘察设计指挥部。该指挥部成立于2017年5月，下设1个配合施工小组，主要负责北京至雄安新区城际铁路的勘察设计生产组织和施工配合工作。

指挥部地址：河北省保定市容城县容美路锦泰花园B区8幢7门。

（十三）浦梅铁路指挥部。该指挥部成立于2016年6月28日，下设1个配合施工组，主要负责新建浦梅铁路项目建宁至冠豸山段的勘察设计和配合施工工作。

指挥部地址：福建省三明市建宁县。

（十四）京津冀城际铁路项目部。该项目部成立于2015年5月31日。2017年10月9日对项目部组织机构进行调整。项目部主要负责京津冀城际铁路投资公司项目的市场开发、勘察设计和配合施工工作，下设4个配合施工组，主要负责京唐铁路、京滨铁路、廊涿城际铁路等9个项目的勘察设计和配合施工工作。

项目部地址：北京市丰台区南蜂窝路9-1号B座3至5层。

（十五）珠三角城际项目部。该项目部成立于2013年11月，由广东分公司代集团公司管理。2017年为加强区域珠三角城际轨道交通生产组织管理，项目部直接负责管辖范围内各项目的勘察设计、咨询、配合施工的生产组织和后勤管理，主要负责新白广城际、竹料存车场、地铁18和22号线审核等9个项目的配合施工、咨询、规划研究等工作。

该项目部利用广州分院办公房屋办公。

（十六）雄安站勘察设计项目部。该项目部成立于2018年10月，负责雄安站站房项目，主要负责组织项目勘察设计、配合施工工作；成立施工配合组，派遣地质、地下结构、结构专业进驻现场。

项目部地址：天津市空港经济区东七道集团公司本部。

（十七）铁科调度楼及科创中心指挥部。该指挥部成立于2019年7月，负责铁科调度楼及科创展示中心项目的勘测设计与配合施工工作。该项目2019年8月开工建设，设现场配合施工组1个。

指挥部地址：天津市空港经济区东七道集团公司本部。

（十八）川藏铁路指挥部。该指挥部成立于2018年11月16日，负责组织川藏铁路设计咨询和施工图审核、地质监理工作，承担项目生产组织、技术质量和后勤保障管理等工作。

该指挥部内设设计咨询与施工图审核项目部、地质勘察监理项目部和综合管理部。设计咨询项目部与指挥部合署办公；地勘监理总站设在康定，沿线分设雅安、康定、雅江、巴塘、贡觉、昌都6个地勘监理站和物探、试验流动监理站，根据工作需要内业短期成立遥感解译工作组，由工程实验室和地勘院联合成立。

指挥部地址：四川省成都市金牛区金沙北二路41号附5号朝阳朗香广场写字楼。

（赵萌）

表7-1　2019年签订勘察设计重大项目和主要项目合同情况

序号	项目名称	项目类别	合同额（万元）
1	新建北京至沈阳铁路客运专线星火站站房、雨棚及相关工程	铁道行业	5346
2	新建哈尔滨至佳木斯铁路工程	铁道行业	520
3	新建蒙西至华中地区铁路煤运通道工程实施阶段勘察设计合同（蒙华铁路精测网工作）	铁道行业	3020
4	平齐铁路电气化改造工程	铁道行业	205
5	河北省轨道交通"十三五"发展规划研究	铁道行业	30

续表

序号	项目名称	项目类别	合同额（万元）
6	新建哈尔滨至牡丹江铁路客运专线工程铁路建设工程勘察设计补充合同	铁道行业	492
7	新建北京至雄安新区城际铁路工程补充合同	铁道行业	20948
8	北京市郊铁路S2线实施新运营模式改造工程	铁道行业	58
9	运三客运专线可行性研究报告编制项目	铁道行业	598
10	新建邯济铁路至胶济铁路联络线工程董家镇货运中心	铁道行业	780
11	河北雄安新区昝岗组团控制性详细规划地下工程方案预研究	综合交通枢纽	50
12	武清区市域（郊）铁路项目可行性研究	轨道交通	197
13	新建廊涿城际铁路固安东至北京大兴国际机场段初测和项目申请报告	铁道行业	100
14	天津大北环物流中心铁路专用线工程预可行性研究	铁道行业	180
15	山西铁路重大项目谋划研究	铁道行业	148
16	新建铁路温州至武夷山至吉安铁路预可行性研究	铁道行业	98
17	新建铁路南昌至福州（厦门）高速铁路规划研究	铁道行业	98
18	北京铁路枢纽丰台站改建工程邻近地铁及国铁保护项目	铁道行业	3006
19	2021—2050年铁路网（华北及东北地区）规划方案	铁道行业	30
20	京原铁路太原局管段电气化改造工程可行性研究	铁道行业	832
21	迁曹等线扩能改造工程可行性研究	铁道行业	1524
22	新建京滨铁路至天津西站联络线工程初测和项目申请报告	铁道行业	280
23	北京城市副中心站综合交通枢纽工程项目可行性研究报告编制及相关专题研究	铁道行业	50
24	川藏铁路地质勘察监理及设计咨询框架协议	铁道行业	3000
25	新建长春铁路综合货场工程可研编制技术咨询合同	铁道行业	700
26	新建邯黄铁路延长线及既有沙午铁路改造提升项目预可行性研究、初测和可行性研究	铁道行业	656
27	天津地铁4号线工程土建设计13标段设计	轨道交通	2623
28	京滨城际滨海西站市政配套工程勘察设计总承包	综合交通枢纽	14156

续表

序号	项目名称	项目类别	合同额（万元）
29	新建济南站至济青高铁联络线	铁道行业	2538
30	京原铁路北京局集团公司管段电气化改造工程勘察设计	铁道行业	3502
31	天津至北京大兴国际机场联络线勘察设计	铁道行业	7853
32	新建城际铁路联络线首都机场至廊坊东（不含）段勘察设计	铁道行业	13112
33	神朔铁路分公司3亿吨扩能改造工程初步设计及施工图设计	铁道行业	1182
34	新建哈尔滨至绥化至铁力铁路勘察设计	铁道行业	9790
35	佳木斯至鹤岗铁路改造工程	铁道行业	4110
36	新建廊涿城际铁路固安东至北京大兴国际机场段勘察设计	铁道行业	797
37	伊金霍洛旗东南部煤炭矿区铁路东胜东至台格庙段铁路建设项目	铁道行业	5500
38	坪山云巴（胶轮有轨电车）1号线一期项目可行性研究及勘察设计总承包	轨道交通	10492
39	深圳市城市轨道交通5号线西延工程勘察设计总承包	轨道交通	6866
40	深圳市黄木岗综合交通枢纽工程项目建议书及交通规划专题、工程可行性研究报告及配套专题	综合交通枢纽	2040
41	海南西环货线三亚至乐东段公交化旅游化项目可行性研究报告	铁道行业	1373
42	深圳市黄木岗综合交通枢纽工程勘察设计总承包	综合交通枢纽	15909
43	深圳市大运综合交通枢纽工程项目建议书、工程可行性研究报告及勘察设计总承包	综合交通枢纽	13485

表7-2　2019年铁路中标项目一览表

序号	项目名称	性质	金额（万元）
1	新建铁路天津至北京大兴国际机场联络线勘察设计	勘察设计	7853
2	新建廊涿城际铁路固安东至北京大兴国际机场段	勘察设计	100
3	雄安站综合交通枢纽项目可行性研究报告编制单位	综合交通枢纽	82
4	沿江高铁武汉至合肥段铁路勘察设计	勘察设计	30000
5	山西省基础设施领域重大项目谋划与重大战略前期研究	规划	148

续表

序号	项目名称	性质	金额（万元）
6	海南西环货线三亚至乐东段公交化旅游化项目可行性研究报告	工可	1373
7	洋口港至吕四铁路可行性研究报告咨询评估服务	评估	25
8	南通港通海港区至通州湾港区铁路专用线一期工程可行性研究报告咨询	咨询	20
9	哈尔滨至铁力铁路勘察设计	勘察设计	9790
10	新时代江苏省铁路战略规划研究	规划	800
11	武清区市域（郊）铁路项目可行性研究	工可	197
12	迁曹线、东港线、曹西线及港区铁路扩能可行性研究及勘察设计	勘察设计	10162
13	北汽奔驰二厂至安定镇客货两用市郊铁路项目规划方案（设计方案）技术咨询	方案	—
14	新建邯黄铁路延长线及既有沙午铁路改造提升项目预可行性研究、初测和可行性研究	工可	656
15	张唐铁路团瓢庄站至唐遵铁路遵化南站联络线铁路勘察设计	勘察设计	1386
16	新建廊涿城际铁路固安东至北京大兴国际机场段勘察设计	勘察设计	797
17	北京城市副中心站综合交通枢纽工程项目可行性研究报告编制及相关专题研究	综合交通枢纽	200
18	潍坊至新沂铁路勘察设计	勘察设计	45000
19	伊金霍洛旗东南部煤炭矿区铁路东胜东至台格庙建设项目规划方案编制	勘察设计	5500
20	扬镇宁马铁路预可研、可研和勘察设计	勘察设计	20000
21	雄安新区高铁站片区集中和混合商业项目勘察设计	勘察设计	700
22	浦东铁路复线及电气化改造前期方案研究	方案	44
23	河北省发展和改革委员会投资咨询评估机构采购	评估	—
24	宁波至余慈城际铁路二期工程可行性研究报告编制项目	工可	221
25	吉林省“十四五”及远景铁路网规划	规划	98
26	黑龙江省铁路网布局研究（2021—2050年）	规划	179
27	雄安新区至北京大兴国际机场快线项目先期实施段勘察设计	勘察设计	90
28	2019—2021年度山东省地方铁路、机场基础设施初步设计及变更评审机构	评估	—

续表

序号	项目名称	项目类别	合同额（万元）
30	青岛至日照等三条铁路项目预可行性研究	预可	328
31	如通苏湖铁路预可研	预可	209
合计			136308

表7-3 2019年城轨中标项目一览表

序号	项目名称	性质	金额（万元）
1	天津轨道交通集团有限公司津滨轻轨扩能咨询	设计咨询	35
2	天津市政类施工图审查机构政府购买服务	施工图审查	90
3	安徽省发展改革委投资咨询评估服务	评估	—
4	济南新旧动能转换先行区轨道交通、地下道路、综合管廊、智慧物流详细规划研究	规划	295
5	武汉市发展和改革委员会工程咨询评估服务5包	评估	—
6	武汉市发展和改革委员会工程咨询评估服务12包	评估	—
7	雄安新区启动区城际站点（地下工程）项目可行性研究报告	工可	44
8	青岛市地铁4号线工程（沙子口站—大河东站段）施工图审查	施工图审查	306
9	天津地铁4号线工程土建设计13标段	工点设计	2623
10	河南省发展和改革委员会投资咨询评估	评估	—
11	上海市轨道交通崇明线工程设计10标段	工点设计	852
12	杭州钱塘新区政府投资项目2019—2021年度工程咨询预选承包商名录库项目3标	评估	—
13	杭州钱塘新区政府投资项目2019—2021年度工程咨询预选承包商名录库项目4标	评估	—
14	天津市西青区低运量有轨电车T2线一期工程项目可行性研究报告编制	工可	740
15	京滨城际滨海西站市政配套工程勘察设计总承包	勘察设计总承包	14156
16	天津地铁6号线工程（渌水道站—咸水沽西站）、8号线一期工程全自动运行系统建设运营咨询	运营咨询	3499
合计			22640

·质量安全中心·

【概述】 质量安全监督检查中心（简称质量安全中心）是集团公司负责质量、安全监督检查的生产业务机构，负责对集团公司各单位的安全职能管理以及对质量、安全进行指导、监督、检查、考核，质量安全事故的调查、认定与考核，对质量、安全管理规章制度的运行提出改进建议。

截至2019年底，质量安全中心职工共有14人，其中主任1人、副主任2人、室主任2人；内设基础业务质量安全监查室（简称质监室）、工程业务质量安全监查室（简称安监室）。

【制度建设】 编制发布6项集团公司质量安全监督检查制度，分别为：①4月30日修订发布《集团公司生产安全事件报告和调查处理办法》；②7月9日修订发布《中国铁设集团公司安全红线管理办法》；③8月30日修订发布《中国铁设集团公司安全生产委员会职责和工作制度》；④10月11日修订发布《集团公司质量安全监督检查工作规定》；⑤10月11日发布《集团公司质量安全监督检查工作规定》；⑥10月16日发布《中国铁设集团公司质量红线管理办法》。

【体系建设】 修订发布《内外部信息交流管理程序》《危险源辨识与风险评价控制程序》《质量 环境 职业健康安全管理手册》3个程序文件。集团公司通过新版职业健康安全管理体系（ISO 45001）认证审核。

【质量安全监督检查】

一、开展质量安全检查

（一）质量安全中心开展质量安全监督检查22次。对盐通、阳大、赤峰西站综合交通枢纽、忠旺铝业专用线、曹妃甸实业港务专用线5个工程总承包项目，京唐城际监理、沿江高铁合武段初测、川藏铁路地勘监理与设计咨询、天津地铁10号线、商合杭铁路、郑阜铁路、昌景黄铁路施工图、雄忻铁路定测7个勘察设计咨询项目进行监督检查；对北站、空港园区等办公区域进行安全检查；调研海外事业部、地勘院和测绘院安全管理情况，并对地勘院天道物流园项目进行检查。共下发整改通知单22份，排查出质量安全隐患248项。

（二）组织完成铁路建设项目“三查”工作。组织对集团公司范围内45个铁路项目开展“三查”工作，发现问题1196个，全部整改完成。其中8个拟开通项目、16个在建项目发现问题235个；克塔、阳大、盐通等6个总承包项目发现问题799个；8个监理项目发现问题134个；7个施工图审核项目发现问题28个。同时组织开展隧道防护门设计、声屏障设计、高速铁路无砟轨道线路路基地段线间及路肩封闭层设计施工质量安全等专项排查工作。

（三）联合内审情况。结合“三保三增”“三查”及联合内审等活动，对电化电信院、信息院、公路事业部、机环院、线站院、总包事业部等13个单位，杭绍台铁路、昌景黄铁路等3个总承包项目部，中原指挥部、杭州项目部2个配合施工指挥部，开展内审及联合检查，发现一般不符合16项、改进建议107项、追踪项3项，发现问题161项。

（四）对“三位一体”质量计划编制情况进行监督检查。符合编制条件的项目有23个，其中国铁勘察设计项目9个、总承包项目7个、境外项目5个、城轨项目2个，编制完成21个，完成率为91%。未完成编制的项目主要是境外项目，未完成原因是受合同签订等因素的影响。

二、质量事故（事件）调查

（一）晋中南铁路临县站信号显示错误事故。2019年8月27日晚，集团公司承担设计的中南部通道临县站发生因信号显示错误，造成货运列车非正常停车26分钟，未造成直接经济损失和人员伤亡，构成铁路交通一般D10类事故，国铁集团认定集团公司负主要责任。经集团公司调查，本次事故由电化电信院信号专业配线图设计错误引起，构成集团公司因勘察设计质量引起工程质量一般事故，电化电信院负全部责任。

（二）厦门地铁2号线吕厝路站附属结构施工区地面塌陷事故。2019年12月12日晚9时52分许，集团公司承担设计的厦门吕厝路口地铁1号线和2号线外的配套物业开发项目施工现场发生约500m²的地面塌陷事故（以下简称“12.12”事故），造成埋设在道路中的自来水管、污水管及雨水管破裂，水流涌入地铁1号线和2号线吕厝站，途径现场的2部轿车滑入，车上人员自行安全撤出，未造成人员伤亡，事故直接经济损失约892万元。

厦门市政府事故调查组认定，“12.12”事故是一起一般生产安全责任事故，集团公司负直接责任，扣罚集团公司25万元。根据住建部《关于做好房屋建筑和市政基础设施工程质量事故报告和调查处理工作的通知》（建质〔2010〕111号）及集团公司《勘察设计质量事故和质量问题报告处理规定》有关规定，经集团公司调查认定，该起事故属因勘察设计原因引起的工程质量一般事故，城交事业部负全责。

（三）广佛南环北滘站站厅层轻钢屋面掉落事故。2019年5月29日上午8时50分，由中铁一局施工、铁一院设计、集团公司施工图审核的广东珠三角城际轨道交通工程佛山西站至广州南站段项目北滘站站厅层9—12轴轻钢屋面突然掉落，造成7人受伤，直接经济损失约200万元。经广东珠三角城际轨道交通工程北滘站“5.29”坍塌事故调查组认定是一起一般生产安全责任事故，认定集团公司施工图审核管理存在缺陷是事故发生的间接原因，对事故的发生负有责任，给予行政处罚人民币35万元。

经集团公司调查研究认定属勘察设计重大质量问题，对相关华南公司、建筑院、线站院、土建院等单位进行考核。

（四）其他事件。对京广铁路石家庄站高速场绝缘烧毁、晋中南安业湫水河特大桥挡砟墙掉落、广州轨道交通11号线沙河站1#横通道施工区地面塌陷、呼准鄂布尔陶亥南站设备故障停车质量事件进行调查核实。

【安全管理】 2019年组织召开4次集团公司安委会会议。

（一）安全检查和隐患排查。组织对总承包施工现场、勘察设计现场，劳务分包管理、防洪防汛等进行25次安全监督检查，下发整改通知单25份，排查出质量安全隐患269项，全部整改闭合。

（二）安全教育培训。组织开展《中国铁设集团公司安全红线管理办法》宣贯解读；组织集团公司安全管理人员120余人进行安全管理培训。

（三）安全事故。2019年集团公司共发生各类安全生产事故13起，其中轻伤责任事故2起、非主要责任或非责任事故11起。

（四）安全生产考核。组织对集团公司60个生产单位、部门、指挥部进行安全生产考核评审。2个单位给予绩效工资奖励，5个单位给予绩效工资扣罚。

【勘察、设计获奖】 获省部级及以上优秀勘察设计奖93项。其中，国家级詹天佑土木工程大奖3项；省部级勘察设计奖87项，包括一等奖20项、二等奖31项、三等奖36项；获天津市优秀测绘工程奖3项。

获省部级（天津市和中铁股份有限公司）优秀工程咨询成果奖31项。其中一等奖9项、二等奖11项、三等奖11项。

具体获奖项目见“统计资料篇”。

【重大活动】

（一）安全生产月活动。6月1日至30日开展以“防风险、除隐患、遏事故”为主题的“安全生产月”活动。参加天津市“守护生命”网络有奖安全知识竞赛，发送安全提示800余条，播放教育片20场，答卷3300份，征文60篇，组织应急演练86次，参演657人次。

（二）积极推进双重预防机制落实。组织开展双重预防机制落实工作，编制岗位风险告知卡64个、重大安全风险告知栏5个、案例28个。

（鞠红霞）

·离退休部·

【概述】 离退休管理部（简称离退休部）是中国铁路设计集团有限公司职能部门，主要负责离退休人员的管理与服务，负责离退休党组织建设和党员的教育管理，同时负责管理集团公司本部内退、待岗及工伤职工。集团公司本部离退休职工实行一级集中管理。

截至2019年底，离退休部有在岗职工9人，其中部长1人、副部长1人；下设综合管理室、离退休管理室。

截至2019年底，集团公司共有离休干部46名，退休职工3016名，内退、待岗及工伤职工4名。离退休部党工委管理的在职、离休、退休党员共654名，下设17个基层党支部。

2019年，离退休部认真贯彻党的十九大和习近平总书记关于做好老干部工作的重要指示精神，落实国铁集团休干局的工作部署，紧密围绕“交通强国、铁路先行”理念，结合集团公司转型发展，开展了大量卓有成效的工作。

【贯彻落实集团公司“两会”精神】 离退休部在集团公司党政的领导下，深入学习领会习近平新时代中国特色社会主义思想和《关于进一步加强和改进离退休干部工作的意见》，落实好集团公司的“两会”精神，紧密围绕改革发展中心、做好服务保障，全年各项工作有序推进。在深入开展“不忘初心、牢记使命”主题教育中，按照主题教育办公室的要求较好地完成了各项学习任务，领导干部思想受到进一步洗礼，员工为民服务的意识不断增强，工作能力得到有效提升。

【加强思想政治建设，提高政治站位】 一是强化政治理论学习，有效提升党员领导干部的理论水平和决策能力；二是增强组织观念，坚守组织原则，遵守组织纪律，严格组织制度；三是抓好党风廉政建设，认真落实领导班子成员“一岗双责”；四是开展“不忘初心、牢记使命”主题教育，坚定理想信念，查找差距开好民主生活会；五是加强基层党支部建设，深入开展调研，指导基层支部抓好党建基础工作并讲授党课；六是紧扣“强基达标、提质增效”工作主题，深化创先争优工作。

2019年离退休部党工委退休一支部获“全路离退休干部先进集体”荣誉称号，退休职工尹开兴同志获“全路离退休干部先进个人”荣誉称号。

【加强自身建设，强化服务职能】 一是进一步规范管理制度，夯实基础，提升工作质量。离退休部党工委于2019年5月举办了“学习贯彻习近平总书记系列讲话培训班”，基层党支部书记、活动站站长及离退休部相关人员参加。二是强化服务意识，提升服务水平，做好老干部及困难党员走访、慰问工作。全年探望住院离退休老干部39人次；清明节期间，组织离休干部遗属46人扫墓；全年发放491名离退休职工困难补助，累计发放困难补助24.9万元。深入本市住宅片区及北京、大连、唐山、廊坊等地区办理退休职工医药费全额垫付、急诊留观、住院费等660余人次，变更61名退休职工异地就医登记。

【迎接新中国成立70周年，开展老年文体活动】 在迎接新中国成立70周年之际，离退休部举办了以“《我和我的祖国》——赞美祖国、共享康乐”为主题的老年人体育节。9月6日体育节开幕，10月23日文体展演活动结束。体育节系列活动设有门球团体赛、文体展演、桥牌双人赛、拱猪双人赛、象棋、飞镖等6个项目，共有1200余名离退休职工参加；离退休部还精心策划组织并发行了《中国铁设离退休老同志国庆70周年抒怀》文集一册，展现了中国铁设离退休职工的风采。

（王文军）

党群工作

CRDC

党 群 工 作

·集团公司党委·

【概述】 2017年4月27日，根据中国铁路总公司对铁道第三勘察设计院集团有限公司更名为中国铁路设计集团有限公司（简称中国铁设）的批复，中国共产党铁道第三勘察设计院集团有限公司委员会更名为中国共产党中国铁路设计集团有限公司委员会（简称集团公司党委）。集团公司党群系统机构组织相应更名。

2017年12月7日至9日，中国共产党中国铁路设计集团有限公司第一次党代表大会在津召开。大会选举产生中国铁设第一届党委会、纪律检查委员会及书记、副书记。

截至2019年12月底，中国铁设第一届党委会组成人员为（按姓氏笔画为序，下同）王敬孝、方天滨、刘为群、孙树礼、巫伟军、李龄、何松林、沈荣发、单万水、贺挨宽、曾鸣凯11名同志。刘为群任党委书记，曾鸣凯、单万水任党委副书记。中国铁设纪律检查委员会组成人员为朱家勤、刘贺长、李力、李峰、张玉文、林玲、单万水7名同志。单万水任纪委书记，李峰任纪委副书记。集团公司党委下设宣传部（集团公司党校）、组织部（与人力资源部合署办公）、党委办公室（与办公室、董事办合署办公）。

【党组织基本情况】 截至2019年底，中国铁设党委所属中层单位党委（工委）共19个，分别是机关党委、总包事业部党委、海外事业部党委、城交事业部党委、公路事业部党委、资产事业部党委、线站院党委、地勘院党委、测绘院党委、土建院党委、建筑院党委、电化电信院党委、机环院党委、华南公司党委、铁三院公司党委、沈阳公司党委、内蒙古公司党委、吉林公司党委、离退休部党工委；基层党总支1个，为生产经营中心党总支；基层党支部170个，其中离退休类支部19个，党小组129个。

【党员基本情况】 截至2019年底，中国铁设党委共有党员3801名（预备党员28名），其中在职党员3081名，离退休党员720名；大学本科以上学历党员3191名；女性党员605名；少数民族党员154名；管理人员党员562名，专业技术人员党员2458名，工人党员61名；全年增加党员123名，其中调入103名、发展党员20名；减少党员100名，其中调出71名、死亡28名、出党1名。

【主要工作】 2019年，集团公司党委团结带领广大干部职工，深入学习习近平新时代中国特色社会主义思想，坚决贯彻落实习近平总书记对铁路工作的重要指示批示精神，聚焦交通强国、铁路先行，深化强基达标、提质增效，以“不忘初心、牢记使命”主题教育为契机，推动集团公司转型升级取得重要阶段性成果。

（一）坚决做到“两个维护”。坚持把增强"四个意识"、坚定"四个自信"、做到"两个维护"扎根于思想，体现在行动，落实到工作。坚决贯彻落实习近平总书记对铁路工作的重要指示批示精神，召开专题会议研究做好川藏铁路地勘监理和设计咨询、京雄城际勘察设计等9项工作措施并抓好组织实施。分两批组织集团公司29个领导班子、170个党支部、4051名党员开展"不忘初心、牢记使命"主题教育，检视查摆问题4744个，制定整改措施5148项，完成整改3645项。围绕中央"六稳"部署和国铁集团"三保三增"工作要求，制定方案，狠抓落实，取得显著成效。

（二）充分发挥党委领导作用。强化党对企业的领导，推动现代企业制度建设。修订集团公司章程，将党建工作总体要求纳入公司章程，明确党组织在法人治理结构中的法定地位。严格落实《集团公司决策"三重一大"事项实施细则》，全年召开党委会会议44次。坚持和完善"双向进入，交叉任职"领导体制，不断优化所属单位"三重一大"事项决策制度和领导班子工作运行机制。召开子公司、分公司发展座谈会，加强和完善控股公司法人治理结构；组织召开改革与发展工作会议，统筹安排机构改革、生产经营、质量安全等各项工作；开展标杆企业建设。

（三）激发干部人才队伍活力。贯彻落实新时代党的组织路线，认真履行党管干部、党管人才职责，制定《领导人员能上能下实施办法（试行）》等6项制度；组织所属单位开展选拔任用"一报告、两评议"工作；加大对领导班子和领导人员的考核力度，完善考核制度，健全激励约束机制。2019年提拔交流处级干部79人，其中提拔18人；加大优秀年轻干部培养选拔力度，提拔5名"80后"处级干部，选派优秀年轻干部到客专公司挂职学习、到总承包项目吃劲岗位挂职锻炼。设立高端专家培养奖励基金，成立两级专家工作室，选拔高端专家20人，建立8个专家团队，5人入选国铁集团"百千万人才工程"专业带头人。开展领导人员"素质提升年"活动，举办34期集团公司级干部培训班，提升干部队伍素质。

（四）提升基层党建工作水平。健全党建工作制度，发布《所属党委考核评价办法（试行）》《党支部分类定级、晋位升级的实施意见》等制度。围绕集团公司改革发展，优化基层党组织设置，新成立土建院等8个党委，在川藏铁路等18个重点项目设立党支部。全面推行党建责任清单制，分级开展"三会一课"质量年达标验收工作，选优配强一线党支部书记，从严从实做好发展党员工作，严格落实党员培训计划，提高党组织建设质量。将基层党组织突出问题纳入主题教育"问题库"一并整改；开展各级党组织书记抓基层党建述职评议考核工作，压紧压实党建责任。以"创岗建区"为载体，开展党内主题实践活动。

（五）深化党风廉政建设。制定《领导班子党风廉政建设专题分析会制度》，修订《贯彻落实中央八项规定实施细则的措施》；层层签订党风廉政建设责任书，落实"月报告"制度，压紧压实"两个责任"。紧盯重点项目和薄弱环节，对总承包项目部、津外子公司党风廉政建设责任制落实情况开展专项检查；重视信访工作，受理信访举报13件，立案5件，给予党纪和企业纪律处分7人；开展加油卡专项检查整治工作，对13人进行严肃处理，对承担管理责任的37人进行问责。落实中央八项规定精神，围绕形式主义、官僚主义问题进行专项整治；组织开展风险债权专项清理工作，完成风险债权下降10%的目标任务。推进纪律监督、组织监督、审计监督的联动协作，通过专家讲座、廉政谈话、编发警示教材、重大节日提醒，开展党风廉政教育。

（六）发挥宣传思想工作导向作用。依托《铁三院简讯》、“中国铁设”微信公众号、手机报等平台，开展内部宣传。围绕庆祝新中国成立70周年，开展系列活动。以搬迁空港园区为契机，宣传回顾集团公司66年发展历程，展望未来，增强干部职工改革发展信心；开展“改革促发展，先行展作为”主题宣讲活动，培育、选树典型，1名同志荣获“新时代·铁路榜样”称号；结合京雄、浩吉铁路等重点项目，深入宣传集团公司在“三保三增”和技术创新等方面取得的成果；组织高端专家参与中央媒体采访活动和国务院新闻办举行的中外记者见面会；加强对雅万高铁、中老铁路等境外项目的宣传，助力“一带一路”建设。推进企业文化建设，完成新版宣传片、宣传册制作。加强思想政治工作研究，召开第17届政研会年会。

（七）推进和谐企业建设。围绕“三保三增”攻坚战、精品工程等重要领域和重点项目开展劳动和技能竞赛活动。坚持面向基层，培育先进典型，1人获“全国铁路劳动模范”称号、4人获火车头奖章、2人获“全路先进女职工”称号，1个集体获“天津市工人先锋号”称号。开展文体系列活动，丰富职工业余文化生活；落实职工带薪休假制度，全年带薪休假4356人；以困难职工和生产一线职工为重点开展“两节”送温暖活动，全年慰问756人次。共青团组织牢牢把握青年运动的时代主题，团结带领广大团员青年在集团公司转型发展进程中拼搏奉献，1人提名第23届“中国青年五四奖章”，1人获第十八届“铁路青年五四奖章”，16个集体和36名青年获省部级荣誉。信访、离退休、统战、保密、综合治理、关工委等各项工作均取得新成绩，为集团公司改革发展营造和谐稳定的氛围。

·党办·

【概述】 中国铁路设计集团有限公司党委办公室（简称党办）是集团公司党委综合工作部门，负责党委日常工作的综合管理。现员共3人，设主任1人、调研协理员1人、文书协理员1人。

2019年，集团公司党办深入学习贯彻十九大精神和习近平新时代特色社会主义思想，认真贯彻落实党中央精神和总公司党组工作部署，不断推动集团公司各项工作落地落实。坚持融入中心，服务大局，强化政治思想建设，协助落实中心组学习制度，深入推进“两学一做”常态化、制度化学习教育，充分发挥政治工作优势，促进全年各项任务的完成。坚持群众路线，深入基层调查研究，贴近职工，做好参谋助手。稳步推进办文办会、文书处理、工作督办、综合协调、维护稳定、日常服务等方面的工作。

【拟文发文】 负责起草党委工作报告、总结、纪要、通知、规章制度、领导讲话稿及其他有关上报材料；审核各部门起草的以党委名义上报和下发的文件。2019年，党委办公室为领导起草报告、讲话、文件以及上报材料21件，共计8万多字；下发党委文件52个、党办文件14个、党函文件7个。

【督查督办】 发挥党办对各项工作的督办职能，确保党委全年工作目标落实。年初依据党委全年工作安排，制定分解并下发党委重点工作目标及具体措施，明确完成的具体时间和主责部门，实施目标管理：每季度督办相关部门抓好落实，根据实际情况，及时调整和完善工作目标，确保目标切实可行。组织召开党群系统例会，及时编发会议纪要，督办落实党委领导具体工作要求。

【信息调研】 建立有效的信息平台，为领导提供有价值的信息；及时向国铁集团办公厅（党组办公室）上报有关信息。根据党委的安排和领导的要求，在随同领导深入联系点、下基层调研、与干部职工谈话过程中，掌握第一手资料：围绕基层党的建设、生产经营、科技创新、人才培养、企业发展等专题，先后50多次组织和参与基层调查研究，了解实际情况，收集基层信息，为领导决策和指导工作提供有价值的意见和建议，推动创先争优活动和政治工作深入开展。

【筹办会议】 负责组织、安排党委各种会议，做好会议的通知、记录和会务工作。2019年，召开集团公司党委会44次、作党群系统办公会议记录2次，参与组织相关会议40多次，起草多个领导讲话材料，并做好相关会议精神的贯彻落实。

【文书处理】 认真做好上级来文的拟办工作，做到及时、高效，并跟踪文件批示情况进行处理和落实督办工作：负责上级党委文件、机要函电、内部资料等的登记、收发、传阅、催办、归档、保管、清退、销毁等工作，做到了文件无积压、无泄密，对在津各中层党委办公室进行了中共中央文件、天津市委文件保密管理的指导工作。2019年先后收发中共中央地师级文件34份、中共中央文件57份684件，天津市文件196份845件，铁总文件159份，其他《内部参考》《中办通讯》《天津工作》、简报、通知、函电、报告1000余份，归档中共中央、中共中央办公厅、国铁集团党组、天津市委、天津市委办公厅文件，长期2盒20件、短期10盒236件，共计256件。年内共编发了《党委工作基础资料》4期，为集团公司领导和有关职能部门提供比较翔实的基础资料。

【综合协调服务】 处理党委日常事务，做好联系上级、沟通左右、上情下达、下情上报工作。安排党委领导的公务活动及有关事宜，协助做好党委系统的对外接待工作，认真贯彻中央八项规定，坚决执行《党政机关厉行节约反对浪费条例》，节俭做好接待工作。负责管理并正确使用集团公司党委印章，并做到上报材料加盖印章做好登记。做好本部门的人事劳资管理、财务管理、档案管理、设备管理、安全保卫、社保、医保等工作。

（许连山）

·宣传部·

【概况】 党委宣传部（简称宣传部）是集团公司党委职能部门，是集团公司宣传思想文化工作的专门工作机构。

截至2019年底，宣传部共有员工9名，设部长、副部长各1名；内设新闻宣传室、企业文化室、新闻宣传室、《铁三院简讯》编辑部。

2019年，是新中国成立70周年，也是集团公司实行转型发展、推动机构改革、机制变革的重要一年。本年度，宣传思想文化工作以习近平新时代中国特色社会主义思想为指导，认真落实国铁集团党组和集团公司党委部署，扎实开展“不忘初心、牢记使命”主题教育，围绕中心工作，深入开展理论学习、思想政治工作、形势任务教育、对内对外宣传、企业文化工作，为集团公司转型发展创造了良好的舆论氛围、思想保证和文化条件。

【主题教育】 以中央全面加强党的建设为指针，认真组织开展“不忘初心、牢记使命”主题教育。根据集团公司党委统一安排，宣传部先后组织制订了集团公司第一批主题教育“学习推进计划”并制定了“推进方案”，过程中细化每一次的集中学习内容、主讲人、发言人、具体篇章、审阅重点发言材料，按照国铁集团要求及时调整完善推进计划，先后编发了6期党委中心组学习材料，保证了3个专题的集中学习研讨和对照党章党规找差距集中交流研讨的顺利进行。先后组织了专家辅导报告、观影、参观红色教育基地等活动。

【新中国成立70周年活动】 2019年，国铁集团和天津市委对庆祝新中国成立70周年均作出了部署。集团公司以组织庆祝新中国成立70周年活动为主线，全面落实国铁集团党组安排的各项工作。一是根据集团公司党委安排，宣传部经过征求相关部门意见梳理资源，起草了《关于组织开展庆祝中华人民共和国成立70周年系列活动的工作方案》，与工会、团委、离退休部、组织部、科技部等一起先后组织完成了诸如职工合唱比赛、书画展、国庆征文、快闪拍摄、球类比赛、升旗仪式、新老员工座谈会、看望慰问老干部等10余项活动。二是组织高端专家参与中宣部“壮丽70年，奋斗新时代”中央媒体行进式采访活动，介绍了集团公司在中国高铁建设发展方面的重要贡献和取得的成果，包括央视、《光明日报》等11家中央媒体对集团公司进行了宣传。

【组织党委中心组学习】 坚持学原著、读原文、悟原理，深入学习习近平新时代中国特色社会主义思想和党的十九大、十九届四中全会精神，深入学习习近平总书记对铁路工作重要指示批示精神，认真组织开展“不忘初心、牢记使命”主题教育学习研讨。一是集团公司党委中心组全年集中学习研讨37次，中心组成员撰写交流发言材料61篇，讲党课、作辅导报告合计21次，形成了11篇高质量的调研报告，中心组成员中心发言（重点发言）、讲党课实现全覆盖。二是组织完成了习近平总书记关于全面深化改革、做好经济工作的重要论述，关于意识形态的重要论述，关于增强忧患意识、防范风险挑战的重要论述，关于脱贫攻坚的重要论述4个年度专题，“不忘初心、牢记使命”主题教育3个专题以及“交通强国建设纲要”等8个专题的集中学习研讨，形成28篇重点交流发言材料。全年编辑中心组学习参考材料11期。三是严格落实学习制度，强化周一“固定学习日”做法；进一步规范学习记录，采取双记录和会后比对方式。对二级单位中心组学习秘书进行1次专题培训，促进基层中心组学习进一步规范化、制度化；为所有二级单位中心组订阅《铁路党委中心组学习大讲堂》光盘。

【意识形态工作】 坚持以政治建设为统领，紧紧围绕“两个巩固”的根本任务，认真落实中央和国铁集团意识形态工作部署要求，抓实意识形态工作责任制，牢牢把握意识形态工作主动权、领导权。一是两级党委坚持半年、季度意识形态工作的自检研判，集团公司党委每年2次召开党委会专题研究意识形态工作，并把情况报国铁集团。二是坚持职工思想动态月报告制度，全年编辑职工思想动态月度报告12期、专项报告2期。三是加强舆论阵地建设与管理，对集团公司内外门户网站、楼宇电视、微信公众号实施规范管理。共建有10个微信公众平台和1个新华社·现场云直播平台，现有的503个微信群组、61个QQ群组、14个学习强国群组全部纳入统一监管。加强网络舆情监看引导，重点加强总承包项目、海外项目以及敏感项目的舆情监控，没有发生负面舆情。全年收集编辑海外舆情信息10多期，上报国铁集团信息100余条。

【流动党校及“大讲堂”工作】 组织意识形态工作报告会、学习宣传贯彻党的十九届四中全会精神辅导报告会。

6月21日，邀请铁道党校党建部主任刘刚教授，以“做好新形势下党的意识形态工作”为题，讲解意识形态工作的重要性和面临的新形势、新任务。集团公司党委副书记、纪委书记单万水主持会议。集团公司领导班子成员、在津各单位副处级以上领导干部、“不忘初心、牢记使命”主题教育指导组成员等共110多人参加了报告会。

12月12日，举行学习宣传贯彻党的十九届四中全会精神辅导报告会。中央党校刘启云教授从党的十九届四中全会《中共中央关于坚持和完善中国特色社会主义制度推进国家治理体系和治理能力现代化若干重大问题的决定》（以下简称《决定》）的深刻背景与重大意义、《决定》的主要内容与《决定》的重点任务等方面，联系党和国家制度建设的发展脉络，对四中全会精神进行了解读，分析了《决定》的重要贡献和亮点，强调了需要重点把握的问题。集团公司党委书记、董事长刘为群主持会议并强调，要持续深入学习宣传贯彻四中全会精神，深入思考全会提出的重点问题和要求，把全会精神贯彻落实到集团公司改革发展工作中。集团公司在津的副处级及以上领导干部、党支部书记、中层党委宣传干部等200余人参加报告会。

【政研会工作】 一是将两级党委中心组成员学习党的十九大精神优秀成果汇编成册，发至处级干部和基层党支部借鉴参考。二是集团公司政研会于12月20日召开第十七届年会，表彰获奖论文，交流研究成果，部署下一阶段工作。集团公司党委书记、政研会会长刘为群出席会议并讲话，党委副书记、政研会副会长单万水主持会议，集团公司工会主席、政研会副会长李龄出席会议。海外事业部《发挥思想政治工作作用推动中国铁路“走出去”》、测绘院《关于做好流动分散职工思想政治工作的探讨》、线站院《新形势下提高党支部“三会一课”质量的思考》、地勘院《长期驻外、流动分散职工思想政治工作研究》、宣传部《推进融媒体建设，筑牢意识形态阵地》5篇成果在会上进行了发布交流。本届年会共征集论文和调研报告40篇，经评委会认真遴选和综合考量，确定获奖论文20篇，其中一等奖4篇、二等奖6篇、三等奖10篇。

【统战工作】 严格民主党派组织发展程序，全年发展3名民主党派成员，配合完成4人次的政审和考察工作。做好统战基础性工作，动态更新民主党派成员、党外领导干部、无党派人士等统战对象信息，配合完成九三支社的改选工作。对归侨侨眷进行春节慰问。对民主党派成员年轻化趋势给予积极关注。

【新媒体平台建设】 发挥微信平台的传播优势，及时传达国铁集团重要指示精神并对外宣传集团公司成就和工作动态。2019年，“中国铁设”微信公众号共拥有粉丝1.35万，共推送消息260余条，年阅读量超100万人次；积极推动新媒体平台矩阵建设，与“中国铁设青年”“青春地路”等8个微信公众号形成矩阵传播，实现同步发声。

在扩大自有平台影响力的基础上，加强与国铁集团宣传部主办的“中国铁路”和“人民铁道”的微信、抖音平台的合作，近2年以来，合计有16个微信消息和5个短视频作品被“中国铁路”和“人民铁道”新媒体平台转发。

【对内宣传报道】 2019年，围绕党政中心工作、重点工程、榜样人物、科技创新等工作，编辑《铁三院简讯》41期、编辑手机报41期、编发205条微信公众号信息；采编制作了克塔铁路开通、铁路主数据中心建成投入使用、集团公司迁入新园区等宣传片纪录片，京雄铁路简介宣传片、京雄铁路BIM宣传片、《勘察设计70年变迁》、新时期铁路榜样专题片。根据不同项目特点制定了《京雄铁路宣传工作方案》《川藏铁路宣传纪律》《工程总承包项目宣传指导书》等。

【对外宣传报道】 围绕中宣部确定的年度宣传主题和集团公司重点项目，对外宣传取得新成果。一是协调组织人民网在集团公司进行高铁成就采访报道,《为什么中国高铁能领跑世界？》在人民网头条推送。二是协调组织新华社对京雄城际铁路进行长篇报道,《92公里，浓缩千年智与梦》在《新华每日电讯》刊发。三是协调组织了人民网《我的名字叫建国》的采访，对职工张建国进行了采访报道。四是协调组织总体李庆生参加哈尔滨广播电视台“欢度国庆”系列宣传活动。

配合国铁集团积极参加国新办组织的高铁人物中外记者见面会活动，王长进大师的专业素养和集团公司的前期组织获得国铁集团通报表扬，在集团公司宣传大屏幕上滚动播出。配合国铁集团浩吉铁路、京雄铁路北京段开通大型采访活动分别对外发稿32篇和11篇。

2019年，在央媒发稿27篇；在省部级媒体发稿63篇，在《人民铁道》刊登5个专版；在“中国铁路”公众号、“人民铁道”公众号共刊登稿件10篇。

【企业文化建设】 企业文化工作在企业转型中继续推进。一是进一步深化研究梳理2018年企业文化管理课题研究取得的成果，完成了集团公司新版宣传片拍摄和宣传册印制，推动楼宇电视开通运营，先后制作、采集、投放6批18部包括反映集团公司建设成就、榜样人物、党建知识在内的资料片。二是开展“身边的榜样”推选、“铁路榜样”推选等活动，先后推出身边的榜样人物31人，韩祖杰当选2019年第三季度铁路榜样。三是完成集团公司LOGO设计的组织和评审工作。四是企业文化理念体系基本成型，员工行为规范完善梳理形成初稿，参与了管理人员培训教材编写、标杆企业指标研究与执行力课题报告编制等工作。五是持续深化集团公司历史与文化展厅资料搜集工作，二级单位陈列室建设工作完成试点推进工作。

【培训工作】 集团公司举办《中国共产党宣传工作条例》专题学习班，邀请天津市委党校万希平教授作辅导讲座；邀请人民网记者部主任李娜，就“新媒体策划和运营方向”进行培训。举办企业文化培训暨陈列室建设情况交流会，邀请中国石油职业心理健康资深首席专家檀培芳以“心理健康促进（EAP）在企业中的价值体现”为题进行培训；会议还安排建筑院、土建院、信息化院作了以“过去、现在与将来”为主题的陈列室建设推进情况的汇报交流。

（袁桂婕）

·组织部·

【概述】 组织部是集团公司党委的职能部门，下设组织室，负责集团公司党的组织工作。组织部设部长1人（兼）、副部长1人（兼）、工作人员3人。

2019年，集团公司党委组织部贯彻落实国铁集团党组决策和集团公司党委部署，持续推进“两学一做”学习教育常态化、制度化，扎实开展“不忘初心、牢记使命”主题教育，深入开展创先争优、“创岗建区”等活动，扎实实施“三会一课”质量年。以争创“四强”党支部活动为载体，巩固和强化党支部的战斗堡垒作用；以争当“四优”党员为主题，发挥党员先锋模范作用；按照“控制总量、优化结构、提高质量、发挥作用”的总要求，落实发展党员计划，永葆党员队伍生机活力，为集团公司高质量发展提供坚强的组织保证。

【开展“不忘初心、牢记使命”主题教育】 分两批组织29个领导班子、248名党员领导人员和170个党支部、3803名党员开展了“不忘初心、牢记使命”主题教育，各级党组织和广大党员坚持把四项重点措施贯穿主题教育全过程。一是抓实学习教育，两级领导班子举办集中学习研讨会332次、读书班228场。二是广泛开展调研，两级班子成员下基层一线394次、召开座谈会370余场、访谈职工2666人次，撰写调研报告189篇、召开调查成果交流会57场。三是深入检视问题，两级领导班子及领导人员对照5个标尺查摆问题3595个，对照“十八个是否”检视纪律规矩问题1636个，按照“四个对照、四个找一找”要求，查摆班子问题567个、个人问题2196个，相互提出批评意见1022条。四是狠抓整改落实，承接确定专项整治任务182个，制定具体措施503条，遴选出制约党的建设、改革发展等突出问题255个，制定措施338条集中整改，对需要上下联动的54个问题，及时纳入两批问题库一并整改。通过主题教育，实现了理论学习有收获、思想政治受洗礼、干事创业敢担当、为民服务解难题、清正廉洁作表率的目标。

【集团公司领导班子“不忘初心、牢记使命”主题教育专题民主生活会】 “不忘初心、牢记使命”主题教育专题民主生活会于2019年8月30日召开。集团公司党委书记刘为群主持会议。国铁集团主题教育第三指导组组长谷晓明和指导组成员程少敏、李学富到会指导，谷晓明作点评讲话。集团公司领导班子全体成员参加会议。会议通报了领导班子专题民主生活会筹备情况，书面通报了2018年度领导班子民主生活会整改方案落实情况，刘为群代表集团公司领导班子作检视剖析，集团公司领导班子成员逐一进行个人检视剖析，依次开展批评与自我批评。

【党组织书记述职评议考核】

（一）组织召开集团公司党委书记述职评议会议。会议于1月15日召开。国铁集团党组组织部（人事部、党风廉政室）领导干部处副主管张鹏涛同志亲临会议指导。党委书记刘为群向96名集团公司第一次党代表大会代表和10名职工代表进行述职，述职后进行民主评议。3月18日，刘为群参加铁路局集团公司党委书记抓党建述职评议会，向国铁集团党组述职，接受评议。

（二）所属党委书记抓党建工作述职评议考核。对集团公司所属党委（工委）书记述职报告审阅把关，派员参加指导所属党委书记对下述职评议会议，负责做好现场测评及统计分析。3月26日，所属党委（工委）19名书记向集团公司党委进行述职接受测评，并将考核等次“一对一”反馈本人。

（三）指导基层党支部开展抓党建工作述职评议考核。精细研究基层党支部书记对上、对下述职评议考核中的具体细节问题，做好解释、指导工作。截至2019年底，166名在职党支部书记全部完成述职评议工作。

【党支部组织生活会和民主评议党员工作】 按照国铁集团党组要求，结合集团公司实际下发通知，明确“不忘初心、牢记使命”专题组织生活会的主题、基本要求、程序标准、时间节点；指导各单位党委（工委）切实扛起主体责任，加强统筹安排，强化分类指导，对所属党支部（总支）提出具体要求，坚决反对形式主义，防止不触及思想、不解决问题，确保组织生活会和民主评议党员高质量开展。

【组织完成“三会一课”质量年验收】 按照国铁集团重点工作任务安排，制定验收方案，明确验收标准。各单位党委、党支部逐级开展质量年达标验收，42个初验“不合格”等次党支部完成整改后，集团公司党委对所属两级党组织进行了全面达标验收，组织基层党组织对照验收发现问题全面排查，整改补强，对1名验收“不合格”单位的党委书记进行约谈并通报批评。

【2019年创先争优表彰工作】 组织集团公司所属党组织采取自下而上、上下结合的方式，逐级研究提出表彰推荐对象，经集团公司党委会议研究，确定表彰优秀党员标兵13名、优秀共产党员109名、优秀党务工作者27名、先进党组织35个，命名党内品牌9个。

【开展党内实践活动】 围绕集团公司高质量发展目标，指导各单位党委（工委）持续用好“创岗建区”这一经常性载体，每季评比，实时公布评选结果；针对性开展突击奉献、立项攻关、分领域创先争优等活动。党内实践活动提供了党建与生产经营工作的契合点，在川藏铁路、雄安新区路网建设等重点项目上党员充分发挥了先锋模范作用。

【党的组织建设】 一是优化党组织设置。为适应集团公司高质量发展需要，不断优化党组织设置形式，二级党委由原来的15家增加到19家，同时，指导华南公司等新成立党委开展工作。二是指导基层党组织按期换届。推动64个党支部按期换届，实现应换尽换。三是加强境外党建工作。集团公司党委坚持服务“一带一路”建设，努力实现“境外项目发展到那里，党组织组建到哪里，党的工作开展到哪里”。推动成立海外事业部党委，强化顶层设计，根据项目推进情况，及时优化党支部设置，截至目前境外党支部共7个（含临时支部2个）。四是举办党支部书记培训班。9月17至19日，在空港园区报告厅举办“中国铁设第二批‘不忘初心、牢记使命’主题教育指导工作培训暨党支部书记培训班”，增强党支部书记组织开展主题教育的政治意识和实践能力，发挥“领头雁”作用，为高质量开展第二批主题教育提供保障。

【党建工作制度体系建设】 一是印发《中国铁设党委关于强化党支部分类定级、晋位升级的实施意见》，规范党委、党支部考核，构建起覆盖各层级的考核体系。二是印发《中国铁设党委落实〈国铁企业党支部建设工作细则〉的工作措施》，为基层党支部建设提供基本遵循。三是印发《中国铁设党委关于进一步加强流动党员教育管理的实施办法》，进一步规范流动党员管理工作，解决集团公司党员高度流动、高度分散问题。

【走访慰问困难党员、老党员】 在新中国成立70周年之际，按照国铁集团党组部署，党委组织部对在新中国成立之前入党的老党员、老干部和为铁路作出突出贡献的先进模范人物情况进行了全面摸底，研究确认慰问对象35名。集团公司党委配套党费7万元用于此次慰问活动，党委书记带队深入基层一线，带头走访慰问，慰问金于国庆前全部发放到位，给老党员、老干部送去了党组织的关怀和温暖。

【政工任职资格评审】 在各单位、各部门完成申报材料公示、组织考核和单位推荐的基础上，认真审核申报人员条件。10月17日召开2018年度政工专业任职资格评审会，3名申报中级专业资格人员通过评审获得任职资格；1名申报高级专业资格人员通过评审获得推荐到国铁集团参加评审的资格。

【发展党员工作】 把发展党员工作重点放在高知群体、生产一线、优秀青年身上，注重加强对青年技术和工作骨干分子的培养教育；注重在新员工入职教育培训、创先争优活动中影响感召加强入党启蒙教育；严格执行发展党员工作程序，实行发展党员预审制、公示制、票决制，保证发展党员质量。2019年发展党员20名，其中生产工作一线20名，占100%；女性2名，占10%；35岁以下10名，占50%。预备党员转正41名。

【党费收缴、使用和管理】

一、日常党费收缴、使用和管理

认真执行《集团公司党费收缴、使用和管理办法》，党费收缴、使用、管理始终接受党员的监督；以党员缴纳党费年度总收入为基数，向国铁集团党组和天津市委组织部分别上缴党费总数的10%，向基层党组织下拨党费使用额度50%；明确党费使用范围，严格把关，没有发生党费使用范围以外的费用报销。

（一）**党费收入**。2018年党费结余10692434.14元；2019年党费收入3844143.90元。其中：党员缴纳党费3775357.20元，利息38786.70元，国铁集团党组下拨党费30000.00元。

（二）**党费支出**。2019年党费共支出1317741.41元。其中：教育培训党员支出49161.30元，订阅或购买用于开展党员教育的报刊、资料、音像制品和设备支出117821.25元，表彰先进基层党组织、优秀共产党员和优秀党务工作者支出43917.48元，补助生活困难党员支出110941.00元，转账手续费等其他费用支出3396.10元。上缴国铁集团党组组织部党费496252.14元，上缴天津市委组织部党费496252.14元。

（三）**党费结余**。2019年党费结余13218836.63元。

二、补交党费使用和管理

一是严格把握补交党费的使用范围。按照补交党费使用范围，指导各单位党委制订补交党费使用计划，按不低于留存补交党费40%的比例向在职党支部划拨活动经费，主要用于党支部开展主题党日、创岗建区等活动。二是完善财务分级管理模式，在有同级行政财务管理权限的所属单位党委均开设补交党费专用账户。将集团公司本级留存的补交党费全部下拨，明确财务管理人员，制定相关财务管理制度。三是加强监督指导。结合“不忘初心、牢记使命”主题教育检查和“三会一课”质量年验收等重点工作，对各级党组织补交党费使用管理工作进行检查指导。组织召开专题会议，对各单位党委补交党费使用进行针对性培训，从补交党费使用原则到具体使用要求进行系统指导，强力推进补交党费使用工作。

（一）**党费收入**。2018年补交党费结余10299250.15元；2019年补交党费收入利息24395.3元。

（二）**党费支出**。2019年补交党费共支出5094671.49元。其中：培训党员支出404653.94元，建设党员活动室支出1466670.08元，帮扶生活困难的党员支出365147.40元，向党支部划拨活动经费支出2858200.07元。

（三）**党费结余**。2019年补交党费结余5228973.96元。

（任瑞宁　王建波）

·纪委（监察处）·

【概述】 中国共产党中国铁路设计集团有限公司纪律检查委员会（简称纪委）与监察处合署办公。主要负责协助集团公司党委开展党风廉政建设、组织协调反腐败工作，负责集团公司纪检监察工作。

集团公司纪委会由7人组成，设书记1名（由集团公司党委副书记兼任）、副书记1名、委员5名。集团公司纪委（监察处）设纪检监察室、信访和审理室（办公室），有专职纪检监察干部7人。下设17个中层单位纪委，分别为测绘院纪委、线站院纪委、土建院纪委、地勘院纪委、电化电信院纪委、建筑院纪委、机环院纪委、机关纪委、城交事业部纪委、总包事业部纪委、海外事业部纪委、资产事业部纪委、铁三院公司纪委、华南公司纪委、沈阳公司纪委、吉林公司纪委、内蒙古公司纪委；有纪委书记17人。

2019年以来，集团公司各级纪检监察组织深入学习贯彻习近平新时代中国特色社会主义思想，督促党员、干部自觉做到“两个维护”，贯彻落实全面从严治党要求，以“不忘初心、牢记使命”主题教育为契机，围绕企业转型发展一体推进不敢腐、不能腐、不想腐，推动党风廉政建设和纪检监察工作取得了新的成效。

【坚决做到“两个维护”】 坚持把政治建设摆在首位，严格贯彻关于加强和维护党中央集中统一领导的有关规定，教育引导党员干部增强“四个意识”，坚定“四个自信”，做到“两个维护”。集团公司纪委针对“不忘初心、牢记使命”主题教育制定下发监督办法，采取多种方式进行监督。对照中央、国铁集团党组在国铁企业巡视中发现的问题，扎实开展“未巡先改”工作。

【推动落实“两个责任”】 集团公司党委与15个中层单位党委（工委）、中层单位党委与基层党组织层层签订党风廉政建设责任书。组织对3个总承包项目部和5个津外子公司、分公司的党风廉政建设责任制落实情况进行检查，召开分（子）公司座谈会，对党风廉政建设工作提出要求。建立并落实领导班子党风廉政建设专题分析会制度，认真落实国铁集团党组组织部、驻国铁集团纪检监察组“月报告”制度，努力提高上报质量。关口前移，落实中层单位党委主体责任，实施正处职领导干部、纪委书记落实“两个责任”月报告制度，有效压实两个责任，两级领导干部“一岗双责”意识得到明显增强。

【深化党的作风建设】 持之以恒纠“四风”、树清风，修订贯彻落实中央八项规定实施细则的措施，开展违反中央八项规定精神突出问题和形式主义、官僚主义问题的专项整治，对3个单位进行重点抽查。强化对权力的制约监督，制定完善公务用车配备使用管理、职工福利费、财务管理等一批制度。组织开展风险债权专项清理工作，圆满完成风险债权下降10%的目标任务。

【抓实纪律审查工作】 加强对党风廉政建设和反腐败工作的统一领导，各级党组织大力支持纪检监察组织纪律审查工作，纪检监察组织坚持以零容忍的态度强化不敢腐的震慑。一是严肃查处违反“六项纪律”和中央八项规定精神的问题。全年共受理信访举报14件，立案审查5件，重点查处了领导干部违规接受相关利益单位宴请和娱乐活动安排、违规利用加油卡发放福利、违规侵占公有财产等问题，给予党纪和企业纪律处分7人，其中正处级干部党纪处分3人，有力震慑了十八大后仍不收敛、不收手的行为。二是把握运用监督执纪“四种形态”中第一种形态，抓早抓小，对执纪审查中发现苗头性问题的2名处级干部进行批评教育，对5名处级干部进行诫勉谈话，防止小毛病演变成大问题。

【强化日常监督检查工作】 一是组织开展加油卡专项整治。对9个单位进行重点抽查，对存在个人问题的13人进行处理，其中纪律处分3人；对承担管理责任的37人分别给予约谈、批评教育、诫勉谈话处理，其中处级干部24人。各级党组织强化政治担当，认真做好党内监督工作。二是纪检监察组织围绕重点工程加大监督力度。对中老铁路项目部、川藏铁路等指挥部就加强廉政建设进行指导。选派纪检干部到总承包项目挂职，深入了解和防范工程总承包项目的廉政风险。对昌景黄、汕汕等3个总承包项目部廉政风险防控情况进行专项检查。三是完善廉政风险防控体系。健全委外分包、物资采购、福利费使用等制度，围绕“小金库”和风险债权开展自查整改和专项清理工作。认真落实纪检监察组织与人事、审计、财务部门的联动沟通机制，增强监督合力。对参加外部专家活动和差旅费管理情况进行调研。对新提拔的处级干部严把廉政关，防止干部“带病提拔”。

【广泛开展纪律教育】 一是以党风廉政宣传教育涵养清风正气，高质量地召开主题教育专题民主生活会、组织生活会，把党章、宪法、《纪律处分条例》《问责条例》等党内法规作为党员干部的必修课。二是及时下发国铁集团党组、中央纪委国家监委驻国铁纪检监察组和天津市纪委的典型案例通报，编发集团公司典型案例，结合实际开展纪律教育，强化警示震慑和教育效应。三是在重大节假日、关键节点、重点单位针对性开展廉政风险防控工作，及时提醒预警。四是对新任处级领导干部进行集体廉政谈话。五是举办纪检监察业务培训班。六是利用集团公司简讯、手机报下发党纪条规知识和廉政格言警句，进一步提高党员、干部纪律规矩意识。

（宋砥平）

·工会·

【概述】 2019年，集团公司各级工会坚持以习近平新时代中国特色社会主义思想为指导，深入学习贯彻党的十九大和工会十七大精神，聚焦交通强国、铁路先行，以服务企业转型发展为目标，以维护职工合法权益为基本职责，深入推进劳动竞赛、民主管理、素质工程、帮扶救助和工会自身建设，团结动员广大职工为推动集团公司的高质量发展作出新贡献。

集团公司工会设主席1名、副主席1名。机构设置包括生产宣教部、组织部（含民主管理、生活女工工作）、综合部（含办公室、财务、体协工作），下设24个直属工会（工委）、23个基层工会、120个工会小组，共有4819名工会会员。

【集团公司第一届二次职代会】 第一届二次职代会暨工作会议于2019年1月12日至23日在津召开。在工作会上，集团公司党委书记刘为群代表党委作题为“深入解放思想 勇于担当作为 为推进集团公司高质量发展提供坚强保障”的工作报告。在第一届二次职代会上，总经理曾鸣凯代表行政作题为“把握战略机遇期 重整行装再出发 为实现集团公司高质量发展奠定坚实基础”的工作报告。会议审议通过了行政工作报告的决议、集体合同和工资协议的决议、2018年福利费使用情况及2019年福利费支出预算报告的决议、2018年度企业年金管理报告的决议；签订2019—2020年集体合同和2019年工资协议；对集团公司领导班子、班子成员和选人用人工作及选人用人情况进行民主评议。集团公司领导班子成员及来自各单位、部门的职工代表和各级领导干部200余人参加会议。

【集团公司工会第一届二次（扩大）会议】 会议于2019年4月4日召开。会议审议通过了集团公司工会主席李龄代表工会常委会作的题为“忠诚党的事业 竭诚服务职工 为推动集团公司转型发展作出新贡献”的工作报告；审议通过了集团公司工会副主席殷琨作的集团公司工会2018年经费决算和2019年经费预算报告；听取讨论了集团公司工会经审委主任朱家勤作的经审工作报告。会议替补选刘金瑞为集团公司工会第一届委员会委员。

【集团公司工会第一届三次全委（扩大）会议】 会议于2019年8月14日召开。会议替补选陈梦晖、马立为集团公司工会第一届委员会委员，替补选陈梦晖为常委。

【集团公司工会第一届女职工委员会第一次全委（扩大）会议】 会议于2019年8月15日召开。集团公司工会主席李龄代表集团公司工会第一届女职工委员会作题为“牢记时代使命 展示巾帼风采 团结动员广大女职工为集团公司转型发展贡献力量”的报告；选举产生新一届女职工委员会。集团公司工会女工委员共41人参加会议。

【群众生产】

（一）**深化建功立业劳动和技能竞赛活动。**在川藏铁路开展“争当主人翁，建功川藏线，铸就中国梦”劳动竞赛；在京雄铁路开展“保图纸供应到位、保配合施工到位、保解决问题到位，创智能精品工程”劳动竞赛；围绕“三保三增”攻坚战，开展了“三保六比”劳动竞赛。评选表彰川藏铁路劳动竞赛先进个人17名，京雄铁路劳动竞赛先进个人37名，“三保三增”劳动竞赛先进个人215名。开展劳动保护监督检查员培训、职业健康安全知识答卷和汽车安全万里行劳动竞赛活动。“弘扬工匠精神、提升精品意识、展示精品成果”劳动竞赛上报作品137项，有80项作品获奖，对234人给予表彰。“创新汇报手段、彰显技术亮点”总体汇报比赛吸引9个单位的13名选手参赛。

（二）**深化评先树模活动。**大力弘扬劳模精神和工匠精神，培育、选树反映时代特色、业绩突出的先进典型。向市总工会推荐全国劳模1人、天津市劳模3人、天津市模范集体1个，获全国“安康杯”竞赛优胜班组1个、获火车头奖章8枚、火车头奖杯1个、天津市工人先锋号1个、“全国铁路巾帼标兵”1人、全国铁路先进女职工集体1个、全国铁路先进女职工工作者1人。

（三）**深化群众性技术创新活动。**以各直属工会提高质量、效益和效率为重点，组织开展职工优秀技术创新成果评选活动。集团公司工会对测绘院“自移动式三维激光扫描检测系统的研发”等48项职工优秀技术创新成果给予表彰奖励。将王长进劳模创新工作室的全站仪自动化监测技术、北斗监测技术、高速铁路惯导轨检技术、自移动式轨道交通三维扫描检测技术等创新成果在全路职工技术创新交流现场会进行展示交流。

【民主管理】

（一）**落实职工代表大会制度。**完成职代会确定的各项议程；审议并通过了集团公司2018年福利费使用情况和2019年福利费支出预算报告；审议通过并签订了2019—2020年“集体合同”、2019年“工资专项协议”。指导21个生产单位及子公司召开职代会（职工大会）。组织召开中国铁设工会第一届四次团长联席会，审议通过了《中国铁设企业年金方案》及调整缴费额度。完成106件职工代表提案和建议的处理、答复、反馈工作。

（二）**落实司务公开制度。**对涉及集团公司企业年金、集团公司领导班子成员履职待遇、设备采购、教育经费使用、住房公积金和补充住房公积金缴存情况等11项职工关注的热点问题及事项进行公开，22个生产单位对100余项涉及职工切身利益的事项进行公开，确保职工知情权、参与权、表达权和监督权。

（三）**落实集体协商制度。**通过征求职工代表意见，形成"集体合同"和"工资专项协议"协商要约。在此基础上，就职工关注的"工龄工资增长、带薪休假制度落实、劳保用品采购、职工教育经费使用"等问题，与集团公司领导以及相关职能部门进行多次沟通协商。

【职工素质工程】

（一）**以凝聚铁路精神为主线，推进职工思想道德教育和职业素质提升。**紧密围绕"两个一百年"奋斗目标和中华民族伟大复兴中国梦，宣传新中国成立70年来的光辉历程和伟大成就，高扬爱国、爱路、爱企、爱岗主旋律，以歌唱祖国、歌唱共产党、歌唱铁路事业、歌唱集团公司改革发展成果和干部职工精神面貌为内容，举办"我和我的祖国——庆祝中华人民共和国成立70周年职工合唱比赛"，集团公司各单位近700人参加比赛；开展反映职工生产生活的"短视频"大赛，引导职工从工作生活点滴中挖掘闪光点；组织参加铁总"中国梦·铁路情·劳动美"系列职工文化活动，丰富了职工业余文化生活，激发健康向上的高尚情怀。

（二）**以凝聚正能量为根本，推进职工文化建设。**举办集团公司职工四项球类比赛系列活动、职工健步走、迷你和网络桥牌比赛、"桥协杯"桥牌联赛等活动，成立职工篮球和毽球协会，增加群体活动的覆盖面、增加吸引力。组队参加天津市单项体育比赛取得优异成绩。承办华北六省桥牌赛。

（三）**以"提素建功"为主题，推进女职工队伍建设。**进一步做好女职工素质工程建设，11名女职工取得执业注册资格证书。举办女职工讲座，针对女性高发、常见疾病，传授预防、治疗经验。为658名女职工完成特殊疾病保险的续保工作。持续开展"书香芳华"读书征文活动，女职工300余人次参加铁路总工会女工委第五届书香铁路女职工读书活动。一年来，2名女职工荣获铁路总工会火车头奖章、"全国铁路巾帼标兵"和全国铁路先进女职工工作者称号，1个女工集体被评为全国铁路先进女职工集体。

【职工服务体系】

（一）**不断健全常态化、长效化帮扶救助机制。**认真开展"一对一"帮扶救助结对子，做好"两节"送温暖和日常帮扶救助。集团公司工会7名常委与15名重困职工结对子，各直属工会委员与一般困难职工结对子，落实精准帮扶，确保救助实效。"两节"期间，集团公司工会对重困职工和部分一般困难职工安排两次集中慰问，国庆节、春节慰问困难职工76人，发放慰问金59.5万元；集团公司工会和各直属工会做好日常帮扶，共组织发放慰问金176.7万元，其中困补165.3万元、助学1.4万元、大病医疗补助10万元。通过"两节"送温暖和日常帮扶救助，集团公司重困职工人数由上一年的18人减少为15人。

（二）**不断健全"冬季送温暖、夏期送清凉、四季送关怀"慰问活动机制。**制定《中国铁设工会现场慰问暂行规定》，组织开展“大篷车”慰问活动，集团公司领导、工会常委先后深入川藏铁路、京雄铁路及昌景黄、杭绍台总承包项目等42个项目现场慰问一线职工1943人次，深入调研长期驻外项目部文体生活设施需求。为川藏铁路指挥部，汕汕、昌景黄、杭绍台总包项目部及徐州城轨项目部等11个项目部配备了48台套文体生活设施；为大连项目部配备了室外篮球场灯光设施。

（三）**积极构建服务职工体系。**认真做好全体会员慰问品采购发放工作。2019年为4154名会员采购发放慰问品价值644.08万元，53名职工享受住院慰问金、总计金额4.6万元。落实市总大病救助实施办法，为3838名会员办理了市总专享救助保障投保、续保。落实持卡会员“重大疾病、非工伤意外死亡、家庭火灾重大损失”3个方面的专享救助保障，7名持卡会员获得重大疾病赔付。

【自身建设】

（一）**加强工会干部队伍建设。**认真学习习近平新时代中国特色社会主义思想，深刻检视整改工会自身问题，努力帮助基层职工解决好最关心、最现实、最迫切的利益问题，体现和展示工会使命和担当。召开10余次现场职工座谈会，了解职工所思所想，宣讲铁路建设形势。集团公司工会对3个单位、1个项目部开展调研，梳理归纳9条具体意见及建议，针对调研问题积极研究解决措施。落实工会经费及专项资金管理责任、严格控制“三公”经费支出、加大对基层工会经费下拨力度。组织6名直属工会干部参加基层工会主席任职培训。举办工会干部培训班，共计90余人参加培训。组织工会干部297人开展了工会业务知识答题活动，促进工会干部的业务能力和工作水平的不断提升。

（二）**加强工会组织建设。**结合集团公司机构调整，优化调整集团公司直属工会设置方案，将直属工会由22个调整至30个。组织召开集团公司工会第一届二次、三次全委会，总结上一年的工作，明确2019年度工作重点，替补选集团公司工会第一届委员会委员、常委，进一步完善工会组织建设。对集团公司工会系统2018年度先进集体、优秀个人进行评比表彰。协助天津市总工会积极推进劳务派遣人员在劳务派遣公司入会工作。举办财务人员业务培训，分别对工会系统财务人员和直属工会主席开展了2次知识答卷活动。

（三）**加强工会财务、经审、信息工作。**严格执行中央八项规定和工会财务“八不准”的要求，深化工会系统财务会计管理规范化建设，严格落实预算管理制度和经费收支管理的各项规定，制定下发《中国铁设工会采购管理办法》《中国铁设工会经费收支管理实施办法》。加强对直属工会的指导服务，按期检查直属工会财务管理执行情况。发挥经审保障服务职能，完成对19个直属工会和3名离任主席的审计工作，及时纠正经费支出存在的问题，取得良好效果。配合行政进行小金库专项治理，深入做好常态化“小金库”专项治理工作。开展集团公司各级工会资产清查工作，清理了不具使用价值的资产。

（许秀峰）

·团委·

【概述】 中国共产主义青年团中国铁路设计集团有限公司委员会（简称团委），下设3个中层团委，15个团总支（支部）、1个团工委，即测绘院团委、地勘院团委、电化电信院团委，线站院团总支、土建院团总支、城交事业部团总支、建筑院团总支、机环院团总支、公路事业部团支部、工经院团支部、运规院团支部、信息化院团支部、机关团支部、华南公司团总支、沈阳公司团总支、内蒙古公司团总支、吉林公司团总支、锦州公司团总支，总包事业部团工委。

2019年集团公司团委有专职团干2人，其中书记1人（2017年2月任命，2018年1月当选）、副书记1人（2018年1月当选，2019年9月调离团的岗位）。各中层团组织下设28个基层团支部，团干部均为兼职，共计179人。截至2019年底，集团公司团员（含保留团籍党员217人）总计432人。

【思想教育】

（一）持续深入开展习近平新时代中国特色社会主义思想学习活动。把深入学习宣传贯彻习近平新时代中国特色社会主义思想作为首要政治任务和核心业务。坚持团干、团员两条线，同频共振，严格执行团委会、常委会学习制度，通过召开全委（扩大）会和狠抓"三会两制一课"，组织两级团组织持续深入学习党的十九大和十九届二中、三中、四中全会精神，跟进学习习近平总书记在纪念五四运动100周年大会上的重要讲话精神。充分利用团属新媒体平台，广泛传播习近平总书记关于青年工作的重要思想，全年推送相关学习资料60余次。

（二）开展纪念五四运动100周年系列活动。结合纪念五四运动100周年，以"青春心向党、建功新时代，为集团公司高质量发展贡献力量"为主题，组织召开了纪念五四运动100周年青年职工座谈会暨青春故事分享会，参会人员集体观看了纪念五四运动100周年大会直播盛况，10名一线优秀青年代表就青年如何在集团公司改革与发展新形势下继承和发扬五四精神，同与会青年分享心得体会。各中层团委、总支（支部）广泛开展以纪念五四运动100周年为主题的团日活动，大力传承和弘扬五四精神，共计开展活动13场次，978人次参与。

（三）开展庆祝新中国成立70周年系列活动。结合新中国成立70周年，组织开展"《我和我的祖国》快闪""我与祖国共奋进——国旗下的演讲特别主题团日活动""与祖国同成长，与企业共奋进——中国铁设职工短视频展示大赛"等活动5场次，累计800余人次参与。

（四）认真开展形势任务宣讲。聚焦交通强国、铁路先行，深化强基达标、提质增效，针对集团公司生产经营的重点、转型升级的难点和团员青年关注的热点开展形势任务教育。邀请原集团公司党委副书记李克让、原集团公司工会主席王信阁、原集团公司总经济师兼企划处处长魏兴基、原电化电信处处长王长旺4名老领导、老专家与来自一线的青年代表就集团公司转型发展、青年成长、企业管理、科技创新进行了座谈交流。组织专兼职团干部开展"青年促转型"主题团课5场。

（五）持续开展"团员青年读书"品牌活动。在青年中扎实开展已经持续20多年的读书活动。年内结合全团大学习活动，在团员青年中下发了《解局——热点背后的中国逻辑》《解局——历史节点上的中国变革》《侠客岛对话郑永年》《事实》《图说区块链》等书籍共计400余册。依托"读书角"活动、新媒体平台等载体，号召青年分享学习体会，活动覆盖面持续扩大。

【选树典型】 2019年中国铁设青年获得国家级集体荣誉2项，省部级集体荣誉6项、个人荣誉43项。五四青年节前夕，集团公司团委对企业内2个先进团委、11个先进团支部（总支）、4个新媒体工作先进集体、21名优秀共青团干部、22名优秀共青团员和11名新媒体工作先进个人予以表彰（获奖名单详见"光荣榜"）。

【组织建设】

（一）加强团委会建设。制定并下发《共青团中国铁路设计集团有限公司委员会工作规则（试行）》《共青团中国铁路设计集团有限公司委员会常委会工作规则（试行）》，明确团委会、常委会的职责、组织原则、会议制度和工作制度，团的工作科学化水平持续提升。

（二）优化组织设置。结合集团公司组织机构改革，及时下发《关于调整部分中层单位团组织名称的通知》，对地勘院、土建院、城交事业部、公路事业部、信息化院、华南公司团组织名称进行调整，指导城交事业部、土建院、运规院、工经院开展换届选举工作，调整电化电信院团总支为电化电信院团委，集团公司基层团组织建设进一步加强。

（三）开展新员工团组织关系转接工作。按照全国铁道团委《关于做好2019年新入路毕业生团的组织关系转接工作的通知》要求，严格落实《铁路共青团发展团员和团员管理工作实施细则（试行）》相关规定，依托“智慧团建”系统，顺利完成了新入路毕业生团的组织关系转接工作，团组织规范化建设得到有效提升。

（四）加强团干部培训。推荐、鼓励团干部“走出去”，学习理论、先进工作手段和方法，提高工作能力和水平。全年派出团干部及青年参加外部培训4期共5人次。

【“服务国家战略、青春建功川藏”主题实践活动】

（一）制定并下发《关于开展“服务国家战略、青春建功川藏”行动的通知》。结合集团公司川藏铁路规划建设动员大会部署安排，在参建川藏铁路青年中组织开展弘扬“两路”精神和青藏铁路精神、青年突击队、青年科技创新创效、编撰《川藏地区工作生活指导手册》等活动，引领青年投身川藏铁路建设。

（二）编撰完成《川藏地区工作生活指导手册》。组织参建青年以川藏铁路建设为契机，广泛收集资料、总结经验，编写了《川藏地区工作生活指导手册》。手册共计10章、31节、近4万字，以项目组为主线介绍各地概况、工作特点和生活指南，为更好地完成川藏铁路后续任务奠定了基础。

【“青春建功促转型”主题实践活动】

（一）开展“青年创新季”系列活动。以青年科技论文和青年科技创新奖活动为基础，深入开展“青年创新季”系列活动，搜集青年科技论文共计228篇，各中层团组织开展论文发布交流活动10场，现场观摩青年达200余人，12项科技成果获集团公司一等奖；组织有质量、水平高、具有代表性的20项科研成果申报全国铁路青年科技创新奖，9项成果获得奖励。

（二）开展“青年突击队”活动。在重点项目、总承包项目、境外项目中开展“青年突击队”活动。2019年共成立“青年突击队”21支，涵盖川藏铁路、雄安新区铁路项目、转型升级重点区域和服务“一带一路”建设的重要境外项目，充分发挥青年群体在承担各项“急、难、新、险、重”任务中的突出作用和核心技术攻关作用。

（三）创建青年安全生产集体。按照团中央、全国铁道团委开展“双创立功”竞赛活动要求，经过团队自荐和逐级审核把关，成功创建“全国青年安全生产示范岗”1家。

【服务青年成长成才】

（一）深化“四季一竞赛”主题活动。从2019年4至9月选取4个时间段，适时开展青年“活动季”、青年“创新季”、青年“入职季”和青年“交流季”主题活动。同时，在10至12月开展1项青年主题竞赛活动。

（二）开展青年“入职季”系列活动。新员工入职期间，广大团干部主动靠前，亮明身份，与新员工建立一对一联系，团委书记带头以“我与企业同成长”为主题，给新员工上团课，各中层团组织通过新员工主题团课、素质拓展、座谈会、参观红色基地等形式，帮助新员工快速融入企业文化，为新员工顺利完成角色转变打下良好基础。

（三）举办总体汇报比赛。与工会、生产经营中心联合策划组织“创新汇报手段、彰显技术亮点”总体汇报比赛，活动依托具体项目，突出专业特点，丰富汇报形式，突出采用“机载雷达、无人机、三维协同、BIM、动画、实景摄录”等先进技术进行汇报展示，对提升项目总体团队整体汇报水平、增强企业竞争力起到一定推动作用。

（四）编撰《空港园区生活指南》。为服务集团公司搬迁空港新园区，团委发挥自身优势，组织编写了《中国铁设集团公司空港园区生活指南》。手册涉及园区简介、周边交通、教育、医疗、住房、休闲娱乐等内容，共计9000多字，图文并茂，方便实用，极大方便了职工，使职工更快、更好适应新的工作和生活环境。

（五）组建“青年讲师团”。按照全国铁道团委关于深化青年马克思主义者培养工程相关要求，经过青年自荐、组织推荐、分层选拔，推荐全国铁道团委“青年讲师”3名、集团公司“青年讲师”6名，两级讲师全年面向基层单位开展宣讲10余次。

（朱德余）

·机关党委·

【概述】　中共中国铁路设计集团有限公司机关委员会（简称机关党委）主要负责30个基层党组织建设和管理工作，其中直属单位部门党组织20个，所属固定党支部24个，另设有6个项目临时党支部。直属单位部门党组织分别是生产经营中心党总支（含5个党支部）、办公室党支部、企法部党支部、发展部党支部、科技部党支部、财务部党支部、审计部党支部、人力资源部（组织部）党支部、质量安全中心党支部、宣传部联合党支部、纪委联合党支部、工会党支部、工程实验室党支部、运规院党支部、工经院党支部、信息化院党支部、产业化公司党支部、川藏指挥部党支部、上海分公司党支部、华中党支部。

机关党委书记兼纪委书记，党委委员4人，纪委委员4人。截至2019年底管理党员458名。

【思想政治建设】　一是加强党委班子思想政治建设。根据党委中心组学习计划，认真组织学习习近平新时代中国特色社会主义思想和党的十九大精神，及时传达贯彻铁总和集团公司党建工作会议、职代会党代会精神，将“不忘初心、牢记使命”主题教育重要文件精神和要求编印成学习手册，将学习贯穿主题教育始终；机关党委全年组织理论中心组集体学习15次。邀请运规院技术骨干为机关党委委员主讲投融资知识，请工程实验室专家为机关党委委员讲解BIM前沿知识，开拓机关党委委员的眼界和视角，为发挥理论指导实践起到积极作用，推进机关党建工作上水平。二是抓好专题学习研讨。制订机关党委中心组4个季度学习计划和内容，结合主题教育期间的3个专题，将学习十九大、十九届四中全会精神作为第四个专题进行深入学习研讨。机关党委委员采取自学、集中学习、研讨交流、读书班形式集体学习研讨。三是机关党委委员坚持自学。各位委员分别在党的理论、纪检监察、保密安全、工会工作等领域进行自学。机关党委委员结合理论学习准备党课材料，深入基层党支部联系点讲党课，向党员汇报学习体会。党委书记在集团公司改革开放40周年征文中投稿《家国40年》，入选“砥砺追梦”合集。四是强化各党支部的学习指导。按季度下发学习材料到各党支部，做好各党支部学习的督促和集中学时台账的检查。五是基层支部加强形势任务宣传和理论学习的引导。积极引导党员参与“不忘初心、牢记使命”主题教育全过程的学习、研讨、找差距及生活会，对标对表。党支部书记及党员积极向《机关视窗》投稿，为“书记讲堂”和“党员论坛”栏目撰写文章。各基层党组织在主题教育期间积极开展党日活动，重温入党誓词，营造爱党爱国爱企的良好氛围。六是发挥《机关视窗》电子杂志作用。全年编发《机关视窗》电子杂志12期，通过专家学者的深度解读，宣讲党的方针政策；扩大基层党建动态报道，宣传基层支部特色活动；编纂党务知识，进一步提升基层党建工作水平。七是各基层党支部积极开展主题党日活动，组织党旗下重温入党誓词、机关各基层党支部组织党员赴南京、红旗渠、湘潭、乐亭、沈阳等地接受红色教育和革命传统教育，打扫思想上的灰尘，筑牢党员、干部精神高地；各党支部组织党员观看爱国影片《我和我的祖国》和《中国机长》。八是党员学习共享。组织基层支部参加党员集中轮训以及党员干部示范班的学员撰写学习体会文章40余篇；组织基层党支部集中观看习近平总书记在纪念五四运动100周年大会上的讲话直播，组织收看新中国成立70周年盛典，激发了基层党员爱国热情。

【作风建设】 一是结合《整治集团公司机关部门管理松懈、纪律松弛、推诿扯皮、工作标准不高等问题专项工作方案》措施的落实，修订《加强机关作风建设若干规定》；把机关作风建设列入基层党组织积分制管理办法。二是加强机关作风建设，对“不忘初心、牢记使命”主题教育10项专项整治方案及15项突出问题，督促机关部门按照时限立行立改问题共计79项。

【制度建设】 研究制定《加强机关作风建设的若干规定》《宣传工作管理办法》《中国铁设党员佩戴使用党员徽章办法》；修订《机关党委所属党组织积分制管理办法》等党内工作制度，强化书记责任落实和基层党组织积分制管理结果运用。

【党组织建设】 一是加强党组织优化设置。指导生产经营中心党总支及华中分公司、工会、宣传部联合、纪委联合、工程实验室、人力资源部、财务部等党支部顺利完成换届选举工作；根据集团公司机构调整实际，新成立川藏指挥部、产业化公司、企法部、发展计划部、质量安全中心党支部并任命书记，实现党组织全覆盖。二是每季度评选“创岗建区”红旗责任区、党员先锋岗，引导党组织和党员在突击奉献、党内攻关、品牌创建等工作方面和党内主题实践活动中发挥作用，推动中心工作。完成“七一”创先争优评选表彰工作。三是组织机关党委基层党组织完成积分制管理办法的前期调研和征求意见工作，修订党组织积分制管理办法。四是督导10个第一批主题教育单位召开专题组织生活会。到运规院、工经院、财务部、上海分公司、华中分公司、川藏指挥部党支部指导基层党建工作。五是组织理论和业务培训。组织两期党员集中轮训，第一期党员集中轮训，邀请中央党校崔丽华教授以“新时代中国共产党人的思想旗帜——深入学习贯彻习近平新时代中国特色社会主义思想”为主题进行授课，培训人次206人；第二期党员集中轮训邀请太行革命纪念馆首席讲解崔韶光以“初心使命——‘我讲八路军的故事’”为主题进行培训，培训205人次；组织74人次赴山西武乡革命教育基地开展“不忘初心、牢记使命”骨干示范培训班；组织基层党支部开展党建知识竞赛，举办党组织书记业务培训暨党风廉政建设培训班，邀请组织部、宣传部、纪委主管负责人进行党建、宣传和廉政建设培训，进行工作研讨和交流，61名党组织书记及委员参加学习。

【“不忘初心、牢记使命”主题教育】 按照集团公司党委统一部署，机关党委遵循逐级负责、分类指导，以上率下、有序推进的原则，分别在10个机关部门党组织和12个生产单位（业务机构）党组织中分两批组织开展了主题教育。

（一）将学习教育贯穿始终。采用“三会一课”形式，加强党员主题教育的学习，将学习研讨贯穿始终。领导班子率先垂范，党委采取中心组学习、组织机关部门党员领导人员与集团公司领导班子联学、机关联合读书班、党支部“三会一课”等形式强化集中学习。同时，通过观影、辅导讲座、观看《不忘初心 砥砺前行》专题片、利用红色教育资源开展革命传统教育、对照典型案例开展警示教育、支部间开展联学等形式活化学习，促进党员尤其是党员领导人员加深对习近平新时代中国特色社会主义思想的理解，增强学习教育的针对性和实效性。交流研讨采取支委会、党员大会、部门联合等形式，做到处级干部发言全覆盖。

5名机关党委委员分别到运规院、工经院、工程实验室、铁三院公司、产业化公司，10名机关部门党支部书记分别在本支部讲了专题党课，让党员干部认清当前面临的形势，体会到初心和使命所在。

（二）将调查研究贯穿始终。围绕改革发展亟须破解的问题、部门重点工作和党建存在的突出问题等选题立项，机关党委及10个机关部门党支部30名党员领导人员带头深入49个（次）生产单位及现场一线、2个机关部门听取意见建议，召开座谈会45场次，访谈党员群众379人，发现问题302个，累计调研天数53天，现场解决问题28个；经过调研，机关党委及机关部门党员领导人员共听取和征求到481条意见建议，摸清实情，撰写21篇较高质量的调研报告，提出加强和改进的工作思路与措施。

（三）将检视问题贯穿始终。以3个专题为主线，机关党员领导人员在深入学习的基础上，联系自身思想工作实际，分别从初心与宗旨、使命与担当、工作与落实方面实事求是检视自身差距，制定初步整改措施。以调研课题为抓手，党员领导人员坚持问题导向，到基层单位和现场一线寻计问策，到条件艰苦、情况复杂、问题突出的单位和项目听取对相关工作和部门的意见建议，从调研中反思工作和部门差距，分析原因，提出改进工作的思路和措施。对照党章党规找出的问题、调研发现的问题、群众反映的问题、谈心谈话指出的问题、上级点出的问题等，进行系统梳理，机关党委领导班子、机关各支部及时充实问题库，党员领导人员及时补充个人问题清单，提出整改方案，制定整改措施。

（四）整改落实贯穿始终。在开展主题教育全过程，机关党员领导人员自觉把自己摆进去，理清问题根源和具体表现，有针对性地拿出整改方案。坚持边学边查边改，坚持思想问题和实际问题一起改，结合“未巡先改”工作需要部门做的工作，能改的立即改，一时解决不了的盯住改、限期改，确保一件一件整改到位。承接集团公司10个专项整改方案，其中9个主责单位在机关；梳理出的15个方面的突出问题，其中9个问题的主责部门在机关。机关部门间协同整改，固化整改落实成果，建立长效机制。

【推进“三会一课”质量年】 机关党委下发“三会一课”质量年验收方案和验收标准，所属基层党组织制订验收工作计划，对照验收标准进行自查自验，并提交验收申请。机关党委对所属基层党支部“三会一课”质量年进行了2个轮次的验收，帮助指导初验“不合格”党支部完成整改后，向集团公司党委提出验收申请，并顺利通过组织部验收。验收后，对基层党组织存在的普遍问题，进行第二轮自查整改，使基层党组织“三会一课”工作更加规范。

【党组织积分管理】 修订《机关党委所属党组织积分制管理办法》，坚持正面引导，强化责任落实，采取自评分与考核分相结合的方式，对所属党组织进行年度积分管理考核，将积分管理结果与书记述职考核挂钩，切实加强基层党建工作效果。

【以“练内功、闯市场、出精品”为主题的创先争优活动】 一是评比表彰集团公司和机关党委优秀党员、先进党组织。经过基层推荐、民主评选，选出运规院党支部等6个先进党组织、胡叙洪等3名优秀党员标兵、李树德等53名优秀党员、吕建军等10名优秀党务工作者及川藏铁路咨询党员攻坚尖刀队等3个党内品牌；工程实验室韩祖杰被评为全国铁路劳动模范；工经院工经一室获火车头奖杯。二是在职能部门党组织开展“创先进、强作风、做表率、促转型”主题实践活动，在生产单位党组织开展“争四强、当工匠、做示范、提质量”主题实践活动，10个职能机关党组织着重作风建设和党建工作，10个生产单位党组织着重设计、管理和党建工作。主题实践活动的做法在集团公司推广。

【党组织书记抓党建工作述职评议考核】 一是组织召开2019年度机关党委书记抓党建工作述职评议报告会议，机关党代会代表、党员、民主党派、群众代表共51人参加评议测评。二是指导20个基层党组织召开书记抓党建工作向党员述职评议测评会议。三是组织20个基层党组织书记向机关党委的述职会议，机关党委委员、纪委委员参加评议测评，党委书记逐一点评，提出要求。

【民主生活会和组织生活会】 一是按照集团公司党委要求，组织召开机关党委领导班子民主生活会，结合自身查找的问题和征求意见情况，制定领导班子整改方案。二是加强对计经处、运规处、工经处、信息中心等单位领导班子民主生活会召开前准备工作的指导，参加单位班子民主生活会，肯定成绩，指出不足，提出要求。三是组织机关党委委员、纪委委员参加20个基层支部的组织生活会或党小组的生活会，监督全过程，做好具体指导。四是指导机关各支部坚持高标准、严要求，在开好支部班子生活会和基层组织生活会的基础上，做好党员民主评议工作。

【发展党员】 严格程序，落实发展计划，做好党员发展工作。完成年度党员发展计划3人，新发展党员3人，预备党员转正2人。恢复受处分的党员权利1人。

【党风廉政建设】 一是强化责任制落实。认真承接党风廉政建设任务，与集团公司党委签订党风廉政建设责任书；指导各单位、部门党组织制定党风廉政具体措施，年初与机构调整前机关党委所属25个党组织签订党风廉政建设责任书。二是加强警示教育。及时转发集团公司党委、纪委有关通知、通报，传达有关党风廉政工作要求，节日加强提醒，要求各支部做好预防教育，严守纪律规矩，吸取教训，引以为戒，引导党员干部提高政治站位、廉洁自律。三是要求机关党委所属各级党组织严格要求党员遵守“八个严禁”，并提交落实八项规定精神的情况自查结果。要求党支部兑现党风廉政建设责任书内容；对1名留察2年的党员进行考察，按时研究恢复党员权利。四是继续严格落实中央八项规定精神。坚决纠正党员干部大操大办借婚丧喜庆敛财的行为。全年科级以上干部共9人次上报“领导人员操办婚丧喜庆事宜等事后报告登记表”。

【群众组织工作】 一是组织完成基层组织行政、工会各项评比表彰工作；督促指导基层工会完成换届改选工作；督促、指导各生产单位召开职代会。二是协助召开中国铁设第一届二次工代会；参加团长联席会，讨论通过关于《中国铁设职级体系与基本工资制度实施办法》部分修订条款的说明。三是举办机关女职工“三八”健康杯选拔赛，推荐了15人、4个集体参加集团公司第38届“三八”健康杯比赛。组织职工活动，举办棋牌赛、健步走等活动，愉悦了职工身心。四是组织机关部门职工参加集团公司迎接新中国成立70周年职工合唱比赛，取得最佳表演奖佳绩。五是做好日常困难职工（家庭）补助和患大病职工一次性补助工作，慰问困难职工及家庭19人次，发放慰问金22198元。

【其他工作】 一是定期维护机关党委党组织建设管理系统，完善党员信息采集、录入及党员信息变动工作。二是进行党费收缴使用工作的全过程指导。三是完成机关部门、办公室、产业化公司、运规院等基层党组织党员活动室的建立，按时完成基层党建工作情况报表、职工思想动态月报表、党风廉政建设月报等；每季度对学习强国平台及互联网群组台账进行更新；完成微党课7个，上报政研论文4篇。四是认真进行党费专项自查；认真指导基层党组织党费收缴、报销工作；对“小金库”进行自查。加强意识形态工作，加强职工思想动态的定期分析，为党建思想政治工作提供依据。

（肖俏）

直属单位

CRDC

直属单位

·实验室·

【概述】 工程实验室（简称实验室）是中国铁路设计集团有限公司直属科研单位，是经国家发改委批准、依托中国铁设建设的科技创新平台，于2009年成立，2011年升级为国家地方联合工程实验室。工程实验室是集团公司唯一一个以科研为主要任务的生产单位，建有多个高层次研发平台，包括轨道交通勘察设计国家地方联合工程实验室、博士后科研工作站、院士专家工作站，以及在建的城市轨道交通数字化建设与测评技术国家工程实验室。工程实验室业务范围主要是承担轨道交通重大科技项目研发、工程化应用以及实验室平台规划、建设、管理等工作。

实验室设主任1名、副主任1名；下设四室一中心，分别为综合勘察实验室、航测遥感实验室、数字化实验室、减振降噪实验室和技术研发中心以及综合办公室。截至2019年底，工程实验室在册员工共计31名，其中正高级工程师10名、高级工程师16名、工程师5名。工程实验室具有博士学位人员18名，另有BIM、三维协同课题组相关人员作为流动人员，以重大课题项目部形式，在工程实验室平台上开展阶段性集中攻关。

办公地址：天津自贸试验区（空港经济区）东七道109号中国铁设研发基地G号楼。

联系电话：022-60373625。

【实验室建设】

（一）轨道交通勘察设计国家地方联合工程实验室。 2019年先进实验平台设备原值11168万元，其中综合勘察实验室拥有物探、触探、检测等软硬件设备22套，航测遥感实验室拥有遥感数据采集、处理、分析等软硬件设备18套，数字化实验室拥有设计、仿真等软硬件设备70套，减振降噪实验室拥有噪声测试、分析等软硬件设备9套。搭建了航测遥感数据采集与处理系统、海量航遥数据存储与应用服务系统、三维可视化系统、综合物探系统、遥感地质判释系统、三维协同设计系统、减振降噪测试系统、高速铁路噪声数据库、国家高速铁路建设及运营综合仿真服务平台等先进的科研实验系统，对集团公司勘察设计技术创新形成有力的支撑。

（二）城市轨道交通数字化建设与测评技术国家工程实验室。 该实验室是中国铁设牵头，联合天津大学、石家庄铁道大学、天津轨道交通集团、中铁十二局申报，2016年3月国家发改委批准建设的国家级工程实验室。

国家工程实验室由城市轨道交通数字化建设与评估技术、综合检测监测评估技术、轨道交通减振降噪技术、轨道交通环境控制技术、轨道交通工业化建造及运营维修技术等5个研究实验平台构成。

国家工程实验室建筑面积为6568.27m²，三层、框架结构、桩基础，采购设备软件

204台套，总投资1.0595亿元。建有虚拟现实实验室、组装标定试验室、GNSS单基站数据室、半消声室、混响室、隔声室（隔声套组）、消声器室（预留）、吸隔声测试室、阻尼测试室、噪声振动仿真室、轨道减振试验场、环境控制仿真中心、环境测试实验室、三维加载实验室以及其他科研实验与科研办公设施等。土建工程于2018年5月开工建设，2019年9月竣工验收；采购的设备软件除结构构件及盾构管片实验加载系统外，全部到货验收，部分已在科研和生产中进行应用。

【科研及工程化应用成果】

一、轨道交通勘察设计国家地方联合工程实验室

（一）科研课题。2019年在研课题43项，其中省部级以上10项；结题12项，其中省部级课题2项、集团内部课题10项。

（二）获奖情况。“京雄高速铁路BIM设计”荣获2019年度基础设施领域特别奖；“铁路工程高边坡及支挡结构监测与评估技术研究”获中国铁道学会铁道科技三等奖。

（三）取得专利和软件著作权。申请专利18项，其中发明专利17项，实用新型1项。取得专利证书8项，其中发明专利4项，实用新型4项。申请软件著作权13项，取得软件著作权证书12项。

（四）科研成果及工程化应用。（1）“艰险复杂山区铁路空天地立体勘察新技术及数据平台应用技术研究”取得阶段性成果，结合川藏铁路咨询及地勘监理工作，利用三维遥感、雷达遥感等技术，开展了雅安至昌都段断裂构造、崩塌、滑坡、泥石流等不良地质遥感解译工作；研制了三维大地电磁数据处理软件；初步构建了“铁路工程地质多源数据管理平台”框架和地质多源数据库，编写《铁路工程地质勘察数据存储交付指南》，并在京雄、沈白高铁进行了测试应用。（2）CRDC_RIM平台功能进一步完善，CS模式客户端推广了三维技术交底、大临工程及施工便道选址、四电选址等模块，BS模式推广应用了综合办公、技术管理、现场管理、安全质量管理、计划合同管理等系统。（3）研制施工场界噪声自动辨识监控系统正式产品样机，开发施工场界噪声预警管理平台网站，开发“声学材料数据库”，形成2种声屏障单元板产品样件，掌握城市地下铁路造成的环境振动预测技术。（4）研发临近既有高铁的新建铁路路基沉降分析软件；提出高速铁路悬臂U形路基结构，建立悬臂U形路基结构综合设计分析方法；研发了铁路路基主动减隔振系列技术。（5）RIM平台在盐通、昌景黄项目中得到应用；地质遥感判译技术在川藏铁路、菲律宾南线长途铁路勘察中应用；施工场界噪声辨识监控装置在天津地铁4号线万东路车站建设工地试用；铁路工程勘察计算机辅助设计系统在哈尔滨至铁力铁路项目、天津至北京大兴国际机场联络线项目初步开展测试和应用；临近既有高铁的新建铁路路基沉降分析技术先后应用于鲁南通道曲阜东站、雄忻铁路保定东站、忻州西站以及新建池黄铁路对既有宁安高铁沉降安全性影响的咨询、分析及评估工作；高速铁路悬臂U形路基结构结合昌景黄试验段开展应用。（6）利用高分三维遥感、雷达遥感、热红外遥感等技术手段，在川藏铁路初测阶段咨询和勘察监理工作，解译沿线断裂构造3000余条，各类不良地质500余处；在菲律宾南线铁路地质勘察中，判释断裂构造31条、火山33处、泥石流沟14条、滑坡12处、海水入侵风险点10处，有力指导了铁路勘察选线。

二、城市轨道交通数字化建设与测评技术国家工程实验室

（一）科研课题。立项课题35项，其中省部级课题6项。

（二）科研成果及工程化应用。突破大型基础构件外观尺寸快速智能检测技术、轨道交通基础设施移动检测技术、城市轨道交通车外噪声源高精度宽频域辨识技术与装备、城市轨道交通施工场界噪声自动辨识监控技术及装备、开放空间多声源辨识分离技术等关键技术5项，移动检测速度达80km/h，噪声源识别精度达到±0.1m。

多项成果已工程化应用，取得了较好的经济效益。轨道交通基础设施移动检测技术已应用于南宁、南昌、北京、济南等多个铁路局，累计合同额约200万元；轨道交通大型构件自动化尺寸检测系统已经在临朐板场、淮阳板厂、河间板厂、宝坻板厂等国内多个无砟轨道板生产厂应用；城市轨道交通车外噪声源高精度、宽频域辨识技术与装备在青岛地铁11号线90～110km/h地铁声源辨识测试中应用，掌握地铁B型车在高速运行状况下的噪声源分布，为噪声治理提供了数据支撑；城市轨道交通施工场界噪声自动辨识监控技术及装备在杭绍台铁路、天津地铁4号线施工现场应用；施工机械多声源现场辨识技术应用于天津地铁5号线幸福公园车站、宜兴埠车站、梨园头车辆段，天津地铁6号线北站车站、梅林路车站、民权门车站、内江路下沉广场，天津地铁1号线东延线车辆段施工现场施工机械声源辨识测试。测试掌握18种主要工程机械、30种典型工况声源幅值与频谱。

【综合管理】 一是领导班子和全体党员开展“不忘初心、牢记使命”主题教育；完成支委会换届工作。二是航测遥感实验室获得集团公司先进标兵集体称号，宋绪国被评为集团公司优秀共产党员，牛永效被评为集团公司优秀工会积极分子。三是国家工程实验室土建工程建设中，国家工程实验室筹建项目部组织各平台和设备厂商积极配合现场施工，及时处理施工现场出现的问题，国家工程实验室土建工程已于2019年9月竣工验收。组织各平台依法合规开展国家实验室全部设备软件招标采购工作，除结构构件及盾构管片加载实验系统外，其余设备软件全部到货验收。四是启动国家工程实验室验收准备工作，组织各平台开展国家实验室验收前对标检查，对各平台近3年研发成果进行系统的对标梳理。配合科技部组织召开发起单位工作会议，完成理事会会议材料准备工作，制定“国家工程实验室验收报告（提纲）”，开展验收报告编制工作。五是组织开展国家工程实验室各项规章制度的制定工作。

【重要学术活动及论文】 2019年，工程实验室科技人员发表论文6篇。组织参加2019北京国际城市轨道交通展览会。

（华作鹏　宋绪国　李国和
韩祖杰　杨绪坤　刘冀钊）

·信息化院·

【概述】 信息化设计研究院（简称信息化院）是集团公司直属生产单位，负责集团公司信息化规划战略实施、技术标准制定、工程数字化服务工作；承担工程建设相关的信息化各专业技术研究、方案设计、项目实施、运营管理和技术服务工作；负责集团公司科技档案、文书档案、会计档案、电子档案、声像档案、实物档案等管理工作；负责集团公司档案数字化建设工作。

信息化院设院长1名、副院长1名、总

工程师1名、副总工程师2名，下设网络室、图形图像室、档案馆3个生产业务部门，以及综合办公室1个职能管理部门。截至2019年底，信息院在册职工共计56人，其中正高级工程师3人、高级工程师23人、工程师21人、助理工程师9人。

办公地址：天津自贸试验区（空港经济区）东七道109号。

联系电话：022-60373668。

【生产任务及各项指标完成情况】

（一）各项指标完成情况。（1）承担科研项目23项，结题验收3项，申报软件著作权8项；合同管理系统和铁总主数据中心工程BIM应用分别获“海河杯”二等奖和三等奖。（2）承担管理信息化37项，完成Ⅱ级任务1项，按计划完成35项Ⅲ级任务，1项Ⅲ级任务待国铁集团数据接口标准发布后方具备开发条件。（3）网络和应用系统全年稳定运行，无重大网络事故，数据中心全年可用率达到100%。网络数据中心运维服务执行用户服务请求7225个，无用户投诉；处置故障309个，故障解决率为99%；实施变更64个。（4）完成多媒体设计制作512项（含视频）、工程彩图制作490项、三维动画3项、三维效果图274张、BIM技术咨询和设计工作8项，驻外服务54人次。（5）完成近20万卷（350万张/册）各类档案资料整体安全搬迁到空港新址的任务。完成40万张（册）科技档案的整理编目工作，录入档案条目数据37万条。（6）签订2个自揽合同，合同额总计278万元。

（二）全面完成生产任务。（1）围绕雄安新区规划建设工作，开发完成“雄忻铁路东西纵三维规划展示”系统。（2）参加“礼赞共和国——庆祝新中国成立70周年科技成就科普展”，制作视频宣传片《沧海桑田，铁路勘察设计70年》，通过介绍70年间铁路勘察设计手段的变迁，展示了铁路设计手段的发展历程，该片在中国科技馆主会馆滚动播放。（3）完成哈绥、潍忻、东台、布隆迪等20多个境内外投标项目的工程数字化设计工作。（4）完成国家级重点项目“京哈铁路北京至北戴河至沈阳段达速改造工程”方案和汇报展示的图形图像制作工作。（5）为国铁集团和集团公司国际大型会议提供优质服务，设计制作完成“推动运输结构调整 实现铁路货运高质量发展”“一带一路”峰会、“中俄同江跨江铁路大桥发展国际论坛”等工程数字化产品。（6）多专业协调开发完成“全国铁路建设项目状态展示系统”，为国铁集团铁路规划、建设和管理提供高效的在线展示服务。（7）完成黄木岗、大运综合交通枢纽和青岛地铁等8项BIM设计工作。（8）向交通部国家铁路局移交国铁项目档案，共整编完成15项国家重点铁路工程预可研、可研、初步设计阶段的全部设计文件图纸，总计整编移交630卷。

（三）拓展外部市场。积极开拓对外经营市场，2019年中标京沪高速铁路公司协同办公信息化建设项目；持续做好国家铁路局和国铁集团发改部信息技术支持和服务工作，完成国铁集团发改部5项行政管理模块的开发，并上线运行；完成铁道党校信息化规划和可研工作；继续开展杭绍台铁路施工安全视频监控系统建设工作；不断深入推进杭州南站运维管理功能开发和应用。

【代表性工程项目】

（一）“铁设云”研发工作。信息化院将“铁设云”研发工作列为年度首要任务，抽调核心技术骨干组建云平台创研组，全力投入项目研发。在SAAS和PAAS层面的云技术研发和应用取得重大突破，3月底“铁设云”演示版开发完成，8月公测版上线试生产，并在集团公司管理层试用，10月“铁设云”办公云1.0版本正式上线发布。同时，设计云平台研发也取得重大突破，已完成城轨专业软件测试，开展设计项目应用云试点工作。IAAS层面的云应用不断深化推广。利用数据中心网络和服务资源搭建企业云计算和数据存储平台，为环水保监测、沉降自动化监测、施工噪声辨识监控、电力辅助设计、线站电算管理等提供了云计算部署和信息资源服务，基本实现集团公司业务系统云化管理。

（二）基于BIM技术运维管理系统研发工作。自主研发的基于BIM技术运维管理系统已在铁路主数据中心部署，并逐步开展应用。系统实现了设备、资产、资料、巡检、维修养护等功能，并预留智能物联接口。开发基于三维引擎技术研发的“雄忻铁路东西轴三维规划展示系统”，提供了实时交互的动态展示平台，并实现三维剖切、漫游及测量等功能，项目已通过雄安管委会审查和结题验收。

（三）徐州地铁6号线BIM咨询管理及设计工作。完成徐州地铁6号线BIM咨询标准制定，搭建BIM协同平台，对建设单位进行为期一个月的BIM技术培训，并完成总体设计阶段的BIM咨询管理和设计工作。

（四）空港园区迁移专项工作。一是成立空港园区数据中心迁移专项工作组，全力保证数据中心搬迁工作安全、平稳、有序进行。工作组严格按集团整体搬迁计划，顺利完成既有144台套网络设备和服务器设备、11个数据库及58.1TB的信息系统和应用数据的平滑迁移，确保3月8日空港园区数据中心正式投入运行，搬迁工作未对集团公司生产经营正常开展造成影响。二是在持续做好日常档案管理工作的同时，紧凑有序地完成档案馆整体搬迁工作。搬迁档案共计文书、科技、会计档案44797卷；实物、图书、军用图、会计待整档案等777箱；科技档案待整资料2300箱；底图档案2500箱；底图密集柜迁移1095屉；搬迁底图柜314个（1570屉）。

（五）企业数字档案资源建设。认真落实纸质档案电子化工作，通过项目前期调研，确定了纸质档案电子化范围，并完成纸质档案电子化调研报告和实施方案。

【质量管理及成果】

（一）组建数据中心专业运维团队。对标现代企业数据中心运营体系，组建数据中心专业运维团队，确定数据中心运维岗位职责和分工。参照国际通用IT服务标准规范，制定实施数据中心服务请求、故障、变更、配置、知识、持续改进6个IT服务管理流程。

（二）做好体系维护。整合原信息院和原档案馆体系文件，并注重做好体系执行有效性的核查，定期进行识别、测量、评价和改进。更新信息化院适用的法律、法规和其他要求清单，形成有效的闭环管理。全年未发生质量事故，2019年顺利通过劳氏公司外审和集团公司内审。

（三）开展质量管理小组活动。信息化院“多媒体制作QC小组”获2019年度集团公司优秀质量管理小组称号。

【科研、标准化与业务建设】 注重信息化基础和前沿技术研究，加快新技术向生产转化、向市场推广。

主持国铁集团系统性重大课题“京津冀地区重点客站关键技术研究”中“基于BIM的京津冀地区重点客站智能化技术研究”的子课题研究工作。

基于UE4平台的BIM研发能力取得显著进步，并成功应用于雄忻铁路东西轴三维规划展示系统展示平台开发。实现三维剖切、漫游及测量等功能，在城市级数字场景实时交互动态展示技术方面积累了宝贵经验，项目已通过雄安管委会审查和结题验收。

大数据技术研究取得收获，并不断深化大数据技术应用，通过对集团公司经济经营指标、人工成本、薪资等数据的分析处理，全面展示集团公司生产状况、资源投入等情况，为经济责任制、工资总额筹划、个税筹划等提供数据分析服务，为管理决策提供支撑。

研究应用数据中心自动化运维技术部署统一运行监控平台，完成数据中心从基础设施到网络、计算、存储、应用全层级运行监控和集中预警，实现对天津地区各园区重要网络设施环境的远程监控；完成基础设施升级，重要应用系统已初步具备故障自愈和恢复能力，降低业务中断风险并减少影响中断时间。

开展基于Bentley体系的城市轨道交通BIM设计技术研究工作，主要包括Bentley体系下多专业BIM建模技术流程的研究、多专业协作设计技术的研究、BIM可视化应用技术的研究。同时，依托青岛地铁1号线与8号线全面推进新技术落地，完成正阳路站、胶东机场站与红岛站BIM设计工作。

与其他研究院协作共同开展“铁路工程地质多源数据管理平台”“铁路勘察设计计算机辅助设计二期”“新建铁路三维协同设计平台深化研究”等科研工作。

【信息化建设】 配合集团公司体制机制改革，稳步推进管理信息化应用系统的开发。

完成经济责任制管理信息系统核心功能研发，基本打通项目、合同、进度、付款等主要管理要素，实现项目与合同的深度集成，系统已在2018、2019年集团公司计“量”工作中成功应用，为集团公司基于“量本利”模式的经济责任制改革提供有力支撑。

重构科技开发管理系统，完成课题立项管理、成果发布、奖项申报管理等功能开发，并已在2019年科研课题申报工作中应用。

按“边使用、边完善”的原则，对电子签名系统不断优化、完善，并在铁路、城轨6个项目上开展试生产工作。

配合集团公司机构优化调整工作，按新的组织机构、管控模式、业务流程等要求，对综合办公平台、技术作业平台、合同和薪酬等主要管理系统，进行调整和新功能开发。

部署新一代KK即时通信系统，实现与综合办公平台无缝衔接，解决大文件传输以及多人群组对话限制问题。

完成互联网接入带宽扩容和无线网用户认证优化，提升互联网访问用户体验。

分析企业移动办公应用现状及需求，开展移动办公App优化升级研究工作。

站位服务集团公司管理转型和高质量发展的大局，选派6名业务骨干参加集团公司管理信息化项目组工作，参与集团公司信息化顶层设计、业务流程优化与再造、数据仓库及主要业务领域信息化规划与建设等重点工作。

【综合管理】 按集团公司搬迁总体计划安排，2019年3月信息院天津市河北区中山路10号（北站园区）搬迁至天津市空港经济区东七道109号（空港园区）。2019年4月，根据《关于公布集团公司下属一级机构优化调整方案的通知》（中国铁设党〔2019〕17号）要求，在信息技术研究院的基础上并入档案馆职责，更名为信息化设计研究院。

（一）**持续改进优化内部管理。**坚决贯彻执行集团公司体制机制改革重要部署，信息化院重组后积极调整优化内部管理机制，通过梳理原两个部门管理流程和制度，将组织制度、管理机制进行有效整合，逐步形成有机统一的管理机制。推进两级管控、三位一体管理机制建设和三项制度改革，颁布院级经济责任制、绩效考核等管理办法，积极推动院属各部门管理机制优化调整，督促指导各部门承接相关管理流程和制度并不断深化推进。

（二）**加强精神文明建设。**发挥党支部、工会、团支部凝心聚力的作用，积极组织员工参加集团公司“三八”杯、篮球赛、健步走以及庆祝新中国成立70周年歌咏比赛、机关党委党建知识竞赛等活动，并在集团公司庆祝新中国成立70周年歌咏比赛中获得最佳表演奖，在党建知识竞赛中取得第一名的优异成绩。有序安排员工休假，落实带薪休假制度。

（三）**安全管理。**贯彻国铁集团“三保三增”工作部署，制订集团公司全年网络安全工作计划和方案，建立漏洞修复、网络安全事件应急预案等相关网络和信息安全保障措施。完成铁总专网安全改造，对重要信息系统进行安全加固，并完成8个重要应用系统等级保护定级备案工作；圆满完成“2019护网”和“国庆70周年铁路网络安全保障”工作；部署全新客户端网络准入系统，启用更加严格的网络安全策略，避免一机两网、病毒爆发等安全隐患；全年完成网络安全自查和专项整治活动6次，确保网络和信息系统安全运行。

落实各级安全生产责任制，坚持三检和月度例会制度，加强安全宣传教育，强化职工安全意识，发现隐患及时整改。2019年度安全生产管理规范有序，安全生产形势总体良好。

【重要学术活动】 魏英洪、王然参加天津市勘协组织的《天津市民用建筑信息模型（BIM）设计应用标准》的编制工作。

12月13日，赵腾亚赴济南现场，参加由山东省勘察设计协会组织的山东省BIM技术应用成果交流会暨BIM技术应用发展论坛，会上听取了省内外多家单位对BIM先进应用成果的汇报。

3月5日、4月10日，魏英洪、邱世超分别前往铁四院、中水华东院参加BIM技术应用研讨会。

12月6日，袁强、李文华参加2019数字建造暨智慧建筑设计与运维交流会，结合集团公司智能建造及信息化建设，进一步对数字建筑的前沿发展动向、信息化关键技术、建筑管理信息化转型、智慧建筑设计及运维、智慧城市等技术进行深入了解，为后续工作提供参考和技术铺垫。

12月17日—18日，张振京、王东东、李盛龙参加英伟达GPU技术大会，结合集团公司企业云平台建设和数字化发展，进一步加深了解云计算、图形虚拟化、大数据、5G、物联网、人工智能、虚拟现实等方面的技术，为企业云平台建设发展开拓了方向。

（叶鑫）

·线站院·

【概述】 线路站场枢纽设计研究院（简称线站院）是中国铁设直属的大型综合设计研究院，拥有线路、站场、轨道三大专业，主要承担国内外铁路、地方铁路、企业专用线、车站货场、物流园区的总体设计和专业勘察设计任务，有轨电车、高低速磁浮工程前期规划、咨询、科技开发，以及工程总承包、工程咨询、产品产业化等多种业务。作为总体主要派出单位，履行着近百位总体的管理职责。

线站院领导班子成员共有6人，包括党委书记、院长、院总工程师各1人，副院长3人。线站院有院副总工程师21人、二级项目经理4人、三级项目经理6人。职能部门设综合办公室(交战办)、党群办公室、计经室、技术室（含资料室、电算软件开发组）；生产单位设总体室、线一所、线二所、站一所、站三所、轨道所、项目管理室。截至2019年底，线站院在册职工共计396人；在岗人员中，教授级高级工程师16人、高级工程师169人、研究生以上学历210人；当选国铁集团“百千万人才”11人（其中专业带头人1人、专业拔尖人才10人）、专业审定43人、具有执业注册资格32人。通过中介公司聘用17人；退休返聘10人；使用10个外协单位的人员，2019年保持在140人左右。

办公地址：天津自贸试验区（空港经济区）东七道109号。

联系电话：022-60377008；

电子邮箱：lishiyuan@crdc.com。

【生产任务及各项指标完成情况】

（一）生产任务完成情况。执行勘测任务46项，外业派遣49个队次，技表155项，调度通知1059项，配合施工87项；完成设计文件502项，其中全一册文件384项，可研文件19项，初步设计文件18项，施工图文件81项；提供施工图图纸26批次。

认真落实集团公司生产计划，及时完成计划外的工作安排；提前谋划，统筹兼顾，突破片区管理界限，统一动态调度资源，为勘测设计任务完成提供坚实保障；优化和协调内部生产安排，优先保证重点板块人力资源需求；依托技术作业平台，动态更新建设项目一览表，为新项目启动做好准备并为项目决策提供依据，同时根据外部形势变化，及时调整重点项目。持续营造人人经营的氛围，全力提升外委经营业绩；以“打赢蓝天保卫战 加快推进公转铁”战略为契机，通过提升服务质量赢得口碑，实现拓展市场目标；依托在手国铁项目，重点追踪集大原、雄忻等三电迁改工程总成包项目；保持与地方政府、路局、大型煤矿企业的良好沟通，为承揽新项目拓宽信息渠道；进一步加大对国铁项目的前置性文件、安全保护区及竣工图等延伸项目的跟踪力度，提高该类业务的经营贡献度。

（二）各项指标完成情况。2019年，线站院签订勘察设计自揽外委合同109项，合同额1.51亿元，进款额1.06亿元；签订工程总承包合同2项，合同额6.5亿元，营业额4.0亿元，完成进款额5.0亿元。签订产品产业化合同47项，合同额2648万元，进款额1066万元。

【代表性工程项目】

一、重点项目

2019年新开重点项目是潍坊至新沂铁路、宣城至绩溪高速铁路、沿江高铁合肥至武汉段（安徽段），延续重点项目主要是雄安新区至忻州高速铁路、集宁经大同至原平铁路、汕头至汕尾铁路、龙岩至梅州至龙川铁路龙岩至武平段、天津至北京大兴国际机场联络线、川藏铁路雅安至林芝段。

以上项目介绍见“主要工程项目”篇。

二、代表性工程项目

其中线路专业4项，主要是津潍铁路、通苏嘉甬铁路、哈尔滨至铁力铁路、伊金霍洛旗东南部煤炭矿区铁路。站场专业5项，主要是北京枢纽市郊铁路规划研究、沿江高铁上海至合肥段、潍烟铁路、星火枢纽、郑济铁路山东段。轨道专业2项，主要是昌景黄铁路、潍莱铁路。

（一）新建伊金霍洛旗东南部煤炭矿区东胜东至台格庙铁路。该项目位于内蒙古自治区鄂尔多斯，线路长113.214km，投资88.70亿元。II级单线部分预留双线，25t轴重，最小曲线半径600m，电力牵引万吨，到发线有效长1700m，限制坡度6‰、13‰（局部13‰），半自动闭塞。

线路选线方案如下。项目处于东胜煤田区域，煤田多已开采，为剥蚀丘陵及沙漠边缘区，地形起伏较大，河壑密布，关联铁路多且归属不一。根据海勒斯壕地区既有包神、巴准、准东、东乌及本线需连接呼鄂铁路的条件，经新建站及引入既有站方案比选，为便于自管运营，按新建站方案贯通，并考虑连接各相关铁路的技术和条件。东胜东至海勒斯壕段为减少压矿及对煤矿的分割，按沿矿界方案贯通。海勒斯壕至察哈素段比选，由于中线以百米高桥纵向走在乌兰木伦河且过河后途经采空区和矸石山，最终以不占压采空区的西线方案贯通。在西线方案中，由于取直方案要占用两家煤矿的采空区，以西线方案贯通，并充分利用既有察哈素铁路专用线建成废弃隧道，且考虑连接既有包西铁路条件。

当年完成设计工作量：2019年7月至9月，首先完成方案竞选，又根据招标方要求完成可研及后续各阶段的投标并中标；9月至12月，完成可行性研究工作。

（孟永新）

（二）北京枢纽市郊铁路规划研究。 2019年5月，受中国铁路北京局集团、北京基础设施投资有限公司、北京城市铁路投资发展有限公司有关委托，启动对北京市市郊铁路的规划研究工作。该规划研究，一是为北京市中心区域与各新城间提供快捷、安全、有效的轨道交通模式，有效促进北京市城市空间布局的实施，促进各组团功能的实现；二是充分利用既有铁路资源，实现以存量资产换取增值，实现资产盘活，提高收益。

规划方案：规划市郊铁路内环线，环长125km，利用货运向外疏解后的9条干线释放的能力开行市郊列车，规划利用良陈支线、京门支线、黄良联络线开行市郊列车。规划市郊铁路总长约800km。

完成设计工作量：2019年6月，中国铁路北京局集团、北京基础设施投资有限公司、北京城市铁路投资发展有限公司组织，中国铁路设计集团有限公司等相关单位参加，对北京市郊铁路规划的初步内容及研究方向进行了初步的研究、讨论；2019年7月至11月，对北京市郊铁路规划初步方案进行多次研究、讨论；2019年12月，完成北京市郊铁路规划初步的阶段性成果。

（梁振发）

（三）新建潍坊至烟台铁路。 该项目位于山东省东北部，线路途经潍坊、青岛、烟台3个地级市。新建正线线路长236.44km，其中潍坊市境内19.17km、青岛市境内13.91km、烟台市境内203.36km。全线投资估算总额为499.29亿元。

主要技术标准：铁路等级为高速铁路；正线数目为双线；速度目标值为350km/h；正线线间距5.0m；最小曲线半径，一般地段7000m，困难地段5500m，引入枢纽加减速地段与行车速度匹配；最大坡度：一般地段20‰，困难地段30‰；到发线有效长度为650m；牵引种类为电力；机车类型为动车组；列车运行控制方式为CTCS-3级自动控制；调度指挥方式为综合调度集中。

主要工程内容：正线线路长度为236.44km，桥梁76座（156.18km），隧道11座（14.435km），桥隧比为72.2%；全线共设车站10座（其中烟台南站为始发站，其他均为中间站）、线路所3个、动车所1个（为烟台南站动车运用所）。

站场设计方案如下。潍烟铁路引入

潍坊枢纽研究了津潍铁路接轨和潍莱铁路接轨两大系列方案，推荐采用接入潍莱铁路昌邑南站方案。潍烟铁路在昌邑南站接轨研究了区间接轨增设到发线方案、车站莱西端咽喉区接轨方案和车站潍坊端咽喉区接轨方案，综合考虑潍莱铁路施组安排、昌邑南站在建情况、运输组织等因素，推荐采用潍烟铁路在车站潍坊端咽喉区接轨、外包站台方案，该方案对潍莱铁路在建工程影响最小，不影响潍莱铁路开通计划。

综合考虑蓬莱国际机场既有及规划情况、周边城镇规划、矿区采空区分布等因素，围绕如何打造机场综合交通枢纽，研究了潍烟铁路垂直下穿机场跑道设站方案、距离航站楼0.5km设站方案、距离航站楼1.3km设站方案、距离航站楼2.2km设站方案和沿龙烟铁路并大季家设站方案，推荐采用沿龙烟铁路并大季家设站方案。该方案可实现与城市轨道交通便捷换乘，服务于烟台经济技术开发区和蓬莱国际机场。

潍烟铁路引入烟台枢纽，研究了并行302省道引入芝罘站方案、并行荣乌高速公路北侧和南侧引入烟台南站方案，综合考虑城市规划、运输组织、客站分工、工程投资等因素，推荐采用并行302省道引入芝罘站方案，利用既有烟荣联络线和新建立折线连通烟台南站，烟台南站改建为客运站。烟台南站研究了既有车场南侧和北侧新建客运车场两大系列方案，推荐采用平移既有站房、既有车场南侧新建客运车场方案，该方案与地方规划衔接好，可统筹考虑地铁1号、2号线引入，将烟台南站打造成为站城一体的现代化综合交通枢纽。

当年完成设计工作量：2018年4月，受山东省发改委委托，中国铁路经济规划研究院出具了潍烟铁路可研评审报告；后续由于外部因素变化，本项目两端枢纽引入方案和蓬莱国际机场区段线路方案发生变化，2019年3月至4月，开展了本项目补初测工作；2019年5月至6月，完成修改可行性研究报告（送审稿），并与天津至潍坊铁路合册上报；2019年8月15日至17日，国铁集团鉴定中心在天津对本项目可研进行了评审；2019年9月至10月，本项目与津潍铁路一并开展了补初测工作；2019年12月，完成可研鉴后修改，并与天津至潍坊铁路分册上报；2019年12月15日至17日，国铁集团鉴定中心在北京对本项目可研鉴修进行评审。

（田成军）

（四）京沈客专星火枢纽。该项目位于北京市境内，主要包含新建京沈客专始发终到站北京星火站、北京星火站DK12+200至DK18+190段京沈正线、动车走行线、星火动车运用所、星火动车所铁科试车线及周边工程。工程总投资约164.9亿元。

京沈客专星火枢纽包含北京星火站（7台15线）、星火动车所（10条检修线、44条存车线、2条洗车线、3条临修线及不落轮镟修线）、京沈正线6km、动车走行线10.043km、动车走行线右线绕行线4.604km、到达疏解线1.213km、东北环线改建1.906km及星火动车所试车线15.8km。

新技术与设计创新：星火动车所试车线变更新建线路15.79km，改建环铁站、新建标定库，配套“四电”相关设施设备，包含11种轨道结构类型、7种试验梁型及现浇和装配式隧道试验段。试车线工程建成后，环行铁道试验基地形成机车车辆试验、基础设施试验、通信信号综合试验、综合检测设备标定与试验四大方面的试验功能。

当年完成设计工作量：完成6月28日第一阶段“一步过渡攻坚阶段”和12月30日第二阶段“线站成型”配合施工、供图工作，完成星火动车所试车线I类变更设计工作。

（何设猛）

（五）南昌至景德镇至黄山铁路。正线设计速度350km/h。正线轨道按一次铺设跨区间无缝线路设计。正线除南昌枢纽内、景德镇地区、黄山地区及限速区段铺设有砟轨道外，其余范围铺设无砟轨道；无砟轨道范围区间铺设CRTSI型双块式无砟轨道，岔区铺设轨枕埋入式无砟轨道。无砟轨道范围紧邻正线到发线铺设CRTSI型双块式无砟轨道。正线无砟轨道与有砟轨道之间设置轨道结构过渡段。

CRTSI型双块式无砟轨道由钢轨、弹性扣件、双块式轨枕、道床板、底座或支承层等部分组成。道床板、底座或支承层采用现场浇筑或摊铺；双块式轨枕采用工厂化预制的SK-2型双块式轨枕。隧道地段、长度大于等于150m路基地段CRTSI型双块式无砟轨道采用连续式结构；隧道地段连续道床板直接在隧道仰拱回填层或底板上构筑，两端通过锚固钢筋与隧道连接；路基地段连续道床板在支承层上构筑，两端设置端梁。桥梁地段、长度小于150m路基地段CRTSI型双块式无砟轨道采用单元式结构，长度5～7m的单元道床板在底座上构筑，底座上设置限位凹槽，对应道床板上设凸台，通过凹槽凸台咬合进行结构限位，底座顶面设置隔离层，凹槽周围设置弹性缓冲垫层；路基地段每2～3块单元道床板设置1段底座；桥梁地段底座长、宽与道床板相同，底座通过预埋钢筋与桥梁连接。

当年完成设计工作量：完成江西段轨道施工图设计工作，施工图共18册，其中CRTSI型双块式无砟轨道施工图11册，岔区无砟轨道图纸6册，伸缩调节器无砟轨道施工图1册。

（徐鹏）

（六）新建潍坊至莱西铁路。施工图设计正线铺设CRTSIII无砟轨道211.942铺轨公里，铺设轨道板约3.91万块，有砟轨道共25.59铺轨公里，联络线铺设有砟轨道5.07铺轨公里。

正线轨道按一次铺设跨区间无缝线路设计，设计时速250km以上线路地段原则上采用无砟轨道；活动断裂带、膨润土矿区等区域变形不易控制的特殊地质条件地段及引入莱西北站低速区段采用有砟轨道。铺设无砟轨道地段区间采用CRTSIII型板式无砟轨道，道岔区采用轨枕埋入式无砟轨道。CRTSIII型板式无砟轨道是我国独立自主研发、具有完全自主知识产权的无砟轨道结构，其结构简单、稳定可靠、施工方便、便于维修、造价适中、适用范围广，在我国高铁干线已大规模铺设应用，状态良好。

CRTSIII型板式无砟轨道系统由钢轨、弹性扣件、预制轨道板、自密实混凝土层、隔离层以及钢筋混凝土底座等部分组成，采用单元式复合结构，轨道板厂内预制。路基岔区轨枕埋入式无砟轨道由道岔部件、岔枕、道床板、底座等部分组成，道床板及底座现场浇筑。

当年完成设计工作量：2019年下半年潍莱铁路全面施工无砟轨道，当年轨道专业利用自主研发的设计布板软件完成全线CRTSIII型轨道板布板设计工作，同时根据项目进展，开展施工配合工作，完成设计回访、配合开展相关变更设计等主要设计工作。

（郭丽娜）

其他项目介绍见“主要工程项目”篇。

三、总承包项目

（一）阳信县汇宏新材料有限公司铁路专用线工程。该项目位于山东省滨州市阳信县境内，属阳信县汇宏新材料有限公司自备煤炭运输专用线，为中央环保重点督察的公路转铁路运输项目。工程自德大线阳信站接口至电厂，工程包含接轨站阳信站改建及厂内站，厂内站为新建站，采用横列式布置，到达煤炭货物量为430万t，折合货物列车为4对/日。采用双车翻车机卸煤，煤炭经输煤系统进入电厂。线站院作为集团公司投标主责单位于2017年9月12日中标该总承包项目，与阳信县汇宏新材料有限公司于2017年9月12日签订设计、采购及施工总承包合同，合同金额为197000000元。该项目是集团公司总承包的滨州市首个“公改铁”项目。2019年主要完成：翻车机前连接线轨道工程0.22km，综合检测房屋93.6m²，围墙300m，人工卸货平台及作业面1400m²，静态衡基础2处，采样机设备安装1处，翻车机房内视频监控工程，已完成工程比例为100%。2019年4月25日至26日，顺利通过济南铁路局开通前安全评估。2019年5月13日10时起专用线开通，2019年10月翻车机和输煤系统投入使用。

（阎建斌）

（二）天津港南疆矿石铁路专用线扩建工程。天津港南疆矿石铁路专用线扩建工程内容为新建铁路集装箱装卸场1处，位于南疆港Ⅲ场（矿石车场）北侧，横列式设置1个整列装卸场（长约1.4km，宽约102m），新建装卸线3条。装卸区按正面吊装装卸集装箱作业设计，同时满足抓斗车+自卸汽车装卸转运煤炭条件。线站院作为集团公司投标主责单位于2018年7月3日中标该总承包项目。2018年7月20日，天津港（集团）有限公司与集团公司（主体）中铁六局联合体正式签署天津港南疆矿石铁路专用线扩建项目的EPC工程总承包合同，合同金额为196494839元。工程于2018年8月9日正式开工建设，2019年3月6日项目竣工验收，2019年3月19日项目开通运营。截至2019年底，当年验工计价为15582072.51元，开累验工计价195234014.67元。当年项目进款43894845.17元，开累进款172823354.92元，占开累验工比例为88.5%。

（张晓宏）

（三）唐山曹妃甸实业港务有限公司铁路专用线改造工程。唐山曹妃甸实业港务有限公司铁路专用线改造工程位于唐山市曹妃甸港区，接轨于曹妃甸南站，在既有2条铁路装车线北侧新建4条尽头式的铁路装车线，装车楼设在铁路装车线中部，装车楼两端有效装车及停留长度均满足5000t牵引质量编组的车列有效长度950m的要求；同时对2条既有铁路装车线进行延长改造。线站院作为集团公司投标主责单位于2019年6月3日中标该总承包项目，与曹妃甸实业港务有限公司于2019年6月19日签订设计、采购及施工总承包合同，合同金额为96907104.88元。截至2019年12月底，路基土石方完成15万m³，线路铺设4.5km，排水沟工程3.5km，道岔预铺5组，房建工程桩基础完成1处（办公综合楼）。剩余工程为：咽喉区改造及配套四电施工，房建工程以及轨道衡等。本年度验工计价2695.08万元，开累进款3364.15万元，已完成工程比例为27.8%。

（李朋）

【质量管理及成果】

（一）管理体系建设。一是制定、颁发了《2019年线站院质量、环境、职业健康安全目标及管理方案》《线站院安全生产责任制及奖惩办法》《线站院论文奖励有关规定》《关于明确线站院线路、站场、轨道所轨道设计分工的通知》《线站院危险源辨识和评价汇总表》《2019年度线站院“环境因素”和“法律法规及其他要求”识别更新成果》等多个技术质量管理文件。二是动态维护线站院资料库内典型案例库、技术质量会议记录、标准图、技术管理文件、获奖信息等相关内容，加强职工网上学习交流。三是通过外审和内审，持续改进管理工作。劳氏认证公司对集团公司开展2019年度监督审核。2019年5月29日，对线站院进行了审核，没有不合格项；2019年10月15日，集团公司第二内审组与联合检查组对线站院3个体系进行了内审，有一般不符合项1项，技术室对审核发现事项进行了梳理汇总，并提出了整改措施，涉及的部门认真做好整改，举一反三，其他部门从中吸取教训，使3个体系得到持续改进、运行良好。

（二）质量检查与整改。以技术质量检查带动技术管理，开展了8个开通项目和15个在建项目的质量安全检查，室所技术管理专项检查，2019年线站院质量、环境、职业健康安全目标及管理方案上半年执行情况检查，项目前期工作质量评价自查，施工图复查和合规性评价等，通过检查、整改，保证项目质量安全。

（三）配合施工管理。2019年线站院承担了49个项目的配合施工工作，其中32个项目有人员常驻现场，派遣现场人员54人。截至2019年底，配合完成郑阜、商合杭、浩吉、大张、京雄（大兴机场段）、济南大北环、太原西南环、克塔铁路等8个重点项目的顺利开通。2019年收到建设单位表扬信、感谢信32件，71人次受到表扬，1人获得火车头奖章。

变更设计情况：2019年全年共发生Ⅰ、Ⅱ类变更设计75项，其中地方原因引起的变更54项、其他原因引起的变更11项、建设单位原因引起的变更10项，没有因设计原因引起的变更；变更项目主要为济青客专、京沈客专赤峰联络线等。

配合施工管理措施如下。(1) 加强培训交流，重点加强生产所室配合施工培训与交流，对交流过程中存在及提出的问题进行收集整理，提出解决问题的方法，明确作业流程，提高现场服务水平。对于新参加配合施工工作的人员进行全面的岗前培训，所室一级的培训主要是配合施工的相关规定、工作流程、岗位职责、各种报表的填写等；专线要针对项目情况进行设计文件的培训，同时要进行安全、服务意识及廉政方面的培训。转岗到其他项目的配合施工人员，也要由专线进行项目相关情况及需要重点关注问题的介绍。（2）快速反应，及时解决施工过程中出现的问题，避免问题扩大化；现场人员要随时与专线保持沟通联系，发现问题及时反映汇报，快速解决现场问题。(3)按区域资源配置，合理调配，互相弥补。需要现场解决时，确保现场有人或临近项目人员及时补台，第一时间到达现场。加强专业融合，线站两个专业的工作由一人承担。（4）做好征地拆迁数量核实统计工作。根据建设单位和集团公司的合同约定，配合建设单位、地方政府和地方行业主管部门确认征地拆迁数量，根据现场情况进行认真的核对，对于新增、抢搭抢建、抢栽抢种等产生的数量都记录清楚，并形成影像资料。(5)编好交底文件，做好技术交底。项目开工前组织各专业编写施工技术交底文件，认真做好首次交底、专项交底、新技术交底和Ⅰ类变更设计交底的各项准备，交底中做好设计说明的解释，主要施工方案和施工注意事项的提醒，文件中未说明、且需进一步协调配合落实的问题。（6）加强巡检和现场指导。按规定定期进行巡检，在项目的施工高峰和恶劣天气情况加大巡检频次。定期更新配合施工需关注问题一览表，提醒现场人员不同的施工阶段需要重点关注的问题。（7）做好施工回访。根据工程进展，进行不同级别的施工回访，指挥部级的回访一般由专线参加，主要是针对施工中出现的一般技术问题进行对接，对施工单位提出的问题在现场研究解决；集团公司级回访一般院主管总工程师参加，主要解决现场一些重大技术质量问题。（8）总体、专线深入现场指导工作。在施工现场的关键节点、重点工程开工前深入现场，解答施工过程中的问题，督促贯彻设计意图，检查是否按设计文件、图纸施工，对于施工单位提出的有关变更设计要求给予答复或解释；对现场配合施工人员进行指导。（9）做好变更设计台账管理。按季度上报变更设计统计，半年进行变更设计总结和满意度测评，全年进行变更设计总结和原因分析。对于由设计原因引起的变更设计进行全面的分析，并通过交流会进行宣讲，避免类似情况再次发生。（10）加大对配合施工的信息管理。参加建设单位组织召开的有关工作会议及现场巡检，及时向建设单位反馈巡检发现的问题，同时把建设单位的要求及时向相关人员、部门反馈。

（四）加强过程控制。落实院专家咨询会常态化制度，注重项目前期策划，加强对总体设计原则及汇报演示文稿的审查指导，注重枢纽总图方案的集体决策。在投标项目、境外项目、项目出工准备等阶段组织召开专家咨询会，全年共召开专家咨询会21次。召开20次技术管理会议解决技术管理中的问题。

科技周发布近5年科技成果及知识产权目录，组织线站专业设计软件发展前景座谈会，开展的创新成果评比推出了10项成果并择机进行科研立项、质量月的设计文件评比。参评的29项设计文件推动了新文件编制办法（93号文）的落实，案例库评比让观众当评委把评比和技术交流结合起来，总体汇报比赛既是年度水平的总结也是各种汇报技巧的推广。选送3批次8人参加外部质量管理培训，4个QC小组被评为天津市优秀质量管理小组，强化了质量管理活动。

做好技术管理引领生产。在质量、环境、职业健康安全目标及管理方案执行情况和各项技术管理督查中，积极宣贯新版体系的“基于风险的思维”和应用“过程方法”、精品工程理念以及集团公司技术管理会议精神，引导职工贯彻集团公司部署要求。

（五）深入开展“我的岗位无差错、我的工作不返工”主题劳动竞赛活动。主要组织了科技周、质量月、设计文件评比、案例库评比、总体汇报比赛等专项活动，提高全员参与技术质量管理的意识。

（六）QC小组活动。2019年注册QC小组8个，8个小组都按时完成成果报告，共有74人参加QC小组活动。QC小组活动主要围绕生产开展攻关，解决生产过程中一些难点问题。2019年度在天津市QC成果评比中杨帆QC小组的优化不良地质方案、飞跃QC小组的降低既有铁路箱梁架设安全风险等4个小组获评天津市优秀质量管理小组；超越QC小组的研发铁路物流中心铺面辅助系统成果荣获中国铁道工程建设协会优秀管理小组一等奖，精雕QC小组的铁路无砟轨道施工信息化管理平台开发获得二等奖。

【推广采用新技术】 2019年，线站院在勘测设计项目中推广应用铁路线路平纵横实时联动设计系统研究与开发、城际铁路到发线有效长度研究、基于点线能力协调的客运专线车站规模及布置研究、铁路轨道吸音板应用技术深化研究、城际铁路轨道系统减振技术研究、城市轨道交通高架段轨道减振降噪综合技术研究与应用等20余项科研成果，确保项目勘测设计质量，同时提高了生产效率和项目科技含量。

【科研、标准化与业务建设】

（一）科研项目。2019年有经费支出管理和研究工作的科研项目145项，其中部级科研标准项目16项。全年完成科研经费5280.2万元。严格落实《线站院科技开发管理办法》，充分调动全院职工投身科研工作的积极性和创造性；完成“高铁快运物流设施设计标准与建设技术研究”“磁悬浮铁路主要技术标准”“高速铁路标准体系评估”“时速300km有砟轨道深化研究”“基于京津城际改造的既有高铁基础设施状态评估及提升技术研究”“基于点线能力协调的客运专线车站规模及布置研究”“城际铁路轨道系统减振技术研究”等30项课题的结题验收工作。

（二）专利与著作权。2019年，线站院获得实用新型专利3个、发明型专利3个、软件著作权3个。

（三）获奖情况。2019年，线站院获天津市科技进步奖1项、铁道学会科技进步奖1项，优秀工程设计27项，优秀工程咨询奖5项。

【职工培训与人才队伍建设】

（一）职工培训。实行院、所两级培训制度，开展定期学习培训，各级均建立培训档案。一是提前谋划技术培训补强短板，1月组织各所室总结上年度技术短板，结合总体发展需求制订年度院、所两级技术培训计划。特别是针对总体需求和发展的航测遥感及勘测技术、勘察设计过程及最终成果资料电子签名、环保专业相关知识、信号专业相关知识、三电外业调查迁改工作及注意事项、机务专业知识等完成了其他专业的系统培训。本年度完成了从普遍性培训向针对需求专项培训的转变、从重视培训数量向重视培训质量和效果的转变，从主要为内部培训师向兼顾外部培训师的转变，开展的有针对性培训切实解决技术质量问题，满足了职工技术发展需求。二是各生产所结合专业特点和人员结构制订中长期培训计划，利用所例会、质量分析会、配合施工交流会等，对新的技术管理规章制度、新颁布的规程规范、质量问题案例等进行有针对性的培训。三是编写《2019线站院技术管理文件汇编》，组织多种形式的征文活动。四是动态维护线站院典型案例库、技术质量会议记录、标准图、技术管理文件等相关内容，信息化手段进一步加强，职工学习渠道进一步拓宽。2019年组织院级培训27项、所室级培训47项，派人参加中国铁道科学研究院集团有限公司于2019年12月11—15日在北京举办的高速和重载铁路轮轨关系检测与安全评价技术培训班，选送3批次8人参加外部质量管理培训。

（二）人才队伍建设。一是加强总体总工队伍建设。召开专题座谈会研究总体团队建设方案，尝试遴选有潜质的副总体及专线作为总体团队后备人员，采取一对一培养模式，加快总体成长。二是重视专业技术人才培养和青年员工培养。三是加强员工招聘的源头把控，深度参与招聘宣讲会及实习遴选，择优录用新员工，选拔聘用28名优秀应届毕业生。四是做好职工考核、职称评审、各类人才评审组织推荐工作。

【综合管理】

（一）生产经营管理。一是结合集团公司生产计划，优化和协调内部生产安排，动态统筹调度资源，满足生产需求，为生产任务提供坚实保障。二是对内营造人人经营的氛围，对外加强与地方政府、路局、大型煤矿企业的良好沟通，不断拓宽承揽新项目的信息渠道。进一步加大国铁项目的前置性文件、安全保护区及竣工图等延伸项目的跟踪力度，提高该类业务的经营贡献度。三是线站院为主承担建设了鄱阳轨枕厂，供应昌景黄铁路及龙龙铁路轨枕业务，实现了自主生产、自主销售的产品产业化模式，是集团公司第一个“工程产业化”实体，为集团公司“工程产业”发展奠定了坚实的基础。四是超前谋划国内领先的轨道布板及精调软件、轨道施工管理平台的市场推广应用。坚持以自主创新为主、技术合作为辅的原则，积极推进新产品的研发工作。

（二）**行政管理。**一是落实“一岗双责”，坚持廉政工作与中心工作同谋划、同部署、同检查、同考核，结合工作实际开展党风廉政风险提示，干部职工纪律规矩意识进一步增强。二是强化规划引领作用，将规划实施与年度工作结合起来，制定措施将规划层层分解、层层落实，制定2019年度行政工作目标和行政重点工作，并落地实施。三是健全管理机制，积极承接集团公司管理课题，结合线站院实际深入调研论证，全年完善、制定管理制度14项。四是不断完善绩效管理体系，以集团公司三项制度改革为契机，研究制定线站院《员工绩效管理实施办法》。五是加强政策宣贯，积极推行“量本利”。全面加强预算管理，控制成本，提高管理效能。开展债权专项清理，配合完成各项审计及问题整改工作。六是落实带薪休假制度，信访、保密、扶贫救助、综合治理等各项工作也都取得较好成效。

（三）**财务管理。**严格预算管理，加强成本控制，进一步提升单位效益；制定成本费用报销管理办法，规范职工财务核销行为，引导职工防范各项财务风险；开展债权清理工作，完成集团公司下达存量风险债权回收率30%的目标；配合各项审计、财务监察工作，对其提出的问题进行了积极有效的整改。

（四）**精神文明建设。**组织领导人员和全体党员深入学习习近平新时代中国特色社会主义思想，全面贯彻落实习近平总书记对铁路工作的重要指示批示精神，聚焦交通强国、铁路先行，深化强基达标、提质增效，深入开展“不忘初心、牢记使命”主题教育，加强党风廉政建设，坚持“三重一大”集体讨论决策制度，全年召开党政联席会议46次。注重职工身心健康，落实带薪休假制度，组织职工体检，开展帮扶救助活动，开展谈心谈话活动，接待职工信访，维护企业和谐稳定。龙许友获得2019年度火车头奖章。线一所团支部被评为全国五四红旗团支部。张婷婷获评全国铁路优秀共青团干部。线站院团总支被评为全国铁路五四红旗团支部。

【重要学术活动及论文】 2019年9月18日，参加中铁二院工程集团有限责任公司在贵阳主办的铁道学会运输委员会第十九届站场与枢纽年会。2019年，线站院职工在《铁道勘察》《铁道工程学报》《铁道运输与经济》等刊物上共发表论文12篇。

表9-1　2019年线站院科技成果在各项目中的推广应用情况

序号	成果名称	主要技术内容	推广应用载体	实施效果
1	哈大客运专线运营5周年设计总结	总结形成严寒地区构物、四电、综合维修等系统设计	京沈客专、通辽至京沈连接线等	提高严寒地区高速铁路设计水平
2	钢筋混凝土铺面平交道（平过道）标准图	在区间线路以及铁路车站、货场、段所及专用线内，针对不同钢轨、轨枕种类以及不同轨枕间距等轨道结构类型，设计了相应类型的平交道（平过道）线间及线路两侧铺面板，并对道口处安全防护和排水，与道路衔接处进行了整体设计，提高了本图集使用的普遍性和方案的完整性	济青客专等	对铁路平交道（平过道）进行系统设计，综合考虑了安全防护和排水设计，降低了工程造价，提高了施工效率，提升平交道（平过道）整体视觉美感
3	客运专线中间站布置图集	包含客运专线中间站主要站型，统一各个设计院设计标准，促成客运专线中间站设计标准化建设	可在客运专线中间站平面布置设计中推广使用	优化车站平面布置，提高工作效率，统一标准
4	LKJ数据与设计里程互换软件开发	（1）与RDS设计数据的接口； （2）线路里程与设计资料数据库； （3）双断链里程对比模型； （4）线路里程人工交互式调整技术； （5）LKJ数据里程对照表的自动生成	LKJ数据转换等外委项目	系统能有效完成LKJ数据与设计里程互换的工作，自动化程度高，提高生产效率
5	铁路桥上反向曲线夹直线有关问题研究	（1）广泛调研、收集近期高速铁路、客运专线、重载铁路及客货共线铁路等不同类型工程项目中桥上反向曲线夹直线不满足一个列车长度工点情况，形成研究对象数据库； （2）统筹考虑线形、桥梁刚度、车动力作用等问题，对数据库中各工点进行线桥耦合动力仿真，结合轮轴横向力、脱轨系数及轮重减载率等安全性指标，对各工点列车运行安全性情况进行分析研究； （3）对大量动力仿真数据进行统计、分析，系统研究不同类型铁路、不同线形、不同桥梁结构及车动力作用下，桥上反向曲线夹直线长度对线路安全性影响	蒙华铁路、太焦铁路、纳入《铁路桥涵基本规范》修编	提高线路平面与山区地形适应性，节省工程投资，提高工程经济性

续表

序号	成果名称	主要技术内容	推广应用载体	实施效果
6	铁路物流中心铺面设计研究与开发	(1) 研究铺面设计参数数据库的搭建； (2) 研究铺面设计相关结构的CAD内部实现； (3) 研究铁路物流中心铺面的结构组合、厚度计算方法的计算机实现； (4) 研究板块设计方法的人机交互实现； (5) 研究铁路物流中心铺面工程数量自动计算的实现	铁路物流中心设计项目	能较好地辅助设计人员进行铁路物流中心铺面设计工作，自动化程度高，大大提高绘图效率
7	铁路线路平纵横实时联动设计系统研究与开发	(1)研究基于AutoCAD多视窗的线路平纵横设计文档的维护与管理机制； (2)研究基于AutoCAD通知和反应器技术的平纵横设计联动机制； (3) 研究基于纵断面自动拉坡技术的平面交互纵断面横断面自动设计技术； (4)研究基于平纵横断面多夹点驱动的平纵横联动技术； (5)研究道路、铁路、河流、房屋等地物高程或平面控制点的自动设置； (6)研究平纵横多视窗的里程范围同步对应技术	课题成果(CAD多视窗、平纵联动、自动拉坡、多夹点驱动、多视窗显示里程同步等技术)已成功应用于京沈、牡佳、京雄、雅万等项目的铁路路基排水BIM设计	使铁路线路设计项目的设计效率和质量显著提高，效果良好
8	城际铁路到发线有效长度研究	(1)结合实测数据资料，研究分析动车组的制动曲线； (2)根据采用的动车组类型，确定用于列车制动计算的有关参数； (3)分析研究计算安全防护距离的长度，提出采用安全防护距离； (4) 分析研究计算到发线有效长度	可在相关城际铁路设计项目中推广使用	使到发线有效长度缩短，从而减少工程投资
9	基于点线能力协调的客运专线车站规模及布置研究	(1)调研、收集国内外客运站车站相关资料并进行对比分析； (2) 研究进出站速度对追踪间隔的影响； (3)研究咽喉区布置对追踪间隔的影响； (4)研究优化动车组在站内的作业流程、缩短作业时分； (5)研究车站一离去范围内设置电分相对车站出发间隔的影响； (6)基于点线能力协调的车站平面布置的研究	可在客运专线车站设计项目中推广使用	减少列车在站停留时间、缩短咽喉区长度、优化咽喉区布置，提高客运车站设计水平和作业能力，应用前景广泛，为我国客运专线实现设计追踪间隔提供参考

续表

序号	成果名称	主要技术内容	推广应用载体	实施效果
10	铁路轨道吸音板应用技术深化研究	（1）轨道吸音板机械螺栓连接方式的研究； （2）吸音板与轨道结构一体化研究； （3）TSDI-I型轨道吸音板结构尺寸的优化	（1）京雄城际铁路雄安站轨道吸音板铺设工程； （2）高速铁路、城市轨道交通轨道吸音板项目	（1）课题成果作为京雄城际铁路雄安站轨道吸音板铺设方案研究汇报材料分别向北京局集团公司、国铁集团进行汇报，效果较好； （2）在高速铁路、城市轨道交通项目中，为轨道吸音板铺设方案设计提供技术支撑
11	城际铁路轨道系统减振技术研究	通过建立不同条件下的车轨耦合动力模型，并对不同结构参数下橡胶垫浮置板轨道减振效果的影响进行分析，确定合适的城际铁路减振轨道结构技术方案；并针对珠三角城际新白广项目地下段典型盾构截面，开展橡胶浮置板道床及过渡段结构设计，通过动力仿真计算对减振效果进行预测	城际铁路	结合该研究成果，进行珠三角城际新白广项目橡胶浮置板道床结构设计，并编制“珠三角城际双块式无砟轨道减振垫暂行技术条件”，通过了专家审查。
12	城市轨道交通高架段轨道减振降噪综合技术研究与应用	（1）城市轨道交通高架桥地段振动、噪声源特性，限值标准及减振降噪技术措施调研； （2）城市轨道交通高架桥地段轨道减振降噪机理研究； （3）城市轨道交通高架桥地段轨道结构减振降噪技术方案研究； （4）城市轨道交通轨道减振降噪一体化综合结构研究	宁奉城际铁路	为宁奉城际铁路高架桥地段轨道减振降噪方案的确定提供了技术支撑
13	中国高速铁路标准在印度的适应性研究	（1）中国高铁标准走向印度的主要制约因素； （2）中国高铁标准在印度高铁项目上的应用对策研究； （3）印度高速铁路电力供应研究； （4）运输组织及运营管理、养护维修维模式研究； （5）中国高铁概算编制标准在印度高铁项目应用对策研究； （6）中国铁路标准优势研究	（1）新德里至孟买高速铁路； （2）山西建筑（ISSN1009-6825，第44卷，第8期）	本课题形成的技术成果对集团公司正在开展的印尼雅加达至万隆高速铁路、泰国铁路曼谷至呵叻段、孟加拉国高速铁路、老挝铁路、马新高铁、马来西亚东海岸铁路、菲律宾南部铁路、摩洛哥铁路等众多境外铁路项目均具有一定的借鉴价值和现实意义
14	基于京津城际改造的既有高铁基础设施状态评估及提升技术研究	（1）轨道空间线形测量方法研究； （2）轨道线路线形评估方法研究； （3）轨道空间线形拟合计算和分析评估； （4）运营高铁的平纵断面参数及评估方法研究	京津城际	对京津城际的基础设施状态进行评估并提升技术，为其他高铁项目改造提供借鉴

续表

序号	成果名称	主要技术内容	推广应用载体	实施效果
15	高速铁路标准体系评估	（1）通过对比分析中外高速铁路标准体系，提出了我国高速铁路设计标准体系总体评估和优化建议； （2）针对高速铁路设计各专业标准，梳理对照各专业中外高铁技术标准，结合已建成高速铁路运营实践经验和近几年科研成果，对112项标准进行分析研究并提出评估建议	标准体系国际化，高速铁路、境外高铁项目	（1）为中国铁路“走出去”对技术标准体系的需求提供支持； （2）可以为《高速铁路设计规范》的下一步修订提供指导作用，为境外高铁项目技术标准选择提供参考
16	磁悬浮铁路主要技术标准	在广泛调研、归纳总结及理论研究的基础上，对不同制式磁浮交通系统的主要特征、技术特点及关键参数等开展研究，结合研究成果提出不同制式磁浮交通系统的主要技术标准	磁浮铁路	（1）依托研究成果，作为牵头单位编制了《磁浮铁路技术标准（试行）》（TB 10630—2019），该标准于2020年1月1日正式实施； （2）课题研究成果广泛应用于青岛四方高速磁浮试验线的设计和建设中； （3）依托相关研究成果完成了沪杭、广深港等磁浮项目的前期规划设计
17	铁路市场化经营技术研究—高铁快运物流设施设计标准与建设技术研究	（1）铁路快运设施网络规划研究； （2）铁路快运设施设置标准研究； （3）铁路快运设施改造建设方案研究； （4）铁路快运设施近期建设方案研究； （5）铁路快运分拨中心场区布置研究	可在相关铁路设计项目中推广使用	提升铁路承担快运业务的能力，从而提高铁路的运输效益
18	时速300km有砟轨道深化研究	（1）高速铁路有砟轨道适用性研究； （2）高速铁路有砟轨道道砟飞溅机理及防治措施研究； （3）高速铁路有砟轨道减缓道砟劣化技术研究； （4）高速铁路有砟轨道结构优化方案研究； （5）时速300km有砟轨道结构技术标准研究	时速300km高速铁路有砟轨道项目	为时速300km高速铁路铺设有砟轨道提供技术支撑
19	征地拆迁影像资料形成、留存及提交标准化研究	（1）对拆迁影像资料进行明确定义和分类； （2）就如何形成清晰的拆迁影像资料进行研究； （3）就拆迁影像资料的留存形式进行研究； （4）就拆迁影像资料提交的标准化格式	可在相关项目中推广使用	在增加投入不多的情况下实现对拆迁投资的有效控制，以满足铁总新规定要求，规避工程风险

续表

序号	成果名称	主要技术内容	推广应用载体	实施效果
20	线路专业铁路建设项目勘察设计复核、审核大纲修编	可实现勘测设计程序标准化，实施前期策划和过程控制及动态管理，认真落实技术质量岗位责任制	作为集团公司相关部门认真落实技术质量岗位责任制的依据，可在项目中进行推广应用	加强复核、审核，实现勘察设计程序标准化，提高勘察设计质量
21	线路文件示意图制作标准研究	线路篇文件插图，包括：地理位置示意图、平纵断面示意图、接轨方案示意图、线路走向方案示意图、线路局部方案示意图、分段速度目标值分布示意图。对示意图内各种要素进行标准研究，以求尽量统一，达到美观、直观、简洁明了，能够充分反映设计意图及准确的内容信息的效果	对线路文件示意图制作进行统一规定，提高文件质量；成果可以给其他专业图件制作提供借鉴参考，争取在集团公司内推广	提高文件质量
22	勘测任务书模板	结合近期铁总颁布的有关环、水保具体要求和已批复、实施的项目案例，将有关具体要求纳入勘测任务书	宁波至余慈城际铁路初测、哈绥铁定测等任务书	高要求、高质量指导外业勘测工作

（李世元、豆聚文、王玉昆、方福权）

·土建院·

【概述】 土建工程设计研究院（简称土建院）是集团公司直属研究院，成立于2019年4月1日，是由原桥梁院整建制、原地路院路基专业以及原城交院铁路隧道专业技术人员组建而成的，承担国内外桥梁、路基、隧道工程的勘察设计、科研开发、咨询、工程总承包、监测监控及相关产品产业化、工程产业化等工作。

土建院领导班子6人，其中设党委书记1人、院长1人、副院长3人、院总工程师1人；副总工程师14人。土建院设3个职能室，分别为技术室、计经室、办公室；6个生产室，分别为桥梁一所、桥梁三所、路基所、隧道所、土建结构所和创新研发所；设有党委、纪委、工会、团总支，其中院党委下设7个党支部，工会有独立工会法人资格。

截至2019年底，土建院在册职工403人，其中教授级高工26人、高级工程师（含高级会计师1人）165人、工程师129人（含政工师1人）。

办公地址：天津自贸试验区（空港经济区）东七道109号。

联系电话：022-60377375。

【生产经营及各项指标完成情况】

（一）完成实物工作量。完成项目可研设计桥梁长度5642km、路基长度2214km、隧道425km，初步设计桥梁长度1507km、路基长度493km、隧道70km，施工图设计累计桥梁长度1189.4km，涵洞、框构、旅客地道等1671座，特殊结构941套；路基长度1159.3km，排水用地图设计2211km，取弃土场设计585处，特殊结构设计737套；隧道469.6km，弃渣场设计201处，特殊设计图34套。

（二）**技表执行情况。**全年完成各类技表63项，调度通知401项，勘测任务书44项，派驻50人常驻开工项目现场提供技术服务。技表履约率为98.65%。

（三）**自揽外委。**2019年土建院完成合同签订292项，合同额4.031亿元。其中，经济类合同46项，合同额5127.10万元；技术类合同179项，合同额9770.56万元；产业化合同66项，合同额11244.0万元；总承包合同1项，合同额1.416982亿元。

【代表性工程项目】

一、新建郑州至济南城际铁路

施工图设计，桥梁工程投资122.3亿元。正线桥梁共9座；正线框构19182m^2（21座），旅客地道5205m^2（5座）；涵洞849横延米（13座）。

采用的新技术新结构如下。郑济黄河桥主桥采用108m+4×216m+108m预应力混凝土多塔矮塔斜拉桥。主桥为多塔双索面预应力混凝土矮塔斜拉桥，采用塔梁分离的半漂浮结构体系，主梁为预应力混凝土结构，桥塔采用钢筋混凝土结构，斜拉索采用扇形布置。主梁截面采用单箱双室、变高度连续箱梁，中支点截面中心处梁高11.515m，跨中及边跨等高段截面中心处梁高7.015m。梁底下缘按二次抛物线变化，桥面宽13.8m。索塔采用H形斜桥塔，桥塔斜率为1：15，塔底横向双肢间距13.8m，索塔塔顶横桥向尺寸2.5m，塔底3m。斜拉索横向为双索面布置，立面为半扇形布置。每个索塔设8对斜拉索，塔上索距1.2m，梁上索距约8.0m。

二、新建宣城至绩溪铁路

施工图设计，桥梁工程投资29.5亿元。正线桥梁共86座；正线涵洞47座，框构、刚架2座，旅客地道1座；右线绕行段共建有桥梁15座；涵洞3座。代建杭临绩段共建有桥梁3座。

采用的新技术、新结构：采用新型防震落梁装置。该线位于地震烈度0.2g段落桥梁，拟采用新型防震落梁装置。

图9-1　新型防震落梁装置结构原理示意图

在梁体与墩顶对应位置预埋钢筒，钢筒内插入一根实心钢棒，钢棒直径小于钢筒内径，当梁体与墩身发生超出预定的水平相对位移时，钢棒的上下端与钢筒内壁接触，开始受力产生弹性变形，继而发生塑性变形，实现有缓冲效应的限位效果。

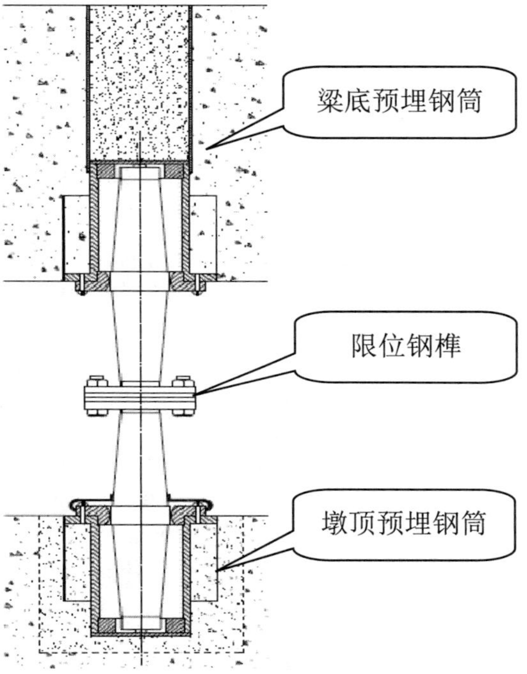

图9-2　新型防震落梁装置构造示意图

新型防震落梁装置具有构造简洁、受力合理、耐久性好、降低震后修复难度等优点，取代传统的防落梁装置，可以取得较好的减隔震效果。

三、新建汕头至汕尾铁路

施工图设计，路基工程投资12.0亿元、桥涵工程投资68.27亿元、隧道工程投资21.8亿元。

（一）路基。（1）概况。正线路基长24.498km，基本路基工点类型有路基边坡防护、高路堤、深路堑、浸水路基、软土（松软土）路基、危岩落石路基、封闭式路堑等。松软土地基主要采用了堆载预压、真空预压、砂浆桩、CFG桩、挤密螺纹桩、变径桩、预应力管桩处理形式等。（2）采用新技术、新结构。①低净空接杆工艺水泥砂浆桩。邻近既有线地段，常规水泥砂浆搅拌桩受桩机高度限制无法施工，设计采用了机架低、可快速移动的低净空接杆工艺水泥砂浆搅拌桩进行地基处理，桩径0.6m，桩间距1.5m，正三角形布置。②管桩桩板结构。汕头站场区大范围分布深厚软土层，设计采用管桩桩板结构，管桩型号为PHC-AB500（100），桩径0.5m，桩间距2.5m，管桩桩顶设0.5m厚C35钢筋混凝土筏板。③新型挤密变径桩。DK58+462.45—DK59+696.16段路基采用新型挤密变径桩进行地基加固，桩间距2.2～2.4m，正方形布置，桩身分3段，自上而下直径分别为0.90m、0.60m和0.30m。

（二）桥涵。（1）概况。正线特大桥双线桥共计48座。其中特大桥30座，桥长100641.972延米（含高架站桥梁2座）；双线大桥14座，桥长3362.30延米；双线中桥4座，桥长341.76延米。框构桥共11座（2855.76顶平方米），框架涵共46座（1615.91横延米），旅客地道及行包地道3座（4581.54顶平方米）。（2）用新技术、新结构。①采用与公路垂直的框架墩+32m简支梁方案跨越国、省道。根据初步设计咨询意见，跨越城市道路或规划道路时，宜优先采用小跨度钢筋混凝土刚构、简支梁等桥式。本线3处工点与G228小角度交叉，采用了与公路垂直的框架墩+32m简支梁跨越方案，在框架墩横梁顶设置牛腿，以适应简支梁的支座布置要求。②采用扭桥墩形式跨越河流。本线跨越螺河（64+108+64）m连续梁、鳌江70m+3×112m+70m及龙江（70+125+70）m连续梁桥墩，按照防洪评价部门意见，在控制桥梁跨度的基础上，扭转桥墩与水流顺方向，以降低阻水比。在确保大跨桥墩安全可靠的基础上，研究采用在扭转后桥墩顶设置牛腿的方案。

（三）隧道。（1）概况。全线正线隧道共14座，其中有13座隧道为矿山法隧道，采用复合式衬砌；1座隧道为海底隧道，工法包括陆域矿山法、海域矿山法、盾构法、空推法及明挖法。（2）采用新技术、新结构。①工法创新。汕头湾海底隧道综合采用矿山法、矿山法开挖后盾构空推、盾构法以及明挖法施工，其中盾构段设计采用国内铁路最大直径盾构机（外径14.5m）施工，首创“海底盾构洞内无损拆解”设计，并首次将“矿山法开挖+盾构空推”工法运用于高速铁路隧道领域。②海底蠕滑断裂带隧道抗震技术。为解决活动断裂抗震抗断的工程难题，采用“抗震、减震、隔震”相结合的设计方法，创新形成了“地层处理+结构抗震+铰接减震+隔离耗能”相结合的隧道抗震技术。其中盾构空推段初支与管片之间“碎石+非固化沥青”的软弱层设计为国内首创。③隧道结构安全保障技术。创新性地在铁路隧道通用图基础上增加了纵向盲管检查井，采用大管径、大刚度的纵向盲管（满足高压冲洗要求），有效保证了纵向排水盲管的可维护性。创新性地设计了EPDM为主辅以高密度遇水膨胀聚氨酯的复合密封垫，并采用触角式设计，增强了EPDM与高密度遇水膨胀聚氨酯的粘结强度，大大提高了弹性密封垫的抗水压能力。

四、新建龙岩至龙川铁路工程龙岩至武平段

施工图设计，桥涵工程投资10.32亿元。正线桥梁双线桥40座，其中特大桥6座、大桥25座、中桥9座；新建小桥涵39座，接长小桥涵3座，新建旅客地道2座（2401.8顶平方米）。

采用的新技术、新结构：汀江特大桥采用1-（85+155+85）m刚构连续梁跨越汀江航道，解决桥址上游靠近弯道、横向流速大、通航净宽不足问题。采用1-108m简直钢桁梁顶推施工跨越G25长深高速既有、新建匝道，解决了互通匝道分合流处设墩影响行车视距、存在安全隐患的问题。

五、新建包头至银川铁路包头至惠农段

施工图设计，路基工程投资86.4亿元，桥涵工程投资101.75亿元。

（一）路基。（1）概况。区间路基长239.705km，路基类型主要有路堤坡面防护、路堑坡面防护、低路堤、浸水路堤、盐渍土路基、黄土路基、地震液化路基、松软土路基、风沙路基、活动断裂带地段路基和挡土墙等。地基处理主要采用水泥土挤密桩、碎石桩、旋喷桩、螺杆桩、螺钉桩等进行加固。（2）采用新技术、新结构：活动断裂带地段路基，在分析活动断裂带结构和发展趋势、评价其稳定状态及对路基危害程度的基础上，主要采取路肩加宽、级配碎石填筑、通铺高强土工格室等措施提高路基抗震稳定性；边坡采用草灌袋护坡的柔性防护方式，减冲抗震变形；活动断裂带附近地段设置自动化变形监测，实时监控掌握路基变形情况。

（二）桥涵。（1）概况。正线桥梁共92座；框构及刚架桥97座；涵洞505座，旅客地道及行包地道12座；2座公路桥的防护桥，道路中桥1座，道路框构5座。改建线、联络线、动车走行线等相关联络线桥梁共1座特大桥、框构18座、涵洞52座。（2）采用新技术、新结构：①乌海黄河特大桥主桥采用（80+80+260+80+80）m混合梁斜拉桥、（80+80）m预应力混凝土变截面连续梁两联新型桥梁结构形式。乌海黄河特大桥钢箱梁段桥面板采用超高性能混凝土。乌海黄河特大桥在高寒地区铁路斜拉桥主塔锚固区采用缓粘结预应力钢束作为主要承力结构。②磴口黄河特大桥主桥采用102m＋3×178m＋

102m预应力混凝土矮塔斜拉桥长联大跨的结构形式。引桥采用50m＋6×83m异形跨度预应力混凝土连续梁及（83+83）m预应力混凝土连续梁的结构形式。

六、新建天津至北京大兴国际机场铁路

施工图，桥梁工程投资26.57亿元。全线新建正线桥梁10座；固安南上、下行联络线分布单线桥梁2座。框构7座，涵洞8座，旅客地道1座。

采用的新技术、新结构如下。(1）跨既有铁路大跨连续梁采用转体施工方案。本桥于DK38+609.97跨越津霸铁路，净高要求为7.56m，交叉角度为85°55′。本桥采用（40+64+40）m连续梁跨越。主梁采用旁位悬浇后转体施工，成形后在既有铁路天窗维护时间段采用转盘转体方案施工，减少对既有铁路运营安全的影响。（2）跨津保铁路框架墩。本桥右线于YDK47+796.11处跨越津保铁路右线，交叉角度为167°49′；于YDK47+819.34处跨越津保铁路左线，交叉角度为168°05′；跨越处津保铁路为桥梁段。本桥采用32m简支梁以及框架墩的形式跨越津保铁路，框架墩横梁拟采用钢横梁顶推施工。

七、新建沈阳至白河高速铁路

初步设计，路基工程投资40.92亿元，桥涵工程投资87.80亿元。

（一）路基。（1）概况。正线路基工点338个，其中路堤坡面防护73处（13.279km），挡土墙26处（11.091km），低路堤3处（1.873km），短路基33处（1.019km），松软土地段路基84处（37.309km），路堑坡面防护63处（11.747km），深路堑19处（7.572km），浸水路堤5处（1.490km），膨胀土路堑23处（10.249km），陡坡路基1处（0.317km），路基坡面防护8处（2.757km）。（2）路基特点。正线路基防冻层按设计冻深统一确定。其他线路按设计冻深的70%控制。全线低路堤及路堑段路基两侧设渗水盲沟。对膨胀土路堑段落两侧渗沟加深1~2m。松软地基路基主要采用CFG桩处理。对景观要求较高的部分车站路基边坡采用立体绿色植被垫进行防护，植被垫由高强防护层、种子层、营养基材、保水土工布组成，采用固定钉固定在坡面，选用耐寒植物种子，必要时辅以横向排水槽。路基面防排水层下设定向排水两布一膜不透水土工布，在膨胀土（岩）地段防冻层底面以上铺设0.2m厚中粗砂夹定向排水两布一膜不透水土工布。定向排水两布一膜防渗排水结构，由2层无纺布内夹1层棱条塑料膜构成，塑料膜上有平行凸起的棱条，雨水渗透到棱条塑料膜后，沿着膜面顺着路基横向坡向下流动，并逐渐集中到每条棱条边缘，然后沿着棱条方向流到防渗区以外。

（二）桥涵。（1）概况。新建正线双线桥梁165座、单线桥梁1座，正线新建涵洞9302.66横延米（240座），新建地道5574.19m^2（7座），接长地道588.06m^2（1座），框构10882.75m^2（19座），刚架294.00m^2（1座）。（2）采用新技术、新结构如下。按照国铁集团（原铁路总公司）相关会议精神，根据施组情况，选取了平面线形适宜、地质条件相对简单的预制架设段落桥梁41.6km（81座），将常规跨度梁从以32m简支箱梁为主调整为以40m简支箱梁为主。40m简支箱梁采用“通桥（2018）2325-Ⅰ”梁图。

八、邹平县交通基础设施建设投资有限公司铁路专用线

施工图，桥梁工程投资12.2亿元。正线桥梁共2座，联络线桥梁共1座；全线涵洞35座（630.64横延米），框构15座（5325.61m^2），旅客地道1座（50.65m^2），公路桥4座（9254m^2）。

采用的新技术、新结构：本线采用

56m槽形梁拱跨越309国道，桥梁的结构高度较低，降低了整个线路的纵断面，节省了投资。

该梁型是一种槽形梁尼尔森体系刚性吊杆简支拱。槽形梁两侧设有边主梁，两侧边主梁之间通过桥面板连接成一个整体，槽形梁梁端的底部设有加台，加台内预埋支座套筒，边主梁中部梁体顶部纵向设有多个下锚拉板，槽形梁梁体内设纵向预应力筋和横向预应力筋。拱圈由拱座和拱肋组成，拱座设在槽形梁两侧边主梁的梁端顶部，拱肋的两端分别插入拱座内，并与拱座固定连接。拱肋下部设有多个上锚拉板，与边主梁上部设有的多个下锚拉板交错分布在纵桥向不同的垂线上。尼尔森体系刚性吊杆由吊杆本体和吊杆叉耳组成，刚性吊杆的下端连接边主梁上部设有的下锚拉板，刚性吊杆的上端连接拱肋下部设有的上锚拉板，吊杆叉耳设有销孔，叉耳的正立面上设有挡板，挡板位于销孔的下部，挡板与叉耳之间通过螺钉固定连接，挡板与叉耳固定连接时插入开槽的防松销轴内对销轴进行限位。上、下锚拉板自由端耳板与吊杆叉耳销孔对应的位置开有销孔，且耳板两侧的销孔周围设有补强板，锚拉板耳板的补强板与叉耳密贴，防松销轴分别穿过吊杆叉耳、补强板和锚拉板耳板的销孔。

九、深圳市坪山云巴（胶轮有轨电车）1号线一期工程

城轨项目，桥涵工程投资6.38亿元。桥梁共计13座，其中特大桥9座、大中桥4座。桥梁结构主要有15～24m简支钢梁；以3×20m、4×22m、5×24m为基本跨的连续刚构钢梁，箱形截面；以35m、40m、44m跨为主的大跨连续钢梁；（14.5+14.5）m道岔梁、（16.5+16.5）m道岔梁；98m双肋拱桥；65m独肋拱桥等。

采用的新技术、新结构：（1）研究形成一套云巴桥梁设计原则，分别纳入深圳和天津胶轮有轨电车地方标准；（2）研究采用以3×22m、4×24m为基本跨的连续刚构钢梁，取消费用较高的铸钢抗拉力支座，使工程造价大大降低；（3）在云巴（胶轮有轨电车）领域中，首次采用了整体截面预应力混凝土独肋拱桥，为云巴跨越50～80m路口或既有桥梁提供了新的解决方案，该类型桥梁在我院相关项目中为首次采用；（4）在国内云巴项目中首次采用大跨双肋拱桥，为跨越80～150m路口或既有桥梁提供了新的解决方案，实现了集团公司在云巴（胶轮有轨电车）的多项技术突破。

十、G107邢台段绕城改建工程（涉铁工程）

设计范围内共5处涉铁立交工程：上跨京广铁路1处，下穿京广铁路1处，下穿京广高速铁路2处，下穿邯黄铁路1处。上跨京广铁路主桥为2-55mT形刚构连续梁，转体施工，引桥为先简支后连续小箱梁，预制架设施工；下穿京广铁路为2-17.4m框架桥，顶进法施工，两侧与路基衔接八字挡墙采用现浇施工，后期为预留地方道路通过条件并行顶进框构新增明挖段框构；下穿京广高速铁路2处节点均采用专项道路（填方路基、挖方U形槽）形式下穿；下穿邯黄铁路采用填方路基形式下穿。

采用的新技术、新结构如下。公路跨越京广铁路时，设计范围内孔跨布置为1-（4×30m）+2-（3×30m）先简支后连续预应力混凝土小箱梁+（2×55m）T构桥，其中2×55m的T形刚构桥为跨铁路一联。桥梁按整幅设计，桥面宽34.5m。（1）主桥施工方式。按并行既有京广铁路支架现浇2×50m转体梁段，然后转体施工梁段就位，支架现浇两侧现浇梁段并全桥合拢。主桥设计时，汽车活载采用公路-Ⅰ级的1.3倍。（2）上部结构。主桥上部结构采用2×55m变截面预应力混凝土T构跨越京广铁路，转体施工。转体部分跨径组合为（50+50）m，上部结构整幅设计，主墩采用双肢薄壁墩，桥面全宽34.5m，转体重量14200t（包括护栏、防护屏）。主桥上部结构采用单箱五室斜腹板箱形截面。中支点处箱梁中心高4.8m，端部梁中心高2.2m。梁底线形按2次抛物线变化，梁端部直线段长10.92m。箱梁宽34.5m，两侧悬臂板长各3.6m，悬臂底部为折线形，折点距离悬臂外缘2m。悬臂外缘厚20cm，折点处厚40cm，根部厚65cm；箱梁顶板厚30cm；底板厚度为30～90cm，支点处130cm，腹板厚50～70～90cm。箱梁底板水平，顶板横坡与道路相同为单向2%，桥面横坡通过腹板高度调整。梁端设置三支座，支座间距为7.5m。主桥宽跨比大于0.5，采用梁格法计算横向分布系数。（3）下部结构。主桥中墩采用墩梁固结，为双肢矩形薄壁墩截面，墩身横桥向尺寸为15.15～23.15m，墩身高9.5m，下部设置1.5m等高段；顺桥向尺寸为1.5m，双肢净距3m。上转盘高2.5m，下转盘高4.0m，转体球铰直径4.0m。基础采用30根φ1.5m的钻孔灌注桩，桩基按摩擦桩设计。（4）主桥转体施工技术指标。主桥转体跨度（50+50）m，平转角度约87°；平转速度为角速度$\omega \leqslant 0.02$ rad/min；主梁端部水平线速度$v \leqslant$ 1.2m/min；转体重量约为142000kN；总计转体时间约为小于75min，设备安全限界以外为试转，以内为正式转，其中营业线设备安全限界内转体时间约为70min。

十一、迁曹高速公路京哈高速至沿海高速段（涉铁工程）

设计范围内共3处涉铁立交工程：下穿津秦高铁专项道路1处，上跨京哈铁路立交1处，上跨七滦铁路立交1处。

采用的新技术、新结构如下。迁曹高速跨越京哈铁路交叉角度约为46°，桥梁分幅设计，单幅桥梁宽度为16.63m，左右幅间设24cm的缝。桥梁左右幅孔跨布置均为1联（73+73）m预应力混凝土转体T构。转体施工，转体段跨径均为（68+68）m。两边跨端部现浇段长度均为4.92m。主桥平面位于R=3500m圆曲线上，主桥结构均径向布置。（1）上部结构。上部混凝土箱梁结构采用单箱双室直腹板箱形截面；沿箱梁结构中心线中支点处梁高6.8m，边支点等高段梁高3.0m，等高段长11.92m；其余梁底线形按1.8次抛物线变化。箱梁顶板宽16.63m，底板宽10.63m。两侧悬臂长度为3.0m；远离道路中心线侧悬臂板端部厚20cm，根部厚60cm；横桥向悬臂板板厚线性变化；箱梁顶板厚30cm，底板厚度为30～120cm，腹板厚50～70～90cm，中支点处对应墩身设置2道横隔板，板厚为150cm，边支点处端横梁厚150cm。梁体通过腹板高度形成桥面横坡，梁底保持水平。桥面横坡与道路横坡保持一致，左右幅均为2%单向坡，面向大里程侧均为左低右高布置。（2）下部结构。下部结构中墩采用墩梁固结，中墩采用箱形截面；墩身纵横向尺寸为600cm×1063cm，纵横向墩壁厚均为1.5m；墩顶墩底分别设1m、1.5m实体段。墩身上、下部分别与主梁及转盘固结。转盘结构采用环道与中心支撑相结合的球铰转动体系；采用正八边形承台，纵横尺寸为1280 cm×1280cm，厚300cm。基础采用21根φ150cm的钻孔灌注桩，均为摩擦桩。边墩采用三柱式桩柱基础，分幅设计。盖梁顶宽2.8m，左右幅边墩均设置预偏心。墩身φ180cm。桩基φ200cm，均为摩擦桩。边墩桩柱均设置系梁。（3）主桥转体施工技术指标。平转角度46°；平转角速度0.015rad/min；主梁端部水平线速度左幅1.02m/min、右幅1.03m/min；转体重量约11000t；转体理论耗时，试转左、右幅各

5°、各6min，转体到位左幅41°、48min，右幅41°、48min。

十二、唐山市中心城区环线（二环路）工程涉及铁路部分

全阶段设计，涉及铁路部分投资5.75亿元。行车速度80km/h，道路等级为城市主干道。共包括4座桥梁和1项专项路面设计，桥梁面积77820.5m²。上跨津山铁路等既有铁路立交桥主桥采用（34+81+115）m斜拉桥及2-68mT构。

采用的新技术、新结构如下。上跨津山铁路等既有铁路立交桥主桥在路线BXB12+400处跨越津山铁路，夹角为42°。受工程条件限制，采用（34+81+115）m斜拉桥，转体施工。主桥结构体系采用半漂浮体系，主塔处梁底设置竖向支座及横向挡块，其余辅助墩及过渡墩墩顶设置竖向支座，全桥不设纵向水平约束。同时为提高桥梁的抗震安全性能，在主塔处设置主梁与主塔相联系的纵向黏弹性消能阻尼器，边墩和辅助墩处设横向黏弹性消能阻尼器。加劲梁采用等高度混凝土整体箱梁，标准段箱顶宽1900cm，梁高150cm，顶板厚30cm，底板厚25cm，中腹板厚30cm，边腹板厚90cm。主塔处箱顶宽1650cm，梁高150cm，顶板厚30cm，底板厚40cm，中腹板厚30cm，边腹板厚130cm。箱顶横向设单向2%横坡，通过梁体旋转形成。斜拉索采用空间扇形索面布置，横桥向共4个索面，索面在主梁处的横向间距为（18+2.5+18）m；塔上竖向间距1.5m。为避免斜拉索张拉、后期养护维修以及换索影响铁路的运营安全，斜拉索锚具考虑设置于主梁顶面。因此本桥斜拉索与主梁的锚固采用锚拉板结构形式，锚拉板与预埋在混凝土梁中的工字形钢梁焊接，工字形钢梁上设置剪力钉和PBL剪力键将拉索力传递给混凝土加劲梁。索塔采用双人形塔，内侧塔柱在桥面处合二为一。主塔总塔高80.5m，塔顶高程+114.531m，承台顶高程置于现状地面以下，高程+34.031m。桥面以下塔柱高度约19.9m，桥面以上塔高约60.6m。

主要技术创新点如下。（1）采用（34+81+ 115）m斜拉桥和（68+68）mT构桥上跨津山铁路、唐遵铁路和贾庵子牵出线，均转体施工，斜拉桥主梁和主塔均采用混凝土结构，该方案具有技术先进、施工时对既有繁忙干线影响较小、造价经济、工期适中、后期养护维修费用较低且对铁路影响小等优点。（2）特大吨位转体施工斜拉桥技术。3.3万t转体承重创造了当时的世界之最，提出并成功应用基于整体铸造球铰的超大吨位转体桥梁成套技术。（3）双人形桥塔及分幅薄梁技术。由于本桥在很短距离内相继下穿、上跨多条既有铁路线，要求梁高必须很薄，远小于同类桥梁；此外由于路面很宽，成为结构设计的难点之一。设计采用了双人形桥塔及分幅的薄梁技术，成功解决了这一难题。（4）高烈度震区斜拉桥抗震技术。本桥地处唐山高烈度震区，对桥梁抗震性能提出很高要求。设计采用了半漂浮体系以及阻尼器等有效的减、隔震措施，保证了桥梁在地震作用下的安全可靠性，同时具有良好经济性。（5）新型斜拉索锚拉板结构形式。为了减小后期斜拉索维护工作对铁路运营的影响，本桥创新性地在混凝土主梁上采用钢锚拉板结构，通过理论分析和模型试验，确保了新技术的可靠性。（6）注重桥梁美学设计，本桥建成后成为唐山市标志性景观。

十三、延崇高速公路上跨大秦铁路及京新高速立交桥

全阶段设计，桥梁工程投资2.1亿元。行车速度80km/h，道路等级公路-I级。公路桥1座，全长241.0m，顶面积9881m²。

采用的新技术、新结构如下。（1）双转体钢—混凝土混合连续梁在国内外公路上跨铁路桥梁领域尚属首次采用，具有突出的创新性。设计采用（52+140+49）m钢—混混合连续梁，采用不对称、双幅桥整体转体施工，解决了工程场地严重受限、桥下净高小、重载繁忙电气化铁路运营安全要求高等带来的技术及安全难题。（2）免涂装高性能耐候钢技术在我国钢结构桥梁中成功应用。本桥钢—混混合连续梁中跨跨中60m钢箱梁采用免涂装高性能耐候钢材料（牌号Q345qENH），并采用耐候螺栓、耐候焊缝，为国内首次采用耐候钢快速锈蚀技术的耐候钢桥。（3）耐候钢表面稳定锈层处理技术。设计采用新型耐候钢促锈技术，通过耐候钢材料不同金属间电位差异，耐候钢表面迅速形成致密稳定锈层，且锈层均匀，外表美观，促锈期间不产生强氧化物，绿色环保。

十四、荣乌高速公路新线京台高速至京港澳高速段上跨津霸铁路立交工程

全阶段设计，桥梁工程投资1.28亿元。行车速度120km/h，道路等级为高速公路，公路-I级。公路桥1座，全长395m，顶面积16590m^2。

采用的新技术、新结构：（1）荣乌高速新线上跨津霸铁路立交桥采用（65+65）mT形刚构桥，跨铁路主桥分两幅，单幅桥面宽21m，双幅桥同时转体跨越津霸铁路正线区间段，转体施工利用铁路天窗点时间，转体时间约70min，转体角度70°，极大地减小了上跨铁路立交桥施工期间对既有铁路运营的影响；（2）立交桥采用墩底转体施工，转体结构由转体下转盘、球铰、上转盘、转动牵引系统组成，转体总重量约9700t。

十五、荣乌高速公路新线京台高速至京港澳高速段上跨京九铁路立交工程

全阶段设计，桥梁工程投资1.27亿元。行车速度120km/h，道路等级为高速公路，公路-I级（其中主桥活载考虑1.3倍的提高系数）。公路桥1座，全长355m，顶面积14910m^2。

采用新技术、新结构：（1）荣乌高速新线上跨津霸铁路立交桥采用（65+65）mT形刚构桥，跨铁路主桥分两幅，单幅桥面宽21m，双幅桥同时转体跨越既有京九铁路正线区间段，转体施工利用铁路天窗点时间，转体时间约94min，转体角度80°，极大地减小了上跨铁路立交桥施工期间对既有铁路运营的影响；（2）立交桥采用墩底转体施工，转体结构由转体下转盘、球铰、上转盘、转动牵引系统组成，转体总重量约9700t。

十六、石拉乌素矿井输煤栈桥上跨新上线铁路工程

全阶段设计，专业工程投资2300万元。跨线构筑物类型为运煤长皮带机上跨铁路栈桥；桥梁荷载标准为长皮带机及满载荷载（考虑1.3倍的提高系数）。钢结构栈桥1座，全长157.0m，顶面积830m^2。

采用的新技术、新结构如下。（1）运煤长皮带机上跨既有新上线铁路查汗淖站采用（40+77+40）m连续钢板梁结构，墩梁固结，主跨跨越既有铁路6股道，在同类工程中具有突出的创新性。栈桥采用钢板梁结构，分三节段吊装焊接就位法施工，吊装期间在铁路天窗点内完成，施工速度快，对铁路影响小。（2）栈桥采用免涂装高性能耐候钢技术。本桥上部结构钢板梁采用免涂装高性能耐候钢材料（牌号Q345qENH），并采用耐候焊缝，避免了栈桥养护维修对站内既有铁路运营的干扰，保证铁路安全顺畅运营。（3）耐候钢表面稳定锈层处理技术。设计采用新型耐候钢促锈技术，通过耐候钢材料不同金属间电位差异，耐候钢表面迅速形成致密稳定锈层，且锈层均匀，外表美观，促锈期间不产生强氧化物，绿色环保。

十七、新建川藏铁路雅昌段

可研设计咨询，路基工程投资82亿元，桥梁工程投资128亿元，隧道工程投资820亿元。

（一）路基。（1）概况。雅安至昌都段路基长54.57km，天府至朝阳湖段路基长31.83km。（2）路基特点。川藏线受地形、地貌限制，穿越高山峡谷区，沿线地质条件复杂，板块构造作用强烈，地震频发，因此沿线路基深路堑边坡、破碎岩体边坡、顺层路堑边坡、陡坡路基、高位滑坡路基、错落及岩堆地段路基、危岩落石路基、活动断裂路基、高填方路基等复杂工点广泛分布，尤其路基边坡工程治理难度大，加之特殊气候和高海拔影响，路基设计和施工过程中要充分综合复杂因素影响，做到各项措施安全、合理、可行，易维修，保证铁路施工和运营安全。

（二）桥涵。（1）概况：雅安至昌都段，桥梁71座；天府至朝阳湖段，桥梁49座。（2）桥梁特点：川藏铁路桥梁工程大多分布于高原和长大隧道之间，山高谷深，地形陡峻，对桥位选择、桥梁选型提出巨大挑战；结合本项目桥梁工程所面临的特殊工程环境，需解决高海拔高寒高震山区大跨度桥梁方案选择、近断层及高烈度地震区桥梁抗震设计、峡谷风环境下桥梁抗风设计、不良地质条件的灾害防治等一系列桥梁建设和维养难题。

（三）隧道。（1）概况。川藏铁路雅安至昌都段隧道共57座，其中特长隧道共计21座；海拔在3000m以上的隧道共计33座，占隧道全长的67.3%。（2）隧道类型。雅新段共57座隧道，其中55座采用钻爆法施工，2座30km以上隧道采用TBM+钻爆法施工。考虑到川藏铁路高海拔，施工人员效率下降等因素，55座钻爆法施工隧道中，13座隧道采用基本机械化配套施工；44座受工期、海拔高度影响的隧道采用高度机械化配套施工。57座隧道中15km以上隧道共有14座，目前暂定方案为2座TBM隧道采用分修，3座软岩大变形问题突出的隧道采用分修，其余9座长隧道采用合修+贯通平导方案。

十八、新建昌景黄铁路

施工图设计，路基工程投资25.2亿元，隧道工程投资55.69亿元。

（一）路基。（1）概况。正线路基长43.391km（含站场），其他相关工程动走线、折返线、联络线路基长3.888km。（2）路基类型：主要有路堤边坡防护、高路堤、路堑边坡防护、浸水路基、软土（松软土）路基、岩溶地段路基、危岩落石路基、顺层路堑、深路堑、地下水路堑、膨胀岩（土）路基、陡坡路基等。地基处理主要采用水泥土挤密桩、旋喷桩、螺杆桩、螺纹桩等类型进行加固。（3）采用新技术、新结构如下。岩溶强发育，基底下分布大型溶槽段，设计采用将钢筋混凝土托盘式U形结构与桩板结构相结合，采用钢筋混凝土钻孔灌注桩支撑U形结构。采用钻孔灌注桩穿越岩溶发育层，桩端置于稳定岩层上，保证线路运营安全；用U形结构代替钢筋混凝土板，U形结构两侧设置悬挑结构用于放置电缆槽等站后设施，减小结构底板宽度，可减少钻孔灌注桩根数，节约用地，有较好的社会效益和经济效益。

（二）隧道。（1）概况。全线共计57座隧道，正线分布双线隧道49座，单线隧道2座，右线绕行线分布单线隧道6座。（2）隧道类型：56座隧道均为矿山法隧道，采用复合式衬砌。（3）采用新技术、新结构如下。西递隧道进口位于黟县西递镇利源村，出口位于黟县西递镇西递村，设计为双单洞隧道，全长3290m。设计中深入贯彻绿色发展理念，落实铁路总公司绿色铁路建设指导思想，以“来时青山绿水、去时绿水青山”为目标，结合西递镇文化旅游名镇的环境特点及文化特色，针对隧道洞门进行徽派式建筑风格的景观设计。为保证高铁运营安全，防止装饰材料掉落到轨道上，西递隧道景观设计中主要采取的措施有：①洞门结构采用C50钢筋混凝土整体现浇模筑，并加入聚丙烯网状纤维和高效抗裂防水剂等；②复杂的阁楼、柱式顶帽造型尽可能远离线路，通过洞门柱与线路轨道横向保持一定间距，出口顶部阁楼位置纵向线路小里程错开，确保运营安全万无一失；③马头墙墙顶帽檐、帽檐顶角、承重浮雕柱造型通过打造预制模板、预埋造型钢筋后现浇模筑，必要时人工雕刻修整美观；④洞门色彩效果主要通过采用有色混凝土、彩绘、涂鸦等方式实现，避免采用面部装饰材料。

【质量管理及成果】

（一）强化对国铁集团、集团公司有关技术政策的学习。坚持季度技术例会制度，组织室主任、专业审定等技术管理者学习上级下达的技术政策，主要传达学习《2019年集团公司技术质量重点工作》、国铁集团2019年铁路建设工作会议有关会议精神、集团总工程师在2019年集团公司改革与发展工作会议上的报告、集团公司科技部关于《客专及其联络线桥面附属设备（钢盖板）核查报告》，以及新发布实施的规程、规范和标准。对技术管理中出现的质量问题及苗头进行研讨，对土建院3个专业技术发展进行探讨；研究内审及检查中发现的问题、近期运营隧道存在的主要问题，对2019年西安铁路隧道年会的会议内容、隧道技术进行通报。

（二）完善制度，规范管理。土建院为新组建单位，为了更好地开展技术管理，对土建院3个专业所有技术管理办法进行梳理、修编，目前已正式发布《土建院勘察设计技术质量考核办法》《土建院科技开发课题及成果管理办法》《土建院专业技术信息反馈办法》等10个管理办法，其余技术管理办法也陆续发布。生产管理方面，2019年度发布了《2019年土建院生产所经济责任制》《土建院工资和奖金管理（暂行）办法》《土建院项目管理“三位一体”实施细则》《土建院经营开发管理（暂行）办法》等4项制度。

（三）做好体系维护。一是全面梳理院质量工作会、职代会提案以及院体系目标等，制定土建院质量、环境目标及保证措施。二是完成环境体系环境法律法规和环境因素的更新识别工作。三是配合做好体系内审外审工作。首先组织两次自查，对各室所的设计文件进行抽查，对检查出的问题要求相关单位及时进行整改；5月30日，接受劳氏监督审核，检查结果整体较好，在质量和环境目标执行过程中给出客户满意调查指数测评的建议；9月30日，集团公司科技部对土建院进行内审检查，审核组认为，土建院能够按照集团公司质量、环境和职业健康安全管理体系的要求开展各项工作，3个管理体系在土建院基本得到有效运行。土建院在风险管理、安全管理和技术管理等方面仍存在不足，对提出的4项建议，土建院按集团公司要求进行了整改关闭。

（四）加强风险控制，提高决策水平。针对总承包、高铁项目、外委、新结构、川藏咨询、事故处理及复杂桥梁结构，围绕津潍铁路滨东黄河特大桥可研设计、北沿江可研桥梁工程数量及投资分析、三泉滑坡滑塌治理方案、硅藻土院内专家咨询会、大渡河桥风参数等专题，先后组织专家会审16次，发挥团队作用，群策群力，做好技术决策。

（五）加强技术管理与信息沟通。一是每个季度结合生产现状和存在的问题，编写“生产项目季度质量分析”，全面总结勘测、设计、配合施工、技术管理各方面的动态、问题和经验。二是开展项目核查及排查。分别组织桥面附属、隧道洞门核查，高铁无砟轨道区间路基线间及路肩封闭层伸缩缝设置情况设计排查，华北、东北地区在建及正在设计高速铁路项目边坡冻胀、滑塌质量安全隐患排查，以及质量安全全面排查等工作。发现问题，及时整改。三是完成2019年配合施工变更统计，并对变更设计进行分类统计分析。2019年没有发生由桥梁、路基、隧道专业引起的I类变更设计；发生Ⅱ类变更设计2305项，其中超过300万元的Ⅱ类变更设计85项，主要由隧道围岩分级变化、地方规划调整、征地拆迁、加快工期和地方要求引起。四是完成26个在建项目满意度测评，经测评为“满意”。五是结合2019年集团公司、院内进行的现场检查、设计文件质量抽查、自检自查等工作，总结分析出现的问题与不足，桥梁、隧道、路基专业统计风险因素15项，针对相关工作进行整改，持续改进安全风险防范工作。

（六）开展“我的岗位无差错、我的工作不返工”实践活动。围绕“我的岗位无差错、我的工作不返工”主题劳动竞赛活动，开展4项子活动。（1）2019年度勘测资料展评。2019年9月17日至20日，土建院举办了勘测资料展评活动。在各生产所初评的基础上，推选优秀项目参展。共展出沿江高铁、津潍铁路、集大铁路、雄忻铁路、沈白铁路等9个项目的初测和定测2个阶段16个勘测组的资料。（2）桥式方案征集活动。组织新建京港台铁路工程五环特大桥方案征集活动，并请专家对方案进行评比，4个生产室共完成7个方案。（3）配合施工检查。自2019年9月起开始配合施工评比，对3个专业101个配合组进行检查打分，促进配合施工人员对配合工作的认识及重视。（4）质量管理办法宣贯问卷。技术室和土建院工会联合开展土建院技术质量管理办法宣贯问卷活动，通过填写问卷的形式，旨在加深土建院全体职工对《土建院科技开发管理实施细则》《土建院技术质量考核办法》《土建院创新奖励办法》和《土建院专业技术信息反馈办法》的理解，共449人参与知识问卷活动。

（七）QC活动。2019年11月22日，土建院组织召开“2019年度QC成果发布会”，4个QC课题成果限时发布。2019年，“高铁铁路桥梁结构健康监测系统研发”“提高泰国铁路框架式桥墩设计效率”获天津市优秀QC小组，“杭绍台铁路椒江特大桥祝桥造价”获铁路工程勘察优秀QC小组。

【推广采用新技术】

一、昌景黄铁路（90+200+90）m连续刚构拱、（90+180+90）m连续梁拱

（一）概况。昌景黄铁路洋墩洲昌江特大桥和义城昌江特大桥采用（90+200+90）m连续梁刚构拱跨越昌江，鄱阳湖特大桥跨越乐安江与信江东支航道和信江西支特大桥跨信江西支航道采用（90+180+90）m预应力混凝土连续梁拱。桥位处直线段，线间距5.0m，CRTSIII型板式无砟轨道，地震烈度Ⅵ度，地震动峰值加速度0.05g。

（1）（90+200+90）m连续梁刚构拱。①主梁。梁全长381.5m，支点至梁端长0.75m。主梁采用单箱双室、变高度、直腹板箱形截面，中支点处梁高11.5m，边跨直线段和跨中直线段梁高5m。主梁顶宽一般

段13.2m，中支点处考虑拱脚影响顶宽线性变化为15.9m，主梁底宽10.8m。主梁共设7道横隔板，箱梁对应各吊杆处设置吊点横梁，采用厚0.4m、高1.6m的半横隔板，全桥共设20道吊点横梁。主梁共分81个梁段，基本梁段长4.5m，最大节段重519t。主梁除0号梁段及边跨现浇段在支架上施工外，其余梁段均采用挂篮悬臂浇筑。②刚构墩。刚构墩采用普通钢筋混凝土结构，双肢薄壁墩中心间距6.4m，壁厚2.0m。③拱肋。拱肋采用竖直平行钢管混凝土哑铃拱，从桥面开始起拱，两拱肋中心距11.9m，拱肋立面矢高40m，矢跨比为$f/L=1/5$，拱肋采用二次抛物线。拱肋高3.3m，拱管直径1.2m，拱管壁厚20、24mm，腹板壁厚16mm。拱肋钢管及腹腔内灌注混凝土。④横撑。拱肋间设置11道桁架式横撑，横撑由4根φ500mm×14mm主钢管和32根φ250mm×10mm连接钢管组成，横撑为空钢管，内部不填充混凝土。⑤吊杆。吊杆采用整束挤压钢绞线，吊杆纵向间距9.0m，共设20对纵向双吊杆。吊杆上端穿过拱肋，锚于拱肋上缘张拉底座，下端锚于吊点翼缘与腹板相交处固定底座。吊杆设磁通量传感器以便于施工过程及运营阶段吊杆力的监测。⑥拱脚。拱脚横向宽1.9m，横向两侧边缘距离拱管0.35m。拱脚因竖转施工需要分2次浇筑。

（2）（90+180+90）m预应力混凝土连续梁拱。①主梁。梁全长361.6m，支点至梁端长0.8m。主梁采用单箱双室、变高度、直腹板箱形截面，中支点处梁高11m，边跨直线段和跨中直线段梁高5m。主梁顶宽一般段13.2m，中支点处考虑拱脚影响顶宽线性变化为15.9m，主梁底宽10.8m。主梁共设5道横隔板，箱梁对应各吊杆处设置吊点横梁，采用厚0.4m、高1.6m的半横隔板，全桥共设18道吊点横梁。主梁共分77个梁段，基本梁段长为4.5m，最大节段重462t。主梁除0号梁段及边跨现浇段在支架上施工外，其余梁段均采用挂篮悬臂浇筑。②拱肋。拱肋采用竖直平行钢管混凝土哑铃拱，从桥面开始起拱，两拱肋中心距11.9m，拱肋立面矢高36m，矢跨比为$f/L=1/5$，拱肋采用二次抛物线。拱肋高3.1m，拱管直径1.1m，拱管壁厚20、24mm，腹板壁厚16mm。拱肋钢管及腹腔内灌注混凝土。③横撑。拱肋间设置9道桁架式横撑，横撑由4根φ500mm×14mm主钢管和32根φ250mm×10mm连接钢管组成，横撑为空钢管，内部不填充混凝土。④拱脚。拱脚横向宽1.9m，横向两侧边缘距离拱管0.4m。拱脚因竖转施工需要分2次浇筑。⑤吊杆。吊杆采用整束挤压钢绞线，吊杆纵向间距9.0m，共设18对纵向双吊杆。吊杆上端穿过拱肋，锚于拱肋上缘张拉底座，下端锚于吊点翼缘与腹板相交处固定底座。吊杆设磁通量传感器以便于施工过程及运营阶段吊杆力的监测。

（二）设计构思。为了解决大跨度混凝土桥徐变变形控制的难题，我国自主创新了连续梁（刚构）拱桥，其能满足高速铁路平顺性、经济性、景观性等要求，该桥型在我国高速铁路桥梁建设中得到了较为广泛的应用。连续梁（刚构）拱桥结构自重仍由主梁承担，而主跨范围内的二期恒载与活载则由梁拱组合结构承担。加劲拱的提拉作用可以使结构刚度明显提高，徐变变形得到控制。该桥型具有结构刚度大、动力性能好、跨越能力大、造型美观、施工方便等特点。主梁采用悬臂浇注施工，合拢后在主梁矮支架上拼装拱肋，竖转后合拢。

（三）主要创新点。（1）采用整束挤压高强钢绞线双吊杆，节省吊杆工程数量，减小锚头尺寸，并方便换索。

（2）锚头采用新型防水体系，设置永久泄水孔，提高结构耐久性。

（3）拱肋整体竖转，缩短工期，减少施工风险。

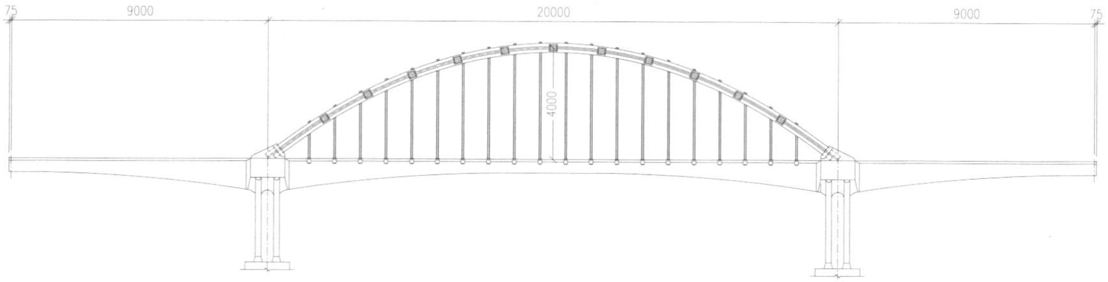

图9-3　结构示意图1（单位：mm）

二、汕汕铁路（76+160+76）m连续梁拱、（88+160+88）m连续刚构

（一）概况。该工程为集团公司总承包项目，正线设计时速350km，采用无砟轨道。其中雷岭河特大桥采用（76+160+76）m连续梁拱跨越盐岭河，濠江特大桥采用（88+160+88）m连续刚构桥跨越濠江。雷岭河特大桥工点平面位于直线上，纵断面位于平坡上。地震设防烈度Ⅶ度，地震动峰值加速度0.1g，场地类别为Ⅲ类二区。濠江特大桥工点平面位于半径5500m的曲线上，纵断面位于3.4‰、-2.0‰的纵坡上。地震设防烈度Ⅷ度，地震动峰值加速度0.2g，场地类别为Ⅲ类二区。地震烈度高且位于近断层区。（1）（76+160+76）m连续梁拱。①主梁。梁全长313.6m，支点至梁端长0.8m。主梁采用单箱双室、变高度、直腹板箱形截面，中支点处梁高10m，边跨直线段和跨中直线段梁高4.5m。主梁顶宽一般段16.6m，边支点处考虑与邻跨标准梁相接顶宽线性变化为13.2m，主梁底宽13.2m。主梁共设5道横隔板，箱梁对应各吊杆处设置吊点横梁，采用厚0.4m、高1.6m的半横隔板，全桥共设16道吊点横梁。主梁共分67个梁段，一般梁段长为4.5m，最大节段重497t。主梁除0号梁段及边跨现浇段在支架上施工外，其余梁段均采用挂篮悬臂浇筑。②拱肋。拱肋采用竖直平行钢管混凝土哑铃拱，从桥面开始起拱，两拱肋中心距14.8m，拱肋立面矢高32m，矢跨比为f/L=1/5。拱肋高3.1m，拱管直径1.1m，拱管壁厚20、24mm，腹板壁厚16mm。拱肋钢管及腹腔内灌注混凝土。③横撑。拱肋之间设横撑和斜撑。横撑采用圆端形截面，高1.5m、宽1.1m、圆端外径1.1m，壁厚16mm；斜撑采用外径0.8m的圆形钢管组成，壁厚12mm，钢管内均不填充混凝土。④拱脚。拱脚横向宽1.8m，横向两侧边缘距离拱管0.35m。拱脚因竖转施工需要分2次浇筑。⑤吊杆。吊杆采用整束挤压钢绞线，吊杆纵向间距9.0m，共设32组纵向双吊杆。吊杆上端穿过拱肋，锚于拱肋上缘张拉底座，下端锚于吊点翼缘与腹板相交处固定底座。吊杆设磁通量传感器以便于施工过程及运营阶段吊杆力的监测。（2）（88+160+88）m连续刚构。①主梁。梁全长337.6m，支点至梁端长0.8m。主梁采用单箱单室、变高度、直腹板箱形截面，中支点处梁高11m，边跨直线段和跨中直线段梁高6m。主梁顶宽12.6m，底宽8.2m。主梁共分89个梁段，主梁除0号梁段及边跨现浇段在支架上施工外，其余梁段均采用挂篮悬臂浇筑。②刚构墩。刚构墩采用普通钢筋混凝土结构，双肢薄壁墩墩高20.5m，中心间距6.9m，壁厚2.1m。刚构墩下部即高程5.28m以下墩身环境作用等级

H2、Y3、L3，墩身混凝土浇筑时使用渗透性模板布，养护完成后涂覆氟碳面漆作为附加防护措施。

（二）设计构思。为了解决大跨度混凝土桥徐变变形控制的难题，我国自主创新了连续梁（刚构）拱桥，能满足高速铁路平顺性、经济性、景观性等要求，该桥型在我国高速铁路桥梁建设中得到了较为广泛的应用。连续梁（刚构）拱桥结构自重仍由主梁承担，而主跨范围内的二期恒载与活载则由梁拱组合结构承担。加劲拱的提拉作用可以使结构刚度明显提高，徐变变形得到控制。该桥型具有结构刚度大、动力性能好、跨越能力大、造型美观、施工方便等特点。高烈度震区连续刚构桥罕遇地震工况横桥向保持弹性，纵桥向按照延性设计，边墩设置粘滞阻尼器，以减小墩、梁之间的相对变形。

（三）主要创新点。（1）采用整束挤压高强钢绞线双吊杆，节省吊杆工程数量，减小锚头尺寸，并方便换索。（2）锚头采用新型防水体系，设置永久泄水孔，提高结构耐久性。（3）通过合理布置拱肋横撑及构造处理，改善台风区拱肋混凝土受力。（4）通过优化结构刚度、延性设计及合理的减震措施，解决了高烈度地震区近断层薄臂刚构桥抗震设计难题。（5）墩身混凝土浇筑时使用渗透性模板布，提高结构在L3环境中的耐久性。

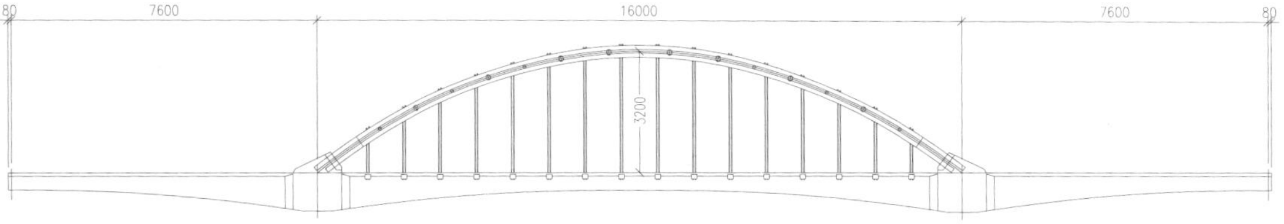

图9-4　结构示意图2（单位：mm）

三、新建包头至银川铁路工程磴口黄河特大桥主桥102m+3×178m+102m预应力混凝土部分斜拉桥

（一）概况。新建包头至银川铁路工程于巴彦淖尔市磴口县与鄂尔多斯鄂托克旗交界处，磴口县南粮台村附近跨越黄河。桥位处黄河的总宽度为2.7km，其中现状主槽600m，主槽摆动范围为1300m。该桥采用有砟轨道，轨道结构高度866mm，设计最高速度250km/h，双线，直线，纵坡3.5‰，线间距4.6m，桥高（梁顶至地面）23～30m。地震烈度Ⅷ度，地震动峰值加速度0.213g。

根据防洪评价相关要求，现状主河槽跨度布置形式要求为102m+3×178m+102m，经过综合技术经济比选，结构形式选用预应力混凝土部分斜拉桥。

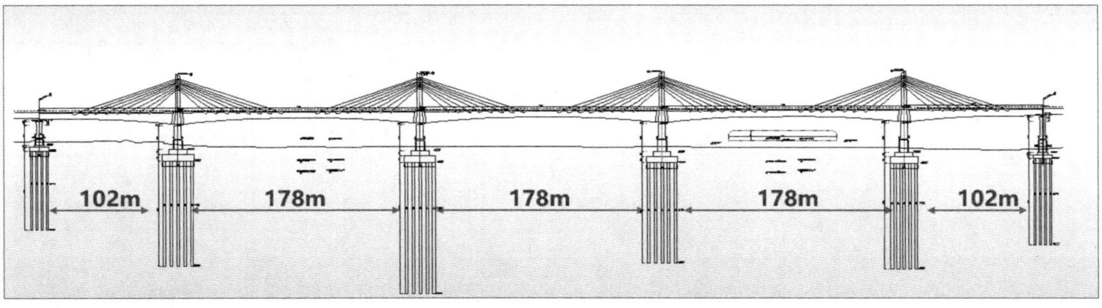

图9-5　主桥立面布置形式

本桥主要结构尺寸如下。（1）主梁。主梁采用单箱双室、直腹板、变截面形式，箱梁顶宽13.3m，底宽10.8m，中支点附近箱梁顶宽局部加宽至17.2m，底宽加宽至14.0m。顶板厚度除梁端为110cm、中支点附近为100cm外，其余均为42cm。底板厚度50～163.8cm，按二次抛物线变化。边、中腹板厚度均按照50～70～90cm线性变化，中支点腹板局部加厚到250cm。（2）预应力体系。梁体设置纵、竖向预应力体系。纵向预应力钢束采用公称直径15.2mm，抗拉强度标准值为1860MPa的高强低松弛钢绞线，钢束规格分别采用19-7φ5mm和17-7φ5mm两种。竖向预应力钢筋采用φ32mm预应力混凝土用螺纹钢筋PSB830。（3）主塔。采用双柱形混凝土桥塔，塔高30m。两塔柱平行，截面尺寸为3.5m×2m；塔柱下端无索区高19.1m。（4）斜拉索。斜拉索采用AT43、AT55型环氧涂层钢绞线，抗拉强度标准值为1860MPa。每个主塔一侧采用8对斜拉索，平行索面，索面间距12m。主塔处、跨中、梁端无索区长度分别为21.5m、22.2m、23.3m。

磴口黄河桥主桥联长较长（738m），主墩较矮（约19m），跨越黄河主河槽，桥址区地震基本烈度Ⅷ度，地震动峰值加速度0.213g，属于技术复杂、修复困难的高速铁路特殊桥梁结构，采用减隔震支座+粘滞性阻尼器的抗震设计方式。

（二）设计构思。部分斜拉桥有受力性能好、跨径布置灵活、施工方便、外形美观等多项优点。包银高铁是国家高速铁路网的重要组成部分，地处河套地区，设计速度250km/h，双线有轨道。本桥在高震区、寒冷地区跨越黄河。综合考虑结构温度适应性、抗震的经济性，并且能够作为黄河上的标志性建筑，体现结构的力与美，选用了预应力混凝土部分斜拉桥结构。该结构优点在于：主梁建筑高度较小，视觉效果轻盈；总体造型新颖、优美，景观性良好；结构自重较轻；主梁竖向徐变控制更加可靠、竖向温度变形小。相比于钢结构，可以降低结构的温度效应及工程造价，相比于混凝土连续梁，拱加劲连续梁结构，可以改善结构的抗震性能，降低结构自重及结构造价。

（三）主要创新点。（1）研究解决长联、大跨度预应力混凝土结构抗震性能的问题。通过减隔震支座与粘滞性阻尼器的参数研究，保证了结构的安全性。（2）通过结构分析和构造措施，解决大跨度预应力混凝土结构徐变过大的问题。（3）结构美学设计。通过美学设计、结合力学分析，实现部分斜拉桥美观与受力的和谐统一。（4）长联、大跨部分斜拉桥在高速行车下的动力性能：通过车—桥耦合分析，明确结构的动力性能，保证高速行车的安全性。

图9-6　效果图1

图9-7　效果图2

四、新建包头至银川铁路乌海黄河特大桥（80+80+260+80+80）m混合梁斜拉桥

（一）概况。包银铁路乌海黄河桥位于乌海市海南区与石嘴山市惠农区交界处，桥址处属峡谷型河道，黄河穿行于右岸桌子山及左岸乌兰布和沙漠之间，主槽最大宽度为600m，现状主槽宽度为240m，线位与黄河现状河槽交叉右角为101°。桥址区域夏季炎热，冬季严寒，历史年最大温差高达70℃，降水量多集中在七八月份，桥址处300年一遇洪峰流量为6520m³/s，100年一遇洪峰流量为6100m³/s；桥址地处高烈度震区，设计、罕遇地震加速度分别为A_g=0.222g、0.446g，地震特征周期分别为T_g=0.5s、0.6s。

主河槽采用（80+80+260+80+80）m半漂浮体系斜拉桥跨越，全联总长582.4m。主梁采用混合梁，横向总宽18.0m，两端各121.2m为混凝土箱梁，中间段落采用钢箱梁，结合位置设置钢混结合段。主塔总高98m，桥面以上有效塔高73.5m。采用平行双索面，主塔每侧布置12对斜拉索，塔上索间距2.5m，梁上索间距10.5m。

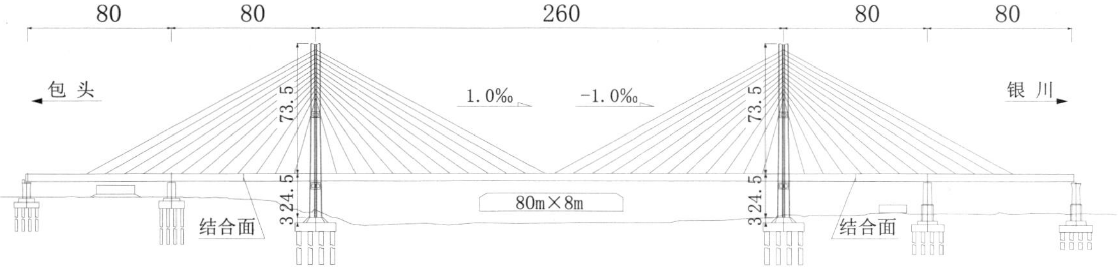

图9-8　（80+80+260+80+80）m混合梁斜拉桥立面图（单位：m）

（二）设计构思。桥位河段规划航道级别为V级，通航净高为10年一遇洪水位以上8m，双向航道，总宽度为80m。同时，从河道行凌和防汛要求以及新建桥梁的安全出发，要求主槽范围内桥跨不小于80m，现状主槽孔跨不小于260m，因此设计采用（80+80+260+80+80）m的孔跨布置。另外，从主桥造价经济、技术可靠、利于抗震的角度考虑，采用半漂浮体系混合梁斜拉桥的结构形式。主梁中段采用钢箱梁，有利于减轻主梁自重，降低抗震设计难度；主梁两端采用混凝土箱梁，有利于改善梁端转角，保证主梁刚度，同时可以为边跨斜拉索提供天然的锚固作用。主梁截面采用宝石形，横向两侧形成尖端风嘴，既能提高主梁抗风性能，又可以提升主梁的美观性。主塔采用花瓶形，在塔柱内外侧壁设计凹槽，并在两个塔顶设置向内的楔形造型，凸显了主塔的力学美观性。

（三）主要创新点。乌海黄河桥是国内第一座高烈度震区的高速铁路混合梁斜拉桥，主要技术创新点如下。（1）受黄河桥位、凌汛、防洪等因素的限制，采用（80+80+260+80+80）m的桥跨布置，边中跨比例为0.62，与常规斜拉桥的0.48相比有较大的突破，边跨设置无索区，主梁设计难度大。（2）首次在T_g=0.222g的高烈度震区采用混合梁斜拉桥结构形式，既减轻梁重，降低地震反应，又能确保结构刚度满足规范要求。同时采用支座+纵横向阻尼器+横向防落梁的联合抗震支承体系，为主桥在地震来临时保驾护航。（3）首次在铁路斜拉桥混凝土箱梁中采用将单片钢锚拉板预埋在边腹板内的构造形式，此种构造有利于将风嘴区域设计为空心箱室，进一步减轻混凝土梁段自重。（4）在总结研究的基础上提出并采用“半敞开格室后板型”钢混结合段，该结合段结构简明、传力顺畅，在确保结构安全的同时简化了格室构造，降低了施工难度，确保钢纤维混凝土能够灌注密实。（5）经过对比研究，将钢混结合段位置设置在辅助墩与主塔之间，有效降低了主桥的地震响应，减小了主塔的基础规模，提高了主桥的经济性。（6）经过对比研究，采用纵向在主塔与辅助墩处设置阻尼器，横向在主塔处设置阻尼器，在辅助墩、边墩处设置防落梁的抗震体系，并确定了普通支座横向剪力销的剪断时刻为1.5倍多遇地震时刻，有效减小了支座及下部结构的设计难度和构造尺寸，确保结构安全的同时提高了主桥的经济性。（7）在高寒地区铁路斜拉桥主塔锚固区采用缓粘结预应力钢束作为主要承力结构，解决低温条件下常规预应力孔道压浆质量难以控制的难题，其小尺寸的锚固装置有效减少对桥塔纵筋的切割。（8）在高速铁路钢箱梁桥面板上加铺高性能混凝土板，改善钢箱主梁的抗疲劳性能，提升主梁桥面的抗腐蚀能力，加强与两端混凝土箱梁桥面铺装的衔接，提高钢箱主梁的截面刚度。

图9-9　效果图3

图9-10　效果图4

五、蒙华铁路白城隧道

（一）概况。白城隧道位于陕西省靖边县内，隧道全长3345m，其中盾构法掘进长度为3046.6m，拼装管片1904环，剩余为明洞结构。隧道全段位于直线上，设计纵坡为人字坡，坡度依次为4.5‰、3‰、-3.112‰。隧道最大埋深为81m。白城隧道地处毛乌素沙漠边缘，表层覆盖2～5m风积砂层，局部厚达20m，下侧为砂性黄土，内含透镜状砂层。

管片设计为马蹄形断面，管片宽度及分块综合考虑拼装速度、管片重量、结构受力等因素，设计为宽1.6m，7+1分块模式。管片厚度根据受力计算以及工程经验采用0.5m，管片衬砌根据覆土厚度不同分为为浅埋、中埋、深埋衬砌。结合马蹄形盾构断面特点，管片衬砌按照奇数环和偶数环衬砌交错设置。

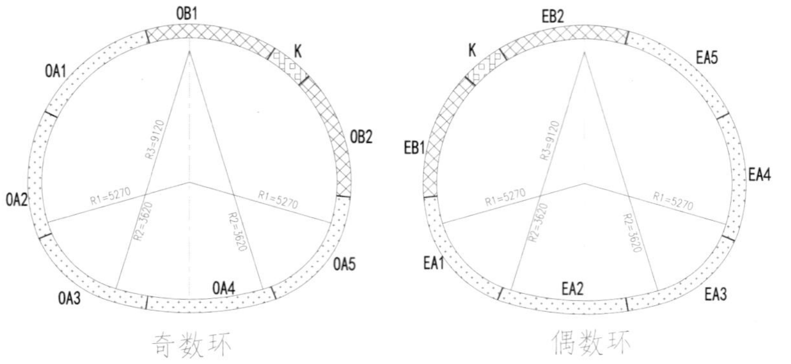

图9-11　管片衬砌（单位：mm）

进口盾构始发小里程侧存在约一百米明洞结构，采用利用2版明洞结构进行始发的技术方案，明洞结构采用管片衬砌轮廓，始发土体掌子面增设套拱，保证盾构正式掘进后的稳定性需求。盾构接收时采用端墙+翼墙+仰坡缓坡率的接收方式，操作便利且投资较为经济。

（二）主要创新点。（1）白城隧道国内首次采用马蹄形盾构施工，解决了马蹄形盾构管片衬砌的设计问题。（2）研发了9个小刀盘共同组成一个马蹄形断面的创新组合方式，实现了多刀盘联合开挖；研制了具有7个动作的马蹄形多曲率管片拼装机，实现了马蹄形管片高效、精确安装。(3)首次采用马蹄形盾构施工，解决首次应用相关难题的同时实现了快速施工，最大月进尺336m，平均月进尺约220m，效率远超矿山法施工。（4）研究采用了明洞反力结构+套拱始发技术，节省了反力架、竖井、始发端墙和负环施作及拆除的费用。(5)采用新型快凝同步注浆技术，解决了马蹄形盾构管片椭变及上浮的难题。（6）采用长距离皮带机出渣技术，提高渣土运输效率。（7）盾构顺利穿越了浅覆土给水、油气管线以及包茂高速等构筑物。（8）隧道投资采用成本+利润法，大幅度节省投资，每延米造价约14万元，远低于常规城市盾构延米造价。

六、新建汕汕铁路海底隧道抗震抗断技术

（一）概况。新建汕汕铁路汕头湾海底隧道地处Ⅷ度高烈度地震区，穿越密集断层破碎带及多条活动断裂带，并处于高水压、高侵蚀环境中，在设计行车时速350km的情况下，对隧道结构抗震抗断安全性提出极高要求。对此采取的主要措施如下。（1）在断层破碎带地段，钻爆法段落采用超前帷幕注浆，盾构机掘进段落利用盾构机盾壳采用超前周边注浆，并结合海面袖阀管注浆，采用“高强度—低弹模”注浆材料，在隧道周边形成“弹性紧箍加强圈”。（2）在钻爆法段落初支和二衬之间铺设三元乙丙橡胶减隔震层，在盾构空推段落初支与管片之间填充“碎石+非固化沥青”减隔震层，吸收地震能量、适应地层变形。（3）活动断层区域，隧道内径扩大60cm，保证地震及断层作用下断面的有效净空面积，并为后续修复提供冗余空间。（4）在断层破碎带影响范围内加密设置变形缝，降低隧道纵向刚度，提高整体抗震性能。（5）断面优化：钻爆法段落采用抗断性能更优的圆形复合式衬砌代替传统马蹄形断面。(6)接缝防水措施加强。对盾构弹性橡胶密封垫的结构形式及尺寸进行优化，并引入新型聚氨酯防水材料，提高管片错动及张开条件下的接缝防水性能。

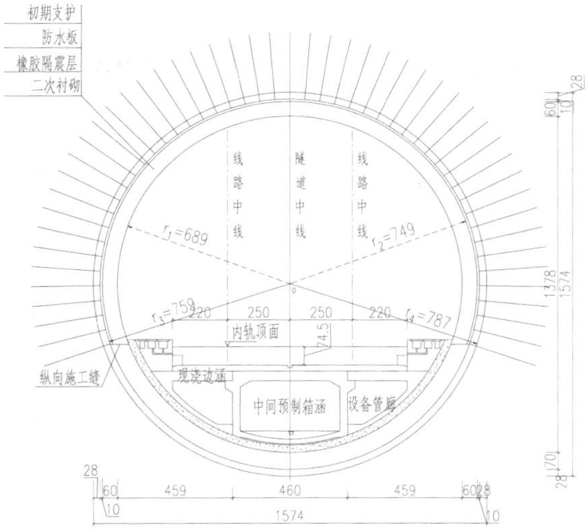

图9-12　海域矿山段圆形断面+断面扩大+三元乙丙橡胶隔震层设计（单位：mm）

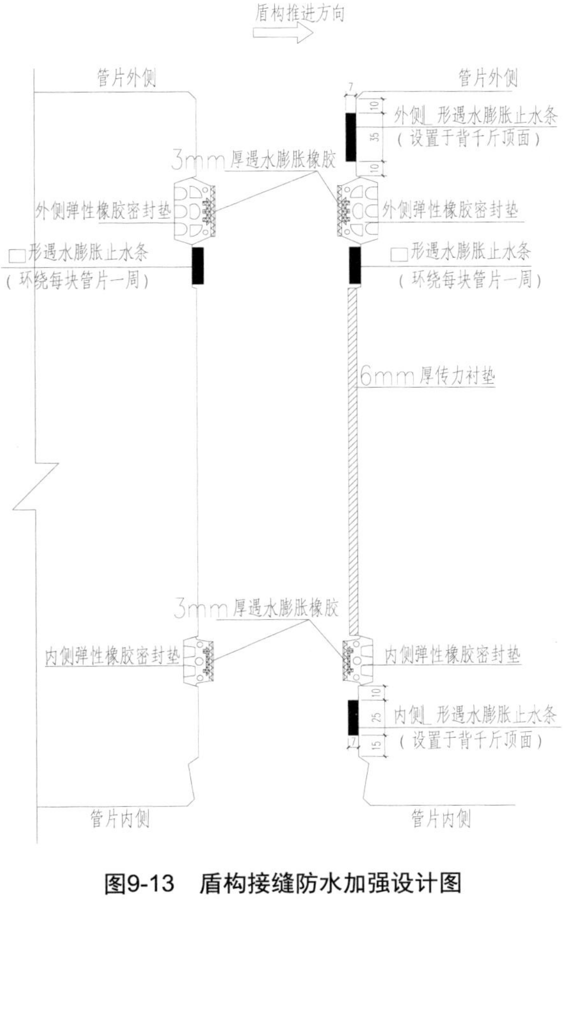

图9-13　盾构接缝防水加强设计图

（二）设计构思。根据目前国内外隧道结构抗震抗断积累的经验，结合海底隧道特殊的工程地质及水文地质条件，在满足防水及线路轨道平顺度要求的前提下，采用“围岩加固、隔离效能、断面扩大、铰链设计、断面优化、加强防水”的综合理念，针对该隧道的海域矿山段、陆域矿山段、盾构段及断面形式变化段提出相应的针对性抗震抗断措施。

（三）主要创新点。（1）国内尚无相似案例，为首次系统提出高烈度地震区抗震抗断技术方案；其中“高强度—低弹模”材料注浆加固措施、橡胶及非固化沥青减隔震措施、弹性橡胶密封垫结构形式及材料优化、钻爆法圆形复合式衬砌设计技术均为国内首创。（2）行业内首次在海域范围内于高烈度地震区穿越密集断层破碎带及活动断层，技术系统方案处于行业领先地位。（3）随着诸如渤海湾、湛江湾、珠江口、琼州海峡跨海通道及川藏铁路等沿海及高原地震区、断层破碎带隧道的大规模建设，该抗震抗断技术系统方案可为类似工程建设提供技术支撑，并为工程措施及工程投资优化提供借鉴。

七、新建西南环铁路新型轨下敞口型预制结构

（一）概况。新建西南环铁路大直径盾构隧道段落，对轨下结构进行特殊设计，在有效降低盾构直径的前提下，充分利用轨下空间满足列车故障工况中的人员疏散需求。轨下结构采用箱涵形式，其中边涵现浇、中间箱涵预制。中间箱涵作为人员疏散通道，净宽3m，净高2m；每隔100m设置一处疏散楼梯，楼梯宽800mm，楼梯顶部和底部各设置1道防护门。防灾救援工况下，人员可通过疏散楼梯疏散至轨下中间箱涵，然后就近向两侧的紧急出口撤离。

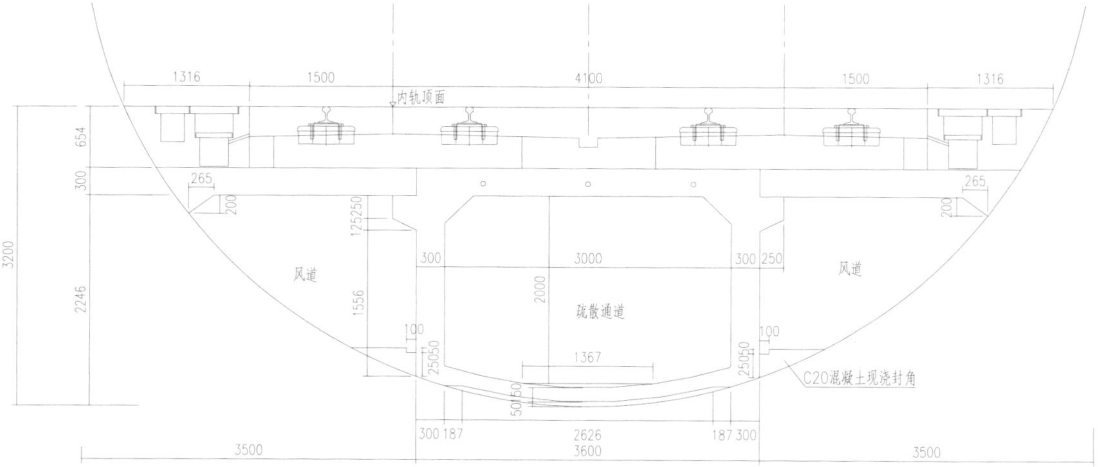

图9-14　轨下箱涵横断面示意图（单位：mm）

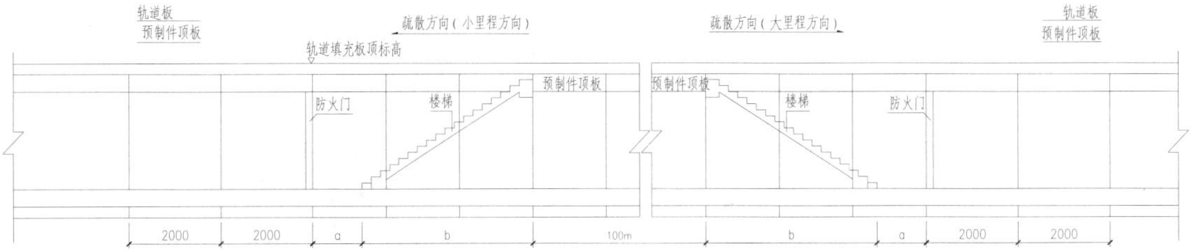

图9-15　轨下箱涵楼梯布置方案示意图（单位：mm）

（二）**设计构思。**考虑结构安全及投资优化，大直径盾构隧道建设过程中隧道净空一般较小，造成轨上疏散空间狭小，在设计行车速度较高的条件下，必须充分利用轨下空间进行人员疏散救援。以往隧道所采用的既有方案，如仰拱填充、预制仰拱块拼装及封闭式轨下结构等方案均无法满足上述要求。基于太原西南环大直径盾构隧道疏散方案，创新设计了一种具有防灾救援疏散功能的铁路盾构隧道轨下敞口型预制结构，通过该敞口结构可实现轨面空间与轨下空间的互联互通，同时在轨下敞口型预制结构内设置逃生楼梯，通过隔离墙及密闭性防护门，将疏散通道与列车运行空间分隔，防止烟气进入疏散通道。逃生人员通过敞口型预制结构内的楼梯和疏散通道内的密闭性防护门进入疏散通道，经疏散通道向竖井紧急出口快速疏散。

（三）**主要创新点。**铁路隧道领域轨下疏散案例较少，该技术实现了盾构隧道轨下结构防灾救援的功能优化创新。在弥补以往盾构隧道轨上两侧疏散通道尺寸局限的前提下，有效减少隧道开挖直径，大幅度减少土方开挖及衬砌结构投资，同时可加快施工进度，降低施工成本。

【科研、标准化与业务建设】

（一）**科研管理。**2019年，土建院承担和参与的科研项目共计220项。其中外部课题共计54项，主持承担的外部科研、标准、标准设计项目27项，其中“基于BIM的铁路工程节段预制拼装式桥墩关键技术研究”“铁路隧道防灾疏散救援系统优化研究”“列车气动载荷对高铁隧道缺陷衬砌结构影响研究”和“智能京雄关键技术研究——京雄高铁基础设施全生命周期形位监控关键技术研究”为国铁集团重大科研课题。内部课题共计166项，土建院主持承担的科研、标准、标准设计项目101项，其中重大课题1项、重点课题40项、引导及一般课题60项。

承担国家铁路局课题“高铁工程技术总结：软土、松软土地区高速铁路设计技术”已签订合同，开始编制工作。其他主持和参与的标准类、科研类合同正在签订过程中。

依据《2019年度集团公司科技开发内部课题新开项目计划》，土建院与集团公司签订三大部类合同共计9项，其中重大课题1项，重点课题8项；土建院与各室所签订三大部类合同14项。全部合同中，桥梁专业课题20项，隧道专业2项，路基专业1项。

2019年，土建院积极组织课题结题验收工作，外部课题“铁路预应力混凝土连续梁节段预制拼装法建造关键技术研究”和“延崇高速公路上跨大秦铁路及京新高速双转体钢－混混合连续梁设计关键技术研究”顺利通过结题验收，其中“铁路预应力混凝土连续梁节段预制拼装法建造关键技术研究”取得A的评价结果。通过专家组的审查，“BIM和三维GIS用于桥梁工程施工仿真关键技术研究”等8项内部课题通过了结题验收。

（二）电算应用及开发。（1）百灵软件完成升级改造。（2）完成二维配筋程序研发。（3）完成连续梁辅助设计系统研发。（4）完成基于BIM技术的桥墩智能设计系统研发。（5）完成基于BIM技术的框构桥设计系统研发。

（三）重点推进部级标准规范的制定。完成《铁路工程水文勘测设计规范》送审稿。

（四）标准化建设。完成“时速200km24m简支梁（双线，预制）”“时速200km32～24m伸缩梁（双线，预制+现浇）”“时速200km32m简支梁（单线，预制）”“城际（72+128+72）m单线（线间距4.2～4.6m）挂篮悬浇”“时速350km32～40m无砟轨道双线简支梁（预制）”等通用图。

（五）知识产权工作。（1）取得“一种用于节段预制拼装梁的临时预应力装置”“基于横承式便梁的既有铁路轨道加固方法”“一种具有聚脲的重防腐体系桥梁支座”“一种具有石墨烯锌的重防腐体系桥梁支座”等17项专利，其中有2项为发明专利。（2）取得“基于BIM技术的铁路框架箱涵设计系统（简称BCA）V1.0”“高铁桥墩邻近荷载沉降影响计算软件PIAS、铁路框构桥辅助设计软件”“基于BIM模型的简支梁钢筋图自动绘图软件（简称S_DRBC）”等15项软件著作权。

（六）成果鉴定。基于BIM技术的铁路预应力混凝土连续梁设计研究、刚性悬索加劲连续钢桁梁公铁两用桥设计关键技术研究、三北地区既有线桥梁病害原因分析及解决方案研究、运营铁路高覆土条件下顶进桥涵关键技术研究、并行既有高铁工程措施、影响分析及监测技术研究、青荣城际铁路特殊桥梁设计关键技术研究等6个科研项目通过天津市高新技术成果转化中心成果鉴定。通过天津市的成果鉴定，认为该6项研究成果均达到国内领先至国际领先水平。

【职工培训与人才队伍建设】

（一）技术交流和培训。（1）2019年初在全院范围进行培训需求的征集，在此基础上通过会议集中讨论、结合生产项目实际情况，形成“桥梁院2019年员工培训需求表”，在路基、隧道专业并入形成土建院后，纳入路基、隧道专业的培训计划，形成“土建院2019年员工培训需求表”上报集团公司人力资源部。按照计划实施培训，及时作培训班总结并完成网络录入。组织院与室级培训、技术交流、业务学习27次，累计1417人次参加。对培训讲稿和交流资料进行汇总整理并实施共享，便于未能参加培训的职工随时查阅学习。（2）为拓宽视野，多次邀请外部专家到土建院进行技术交流。钢结构设计负责人及产品研发人员与中航新材技术人员进行了交流；技术室聘请西南交通大学土木工程学院教授马建林、彭雄志教授，分别就技术人员关心的5个主题进行了讲座与交流活动；聘请香港理工大学土木与环境学院工学博士李政道以“迈向建筑工业化及智能建造”为主题作交流；邀请中国铁路BIM联盟常务副理事长兼秘书长、原中国铁路总公司工程管理中心副主任兼总工程师盛黎明至我院以“铁路BIM应用发展”为主题进行学术讲座交流；邀请西南交通大学土木工程学院副系主任进行技术交流。（3）加强配合施工质量管理，提高服务质量，积极开展施工现场观摩交流与回访活动。

（二）人才队伍建设。严格干部选拔任用程序，坚持德才兼备、以德为先，用“好干部”标准选优配强基层班子，结合工作需要，2019年选拔聘用中层管理干部8人；向集团公司输送一级职能经理2人、总承包一级项目经理2人；选派到外单位挂职

4人次。参加集团公司发展改革培训班10人，法务专项培训2人，绩效管理培训46人次，流程管理培训7人。专业审定增补12人，职称评审80人，“百千万人才”推荐5人，获得职业资格证书3人。

土建院成立后，加强了人才建设。设立土建院总体岗位，统筹3个专业的资源调配，使任务能够得到高效完成并节约了人力资源。

【综合管理】

（一）制度体系建设。一是树立经营是龙头的发展战略。着眼土建院高质量协调融合发展，承接落实集团公司经营管理办法的管理理念和要求，结合土建院实际制定发布《土建院经营管理办法》，规范经营管理，防范风险。二是树立技术创新是第一生产力的目标导向。对标先进行业和同行兄弟单位，土建院在创新人才基础方面并不存在较大的短板，从提升和激发全员创新意识、学习意识、市场意识，不断丰富土建院的硬核技术“武器库”，储备培育发展的新动能等方面考量，因地制宜发布了《土建院创新奖励办法》，增强了技术创新动力。三是树立管理创新是拉动生产力“火车头”的经营理念。按照集团公司员工绩效管理的指导要求，结合土建院实际，在充分征求意见并于专题职代会上通过后发布了《土建院工资和奖金管理暂行办法》，初步搭建起职工岗位关键绩效指标体系，以“效率效益优先、多劳多得、兼顾公平”为原则的绩效分配体系。落实集团公司经济责任制要求，建立土建院内部经济责任制。

（二）严格落实各项生产任务。一是全面高质量完成川藏铁路设计咨询阶段工作。高度重视、投入优质资源，全年投入30余名技术骨干组成设计咨询团队，全过程参与川藏铁路各阶段设计咨询工作；发挥院级专家团队集体智慧，召开专家会技术研究20余次，确保咨询成果质量；积极参与院内外川藏铁路相关科研课题，按计划正常推进。各项成果得到了国铁集团领导、鉴定中心及川藏公司的高度认可与好评。二是认真落实“保开通、保在建、保开工”工作要求。优化生产组织，合理统筹资源，确保了浩吉、郑阜、商合杭等项目的开通和京雄、京唐、太焦、牡佳等项目的有序推进，圆满完成年度各项生产任务。派驻52人常驻各项目施工现场提供技术配合服务。全年技表兑现率达98.1％。三是全力满足集团公司工程总承包项目建设需求。转变理念，服务集团公司大局，全方位支持工程总承包业务发展，全年精心组织完成龙龙、汕汕、宣绩、昌景黄等项目施工图设计工作；土建院领导带队先后15次到杭绍台、盐通、昌景黄等总承包现场进行设计回访，了解现场需求并解决问题；选派28名骨干人才参与总承包项目现场管理；派驻以专业负责人为代表的34名成熟人才进驻现场，开展现场配合施工服务。四是保障资源持续稳定，服务海外项目。全年投入23名技术人员进驻海外项目现场，提供技术服务，其中雅万高铁12人，泰国铁路5人，菲律宾铁路2人，匈塞铁路4人；在津各专业设计团队第一时间响应现场需求，为各项目的稳步推进作出应有贡献。

（三）确保质量安全。落实国铁集团和集团公司关于勘察设计质量考核管理的各项要求，认真贯彻执行集团公司各类质量安全专项工作部署，确保管理体系顺畅运行、全员入心。组织安全大检查2次，重点加强自揽总包、外业勘测、现场监测及消防、交通等专项危险源管控。深刻吸取有关工程质量安全事故经验教训，动态开展警示教育。

（四）**加强专业融合。**以技术例会、项目会审为契机，对三个专业各自的技术优势、短板、发展方向进行交流分享；以项目为依托探索专业资源综合配置，效果明显；开展内部经验分享，将桥梁专业在软件开发、通用图编制方面的成功做法复制推广，路基、隧道专业通用图编制按计划推进，并全面启动路基、隧道专业设计辅助工具的开发工作。

（五）**注重人文关怀，强化综合管理。**严格落实“一岗双责”，提升各级管理人员纪律意识、规矩意识。关心职工生产生活，全年组织现场慰问33次，组织职工全员健康体检和补助职工医疗保险的缴纳。牵头联合各研究院进行设备采购，保证生产活动所需。信访、综合治理、保密等工作都取得良好成效。

（六）**技术创新成果丰硕，专业融合优势初显。**2019年，土建院获得铁道学会科技进步奖二等奖1项、三等奖1项，中国铁路工程集团有限公司科学技术奖二等奖2项；成功主持外部科研课题11项，其中重大课题10项，参与外部重大重点课题17项；获批各项专利18项、软件著作权17项；作为主持单位组织开展的“东平水道特大桥BIM设计”荣获工业和信息化部人才交流中心BIM大赛金奖，东平水道特大桥BIM设计获得公路学会交通BIM工程创新特等奖；共获得省部级及以上优秀设计奖27项，其中特等奖、金奖各1项，一等奖5项，二、三等奖合计20项。

（七）**加强党建工作。**认真落实党中央和国铁集团“不忘初心、牢记使命”主题教育部署和集团公司工作安排，组织开展部署党课，领导班子集体研究推进方案、实施方案、调查方案、学习计划，召开党委会和领导小组工作会议部署工作、推动落实。围绕主题教育3个专题和学习党章党规、十九届四中全会精神，领导班子举办读书班13期，开展17个半天的集中学习研讨，形成12篇重点发言材料；改进调研作风，深入支部12次，深入项目4次，召开座谈会15场，形成了6篇高质量的调研报告；班子成员为216人次讲了6场高质量的调研成果专题党课，放大学习调研成效。坚持问题导向和目标导向，严肃自我批评，检视出班子问题26项、个人问题91项，制定“土建院立行立改问题清单”“土建院主题教育专项整治计划表”“土建院主题教育期间集中整改的9个突出问题整改方案”“专题民主生活会整改方案”，实施动态闭环销号，目前已基本完成整改任务。党支部依托“三会一课”、主题党日、专题组织生活等组织党员学习，实现了土建院287名党员学习全覆盖，各支部认真查找初心、使命方面的差距不足，支委会查摆问题110项，党员查摆问题1572项，召开组织生活会严肃认真进行批评和自我批评，支委会制定整改措施116项，党员制定整改措施1575项。举办2019年土建院党员培训班，邀请天津市委党校钟龙彪教授和倪明胜教授为授课教师，土建院在津党员、入党积极分子和共青团员约169人参加了培训。

【重要学术活动及论文】 组织论文投稿。平时做好职工个人发表论文的组织审稿和投稿工作，全年共发表论文49篇。

（王俊杰）

·工经院·

【概述】 工程经济设计研究院（简称工经院）是集团公司直属生产单位，主要承担国内外铁路、城市轨道交通、公路、工民建、市政等工程的勘察设计（施工组织设计及概、预算）、工程造价咨询以及科研开发等工作，是集团公司铁路项目投资控制的主导专业和归口管理专业。

工经院设院长1名，副院长2名，总工程师1名，副总工程师4名，专业审定5名。下设工经一室、工经三室2个生产室和1个综合办公室。截至2019年底，工经院在册职工共计101人，其中正高级工程师7人、高级工程师25人、工程师40人、助理工程师28人、助理会计师1人、国家注册造价工程师21人、国家注册咨询（投资）工程师5人、国家注册监理工程师4人、国家注册一级建造师8人、国铁集团“百千万人才”专业拔尖人才6人。

办公地址：天津自贸试验区（空港经济区）东七道109号。

联系电话：022-60377826。

【生产经营及各项指标完成情况】

一、生产任务完成情况

2019年，共完成各阶段设计、鉴修、清概、变更等成果文件2310项，完成各项技表、调度通知、总体通知单2263项，以及22个项目33个队次的外业勘测工作。收到建设单位表扬信31封，得到院调度会表扬1次。

二、各项指标完成情况

2019年，新签合同额16099万元，进款额14710万元。其中，新签外委合同额7297万元，外委进款额7838万元；合同额、进款额较去年同期增幅分别高达93%和41%。代集团公司完成Ⅰ类变更设计费签订合同成交额8802万元，实现进款额6872万元。

【代表性工程项目】

一、工程总承包项目

昌景黄、杭绍台、盐通、龙龙、汕汕、宣绩等工程总承包项目，在指导性施工组织设计、标段划分、临时工程设计优化、控制性工程施工方案、施工进度安排、风险分析、工程量清单编制等方面积累了新的经验。

（一）昌景黄铁路。2019年，主要完成了江西段站前工程分标招标、四电施工图、变更设计等工作。其中江西段站前工程分标招标的主要特点如下。（1）江西段站前分标过程中，以投资均衡、尽量少跨标段架梁为原则，分别编制了4套标段划分方案，并详细划分每个标段包含的工程内容、重难点和控制工期工程、车站以及梁场和需跨标段架梁的孔数等，同时深入分析每个方案的优缺点，为最终标段划分方案的确定打下了坚实的基础。（2）编制单价承包合同招标要求的工程量清单，在清单子目设置、子目特征划分、工程量计算规则及各条子目对应的工程内容等方面进行深入的研究分析。针对现有工程量清单编制插件不能完全满足单价承包合同相应清单编制要求的情况，主动思考、积极探索，采用公式链接的方式完成清单编制，为避免出现差错漏问题，严格执行复核程序，采用方便有效的复核方法，确保工程量清单的准确性。（3）为配合单价承包合同进行招标限价的要求，编制基准价表，对限价子目的深度、各个子目限制单价还是限制合价等方面进行了深入研究，对简支箱梁等风险较小和钻孔桩等风险较大的工程内容采用相应降低或增加降造率的方法，确保招标风险可控，并限制投标单位不平衡报价，为分包招标及后续施工顺利进行提供了有力保障。

（二）盐通铁路。2019年，主要完成了四电集成及动车所站后配合招标工作、剩余生产生活房屋施工图及站房施工图和配合招标等工作。站房施工图主要特点如下。（1）批复站房修改初设的原设计与大线初设批复概算段落费用有区别，经与初设单位多次对接核实，理清剩余生产生活房屋初设批复费用，并清楚界定本次站房施工图设计范围。（2）由于初设批复投资相对紧张，本次站房施工图投资控制难度较大，通过制定专业限额、召开多轮会议、详细分析投资增加原因等方法，将施工图总预算控制在初设批复内。（3）深入研究分析三站房施工数量及方法，逐条分析与初设批复概算的增减原因，切实做到分析详细透彻，顺利通过审查，实现站房工程按期招标。

二、铁路勘察设计项目

京港台高铁丰雄段、北沿江铁路、郑州至济南铁路、雄安站、沈白铁路、通苏嘉甬等项目设计中，围绕前期征地拆迁、困难条件下的大临工程方案、特殊工点和定额采用与分析、复杂设计范围管理、投资规模把控和主要技术经济指标对比分析等方面扎实开展工作，切实发挥工经专业投资归口作用，取得显著成效。

（一）京港台高铁丰台至雄安至商丘段。2019年，主要完成了正式可研、初步设计等工作。主要特点如下。（1）抓住项目特点，分门别类确定征拆补偿标准，并积极配合与地方对接。该项目为长大干线，贯穿北京、河北、山东、河南多省市，征拆量大，各地标准、诉求不统一，针对上述情况，拆迁房屋按所处位置为国有土地、集体土地分别进行补充调查，与土地性质结合确定补偿标准，同时编制专项征地拆迁资料，与地方政府对接，对稳定投资具有积极作用。（2）较好地解决特殊困难条件下合理选择铺轨基地方案的设计难题。针对北京地区土地紧张、临时占地费用高、可利用的接轨点少的情况，开拓思维：丰雄段提出利用已经废弃停运的黄良线站坪设铺轨基地、利用北京局T11铺轨机铺轨、长钢轨桥下吊轨3种方案，并与北京局进行了深入的技术可行性沟通，充分征求建设单位意见，最终确定利用黄良线作为便线设铺轨基地方案。由于黄良线已停运近30年，为保证本方案的可实施性，补定测阶段，组织各专业对既有黄良线沿线调查，对既有路基、框构、涵洞等结构物提出改造措施，改造费用纳入大临工程投资。(3)深化研究明挖隧道定额采用问题，合理编制概算。项目团队在已有京雄城际、城际联络线等项目关于明挖隧道有关定额选用原则的基础上，对明挖隧道的开挖及回填、降水井定额的选用进行了进一步的深入分析，从施工方法、施工机械、综合单价等方面对比分析了铁路隧道定额、铁路房建定额、市政定额的区别和差异，提出了合理选用定额的方案。（4）牵头组织各专业梳理与相关铁路工程的工程界面划分，交叉部分单独概算段落编制。工经专业牵头组织各专业梳理与相关铁路的工程界面划分，且为保证各专业的数量与相关线不重不漏，为与相关线有交叉部分单独编制概算。由于前期策划考虑充分，聊城西站按独立概算段落编制，配合批复时各专业未再进行数量和概算分劈，顺利地完成配合郑济批复的工作。（5）结合建设单位的委托代建和标段划分初步意见，调整施工组织设计。建设单位初设阶段进行标段划分和委托代建的测算，根据建设单位要求尽量不跨标段架梁的要求，在衡水枢纽增加1处梁场并调整其他梁场的供应范围和位置，为施工图及实施阶段施组方案的落地打好基础。

（二）北沿江铁路。2019年，主要完成了初测和可研设计等工作，主要特点如下。（1）“同步开工，分段开通”，贴合实际安排施组方案。沪宁段沿线特殊工点较多，如大型枢纽车站、越江通道以及跨京杭运河桥梁等，施组安排对于总投资的规模影响较大。逐段分析重难点工程内容和特点，有针对性地提出“同步开工，分段开通”的施组方案。推荐上海至太仓段、南通至南京段建设总工期按4.0年考虑，太仓至南通段建设总工期按5.5年考虑，运行初期可利用沪通铁路形成沿江客运通路。待长江南支盾构隧道贯通并试运行满足开行条件后，沪宁段全部按照现有设计方案进行载客运营。可研审查时得到鉴定中心专业工程师的高度认可和表扬。（2）深入比选确定铺轨基地，永临结合设置制存梁场。沪宁段铺轨基地及制存梁场的比选，运用奥维软件，并进行现场实际踏勘，同时与线路、站场、桥梁专业通力配合，综合分析场地条件、专用线长度、平顺性、拆迁量、土方量等诸多因素，通过专项研究，最终确定利用沪通铁路二期四团铺轨基地，既有宁启线南通站、仪征站分别新设置1处铺轨基地的方案，满足总工期要求。坚持永临结合设计理念，针对上海地区沿线建筑物密集、梁场选址困难的情况，结合工程实际，提出1#箱梁预制场利用新建上海北动车所场坪的永临结合形式，减少了临时用地数量，减少了对自然环境的破坏和大临工程费用。（3）重难点工程把控投资效果明显。上海北站地下车场、大直径跨江盾构隧道、跨京杭运河斜拉桥等重难点工程投资控制难度大，在估算编制过程中，积极与相关专业沟通，从细部入手了解设计方案，对选取的相关定额进行消耗分析，确保分部分项工程指标匹配重难点工程的特点。同时指导专业进行优化设计，以达到投资控制的目的。特别是针对外径达15.7m、长度达14.15km的七丫口盾构隧道方案，在国内现阶段尚无类似工程可以参考的情况下，深入学习研究盾构隧道施工工艺，从盾构机摊销、长距离掘进、注浆加固、明挖段基坑开挖及支护等方面进行重点把控，满足投资合理性的要求。

三、海外项目

匈塞铁路、菲律宾南线长途铁路、孟加拉达卡至吉大港高铁等海外项目，围绕项目需求分析、所在国家造价标准与管理体系研究、工程量清单编制与对接、合同报价与分析、成果翻译等技术关键创新工作，取得较好成效。

（一）中泰铁路。中泰铁路曼谷至呵叻段，全线采用中国技术标准。中国铁设承担了线下土建工程的勘察设计、施工招标咨询、施工监理及线上工程的EPC总承包工作。2019年，工经专业完成的具体工作如下。（1）基于中泰两国概算标准体系的对照分析，完成中国标准在泰国本地的适应化研究与应用，满足了中泰铁路的设计需求，同时为中国铁路造价标准“走出去”提供了重要参考。形成的主要编制原则：对于直接费，在中国定额消耗量的基础上，采用泰国本地价格水平，编制人工、材料及机械台班费；对于间接费，在分析研究泰国铁路概算编制规定（中间价编制标准体系）之后，在直接工程费的基础上，采用泰国概算编制办法中的间接费费率（*F*系数），对比分析其费用内容，确保间接费与直接费之间无缺漏，采用计列其他费用或单价分析的方式，补齐泰国间接费费率在应用中的缺项。（2）在中泰铁路造价标准有机融合的基础上，编制线下工程的招标预算，顺利通过交易验证，并获得业主较高评价。在中国造价标准体系的基础上，结合《建设工程中间价编制办法》等泰国当地的法律法规，编制完成土建工程C4-1—C4-5，C3-1—C3-7等12个标段的中间价格（施工招标预算），相关设计成果通过了泰国铁路局审查委员会的审查及泰国审计部门的抽查，并获得了泰国铁路局的高度评价。完成的招标咨询成果——工程量清单BOQ及清单说明书preamble，顺利通过了施工招标的市场验证，绝大部分标段已经顺利完成施工招标，合同中标价格在中间价的基础上平均降造16%。（3）编制线上工程EPC总承包报价清单及清单说明，有效衔接总承包报价与工程概预算，在中方EPC总承包合同谈判中发挥了重要作用。

（二）匈塞铁路。2019年，主要完成了塞尔维亚段配合贝旧段施工，诺苏段初测、初步设计，匈牙利段配合商务谈判及落实中国元素等工作。主要特点如下。（1）结合诺苏段后续建筑许可、施工图设计工作，完成工经专业委外TOR工作大纲编制。该项目由塞方当地设计院CIP完成初步设计方案，后续建筑许可、施工图由中塞两方根据设计分工联合展开。面对项目所在国建设管理流程、设计标准、概预算体系、设计习惯乃至专业章节编号等与国内体系不同的问题及后续开展投资分析优化的需要，工经专业采取属地化管理策略，充分利用塞尔维亚当地设计资源，调研当地设计单位与工程咨询公司，结合项目特点，编制工经专业委外TOR大纲。通过附表Tab.1至Tab.8详细明确需要委外单位提供的相关政策文件与流程、主要施工机械相关资料等调研内容。为进一步了解塞尔维亚当地建设市场体系、概预算体系、满足属地化管理需求，最终满足总包商务层面对投资分析优化需求等打下了坚实的基础。（2）充分利用已开工项目的既有资料，重视实地调查，资料相互佐证，完成诺苏段简易勘测。在塞尔维亚外业期间，充分利用已开工项目的既有资料。向铁总国际和中交联合体、中国铁物、中铁二十一局等收集了大量贝旧段资料；同时实地走访塞尔维亚当地的建材市场，收集相关价格信息。各个渠道的资料相互佐证，为下一步设计工作做好充分准备。（3）初步设计投资规模控制有效。该项目由CRDC与CIP互为审核，塞尔维亚当地设计院CIP开展大部分专业设计，其建设管理流程、设计标准、概预算体系等与国内既有体系不一。出于保证项目推进、同时维护总包利益的考虑，在“一目标两主线三阶段”（即在确保总包商利益的目标下，从数量的合理性和指标的延续性两方面、从初步设计→建筑许可→施工图设计3个阶段分别对照分析）投资控制手段基础上，丰富投资控制措施，形成“属地咨询+国内分析”的工作思路，以满足项目工作与建设计划要求。诺苏段应用以上工作方法，结合以商务合同签订额度为导向，对CIP初步设计概算进行分析，并对其不确定性及风险予以识别，已形成专项“评估报告”。（4）落实中国元素，推进中国先进工法输出。针对贝旧段实施过程中遇到的问题，对道砟利旧、钢轨焊接工艺、定尺长钢轨等专题进行深化设计研究，形成专项报告。其中钢轨焊接工艺方面，针对塞尔维亚段无缝线路使用铝热焊、质量稳定性相对较差的特点，对铝热焊、移动闪光焊、厂焊、车载闪光焊4种焊接方式在工艺工法、费用等方面进行了重点分析，形成专题报告“钢轨焊接工艺研究”并报国际公司决策，最终拟采用移动闪光焊并进行变更设计，后期联合铁科院等单位形成“移动焊轨车专项运输方案”“费用测算（初稿）”等成果，最终顺利完成钢轨焊接工艺变更设计文件，为中国先进工法输出提供助力。（5）助力匈牙利段投标工作，推动落实中国元素。匈塞铁路匈牙利段铁路推动进度相比塞尔维亚段稍显滞后，2019年上半年在基础资料相对欠缺的条件下，结合所掌握的塞尔维亚段信息，考虑地区铁路建设投标报价模式，完成匈牙利段投标报价（内部讨论版），形成专项报告，为集团公司、联营体决策提供参考，2019年6月20日联营体公告该项目中标；同时在国内配合参与匈牙利段中国元素评估等工作。（6）项目延伸纵深，编制东欧地区投资匡算计算模型。依托中欧陆海快线项目研究（匈塞为其中一段），根据当地所经地区塞尔维亚、马其顿、保加利亚既有铁路项目，目标改造状况，提取线路长度、路桥隧比例、匈塞地形、专业设计原则、费用指标等参数，同时结合不同速度目标值、改造类型、单双线、地形差异等区分增二线、新建单双线、提速改造、既有大修等18类工程类型，制定不同指标分析模型（“诺苏地段指标分析模型”“南部山区地段指标分析模型”）为现阶段基础资料相对欠缺的马其顿、保加利亚、希腊段的投资匡算提供指导，相关结果得到认可。

【质量管理及成果】

（一）做好川藏铁路前期工作。（1）成立以总工团队和专业审定为主的“工经院川藏铁路专家组”，按专业工程和专业设计内容分头负责，为专业咨询提供全过程指导，出谋划策，根据项目进展开展相关活动。（2）以科研为支撑，抓住项目关键，立项开展“川藏铁路隧道工程概算编制关键问题研究”工作。采取合作的方式，与代表行业先进施工技术水平和成本管控能力的隧道局联合开展研究，在传统的采用定额法编制概算方法的基础上，引入了施工企业内部成本控制指标、施工组织模型等数据和概念，分析验证川藏概算水平。（3）强力推进川藏机遇研究管理课题。按照集团公司总体要求，结合专业实际和突出问题，围绕提升投资控制效果、提升生产效率、优化管理等方面开展全面研究，已取得多项阶段性成果。

（二）提升技术服务能力。（1）开展清理概算对策研究。针对铁路总公司发改部以发改投资电（2019）1号电报《关于铁路建设项目清理概算工作的通知》有关要求，组织研究相关对策，重点分析主要变化、对前期项目的影响以及应采取的措施、需重点加强的方面等，同时与国铁集团发改部、鉴定中心等积极沟通，指导项目执行。研讨成果被纳入集团公司组织的清理概算培训课件，在保障项目顺利推进方面发挥了较好作用。（2）贯彻国家减税降费政策要求，研究制定设计指导意见。根据《中国铁路总公司关于贯彻落实国家减税降费措施的指导意见》（铁总财〔2019〕47号），以工经〔2019〕9号通知发布有关要求，统一主要设计原则，规范文件组成内容。

（三）积极开展各类质量活动。（1）2019年9月，组织承办由经规院主持的“铁路工程造价标准宣贯（2019年）”，主要宣贯新版《铁路基本建设工程投资估算预估算编制办法》《铁路工程概算定额》等15册造价标准，从事建设、设计、施工、咨询等铁路工程造价及相关业务的专业技术和管理人员200多人参加，通过各位主编工程师的详细讲解宣贯，促进了新一轮造价标准的有序实施。（2）围绕技术创新与攻关、管理创新、提升服务水平等主题，广泛开展质量管理小组活动，取得突出成绩。3个小组获评天津市优秀QC小组，5个小组获评集团公司级优秀质量管理小组。（3）完成2019年铁路工程技术经济指标汇编，除在工经院发放使用外，提供集团公司办公室、线站院、土建院等6个单位参考应用。（4）体系运行有效可控，顺利通过体系内外审。

（四）职工能力建设得到加强。人才队伍建设成效明显。通过项目平台历练，新增多名技术骨干，一大批年轻技术人员走上项目专线岗位。（1）重视年轻人培养工作，举办“创新汇报手段、彰显技术亮点”

青年职工汇报比赛，青年职工全局把控和汇报能力得到很好的锻炼和提升。（2）在内部审查和外部审查中，有意识地安排主要设计人员和专线一并参加，给更多的年轻同志创造拓宽视野、增长见识的机会。（3）鼓励年轻职工撰写技术论文，组织技术管理团队进行“五小论文”评选。

（五）质量管理成果。全年未发生重大勘察设计质量责任事故和因勘察设计原因引起的I类变更设计，送院审文件合格率达到99.3%。获集团公司优秀设计1项、优秀咨询成果2项，获中国中铁优秀设计1项；评选院优秀勘测17项、优秀设计14项、优秀咨询4项。其中，通辽至霍林河铁路电气化改造工程施工组织设计和概算获中国中铁股份有限公司优秀工程设计三等奖、集团公司2019年优秀设计一等奖，哈尔滨至满洲里铁路电气化改造工程概算清理获集团公司2019年优秀工程咨询一等奖，新建准格尔至鄂尔多斯铁路工程概算清理获2019年优秀工程咨询二等奖。

【推广采用新技术】 专业信息化建设迈出新步伐。（1）根据概算编制要求、应用建议，完善铁路工程造价管理系统，完成投资分析系统和院网站升级，全面推广电子卫星地图在勘测中的应用。（2）完善基于汉字模糊识别方法自动化导入系统，实现了全专业、项目的推广应用。（3）在BIM中实现了大临建模和展示。（4）在管理的信息化方面，对合同和信息反馈的管理信息化进行了探索研究。

【科研、标准化与业务建设】 2019年，获中国铁道学会科技进步奖二等奖1项；科技开发新立内部科研课题9项、外部课题2项；内部课题结题10项、外部课题结题4项；获软件著作权1项。

“大型盾构机施工组织设计技术和计价定额的研究”获中国铁道学会科技进步奖二等奖。按《工经院专项奖励分配细则（试行）》（工经〔2018〕9号）有关规定评选出院级科技进步奖3项、优秀软件奖1项、优秀标准规范奖3项及优秀业务建设1项。

完成外部课题“铁路工程沉降变形观测定额测定（路基、桥梁、隧道）”“运架一体机架设桥梁定额测定与研究”“铁路隧道水平旋喷桩定额测定”并结题，研究成果为铁路工程造价相关定额的制（修）订提供了重要依据；“国外造价标准动态”研究成果被国家铁路局科技与法制司采纳，以《国外造价标准动态》（2019年第二期）的形式出版。内部课题“电子卫星地图在工经专业勘测设计中的应用研究”“社会稳定风险分析报告编制和评估费用分析研究”“现行铁路工程现场管理费水平分析与研究”等10项课题通过结题验收，研究成果已投产应用并发挥作用。特别是“电子卫星地图在工经专业勘测设计中的应用研究”，该课题利用电子地图技术最新的发展成果，结合工经专业勘察设计需求，总结和提炼出一套较完整的、适用于工经专业工作特点和要求的操作方法，在提升外业调查效率、外业成果可视化、验收审查环节准确快速呈现方面取得良好的效果。

专业标准化建设取得新进展。铺轨基地设计手册、境外铁路项目概算编制指南、铁路工程总承包单价模式下的工程量清单研究的完成使工经专业标准化又有所提升。

【职工培训与人才队伍建设】 注重职工培训，不断提升职工技术水平。2019年，根据职工需求，结合现有人员结构、技术水平，分院、室2个层次组织多项培训交流活动。院级培训包括“总承包项目工经专业工作内容及管理要点”“概预算及投资估算预估算编制办法解读”“工经专业标准化流程和管理重点”等；室级培训包括案例库、如何写好信息反馈、工程量自动检索识别系统介绍等。协助集团公司完成了清理概算培训。对新入职员工进行岗前培训，对入职3年以内的员工配备一对一指导老师，制订培养计划，订立培养目标。通过导师带徒的方式，使年轻人得以迅速成长，依托岗位，加大对年轻员工的培养，目前一大批青年职工已经逐步担任了长大项目、重点项目的专线及副总体。

【综合管理】

（一）生产组织管理。（1）聚焦“三保三增”攻坚战，为浩吉、京雄、大张、郑阜等8个铁路重点项目高质量开通保驾护航。（2）作为牵头专业组织完成京沈辽宁段、青连、哈牡、哈佳等11个重点项目的清理概算工作。（3）高质量完成川藏铁路可研阶段勘察设计咨询，在施组及造价等关键技术研究方面提出了高质量咨询意见。同时充分抓住参与川藏项目建设机遇，开展了投资控制、技术手段升级等多项技术与管理课题研究工作。(4)服务“一带一路”建设，积极主动配合泰国铁路、雅万高铁、中老铁路、匈塞铁路、孟加拉铁路等境外项目建设，深入研究专业关键技术，适应境外项目需要。（5）助力工程总承包建设，组织专业技术骨干参与昌景黄、汕汕、龙龙、广湛等铁路项目的EPC投标、施工图优化及施工分包等工作。2019年，共完成各项技表、调度通知、总体通知单2263项；完成各阶段设计、鉴修、清概、变更等成果文件2310项；完成22个项目33个队次的外业勘测工作。生产任务计划兑现率超过98%，收到建设单位表扬信31封。

（二）经营管理。落实“三位一体”管理要求，以外部需求为导向、以生产组织为保障、以技术质量为核心，积极开展经营工作。全年新签合同额及进款额，均再创历史新高。新签合同额16099万元，较去年同期增加7738万元，增幅为93%；进款额14710万元，较去年同期增加4263万元，增幅为41%。其中，新签外委合同额7297万元，外委进款额7838万元；代集团公司完成I类变更设计费合同额8802万元，实现进款额6872万元。深入推进债权清理工作，加大催收力度，在经营团队的共同努力下，工经院风险债权存量归零。同时研发经营管理系统，规范咨询费用算单，进一步改进经营管理工作。

（三）行政管理。（1）梳理集团公司及上级相关制度办法及承接执行情况，修订、完善工经院配套制度。颁布《工经院院长办公会议事规则》《工经院铁路基本建设项目前期工作质量评价结果考核办法》《工经院实施“四个一”工程有关规定》《工经院劳务派遣人员薪酬标准实施规定》等16项管理规章。（2）做好后备力量的储备，进一步加大新员工招聘规模；加大同地方设计院的合作力度。（3）加大安全投入，实施动态的安全检查和监督。加强了职工身心健康、外业勘测安全、交通和人身安全及办公室防火和防盗安全4个方面的安全生产工作。完善应急预案，夯实安全管理基础，确保健康安全管理体系在我院的正常运转及职工的身心健康和生产安全。

（四）精神文明建设。一是强化党建工作。根据国铁集团和集团公司统一部署，自6月起，开始“不忘初心、牢记使命”主题教育的预热学习，并自9月开始，作为第二批单位，全面深入开展“不忘初心、牢记使命”主题教育，组织教育党员认真学习贯彻习近平总书记重要指示精神和党中央部署要求，以彻底的自我革命精神解决违背初心和使命的各种问题；院党支部以推进4项重点措施的落实为重点，边学边查边改；下发“工经院基层党支部委员会支部委员岗位职责”，制定“工经院党支部委员会委员分工表”，支委职责分工更为明确；结合党员大会组织主题教育学习效果测试，提升党员理论学习的热情；通过集团公司网站、中国铁设青年、工经之家等媒介大力宣传党员先锋。全年党支部组织干部理论学习60多次，学习理论文章和篇目80余篇，党员干部参与学习率达100%。党小组结合“两学一做”学习教育常态化、制度化，依托“三会一课”、主题党日，抓好党员学习教育，2个党小组分别组织了不少于32学时的学习，领导班子按时保质召开民主生活会。定期整理入党积极分子人员信息，组织新入职党员的组织关系领取，对调转、调出、退休职工的组织关系及时上报上级并做好信息维护工作。二是组织召开工经院第一届工代会，选举产生第一届工会委员会、女职工委员会和经费审查委员会。三是打好“三保三增”攻坚战。结合工作实际，分3个主题8个专项开展劳动竞赛，动员广大职工群众投入“三保三增”会战，凝心聚力、奋力攻坚，以优异成绩庆祝新中国成立70周年。四是做好评先工作及劳模的推选、申报和宣传工作。依托“中国铁设工经之家”微信公众号，及时发布院工作速递、活动信息、温馨提示、生活提示等内容。五是积极参与集团公司组织的“三八健康杯”“四大球类比赛”“桥协杯”等多项比赛活动。丰富图书角，开展五一和十一趣味活动、“文体对抗赛”“员工汇报比赛”“创新增效成果评选”等系列活动，在丰富职工文化生活的同时，增强了集体凝聚力，有效构建和谐、有序的工作环境，成功营造积极向上的集体生活氛围。

【重要学术活动及论文】 2019年，工经院职工在省部级科技刊物上发表论文7篇。2019年1月7日，参加中国铁路总公司建设管理部组织的《川藏铁路施工道路和施工供电工程勘察设计暂行规定》专家研讨会。

（郝春婷）

·运规院·

【概述】 交通运输规划研究院（简称运规院）是中国铁路设计集团有限公司所属交通运输规划咨询设计机构，由经济、行车、物流、投融资专业组成。运规院主要承担国内外铁路、公路、城市道路、城市轨道交通、物流场站工程前期咨询及设计；综合交通网规划、铁路网规划，区域性公路网、物流规划及城市综合交通规划；工业企业、交通枢纽的集疏运研究；特种货物铁路运输方案研究；铁路专用线前期咨询及设计；交通运输项目运营管理模式研究；交通项目投融资；交通运输项目及其他工业项目经济评价和社会评价等工作。

运规院设院长1名、副院长2名、院总工程师1名、院副总工程师8名，下设经济规划研究所、运输组织研究所、物流研究所和综合办公室。截至2019年底，运规院在册人数共计122人，其中正高级职称10人、高级职称42人、中级职称37人。

办公地址：天津自贸试验区（空港经济区）东七道109号。

联系电话：022-60574004。

电子邮箱：louqiang@tsdig.com。

【生产经营及各项指标完成情况】

（一）生产任务完成情况。2019年，完成技表161项、调度通知702项；完成文件素材2976项、文件534册；52人194次承担总体工作，41人84次承担副总体工作；13

人16人次出国，工作时间达372天。

（二）各项指标完成情况。2019年，总收入1.77亿元，同比增长24.2%；自揽外委合同额2064万元，进款额2615万元（不含代集团公司经营开发折算合同额和进款额），同比分别增长35.7%、100.7%；科技开发合同额2854万元，同比增长6.5%；工资总额同比增长16.3%。

【代表性工程项目】

（一）新时代铁路发展战略形势与需求分析。该项目从新时代交通强国、综合交通运输体系的内涵和要求出发，在展望国家战略、经济社会发展对综合交通运输体系提出的新要求的基础上，充分研究铁路在交通强国及现代综合交通运输体系中的发展定位和发展方向。研究过程中充分借鉴了世界典型国家为巩固和提升铁路在综合交通中地位和作用的先进经验；对比其他交通方式，分析我国铁路运输的发展现状、优势和不足及主要影响因素，阐述了充分发挥铁路大能力、低成本、绿色无污染等比较优势情况下，铁路与其他交通方式在主要大宗物资、集装箱、商品小汽车、冷链等方面的合理分工，以及优化衔接、协同发展的模式，并就进一步巩固和提升铁路在综合运输体系中的地位和作用提出对策和政策建议。研究成果是集团公司为国铁集团提供高端咨询服务的又一力作。

（二）新时代江苏省铁路战略和规划研究。该规划站在江苏全局发展的高度，结合社会经济发展需要、产业结构调整和转移要求、国家和区域战略赋予江苏的使命，统一发展思想、优化顶层设计，补短板、强弱项、促融合、创典型，使江苏铁路发展适应新形势、新要求，体现新时代的新要求、新战略及系统规划的新理念。规划成果通过了由中国工程院院士领衔的8位专家的咨询审查，并得到较高评价。

（三）铁路物流基地发展规划及2020—2022年建设计划。该规划是铁路物流基地规划建设、运营发展、转型升级的一次重大专项规划和顶层设计，对新时期构建以物流基地为核心和骨干的铁路现代物流服务体系，推动铁路物流规模化发展、网络化运行、精细化管理具有重要意义。研究坚持问题导向，在对铁路局、社会物流基地开展广泛、深入调研的基础上，深入分析与评估建设计划执行情况，全面系统梳理物流基地发展现状及存在的主要问题；充分借鉴国内外物流园区发展经验，全面梳理国家战略及上位规划对铁路物流基地布局规划的要求；充分衔接铁路集装箱等专项规划及城市规划、地方物流产业规划等；结合铁路发展实际构建一、二、三级铁路物流网络体系，共布局一级铁路物流基地35个、二级铁路物流基地227个；提出2020—2022年重点推进28个左右规划物流基地；提出铁路物流基地建设标准、经营开发及管理创新模式，并提出配套保障措施。规划成果得到国铁集团高度认可，并有序推进建设。

（四）鄂尔多斯地区煤炭集疏运咨询研究。该项目是国投交通为投资决策委托集团公司开展的专题研究，包括铁路通道运量预测、铁路通道及港口集疏运系统、铁路通道运输组织及运营管理优化、投资收益测算等内容。研究过程中铁路通道运量预测专题首次尝试站在企业决策方的角度，完全模拟在市场化情形下的实际需求和供给情况，对鄂尔多斯地区煤炭外运通道的竞争力和市场前景进行了细致剖析，构建了不同场景下拟投资的铁路通道的运量预测结果。创造性地引入电力消费形势、特高压输电对煤炭调配系统格局的影响研判，分区域、分行业煤炭需求变化，去产能、调整运输结构政策因素影响，煤炭外运竞争力等内容，逻辑框架上从全国能源消费总量、结构预测，到全国煤炭产运调配，到鄂尔多斯区域煤炭外运通路分配，从宏观到微观逐层剖析，通过严谨的逻辑层次分析和翔实的数据，得出了科学合理、可信的研究成果。该项目通过系统深入的专题研究，为国投交通投资决策提供了重要的依据和支撑，得到委托方的高度认可。专题部分研究成果在“集团公司投资浩吉铁路公司方案及可行性研究”“大秦公司出资浩吉铁路股份公司可研”等项目的运量预测中得到应用。

（五）上海（金山）至宁波铁路客流预测专题。“沪甬跨海通道”是联系长三角城市群“一核五圈四带”网络化空间格局中核心城市上海与宁波都市圈的重要纽带，对于发挥上海龙头作用、实现基础设施互联互通、形成“123出行交通圈”、建成轨道上的长三角具有重要意义，是支持长三角区域一体化发展国家战略加快实施和建成交通强国的重要支撑，旨在实现沪甬间旅客快速交流、深层优化客运结构、完善城际路网。该专题以跨湾铁路运输需求为重点，结合中长期路网规划、上海枢纽总图、宁波枢纽总图、杭州枢纽总图对区域规划和运输格局进行系统分析，论证了该项目的功能定位。结合通道分工完成路网分配，测算项目运量规模和需求特征，并以旅客列车开行方案为主要展示成果。研究中采用大量新技术、新手段，融合了大数据技术以及可视化展示手段，基于区域高速公路流量数据、信令数据、跨湾通道观测数据，对研究区域的出行规律进行深度解析，依托大数据技术对区域运量预测进行可视化展示，对区域运量预测在方法上和深度上有所突破。研究成果已通过宁波、上海、浙江三地联合召开的咨询会。

（六）京津冀城际列车开行方案及效益研究。京津冀城际铁路是区域综合交通运输体系的重要组成部分，是京津冀区域城际客运系统的骨干，是实现区域协同发展的重要基础设施。当前京唐城际、京滨城际、城际铁路联络线一期已经开工建设，石衡沧港城际铁路也在快速推进中，京津冀城际铁路将在3~4年后迎来首批建成运营线路。该课题首次在建设前期系统性开展列车开行方案、动车组选型和车底运用、票制票价、经济效益分析等一体化研究，创新项目建设和运营一体化的管理思路，为保障京津冀城际铁路各阶段项目的如期运营提供了理论依据。创新性地提出采用基于服务频率的开行方案，结合项目工程实际情况同步铺画实用性较高的周期列车运行图，提出各项目动车组运用方案和列车编组方案，在国内城际铁路领域尚属首次；实现大站停、站站停相结合停站模式下的周期运行图铺画，石衡沧港城际铁路在衡水北站采用同台换乘的方式满足石家庄方向出行需求，丰富了运输组织形式；基于开行方案、票制票价、运行图及动车组运用方案的一体化研究，测算各项目的财务效益，提出了项目现金流缺口补贴及改善公司财务状况的措施和建议。研究成果得到了京津冀公司、北京市发改委等部门的高度认可，并着手准备相关对策及措施。

（七）雄安新区物流体系布局专项规划。该规划由雄安新区规划建设局安排，中规院牵头，多家设计、研究、运营单位参与，按全流程绿色化、智能化的理念系统整合前期工作成果，是目前国内较高水平的物流规划报告。该规划技术难点主要体现在4个方面：一是如何准确研判雄安新区建设期和建成期物资需求的规模水平，合理规划铁路分担比例；二是铁路在新区统仓共配物流体系中的定位与作用；三是如何在满足雄安新区总体规划的前提下，以高度集约、统筹协调等为原则合理选址铁路场站；四是如何将铁路物流场站与新区产业布局及物流体系高度融合，打造绿色、高效、现代的物流组织模式，进而支撑新区高质量发展。项目过程中多次与中规院、招商局、京东、顺丰等进行对接，高质量完成规划任务，成果已上报雄安新区规建局。

（八）基于经营可持续的铁路规划建设条件研究。随着铁路建设的持续推进，我国高速铁路营业里程迅速增加，铁路建设和运营都取得了举世瞩目的成绩。与此同时，存在的问题亦逐渐凸显：除京沪、京津、沪宁、京广等线路实现盈利外，多数铁路运营效果不佳、财务效益较差、尚未实现盈亏平衡。为解决上述铁路规划建设中存在的问题，该项目对之前铁路建设经验进行总结，深入分析国内高铁经济环境及运营情况，剖析影响高速铁路盈利能力的因素，系统梳理现金流平衡与利润盈亏平衡的关系，在不同投资指标、票价率和资本金比例情况下，针对200~250km/h标准与300~350km/h标准高速铁路分别建立盈亏平衡体系（现金流平衡体系与利润盈亏平衡体系），提出铁路规划建设的经济条件，为以后的规划建设提供经验借鉴，为决策提供依据。研究成果已通过国铁集团发改部党组会审查。

（九）大秦投资浩吉铁路研究。浩勒报吉至吉安铁路（简称浩吉铁路）作为纵贯七省区的煤运大通道，是深化铁路领域改革、拓宽铁路投融资渠道的示范性工程。蒙西华中铁路股份有限公司负责浩吉铁路项目整体运作。该项目是大秦公司基于浩吉公司发展前景和投资价值的认可，拟对标的公司进行追加投资的财务可行性专题报告，是设计院首次作为财务分析顾问对上市公司对外公告进行咨询服务。研究过程中充分利用专业铁路财务评价、运量市场分析的优势，对于标的公司业务发展前景、公司生存能力、盈利能力进行预测，分析了项目公司收益和投资者的分红情况。同时，结合报告用途的特殊性，研究利用多因素分析、方案模拟等方法对影响项目公司和投资人收益的关键性因素进行针对性分析，对项目和项目公司可能面临的风险进行剖析，满足大秦公司对标的公司投资判断以及对外信息披露的要求。该研究已通过大秦公司验收，成果作为上市公司对外投资公告基础材料于证监会备案。

（十）建设行业标杆企业实施方案研究。2019年集团公司职代会明确提出“要争创标杆企业”的战略目标，并将“建设标杆企业实施方案研究”管理课题作为年度重点行政工作任务，集团公司主要领导在改革与发展工作会议上强调“各单位要切实推进标杆企业建设，对标行业、对标业务、对标专业的标杆，找差距、补短板、强弱项，深入研究实施计划和方案措施，实现做强、做优，引领行业发展”。项目组按照集团公司主要领导的指示要求，以行业标杆企业为对标对象，以对标管理为主要研究方法，按照“对标杆、找差距、补短板”的思路，分“建体系、找差距、定计划”三步，在科学构建标杆企业指标体系的基础上，追踪行业领先企业全方位开展对标工作，制订集团公司建设标杆企业三年行动计划和实施方案。研究成果得到集团公司主要领导认可，以《中国铁路设计集团有限公司建设标杆企业三年行动计划》（中国铁设〔2019〕32号）的形式正式发布，形成了制度化成果。

【质量管理及成果】 2019年质量安全形势稳定，通过劳氏公司外审和集团公司内审，三体系得到有效维护。一是编制《运规院“三位一体”实施细则》，推进各专业“三位一体”机制的建立。二是发布《前期项目评价要求奖罚措施暂行规定》，明确各岗位分工和奖罚措施。三是不定期召开总工例会、技术质量分析会、专题技术会，强化审定工程师责任，提高技术决策能力。四是搭建专业资料共享平台，促进技术交流。五是开展全国铁路网动态及信息搜集，完成各专业基础资料分类归档。六是加强技术履历调查、整理和归档。七是以室所为单位，开展“天天向上”活动，确保职工天天有积累、天天有进步、天天有分享。八是积极组织全面质量管理活动，注册登记QC小组5个，活动率100%，成果率100%，普及率38%；经济评价QC小组和运输组织QC小组获评天津市优秀QC小组。

【推广采用新技术】

（一）经济专业。（1）区域铁路网规划技术，在京津冀、东三省、山东、江苏、广东、山西、海南等重点区域应用，得到国铁集团和地方的认可。（2）需求预测技术，在集装箱、矿石、煤炭等领域进行深化研究。（3）大数据技术应用到货物预测分析、客运网络分析；大数据分析方法和货运量分配、预测技术应用于全路集装箱预测。（4）境外项目需求预测，加强了模型和参数的深入研究；境外项目经济评价开展深入合作和自主尝试。（5）成立软件攻关小组，深化Transcad、Cube、Emme等软件使用，并在保定、洛阳、日照等地区进行推广及实际演练，进一步提高了专业技术手段；自主开发铁路客运需求分析系统客货运OD查询等软件，提高了专业自主研发能力。

（二）行车专业。（1）“高速铁路列车追踪间隔关键技术深化研究”，从设计、联调联试、运营等多个层面对列车追踪间隔的影响因素进行分析，并通过实验进行验证，对不同列控系统作业流程和附加作业时间、动车组牵引制动性能、列控系统效率、进站前速度、长大坡道、车站布置、电分相设置等问题进行深入研究，找到制约缩小追踪间隔的瓶颈，提出系统整合高速铁路各系统、压缩追踪间隔的方法和建议。（2）在新型城市轨道交通方面，对地铁快线快慢车运输方案，城市轨道交通三、四线运输组织，跨坐式单轨、云巴、现代有轨电车等运输组织开展了研究并取得一定的经验。（3）通过重载铁路设计，对重载铁路车站分布、天窗设置、追踪间隔、能力计算、万吨及以上列车的运输组织、装卸能力及集疏运系统的配套等技术进行深入研究并取得重大突破。（4）启动基于三维协同技术的铁路运营仿真平台的研发，对提升设计与运营的结合将发挥重要作用。

（三）物流专业。（1）主持“铁路现代物流中心建设指南”“铁路物流中心设计规范”，参与“高铁快运物流发展研究及实施方案”“中国铁路现代物流成套技术研究与应用”等重大课题，完成“铁路物流园区规划开发关键技术研究”，形成专业成套技术积累。（2）开展铁路物流中心经营管理和盈利模式研究，为实现向产业链后期运营延伸提供技术支撑。（3）开展市场调研与数据分析处理关键技术研究、系统布局关键技术研究、铁路物流中心仿真评估技术研究等，均取得突破。（4）完成总体及专业设计原则模板、文件组成及文件深度要求、标准化手册编制、勘察细则编制、专业设计接口等基础工作。

（四）投融资专业。完成“投融资模式梳理”“投融资相关概念疏理”“投融资相关政策疏理”“投融资专业案例库建设”等研究，形成投融资“专业知识”基本框架；财务评价实现从服务项目报批向服务融资咨询的转换，在京雄商铁路项目招商引资、广汕铁路投资咨询、蒙冀等铁路投资咨询中得到应用；掌握PPP咨询技术和外部沟通资源，在“黄骅港综合港区综合管廊工程PPP项目财务咨询研究”“杭衢铁路PPP项目”“丽江有轨电车投资PPP项目”等咨询服务中应用；具备项目融资咨询能力，促进完成“穗莞深城际铁路筹融资研究报告”，对同类研究具有引领作用；掌握投资并购咨询技术，并在完成集团公司投资金鹰重工、哈科研所等项目中应用，对企业投资并购的基本流程、并购风险点有了初步认识。

【科研、标准化与业务建设】 注重发挥创新驱动作用，明确科技创新目标，加速推进科技创新步伐。一是修订《运规院科技奖申报、专项奖励发放规定》，进一步完善科技创新体制机制。二是科技研发投入持续加大，牵头外部课题7项，参与外部课题8项，签订集团公司科技开发合同18项，参与集团公司新开科技开发课题8项，总计签订科研合同额2854万元，再创历史新高。三是科技研发成果丰硕，按时完成内外部课题结题验收，积极开展专业软件研发，登记软件著作权4项，获得中铁股份优秀咨询成果奖7项、集团公司优秀咨询成果奖7项。

【职工培训与人才队伍建设】

（一）职工培训。一是坚持院长亲自抓、院总工程师具体抓、人事干部专人负责的工作运行机制，有针对性、分层次开展海南铁路网规划、京津冀煤运通道研究、机场类线路运营组织研究等26次技术交流与培训，参训人数105人，参训人次591人次，覆盖率88.24%。二是鼓励职工参加高层次外部培训与学习，特别是高端咨询、新兴的物流和投融资专业类培训，参加2019年“131”创新人才第二期清华大学高级研修班、“十四五”规划编制前期研究与国土空间规划编制方法培训班等诸多外部高水平培训、论坛和大会，参与者受益匪浅。三是建立、健全职工培训档案，并将培训作为职务晋升和年终考核的参考依据。

（二）人才队伍建设。加快人才队伍建设，2019年新增正高级工程师2人，1人入选国铁集团“百千万人才”专业拔尖人才，提拔副所长1名；组织编写专业培训教材，推行相对固化的导师带徒工作，不断激发人才队伍活力。

【综合管理】

（一）行政管理。努力构建与发展目标相适应的管理机制，为转型发展奠定基础。一是自觉对标对表，完成《建设标杆企业三年行动计划运规院对标报告》，明确了发展目标。二是制定《运规院员工绩效管理办法》等，完善与绩效挂钩的“量本利”指标体系。三是建立、健全两级管控体系，对院内有效管理文件进行梳理和完善，截至2019年底，运规院有效管理文件共计75项。四是推进业财融合不断深入，以室所为单位，按照“量本利”考核体系进行统计分析，不断提高全员成本意识和投入产出意识。

（二）生产管理。一是紧盯生产过程管控，定期召开周调会，统筹考虑国铁集团或集团公司安排项目、外委项目、科技开发项目三者之间的人力资源协调。二是重视技表平台和工时平台的填报，制定《运规院进一步加强工时统计平台管理办法》，每月开展考核和奖惩。三是不断提升规划咨询、运营咨询、投融资咨询、现代物流咨询等高端咨询能力，积累管理咨询经验，培养高端咨询人才，提高智库服务能力。四是高度重视市场开发，在投标项目中，当好先行；在城轨市场中，加大珠三角、长三角人力资源投入；在集团公司市场开发中，先后承担100余项经营开发任务；铁路项目咨询评估办公室先后高质量完成11个铁路项目评估工作，得到相关部门的高度认可。五是落实“三保三增”攻坚战要求，制定《运规院落实“三保三增”攻坚战具体措施》，重点关注服务蓝天保卫战、货运增量行动、“公转铁”和扶贫项目，统筹资源，明确责任，确保不影响设计周期。六是深耕海外市场，在重点做好“一带一路”项目的基础上，开展境外重点国别及区域互联互通铁路规划研究，推动中国标准、中国技术“走出去”。

（三）经营管理。紧密围绕集团公司经营开发工作，注重加强专业技术提升，依托技术服务拓展市场，为集团公司市场开发做好支撑。一是与各室所签订生产经营责任书，经营指标落实到每一个人，形成人人经营的良好氛围。二是强化计划执行力度，加大日常督办力度，每月行政例会梳理外委经营目标完成情况，2019年完成合同额2064万元，进款额2615万元，再创历史新高。三是根据生产能力和效益合理确定委外，在注重效率、质量的基础上做好成本管控。四是在继续巩固唐山、天津等传统服务市场的基础上，加强与国铁集团、发改委、地方政府的沟通，积极追踪与收集信息，在现代物流、投融资、高端咨询等高附加值业务领域有所突破。五是认真梳理合同台账，加大催收款力度，持续开展风险债权清理，确保不形成风险债权债务。

（四）精神文明建设。2019年运规院党支部以习近平新时代中国特色社会主义思想为指引，坚决贯彻落实上级党组织决策部署。一是高质量高标准组织“不忘初心、牢记使命”主题教育，全体党员理论武装更加有力、担当精神更加提振、宗旨意识更加强化。二是扎实开展“交通强国、铁路先行”“强基达标、提质增效”、庆祝新中国成立70周年、创岗建区等各项主题活动，推动习近平新时代中国特色社会主义思想入脑入心。三是严肃党内组织生活，全年召开党员大会6次、支委会15次。四是积极吸引普通群众向党组织靠拢，2名预备党员转正，1名发展对象接收为预备党员，1名入党积极分子列为发展对象，1名同志列为入党积极分子；运规院党支部获得集团公司级先进党支部，3名同志分别获得集团公司级优秀党务工作者、优秀共产党员标兵、优秀共产党员的殊荣。

聚焦党风廉政建设责任制，落实“一岗双责”责任，加强廉政风险防控。一是持之以恒落实中央八项规定精神，结合身边案例，利用行政例会、党员大会等各种机会，开展党风廉政教育，提醒、监督广大党员守住底线，不踩红线。二是推动主体责任和监督责任贯通协同，有效开展专项检查16次，坚定不移纠“四风”、树新风，紧盯“关键少数”和重点领域。三是健全廉政风险防范制度，制定《运规院物资设备廉政风险防控手册》等多项规章制度，不断强化制度约束，推进预防腐败体系建设。四是落实“一岗双责”责任，坚持党风廉政建设与生产经营工作同部署、同落实、同检查，明确2019年党风廉政建设和反腐败工作任务及分工。五是坚持民主集中制原则，全年召开领导班子会23次，研究决策“三重一大”事项共计78项，并及时下发会议纪要，督办执行，不断规范决策行为，提高决策水平，防范决策风险。

大力支持工会、团支部开展新形势下的群众工作。一是积极保障职工依法休假、休息的权利，全年带薪休假率超过90%；关心职工身体健康，积极组织体检工作，全年体检率达100%；坚持开展“三不让”承诺和送温暖活动，对生病职工、退休职工和重病职工家属及时慰问，全年慰问14人次；建立困难职工档案，最大限度地补助困难职工。二是组织参加集团公司各类球类比赛以及“我和我的祖国”职工合唱、短视频大赛，组织开展“喜迎新中国成立70周年”演讲比赛，举办“迎新年、展宏图”等一系列趣味活动，在锻炼身体、愉悦身心的同时，增进了职工之间的了解，促进团结。三是围绕生产经营，开展丰富多彩的主题劳动竞赛，如“三保三增”“精品工程”，营造了全员钻研技术、保证质量的良好氛围；开展以创建“模范职工之家”“模范职工小家”、争当“优秀工会积极分子”和“劳动模范”的创先争优活动，掀起了学习先进、崇尚先进、争当先进的热潮。四是开展青年突击手、青年新人奖评选活动，充分调动广大青年职工的工作激情，本年度共有9人荣获“青年突击手”称号，8人荣获青年新人奖；经济规划研究所获评“天津市工人先锋号”；高明明同志获得“詹天佑铁道科学技术专项奖”，并通过集团公司推荐上报评选天津市劳动模范。

【重要学术活动及论文】 2019年，运规院职工在公开发行期刊上发表论文10篇。

（娄强）

·建筑院·

【概述】 建筑设计研究院（简称建筑院），是中国铁路设计集团有限公司直属研究院，拥有建筑、结构、地下结构、供热、通风、空调、给排水、规划、室内外装修、工程概预算专业，主要承揽综合交通枢纽、铁路客站及沿线房屋、轨道交通（地下铁道、高架轻轨铁道）车站、区间及停车场、大型特大型公共建筑、地下空间、调度中心、片区规划、工业与民用建筑、高层建筑、特殊构筑物、综合物业开发等工程设计、技术咨询、可行性研究；岩土工程设计、咨询；室内外装修、标识导向等设计工作。

建筑院设党委书记1人、院长1人、副院长2人、院总工程师1人、总建筑师1人、副总工程师9人，下设土建一所、土建二所、设备所、地下结构所、创意研究所、工经室6个生产所（室）和党委办公室、综合办公室、计经室、技术室4个职能部门。截至2019年底，建筑院共有在册职工254人，其中正高级工程师9人、高级工程师87人、工程师110人、助理工程师44人、高级会计师1人、硕士试用生2人、其他1人；中级职称及其以上人员比例为81.5%。建筑院拥有国家一级注册建筑师14人、一级注册结构师32人、注册公用设备工程师13人、注册城市规划师7人、注册咨询师3人、注册安全工程师1人、国家注册造价师5人、注册监理工程师3人、一级建造师20人、注册岩土工程师6人。

办公地址：天津自贸试验区（空港经济区）东七道109号D2座。

联系电话：022-60574363。

电子邮箱：sunyi@crdc.com。

【生产经营及各项指标完成情况】

（一）生产任务完成情况。2019年，建筑院完成技表、调度通知486项，总体通知单1091件，项目平台兑现率达99.11%。

（1）主要铁路项目：北京城市副中心站，北京枢纽丰台站改造工程，京雄城际铁路雄安站站房工程，北京至雄安城际铁路，北京至沈阳铁路客运专线京冀段工程，同至张家口高速铁路，北沿江高铁，京滨城际，牡佳客专，昌景黄、盐通、杭绍台、广湛、龙龙、汕汕、宣绩总承包项目，郑州至周口至阜阳铁路，商丘至阜阳至杭州铁路，铁道党校改扩建工程，高铁大会铁科调度楼及相关工程，朝阳至秦沈高铁凌海南站铁路联络线，沈阳至白河铁路，新建包头至银川铁路，准朔铁路，太原枢纽西南环铁路，浦梅铁路建宁至冠豸山段，新建北京至唐山城际铁路，赤峰至京沈高铁喀左站铁路，城际铁路联络线一期工程，佳鹤铁路，石衡沧港铁路，京雄商铁路，集大原铁路。

（2）主要市政配套项目：杭州市钱江新城二期连堡丰城地下空间综合开发项目、丰台站综合交通枢纽、赤峰西站综合交通枢纽工程、洛阳龙门站综合交通枢纽中心北广场工程、济南东客站综合交通枢纽南广场市政工程等。

（3）主要城轨项目：洛阳轨道交通控制中心项目，杭州地铁5号线、9号线、10号线，杭富线、机场快线，绍兴地铁1号线，石家庄地铁3号线一期、二期。

（4）主要方案竞选及投标项目：新建江苏南沿江城际铁路句容站等4站建筑概念设计方案、佳木斯至鹤岗铁路鹤岗站建筑概念设计方案、重庆东站站房及配套综合交通枢纽规划概念设计方案、重庆站站房及配套综合交通枢纽规划概念设计方案、新建郑州至济南铁路聊城西站等5站建筑概念设计方案。

（5）主要国铁和城轨咨询项目：川藏铁路雅安至林芝段咨询，广州地铁18号和22号线、西成客专、中老铁路、佛莞城际广州南站至望洪站段、广佛环线佛山西至广州南段工程施工图审核等。

（6）主要外经项目：印度尼西亚雅加达至万隆高速铁路、泰国铁路、印度新德里—孟买高速铁路、匈塞铁路、马来西亚东海岸铁路、孟加拉达卡—吉大港高速铁路、菲律宾南线铁路等境外项目。

（7）主要自揽外委项目：嘉兴南站综合枢纽规划编制，京沪高铁泰安站进站地道接长及北侧配楼改造工程、大西高铁侯马西站站房扩建工程设计，郑济高铁濮阳东站片区开发、新建山东省城际铁路调度指挥中心工程勘察设计，新建湖州至杭州西至杭黄高铁连接线杭州西站站房及相关工程施工图审核，杭州地铁10号线一期工程翠柏路站—隐秀路站区间预留工程设计等21个项目。

（二）各项指标完成情况。2019年参与投标31次，中标濮阳高铁片区开发、山东省城际铁路调度指挥中心、侯马站改扩建等项目。新签合同46个，合同额6471.09万元，进款额5660.56万元。2019年产业化合同额4810.9万元，进款额3810.77万元，合同额和进款额均创历史新高。

【代表性工程项目】

一、综合交通枢纽

（一）青岛西站换乘中心及配套工程。该项目位于青岛市西海岸新区，青岛西站与青岛站、青岛北站共同构成三位一体模式的青岛铁路枢纽；项目定位为依托高铁站点，打造高铁新城综合片区，发挥承北启南的作用。该项目建筑工程总建筑面积21.58万m^2，总投资229213万元；包含东广场地下枢纽、西广场地下枢纽、长途客运站与游客集散中心、公交总站及配套商业。

青岛西站换乘中心集高铁、轨道交通、公交、长途汽车、出租车、社会车等多个交通方式为一体，是青岛西海岸各种交通工具的交会点；实现各种交通方式“零距离”集散、换乘，其规模之大、交通方式之全、功能之先进、换乘之便捷在国内外处于领先水平。在综合交通枢纽的研究过程中，充分结合该地区的发展需求，合理确定规模；在预留一定发展空间的前提下，充分考虑经济合理性。在综合交通枢纽的建设过程中，始终贯彻一体化的理念，使综合交通枢纽不仅成为工程精品，更是文化精品，是一座城市新的地标建筑。

（二）雄安站综合交通枢纽。该项目位于雄县城区东北部昝岗片区，距雄安新区起步区20km，京港台高铁、京雄城际、津雄城际3条铁路线路会聚于此。雄安站为高架铁路车场，线路轨顶标高15.15m，车场自西向东分别布置京雄城际、京港（台）场和津雄城际场，总规模为11台19线。其中京雄、京港（台）场规模为7台12线，津雄场规模为4台7线。雄安站为桥式站，以地面层进站为主、高架层进站为辅，车站主体共5层，其中地上3层、地下2层，且地面候车厅两侧利用地面层和站台层之间的空间设置出站夹层；高架层屋顶高47.2m。房屋总建筑面积47.52万m^2，其中铁路站房总规模约为15万m^2、市政配套规模约为17.66万m^2、轨道交通规模约为6.05万m^2，地下开发空间为8.81万m^2；工程总投资约80亿元，其中主体工程投资41.73亿元，剩余工程投资38.013亿元。

雄安站依托“十三五”“创新、协调、绿色、开放、共享”五大发展理念，承载“交通强国、铁路先行”的历史使命，打造雄安新区面向京津冀协同发展的重要门户。同时，结合周边区域规划，实现站城、产城、绿城融合发展，树立富有活力、功能复合的城市门户；打造站城一体、人文关怀的先行典范；创建乐活生态、低碳环保的智慧新城。作为新时代铁路客站的开篇之作，在设计之初就以打造“畅通融合、绿色温馨、经济艺术、智能便捷”的现代化铁路客站枢纽为目标，全力将雄安站建设成精品智能客站示范工程。具体创新理念与实践如下。（1）国内首个按照站城一体化设计建造的综合交通枢纽。为体现站城一体化的理念，车站与城市空间紧密融合，城市功能与枢纽功能互联互通，在一体化开发原则指导下，使多方主体共享车站周边的经济利益和开发价值。（2）采用建构一体化的设计理念。建筑造型与室内空间设计体现建构一体的理念，完成国内首个三维曲面清水混凝土候车大厅设计，满足桥下候车厅整体性、韵律性、艺术性的要求。（3）打造国家绿色三星建筑。将绿色建筑的理念融入车站之中，通过采用先进的节能环保材料及技术，打造集约生态创新的北方绿色建筑，达到国家绿色建筑三星标准。（4）人性化智慧枢纽。枢纽将充分利用信息化科技成果，实现信息共享，统筹运营管理，并将智能铁路客站系统从车站延伸到整个枢纽，着力打造智慧型交通枢纽。（5）充分利用BIM系统辅助设计。利用SketchUp、Rhino、BIM等三维软件，辅助开展正向设计，打造清水混凝土建构一体设计理念，完成国内首个三维曲面清水混凝土候车大厅设计。（6）创新性拉开站场，形成车站中央光谷。为改善环境、丰富室内空间效果，将雄安站津雄车场与京港（台）、京雄车场拉开22m，形成15m光谷方案。

（三）星火站。该站是北京铁路枢纽“六主（北京站、北京西站、北京南站、北京北站、星火站、丰台站）二辅（清河站、北京东站）”客运总格局中的主要客站之一。星火站的建设，可将客运专线、普速铁路、城市公交、轨道交通等基础设施融为一体，形成北京东北部地区新的大型综合交通枢纽，为北京东北部地区的加快发展提供强有力的支撑。星火站位于北京市东北部四五环之间，正在建设的地铁M3号线和远期规划的地铁R4号线在站前西广场地下设站。车场规模为7台15线，站型为高架站房，站房总建筑规模为18.26万m^2，站台雨棚建筑规模为6.18万m^2；车站最高聚集人数5000人；车站主体共3层，其中地上2层、地下1层，采用上进下出结合下进下出的流线组织方式。

站房建筑设计方案以北京悠久的历史文化为切入点，借鉴传统建筑形象，以现代手法、现代材料加以演绎，使得北京既古典又现代的形象跃然纸上。站房10m以下灰色基座厚重沉稳，宛若古建之台基；高架候车厅整体坡屋面舒展飘逸，重筑重檐庑殿之风采。

星火站为国内首次将站台雨棚屋面全部应用为室外停车场，集约用地，提高土地利用率，既解决了车站市政配套停车面积不足的问题，又减小了车场噪声对场地周边环境的影响，同时雨棚上盖停车场合理设置屋面绿化，补充城市绿化空间，改善城市空间环境，实现了城市建设的可持续发展。

（四）济南东客站。济南东客站是济南铁路枢纽的3个主客站之一，在交通地位上更是城市对外交通和内部交通衔接的重要枢纽。枢纽核心区以铁路车场为核心，南北分设市政配套广场及城市道路系统，形成以内外环形路网围合的综合交通枢纽，枢纽规划占地约75hm^2。

南广场市政配套工程建筑规模约10.93万m^2，为地下3层、地上3层。设计上将“站城一体”式规划与建筑设计理念充分融入济南东站枢纽总体规划设计方案中，并通过立体交通组织的方式，实现枢纽内部交通系统高度集成化，使得与国铁交通流线之间的多种换乘方式实现“零换乘”。在建筑设计上，通过对室内空间装饰装修、室外广场景观及照明亮化等多方面的专项研究，打造以枢纽为中心济南东部片区的“城市会客厅”形象，并高效服务于广大市民，从而实现整体造型空间的最优效果，为旅客提供优质的枢纽内外空间环境，提升枢纽服务品质。

二、总承包项目——盐通客专

新建3处站房，为大丰站、东台站和如皋南站站房。

（一）大丰站。该站位于江苏省盐城市大丰区，车场规模为2台4线，到发线有效长650m；设基本站台、中间站台各1座，尺寸均为450m×9m×1.25m，站台雨棚与站台等长等宽；设10m宽旅客进站天桥1座，8m宽旅客出站地道1座。大丰站站房面积扩大为14982m^2（不含架空层商业面积），架空层预留商业建筑面积8627.85m^2，总长155.9m，最大进深48m；主体2层，局部设夹层，架空1层。

站房及站区建筑设计以“鹿鸣天下·丰泽港城”为主题，建筑整体采用流线型设计，造型舒展大气，结合麋鹿奔跑中的速度感，提取出充满力量的曲线线条，对称的设计又如麋鹿的鹿角充满张力，从而呼应大丰“麋鹿故里”的美誉。

图9-16　大丰站效果图

（二）**东台站**。该站位于江苏省盐城市所辖东台市，既有新长铁路车场规模为2台4线，新建盐通铁路车场规模为2台4线，新建第三、四站台尺寸均为450m×9m×1.25m，盐通铁路新建雨棚覆盖面积9204.48m^2。站房面积扩大为14850.62m^2，车站最高聚集人数为800人，属中型铁路旅客站。

东台位于江苏省沿海中部，独特优越的地理环境，使其拥有较多的水网绿植，素有“水绿东台”之美誉。设计意图在解决高铁站房作为交通类建筑所特有的功能和技术问题，体现高效、便捷理念的同时，充分挖掘并结合地域特色，诠释建筑的文化内涵。

东台站主立面造型以一种亲近自然的尺度和抽象的建筑语言来回应这一风景优美的自然环境和特征鲜明的地方特色，设计以枝叶交错、郁郁葱葱的仿生形象，呈现出与东台的水绿相互映衬的，如绿林般生机勃勃的意象。技术上，镂空的树形帷幕减弱了强光直射，是将空间造型手法与节能措施相结合的一种创新尝试；树形帷幕结构围合出的檐廊，可以遮蔽强光、雨水，营造出一处人、光线、空气可以进入的全天候过渡空间。立面造型虚实相间，张弛有度，富有节奏感和韵律感，突出展现了东台精致大气的城市精神气质。在东台的水绿环境中，建筑舒朗大气，灵动典雅，无论是在阳光下，还是华灯初上的夜晚，都透露着蓬勃向上的盎然生机，散发出“水绿东台”的独特气质。

图9-17　东台站效果图

（三）**如皋南站**。该站位于南通市代管县级市如皋市，地处长江三角洲北翼。如皋南站旅客最高聚集人数为800人，高峰小时客运量329人，属中型旅客车站；站房面积扩大为11997m²（不含架空层面积），架空层建筑面积6778m²（其中附属站房2143m²，预留商业及配套4635m²）；总长128.2m，最大进深46.2m；站房主体2层，局部4层，架空1层。

如皋，享有世界长寿养生福地之称，方案设计灵感来源于如皋长寿博物馆内陈列的如皋长寿礼赞屏风，建筑立面以屏风样式的折面为主，两侧各6扇，每扇以渐变富有动感的方窗由低到高逐渐变化排列。

图9-18　如皋南站效果图

三、轨道交通项目

（一）**杭州地铁9号线**。9号线一期南段线路长10.830km，设10座车站，其中换乘站3座；北段线路长6.109km，设4座车站，其中换乘站1座。全线线路总长16.939m，共设14座车站，其中换乘站4座。集团公司承担全线总体总包工作及南段工点设计工作。

（二）**杭州地铁10号线**。杭州地铁10号线一期工程，设计起点为浙大站，终点为新兴路站，线路总长15.259km，设13座车站，全部为地下站，其中换乘站7座。集团公司承担总体总包及工点1标设计工作。

四、物业开发——珠三角城际新塘经白云机场至广州北站项目

该项目全线设车站10座，其中地下站2座、地上站8座，总建构筑物规模约509957m²。其中对竹料站、健康产业城站、马头庄站、镇龙站、荔湖城站、增城开发区站6座地上车站进行物业开发设计，物业开发总建筑面积217988m²。全线初步设计批复概算总额约230.26亿元，其中房屋建筑相关投资约38.42亿元。预计2020年全线开通运营。主要特点如下。(1) 该项目是路内第一个铁路红线内综合开发落地项目，首次完成了从TOD规划、站点价值排序、概念方案设计、初步设计到施工图设计的站房综合开发全过程设计工作。(2) 通过综合开发，提升站点所在地的土地、物业价值，并发挥辐射作用，引导城市的发展，吸引市场投资并反哺到轨道建设运营上去，创造项目市场化运作条件，实现轨道交通项目自身平衡，形成轨道交通“投资—建设—再投资”的可持续循环。（3）项目前期完成综合开发专题研究报告，在可研阶段将红线内综合开发的规模和投资纳入工程批复。（4）初

步设计阶段深入研究红线内的综合开发，完成“新白广城际综合开发规模演变及车站价值排序研究报告”及“重点车站的综合开发概念方案专题研究报告”。根据专题研究的成果将红线内综合开发整体纳入初步设计范围。（5）积极配合地方规划，将红线内开发的容积率、建筑高度等规划指标纳入场站综合体概念规划，并获得广州市审议通过，作为综合开发研究的规划依据。积极配合业主，明确了红线内开发的工程实施模式，将综合开发纳入施工图出图范围。2019年3月，完成站房以及综合开发施工图设计。

【质量管理及成果】

（一）**全面开展质量检查监督工作。**扎实推进集团公司“三查”专项治理工作，全面开展拟开通项目及在建项目的施工图核查工作，发现89个问题，已全部整改完毕。针对国铁集团关于加强勘察设计源头质量控制的要求，组织开展了影响运输安全的突出问题、配合施工工作、隧道洞室防护隔墙、防护门检查等质量检查工作，并对发现的问题进行了严格整改。

（二）**加强施工配合管理。**2019年派遣配合施工23人次，收到表扬信18封，76人次受到表扬。高度关注现场施工配合，注重派遣前培训和内部交底工作，派驻现场人员的水平不断提升，使得施工配合不仅能解决工程建设中发现的问题，更能及时发现并解决自身设计存在不足的问题，将安全隐患降到最少。

（三）**强化安全管控体系。**一是落实安全生产责任制。二是加强风险源辨识，深化风险管控和隐患排查治理。三是加强安全责任制和消防安全知识宣贯，组织消防演练。四是加强安全检查工作。全年开展安全检查4次，对发现的问题及时整改。

【推广采用新技术】

一、雄安站、丰台站、星火站推广采用多项新技术、新工艺

雄安站、丰台站、星火站作为新时代铁路客站的开篇之作，在设计之初就以打造“畅通融合、绿色温馨、经济艺术、智能便捷”的现代化铁路客站枢纽为目标，全力将三站建设成精品智能客站示范工程。采用的新技术如下。

（一）**站城一体化设计技术。**为体现站城一体化的理念，车站与城市空间紧密融合，城市功能与枢纽功能互联互通，在一体化开发原则指导下，使多方主体共享车站周边的经济利益和开发价值。基于站城一体化理念，以雄安站站房为核心，四角商业建筑、东西广场等项目结合枢纽空间、整体造型、人车流线、地铁换乘等功能进行了高度整合。雄安新区昝岗组团依托高铁站打造高铁经济核心区，在南部临近新盖房分洪道的区域打造雄昝商务及金融服务核心区，在北部临近高铁站区域打造会展核心区。

（二）**智慧枢纽设计技术。**充分利用信息化科技成果，整合场站内各类交通方式的运行资源并对其进行综合协调管理，实现信息共享，统筹运营管理，并将智能铁路客站系统从车站延伸到整个枢纽，着力打造智慧型交通枢纽。

（三）**绿色设计技术。**采用先进的节能环保材料及技术，打造集约生态创新的绿色建筑，达到国家绿色建筑三星标准。雄安站采用光谷设计，将津雄车场与京港台、京雄车场拉开22m，形成15m光谷，解决采光、通风、消防排烟等技术问题；对候车厅楼板振动和二次结构振动产生的噪声进行仿真模拟、特性分析，提出站台、轨道下方候车厅减振、隔振、吸声等措施；屋面系统采用大面积光伏玻璃组件与屋面构造有机结合。雄安站、丰台站采用振动噪声控制技术，保证旅客候车环境的舒适度。

（四）**立体车场和立体车站设计技术。**丰台站位于城市核心区，为集约利用土地，首次采用双层立体车场设计，实现普速客运车场和高速、城际车场双层重叠布置；同时，基于双层车场布置创新站房平面布局及旅客流线设计。星火站位于北京市朝阳区，在车站设计中，首次在国内采用全覆盖雨棚上盖停车场设计，加强土地的集约利用，解决市政停车问题的同时，实现了城市的可持续发展；同时在外立面设计中，在国内首次采用折面无肋板玻璃幕墙系统，幕墙整体无竖向龙骨，玻璃轻盈通透，提升玻璃幕墙品质。

（五）**站台下空间综合利用设计技术。**丰台站设计架空站台，充分利用站台下空间，优化调整站台下的各专业通道布置，对风道、气力垃圾通道、四电电缆通道等进行平面及竖向布置优化调整，系统设计上水、吸污、消防管道、设备布置及人员作业通道。

（六）**全覆盖雨棚屋面停车场设计技术。**星火站系统研究大型雨棚屋面停车场的交通流线组织、平面布局、消防策略、排水、景观、照明、动荷载相关结构等问题，形成大型客站雨棚屋面停车场设计的技术标准，并在设计中应用。

（七）**半埋式柱脚设计的技术。**创新提出了大尺度型钢混凝土柱半埋入式柱脚设计方法，指导了雄安站房结构型钢混凝土柱半埋式柱脚的设计，并首次在雄安站房基础工程中得以运用。雄安站房柱距大，设防烈度高，柱截面大，按照传统埋入式柱脚设计方法，型钢柱脚埋深过大，柱下承台厚度过大，且基坑需要开挖大量的土方工程。半埋式柱脚设计方法，通过数值理论分析和半埋式柱脚节点缩尺试验，验证了设计方法的安全性和先进性。该技术在雄安站房工程的应用，降低了工程造价并缩短了工期，深受建设单位好评。半埋式柱脚设计技术成果，达到了国内领先水平。

（八）**桥式站房结构和区间桥梁墩台之间设置独立承轨梁。**创新结构体系布置，在雄安桥式站房结构和区间桥梁墩台之间设置独立承轨梁，独立承轨梁一端与桥式站结构现浇，另一端与墩台通过抗震球形支座连接。该结构体系布置及构造，通过转角变形方式，保证了承轨梁与桥梁结构不产生横向相对变形，满足了轨道扣件变形要求，有效解决了房桥在区间连接处的无砟轨道横向变形控制难题，为高速铁路无砟轨道在大型桥式站房结构首次应用提供了技术支撑。

（九）**装配式站台成套技术。**雄安站架空站台结构采用预制装配式混凝土结构，并结合减振降噪研究，研发预制站台吸声墙板，形成装配式站台成套技术。装配式站台结构的运用，大幅度提高了施工效率，减少了施工交叉干扰，缩短了施工工期；结合装配式站台研发的吸音墙板，为桥式站房减振降噪的重要措施，吸音墙板与站台柱内侧企口式连接，有效地保证了吸音墙板的连接强度和行车运营的安全。装配式站台成套技术成果为国内大型站房枢纽的首次应用，为今后的站房枢纽提供了宝贵的借鉴作用。

（十）**列车荷载对双层车场建筑结构的综合影响分析及应用。**首次在双层车场结构上进行列车荷载对建筑结构的综合影响分析及应用。丰台火车站创造性地采用了双层车场，以往列车荷载分析模式可以反映单层车场不同列车分布对结构的不利影响，但难以考虑上下车场的相互影响。为了分析普速场和高速场列车荷载相互作用对结构的不利影响，本项目采用了双层车场列车荷载同时加载、分层加载、分区加载、考虑相互作用的分析模式，创新地提出了双层车场结构列车加载的标准，为今后站房双层车场类似工程提供了宝贵的经验。

（十一）兼顾站房运营维护的结构健康监测系统。传统的结构健康监测系统是对结构主体结构进行监测，选取关键或具有代表性的结构构件持续监测，以实时掌握结构的安全状况，对可能发生的结构变化与失效进行预警。针对枢纽站房的上述特点，丰台站站房结构监测系统设计中对结构健康监测概念进行了拓展与升级，在传统结构健康监测范围的基础上增加了对自爆风险较大的玻璃幕墙、易锈蚀钢构件、线路上方吊顶系统等易损部位的监测设置，将这些站房运营维护中的重点内容纳入监测系统。同时在监测系统中采用视频识别机器人、监测系统与BIM技术融合等新科技，提高了监测系统的信息化、数字化水平。该项融合运维的结构全寿命周期的监测体系，深受建设单位以及运营单位好评，值得总结和推广。

（十二）圆管柱下接十字形钢骨柱设计。星火站支承屋盖柱为圆管柱，下部为矩形钢骨混凝土柱，为便于节点核心区施工，创新提出了圆管柱下接十字形钢骨柱的节点设计原则和构造做法。钢骨柱内钢骨采用十字形，按照十字形钢骨截面面积、弹性和塑性惯性矩、弹性和塑性抵抗距不小于上部圆管柱的计算原则确定了十字形钢骨截面尺寸；为满足圆管柱和十字形钢骨柱连接的节点受力要求，将十字形钢骨柱腹板向上插入钢管内一定高度，通过节点有限元分析，二者之间传力均匀，节点区应力分布合理。钢骨截面确定原则和节点构造方式为今后类似工程提供了宝贵的借鉴经验，值得总结和推广。

（十三）自带冷源的水冷多联柜机空调系统。暖通专业结合丰台站、雄安站、星火站等铁路客站高大空间节能空调系统的研究，以节能降耗、降低运营成本为目标，开发了自带冷源的水冷多联柜机空调系统，实现了分散式空调风，节省机房面积，节省冷热量的输送能耗；雄安站为实现候车区就近区域覆盖式空调方式、提高空调效率、节省冷热量的输送能耗，开发了自带换热盘管的贴附送风风柱；丰台站充分利用双层车场的结构形式，将候车大厅空调机组设置于高速场站台板空腔内，在做到空间利用最大化的同时，分散化设置空调机组，减少输配能耗。

二、暖通专业解决北方地区节能环保供暖问题的科研成果

暖通课题组历经科研攻关和工程实践，以解决北方地区的节能环保供暖问题为宗旨，围绕CO_2和R134a复叠技术、风冷热泵与地源热泵耦合技术、建筑冷热负荷不均衡情况下恢复土壤温度的热平衡技术、低温土壤耦合换热系统的设置这4个关键技术进行系统研究，开发了超低环温CO_2及自平衡式地源热泵成套设备，主要创新点如下。

（一）提出了新的CO_2和R134a复叠循环流程。通过采用涡流管、可变回热、复合式蒸发器结构及不间断供热快速融霜等技术和新的协同控制策略，创新性解决了环境温度低至-40℃空气源热泵机组供暖的技术难题。

（二）研制了超低环温CO_2及自平衡式地源热泵成套设备。研发了单级热风、复叠热水机组、复叠风水联供机组、并实现复叠式机组的夏季制冷功能，完成系列化产品的定型生产；提出了补偿式双源热泵冷热、风空调机组控制方法，开发了适合严寒

及寒冷地区的自平衡式地源热泵成套设备，实现冷热负荷不平衡情况下的系统自平衡。

三、北京城市副中心站节能方案

该站为地下高铁站房，车场规模为8台14线，共地下3层，埋深约30m。其设计理念是阳光洒入站台，此站房顶部采用玻璃屋面，在B1层到B3层之间设1个上下贯通的约8000m²的孔洞，在B1到B2层设2个6000m²和3000m²的孔洞；进站口及B3层屏蔽门处于常开状态，这样由热压引起的渗透风和玻璃屋面引起的热辐射会比较大。针对这些特点提出以下节能方案：（1）过渡季节利用热压的作用加大自然通风。（2）针对渗透风的影响，冬季采用地板辐射供暖；夏季在太阳直射区域可考虑用地板辐射供冷来消除太阳热辐射的显热负荷。

四、智能高铁、智能建造、智能运维

丰台站、雄安站、星火站等高铁车站提出按需制冷的智能调控理念，实现了边界条件变化（例如室外气象参数、人流等变化）制冷系统自动进行调节，达到节能降耗的需求；在智能运维方面，结合武汉调度所运维测试工程，通过不同季节室内环境温湿度等大量数据的测试，对运维进行精细化指导，使空调设备和系统高效节能运行，真正达到设计目标。

五、多项新技术在结构设计施工中应用

宁波地铁5号线、杭绍线等项目基坑设计施工中，采用支撑轴力伺服系统控制基坑变形，有效保护了周边建构筑物及地下管线安全。

杭州地铁10号线及机场线，地下车站盖挖逆作法设计中采用HPE液压垂直插入钢管柱技术，并顺利实施。

杭绍城际铁路，盾构设计中采用盾构管片预埋槽道技术。

在新白广城际白云机场隧道项目中采用徕卡NovaMs60自动化检测系统对机场滑行道进行监测。

【科研、标准化与业务建设】

（一）科研成果硕果累累。2019年，新开内部课题14项，新开部级科研及标准6项。全年主持课题82项，结题15项。获省部级科技进步奖1项；获批专利证书32项，软件著作权3项。

（二）精品设计落实落细。一是雄安、丰台、星火等重点客站持续推进绿色节能、减振降噪、装修优化、文化艺术提升等专项设计研究。二是编制下发《建筑院关于川藏铁路设计咨询管理工作的通知》，为进一步规范工作流程和提升咨询工作水平奠定基础，并针对川藏的复杂条件设立“房屋选址”及“减隔振技术”等专项课题研究。

（三）技术交流有效加强。一是加强横向交流。策划、组织了中国建筑学会2019年建筑设计博览会“铁路交通枢纽”展区的展览工作，扩大集团公司的影响力，拓宽建筑设计员工的视野和思路，促进建筑院与行业间的交流学习。二是我院作为铁道学会标准会房屋建筑专委会理事单位，多次组织学会的标准化建设会议；完成房屋建筑专委会的标准建设和研究工作；召开专委会的年度工作会议。

（四）业务扩展主动储势。协助集团公司组织“铁路项目土地综合开发与站城一体化技术交流会”，完成国铁集团经开部安排的《新建铁路土地综合开发总体规划》报告编制工作，为铁路建设项目土地综合开发落地实施做好技术储备。

（五）设计成果创优成绩显著。2019年，建筑院获优秀勘察设计奖全国行业奖2项，省部级优秀设计5项，集团公司优秀设计5项、优秀咨询2项。

【职工培训与人才队伍建设】

（一）**培训体系有效运转。**一是提高所室级技术培训的组织力度，拓展职工业务知识范围。组织开展包括新技术、新材料的应用推广，软件应用学习，设计经验总结交流会等。全年共培训47次，其中所室级27次，2028人次参加。二是注重外部培训交流。参加注册职业资格继续教育16人次，送外培训7人次；选送2名同志参加南开大学基层法务人员脱产培训。三是领导班子成员、所室负责人、总承包项目部、职能人员共14人次，分别参加了集团公司举办的总承包项目管理、质量安全生产、企业管理等各类培训。

（二）**优化提升人才梯队。**一是2019年新增22人考取职业资格证书。其中一级注册建筑师8人、注册城乡规划师2人、一级注册建造师10人、注册咨询工程师2人。二是经天津规划和自然资源局职称评委会评审通过，11人获得天津市工程技术系列城市规划专业职称，其中高级规划师5人、规划师6人，为维护和升级规划资质、打造优秀的规划专业人才梯队奠定了基础。三是中层管理干部40岁以下达到51.5%，干部结构得到进一步优化。四是认真落实集团公司《挂职管理办法》，加大交流培养力度，输送青年干部和骨干员工到地方政府部门、集团公司职能部门、生产机构锻炼。年内选派1人到雄安新区规划局挂职，向集团公司输送优秀人才4人、挂职1人、借调1人。

【综合管理】

（一）**加强制度建设。**为适应集团公司建立两级管控体系的要求，启动对现有制度办法的梳理，建立符合新要求的制度建设框架。制定并发布《建筑院员工绩效管理办法（试行）》《建筑院生产经营管理办法》《建筑院科研绩效管理办法》。各所室编制相适应的《所室员工绩效管理实施细则》，形成以工作质量、数量为主线的绩效管理体系，旨在加强员工绩效管理，激发和调动员工工作积极性，增强员工岗位价值创造力，实现精准管理。

（二）**高效推进合同管理。**为适应集团公司“量本利”经济责任制，进一步规范管理，对2019年以前已安排工作尚未签订合同的委外采购事项进行集中清理。在集团公司企法部的支持下，顺利完成津滨轻轨市民广场连廊设计施工总承包项目和天津铁路系统燃气锅炉及热力管网工程总承包项目的债权清理，涉及金额693.54万元。

（三）**积极构建和谐团队。**充分发挥工会、团组织力量，开展“弘扬工匠精神、提升精品意识、展示精品成果”主题劳动竞赛和川藏铁路雅安至林芝段站房方案征集竞赛。结合重点项目、长大干线的设计任务，组织雄安站、星火站设计团队参加集团公司劳动竞赛，均获集团公司精品设计劳动竞赛一等奖。积极开展送温暖活动，领导班子走访慰问患病职工和长期在外的职工家属。注重职工健康管理，落实带薪休假、健康疗养制度，职工休假率达92.1%。在祖国华诞70周年之际，组织全院约60余名职工先后参加集团公司职工大合唱、才艺大赛、书画摄影展等活动，职工纷纷为祖国华诞献上自己的一份祝福。

【重要学术活动及论文】　2019年，建筑院职工在各类刊物发表论文共计9篇。参加的重要会议、学术活动：（1）2019年1月22日，“京津冀地区重点客站关键技术研究”子课题十“雄安、丰台等新时代标志性精品客站研究”文化艺术性研讨会；（2）2019年1月22日，在北京召开的铁总重大课题“智能京雄关键技术研究”开题会；（3）2019

年12月6日，在集团公司召开的铁道学会标准化（房屋建筑）专委会年度工作会议。

（孙毅）

·电化电信院·

【概述】 电化电信工程设计研究院（简称电化电信院）是集团公司直属生产单位，主要承担铁路、公路、城市轨道交通、工业等领域内的通信、信号、信息、电力、供电、变电、接触网各专业的工程设计、规划、技术开发与研究、咨询、培训、技术转让、工程监理、工程验收、工程评估、项目管理及工程承包等服务工作。

电化电信院设院长1人、书记1人、副院长2人、院总工程师1人、副总工程师14人，下设通信信息所、信号所、电力所、电气化所、创研室5个生产所室，设院办公室、党群室、计划技术室3个职能室。截至2019年底，在册职工共计371人，其中专业技术人员370人，包括教授级高级工程师20人、高级工程师150人，工程师136人。电话电信院拥有国家注册电气工程师10人、注册监理工程师8人、注册咨询工程师4人、注册安全工程师2人、注册一级建造师17人、注册造价工程师1人。

办公地址：天津自贸试验区（空港经济区）东七道109号。

联系电话：022-60574698。

【生产经营及各项指标完成情况】

一、生产经营指标完成情况

2019年，自揽外委合同额8973万元，进款5553万元；总承包合同额16497万元，进款26016万元；产业化合同额12400万元，进款12300万元。

二、生产任务完成情况

2019年组织完成技表222项、调度通知1512项，完成总体安排的零星工作3170项。获得建设单位来函表扬76次。主要承担项目如下。

（一）主要境内国铁、城轨设计项目。（1）主要国铁项目：佳鹤电化、哈佳客专、牡佳客专、哈铁力铁路、京沈客专、敦白客专、沈白铁路、赤峰联络线、通辽联络线、朝盘联络线、包银铁路、集大原铁路、京雄铁路、京唐铁路、京滨铁路、北京城际联络线、丰台站改建、星火枢纽、津兴机场联络线、石衡沧铁路、郑济客专、潍莱铁路、山东省城际铁路调度指挥中心、苏南沿江城际、通苏嘉甬铁路、太焦铁路、郑阜客专、商合杭客专、大张客专、大张高铁至韩原铁路联络线、浦梅铁路等。（2）主要城轨项目：哈尔滨市轨道交通2号线一期、哈尔滨市轨道交通3号线二期、沈阳地铁4号线、大连地铁5号线、呼和浩特市城市轨道交通2号线、天津地铁7号线、天津地铁10号线、天津地铁1号线、石家庄市城市轨道交通3号线、青岛地铁8号线、杭州地铁9号线、杭州地铁10号线、杭富线、杭绍城际、上海地铁、南京地铁6号线、洛阳地铁1号线、深圳市城市轨道交通8号线、深圳轨道交通14号线、深圳市大运城市综合交通枢纽、重庆城市轨道交通5A线等项目。（3）主要开通项目：商合杭铁路、郑州至阜阳铁路、克拉玛依至塔城铁路、京雄城际（北京至霸州）、大同至张家口高铁、邯济铁路至胶济铁路联络线及太原铁路枢纽新建西南环线等7个项目。

（二）主要境外项目。巴基斯坦拉合尔橙线、匈塞铁路（塞尔维亚段、匈牙利段）、印尼雅万高铁、泰国铁路、中老铁路、肯尼亚铁路、孟加拉铁路、巴拿马铁路、菲律宾铁路、援老挝首都万象电力系统改造工程等项目。

（三）主要咨询项目。（1）主要国铁项目：鲁南高速铁路、重庆至昆明高速铁路、崇礼铁路、郑周阜铁路、银西铁路、郑万铁路、沪通铁路、西韩铁路、西成铁路、衢宁铁路、京张铁路、汉十铁路、金甬铁路、成昆铁路、老挝铁路、阳安增二线、西安铁路枢纽等。（2）主要城轨项目：杭州地铁1号线、5号线、6号线、7号线，青岛地铁8号线，厦门地铁2号线、3号线，天津地铁4号线南段，常州轨道交通1号线、2号线，深圳地铁12号线，广州轨道交通18号线、22号线，宁波轨道交通5号线，武汉轨道交通2号线南延、8号线、12号线、16号线二期工程等。

（四）主要EPC项目。盐通铁路、杭绍台铁路、昌景黄铁路、汕汕铁路、广湛铁路、宣绩高铁、阳大铁路等总承包项目。

（五）获得建设单位表扬项目。郑阜铁路、商合杭铁路、大张高铁、京唐城际、盐通铁路、哈佳铁路、赤喀京沈联络线、太焦铁路、北京大兴国际机场、敦白铁路、京雄城际、佳鹤扩能、京沈客专、丰台站改、雄安站房、哈尔滨地铁、呼和地铁、大连地铁、石家庄地铁等。

三、承揽外委、总承包项目及产业化开发情况

（一）承揽外委设计项目71项。主要签订了“朔黄重载铁路移动闭塞扩大试验与工程化应用研究”“蒙华铁路四电集成一标段1、2、3工区技术咨询服务合同”“山西移动2019—2021年全省铁路红线内设计及施工服务采购框架合同”，以及“商丘至合肥至杭州铁路安徽段四电系统集成及相关工程技术服务”等合同。

（二）承揽总承包项目9项。签订了“新建太原至焦作城际铁路晋中段三电及管道迁改工程设计施工总承包承发包合同书补充协议一、二”“新建青岛董家口港区疏港铁路三电及管线迁改工程设计施工总承包”“新建郑州至周口至阜阳铁路安徽段站前工程ZFZQ-1标段临泉电力迁改设计施工专业分包合同工程结算书”及“新建北京至沈阳铁路客运专线四电集成及相关工程易燃、易爆品库及油气管道电磁干扰防护项目第一标段建设工程设计施工承包合同补充合同”等。

（三）产业化开发情况。2019年，承揽产业化合同共78项。以腕臂吊弦预配计算、列控数据编制等传统业务为基础，持续开拓出一体化机柜等新产品、BIM服务等新领域。以飞泰公司为平台的产业化成果落地孵化初显成效。对简统化接触网零部件制造实体等产业投资实现新突破，智能供电系统、信号无人巡检技术、一体化机柜等重大自主成果，在各类项目中寻求机会积极推进运用。在总承包杭绍台和盐通项目中尝试服务类的产业化项目内容、内部分包费用及协议的谈判。

【代表性工程项目】

一、北京至雄安城际铁路

（一）通信、信息系统。（1）通信网由通信线路、传输系统、数据通信网、电话交换及接入网、有线调度通信系统、移动通信系统、站间行车电话及其他专用通信系统、站场通信系统、会议电视系统、综合视频监控系统、应急通信系统、综合布线系统、隧道应急通信、时钟同步及时间同步系统、通信综合网络管理系统、电源设备、电源及设备房屋环境监控系统、防雷及接地等组成。（2）信息系统主要包括客票、旅客服务信息、动车所管理信息、办公管理信息、公安管理信息、机电设备监控及火灾自动报警、灾害监测（含风雨雪及异物侵限监测、地震预警）等系统。灾害监测系统采用铁路局中心系统、现场监测设备两级架构，接入并扩容北京局灾害监测系统铁路局中心系统。

（二）信号系统。主要由运输调度指挥系统、列车运行控制系统及区间闭塞系统、车站联锁系统、信号集中监测系统、综合接地系统及综合防雷系统、电源设备等组成。正线李营线路所至黄村站京雄场按CTCS-2级列车运行控制系统设计，黄村站京雄场至雄安站按CTCS-3级列车运行控制系统设计。

（三）电力供电系统。新建新机场、固安东、霸州北、雄安站站区、雄安动车所10kV配电所，改造利用既有广安门、黄村10kV配电所。其中广安门配电所改造由其他工程实施；黄村配电所增容改造与配电所拆迁还建一并实施，在征拆工程中统一考虑。雄安站站房在站房内设置10kV配电所2座为站房负荷供电。全线新建10kV配电所均由地方接引2路10kV电源。

（四）牵引供电系统。新建固安东、雄安2座牵引变电所，改建既有京沪高铁李营牵引变电所；新建2座分区所；新建4座AT所；新建1座动车所开闭所。全线接触网电动隔离开关纳入远动系统；全线牵引供电设施纳入北京铁路局调度所。高速正线区段接触网采用全补偿弹性链形悬挂；低速正线区段及站线等接触网采用全补偿简单链形悬挂。

（五）精细化及智能化设计。依托云计算、大数据、物联网、移动互联、人工智能、BIM、5G等新理念、新技术，四电设计团队根据国铁集团对铁路智能化的迫切需求，对智能化技术与高铁建设全过程的深度融合进行研究，提出30余项智能技术，在智能建造、智能装备及智能运营三大领域均有技术创新。主要体现在以下几方面。

（1）高速铁路自动驾驶技术（C3+ATO）、智能高铁调度集中系统（智能CTC）、工电一体化基础设施智能运维检测平台等新技术的研究，为一体化运维和智能化运营提供了技术储备和应用场景。基于云平台技术的综合视频监控系统、智能牵引变电系统等新成果的应用，实现高铁基础设施全生命周期的安全、高效和智能管理。

（2）车站采用“无纸化”电子客票的功能设计，提高旅客出行的便利性。

（3）建筑设备监控及能源管理系统（BAS-EMS系统）将中央空调、智能照明、机电设备、能源数据等采集模块通过统一的集成，形成具有信息汇集、资源共享及优化管控等综合功能的系统。

（4）深入研究在综合交通枢纽领域各专业的最新成果，在大兴国际机场站交通枢纽、雄安站交通枢纽设计中，首次将旅服集成平台的理念推广应用到市政枢纽信息系统的设计中，实现市政与铁路信息互联互通。

（5）全线应用BIM技术进行四电设备和线缆的模型设计，使四电部分系统实现虚拟可视化。

二、蒙华铁路

（一）通信系统。主要包括传输系统、电话交换及接入系统、数据通信系统、专用移动通信系统、调度通信系统、会议电视系统、应急通信系统、时钟及时间同步系统、综合网管系统、通信资源管理系统、通信电源、智能防雷系统、电源及环境监控系统、视频监控系统、光缆监测系统、通信线路等。长大隧道采用直放站和漏缆方式，满足隧道内的弱场覆盖。

（二）信息系统。主要包括蒙华北京灾备中心信息系统、货运管理信息系统、办公管理信息系统、公安管理信息系统、综合布线系统、火灾自动报警系统、视频监控系统、门禁系统、电源及防雷及接地等。灾备信息系统主要包括蒙华各主要信息系统灾备系统、机房模块内的设备机柜（含冷通道封闭）、信息机房综合布线、机房电源及环境监控系统等设备设施。

（三）信号系统。全线采用分散自律调度集中（CTC）系统，双线区段采用四显示ZPW-2000系列无绝缘移频自动闭塞、区间综合监控系统，单线区段采用自动站间闭塞；车站采用硬件安全冗余型计算机联锁；设有综合防雷、部分桥隧较多地段设置局部综合接地。

（四）电力供电系统。全线新建2路10kV贯通线路，采用架空线为主的方式。新建14座10kV配电所、1座35kV变配电所。新建配电所由地方变电站接引两路10kV或35kV独立外部电源，接引专盘专线。沿线区间设置远动箱变，沿线各车站站房内均设动力照明变电所及通信信号专用变电所。全线电力远动纳入综合SCADA系统。

（五）牵引供电系统。正线采用自耦变压器（AT）供电方式，联络线、折返段等采用直接供电方式；内蒙古自治区、山西省、河南省境内采用220kV电源电压等级，陕西省境内采用330kV电源电压等级。浩三段新建12座牵引变电所、11座AT分区所、22座AT所、3座AT兼开闭所（其中1座预留）。牵引变电所设2组主变，每组采用2台单相变压器外部组合方式。27.5kV侧采用单母线分段接线，馈线断路器采用50%备用方式。接触网采用全补偿简单链形悬挂，结构高度一般采用1400mm。接触线采用铜合金接触线，承力索可采用铜合金绞线。中条山隧道及白城盾构隧道内接触网采用刚性悬挂+AF线裸线架空的悬挂方案。

（六）智能蒙华包括9个系统。智能蒙华大脑、智能综合调度、综合安全大数据应用、基础设施智能运维、智能牵引供电、融合北斗的工务基础设施监测、视频监控智能分析。

三、郑阜客专

（一）通信系统。由传输及接入系统、数据通信网、电话交换、调度通信系统、移动通信系统、会议电视系统、综合视频监控系统、应急通信系统、综合布线系统、时钟同步及时间同步系统、通信综合网络管理系统、电源设备、电源及设备房屋环境监控系统、防雷及接地、通信线路等组成。

（二）信息、防灾系统。主要包括客票系统、旅客服务信息系统、运输调度管理系统、办公管理信息系统、公安管理信息系统、火灾自动报警系统及机电设备监控系统。电子客票系统采用基于人脸识别的自助实名制核验系统，实现人脸、身份证、护照等多种形式包括电子票的核验、报销凭证的自助打印等。灾害监测系统包括风、雨、雪及地震预警监测系统。灾害监测系统，首次在郑州铁路局设置灾害监测铁路局中心系统，铁路局中心系统按照风、雨、雪及异物侵限监测中心系统和地震预警监测中心系统分开独立设置，为郑州铁路局管辖范围内各线灾害监测系统接入铁路局中心系统提供了的基础条件和接口能力，实现信息资源共享。

（三）信号系统。全线采用CTC3.0设备。各站设置ZPW-2000区间轨道电路室外监测设备。各站站内一体化轨道电路股道绝缘采取绝缘破损防护措施。

（四）电力供电系统。新建10kV一级负荷电力贯通线路和10kV综合负荷电力贯通线各1条。新建7座10kV配电所，配电所均由地方变电站接引两路专盘专线电源，较大提高了本线电力供电可靠性。在车站设10/0.4kV室内变电所或箱式变电站供电，在区间一级负荷电力贯通线为通信、信号一级负荷的主供电源，同时为需要2路电源供电的二级负荷提供备用电源，综合负荷电力贯通线为区间其他负荷供电，且作为一级负荷的备用电源。全线设置电力调度及远动系统，纳入全线综合SCADA系统。

（五）**牵引供电系统**。正线采用AT供电方式，存车场、动车走行线采用带回流线直接供电方式。郑阜铁路全线新建许昌北、周口东、扶沟南、沈丘北、临泉5座牵引变电所，改造商合杭铁路阜阳西牵引变电所；新建AT分区所6座；新建AT所12座。接触网正线采用全补偿弹性链形悬挂；站线、渡线、联络线等采用全补偿简单链形悬挂。全线按远动化设计，郑州铁路局既有客专牵引供电调度所增设1个牵引及电力调度台，上海铁路局利用同期实施的商合杭调度台调度管辖。

四、商合杭铁路

（一）**通信信息系统**。由传输系统、数据通信网、电话交换及接入网、调度通信系统、移动通信系统、会议电视系统、综合视频监控系统、应急通信系统、综合布线系统、时钟同步及时间同步系统、通信综合网络管理系统、电源设备、电源及设备房屋环境监控系统、防雷及接地、通信线路等组成。信息系统主要包括客票系统、旅客服务信息系统、运输调度管理系统、办公管理信息系统、公安管理信息系统、火灾自动报警系统及机电设备监控系统。灾害监测系统包括风、雨、雪、异物侵限及地震预警监测系统。为配合信息化电子客票的高可靠要求，对传输、电源、通信线路等进行了冗余设计。电子客票通道为FE端口，分别由2套传输设备提供，敷设2条光缆形成不同物理径路，采用双套高频开关电源系统形成分担供电，以满足电子客票对通信传输设备、通信线路、高频开关电源采用冗余措施的技术要求。全线综合视频监控系统采用IP摄像机，清晰度为1920×1080，采用红外或激光补光进行昼夜监视。区间敷设1条12芯综合光缆，以适应高清视频带宽增长，实现视频接入层的独立光纤组网并兼顾区间电力远动等业务需求。

（二）**信号系统**。全线设运输调度指挥系统、列车运行控制系统、车站联锁系统、信号集中监测系统、综合接地系统等。按现行有关规范配置调度集中（CTC3.0）系统，按属地化管理模式分别纳入郑州铁路局和上海铁路局调度所高铁CTC中心系统管辖；正线采用CTCS-3级列控系统；新建各站（线路所）均新建硬件安全冗余型计算机联锁设备；全线设置信号集中监测系统，并接入相应电务段集中监测总机系统；全线设置综合接地及综合防雷。商丘枢纽连续大号码道岔叠加短联络线，采用移设电分相、增设信号布点、郑徐RBC和商合杭RBC在联络线移交的方案。商合杭铁路侧线出站信号机外移、按距警冲标或对向道岔岔尖的距离不小于30m设置，出站信号机有源应答器组按距出站信号机60m设置。满足17辆编组接车信号方案。

（三）**电力供电系统**。利用郑徐客专在建的商丘10kV配电所（预留房屋），新增10kV贯通相关高压设备，引出商合杭10kV一级负荷贯通线及10kV综合负荷贯通线各1路，同时预留规划京九客专的10kV贯通线的引入条件。区间一级负荷电力贯通线为信号通信一级负荷供电，同时为信号通信房屋空调及通风设备提供备用电源，综合电力贯通线为牵引变电所、分区所、AT所、信号通信房屋的通风设备等负荷供电，并作为信号、通信一级负荷的备用电源。全线设置电力远动系统，远动终端包括10kV配电所、10kV变电所的高压开关和为信号通信设备供电的低压开关。电力远动系统暂按远动端、调度端、综调中心三级管理设置，电力调度主站设在铁路局调度中心内，调度区段划分与行车调度划分一致。电力远动系统纳入全线综合调度系统，10kV变配电所由郑州铁路局及上海铁路局管辖。

（四）牵引供电系统。正线采用AT供电方式，存车场、联络线采用带回流线的直接供电方式。新建牵引变电所高压电源采用220kV电压等级，新建牵引变电所牵引变压器安装容量阜阳西牵引所为2×（63+40）MVA，其余均为2×（40+40）MVA。正线接触网采用全补偿弹性链形悬挂；站线、渡线、存车场等采用全补偿简单链形悬挂。电分相采用六跨关节形式；全线AT区段架设保护线（PW）。郑徐下行联络线及商丘、阜阳枢纽内存车场为直供区段，架设回流线（NF）作为钢轨回流的并联通道，工作接地兼闪络保护。在铁路局局界设置受电弓滑板监测装置（5C）。

五、南沿江铁路

（一）通信信息系统。主要包括传输系统、电话交换及接入系统、数据通信网、GSM-R系统、有线调度通信系统、会议电视系统、应急通信系统、综合视频监控系统、时钟同步及时间分配系统、通信综合网管系统、通信电源、通信电源及设备房屋环境监控系统、防雷及接地、通信线路、综合布线系统等。自然灾害及异物侵限监测系统由风雨灾害监测系统、地震预警监测系统构成。设置17处风监测点、5处雨监测点及18处风雨灾害监测系统监控单元。设置5处地震监测点、18处地震预警监测系统监控单元。在南京桥工段设置1套风雨灾害监测系统灾害监测维护终端及配套的网络、电源设备。在南京桥工段、南京电务段分别设置1套地震预警监测系统灾害监测维护终端配套的网络、电源设备。

（二）信号系统。主要由运输调度指挥、列车运行控制、车站联锁和信号集中监测4个子系统组成。采用调度集中（CTC）系统；正线列车运行控制采用CTCS-3级列控系统；新建各站、线路所新建硬件安全冗余型计算机联锁设备。新建联锁各站、线路所、中继站设置信号集中监测分机，纳入南京电务段信号集中监测总机系统，监测总机系统利旧修改。信号设备房屋设置综合防雷系统。正线及江宁上下行联络线设置综合接地系统。

（三）电力供电系统。自南京南动车所10kV配电所至DK138+100处中继站箱变设置新建10kV一级负荷电力贯通线路和10kV综合负荷电力贯通线各1条。一级负荷电力贯通线为通信、信号一级负荷的主供电源，同时为需要2路电源供电的二级负荷提供备用电源，综合负荷电力贯通线为区间其他负荷供电，且作为一级负荷的备用电源。区间均采用箱式变电站（以环网式为主）为通信、信号、防灾、公安等用电设备供电。距箱变1.5km范围内零散小负荷原则上由箱变低压供电。分别在句容站、金坛站和武进站新建1座双电源10kV配电所，利用南京南动车所10kV配电所。新建配电所2路电源引自地方变电站。对电力10kV配电所采用无人值守补强设计，通过增加监控摄像机等，全线电力配电所可实现无人值守条件，节省路局维护人力资源。全线采用远程智能抄表系统，对电能进行统计、分析、评估等，以便达到绿色节能的目的。

（四）牵引供电系统。全线采用AT供电方式。牵引变电所采用220/2×27.5kV，全线设置句容、金坛2座牵引变电所、3座分区所、5座AT所。接触网采用全补偿弹性链型悬挂。结合本线雷暴日，预留后期架设避雷线条件；按照《加强高铁轨旁设备管理的通知》

(工电综技函〔2019〕40号)要求，对接触网标志牌、下锚装置、自动过分相磁感应器、隔离开关机构箱、防护网栅、电缆等轨旁设备采用可靠防松设计措施。

六、大张铁路

(一)通信信息系统。由传输及接入系统、数据通信网、电话交换、调度通信系统、移动通信系统、会议电视系统、综合视频监控系统、应急通信系统、综合布线系统、时钟同步及时间同步系统、通信综合网络管理系统、电源设备、电源及设备房屋环境监控系统、防雷及接地、通信线路等组成。综合视频监控对区间路基、路基和桥梁结合部以及长度6km以上桥梁等区段增设视频采集点，进行视频覆盖。全线综合视频监控系统采用IP摄像机，清晰度为1920×1080，采用红外或激光补光进行昼夜监视。信息系统主要包括客票系统、旅客服务信息系统、运输调度管理系统、办公管理信息系统、公安管理信息系统、火灾自动报警系统及机电设备监控系统。灾害监测系统包括风、雨、雪及地震预警监测系统。自然灾害及异物侵限监测系统采用铁路局中心系统、现场监测设备两级架构，铁路局中心系统包括调度所设备及灾害监测终端，现场监测设备包括监控单元及现场采集设备。大张高铁车站全面实施电子客票系统。采用基于人脸识别的自助实名制核验系统，实现人脸、身份证、护照等多种形式包括电子票的核验，报销凭证的自助打印等。

(二)信号系统。运输调度指挥采用调度集中(CTC)系统，正线按照列车运行控制系统为CTCS-2级。各站及存车场新设CTC分机、信息安全和通道质量监督设备。太原铁路局、北京铁路局分别增设本线局间接口服务器。设有综合接地系统，线路两侧敷设截面积为70mm^{2}的贯通地线。

(三)电力供电系统。新建10kV一级负荷电力贯通线路和10kV综合负荷电力贯通线各1条。新建3座10kV配电所，利用张呼铁路怀安配电所。新建配电所均由地方变电站接引2路专盘专线电源。在车站设10/0.4kV室内变电所或箱式变电站供电，在区间一级负荷电力贯通线为通信、信号一级负荷的主供电源，同时为需要2路电源供电的二级负荷提供备用电源，综合负荷电力贯通线为区间其他负荷供电，且作为一级负荷的备用电源。全线设置电力调度及远动系统，纳入全线综合SCADA系统。

(四)牵引供电系统。正线采用AT供电方式，存车场、动车走行线采用带回流线直接供电方式。全线新建大同南、阳高南、温家窑牵引变电所3座，新建分区所4座，新建AT所6座，新建开闭所1座。全线按远动化设计，既有怀安牵引变电所新增牵引供电设施纳入呼和局张呼调度台管理，并复示到太原局调度所；怀安(不含)—米庄段新增牵引供电设施纳入太原局调度所，设置1个供电调度台，对全线牵引供电设施进行调度管理。接触网正线采用全补偿弹性链形悬挂；站线、渡线、联络线等采用全补偿简单链形悬挂。

七、印度尼西亚雅万铁路

(一)通信信息系统。由通信线路、传输系统、数据通信网、电话交换及接入网、有线调度通信系统、移动通信系统、专用调度通信系统、会议电视系统、综合视频监控系统、应急通信系统、综合布线系统、时钟同步及时间同步系统、通信综合网络管理系统、电源设备、电源及设备房屋环境监控系统、防雷及接地等组成。信息系统由运输调度管理系统、客运服务信息系统(包括客票系统和旅客服务信息系统)、办公管理信息系统、调度指挥中心智能建筑系统、动车组管理信息系统、火灾自动报警系统、设备安全监控系统、动车组管理信息系统、电源及环境监控系统、电源及防雷系统等组成。信息系统在Tegalluar调度中心设置各信息系统中心级系统。防灾系统由风、雨及异物侵限灾害监测系统和地震预警监测系统组成，均采用调度中心系统、现场监测设备两级架构。

（二）信号系统。主要由调度集中、列车运行控制及区间闭塞、联锁、信号集中监测等子系统组成，还包括综合接地、综合防雷以及电源设备等。正线Halim站至Tegal Luar站按CTCS-3级列车运行控制系统设计，动车走行线至Tegal Luar动车段按CTCS-2级列车运行控制系统设计。

（三）电力供电系统。由于建筑相关设计需要满足印尼当地标准，室内变电所及动力照明部分委托当地设计公司设计，目前正在与委外单位协同推进设计。配合业主完成进口设备报关工作。

（四）牵引供电系统。正线采用AT供电方式，动车段等采用带回流线的直接供电方式。新建Halim、Karawang、Walini、Tegal Luar共4座AT牵引变电所，新建3座分区所、7座AT所。新建牵引变电所高压电源采用150kV电压等级。接触网按照220kV电压等级牵引变电所设计规范设计，更好地满足150kV电压等级安全距离要求；牵引变电所27.5kV侧馈线母线上设置接地隔离开关，便于对设备进行检修、维护。按防腐防盐雾设计，对牵引变电所内金属架构镀锌层厚度加厚；对安装过程中出现的镀层材料破损采用冷喷锌工艺修补；对设备及架构的连接等特殊部位喷涂复合防腐漆。所有设备抗震设计，进线架构采用格构式角钢横梁，架构及设备支柱采用钢管柱；变压器底座基础采用加宽扩大基础，并设钢板与变压器本地焊接；间距较小或有整体位移要求的设备，采用整体联合基础。

八、巴基斯坦拉合尔橙线工程

（一）通信信息系统。由传输系统、电话系统、无线通信系统、视频监视系统、广播系统、时钟系统、乘客信息系统（PIS）、综合显示屏系统、视频音频存储系统、门禁系统、电源系统、公众无线通信系统、消防无线系统组成。无线通信系统采用400MHz频段。AFC系统由线路中心系统、车站系统、检售票终端、车票4层构成，与既有快速公交线路绿线的票卡兼容设计。

（二）信号系统。采用基于通信的列车自动控制系统（CBTC），降级后备系统采用联锁系统。系统包括：ATS列车自动监控子系统、ATP列车自动防护子系统、ATO列车自动运行子系统、联锁子系统。

（三）电力动照系统（含降压变电所系统）。设置独立的33kV环网为低压配电系统提供中压电源，正线设26座降压变电所，车辆段设1座降压变电所和3座跟随变电所，停车场设1座降压变电所。车站公共区照明采用LED光源灯具，设备区照明采用高效节能荧光灯灯具，车站采用智能照明控制系统。车站采用电气火灾监控系统，能探测漏电电流、过电流信号，发出声光报警，准确确定故障线路位置，监视故障点的变化，最大限度地避免电气火灾的发生。在各车站、控制中心配置柴油发电机作为备用电源。

（四）牵引供电系统。全线供电系统采用集中式供电方案，设置2座132/33kV高压主变电站，每座高压主变电站从巴基斯坦国家电网NTDC引入4路132kV电源，中压环网系统采用牵引及降压独立的双环网形式。主变电所设置4台主变压器，其中2台为牵引负荷供电，2台为动照负荷供电。设置16座牵引变电站，牵引变电所配置33/0.59kV双整流机组，直流侧设置DC750V

快速开关，牵引网采用接触轨形式。全线设置电力监控系统，系统主站设置于控制中心内。

九、杭绍台铁路

（一）通信信息系统。该工程通信网由通信线路、传输系统、数据通信网、电话交换及接入网、有线调度通信系统、移动通信系统、站间行车电话及其他专用通信系统、站场通信系统、会议电视系统、综合视频监控系统、应急通信系统、综合布线系统、隧道应急通信、时钟同步及时间同步系统、通信综合网络管理系统、电源设备、电源及设备房屋环境监控系统、防雷及接地等组成。信息系统主要包括客票系统、旅客服务信息系统、运输调度管理系统、办公管理信息系统、公安管理信息系统、火灾自动报警系统及机电设备监控系统。灾害监测系统采用铁路局中心系统、现场监测设备两级架构，接入并扩容铁路局中心系统设备。

（二）信号系统。主要由运输调度指挥系统、列车运行控制系统及区间闭塞系统、车站联锁系统、信号集中监测系统、综合接地系统及综合防雷系统、电源设备等组成。

（三）电力供电系统。全线设置10kV配电所6座，其中，绍兴北改造利用既有杭甬线绍兴北10kV配电所，临海还建既有甬台温线临海10kV配电所，其他三界、嵊州新昌、天台、温岭各站均新建10kV配电所1座。

（四）牵引供电系统。新建5座AT牵引变电所，分别为东关、嵊州、天台、临海、温岭牵引变电所；5座分区所；9座AT所，其中包含既有绍兴北站至新新绍兴北站联络线的1座分区所、1座AT所。正线区段一般采用全补偿弹性链形悬挂，其他采用全补偿简单链形悬挂。

十、南昌经景德镇至黄山铁路

（一）通信系统。主要包括传输系统、电话交换及接入系统、数据通信系统、专用移动通信系统、调度通信系统、会议电视系统、应急通信系统、通信综合网管系统、时钟及时间同步系统、通信电源、电源及环境监控系统、综合视频监控系统、通信线路等。长大隧道采用光纤直放站+漏缆的方式进行覆盖，并做交织冗余覆盖。区间除敷设2条48芯干线光缆外，增设区间48芯综合光缆1条，统筹考虑区间视频采集点、电力远动等业务需求。机房内静电地板下地面采用铺装瓷砖。机房内接地汇集线、粘鼠板放置等处设置透明钢化防静电玻璃地板。通信机房内统一采用上、下走线架方式。

（二）信息系统。主要包括客票系统、旅客服务信息系统、运输调度管理系统、办公管理信息系统、公安管理信息系统、火灾自动报警系统及机电设备监控系统，同时对智能车站配套的智能信息系统开展研究。灾害监测系统采用铁路局中心系统、现场监测设备两级架构，现场监测设备包括监控单元及现场采集设备。安徽段现场监测设备接入在建的徐宿淮盐铁路工程设置的上海局集团公司灾害监测铁路局中心系统，江西段现场监测设备接入本工程新建的南昌局集团公司灾害监测铁路局中心系统。

（三）信号系统。正线按CTCS-3级列车运行控制系统设计，CTCS-2级作为降级后备系统。相应设置无线闭塞中心（RBC）、临时限速服务器、信号安全数据网、列控中心、地面电子单元、应答器等。信号系统拟采用高铁电务智能监测系统、高铁智能调度集中系统、信号无人站智能巡检系统等智能化系统。

（四）电力供电系统。新建10kV综合电力贯通线路和10kV一级负荷电力贯通线路各1条。新建6座10kV配电所。改造利用既有黄山北10kV配电所、景德镇北10kV配电所、在建昌吉赣客专的横岗10kV配电所。

（五）牵引供电系统。全线新设6座牵引变电所、7座分区所、11座AT所。正线区段一般采用全补偿弹性链形悬挂。

十一、盐城至南通铁路

（一）通信系统。由通信线路、传输系统、数据通信网、电话交换及接入网、有线调度通信系统、移动通信系统、站间行车电话及其他专用通信系统、站场通信系统、会议电视系统、综合视频监控系统、应急通信系统、综合布线系统、隧道应急通信、时钟同步及时间同步系统、通信综合网络管理系统、电源设备、电源及设备房屋环境监控系统、防雷及接地等组成。

（二）信息系统。主要包括客票系统、旅服系统、门禁系统、综合布线系统、办公管理信息系统、公安管理信息系统、动车所相关信息系统、电源及环境监控系统、火灾自动报警系统、机电设备监控系统。

（三）信号系统。正线信号系统由运输调度指挥子系统、列车运行控制子系统、计算机联锁子系统、信号集中监测子系统等组成。

（四）电力供电系统。全线新建10kV一级负荷电力贯通线路和10kV综合负荷电力贯通线各1条。在东台及南通动车所各新建1座双电源10kV配电所，扩建既有海安35/10kV变配电所。新建10kV配电所接引2路地方专盘专线电源，扩建既有海安35/10kV变配电所利用既有电源。在车站设10/0.4kV室内变电所或箱式变电站供电，在区间一级负荷电力贯通线为通信、信号一级负荷的主供电源，同时为需要2路电源供电的二级负荷提供备用电源，综合负荷电力贯通线为区间其他负荷供电，且作为一级负荷的备用电源。全线设置电力调度及远动系统。

（五）牵引供电系统。正线采用AT供电方式，动车所、动车走行线、联络线采用带回流线直接供电方式。新建3座AT牵引变电所，分别为大丰、安丰、新如皋，3座AT分区所，6座AT所，直接利用盐城分区所出2路供电线为本线供电，新建动车所开闭所1座。改造沪通铁路建设的南通西牵引变电所，改造宁启线建设的南通牵引变电所。接触网采用全补偿弹性链形悬挂。接触网腕臂柱采用H型钢柱。站场及多股并行区段线间距满足限界要求时可采用线间立H型钢柱；线间距不满足限界要求时，采用圆管硬横梁。绝缘泄漏距离按不小于1400mm设计。动车所采用软横跨。全线按远动化设计，上海铁路局既有客专牵引供电调度所增设1个牵引及电力调度台。根据苏北公司及上海铁路局相关要求，拟采用智能调度系统。

十二、轨道交通项目——天津地铁11号线一期工程

（一）通信系统。由专用通信系统和公安通信系统、民用通信系统组成，系统满足轨道交通运营指挥、轨道交通公安指挥联络和公众通信引入的功能需求。专用通信系统包括：专用传输系统、专用电话系统、公务电话系统、专用无线通信系统、视频监视系统、广播系统、时钟系统、乘客信息系统、门禁系统、办公自动化系统、集中告警系统、电源及接地系统、安防集成平台。公安通信系统包括：安全管理系统、公安有线电话系统、公安无线通信系统、公安信息网系统、公安视频监视系统、紧急报警系统、公安传输系统、公安电源及接地等系统。民用通信系统由铁塔公司负责建设，本线负责预留机房、用电、环控等条件。

（二）AFC系统。采用计程计时制，全封闭式的票务收费管理模式，采用非接触式IC卡。系统实现轨道交通车票的自动和半自动售票、自动检票、计费、收费、统计、结算全过程的自动化管理，支持金融IC卡、手机移动支付、支付宝及微信等第三方支付等多种支付方式的接入。系统接入天津轨道交通清分中心及线网智能支付平台。

（三）安检系统。采用人检、机检结合方式，车站现场安检人员对乘客进行普检和疑点排查，同时通过X光机、手持仪器、液体检查仪等设备对包裹、行李包、液体等进行检查。系统包括X光行李检查机、禁带品智能分析设备、便携式爆炸物探测、台式液体探测、便携式液体探测、便携式放射性物探测、安检门、手持式金属探测器、防爆罐、防爆毯及其他配套设施。

（四）信号系统。采用基于通信的移动闭塞列控系统，配备了完整的列车自动控制ATC系统，包括列车自动监控子系统ATS、列车自动防护子系统ATP、列车自动驾驶子系统ATO，计算机联锁子系统。车地通信采用1.8GHz LTE（1785~1805MHz）承载信号系统。

（五）电力供电系统。低压配电与动力照明系统与牵引供电系统共用中压环网35kV电源。各车站均设置牵引混合35/0.4kV降压变电所（或独立降压变电所），每座降压变电所引入2路独立电源，所内设2台配电变压器同时分列运行，在任一台变压器退出运行时，另一台能够担负本所供电区域内的一、二级动力、照明负荷用电。车站及区间采用LED光源灯具，车辆段大库照明采用智能照明控制系统，满足节能需求。设置电气火灾监控系统及消防设备电源监控系统，最大限度保证各类设备用电安全可靠。

（六）牵引供电系统。采用110/35kV两级电压集中供电方式，设2座主变电所，其中六里台主所由7号线建设，与11号线共享；在东丽区驯海路新建驯海路主所1座。新建主变电所从城市电网引入2回110kV电源对主所进行供电。全线共设12座牵引降压混合变电所，其中正线11座、车辆段1座；设降压变电所10座；另设跟随式降压变电所3座。牵引网采用DC1500V架空接触网供电、走行轨回流方式。设置完善的杂散电流防护及监测系统。

【质量管理及成果】

（一）完善技术管理规章制度，积极推进标准化建设。（1）制定《电化电信院总工产业化业务激励实施暂行办法》，促进专业总工发挥“三位一体”的作用，实现电化电信院高质量发展。（2）编制《电化电信院关于进一步提高设计出手质量的规定》，组织各生产所建立专业复核团队，为进一步提高设计出手质量、打造精品智能工程，打好基础。（3）电化电信院颁布《关于项目设计技术作业平台提资的有关规定》，为规范项目设计技术作业平台提资，保证各专业持有版本有效性和可追溯性。（4）根据电化电信院制定的铁路四电BIM研发技术路线，制定《电化电信院铁路四电BIM专业接口规范（V1.0）》，统筹考虑BIM设计接口。（5）发布《电化电信院工程总承包项目环境管理实施细则》《电化电信院工程总承包工程技术质量管理实施细则》《关于明确电化电信院委外技术质量控制的几点要求》等文件规范了工程总承包和委外项目环境保护管理和技术质量管理工作。

（二）制定专业争创标杆工作方案并制订推进计划。（1）围绕市场、生产经营、技术创新“三位一体”提出与其他专业或单位融合发展的思路与措施。组织完成了四电开通项目案例总结、深化细化设计内容、智能化设计要素，细化了“三查”自查设计内容，为打好“三保三增”攻坚战奠定基础。(2)制定电化电信院质量目标、环境目标，并在量化、可操作性等方面做好改进，加强过程控制，做好目标完成情况总结。围绕总承包、海外及重大重点项目，开展红线质量检查抽查；围绕产业化、总承包、海外及重大重点项目，组织专家会；围绕川藏等重点铁路项目，开展综合性、专业性、前沿性技术交流研讨。(3)积极配合外审工作，认真抓好内审工作，内外审发现问题及时认真整改，整改率达100%。(4)配合院工会组织开展多种形式的工会活动，如勘察设计文件资料展评、优秀设计工点、专项评选、技术培训比赛等。(5)结合精品工程需要，梳理设计需要完善内容，促进项目运用。借鉴京张、京雄建设经验，梳理智能化建造内容，形成统一思路，开展智能化研究，纳入工程设计，助力智能化建设。(6)院所两级深度跟进川藏铁路项目，创新咨询理念。(7)组织开展QC小组、质量月等活动。

(三)积极开展设计创优。2019年，荣获天津市“海河杯”(专项工程组)一等奖3项、二等奖2项、三等奖3项。

【推广采用新技术】

(一)通信、信息。(1)通信。一是设计过程中采用地图仿真分析等先进手段，合理规划利用既有基站，新设基站，增加天线，解决了新建线与既有线等铁路交叉及并行区段无线覆盖问题。同时，采用分布式基站或数字型光纤直放站方式，较好地实现了对长大隧道地区的弱场补强。二是运用云存储、视频网络安全、视频准入等先进技术，对所有的数据进行安全过滤，并对视频系统服务器区实现全方位的安全防护。通过漏扫扫描系统对所有终端设备进行安全扫描，及时发现漏洞并修复；通过安全管理设备实现对防火墙、入侵防御等设备的集中管理和整网安全状态展示。(2)信息。在京雄铁路设计中采用智能化设计，采用云计算、大数据、物联网、移动互联、人工智能、BIM、5G等新理念、新技术。旅服系统采用最新的管控平台方案，提高了车站管理效率，采用“无纸化”电子客票的功能设计，提高旅客出行的便利性。建筑设备监控及能源管理系统结合，将中央空调、智能照明、机电设备、能源数据等采集模块通过统一的集成，形成具有信息汇集、资源共享及优化管控等综合功能的系统。

(二)信号。推广运用高速铁路自动驾驶(ATO)系统、智能调度集中系统、自主化C3列控系统、列控联锁一体化等智能信号系统技术及装备，提高铁路运输保障智能化水平；搭建电务智能运维平台以及相关基础设施，形成完整的电务智能运维管理系统。(1)京雄高铁采用智能高铁新技术：采用作业卡控系统，预留高铁ATO的地面条件。(2)京沈、商合杭、郑阜客专等项目执行《高速铁路信号工程细部设计和工艺质量标准》，按照精品工程要求实施，在室内布线及防护、室外设备安装方面应用新技术、新要求。(3)盐通、杭绍台等总承包项目进入站后施工图阶段，积极研究推进采用智能CTC、信号无人站智能巡检系统等新技术。(4)综合智能运维的技术和装备逐步进入工程，基于机器人的信号无人值守站智能巡检系统实现了初步的产业化；应用智能运维作业监控系统、外锁闭自动注油等新技术、新装备。(5)基于LTE的重载铁路移动闭塞工程化项目取得进展，在神华集团朔黄线东段选择了20个车站的示范段开展工程设计和实施。(6)城轨交通项目方面，在深圳14号线积极应用全自动无人驾驶，天津8号线及6号线二期工程中中标全自动无人驾驶项目全过程咨询工作。（7）设计过程中深度开发、升级信号计算机辅助设计软件，形成列控工程数据管理平台；在基于BIM的运维开发方面初具成果，并形成产业化。

（三）电力。（1）开展铁路电力智能运维研发，建立全线电力供配电系统智能运维管理平台，与电力监控SCADA系统实现数据互联，实时监测电力设备运行信息，进行数据融合挖掘、事项告警分析、预警评估分析、故障工单管理、Web端和APP端实现可视化管理以及供电设备资产管理。拟在太焦铁路、牡佳客专、盐通铁路、维莱客专等项目实现产业化。（2）研发铁路电力10kV配电所BIM平台，提高设计精度和效率，提升设计质量；对施工工期、工序、工艺、现场管理全方位指导；为运营维护管理提供技术服务。拟在维莱客专、京唐铁路实现产业化。（3）研发接地电阻检测系统，并已经取得完全自主知识产权的软件著作权。该成果已在郑阜铁路落地应用，将在维莱客专、朝凌客专、盐通铁路、太焦铁路等项目推广采用。

（四）牵引供电。（1）编制完成并由国铁集团发布的《智能牵引变电所及智能供电调度系统总体技术要求》(Q/CR 721—2019)、《电力牵引供电铁路工程估算定额》（TZJ 2205—2019）两项技术文件，文件技术要求已在蒙华、京雄等项目设计中应用。（2）简统化接触网在京张、郑万、京沈、蒙华铁路开展试用，拟在盐通高铁全线推广使用。（3）智能牵引变电所以全所信息数字化、通信平台网络化、信息共享标准化、高压设备智能化和运行状态可视化为基本要求，能够支持所亭实时在线分析和控制决策；智能供电调度系统基于大数据、人工智能等技术，以数据全景可视化、调度协同化、作业自动化、决策智能化为基本要求，实现对牵引供电系统的远程监视控制、调度运行、辅助监控等功能，支持与其他相关系统的协调联动。智能牵引变电所和智能供电调度系统作为智能牵引供电系统的两大组成部分在京雄、蒙华项目中应用。

【科研、标准化】

（一）科研工作。2019年，执行国铁集团和集团公司科研合同78项，完成科研经费约3900万元，完成科研合同结题验收19项。

（1）2019年，主持2项国铁集团重大科研课题“电气化铁路交流牵引供电系统再生制动能量利用技术研究”“高铁250km/h、350km/h接触网技术与装备简统化研究”；主持3项国铁集团重点科研课题，为“智能牵引供电系统仿真测试验证平台研究”“高速铁路智能牵引供电系统关键技术及工程应用”“复合材料接触网装备技术研究”；主持1项呼和市重大课题，为“呼和浩特市城市轨道交通云平台应用研究”。参加7项国铁集团重大科研课题、2项中国工程院重大课题、1项天津市重大课题，以及8项重点课题研究。

（2）主持编制《铁路自然灾害及异物侵限监测系统工程设计规范》《铁路智能牵引供电系统工程设计和施工质量控制标准》《智能牵引变电所及智能供电调度技术导则》等。

（3）完成对《城市轨道交通接触网运行检测规程》《铁路车站客运广播系统配置技术条件》等24项国铁集团及地方的各类征求意见工作。

（二）专利与著作权。2019年，电化电信院有15项专业技术获得国家知识产权局专利证书，8项软件获得国家软件著作权登记证书。

【职工培训与人才队伍建设】

（一）职工培训。一是加大培训力度，2019年共组织各种培训交流78场，参加培训总人次达到3358人次，总覆盖率为100%。二是选用脱产和半脱产的形式组织学习与培训。全年选派4人次分别参加“法务人员培训班”“专职安全生产管理人员培训”，提升了我院合同管理及安全生产水平。三是注重中层管理人员的培训教育。组织12名管理干部参加集团公司组织的综合培训。

（二）人才队伍建设。加强总承包管理复合型人才培养力度，组织6人参加总包事业部开展的现场管理知识培训，强化业务本领，服务总承包业务发展；结合重点工程项目和重大科研课题，扎实开展高端人才培养工作，4人入选国铁集团“百千万人才工程”专业拔尖人才，2人获得詹天佑青年奖，1人推荐入选天津市青年科技人才。

【综合管理】

（一）机构调整。有序推进生产组织机构优化调整，将原来6个生产所调整为通信信息所、信号所、电力所、电气化所4个生产所；成立创研室，加大BIM研发力度。

（二）完善制度建设，提升管理水平。新编及修订《电化电信院安全生产责任制》《电化电信院安全生产委员会职责和工作制度》《电化电信院会议室及研讨室管理办法》《电化电信院督办工作实施办法》《电化电院道路交通事故专项应急预案》《电化电信院消防安全管理办法及火灾消防应急预案》《电化电信院防汛专项应急预案》等规章制度，完成2019年度《电化电信院危险源辨识与风险评价表》等体系文件。

（三）加强全员安全教育。压实安全责任，围绕国家、国铁集团、集团公司发布的安全类制度及规定，主动承接落实；开展各类安全培训，制定安全应急预案；加强对项目部的安全生产管理，落实按月安全生产动态报告，季度安全总结报告；建立院出境人员的安全警示教育和登记报告制度；制定安委会工作制度，强化安全管理责任，总结年内发生的安全生产事故经验教训，举一反三，落实职工安全教育培训工作，消除一切安全隐患。

（四）提高财务管理水平，深化业财融合机制。加强财务管理与合同管理、资金管理、预算管理的协调，重点突出预算管理的全面性，深化财务管理与战略规划、发展计划、生产经营的融合。不断完善电化电信院各项财务制度，提高财务管理水平，强化成本管控，细化各部门考核成本要素，加强考核管理，达到收入增长的同时非人工成本降低0.28%的目标。

（1）全面推行全面预算管理。加强院两级管理体制，院办公室对各室所、项目部进行全面管控，各职能部门归口管理，各室所对本部门预算直接管理。编制经营计划和预算的同时，系统考虑通过工作计划和预算来进行资源的有效配置，实现院战略经营目标。充分深化业财融合，了解各项指标发生情况，平衡全院总体指标。形成预算草案及报告，涵盖了与预算执行相关的各个方面。

（2）加强资金管理。各项资金使用严格执行《电化电信院资金管理实施细则》规定的内部审批程序。

（3）加强合同管理。参与院内各项合同评审，使合同金额、结算条款、涉税事项、合同保函、质保金等条款合法合规；在国家增值税税率变动情况下及时进行合同变更；及时提示合同相关人员按约定履行资金收付职责；及时对合同信息台账中涉财事项进行动态管理和维护。

（4）加强债权债务清理。加强组织各部

门的债权签认工作，达到债权签认应签尽签。梳理每笔债权债务发生时间、性质、产生原因，确保每笔债权债务的准确性，明确责任人和清理措施。2019年风险债权总额5124.79万元，收回3096.11万元，清理率达到60.41%。其中2018年风险债权2701.95万元，收回1727.15万元，清理率达到63.92%；2019年新增风险债权2422.84万元，收回1368.96万元，清理率达56.50%。

（五）精神文明建设成绩显著。一是按照上级党委安排部署扎实开展“不忘初心、牢记使命”主题教育，班子成员通过专题学习研讨、深入室所调研，立行立改解决了职工关心关切的24个问题，固化建立6项制度，在册和外聘共279名党员接受学习教育。二是制定、修订《院决策“三重一大”事项实施细则》等6项管理办法，进一步完善党建工作制度。严格落实“三重一大”实施细则，全年召开党委会27次、党政联席会33次，把党的领导内嵌到管理各项工作中。三是评选出3个“红旗责任区”、47个“党员先锋岗”，营造创先争优、干事创业的氛围。组织开展“电声信语话70”活动。四是加强舆论引导，利用局域网、简讯、简报、微信公众号开展形势宣讲，报道党群、生产经营、科技创新板块的重大事件、涌现出的先锋模范，营造良好氛围。五是发挥群团组织作用。院工会联合行政、团委开展了“弘扬工匠精神、提升精品意识、展示精品成果”等主题劳动竞赛10余项，充分发挥了工会联系群众的桥梁纽带作用。工会全年慰问生活临时性困难职工34人次、退休职工9人次，慰问项目部人员33人次。

（六）集体及个人荣誉称号。信号所获得“全路文明号”，陈兴强获得全路“火车头”奖章，苗桦获得“全路优秀共青团员”称号；“电力卓航”党员创研先锋、智能化客货运突击责任区被评为集团公司党内品牌；院党委连续2年被评为集团公司优秀党组织；周宪宝等16名同志获得先进荣誉；王羽莹在集团公司第二届青年总体汇报比赛中摘得桂冠。

【重要学术活动及论文】 2019年电化电信院职工在省部级科技刊物发表论文8篇。重要会议与学术活动主要有以下几项。

（一）电化电信院组织的学术活动。2019年5月9日，组织在天津召开第五届轨道交通AFC系统设计与规划发展研讨会；2019年11月8—9日，组织在天津召开2019年度铁路通信信号设计年会。

（二）电化电信院派员参加的重要会议与学术活动。（1）2019年3月，国铁集团经规院在北京召开的《高速铁路设计规范》有关信号机设置标准局部修订专题研讨会；（2）2019年5月，城市轨道交通协会在上海召开的“城市轨道交通既有线更新改造研讨会”；（3）2019年8月10日，电源学会电能质量委员会在深圳召开的第六届电能质量学术会议；（4）2019年10月，国铁集团工电部在北京召开的“高铁运营十周年”通信信号技术交流会；（5）2019年11月，国铁集团工电部在北京召开的“第二届铁路计算机联锁”技术交流会、“枢纽大站计算机联锁系统重点及难点总结”技术交流会；（6）2019年12月8日，中国铁道学会电气化委员会在北京召开的高铁运行10年电气化技术创新暨电气化委员会2019年度学术交流会。

（何颖）

·机环院·

【概述】 机械动力和环境工程设计研究院（简称机环院）是集团公司直属生产单位，

设有机务、车辆、机械、给排水、环境工程5个专业，主要承担：铁路机务段、机务折返段（所）、车辆段、站修所、客车整备所、动车段、动车运用所等段所的工艺设计；城市轨道交通车辆段工艺设计；城市轨道交通限界设计，车辆选型；机械设备设计；高速铁路综合维修设计；各类中小型动力站工艺设计；中小型机械工厂工艺设计；各种中小型油库、仓储输送设施工程设计；车辆红外线监测系统工程设计；铁路、城市轨道交通、市政等领域给水排水及消防工程、环境工程勘察设计；环境监控；环境影响评价、节能评估、水土保持方案、土地复垦方案、征地拆迁与移民安置计划等报告的编制。

机环院设党委书记兼副院长1人、院长1人、副院长2人、总工程师1人、副总工程师7人；下设机车车辆工程设计所（简称机辆所）、机械动力工程设计所（简称机械所）、给水排水工程设计所(简称给排水所)和环境工程设计与评价所（简称环评所）、新技术研究所（简称研究所）5个生产所；设机环院办公室（简称院办）、计划技术室2个职能部门及党委办公室（简称党办）1个党群部室。

截至2019年底，机环院职工总数共计174人，其中专业技术人员162人，包括正高级工程师13人、高级工程师64人、工程师58人；高级会计师1人；国家注册公用设备工程师10人、国家注册环境影响评价工程师12人、国家注册咨询工程师11人、国家注册造价工程师6人、国家注册监理工程师11人、国家注册一级建造师6人。

办公地址：天津自贸试验区（空港经济区）东七道109号。

联系电话：022-60374909。

【生产经营及各项指标完成情况】

（一）生产组织。按照集团公司生产安排要求，生产组织管控有序，各项目按期完成。（1）全年开展各阶段勘测设计工作1744项，代集团公司管理10项，技表兑现率为99.6%。（2）开展水保、环评、竣工环保自验收等40余项，批复16项；开展节能评估9项，批复4项。（3）代集团公司开发北京客整所动力集中动车组改造等5项。(4)跟进海外机构的组织模式，安排技术过硬、肯吃苦的骨干派驻境外项目41人次，较好地完成匈塞、巴基斯坦、印尼雅万铁路等各项工作。

（二）工程总承包。（1）有序开展杭绍台、盐通、昌景黄项目建设过程环水保现场管理，自主研发的“环水保信息化管理平台”在杭绍台和盐通项目中得到应用，实现建设项目全过程环水保信息化管理。(2)顺利完成盐通、杭绍台声屏障、盐通动车所机辆设备招标采购工作，节省投资约7995万元；完成阳大铁路给排水、机辆设备采购配合安装工作，节省投资约1290万元。(3)顺利完成盐通项目管线迁改工程。

（三）产品产业化。（1）探索与相关企业合作模式，配合飞泰公司开展与沈阳局合资合作拓展声屏障业务；筹划声屏障产品认证，参与国铁集团相关声屏障企业标准制定，为声屏障产品纳入CRCC认证奠定基础。（2）精心谋划产业化发展方向，梳理完成各专业重点推广产品和工作方向，谋划产业化与总承包协同发展模式并初显成效，盐通总承包声屏障以专利授权方式实现零的突破，真空卸污装置实现在阳大项目直接采购。（3）承揽给排水客车上水、集控和车辆工艺维修设备集成，签订合同额2876万元；跟踪环评竣工验收，承揽郑阜隔声窗实施工作，新签合同额404万元；“准拳头产品”逐步实现规模效应，OEM模式的自主真空卸污设备实现合同额3576万元。

（四）经营情况。（1）持续开拓咨询类市场，签订环水保、节能评估等咨询合同28项，合同额2206万元。（2）发挥专业优势，实现新的突破。机械专业借助储运装设计的技术积累，承揽瑞丰、东华钢铁翻车机系统工程设计，机辆承揽郑州机务段检修工序再造工程等，给排水专业承揽盐通给排水管线迁改等，签订勘察设计合同10项，合同额1862万元。（3）代集团公司经营北京客整所动力集中动车组改造等项目，实现合同额358万元。

（五）各项指标完成情况。2019年，机环院新签自揽外委合同额4068万元，内部采购合同额792万元，产品产业化合同额7213万元；实现自揽外委进款额5904万元、工程总承包进款额526万元、产品产业化进款额4050万元。

【代表性工程项目】

（一）深圳罗湖区优质饮用水入户改造和小区排水管网改造工程。深圳市罗湖区优质饮用水入户改造和小区排水管网改造工程涉及罗湖区95个小区的雨污分流，180个小区（约7.8万户）居民优质饮用水入户改造，总投资5.95亿元。该工程是深圳市罗湖区排名第一的重点民生工程，是深圳市海绵城市建设、黑臭水体治理的有机组成部分。2019年全面竣工验收。

主要设计亮点如下。利用GIS、CASS、鸿业市政管线等专业软件辅助设计，大幅提高了工作效率；首次大批量使用316L不锈钢管作为供水管材；首次在改造时与二次供水设施改造有机结合，为后续开展小区二次供水系统改造创造了条件。

（二）牡丹江动车运用所工程。新建牡丹江动车运用所承担牡佳客专运用、检查作业，工程包括4线检查库（另预留4线检查库）、4线动车客运整备库、16条存车线（含走行线，另预留16条存车线、3条人工补洗兼存车线）、1条临修线、1条不落轮镟线和临修不落轮镟走行线、1条牵出线以及配套生产生活设施。受哈牡客专公司委托，集团公司开展动车所全专业BIM协同设计及应用工作。拟于2020年1月完成工程交付。

主要设计创新如下。以施工及应用需求为导向，创新提出动车段所标准化BIM协同设计流程及BIM技术应用技术路线，探索BIM技术在铁路项目不同参与方（设计、咨询、施工、建管等）之间的协同工作模式，应用并验证了铁路BIM联盟发布的技术标准，确保BIM模型几何精度和信息深度满足要求，研究BIM设计成果的交付方式和交付流程，完成BIM设计成果向施工、建管的数字化交付和传递。

（三）杭绍台铁路环水保信息化管理系统工程。杭绍台铁路工程涉及镜湖国家城市湿地公园、天姥山和天台山国家级风景名胜区等6处生态环境敏感区，沿线生态环境良好。集团公司落实国铁集团建设项目全过程环境保护管理的要求，首次在杭绍台铁路应用环水保信息化管理系统，施工现场安装扬尘噪声监测（含视频监控）、隧道污水在线监测、车载GPS等监测监控设备，线上管理平台（软件）和线下施工现场不同环境要素监测设备（硬件）相结合，实时显示现场监测数据并识别数据超标情况，即时推送至各管理方和使用方，实现精准管理，提高管理效率。2019年4月，系统在杭绍台铁路三标、四标先期投入使用，2019年10月全线正式投入使用，标志着我国铁路建设项目首次实现环水保工程信息化管理。

（四）京雄铁路能源管理系统工程。响应“智能京雄”号召，集团公司在京雄铁路设计中首次对全线能源管理系统进行开拓性探索，梳理能源管理系统设计流程及专业协作关系，解决高速铁路能源管理系统架构、系统功能、系统关联及接口等关键技术难题。系统自上而下采用三级架构，包括全线能源管理平台、站（所）管理子系统、末端能耗数据采集，对全线除牵引用能以外的能源消耗（站房、动车所、站区、区间能源消耗）进行分类、分户、分项在线计量管理，实现能耗在线监测、统计报表、能耗分析、节能诊断、能耗考核、优化控制、基础信息管理等功能，满足铁路各级节能管理的需要，为后续项目提供了借鉴。该项目即将进行现场施工调试，预计2020年投入使用。

（五）通苏嘉甬杭州湾特大桥基础设施维修工程。通苏嘉甬铁路杭州湾特大桥，混凝土桥段26km、钢结构桥段3km，全长29km，设计速度为300～400km/h，是目前国内设计速度目标值最高、运营里程最长的跨海铁路桥；与其他铁路桥相比，基础设施维修最大难点是各专业维修对象无公路通达条件。特大桥基础设施维修设计创新提出将混凝土箱梁内贯通作为非天窗时间各专业维修的走行通道，首次在箱梁内设置轨行小车系统，方便维修人员在箱梁内快速走行，满足了桥上相关设备在非天窗时间的维护和巡视、天窗时间快速通达大桥各位置的需求。工程技术方案获得了运营单位和审查单位的一致认可。

（六）黄骅市城西污水处理厂工程。黄骅市城西污水处理厂设计规模近期20000m^3/d，远期40000m^3/d，近期占地45亩，总投资1.1亿元，处理出水主要指标执行《地表水环境质量标准》（GB 3838—2002）中Ⅴ类水体标准，外运污泥含水率小于60%。工程强化了二级生物处理系统，设置了深度处理工艺来满足高排放标准要求。污水处理主体工艺采用A^2/O工艺，深度处理采用“高效澄清+纤维转盘滤池”及MBR工艺+生物除臭系统，污泥处理采用电渗透高干脱水技术。整个系统具备去除率高、生物相丰富、自动化程度高等显著优点。工程于2019年6月开始调试，11月正式竣工验收，为集团公司近期承担设计的最大规模城市污水处理厂。

【质量管理及成果】

（一）加强质量检查监督。组织全员学习质量安全红线管理规定，严守质量安全红线；推进“三查”专项治理，针对风险因素及其处理措施、工作程序的合规性及施工配合出现的问题等内容逐项梳理和排查，对18个铁路项目和23个城轨项目实事求是彻底查找、整改问题，发现问题40项，整改落实达80%以上。

（二）扎实做好质量管控基础工作。组织质量检查2次，从质量和风险合规性方面检查了21个项目，发现问题32个，立即整改。召开总工例会4次，研究提出质量改进措施并予以落实，基本做到质量检查全覆盖。

（三）适应转型发展要求，加强质量管理。组织开展“机环院总承包项目优化设计基本原则”研讨，明确总承包项目的设计优化工作主要方向和优化顺序等重要原则；从专业发展和业务转型出发，对有利于专业发展和适合专业承担的业务，倡导在专业分工方面“主动承接”理念。

（四）进一步完善体系管理。顺利通过新版职业健康安全管理体系认证审核；更新《勘察设计质量安全风险识别、评价及防范措施》《建设项目社会稳定风险识别》；更新《机环院危险源辨识与风险评价表》等体系文件；发布《2019年度机环院质量、环境和职业健康安全目标及管理方案》等目标文件。

（五）**获奖情况**。2019年，机环院获各类奖项11项，其中“新建天津至保定铁路曹庄动车运用所工程设计”获国家铁路局铁路优秀工程设计二等奖，“上海轨道交通9号线金桥停车场及综合开发”“罗湖区小区排水管网改造工程（2014年、2016年第一批、2016年第二批）”获“海河杯”天津市优秀勘察设计奖二等奖，“哈尔滨地铁2号线一期工程哈北车辆基地全自动驾驶专题报告”获中铁股份有限优秀工程咨询成果奖一等奖。另外，获国家铁路局铁路优秀工程设计三等奖2项，获中铁股份优秀咨询成果奖5项。

【推广采用新技术】

（一）**无人机技术**。集团公司在承担的环水保咨询工作中探索应用无人机航拍技术，外业踏勘尝试使用无人机进行航拍。对于山地丘陵区的取、弃土（渣）场调查，利用无人机航拍技术不仅可以获得高质量的航拍照片，也解决了因交通不便、影像效果不佳造成的人力、财力的浪费，提升了咨询工作质量。无人机航拍技术已逐步成为环水保外业调查的新技术手段。

（二）**基于达索3DEXPERIENCE平台的动车段（所）BIM技术**。集团公司在牡佳客专牡丹江动车运用所项目中创新发展使用基于达索3DEXPERIENCE平台的动车运用所BIM技术，开展多专业实时BIM协同设计。设计中采用“Catalog文件夹”模式进行多专业BIM模型库的保存以统一组织和管理专业内容；采用B/S和C/S结合的BIM设计构架，大幅简化建模流程，减少文件传输，提高设计效率；创新提出动车段所标准化BIM技术协同设计流程及BIM技术应用技术路线，形成“动车所标准化设计作业指导书”。

（三）**印尼雅万高铁智能化基础设施维修技术**。印尼雅万高铁是我国高铁“走出去”的重点项目，此前基础设施维修智能化在国内没有成熟应用。参照国内京张、京雄铁路智能化建设方案，充分结合印尼境外高铁的项目特点，印尼雅万高铁创新性提出智能化基础设施维修技术，以基础设施维修管理信息系统为依托，以数据存储、数据分析、决策支持等技术环节为核心，对基础设施检查、维修进行管理，实现基础设施维修数据集中统一存储、高效作业和信息共享，是集团公司在国内外高铁建设工程中首次采用该项技术，为保障高铁安全平稳高效运行、基础设施养护维修经济有效提供技术支撑。

（四）**浩勒报吉至吉安铁路机务与车辆临修设施共享**。浩吉铁路是国家“北煤南运”新的战略运输通道，是国家“十二五”规划和《中长期铁路网规划》的重大项目，适应新的运输管理需求，机务、车辆专业统一协调全线机务、车辆设备设施设置标准，创新性地将机车、车辆临修设施共用，在靖边东机务折返段设4线电力机车整备棚1座，靖边东站修作业场规模设置为3线15台位、预留15台位，按照机务与车辆专业共用临修设施的原则设计，站修列检共用空压机间，探索机务、车辆设施的合理兼容，体现“资源共享”理念。

【科研、标准化与业务建设】

（一）**科研立项**。2019年机环院新立项课题15项，新增参与研究的重大、重点课题15项。

（二）**持续改进科研开发管理**。一是加强制度建设，修订并发布《机环院科技开发课题管理办法》；二是推行科研技表式管理，对新开科研课题制定技术作业表，加强课题过程管理，对技表完成情况定期检查、督促，科研项目进度滞后的顽疾问题得到解决。

（三）科技创新推广应用成效显著。环水保信息化管理平台在杭绍台项目上线推广应用，提高了集团公司总承包工程环水保管理信息化水平；盐通动车所实现了全专业参数化BIM建模，完成检查库施工组织4D模拟仿真，并在项目施工管理中应用，得到了国铁集团及集团公司领导的充分肯定；国内外首例350km正线桥梁全封闭声屏障工程设计取得新的技术突破，并应用于京雄城际铁路北落店村全封闭声屏障设计。

（四）专利技术及软件著作权。2019年获得国家实用新型专利3项、外观专利3项，软件著作权1项。

【职工培训与人才队伍建设】

（一）适应转型发展，注重人才培养。一是注重高端人才的选拔和推荐工作，入选国铁集团“百千万人才工程”专业拔尖人才1人。二是落实“导师带徒”活动，2019年导师带徒55人，把“导师带徒”工作落实到工程设计项目中，充分发挥导师带徒作用，快速提升青年人员综合能力。三是激励职工追求职业成就的热情，努力打造高素质人才队伍。

（二）加强员工培训，提高全体员工素质。一是重视职工培养教育，组织编制专业培训教材。二是制定院、所（室）两级培训计划，落实培训责任，加大培训投入力度，鼓励以“走出去，请进来”的方式，开展有针对性的培训。全年举办院所两级培训班68个，社会化培训7次，共培训1512人次。

【综合管理】 2019年，机环院持续推进“两学一做”学习教育常态化、制度化，党委把方向、管大局、保落实。一是聚焦“三保三增”攻坚战，落实集团公司专项工作安排，针对重点项目进行专题部署；二是推进标杆企业建设，制订“机环院三年计划”。三是编制《院长奖励基金管理办法》《督办工作实施办法》《员工绩效管理办法》等规章制度，完善各层级分配和激励机制。四是调整成立计划技术室，院副总编入计划技术室管理。五是注重职工健康管理，组织落实职工带薪休假，安排健康体检和健康休养，关心关爱职工，做好个人所得税专项附加扣除，筹划全年所得税缴纳方案，保证职工利益最大化。

【重要学术活动及论文】 2019年机环院职工在省部级科技刊物发表论文12篇。2019年参加的主要学术活动：（1）2019年1月9日，派员参加铁路BIM联盟在京召开的“基于BIM的工程量计算集中研讨会第二次会议”；(2)2019年3月5日，派员参加铁路BIM联盟在京召开的“基于BIM的工程量计算集中研讨会第三次会议”；（3）2019年4月17日，派员参加铁路BIM联盟在京召开的“基于BIM的工程量及设计成果属性集”管理方法研讨会；（4）2019年6月4日，派员参加达索公司在京召开的“达索系统3D体验高峰论坛”；（5）2019年9月17日，派员参加中国市政工程华北设计研究总院有限公司在天津在京召开的“天津市给水排水分科学会第八届第一次年会暨换届大会”；（6）2019年10月28日—31日，派员参加buildingSMART国际、中国建设科技集团股份有限公司在京召开的“buildingSMART国际标准峰会暨中国建设数字大会”；（7）2019年10月29日，派员参加生态环境部核与辐射安全中心在京召开的“中国环境科学学会环境噪声防治专业委员会成立大会暨第一届学术交流会”；（8）2019年10月31日—11月2日，中国铁设在津主办“铁路给排水科技情报网年会”；(9)2019年11月20日—11月21日，派员参加中国铁道学会环境保护委员会在宁波召开的“2019年环评学组年会暨高原铁路环境保护与可持续发展交流会”。

（王卫）

·地勘院·

【概述】 地质勘察设计研究院（简称地勘院）是集团公司直属生产单位，主要承担工程地质勘察、工程物探与地下管线探测、工程检测与监测、工程试验与环境影响评价、工程设计咨询、地质勘察监理、工程总承包等工作。

2019年4月17日，按照集团公司《关于公布集团公司下属一级机构优化调整方案的通知》(中国铁设党〔2019〕17号)要求，原地路院路基专业108人整体划入土建勘察设计研究院，同时地质路基勘察设计研究院（简称地路院）正式更名为地质勘察设计研究院（简称地勘院）。

地勘院设院长1人、党委书记1人、副院长2人、总工程师1人、工会主席（副院长）1人，下设地勘一所、地勘二所、地勘三所、中心试验室、物探所、工程技术所、勘研所、工程测试中心、地质一队、地质二队、原位队11个生产单位和行政办公室、党群工作室、生产管理室、科技安全管理室、项目管理室、人力资源室、财务室7个职能管理室。截至2019年底，全院职工共420人，其中正高级工程师23人、高级工程师171人、工程师101人、助理工程师33人，其他专业技术职务及工人92人；具有博士学历12人、硕士学历140人、大学本科学历148人，大专及以下学历120人；拥有一级建造师执业资格24人，注册岩土工程师执业资格20人，其他注册结构、造价、咨询、安全等执业资格36人。

办公地址：天津市河北区岷江路10号。

联系电话：022-26176956。

【生产任务及各项指标完成情况】

（一）生产任务完成情况。2019年完成钻探109.58万m、触探7.98万m、简易勘探0.25万m，完成物探881.94万标准点。

（二）各项指标完成情况。2019年实现营业收入7.88亿元，实现利润3.25亿元。外委合同成交额为9488万元，进款1.8922亿元。未发生质量责任事故，勘察设计成果合格率达100%，三体系持续有效运行；未发生安全责任事故；获省部级及以上科技进步奖8项、省部级优秀勘察设计奖8项，全年获批专利授权4项、软件著作权4项。

【经营管理及成果】 地勘院根据自身实际，主动调整经营思路，聚焦集团公司核心业务总承包项目的发展，突出在项目前期超前谋划经营点、项目实施阶段重点跟进，围绕“做大体量、做强效益、做优业绩”的发展思路，深入研究工程公司发展机遇和市场空间、发展模式、业务范围、利润增长点，坚定不移地推进业务转型，重点开发岩土工程施工、检测和监测、建材试验抽检、工程产业化4个业务板块。一是推进工程公司平台建设。申请并获批铁路工程施工总承包三级、特种工程专业承包（不分等级）、施工劳务（不分等级）三项新资质增项，进行工程公司发展规划及混合所有制改革方案研究，完成天津市、国家级高新技术企业认定。二是推进建材质量抽检试验的开展。陆续在盐通、杭绍台、昌景黄和汕头汕尾等项目实施原材料定期和不定期抽检工作，取得明显质量管控效果。三是推进实体质量检测的实施。承担盐通铁路、杭绍台、昌景黄、阳大铁路总承包项目的工程实体质量抽检工作，为总包项目部施工质量控制提供有力帮助，强化施工质量过程控制，成为设计院牵头的工程总承包、建设精品铁路工程的有效手段。四是依托总包项目推进岩土施工工作。工程公司依托集团公司总承包项目开展岩土施工业务以来，克塔铁路风吹雪项目是首个完成合同签订的项目，合同额3719万元，2019年实现进款3100万元。五是积极做好工程公司工程产业化规划。依托集团公司总承包业务，侧重岩土施工新工艺、新方法、新产品研究，其中变径桩、全方位旋切拌和桩专利已经申报，为后续扩大经营范围奠定坚实基础。

【代表性工程项目】 2019年，地勘院承担的代表性项目是川藏铁路地勘监理、川藏铁路地质专业咨询、渤海海峡通道、雄忻铁路、昌景黄铁路、汕汕铁路、沿江铁路上海至合肥段（沪宁段）、沈白铁路、哈绥铁铁路、通苏嘉甬铁路、宣绩铁路、北沿江铁路合肥至武汉段（安徽境内）、京雄商高铁、潍新铁路、龙龙铁路EPC（龙岩至武平段）。重点项目情况如下。

（一）**川藏铁路地勘监理**。现场设9个监理站，包括雅安、康定、雅江、巴塘、贡觉、昌都地质监理站以及物探、试验、环保监理站，临时设置了内业遥感解译站；常驻人员维持在20人以上，高峰期达到36人，全年累计工作8000多天，专家团队全年累计工作2000多天。

针对初测阶段的地勘监理内容，召开监理例会49次，检查浅孔累计149孔（205次），检查深孔累计31孔（96次），检查覆盖率为100%；代表性地质调绘点核查累计217处，对应线路里程核查625km，完成占比为96%；内业核对勘探日志累计468孔，初测工点地勘报告212册全部审核完毕。物探内业抽查大地电磁累计780.273km，占完成工作量的100%；航空物探11382.83km，占完成工作量的100%；综合测井核查累计14488.8m（38孔），孔内摄像核查累计681m。中铁大桥院范围，地面大地电磁核查累计16.76km，占完成工作量的100%；1孔特大桥波速测试，深度为99m。试验报告核查累计103本。累计完成“工程地质勘察检查记录表”1055份、“工程地质勘察旁站记录表”93份、“工程地质勘察监理通知单”16份、“工程地质勘察监理联系单”3份、监理意见1192条。

针对定测阶段地勘监理工作，截至2019年12月31日，召开监理例会累计73次，检查浅孔累计3479孔（3704次），检查深孔累计304孔（556次）。代表性地质调绘点核查累计262处。核对勘探日志累计1152孔。审核地勘报告累计25本。物探监理地面大地电磁核查累计446.91km，综合测井核查累计28303.44m，剪切波速测试核查累计620m，地震反射波法核查累计23.026km，孔内摄影核查累计4631.8m。中铁大桥院范围，高密度电法核查累计4.165km，声波测试核查累计274.5m，剪切波测试核查累计140m；物探工点核查累计181个。累计完成“工程地质勘察检查记录表”4861份、“工程地质勘察旁站记录表”306份、“工程地质勘察监理通知单”89份、“工程地质勘察监理联系单”25份，监理意见累计1576条。

2019年度完成初测地勘监理总结报告1份；完成地勘监理月报13份；完成川藏公司、分省周报、段落指挥部周报、工作量统计周报185份；完成集团公司地勘监理信息简报50期；完成各项方案计划工作汇报材料50余份。初测地勘监理总结报告得到鉴定中心表扬。

地勘监理结合工作和生活情况，编制

《川藏地区工作生活手册》，作为后续川藏铁路进场人员了解川藏的口袋书；编制《高原安全告知手册》，作为每一位初上高原的人员工作生活安全须知，确保大家能够在上高原前了解川藏，在高原上保护好自己。

（二）川藏铁路地质专业咨询。2019年，结合铁二院与大桥院开展的地质可研阶段工作进行大量繁琐的咨询，平行开展物探与遥感解译独立解译工作，参加48次大型审查会和多次小型研讨会，编制多份专题报告和咨询报告。过程中同设计单位一起参与方案稳定工作，尤其是对折多山隧道、金沙江桥位方案及全线隧道围岩的等级划分，与设计单位一起多次进行现场踏勘及研究工作，为方案的稳定及全线围岩等级的合理划分出谋划策，多项意见得到鉴定中心的高度认可并被设计单位采纳。定测阶段派出2个咨询小组进行长达2个月的现场详细独立调查工作。

针对重点区段滑坡及泥石流专题、重大活动断裂专题、危岩落石及岸坡稳定性专题、高地应力（岩爆、软岩大变形）、高地温等重大不良地质问题，平行开展研究和咨询工作，为设计工作出谋划策，取得良好效果。

（三）渤海海峡通道。渤海海峡位于辽东半岛南端老铁山角和山东半岛蓬莱登州头之间，宽约106km，海底地势总体上北深南浅，平均水深25m，最大水深超过88m。海峡具有水深、风大、浪高、流急、地质构造复杂、地震烈度较高、通航要求高等特点，海峡通道建设条件非常复杂。渤海海峡跨海通道是“十纵十横”国家综合运输大通道中沿海运输通道的重要组成部分，铁路项目已被纳入国家中长期铁路网规划。

受中咨公司委托，集团公司于2019年围绕渤海海峡跨海通道工程方案专题论证组织开展阶段性地质勘察。本次勘察重点是对全线工程地质条件及不良地质类型和空间分布特征进行梳理；对海床的稳定性进行评估；对断层破碎带涌水问题进行深化研究；对控制工程建设安全和投资的风险进行评价，并提出防范化解风险的措施。累计完成单道电火花震源地震勘探测线2条，测线总长255.6km，海上地质钻探8孔，孔深合计900m。

（四）雄忻铁路。该线路起点雄安至曲阳县城东侧段落为太行山东麓山前冲洪积平原，地形平坦开阔，局部为低洼地，海拔5~90m，分布有大小不等的冲积扇。自曲阳东至阜平县城西主要为太行山剥蚀堆积丘陵、低山地段，地形低缓起伏，山脊山顶浑圆，丘间多见宽谷，海拔100~1100m，沟谷多有黄土和碎石土覆盖。阜平县西侧至五台县建安乡为太行山断褶侵蚀、剥蚀中山及中低山地段，山体挺拔陡峭，河谷深切，海拔900~2000m。建安乡至忻州市区主要为山西盆岭地带的忻定盆地，主要由滹沱河冲积而成，冲积层分布广泛，地势平坦，海拔800~900m，总体是山地向河流方向倾斜。沿线不良地质主要有活动断裂、采空区、岩溶、顺层边坡、危岩、落石、崩塌、放射性、地面沉降、地震液化和吕梁期及五台期韧性剪切带。

2019年，完成雄安新区境内约23km地下段的勘察工作及全线部分桥梁、路基、隧道工点的勘察工作，共完成勘探工作量4071孔（246439.2m）；完成系舟山活动断裂专题评估。针对太行山区沿线危岩落石发育的情况，开展沿线危岩落石专题评估工作，引入无人机倾斜摄影技术，利用Rockfall数值软件结合现场调查，从定性和定量两方面评价危岩体的稳定性、运动轨迹、冲击能量，为危岩落石的防治提供依据。

雄忻铁路物探采用天然源大地电磁法

（MTU-5A）开展隧道勘察和断层勘察，成果图直观地反映了隧道围岩风化、破碎程度、含水等情况，为隧道围岩分级提供了基础资料。

（五）汕汕铁路。沿线多在诸多大型江河的下游入海口附近跨越，行走在冲积平原或三角洲平原上。平原区地面高程2～10m，地势平坦，相对高差1～3m。线路穿越汕尾、惠来等中低山丘陵区，地形起伏较大，高差20～150m，自然坡度20°～50°，植被发育。总的地势西北高，东南低。大南山山脉北北西走向延伸，与海岸线大致垂直，亦与主要构造线一致。全线植被较为发育，低山丘陵区水土流失较严重，尤以花岗岩分布区为甚。主要工程地质问题为危岩落石、放射性、滑坡、岩堆及松散坡积和崩积体、花岗岩差异风化、软土和人工填土等。

2019年，完成惠来县改线段13.2km的勘察工作，共完成勘探工作量247孔（11030.9m），其中龙江水上钻探10孔（421.8m）；完成全线超前地质预报实施细则专家评审工作，为全线超前地质预报工作的顺利开展提供有力支持。

勘探时采用地震折射及天然源大地电磁法进行隧道土石分界及构造勘探，并结合地质调查、地貌分析、钻探验证，查明平公山隧道、汕头湾海底隧道等高风险隧道的风险因素及风险产生原因。

（六）沿江铁路上海至合肥段（沪宁段）。沿线大地构造单元为扬子准地台，线路由东至西分别通过了下扬子台坳（II2）、扬子准地台之淮阳台隆（II1）2个二级构造单元。区域内长期经历多次构造运动，主要以燕山运动、新华夏系运动最为强烈，断裂构造较为发育，构造方向以北东向为主，个别为北西向。区域的断裂为第四系早—中更新世断裂及早第四系以前断裂，且大多数为厚层第四系地层覆盖，对工程影响较小。主要的工程地质问题为人工填土、软土、膨胀岩（土）、地面沉降、有害气体（浅层气）、地震液化、软土震陷等。

2019年，完成沿线初测的勘察工作，共完成勘探工作量392孔（26706.7m）。

（七）沈白铁路。线路穿行于东北平原南缘及东北东部长白山地区，沿线可分为浑河及辽河冲洪积平原、低山丘陵地区及河谷平原、吉林东南部低山至中低山区以及长白山熔岩台地，总体地势为西南低东北高，地形起伏，沟谷纵横。起点浑河冲洪积平原海拔高程一般为50～70m。长白山地区最高处海拔可达1150m，地表植被发育，森林覆盖率高，吉林段森林覆盖率高达85%。主要的工程地质问题为季节性冻土、膨胀性岩土、火山堆积层、岩溶及雪害等。

沈白铁路位于林区，针对林区勘察实施困难的特点，创新勘察方法，采取“以物探为主、钻探验证”的综合勘察方法实施地勘工作。

（八）北沿江铁路合肥至武汉段（安徽境内）。线路经江淮冲洪积、堆积平原、垅岗、坳谷地貌，地形平坦开阔，略有起伏；于金寨县以东进入剥蚀丘陵区，植被发育；至金寨县以西进入低山区，属大别山中段北坡，为江淮分水岭主脉，群山连绵，沟谷深切，自南向北地势由高趋低，海拔高度在千米以上，相对高差最高达800m，其间河谷深切，地形变化大，植被发育。线路起点位于中朝准地台的二级构造单元江淮台隆的南部边缘；在六安与金寨间进入一级构造单元秦岭地槽褶皱系的北淮阳地槽褶皱带；线路在CK160附近进入扬子准地台，走行于其二级构造单元淮阳台隆的岳西台拱内。主要的工程地质问题为人工填土、软土、膨胀岩（土）、危岩落石、人为坑洞、地震区、高地温、高地应力、岩爆等。

在勘察中，采用“以物探为主，钻探验证”的综合勘探模式。采用地震折射及天然源大地电磁法进行隧道土石分界及构造勘探，结合地质调查、地貌分析、钻探验证，初步查明了长岭隧道、孤山隧道、旺山隧道等高风险隧道的风险因素及风险产生原因。采用岩芯取样室内鉴定方法，对大别山隧道片麻岩成分进行分析，为准确划分围岩分级及设计提供了有力支持。

（九）**京雄商高铁。**线路所经地貌为冲洪积平原区及海河、黄河、淮河冲积平原区，地形平坦、开阔。任丘、献县、衡水及范县附近地势低洼，洪水季节内涝严重。聊城至商丘段属华北地台的鲁西台背斜，其他地段属华北地台的黄淮海坳陷。沿线断裂构造发育，构造线以北北东向、北东向为主，近东西向构造次之。北北东向、北东向断裂有顺义—良乡断裂、通县—南苑断裂、礼贤—榆垡断裂、徐水北断裂、永定河断裂、涿县断裂、保定东断裂、聊考断裂、小宋—解元集断裂、曹县断裂及巨野断裂等；东西向的断裂为汶泗断裂、郓城断裂、菏泽断裂、东明—成武断裂和金乡断裂。经过的深大活动断裂带有聊城—兰考断裂、东明—成武断裂及小宋—解元集断裂等，华北地台晚第三纪以来持续沉降，上部沉积了巨厚层的第四系松散沉积物，断裂均属隐伏断裂，非全新世活动断裂，断裂对工程影响小。主要的工程地质问题为地面沉降、采空区、地震液化、垃圾填埋场、松软地基等。

2018年6月26日至2019年1月31日、2019年3月3日至2019年5月14日完成补充定测勘测勘探工作，完成钻探2502孔（162533m），其中深孔钻探43孔（5528m）；静力触探11孔（487m）；简易勘探（挖探）4孔（5.2m）；取原样66322组、扰动样18381组，地下水水样121组、地表水水样20组；标准贯入试验43480次；物探工作完成剪切波测试37处。

（十）**潍新铁路。**沿线所经地貌为潍北平原、鲁中南低山丘陵区、沂沭河冲洪积平原、黄淮平原，冲洪积平原地势低平，丘陵区地形起伏较大、沟谷发育。线路处于鲁东地盾和鲁西台背斜中的沂沭断裂、胶莱坳陷、胶南隆起、鲁中南隆起4个三级构造单元中，走向与沂沭断裂带一致呈北北东向，沂沭断裂带在区域内贯通，由潍坊至新沂长约370km，宽15~60km。断裂带由5条主干断裂分割，南北向中间隆起、两端凹陷，东西向呈“两堑夹一垒”的构造格局，是中国东部的一条深大断裂带。断裂带具有“东西分带，南北分段，东强西弱，南强北弱”的活动特征，位于东地堑的安丘—莒县断裂为全新活动断裂。主要的工程地质问题为人为坑洞、活动断裂、岩溶、顺层斜坡、地震可液化层及膨胀（岩）土等。

初测阶段开展专项勘察工作，通过分析收集资料确定断裂带内断裂活动性，开展地质调绘、无人机测绘、综合物探、地质钻探工作，对线路方案与活动断裂相交段落进行勘探，查明活动断裂的空间展布和地层情况，为线路方案确定提供了有力支撑。

【质量管理及成果】

（一）**加强质量监督检查。**一是按照《地勘院关于组织开展夏季安全质量大检查活动的通知》（中国铁设地勘〔2019〕5号）要求，开展质量安全大检查活动，贯彻铁路高质量发展要求，落实好质量安全红线管理规定，广泛开展勘察项目现场质量安全检查和三体系运行检查工作，重点对6个方面的检查内容进行部署。二是在下半年，紧密围绕国铁集团关于进一步加强铁路建设项目施工现场勘察设计管理工作通知要求，深刻汲取“7·8”怀邵衡铁路交通事故教训，依据集团公司查标准、查管理、查现场“三查”专项治理活动通知要求和国铁集团“三保三增”工作要求，依据质量安全全面排查工作方案，对今年8个开通项目和16个在建项目的质量全面开展排查。各勘察设计、配合施工、城轨、监（检）测等在施项目接受了国家局质监总站、国铁集团、住建部开展的质量红线多次监督检查，各项目部针对提出的问题及时进行整改，按期提交了回复报告。

（二）不断完善质量管理制度体系。完成与土建院技术业务的交接，重新梳理完善地勘院技术质量管理制度，制定工程公司技术质量管理文件，进行全员宣贯培训。

（三）发挥地勘院专家团队咨询作用。重点对川藏铁路活动断裂等重大地质问题、汕汕铁路地质风险核查及设计优化、沈白铁路勘察原则、龙龙铁路地质风险排查及设计优化、昌景黄铁路岩溶区桥梁基础地质问题、潍坊至新沂投标通过活动断裂方案、宣绩投标地质资料不足的解决方案、津潍地面沉降问题等进行有效指导，取得良好效果。

（四）管理体系建设。围绕新版体系管理文件要求，在总结上一年度质量风险防范经验的基础上，更新了地勘院过程管理和风险清单，于2019年10月下旬接受集团公司年度内审及联合检查，检查中未提出不符合项，提出改进建议5项。

【推广采用新技术】

（一）川藏铁路地勘监理推广采用新技术。一方面，配合、监督、指导勘察单位采用“空天地”一体化综合勘察技术；另一方面，对重点段落独立平行开展“空天地”一体化判释。（1）平行独立开展遥感地质判释，采用多光谱遥感、热红外遥感、雷达遥感、高分辨率遥感和三维遥感相结合的综合解译方法，提取沿线不良地质信息。（2）超前研究航空物探技术的适用性，分析航磁、航放、航电各方法的特点，对各方法的应用领域进行深入调研。（3）同步开展地质调绘，核查不良地质分布，重点对活动断裂等不良地质体、沿线隧道进出口、桥梁两侧墩台区的边坡稳定性、地层岩性、节理构造、危岩落石等进行了现场核查。（4）调研分析活动断裂对铁路的影响，深入研究川藏铁路沿线活动断裂的性质、规模及变形特征，形成专题报告。（5）结合遥感解译资料，通过对勘察大纲的审查、地质调绘点的核查、地质勘探的检查及独立自主对重要地质点的调绘，对现场典型地质剖面进行调查研究，对线路既有推荐和比选方案提出监理意见，为工程地质选线提供技术支持。

（二）川藏铁路地质咨询理念创新。工作过程中打破传统设计咨询观念，提前介入、动态跟进，制定咨询方案和咨询的方向，扎实开展川藏铁路咨询工作。一是深入开展现场工作，获取实地第一手资料，增加咨询研究深度和广度，为咨询工作的开展创造条件并提供依据。二是对重点段落独立平行开展遥感判释，结合现场工作及内业资料研究配合选线和稳定方案工作。三是充分发挥院专家团队作用，系统指导并参与设计咨询工作中重大技术方案、重大不良地质、专项研究和课题重大问题咨询论证工作，主持研究工作中的共性技术问题，研究确定对重大技术方案的咨询意见，审查、评估各阶段成果，为设计咨询和现场管理提供强有力的技术支持。四是针对川藏铁路的复杂地质情况，开展专题研究等工作，以学习和研究扎实推进咨询工作。

（三）沈白铁路综合勘察技术。为解决沈白铁路森林保护区地质勘察钻机无法大量进场勘探的难题，开展以物探为主、钻探为辅的综合勘察技术方案，通过试验研究和实践验证，总结形成了不同地区、不同阶段地质勘察原则和勘察方法组合模式，综合物探技术在铁路勘察中应用并得到推广，推动铁路工程勘察技术的转型升级，在保证勘察质量的前提下，可显著提升铁路工程地质综合勘察的技术水平，有效提升勘察效率，降低成本。

（四）长排列多波地震勘探技术。在哈尔滨至绥化至铁力铁路开展长排列多波地震勘探技术试验，主要是采用长排列接收的观测系统，采用低频纵波检波器（或低频三分量检波器）和夯击震源（或可控震源），同时采集面波（天然源和人工源）、折射波和反射波等多波数据，并从数据中提取出面波、折射波和反射波，分别进行处理解释，从而达到“一次布设排列、实现多种方法勘察”的目的，能够以最小的工作量，尽可能多地解决地质问题。

【职工培训与人才队伍建设】 一是以专业技术培训为重点，以转型发展需要为导向，持续加强员工培训，全年完成117个培训班，参加培训职工2342人次。4名骨干技术人员参加了集团公司举办的为期4个月的法务人员培训班，现已承担地勘院相关业务领域法务咨询工作。二是通过政策引导，积极推进执业技术资格证书增量提效，2019年共有5人取得各类执业资格证书。三是加强干部队伍梯队建设，2019年共提拔7名中层管理人员，干部队伍的年龄结构和知识结构不断优化。四是认真落实干部交流工作要求，选派8名技术管理人员以挂职等方式到集团公司内外部关键岗位进行交流锻炼，其中2人到国铁集团川藏公司助勤，2人到国铁集团京福公司挂职，不断丰富管理人员的成长路径。积极争取工程实验室2名优秀博士到地勘院科研和生产单位挂职，促进了地勘院科技开发工作的快速提升。人才培养取得实效，完成国铁集团“百千万人才工程”选拔与推荐，向国铁集团推荐领军人才1人、专业带头人4人、专业拔尖人才8人。

【综合管理】

（一）体制机制建设迈出新步伐。积极构建与集团公司改革发展相适应的体制机制，努力实现降本增效，夯实地勘院转型发展基础。一是全面贯彻落实集团公司决策部署，层层落实责任，细化工作安排，加强督办考核，形成合力推进联动机制；二是优化整合内设机构，将科技管理室和安全监督管理室合并成立科技安全管理室，撤销汽车队，撤销经营开发室和新技术开发应用所，成立项目管理室和工程技术所，赋予勘研所和工程技术所新的定位，建立稳定的研发团队；三是积极推进“三位一体”建设，围绕市场经营、技术创新，优化生产经营组织，形成室所队之间良性协作的机制，突出抓好生产组织策划，采用适合技术方案，制定切实可行的降本增效措施，及时兑现考核奖励；四是全面推进“量本利”的落实，修订生产单位经济责任制，完善内部计费方式，出台《地勘院生产单位班子考核管理办法》《地勘院副总工程师管理办法》，重点考核经济指标，考核结果与生产单位班子成员、副总工程师绩效分配直接挂钩，有效激发各层级的积极性；五是扎实推进降本增效的实施，充分挖掘内部潜力。

（二）**生产组织管控得到新提升**。一是全力服务川藏铁路建设，积极参与集团公司“川藏铁路建设重大机遇研究”课题，通过深度参与川藏铁路规划建设，提升技术创新水平；二是全力以赴打好“三保三增”攻坚战，制定切实可行的增量降本措施，在集大原、哈铁、丰雄商、雄忻等重点项目前期策划中，领导班子深度参与谋划，集体研究评审，现场督促落实，增量降本效果明显；三是切实发挥计划的指导作用，统筹协调各类资源，解决影响生产组织的重大问题，重点关注郑阜、商合杭、蒙华、大张等保开通项目，沈白、丰雄商、昌景黄、杭绍台等重点项目工作有序可控，网上技表作业平台地质专业兑现率达100%；四是加强重点项目过程管控，及时指导、协助解决生产过程中的问题，有效防控各类风险，严格落实生产项目组织管理职责，及时兑现考核，提升综合管理效能。

（三）**安全管控取得新成效**。严格落实安全生产责任制，承接年度职业健康安全管理目标，每季度召开安委会专题会议，加强对基层单位安全生产责任的考核，确保安全规章制度的落实；强化现场安全管控，落实安全风险分级管理和隐患排查双重治理机制，组织消防用电专项检查、安全隐患排查整治和夏季安全大检查活动，先后对渤海海峡跨海通道海上钻探、653总包项目施工安全、雄商黄河水上钻探、昌景黄山区林区作业等高风险生产项目进行现场监督、检查和指导，全过程监控新址搬迁，签订安全协议、做好应急预案、过程专人盯控、事后全面检查，有效消除安全隐患；持续开展全员安全教育培训，开展了危险源、法律法规的辨识培训，组织了年度岗位安全技能达标专项培训、岩土工程施工专题安全培训、驾驶员交通安全培训、新员工安全培训等，对勘探供方项目经理、安全员等主要人员开展现场安全培训，开展全员安全法规宣传、征文、应急演练活动，积极推行“勘探重大安全风险告知书”“机组安全风险告知牌”（简称“一书、一牌”）安全风险告知活动。

（四）**综合管理水平再上新台阶**。以构建两级管控体系为导向，以全面预算、资金和合同管理实施细则的建立为基础，加快完善内部管控制度，全年颁布各类制度20余项；强化重大决策的研究审查，强化全面预算管理，深化风险债权清理，加强对工程公司承担集团公司总承包项目的合法性研究，加强对合同合规性的审查，防范质量安全法律等各类风险；完成满江道园区的整体搬迁工作，改善职工就餐条件，修缮职工活动场所，服务职工群众；加强资产管理，强化合同风险意识，规范雇工、租车、租房审批流程，做好设备、物资及劳动防护用品的管理工作；坚持深入基层调查研究，切实转变工作作风，下大力气解决了一批管理机制、生产经营、安全质量上的实际问题，已完成整改32项；加强和谐企业建设，认真落实帮扶救助机制，坚持“五必访”和“送温暖”，积极开展职工文娱活动，缓解职工工作压力。

【重要学术活动及论文】 2019年地勘院职工发表论文16篇，参加重要学术活动如下。（1）2019年11月5日—6日，派员参加在武汉召开的“中国地球物理年会铁道分会第三次学术大会暨中国铁路工程物探与工程检测新技术第十九届年会”，地勘院副总工程师李志华作“综合物探勘察技术——沈白铁路”专题讲座；地勘院物探所副所长许广春作“长大深埋隧道——九天山隧道综合勘察方法研究”专题讲座。（2）2019

年7月，派员参加中国建筑科学院建筑工程检测中心组织的国家级“水泥物理性能检测”能力验证试验项目，共155家试验检测机构参加；“混凝土立方体抗压强度检测”能力验证试验项目，共162家试验检测机构参加。地勘院中心试验室均获得能力验证结果满意证书。（3）2019年9月，地勘院中心试验室25人参加国家铁路集团有限公司产品质量监督检验中心委托我单位举办的铁路试验工程师及试验员的取证培训及考核。

（张民）

·测绘院·

【概述】 测绘地理信息研究院（简称测绘院）是中国铁路设计集团有限公司直属的专业测绘单位，主要承担集团公司测绘专业生产、科研工作。业务范围包括铁路、公路、城市轨道交通、工民建及其他工程项目的工程勘测；高速铁路、客运专线、城市轨道交通工程精密控制测量；航空摄影测量与遥感，地理信息系统工程，航空摄影，测量技术咨询，评估与工程测量监理。

测绘院设院长1名、院党委书记（兼任纪委书记）1名、副院长3名（其中1人兼任工会主席）、总工程师1名、副总工程师4名；下设第一、二、三、四、五测绘研究所，精密测量研究所，航测遥感研究所，综合所，汽车队9个生产单位和办公室、党群人力室、生产经营室、质量安全室、财务室5个管理部门。

截至2019年底，测绘院在册职工共有321人，其中专业技术人员181人，占职工总数的56.4%，包括正高级工程师6人、高级工程师52人、中级职称88人、初级职称35人；工人124人，占职工总数的38.6%，包括高级技师5人、技师4人、测量工115人；政工、会计等管理人员16人，占职工总数的5.0%。

办公地址：天津市河北区岷江路10号。

联系电话：022-26176440。

【生产任务及各项指标完成情况】

（一）实物工作量完成情况。2019年，测绘院完成指令性测量任务555项，其中常规勘测项目78项、精测复测项目27项、总承包项目7项、境外项目3项、零散项目440项；安排航摄项目40项，数码航飞面积11874km^2、雷达测线6153km、无人机视频拍摄2697.5km，视频制作41项，无人机航飞成图506.5km^2。安排自揽外委项目148项。

（二）各项指标完成情况。2019年，测绘院完成外委合同额12319万元、进款14240万元，其中产业化合同额2463万元、进款1857万元；2019年经济责任制“量”“本”“利”实际完成分别为38400万元、24300万元、14100万元。

【代表性工程项目】 （1）新建潍坊至莱西客运专线精密工程控制测量第一次复测；（2）郑阜铁路精密工程控制测量第三次复测；（3）新建商合杭铁路（商丘至阜阳段）精密工程控制网静态验收前复测；（4）新建蒙西至华中地区铁路煤运通道浩勒报吉至三门峡段精密工程控制测量第二次全面复测；（5）朝阳至秦沈高铁凌海南站铁路联络线精密工程控制测量第二次复测；（6）赤峰至京沈高铁喀左站铁路精密工程控制测量第三次复测；（7）新建大同至张家口高速铁路精密工程控制测量第三次复测；（8）新建敦化至白河铁路精密工程控制网第二次复测；（9）牡佳客运专线精密工程控制测量第二次复测；（10）新建铁路太原至焦作铁路太原南至晋城东段精密工程控制测量第二次复测；（11）新建北京至

天津滨海新区铁路宝坻至滨海新区段精密工程控制测量第二次全面复测；（12）新建北京至雄安新区铁路精密工程控制测量高程网第七次复测；（13）新建城际铁路联络线廊坊东至新机场段精密工程控制测量高程第五次复测；（14）新建北京至唐山铁路宝坻至唐山段精密工程控制测量高程控制网第三次复测；（15）哈尔滨至铁力高速铁路初测；（16）潍坊至新沂铁路初测；（17）新建北沿江高铁上海至合肥段初测；（18）通苏嘉甬铁路初测；（19）新建哈尔滨至绥化至铁力铁路定测；（20）雄安至忻州铁路定测；（21）新建呼和浩特至南宁铁路通道集宁至大同段补充初测；（22）集大原铁路定测；（23）伊金霍洛旗煤炭矿区东南部铁路东胜东至台格庙段工程初测；（24）新建天津至潍坊铁路初测；（25）沿江高铁合肥至武汉段（安徽段）初测；（26）菲律宾铁路首级网建网测量；（27）宣绩铁路补定测；（28）京津城际运营监测；（29）哈齐客专运营监测；（30）青荣城际运营监测；（31）贵广铁路运营监测。

【经营管理】

（一）基础经济指标快速增长。2019年签订经济技术合同额6806万元，实现进款1.2383亿元，完成集团公司下达进款指标5085万元的243%；完成债权清欠73笔、7711万元，清欠率达到91%，高于集团公司下达的80%的清欠比例。

（二）非传统片区实现突破。一是修改、完善经营奖励办法。二是推进“专业+专业”融合发展模式，与线站、建筑院开展技术交流，寻求扩大测绘技术服务范围；与总包、城交、线站及铁三院公司加强合作，成功获取成都局川南城际咨询评估、南宁局南崇咨询评估、地铁保护区监测等大批非传统区域项目，经营成效显著。

（三）路局合资合作成绩斐然。2019年，与南昌局合资测量公司合作范围进一步扩大，承揽项目合同额1000万元，获得分红利润107万元，涉铁自动化监测、空天地一体化铁路周边环境监测等产业化得到推广应用。南昌局合资测量公司成功经验被推广到济南局，成立济南致通华铁合资测量公司，与郑州局合资测量公司也正在积极推进。

（四）经营区域化试点取得成功。以广铁集团、南昌局、南宁局、成都局区域项目为试点，区域化主责单位统一负责本区域的项目生产组织和经营开发，市场、生产经营、技术“三位一体”快速融合，生产效率和经营业绩实现了双突破。

（五）产品产业化业务取得新进展。在太焦、杭绍台等项目成功推广沉降观测、连续梁线形监测系统，信息化效益逐步显现；涉铁自动化监测、周边环境检测监测等系统在南昌局、上海局等合作单位得到应用；车载移动激光雷达、北斗变形监测等新技术得到广州局、昆明局的认可，合作意愿明显，具有较好的发展前景。

【生产管理】

（一）汇聚优质资源，保障国内重点项目。以“保开通、保在建、保开工”为重点，调配优质资源，为工程建设提供有力保障。对于北沿江、雄忻、丰雄商等重点项目，主管副总牵头组建团队，强化技术把关，确保勘测工作圆满完成；安排技术骨干做好铁路工程建设期间的服务，实现京雄城际、浩吉、郑阜和商合杭铁路高质量通车。

（二）全力保障海外项目，服务“一带一路”建设。持续做好印尼雅万高铁、泰国高铁勘测工作；积极推进匈塞铁路施工阶段的三维信息化系统建设；完成菲律宾项目控制网测量及数码航飞策划工作。

（三）深度服务总承包，拓展服务领域。编制《铁路总承包施工进度管理无人机应用技术方案》，对杭绍台、盐通、昌景黄3个总包项目进行无人机视频航飞，开发无人机项目管理信息系统。杭绍台、盐通建立CORS基站全天候服务施工建设，推进数字化施工技术。派遣测绘专线，统一测绘技术标准，测绘技术已经融入总包项目工程建设的各个阶段。

（四）服务国家战略，积极参与川藏铁路咨询服务。结合集团公司咨询进展，选择大渡河工点进行无人机航飞，完成三维模型建立，为线路选线及设计咨询提供重要基础数据。稳步推进高精度CORS基站建设、精密高程基准面构建、空间形态特征变化及形变监测、实景三维空间信息系统平台搭建等测量咨询工作，为川藏铁路建设提供中国铁设方案。

（五）完善区域划分，构建“三位一体”机制。结合集团公司区域布局，进一步细化、完善区域化管理，充分考虑生产、经营、技术管理实际情况，进一步明确各所生产经营主责区域，调整副总管理责任区，初步构建市场、生产经营、技术创新“三位一体”机制，确保各区域生产组织高效完成。

（六）承接外业调查任务，延伸服务内容。编制《铁路外业勘测工作优化方案策划》，提出勘测组织方式优化调整思路；从团队建设、专业人员培养引进到项目试点，分步实施，逐项落实；在合武高铁初测开展试点学习，在雄忻铁路定测项目全面承接线路等6个专业调查工作，总结经验并形成了专业调查分工建议报告，为后续承接专业调查打下坚实基础。

【质量管理及成果】

（一）质量管理过程可控。一是承接集团公司新的管理要求，制定和完善相关技术质量管理办法，保证质量管理体系有效运行；二是组织开展“质量月”活动，按期开展技术培训；三是组织外业调查培训与实训，为承接外业调查业务打好基础；四是严格执行“先设计、后施测”的作业原则，重视各环节测绘资料的复核，确保各项成果质量，总工团队加强对项目的技术指导和质量检查，确保过程中各类技术质量问题及时整改闭合；五是强化风险意识，补充质量案例库，顺利通过年度内审检。

（二）测绘成果质量可靠。无质量事故发生，没有发生因测绘原因引起的I类变更设计，没有发生因勘察设计质量导致的重大顾客投诉，项目成果验收合格率达100%。

（三）项目创优成果丰富。“新建哈尔滨至佳木斯铁路精密工程控制测量”等12个项目获得省部级优秀勘察、测绘奖；常州地铁QC小组获铁道行业优秀质量管理小组优胜奖，航摄QC小组获铁路工程勘察设计优秀QC小组二等奖，宏图经纬QC小组获评天津市优秀质量管理小组。

【推广采用新技术】 一是建立国产高分数据铁路应用中心，在铁路行业推广应用国产高分卫星遥感数据，提高了铁路勘测1∶10000地形图的作业效率。二是无人机倾斜测量技术应用于川藏铁路大渡河桥址方案比选，通过无人机航测数据建立的三维模型为线路选线及设计咨询提供重要基础数据。三是北斗单频高精度变形监测关键技术研究成果应用于哈佳铁路路基监测项目，实现铁路路基的远程沉降监测。四是自移动式智能激光扫描采集控制系统的研制，突破技术瓶颈，研究成果应用于广州北站站台限界检测项目，提高了铁路限界检测的作业效率。五是高铁周边环境遥感变化监测技术研究成果，建立了空天地一体化技术的铁路周边环境监测与管理解决方案，研究成果在北京局、南昌局推广应用。六是基于惯性导航系统的轨道检测小车研制科研课题，研发形成基于惯导+全站仪的轨道快速检测小车，在郑万客专和大张客专现场测试通过后，在贵广客专投入生产应用。七是基于CORS的铁路数字化施工技术在昌景黄和杭绍台总承包项目进行推广应用。

【科研、标准化与业务建设】

（一）顶层设计。各所完成创新发展规划实施方案，成立创研室，固定科研人员，保障开发时间，形成各具特色和内涵的创新机制。

（二）项目推进。2019年，测绘院新立科研课题19项，其中重点课题4项、一般课题15项；结题验收28项。参与无人机、运营铁路工程测量规范等技术标准的编写；主编的国家技术标准《轨道交通地理信息数据规范》颁布实施；影像监测技术服务运营铁路，得到进一步推广；北斗监测系统填补铁路系统自动化监测的空白；惯导检测小车、自移动扫描测量小车研制成功并通过测试；建立了国产高分卫星遥感数据应用中心。

（三）创新成果。2019年，测绘院获得省部级科技进步奖5项，取得发明专利2项、实用新型专利6项，登记软件著作权24项。

【职工培训和人才队伍建设】

（一）专业技术培训。全年共组织院级技术培训班17期、518人次参加；各基层单位组织技术培训班71个，培训职工1366人次。

（二）考取执业资格。通过予以绩效奖励等方式，激励职工考取执业资格。2019年测绘院拥有注册测绘师45人、注册安全师8人、注册监理工程师2人、注册一级建造师4人，取得BFT证书5人。

（三）创新人力资源管理。一是加强人才培养，修订《航遥测绘分院青年员工培养管理实施细则》，分2期组织完成技能竞赛，对培养期内的技术人员进行考核，促进青年员工培养。二是完成《中国铁设测绘院员工绩效管理实施办法（试行）》制定下发，并指导生产单位制定相应的员工绩效管理实施细则。将绩效评价结果与绩效奖励挂钩。三是加强劳务用工管理，劳务派遣人员数量控制在规定比例范围内，进一步规范非全日制用工管理。四是建立《测绘院奖金管理（暂行）办法》，规范奖金管理，强化奖金分配与企业经济效益、职工岗位职责、质量安全情况、履职业绩成果的统一性，调动职工工作积极性，促进测绘院持续发展。五是支持职工参加必要的外部培训和技术交流，鼓励职工参加注册执业资格考试，助力职工提升业务能力、拓展知识面。

（四）加强干部人才队伍建设。举办科职以上干部脱产培训和“干部讲坛”活动。改善各单位负责人知识结构，提升管理能力。制定《管理人员交流管理实施细则》等办法，有序推进不同岗位干部的交流。对各基层单位干部履职情况进行写实性考核，完成院科职干部结构分析报告。连续6年举办“青蓝杯”项目负责人汇报竞赛和“青年员工技能竞赛”，加强青年职工技术交流。连续3年评选“科研创新贡献奖”，突出青年员工科技创新引领作用。

【综合管理】

（一）行政管理。一是持续推进管理信息化。勘测管理系统实现运行，仪器管理与勘测管理系统融合，促进项目成本归集的完整性；公务用车管理系统进一步完善，派车、用车、加油等数据积累得到有效实施。二是修订、完善管理办法。全年共下发文件17个，为院各项工作的开展提供制度保障。三是开展福利费、科研经费、“小金库”专项治理以及公务车加油卡检查等专项整治工作，进一步规范相关管理；对债权、债务以及银行账户、民营企业账款进行全面清理。

（二）后勤管理。一是按照集团公司搬迁工作安排5月按时完成搬迁工作。二是通过市场调研，选用质优价廉的文印服务商。集中管理测量报告、技术文件的文印工作，统一进行收发、邮寄、结算、盖章全流程管理。三是更新设备满足生产科研所需。新购置卫星定位仪、全站仪、无人机、汽车等设备，满足生产需求；购置网络机房设备、惯性导航主机、工作站等，为测绘技术研发提供硬件保障。

（三）财务管理。一是提升会计信息化手段。充分利用财务用友软件核算功能，实现与集团公司网上报销系统、合同管理系统、资金管理审批系统、薪酬管理系统等相互间的数据共享，满足院各项管理需要，提高会计信息共享能力。二是深化全面预算管理，实现预算管理全覆盖，强化刚性约束。根据院生产经营实际情况，科学编制年度预算，并做好预算分解、过程控制和分析。三是持续加强会计基础工作建设。以国铁集团实施新的《会计基础工作规范》为契机，提高会计基础工作水平。做好日常会计核算，严格各项资产、负债、权益和收入、支出、损益确认；四是强力推进债权清理，严格资金使用管理。明确各项债权的主责单位和责任人，逐笔落实每笔债权清收时间。加强资金特别是支付委外工程款的审核，监督和控制资金流向，保证资金安全，确保资金使用依法合规。及时清理备用金，减少资金占用，防止长时间挂账或挪作他用等违法违规行为发生。五是继续开展项目全成本核算，控制成本费用支出。严格执行成本费用开支范围和开支标准，加强对会议费、租车费、租房费、雇工费、福利费等支出的审核把关。六是强化审计整改落实。对审计、各项检查提出的问题认真进行分析，制定措施并及时整改。

（四）安全管理。2019年全年未发生安全生产责任事故、非责任事故及意外事故，实现年初制定的目标。主要做法如下。一是落实安委会制度。召开安委会扩大会议1次；结合院生产策划会召开安委会扩大会议4次，部署季度安全生产重点工作。二是推进双控预防机制建设。组织开展危险源、适用法律法规再辨识和再评价工作，形成危险源辨识、适用法规清单。编制测绘院“事故案例库”、岗位风险告知卡、安全风险告知栏。各单位全年共进行隐患排查治理106项，测绘院对排查出安全隐患的职工予以每条50元的奖励。三是多措并举，改善安监队伍结构。2019年，先后有4个生产单位调整年轻的研究生担任安监。四是严格检查与考核。2019年，测绘院共对19个项目进行检查，对重点项目基本实现覆盖。对3个安全管理存在问题的单位核减绩效工资6600元。五是持续开展安全培训工作。持续开展对实习生和新员工的岗前培训；对各单位安全管理人员和院科职干部进行安全管理知识培训；选派3名新任职安监送外培训；开展安全月活动，征文35篇，270名职工参与了安全知识竞赛活动。六是注重职工的职业健康安全。对患有心脑血管疾病的职工在工作安排上予以照顾，避免意外情况的发生。及时为在特殊环境作业的职工配备防护用品和药品。督促带薪休假制度的落实，2019年带薪休假率为94%。

（五）档案及保密管理。严格执行《测绘地理信息研究院科技档案管理办法》，勘测项目资料按期归档率进一步提升。全员签订“保密承诺书”和“网络安全责任承诺书”；对全院内外网计算机分别进行了2次全覆盖式检查；顺利通过了天津市规划和自然资源局的保密检查。

【精神文明建设】 测绘院党委被评为集团公司先进党组织及党风廉政建设先进集体。综合所“航飞尖兵党员先锋团队”和精测所“高速铁路变形监测检测创研团队”被评为集团公司党内优质品牌。杨云洋被评为集团公司优秀共产党员标兵和国铁集团优秀共产党员，雷朋涛等10名同志被评为集团公司优秀共产党员，郭利军等3名同志荣获集团公司优秀党务工作者称号。

（一）坚决做到“两个维护”。院党委组织干部职工认真学习领会习近平新时代中国特色社会主义思想和对铁路工作的重要指示批示精神，坚持把增强“四个意识”、坚定“四个自信”、做到“两个维护”扎根于思想，体现在行动，落实到工作。通过调查研究补齐发展短板，通过检视问题改进工作作风，通过整改落实推动高质量发展。认真按照计划开展自学和专题学习研讨，集中学习26次，研讨12次，并组织14位科级干部列席党委中心组学习，提升两级管理干部解决问题的能力。

（二）切实发挥党委作用。严格执行“三重一大”集体决策制度，组织召开党委会29次、党政联席会28次，把党的领导内嵌到各项管理工作中。调整领导班子分工，调整各专项委员会组成及主要任务，严格落实领导班子双重组织生活制度。认真开展民主生活会，引导党委委员聚焦个人思想和工作实际，推动问题解决和个人提升。

（三）夯实基层党建质量。制定《党支部“评等定级”办法》，促进党支部建设标准化、规范化。实施基层党支部党建工作月报告制度，建立党建工作通报制度。强化支部书记述职评议，压实责任落实，对评议结果为“一般”的进行提醒谈话。各党支部严肃认真开展“三会一课”、组织生活会和民主评议党员。开展“学习型党支部、学习达人”评选，对活动中表现突出的3个党支部和11名党员进行了表彰。开发“创岗建区测评打分系统”，评选认定47个先锋岗、17个红旗区。建设党员活动中心，开展好主题党日活动，突出党性锻炼，增强身份意识。举办“党内品牌创建、党内立项攻关成果交流”活动，分享移动测量扫描技术等成果经验，营造“练技术、破难题”的良好氛围。

（四）深化党风廉政建设。落实生产单位班子深入一线月报告制度，加大对生产项目的安全、进度、质量管控力度。深化“管理服务型”机关党支部建设，提高管理室人员服务意识。坚持预防为主的方针，抓好经常性纪律教育，组织观看“违法违纪案件警示录”，增强干部职工廉洁意识。开展党风廉政建设宣传周教育，营造“风清气正”的工作氛围。

（五）推进测绘文化建设。依托中国铁设信息门户、铁三院简讯、《美悦绘》等平台，认真开展内部宣传，营造积极向上的舆论氛围。围绕新中国成立70周年，开展征文等系列活动。开展最美职工家属评选和家属开放日活动。参加集团公司第17届政研年会，参会论文获得一等奖和三等奖各1项。制作技术业务和典型工程特色展板，在办公楼墙上进行展示；制作测绘院宣传视频，通过新建设的室内外LED显示屏，宣传测绘科研成果、业务信息，提升测绘专业形象。

（六）**凝聚群团发展合力。**尊重职工首创精神，开展“弘扬工匠精神、提升精品意识、展示精品成果”劳动竞赛活动。在三八节组织开展“我运动、我快乐、我健康”女工体育健身活动。在五一、十一和春节组织开展丰富多彩的文化体育活动。加强职工民主管理，院职代会和各生产单位职工大会顺利召开，代表提案得到认真处理。认真落实帮扶救助政策，全年共帮扶困难职工123人次，拨付补助资金近20万元。组织职工参加天津市测绘协会、集团公司组织的羽毛球、“迎国庆”歌咏等比赛活动，荣获佳绩。

【重要学术活动及论文】 2019年，测绘院职工发表学术论文22篇，参加重要学术活动和主要技术交流活动如下。（1）2月，测绘院与线站院开展“航测遥感与勘测新技术”交流活动。（2）3月，测绘院与到访的西南交通大学出版社编辑交流科研专著出版事宜；与到访的天津水运工程勘察设计院交流海洋测绘技术；与FUGRO公司开展激光雷达铁路测绘技术交流；与建筑院开展“自动化检测监测”技术交流活动。（3）4月，针对地理信息服务平台研究，测绘院组织技术人员与星际空间、海托斯康公司进行技术交流；针对影像解译与目标识别，与中科院电子所进行技术交流。（4）5月，测绘院与工程实验室联合邀请超图公司技术人员驻现场集中办公，对目前Supermap国产GIS平台应用的具体问题进行手把手指导；测绘院邀请华测公司技术人员针对多平台lidar数据处理技术进行交流，掌握当前数据后处理的相应策略和应用。（5）6月，测绘院派员参加天津市测绘学会组织的CGCS2000坐标框架相关报告讲座；另派员参加天津师范大学“全息地理信息服务平台关键技术及应用”课题成果讨论交流会。（6）7月，测绘院邀请大连理工大学孙长森教授、桥梁专业京津城际主管总工交流桥梁结构形变监测事宜；邀请武汉大学毛庆洲教授到测绘院开展车载移动扫描系统集成、铁路钢轨扣件检测技术交流。（7）9月，天津市城建大学的4个班的老师和新生来我院参观交流，参观基岩水准点、轨道板扫描系统，交流北斗监测、惯导轨道检测小车等新技术。（8）10月，测绘院派2人参加中国测绘学会在南京召开的2019年学术年会。（9）11月，呼和浩特铁路局邀请测绘院副总工程师李亚辉、地勘院副总工程师隋孝民等，开展铁路运营期综合检测及维修整治的应用技术交流。

表9-2　所属单位领导名录

单位	行政第一管理者	党支部书记
一所	杨志勇	张彪
二所	徐明伟	李新增
三所	李明军	康建国
四所	杨继平	杨继平（兼）

续表

单位	行政第一管理者	党支部书记
五所	谢春喜	董延喜
精测所	洪江华	洪江华（兼）
航遥所	李平苍	李平苍（兼）
综合所	高文峰	高文峰（兼）
汽车队	康建锋	康建锋（兼）

表9-3　完成主要外委工程项目（合同额100万元以上）

序号	工程名称	合同金额（元）
1	2019年大西铁路客运专线乔家山隧道变形监测技术服务	1013678
2	新建商合杭铁路站前5标段CPIII测量合同	1481880
3	廊坊市艺术大道（大皮营引渠—西环路）东西贯通工程——下穿廊万路、京沪铁路桥部分工程京沪高铁监测	1887417
4	地铁4号线南段工程土建施工第10合同段下穿铁路的自动化监测设备安装、监测及人工监测	1800000
5	新建牡丹江至佳木斯铁路四电标段BIM设计应用合同	1650000
6	东丽区八号路下穿军粮城电厂铁路专用线项目铁路设备监测工程	3586796
7	轨道交通Z4线一期工程区间下穿及临近既有铁路施工专项（含自动化）监测	6561208
8	南龙铁路及联络线、皖赣线浯溪口水库段改线隧道限界检测技术协作	1780000
9	新建蒙西工业园区至三北羊场铁路工程雷达航飞及1：2000图制作成图委托合同	1600000
10	杭绍台工程总承包项目线下工程沉降变形观测评估、平行观测、轨道控制网测量评估服务协议	3500000
11	浦梅铁路（建宁至宁化段）CPIII精密网测量技术服务合同	3412000
12	2019至2022年度衢九铁路精测网复测与基础变形监测技术合作项目合同协议书	2527267
13	新建银西铁路陕西段YXZQ-1标段中铁五局DK00+400—DK27+259.67段CPIII测量合同	1020680
14	新建北京至唐山铁路轨道控制网CPIII测设工程技术服务合同	4055000
15	新建太焦铁路TJZQ-5标DK127+630—DK155+201.34段CPIII精密网测量	1047698
16	贵广客专精测网复测及线路平纵断面复测拟合劳务外包GGJCWFC-II标段合同协议书	3576960

续表

序号	工程名称	合同金额（元）
17	2019年昌福线III标精测网复测技术协作	2545454.88
18	2019年杭深线漳诏段精测网复测及线路精测技术协作	2938000
19	2019年来舟、鹰潭编组站复测及检算技术协作	1259827.8
19	2019年来舟、鹰潭编组站复测及检算技术协作	1259827.8
20	合肥市涡阳路下穿淮南绕行线、合武绕行线立交工程铁路监测合同	1262700
21	贵广客专正线K588+000—K688+662精测网复测技术协作	2900088
22	新建防城港至东兴铁路高程控制网复测技术协作	1755000
23	北京地铁17号线北神树站—朝阳港站盾构区间下穿京津城际铁路北京环线特大桥变形监测	1330000
24	青兰高速公路莱芜至泰安段改扩建工程上跨京沪高铁金牛山隧道工程施工期间保护监测服务	1507922

（张云芳）

·总包事业部·

【概述】 中国铁路设计集团有限公司工程总承包事业部（简称总包事业部）成立于2017年8月31日。总包事业部是集业务板块职能管理与大型项目运营管理的综合型业务机构，定位为独立核算的利润中心。总包事业部主要负责国铁集团、铁路局集团公司管控的境内工程总承包类项目（含I类涉铁项目）的投标组织，负责非国铁集团、铁路局集团公司管控的境内工程总承包类项目（不含涉铁工程）市场信息和经营开发的归口管理，负责I类境内工程总承包项目的生产组织；负责集团公司境内工程总承包业务归口管理，负责工程总承包业务技术、质量、安全、费用、环境、风险、人力资源调配以及人才队伍建设等工作。

总包事业部领导班子共7人，其中党委书记兼纪委书记1人、总经理1人、总工程师1人、副总经理4人。总包事业部内设办公室、人力及项目管理室、财务室、质量安全管理室、商务报价中心、采购中心、设计技术中心、施工管理中心8个部门，岗位编制共59人。

办公地址：天津自贸试验区（空港经济区）东七道109号B2座二楼。

联系电话：022-60373521。

【生产经营及各项指标完成情况】 2019年总包事业部承担的工程总承包项目有11个，其中克塔铁路、铁总主数据中心项目已完工，宣绩铁路中标尚未开工，在建项目8个。集团公司境内工程总承包承揽合同额331.6亿元（不含宣绩），其中集团公司直控项目承揽合同额合计316.7亿元；集团公司境内工程总承包营业收入212.0亿元，较去年同比增长112%，实现进款209.1亿元，较去年同比增长164.68%。

【经营开发管理】 一是加强策划，精心组织龙岩至龙川铁路（龙岩至武平段站）、汕头至汕尾铁路（其余段落）、广州至湛江铁路（先开段）、宣城至绩溪铁路的工程总承包投标工作。深入研究招标文件、合同条件及业主要求，编制投标策划书，充分识别风险，精心组织投标工作，实现项目中标，4个项目中标额合计331.8亿元（其中宣绩铁路中标额112.3亿元，拟于2020年初签订合同）。同时，签订了2018年中标的昌景黄（安徽段）工程总承包合同93.8亿元。二是积极与建设单位沟通，精心策划和组织施工分包招标工作，组织研究分包方式、范围、标段、资格及要求等，编制分包计划和招标文件、分包合同及招标限价等，并组织招标开标相关工作，实现了集团公司确定的开工目标。主要完成盐通铁路全线四电集成YTSD标、动车所YTDCS标、站房YTFJ-1至3标，杭绍台四电HSTSD标、昌景黄铁路（江西段）站前CJHZQJX-2至7标、汕头至汕尾铁路站前SSZQ-2至6标、龙岩至龙川铁路（龙岩至武平段站）站前LLZQ-1至2标，共19个标段的施工招标工作，分包合同额333.3亿元。

【生产组织管理】

（一）精心组织勘察设计。2019年度克塔铁路、铁总主数据中心2个项目确保交付，剩余施工图、变更设计和配合施工工作要求刚性、需求急迫；盐通、杭绍台、昌景黄铁路全面开工建设，站前、站后施工图供图压力大，配合施工任务重；汕汕铁路（剩余段落）、龙龙铁路、广湛铁路（先开段）、宣绩铁路既要进行EPC投标，又要确保年度内开工，补充定测与施工图设计周期短、工作量大。通过超前谋划、统一调配资源，确保在建项目的施工供图和配合施工工作顺利开展。

（二）稳步推进项目管理。一是通过精心策划与组织，以施工组织设计为纲，定期梳理优化施组，以进度推进为主线，加强过程管理考核，各总包项目现场施工有序推进。其中：主数据中心项目全部实现运维管理权移交；克塔铁路如期实现塔城站客运开通、全线客运开通和全线客货运开通三大节点目标；盐通铁路落实工期要求，变更施工方案，调整施工组织，足额完成投资计划；杭绍台铁路积极沟通协调，克服征拆难题，紧紧围绕项目进度，通过加大资源投入、增设梁场、实施一场双架等措施，为保障项目按期建成争抢时间；昌景黄铁路项目强化施工准备，落实资源配置，实现全面开工；龙龙、汕汕剩余段、广湛等新开工项目超前谋划，推进施工招标，精心施工准备，实现良好开局。二是深入推进物资设备工作，针对EPC项目特点，不断总结、改进物资采购招标方式，广泛收集临近项目中标价格、调查市场价格信息，反复比对，合理确定投标限价，总结优化采购审批流程，全年完成6个项目部21个批次85个包件的物资采购工作，采购合同额15.5亿元，为项目顺利实施提供保障，物资采购制度体系不断完善、采购管理水平不断提高。

（三）严抓严查质量安全。一是配合集团公司完成职业健康安全管理体系（ISO45001）转版工作，强化总承包业务制度建设。开展工程总承包项目安全管理研究，建立、完善包括安全生产责任制、安全生产考核办法在内的6项质量安全生产管理制度，完成“总包事业部过程描述清单”“总包事业部风险管理表”的更新以及工程总承包项目安全管理研究报告编制工作。制定“总包事业部质量、安全、环保目标及管理方案”，建立总承包方施工质量独立抽检制度。二是开展“三查”工作，持续开展隐患检查、排查和整改落实；加大项目检查力度，抓好红线管理；规范自查自纠和问题库管理，坚持“五定三统一一查处”的工作原则。三是建立全员安全生产责任制，完善安全岗位管理职责，突出企业安全文化建设，形成全员“抓生产、保安全”的浓厚氛围。

（四）扎实做好技术管理。2019年完成龙龙、汕汕、广湛铁路投标及设计优化工作，审查各项目风险分析报告、施工图设计原则、优化设计原则、设计文件、图纸及技术交底材料，通过组织专题会议、专家评审等手段，充分发挥EPC模式中设计主导的优势，不断开展设计优化，昌景黄、汕汕、龙龙铁路等EPC项目工程总投资设计优化效果显著。紧盯设计专业落实情况，就优化设计原则及风险防控措施向工管中心汇报，工管中心基本同意调整后的设计原则及工程措施，保证集团公司设计优化成果落地和投资控制成果。

【制度与业务建设】

（一）加强制度建设和业务建设。一是结合集团公司改革发展，完成《集团公司工程总承包项目技术管理两级管控指导意见》，合理确定集团公司和事业部两级管控的技术界面。二是配合完成《质量计划编制指导意见》和总包项目编制模板、《工程总承包项目地质工作指导意见》等管理制度，明确了总包项目工作的内容及要求。三是在充分调研各设计研究院和飞泰公司的基础上，完成集团公司产业化发展指导意见，合理确定总包项目产业化发展的基本思路和操作流程。三是规范项目管理的流程、内容及重点把控的内容，理顺了各方职责及管理重点，填补了EPC项目关键技术管理的空白。

（二）以问题为导向，推进重点科技研发。完成“工程总承包事业部管理标准化研究”“EPC项目施工发包单价承包相关问题研究”“沿海地区四线大跨度高速铁路钢桁斜拉桥施工技术研究”和“高速铁路大断面四线隧道综合施工技术研究”4项重点科研课题的研究，及时形成成果转化，服务于生产。管理标准化研究成果积极应用于总包事业部标准化管理，大大提高了工作效率和管理水平；单价承包研究成果在汕汕、龙龙等项目应用，为铁路大规模推行单价承包提供经验和借鉴；桥梁、隧道重大工点研究解决杭绍台项目关键节点的重大技术难题，保障了项目安全可靠和顺利实施。

（三）创新管理，提高项目管理水平。围绕工程总承包业务发展目标，适应集团公司组织机构和职责分工调整，开展管理创新，完成集团公司工程总承包招标投标管理办法和工程总承包合同管理实施办法的修编初稿。建立总承包方施工质量独立抽检制度，利用集团公司内部试验检测资源，对砂、碎石等原材料、桥梁桩基以及隧道初支等部位的施工质量进行独立抽验，达到验证、鉴定作用。制定《中国铁设工程总承包项目承包商履约评价管理办法》，激励承包商加强现场管理，提高项目管理水平，保证工程质量和施工安全。

（四）创新铁路工程总承包项目施工承包模式。组织开展施工发包单价承包模式研究，探索风险可控的单价承包实施方案，率先在昌景黄铁路和汕汕铁路项目共7个站前标段中试点，探索实施路径，积累经验，为落实国铁集团及集团公司要求、加强项目精细化管理、提高管理效益打下良好基础。

（五）不断提升物资采购业务管理水平。编制完成《集团公司工程总承包项目总包甲供物资廉政风险防控手册（试行）》；物资采购招标采用限价方式，最大限度保障集团公司利益；采用合理采购模式，控制采购费用；动车所设备采购提前完成，为土建接口预留、二次设计提供条件，保证了工期，充分体现了设计、采购、施工的深度融合；推动产业化发展，实现了产品转化；杭绍台及后续EPC项目的钢轨采购供应成功纳入国铁集团战略采购供应范畴。

【综合管理】

（一）**加强人力资源队伍建设。**一是创新培训形式，面向施工现场，充分结合EPC总承包项目的进展情况，开展多层次、全方位的交流和研讨。二是继续开展外部成熟人才和内部转岗工作，弥补新开工项目施工管理人员经验不足的现状。

（二）**全面规范财务管理。**一是完成总包事业部及所属各总包项目部的收支核算、税款缴纳、工程款收付、费用核销、工资发放、财务报表编制等日常财务工作。二是完成2019年总包业务预算编制、调整及预算执行监控分析工作。三是深化业财融合，聘请专业咨询机构对总包项目财务管理及会计核算体系进行梳理、优化，提前谋划、推进总包项目收入核算方式向新会计准则的过渡工作。四是严格按照预算进行资金拨付，强化资金运用的事前监督，做好分包单位资金监管，确保农民工工资及时发放，实现全年稳定目标。五是深入推进债权债务清理工作，严控债权债务风险。六是完善项目全成本核算、推进内部资源采购现金结算等多种措施保证项目资金有效回笼。

（三）**大力加强科技创新。**重点围绕总包管理创新和施工建造技术、工艺工法创新、精品工程、智能建造等方面选题的研究，组织开展工程总承包单价分包、标准化等管理课题，以及杭绍台项目椒江特大桥、下北山超大断面隧道等施工建造技术研究课题，提升关键技术突破能力和科技成果转化能力。

（四）**推进BIM应用研究。**一是结合工程总承包项目的特点，在盐通项目开展全专业、全生命周期BIM设计应用，重点在南通动车所积极深入开展BIM应用研究，推进综合管线及设备配置的正向设计探索，并协助施工单位开展施工组织及施工工序的优化工作，系统推进了BIM设计施工一体化应用，取得了很好的效果。二是为贯彻铁路总公司信息化建设要求，系统分析了国铁集团建设管理平台与自主开发的RIM平台功能的差异性和互补性，在盐通项目试用基础上，于昌景黄项目全面推进RIM系统的研发，先后完成了验工计价、大临便道选择、四电选址、联络沟通、检查资料综合管理等多项实操模块的研发及试用，取得了很好的效果。

（五）**贯彻集团公司转型发展战略目标要求。**开展同行业对标调研，配合开展标杆企业实施方案研究，着手开展工程总承包“十四五”规划报告起草工作。

（六）**积极配合集团公司高新企业认定工作。**组织研究高新收入及高新技术投入的认定标准、原则，制订实施计划，先后完成克塔、阳大、赤峰西、主数据中心、盐通和杭绍台6个项目的收入认定工作，总计梳理并计列45亿元高新收入自证材料，完成2019年预计目标，并通过审计事务所的审查；通过梳理各项目科研项目和先进工艺工法及建造技术的特点，完成2019年度工程科研的选题、立项及高新企业投入的认定工作，确保集团公司高技术企业认定。

【工程总承包项目部】　2019年总包事业部承担10个总承包项目，分别由10个工程总承包项目部负责建设管理。

（一）阳大铁路工程总承包项目部。项目部成立于2015年9月28日，设项目经理1人、常务副经理1人、副经理3人，内设设计部、综合部、计合部、财务部、工程部、采购部、采空区地基处理组。2019年，阳大铁路实现年度验工计价73558万元，开工累计验工计价293831万元，年度进款67669万元，开工累计进款263183万元。

项目部地址：山西省阳泉市郊区保晋路1号盛世华庭7楼。

（二）克塔铁路工程总承包项目部。项目部成立于2017年3月6日，设项目经理1人、项目副经理2人、副经理兼总工1人，内设设计部、采购部、工程部、安质部、计财部、综合部。2019年，克塔铁路实现年度验工计价66796万元，开工累计验工计价262604万元，年度进款76706万元，开工累计进款243049万元。项目于2019年5月30日实现全线开通，其中塔城站开通客运，2019年7月30日铁厂沟、额敏站相继开通客运，9月30日全线实现开通货运，所有工程全部顺利结束。

项目部地址：新疆维吾尔自治区塔城地区额敏县团结农场。

（三）铁总主数据中心工程总承包项目部。项目部成立于2017年10月13日，设项目经理1人、副经理4人，内设设计部、采购部、计财部、工程部、安质部、综合部。2019年，铁总主数据中心实现年度验工计价14414万元，开工累计验工计价111607万元，年度进款19766万元，开工累计进款100298万元。2019年6月30日竣工并完成天津市建设行政主管部门对整个项目的竣工联合验收，2019年12月26日完成并通过建设单位组织的初步验收。

项目部地址：天津市武清区高村科技创新园铁总主数据中心现场彩钢板房。

（四）盐通铁路工程总承包项目部。项目部成立于2018年4月9日，设项目经理1人、副经理4人，内设工程部、安质部、设计部、采购部、计财部、综合部、房建组、三电及管线迁改组。2019年，盐通铁路实现年度验工计价865381万元，开工累计验工计价1101982万元，年度进款747713万元，开工累计进款943773万元。

项目部地址：江苏省南通市崇川区姚港路18号。

（五）杭绍台铁路工程总承包项目部。项目部成立于2018年3月21日，设项目经理1人、副经理4人，内设计财部、设计部、采购部、工程部、安质部、对外协调部、综合部。2019年，杭绍台铁路实现年度验工计价981308万元，开工累计验工计价1223942万元，年度进款820576万元，开工累计进款998947万元。

项目部地址：浙江省绍兴市上虞区帝景现代城1幢15层。

（六）汕汕铁路工程总承包项目部。项目部成立于2018年11月22日，设项目经理1人、党支部书记1人、副经理5人，内设综合部、设计部、工程部、安质部、计财部、采购部。2019年，汕汕铁路实现年度验工计价25669万元，开工累计验工计价25669万元，年度进款12585万元，开工累计进款12585万元。

项目部地址：汕头市濠江区广澳街道汕头保税区金株路1号。

（七）昌景黄铁路（江西段）工程总承包项目部。项目部成立于2018年11月22日，设项目经理1人、党支部书记1人、副经理4人，内设工程部、安质部、协调部、设计部、采购部、计财部、综合部。2019年，昌景黄铁路（江西段）实现年度验工计价67174万元，开工累计验工计价67174万元，年度进款44602万元，开工累计进款44602万元。

项目部地址：江西省景德镇市珠山区通站路16号。

（八）昌景黄铁路（安徽段）工程总承包项目部。项目部成立于2018年11月22日，设项目经理1人、党支部书记1人、副经理4人、财务经理1人，内设综合部、设计部、工程部、安质部、计财部、采购部、协调部。2019年，昌景黄铁路（安徽段）实现年度验工计价143506万元，开工累计验工计价143506万元，年度进款104768万元，开工累计进款104768万元。

项目部地址：安徽省黄山市屯溪区社屋前路昱东大厦13楼。

（九）龙龙铁路工程总承包项目部。项目部成立于2019年6月25日，设项目经理1人、副经理4人、财务经理1人，下设设计部、工程部、安质部、采购部、计财部、综合部。2019年，龙龙铁路实现年度验工计价1206万元，开工累计验工计价1206万元，年度进款840万元，开工累计进款840万元。

项目部地址：福建省龙岩市新罗区东肖镇龙岩经济开发区兴业路18号。

（十）广湛铁路工程总承包项目部。项目部成立于2019年10月11日，设项目经理1人、副经理3人，下设设计部、工程部、安质部、计财部、综合部。2019年，广湛铁路实现年度验工计价841万元，开工累计验工计价841万元，项目未进款。

项目部地址：广东省茂名市茂南区茂南开发区西粤南路南全村91号楼。

（王志强　范瑞琛）

·海外事业部·

【概述】　海外业务事业部（简称海外事业部）成立于2019年4月。根据《关于公布集团公司下属一级机构优化调整方案的通知》（中国铁设党〔2019〕17号），为更好地服务国家“一带一路”倡议，做好在执行项目，实现持续发展，将职能管理机构中的海外部调整设置为海外业务事业部。海外业务包括集团公司在境外及港澳台地区涉及的基础类、工程类、产品类、经济类业务，是集团公司培育增长的核心业务。海外事业部是承载集团公司海外发展战略的责任主体，是承担外事管理、市场开发、合同履约、技术管理、风险防控等主要职责的综合业务单位，是集团公司内部独立核算的模拟利润中心。

海外事业部设党委书记兼纪委书记、副总经理1人，总经理兼党委副书记1人，副总经理兼工会主席1人，副总经理1人，总工程师兼项目经理1人，副总工程师1人，各级项目经理13人；事业部机关内设机构为综合办公室（外事办）、计划管理室、财务法律室，共13人；下设生产机构为市场规划所、设计咨询所，共23人；其他人员被分别安排在8个境外分公司（代表处）和9个境外项目部。截至2019年底，海外事业部在册职工72人，其中正高级专业技术资格6人、副高级专业技术资格38人。

办公地址：天津自贸试验区（空港经济区）东七道109号B1座。

联系电话：022-60373330。

【生产经营及主要指标完成情况】　2019年海外项目新签合同17项，合同额1357万元，累计进款额6.47亿元，全年累计完成营业收入5.1亿元。

【代表性工程项目】　（1）印度尼西亚雅万高铁设计。（2）中老铁路（磨丁至万象）咨询。（3）中泰铁路曼谷至呵叻段。（4）匈塞铁路扩能改造工程设计。（5）巴基斯坦拉合尔轨道交通橙线设计。（6）肯尼亚内罗毕至纳瓦沙铁路工程咨询服务。（7）马来西亚东海岸铁路独立审核工程师（ICE）。（8）菲律宾南部长途铁路项目管理咨询（PMC）。（9）援巴拿马巴拿马省至奇里基省铁路可行性研究。（10）孟加拉达卡至吉大港高速铁路可行性研究及详细设计。

以上项目介绍见“主要工程项目”篇。

【经营开发管理】

（一）**以“一带一路”倡议为引领，积极推动铁路“走出去”重点项目落地实施**。开展泰国、塞尔维亚、匈牙利等市场的持续开发，完成中泰铁路曼谷至呵叻段轨道和机电系统EPC总承包合同、匈塞铁路匈牙利段设计合同和塞尔维亚境内诺苏段设计合同谈判工作。

（二）**加大重点区域和国别市场的经营开发力度，不断拓展市场空间**。集团公司邀请孟加拉国交通部部长来访，就孟加拉达卡至吉大港高速铁路、路网规划等多个项目的深入合作进行交流，签署合作意向书；承揽援菲律宾棉兰老岛铁路规划可研项目，精心谋划菲律宾棉兰老岛一期PMC项目的投标工作；加强摩洛哥、缅甸、越南等国别的经营工作，拓展新市场空间。

（三）**积极开展海外市场布局，推动本土化发展**。已经注册成立8个境外分公司（代表处）。各海外分支机构国别积极推进属地化建设，进一步深入分析市场、拓展经营开发渠道，本地资源和本地化能力得到进一步加强，加快推行市场、生产经营、技术创新“三位一体”，本土化发展取得了一定成效。

【生产组织管理】

（一）**2019年海外事业部组织29个境外项目的生产工作**。全年下发技术作业表19项、调度通知119项、总体工作通知单415项、会议通知212项，组织专题生产会议8次。生产组织注重强化内外部资源配置，压实项目机构主体责任，克服项目外部环境不确定性和中外差异等困难，保证各项目顺利推进。

（二）**集团公司参建的“一带一路”重点铁路项目均取得重大进展**。印尼雅万高铁土建施工图已经基本完成并通过强审，四电系统完成1次施工图，满足现场施工需求；中老铁路设计咨询进展顺利，招标咨询服务及时有效，为顺利施工提供有力保障；匈塞铁路塞尔维亚贝旧段完成施工图设计及批复，完成合同外新增桥梁设计工作，完成旧诺段建筑许可设计及诺苏段现场勘测，匈牙利段作为设计分包商配合EPC承包商完成四电有关产品认证工作；中泰铁路曼谷至呵叻段，高质量完成详细设计工作，先期施工段施工图审核和施工监理工作顺利开展，推动项目建设进程；巴基斯坦拉合尔橙线强化变更设计和配合施工服务，及时解决现场问题，顺利进入联调联试；孟加拉达卡至吉大港高铁完成可研报告并获得业主批复；巴拿马铁路完成可研报告递交政府及可研技术澄清工作。

【科技创新管理】 2019年，海外事业部主持和参与的集团公司内外部科研课题共7项。其中，主持内部重点课题1项、一般课题4项，主持或参与外部课题2项。全年科研投入88.9万元，各项课题均按计划执行。积极推动新技术在海外项目中的应用，推进BIM、GIS技术在印尼雅万高铁项目中的应用、项目管理系统在匈塞铁路项目中的应用等。

【制度与业务建设】

（一）**加快推动海外业务各项制度建设**。按照“整体规划、分步实施”策略，推动海外业务综合管理暂行办法、海外业务生产经营管理暂行办法等一批制度出台，搭建海外业务综合管理体系架构，全面落实“量本利”经济责任制，规范海外业务管理。

制定《海外事业部三重一大事项决策实施细则》《海外事业部议事决策规则》《海外事业部党委会实施细则》，规范“三重一大”事项决策程序，发挥党委“把方向、管大局、保落实”的作用。以《海外业务综合管理暂行办法》为基础，启动《海外业务生产经营管理暂行办法》《海外事业部海外业务市场开发实施办法（暂行）》《海外事业部科技开发管理暂行办法》《海外事业部员工绩效管理实施办法（试行）》《海外事业部奖金管理（暂行）办法》《海外业务资金管理暂行办法》《海外事业部设备及低值易耗品管理办法（试行）》等制度编制为主线的综合管理体系，规范海外业务管理。启动修订《中国铁设外事管理工作实施办法》等，进一步加强外事管理。各驻外分支机构加强制度建设，承接集团公司和海外事业部各项管理要求，结合所在国实际情况，不断完善现场管理制度建设。

（二）大力推动海外板块各项业务建设。一是加强投标管理和合同管理业务建设。积极组织参与市场竞标，规范信息追踪、承揽决策、投标组织、投标策划、报价等各方面管理流程，细化操作程序，启动商务投标信息库的建设工作；设置合同管理岗位，研究合同管理制度内容，细化制度流程及措施；梳理合同决策、审批流程，合同管理信息化继续完善，优化合同管理系统功能并补充合同数据。二是加强标准研究和资料成果管理业务建设。启动国际标准的梳理建库工作，整理事业部现有的国外铁路相关标准电子文档及纸质文件，梳理标准清单，整理UIC使用方式研究等课题研究成果报告；设立技术资料工作服务器，境外项目投标文件、阶段技术成果资料已启动资料收集及更新的工作。三是加强风险防控管理业务建设。财务法律室整合财务管理、合同管理、法务管理职能，推动相关管理职能进一步融合，开展财务、法务各项业务规范管理和通用模板建设，出台风险防控方面有关指导意见。

【综合管理】 2019年4月海外事业部成立后，随着事业部组建运营，人事、劳资、行政后勤、保密、督办等各方面管理工作实现由职能单位向生产单位过渡。

（一）人才队伍建设。一是严格做好选人用人工作。先后选拔任用1名事业部副总工程师、1名三级项目经理、5名室所负责人，提拔9名一级项目管理工程师到境外分支机构任职；调入海外事业部约30人，各室所、境外分支机构人员陆续到位。二是组织好职称评定。1名职工获得正高级职称任职资格，7名职工获得副高级职称任职资格。

（二）完善规章制度。制定发布“员工绩效管理实施办法”“奖金管理办法”“设备及低值易耗品管理暂行办法”，综合管理等各项工作均取得良好成效。

（三）精神文明建设。一是加强领导班子思想建设。党委中心组重点围绕习近平新时代中国特色社会主义思想、十九届四中全会精神、习近平总书记对铁路工作批示指示精神等内容开展学习。扎实开展“不忘初心、牢记使命”主题教育。二是加强基层组织建设。抓实学习研讨、检视问题、整改落实各个环节。夯实基层组织建设，成立6个党支部和3个临时党支部，确保党组织全覆盖，2个较大支部召开党员大会选举产生了支委会。三是推进党建工作制度体系建设。研究制定《党建工作责任制实施细则》《党支部分类定级、晋位升级实施细则》《创岗建区实施细则》等。四是加强党风廉政建设。制定《海外事业部党风廉政建设实施细则》，明确两级组织和主要负责人党风廉政建设责任，认真履行“一岗双责”，加强廉政教育，开展集体廉政谈话。五是组织召开海外事业部第一次工会会员大会，选举工会委员和经费审查委员。

【职能管理】

（一）强化外事管理。一是严格外事手续管理。严格按照国家有关部门、国铁集团以及集团公司外事审批的相关规定，加强外事团组审批管理，规范外事团组手续办理流程，2019年共申报出国（境）团组133个、计1020人次，其中由集团公司组团128个，计1002人次。二是严格执行出国前教育、公示，做好护照管理、出访报告收交、费用核销等，随时关注人员所到国家或地区的安全动向，及时提醒。三是加强多次往返团月度和季度计划管理，坚持做好周报统计及上报工作。四是进一步完善出国审批系统。五是做好涉外活动监督检查与接待，2019年重大来访接待5个团组共计48人。六是完善出国教育教材和出国人员手册，启动修订《中国铁设外事管理工作实施办法》。

（二）强化翻译管理。2019年，海外事业部为加强翻译管理，规范翻译工作，提高海外项目外文成果文件质量，制定并发布了《翻译工作管理办法》。海外事业部承担集团公司涉外文件、网站、公开信息、外事活动的翻译工作；承担事业部职责范围内完成的成果文件，包括商务文件、投标文件、独立完成的前期项目技术文件的翻译工作；承担海外项目总体性文件翻译质量审核；完成了集团公司宣传册简本、宣传画册的翻译工作。

【境外分公司、代表处管理】 海外事业部市场规划所为境外分公司、代表处归口管理部门。截至2019年底，集团公司共注册成立分公司、代表处8个，开展印尼雅万高铁、中老铁路、匈塞铁路、肯尼亚铁路、中泰铁路、菲律宾南部铁路、马来西亚铁路等多个项目。分公司、代表处主要负责所在国的市场开发，配合在执行项目的商务工作。

（一）经营开发。分公司、代表处依托在手项目，配强经营资源，持续做好市场开发工作。配合完成匈塞铁路匈牙利段设计合同的签署、匈塞铁路塞尔维亚诺苏段设计合同的签署，完成了中泰铁路轨道和四电总包合同谈判。提高经营意识，菲律宾分公司在南部铁路实施的基础上，持续开展菲律宾棉兰老岛一期工程项目承揽工作；塞尔维亚分公司以中欧陆海快线规划研究为契机，为中国政府推动陆海快线做好参谋；马来西亚分公司紧盯隆新高铁项目，做好项目重新启动的各项准备。各境外分公司、代表处初步形成自主生产经营能力。

（二）安全管理。海外事业部积极健全各分公司、代表处安全管理制度，深化安全风险管控和隐患排查双重预防机制，构建事业部—分公司、代表处两级海外安全风险防范管理体系，落实安全生产经营责任制，强化安全教育培训，加强安全生产监督检查，保证海外业务平稳发展。2019年，未发生职工轻伤及以上责任事故，未发生火灾责任事故，未发生轻微及以上责任交通事故，未发生一般C类及以上铁路责任事故。

【境外分公司、代表处】

（一）泰国分公司。分公司成立于2013年6月，负责中泰铁路曼谷至呵叻段项目的商务工作。营业执照经营范围是掌握泰国市场动态，追踪工程招标信息，泰国市场经营开发等。营业范围是承担工程项目的勘测、咨询、设计、监理、项目管理和工程总承包任务；上述工程项目所需的设备、材料出口；对外派遣相关技术和管理人员，并提供服务。

分公司设总经理1名、副总经理1名。

分公司地址：No.184/52 FL.15 Forum Tower Ratchadaphisk Rd. Bangkok。

（二）**印度尼西亚代表处**。代表处成立于2015年11月，负责印尼雅加达至万隆高速铁路项目的商务工作。营业执照经营范围是建筑设计服务、工程设计和咨询服务、土木运输工程设计服务、土木工程交通建设监理服务。

代表处设总经理1名、副总经理1名。

代表处地址：印度尼西亚雅加达特区Cawang区帕克公寓RK12。

（三）**肯尼亚分公司**。分公司成立于2016年1月，负责肯尼亚内纳铁路业主代表项目的商务工作。营业执照经营范围是交通基础设施项目规划咨询、勘察设计、施工监理、项目管理及工程总承包等。

分公司设总经理1名、副总经理1名。

分公司地址：Office of Kenya Railways，P.O. Box 30121-00100，Nairobi，Kenya。

（四）**马来西亚分公司**。分公司成立于2017年6月，负责马来西亚东海岸铁路独立审核工程师项目的商务工作。营业执照经营范围是交通基础设施项目规划咨询、勘察设计、施工监理、项目管理及工程总承包等。

分公司设总经理1名、副总经理1名。

分公司地址：马来西亚吉隆坡满家乐区家乐路2号街道满家乐广场E座8楼15号。

（五）**塞尔维亚分公司**。分公司成立于2018年1月，负责匈塞铁路塞尔维亚段的商务工作。营业执照经营范围是交通基础设施项目规划咨询、勘察设计、施工监理、项目管理及工程总承包等。

分公司设总经理1名、副总经理1名。

分公司地址：Koste Racina No.16b，Savski Venac，Belgrade，Serbia。

（六）**匈牙利分公司**。分公司成立于2018年1月，负责匈塞铁路匈牙利段的商务工作。营业执照经营范围是工程设计及相关技术咨询等。

分公司设总经理1名、副总经理1名。

分公司地址：匈牙利布达佩斯Thököly路100/a号。

（七）**老挝代表处**。代表处成立于2018年1月，负责中老铁路磨丁至万象段项目的商务工作。营业执照经营范围是交通基础设施项目规划咨询、勘察设计、施工监理、项目管理及工程总承包等。

代表处设总经理1名、副总经理1名。

代表处地址：老挝万象市西沙塔那区萨潘通村。

（八）**菲律宾分公司**。分公司成立于2018年11月，负责菲律宾南部铁路项目管理咨询项目的商务工作。营业执照经营范围是交通基础设施项目规划咨询、勘察设计、施工监理、项目管理及工程总承包等。

分公司设总经理1名、副总经理1名。

分公司地址：Room 3201，Valero Grand Suites Hotel，152Valero Street，Salcedo Village，Makati，Metro Manila，Philippines。

【境外项目部管理】 海外事业部计划管理室为境外项目部归口管理部门。2019年，境外项目共设9个项目部，开展印尼雅万高铁、巴基斯坦拉合尔橙线、中老铁路、匈塞铁路、肯尼亚铁路、中泰铁路、菲律宾南部铁路、孟加拉高速铁路、马来西亚铁路等项目的生产组织工作。

（一）**计划管理**。一是科学制订年度计划，分析项目相关方需求和合同履约要求，组织制订“2019年集团公司海外业务计划”，全面掌握海外业务全年生产形势，统筹制订实施计划，超前谋划人力资源，为完成合同履约和市场开发工作奠定基础。二是动态调整年度计划，系统总结境外业务实际进展，及时调整年度任务目标，制订“2019年集团公司海外业务调整计划”，结合生产经营工作实际需要，调整年度项目；分析各项目外部环境和实际需求的变化，优化项目计划安排，调整人力资源安排，提高资源使用率，完成年度营业收入计划目标。

（二）**生产安排。**组织完成印尼雅万高铁、匈塞铁路、中老铁路等多个项目的阶段性生产任务，全年下发调度通知119个、技表通知19个、总体工作通知415个，组织开展专题生产会议8次，保证了各项目工作的推进和研究院人力资源的投入。

（三）**出国人员组织。**海外事业部及各项目部积极安排人员到达境外现场办公，办理出国团组133个1023人，多次往返团组796批1121人次，保障海外业务正常推进。

（四）**安全管理。**海外事业部健全各项目安全管理制度，深化安全风险管控和隐患排查双重预防机制，构建事业部、境外分支机构两级海外安全风险防范管理体系，落实安全生产责任制，强化安全教育培训，加强安全生产监督检查，保证海外业务平稳发展。2019年，未发生职工轻伤及以上责任事故，未发生火灾责任事故，未发生轻微及以上责任交通事故，未发生一般C类及以上铁路责任事故。

（五）**信息化智能化。**积极推进海外业务BIM+GIS系统应用，已在印尼雅万高铁、塞尔维亚铁路项目上开展应用研究。充分利用集团公司项目技术作业平台应用，推动境外项目工作安排实现平台管理，强化过程管理和控制，为成本控制和全过程管理提供数据支撑。

（六）**施工配合。**强化配合施工，提高服务效率，匈塞铁路塞尔维亚段发挥设计联合体牵头方作用，以海外事业部为主和CIP设计院成立配合施工组，采取现场巡检和设计回访等方式，及时发现并解决问题，共解决现场技术问题69项，发出技术问题处理函件59份，为顺利推进项目建设提供了有力的技术支撑。巴基斯坦橙线项目积极与咨询单位沟通对接，针对主变电所继电保护批复重点工作，采取与当地公司合作的方式，按照巴方标准和要求完成定值报告编制工作，并获得巴基斯坦国家电力公司的批复，成为中国标准与当地标准相融合的一个成功范例。针对发现U梁支座较大范围存在施工质量问题，存在安全隐患，安排桥梁工程师主动现场勘察、指导，消除工程隐患。

（七）**计量与分配。**充分利用计量手段，提高研究院的积极性。积极与集团公司发展部对接，研究制定《海外业务计量规则》，细化计“量”内容，统一计“量”原则，规范计“量”分配。与各研究院积极开展内部资源交易协商，采购人力资源时签订采购协议，采购产品服务时测算人力资源投入，保证实际计量和资源投入及完成工作量挂钩，有效调动各方积极性。

【境外项目部】

（一）**巴基斯坦拉合尔轨道交通橙线设计项目部。**项目部成立于2015年6月2日，负责的主要项目是巴基斯坦拉合尔轨道交通橙线设计。

项目部设项目经理1名、常务副经理1名、副经理3名；下设计划合同部、技术部、商务外联部和综合部。

项目部地址：巴基斯坦拉合尔市EME小区28-D。

（二）**肯尼亚内罗毕至纳瓦沙铁路工程项目部。**项目部成立于2017年3月1日，负责的主要项目是肯尼亚内罗毕至纳瓦沙铁路。

项目部设工程师办公室，有总经理1名、副总经理3名、财务经理1名以及核心专家等；下设设计审核组、采购支持组、驻地监理组。

项目部地址：Office of Kenya Railways，P.O. Box 30121-00100，Nairobi，Kenya。

（三）老中铁路项目部。项目部成立于2016年3月21日，调整于2019年3月4日，负责的主要项目是老中铁路。

项目部设项目经理1名、副经理2名，下设计划综合部、招标咨询部、设计咨询部。

项目部地址：老挝万象市西沙塔那区萨潘通村。

（四）马来西亚铁路项目部。项目部成立于2017年2月3日，调整于2019年9月27日，负责的主要项目是马来西亚东海岸铁路。

项目部设技术总监1名、经理1名、副经理2名，下设技术咨询部、商务外联部、计划综合部。

项目部地址：马来西亚吉隆坡满家乐区家乐路2号街道满家乐广场E座8楼15号。

（五）孟加拉铁路项目部。项目部成立于2018年6月25日，负责的项目主要是孟加拉铁路。

项目部设项目经理1名、副经理2名，下设技术部、商务部、综合部。

项目部地址：No.87（5th Floor）Suh rawardy Avenue，Baridhara Diplomatic Area，Baridhara，Dhaka-1212，Bangladesh。

（六）泰国铁路项目部。项目部成立于2015年2月17日，调整于2019年3月4日，负责的主要项目是中泰铁路。

项目部设项目经理1名、副经理4名、总工程师1名；下设计划综合部、商务合同部、设计咨询部、施工监理部、系统总包部。

项目部地址：No.184/52 FL.15 Forum Tower Ratchadaphisk Rd. Bangkok。

（七）匈塞铁路项目部。项目部成立于2015年2月27日，调整于2019年3月1日，负责的项目是匈塞铁路、塞尔维亚南部铁路、中欧陆海快线。

项目部设项目经理1名、副经理4名，下设计划综合部、总体技术部、商务外联部。

项目部地址：匈牙利布达佩斯Thököly路100/a号。

（八）印度尼西亚高速铁路项目部。项目部成立于2015年4月27日，调整于2018年12月18日，负责的项目是印尼雅万高铁。

项目部设项目经理1名、副经理4名，下设技术部、商务外联部、财务部、计划综合部。

项目部地址：印度尼西亚雅加达特区Cawang区帕克公寓RK12。

（九）菲律宾铁路项目部。项目部成立于2019年1月21日，负责的项目是菲律宾南部铁路、棉兰老岛铁路。

项目部设项目经理1名、副经理4名，下设计划综合部、采购外联部、工程管理部、设计咨询部。

项目部地址：Room 3201，Valero Grand Suites Hotel，152Valero Street，Salcedo Village，Makati，Metro Manila，Philippines。

表9-4　2019年海外事业部科研课题统计表

序号	课题名称	类别	级别	主持/参与	备注
1	铁路土建结构美标规范的应用研究	应用研究	重点	主持	内部
2	海外铁路项目可研阶段投标技术标标准模板研究	应用研究	一般	主持	内部
3	海外市场法律环境调查工作手册	应用研究	一般	主持	内部
4	海外合同决策与评审业务标准化研究	应用研究	一般	主持	内部
5	海外项目合作协议类文件示范文本研究	应用研究	一般	主持	内部
6	质量与可靠性相关标准“走出去”适应性技术研究	应用研究	重大	参与	外部
7	《国外工程建设标准动态（国际标准）》铁路工程基础性工作	应用研究	重大	主持	外部

（郑茜瀛）

·城交事业部·

【概述】　城市轨道交通设计研究院（简称城交院）是集团公司直属设计生产单位，主要承担城市轨道交通项目的隧道（地下结构）、建筑、房屋结构、线路、站场、轨道、环控通风及空调、给排水、气体消防和工程经济等专业勘察设计、科技开发、咨询等工作；高速铁路隧道、铁路隧道、重载铁路隧道和上述隧道的通风、隧道防灾救援等专业勘察设计、科研开发、咨询等工作；城市大型综合交通枢纽项目的有关勘察设计、科技开发、咨询等工作；同时承担工程承包、产品产业化、城市地下综合管廊、城市地下空间开发等新兴业务的有关勘察设计、科技开发、咨询等工作；代集团公司对集团公司17个城市轨道交通项目部进行管理。

集团公司2019年4月17日印发了《关于公布集团公司下属一级机构优化调整方案的通知》（中国铁设党〔2019〕17号文），城交院更名为城市轨道交通事业部（简称城交事业部）。城交事业部2019年9月29日签发的中国铁设城交事业部〔2019〕14号文《关于发布城交事业部机构组建方案的通知》，对事业部组建机构方案予以发布。调整后的机构设置情况如下。

事业部设党委书记1名、总经理1名、副总经理兼工会主席1名、副总经理兼总工程师1名、副总经理3名、副总工程师14名，下设党群工作部、办公室、计经部、财务部4个职能部门，下设土建结构设计所、建筑设计所、线路规划设计所、环水机辆设计所、工程经济设计所、技术质量管理中心、创新研发中心、工程管理中心等8个生产设计单位。截至2019年底，城交事业部在册职工共计401人，其中教授级高工16人、高级工程师145人、工程师147人、助理工程师93人（除工程系列外，还包含了其他系列）。

办公地址：天津市河北区中山路10号。

联系电话：022-26179341。

【生产任务及各项指标完成情况】

一、生产任务完成情况

（一）**2019年城交事业部承担勘察任务13项，执行设计技表678个。**安排投标项目78项，其中城交事业部自行投标40项，中标17项，中标金额2680万元；配合集团公司投标38项，中标14项，中标金额22768万元。承担、参与了85个涉及城市轨道交通项目的各阶段设计任务。承担总体设计的石家庄3号线一期北段、天津1号线东延部分车站，承担工点设计的济南R1、R3线、徐州1号线、青岛2号线一期西段顺利开通运营。

（二）**多元业务延伸服务。**持续拓展天津、北京、石家庄、洛阳、青岛等多地铁路、地铁穿越工程设计与评估监测；承揽天津地铁提升改造、新建及结建工程等设计和咨询；完成锦郑三标邯郸分输支线、蒙西天然气管道等工程总承包；实现石家庄、洛阳、哈尔滨、呼和等地轨道扣件、轨枕及道岔产品产业化，承揽天津、哈尔滨等地基坑安全监测等多元业务。

二、各项指标完成情况

2019年，实现营业收入5.4亿元，新签自揽外委合同额0.33亿元。

（一）**咨询业务。**2019年新签订咨询合同14项，合同额376.25万元。全年完成进款1100.46万元，其中当年签订的咨询合同进款118万元。

（二）**产品产业化。**2019年新增产品产业化合同17项，合同额357.81万元。全年完成进款698.18万元，其中当年签订的产业化合同进款72.33万元。

（三）**代集团公司经营。**2019年，延续的代集团公司经营项目13项；新增代集团公司经营项目6项，合同额559.61万元。全年完成代集团公司经营类合同进款1512.06万元，其中当年签订的代集团公司经营合同进款109.26万元。

（四）**施工图审查。**2019年，延续执行施工图强审合同9项，无新增加施工图强审项目。全年完成进款207.1万元。

（五）**工程承包业务。**2019年，新增1项补充协议，协议金额450万元。全年完成进款2917.72万元。

【代表性工程项目】 代表性工程项目包括：哈尔滨地铁3号线二期工程、石家庄市城市轨道交通3号线二期工程、深圳黄木岗综合交通枢纽、沈阳地铁4号线一期工程、洛阳市城市轨道交通1号线工程、天津滨海新区轨道Z4线一期工程等。

详细介绍见“主要工程项目”篇。

【质量管理及成果】 城交事业部代集团公司管理17个城市轨道交通项目部，11个专业，城轨项目设计工作遍布全国各地，技术质量管理面临巨大压力和挑战。

（一）**加强质量管理制度建设。**城交事业部作为新更名组建单位，是集团公司城市轨道交通业务的归口管理单位，为了更好地开展技术管理，对原城交院的技术管理文件进行梳理，并制订修编计划。2019年已发布《城交事业部各专业规程规范、标准有效版本文件目录清单》《城交事业部专家常态化介入项目有关规定》《城交事业部三个管理体系日常维护管理规定》等技术管理文件。

（二）**注重过程控制，确保设计质量稳定可控。**全年未发生勘察设计较大及以上质量责任事故，未发生因勘察设计原因引起的I类变更设计。一是广大技术人员认真践行“强基达标、提质增效”工作主题，精耕细作。各级技术管理者认真履行职责，超前谋划，加强过程管控，重点项目常驻现场严格成果把关，产品质量稳步提升。二是制定风险管控措施。对设计、施工过程进行分解，作为辨识风险的主线，识别出工程实施过程中的风险，形成过程风险清单。针对风险评估级别，在设计过程中采取相应措施消除风险源、降低风险发生的概率。三是全面开展专项质量检查。坚守质量红线，对事业部承担的城市轨道交通项目组织开展质量专项检查活动，核查出问题项目19个，累计查出问题63个，通过闭环管理，有效消除了质量安全隐患。四是各生产所紧密围绕专业发展、综合性技术和技术管理，开展了形式多样的质量月活动，促进了所级技术水平和管理水平的不断提升。

（三）深入开展质量监督检查。为深刻吸取厦门安全事故教训，强化质量红线意识和底线思维，事业部结合厦门12·12安全事故，紧急下发了《城交事业部范围内开展城市轨道交通工程勘察设计质量安全大检查活动》通知，共检查出38个问题，全部整改关闭。

（四）抓好目标管理，持续提高管理水平。完成质量、环境体系管理目标完成情况测评及总结、变更设计统计分析报告、年度风险防范总结，以及专家会总结分析报告。通过经验教训的总结分析，为下一年度工作做好积累储备，不断创新管理，在改进中提高。

（五）质量管理成果显著。2019年，城交事业部获省部级优秀勘察设计奖21项，获中铁股份优秀咨询成果奖2项；3个QC小组获中国铁道工程建设协会优秀成果并发布；职工获省部级奖证书达到245人次，获奖等级、数量和人次创历史新高。勘察设计项目合格率达100%。产品实现过程中未发生违反环境法律法规的现象。通过集团公司质量、环境、职业健康安全管理体系内审及联合检查。

【推广采用新技术】 依托天津于家堡站进行技术创新，研究采用超大跨正反螺旋形单层网壳结构。站房穹顶由36根正螺旋和36根反螺旋形杆件相互编织，形成非规则贝壳形曲面造型，长跨143m，短跨80m，矢高25.5m，为国内最大跨度非规则单层网壳结构。开创性提出36根正螺旋和36根反螺旋组成的新型空间网格结构体系，填补了国内外空白；开创性提出双球铰钢支座技术、新型的X形钢节点，获批专利，解决了超大跨度网壳底部产生的巨大推力问题，并降低了工程造价。首次将结构健康监测系统应用于高铁站房，为国内其他复杂高铁客站的健康监测系统设计和运营提供了参考和经验。首次使用杆件法线、节点坐标和空间向量联合进行定位的空间表示法，解决了空间扭曲杆件和节点的准确定位及高精度加工制作的难题。提出了网壳径向和环向联合合拢技术，减小了温度变化和焊接对网壳安装过程中温度效应的影响，保证了施工过程的安全性和稳定性。获中国钢结构设计金奖和天津市钢结构金奖2项，获实用新型专利2项，在重要期刊上发表多篇论文。

上述技术成果在大连金普线地铁车站屋盖结构、北京中低速磁浮交通示范线（S1线）、高铁站房健康监测系统等多项工程中推广应用，取得了显著的社会经济效益。

【科研、标准化与业务建设】

（一）科技开发立项。2019年城交事业部主持科研课题103项，其中天津市科研及标准6项、总公司课题1项、其他外部课题8项。依托承担重点工程项目，结合科技发展规划，从拓展提高既有技术以及技术市场化等方面开展科技开发立项，组织内部专家审查会，确定年度申报计划，严格把控立项申报课题质量，确保课题立项质量。

（二）重大、重点课题管理。制订年度结题计划，实行课题负责人和所长双重管理的模式，动态与定期检查相结合，督促课题进度和质量；重大课题要求提供阶段成果报告；对进度滞后、质量不高的课题，提出整改要求及时间节点，从质量和进度上进行督促和提高；不定期组织国家实验室3个平台推进会，确保顺利通过验收；结题前通过内部预审等一系列的管理措施，实施有效的过程管理。全年完成结题验收18项。

（三）经费管理。严格执行财务制度，有效控制科研经费的使用，指导新开课题各项经费分劈；每月上报人员费，每月和财务及生产所进行对接，保证经费支出合理。制定城交事业部科技开发管理合同管理细则，制订软件年度采购计划，软件采购、科研委外付款严格履行审批流程。

（四）专利、著作权与获奖情况。2019年获批专利16项（其中发明专利1项）、登记软件著作权4项，获省部级科技奖4项。

【职工培训与人才队伍建设】 一是创新培训形式，持续多元化交流。结合城轨项目部分散全国各地的特点，鼓励人人当讲师、人人录视频，组织开展事业部视频课件征集活动，专业总工及各生产所积极参加，共征集视频课件30个，进行了评比和绩效奖励，以激发职工参与录制视频课件的积极性。课件涵盖事业部11个专业，既有专线，又有项目总体和专业总工等不同技术岗位，内容包括专业知识、标准化成果、重大项目关键技术、技术管理体系、岗位职责等，全部课件上传至主页平台实现共享。二是技管中心深入深圳、沈阳、重庆等城轨项目部，对初步设计及施工图阶段项目、事业部11个城轨专业进行质量体系检查指导；宣贯培训城交事业部过程清单、风险因素识别表及新版质量体系文件；宣贯住建部检查发现问题；宣贯设计流程和质量管理要求；结合检查项目对专线进行针对性培训；建立技术管理知识题库，学测结合。三是各生产所结合科技周、质量月和施工现场，开展多种形式的专业交流活动。全年事业部共组织各类培训班42个，参加培训人员711人次。通过各项培训提升关键岗位人员技术水平和管理能力，强化职工责任意识和质量安全意识。

【综合管理】

（一）组建城交事业部。事业部全体职工深入贯彻集团公司“集团管总、二级主战”两级管控要求。按照集团公司整体部署，4月顺利完成国铁隧道专业的整体移交，5月完成办公搬迁工作。10月底，集团公司批复事业部机构建制，事业部陆续完成内设机构优化及人员调整，房建结构专业调整至土建所，与地下结构专业融合发展；成立创新研发中心开展集团公司城轨BIM研发工作等，2019年内已陆续完成城交事业部组建基本工作。

（二）完善规章制度。一是修订绩效考核管理办法。结合去年绩效考核管理办法执行过程中发现的问题，广泛征求各层级职工意见，使其确实达到考核能够科学指导绩效分配的目的；修订奖励金管理办法，结合落实绩效考核和项目部经济责任需求，进一步清晰明确经营开发、科研创新、生产一线的激励导向，打破职级系数，调整部分发放原则，补充部分专项奖励办法。二是完善项目部标准化建设管理通则。三是建立安全生产制度体系。整理修订涉及安全生产管理的有关文件规定，形成事业部安全生产系列管理制度。四是重新评估原采购、合同、预算、资金、财务核销等管理规定的适应性，结合集团公司最新要求，组织修订、完善，确保各项管理适应事业部发展需求，达到提升管理水平的目标。

（三）**启动城轨创新研发工作。**新组建事业部创新研发中心，全力开展城轨BIM研发工作。组建技术团队，启动城轨创新与发展课题研究工作，力争尽快提升集团公司城轨业务软实力，追赶行业领先步伐。鼓励生产室所生产软件化、管理信息化建设，给予资金支持。按照“组织、流程、IT”三大管理理念，配合集团公司信息化建设。

【重要学术活动及论文】 2019年，城交事业部职工在省部级刊物发表论文46篇。参加重要学术活动：（1）2019年8月30日，派员在武汉参加中国地铁建设暖通空调技术发展高端论；（2）2019年11月30日，派员在广州参加“第二届城市轨道交通可持续发展论坛会议”；（3）2019年12月15日，派员在杭州参加低碳城市轨道交通论坛；（4）2019年12月20日，派员在天津参加“天津市土木工程学会成立七十周年庆典暨第一届京津冀协同发展土木工程创新科技论坛”；（5）2019年12月23日，派员在天津参加“天津市土木工程学会城市轨道交通分会工作会议暨第四届理事会”。

【城轨项目部管理】 2013年6月城交院（现“城交事业部”）成立了项目管理室（现“工程管理中心”），牵头对项目部进行标准化管理。2019年，城交事业部代集团公司管理18个城市轨道交通项目部，即天津、天津枢纽、哈尔滨、东北地区、大连、太原、北京、石家庄、山东地区、青岛、厦门、苏皖地区、徐州、常州、呼和浩特、包头、洛阳和重庆城市轨道交通项目部；其中包头城轨项目部受项目缓建的影响，2019年全年处于暂停状态。各城市轨道交通项目部的建设和日常生产、管理工作接受城交事业部管理并接受集团公司相关职能部门的指导、监督和检查；各项目部负责全面组织完成集团公司、城交事业部安排的各项工作。

（一）**完善项目部标准化建设管理通则。**重点对生产安全、物资采购、租房租车、集体决策等制度实行标准化管理，形成事业部所辖项目部的管理成果统一。

（二）**加强检查指导，促进项目部建设。**城交事业部党、政领导和各职能部门不定期对各项目部进行工作指导、技术培训、安全检查，对提升项目部的综合管理能力和服务水平起到了促进、加强的作用。

【城轨项目部】

（一）**哈尔滨城市轨道交通项目部。**项目部成立于2010年3月，主要承担哈尔滨地区城市轨道交通项目的设计工作。项目部设经理1人、副经理1人，下设总体技术部、综合管理部。技术主管为集团公司副总工程师。现场常驻人员共计46人。

2019年项目部主要服务业主为哈尔滨地铁集团有限公司、中电科哈尔滨轨道交通有限公司和中交哈尔滨地铁投资建设有限公司。主要项目：哈尔滨地铁1、2、3、4、5号线。

（二）**东北地区城市轨道交通项目部。**项目部成立于2002年10月，负责辽宁省、吉林省城市轨道交通、市政工程和地方铁路项目。项目部设经理1人、常务副经理1人、副经理1人，下设总体技术部、综合部。2018年，项目部常驻生产和管理人员共计41人。

2019年项目部主要项目：沈阳地铁1号线一期及延伸线、1号线东延线、2号线一期（含南延线）、3号线、4号线一期、4号线北延线、6号线、9号线一期、10号线；

鞍山市空中悬挂公共交通系统，沈阳至铁岭城际铁路工程（道义—凡河新城—铁岭老城），沈阳至辽中城际铁路一期工程。

（三）大连城市轨道交通项目部。项目部成立于2009年，代集团公司组织大连城市轨道交通项目生产的日常管理工作。项目部设经理1人，下设总体技术部、综合部。2019年，现场常驻生产和管理人员共计55人。

2019年项目部服务业主为大连地铁集团有限公司、大连地铁建设有限公司、中铁大连地铁5号线有限公司、大连市公交集团下属建设总指挥部。主要项目：大连地铁1、2号线一、二期，4号线，5号线、12号线防汛改造；快轨3号线改造一期工程（大修）；大连市202路轨道线路延伸工程，大连市金州新区至普湾新区城际铁路工程，大连市金普城际铁路延伸线工程。

（四）天津城市轨道交通项目部。项目部成立于2003年3月，负责集团公司在天津市域范围内的全部城市轨道交通项目，服务于天津地铁集团公司、滨海投资公司、泰达轨道公司及西青、静海、宁河等多个业主。项目部设经理1人、常务副经理1人、副经理2人，下设总体技术部、合同部、计划综合部。2019年项目部常驻人员共计67人。

2019年项目部主要项目：天津地铁1号线东延、4号线、5号线、7号线、10号线、11号线工程，滨海新区轨道Z2线、Z4线工程。

（五）天津枢纽项目部。项目部成立于2009年11月，负责集团公司在天津市域范围内交通枢纽项目的勘察设计和配合施工组织等管理工作，协助集团公司开展经营工作。项目部设经理1人、副经理2人，下设计划合同部、综合部、技术部。2019年项目部常驻人员有10人，集中办公人员有9人。

2019年项目部主要项目：天津站、天津西站、于家堡站和滨海站4个交通枢纽项目。

（六）北京城市轨道交通项目部。项目部成立于2007年5月，主要负责北京市区域范围内轨道交通勘察设计项目的生产组织和管理，协助集团公司开展经营活动。项目部设经理1人、副经理2人，下设总体技术部、综合管理部。2019年派遣人员数量全年动态维持在25～30人。

2019年项目部主要服务单位分别为北京轨道交通建设管理有限公司、北京磁浮交通发展有限公司、北京市城市快轨建设管理有限公司。主要承担项目：北京市中低速磁浮交通示范线（S1线），北京地铁3号线、8号线三期、14号线，北京轨道交通22号线（平谷线），北京地铁8号线、17号线、19号线下穿铁路专项设计。

（七）石家庄城市轨道交通项目部。项目部成立于2011年6月，主要承担集团公司在石家庄地区城市轨道交通项目的设计工作。项目部设经理1人、副经理2人，下设总体技术部、计划综合部。现场常驻人员共计60人。

2019年项目部主要项目：轨道交通3号线一期工程两边段工程，轨道交通3号线二期工程。

（八）山东地区项目部。项目部前身为铁三院济南西客站市政配套工程建设管理项目部。2011年11月，山东地区项目部正式成立，主要承担济南西客站市政配套工程的项目管理以及济南西客站核心区地铁预留预埋工程。项目部设经理1人，下设综合管理部、总体技术部。2018年地区项目部常驻人数为16～25人。

2018年项目部主要项目：济南轨道交通R1线、R2线、R3线；济南轨道交通M1线土建1标及10标，新旧动能转换先行区轨道交通控规方案研究，济南西客站片区场站一体化工程。

（九）厦门地区项目部。项目部成立于2012年5月，是集团公司承担厦门及周边区域城市轨道交通、市政、铁路等项目设计、咨询的生产组织机构。项目部设常务副经理1人、副经理1人，2019年常驻人员共计50余人。

2019年项目部主要项目：厦门市轨道交通1号线一期、2号线、3号线、3号线南延伸、4号线（后溪至翔安机场段）、6号线一期工程。

（十）苏皖地区项目部。项目部成立于2012年10月10日，是集团公司承担江苏、安徽省城市轨道交通、市政工程和地方铁路项目的生产组织机构。项目部设经理1人、副经理2人，下设总体技术部、计划合同部、综合管理部。现场常驻人员共计50余人。苏皖地区项目部下辖常州城轨项目部。

项目部生产经营主要服务于南京地铁建设有限责任公司、常州市轨道交通发展有限公司。2018年主要项目：南京地铁1号线北延、6号线；宁句城际工点（S6线）；南京地铁3号线、5号线、10号线、11号线、机场线、宁天线、宁和线、宁高二期线、麒麟有轨电车线、S8线南延、宁扬城际等11条线的设计审图。

（十一）常州城市轨道交通项目部。项目部成立于2013年11月，隶属于苏皖地区项目部。项目部设经理1人，下设总体技术部、计划合同部、综合管理部。

2019年主要承担常州轨道交通1号线一期工程和2号线一期工程的施工图审查工作。

（十二）徐州城市轨道交通项目部。项目部原隶属于苏皖地区项目部管辖，成立于2014年5月，2019年1月从苏皖地区项目部分离出来。项目部设经理1人、副经理3人。项目部下设总体技术部、计划合同部和综合管理部。现场常驻人员共计20人。2019主要承担徐州轨道交通1号线土建06标工点现场施工配合、6号线工程可行性研究及设计总体总包、6号线一期土建工点投标工作。

（十三）太原城市轨道交通项目部。项目部成立于2013年1月21日，是集团公司在太原地区城市轨道交通项目生产的日常管理机构。项目部设经理1人、常务副经理1人，下设综合部。现场常驻生产和管理人员共计28人。

2019年，项目部主要承担太原地铁2号线一期工程2个土建工点设计和太原地铁1号线一期工程设计土建工点SJTJ1107标段。

（十四）青岛城市轨道交通项目部。项目部成立于2013年11月，前身为青岛城市轨道交通设计部，是代集团公司组织青岛地区城市轨道交通项目生产的日常管理机构，协助青岛分院开展经营工作。项目部设经理1人、副经理3人，现场常驻人员共计55人。

2019年主要项目：青岛地铁1号线、8号线；青岛地铁4号线施工图审查；青岛胶东机场枢纽工程，青岛轨道交通13号线董家口站及停车场设计，青平城际轨道交通工程。

（十五）呼和浩特城市轨道交通项目部。项目部成立于2015年6月28日，代集团公司承担呼和浩特市城市轨道交通项目设计生产组织工作。项目部设经理1人、副经理3人，下设总体技术部、计划合同部和综合管理部。现场常驻设计人员共计44人左右。

2019主要项目：呼和浩特市轨道交通2号线一期、呼和浩特市轨道交通融合云平台设计。

（十六）洛阳地区城市轨道交通项目部。项目部成立于2016年8月12日，代集团公司承担洛阳地区城市轨道交通项目的设计生产组织工作。项目部设经理1人、副经理2人，下设总体技术部、计划综合部。现场常驻人员40人左右。

2019年主要项目：洛阳市轨道交通1号线、2号线一期工程，机车厂联络线，阳龙门站综合交通枢纽北广场、洛阳龙门站综合交通枢纽南广场；洛阳地铁运营控制中心。

（十七）重庆轨道交通5A线勘察设计总承包项目部。项目部成立于2018年4月。项目部设经理1人、常务副经理1人、副经理2人，下设总体技术部、计划合同部和综合管理部。现场常驻人员共计58人。

2019年主要项目：重庆市轨道交通5A线工程勘察设计总承包。

（安玉红）

·公路事业部·

【概述】 2019年4月，依据中国铁设党〔2019〕17号文件，公路与市政工程设计研究院调整设置为公路市政事业部。公路市政事业部（简称公路事业部）是中国铁路设计集团有限公司直属生产单位，主要承担国内外公路、城市道路、机场码头道路的可行性研究、勘测设计、技术咨询及工程总承包等。

公路事业部设总经理兼党委副书记1人、经理2人、总工程师1人，副总工程师6人；下设办公室、经营生产与科技部2个职能部室和设计一所（含路线、路基、路面、路线交叉、排水、交通工程专业）、设计二所（桥梁专业）、设计三所（含地质、工经专业）3个生产所。截至2019年底，公路事业部在册职工共计95人，其中正高级工程师5人、高级工程师50人、工程师32人；有国家科技奖励评审专家4人、天津市科技专家3人、天津市抗震论证专家3人、天津市评标专家8人、天津市咨询协会评审专家3人、对外援助成套项目评审专家8人；注册一级建造师、注册咨询工程师、注册监理工程师、注册造价工程师、交通部甲级造价员、注册土木工程师（岩土）、注册城市规划师总计40人，取得英语BFT高级合格证书5人。

办公地址：天津市河北区中山路10号。

联系电话：022-26179690。

【生产经营及各项指标完成情况】

（一）主要生产任务完成情况。2019年，公路事业部共承担建设项目240项，其中集团指令项目130项、自揽项目110项；全年参与招投标104项，中标36项；配合施工35项，其中境外配合施工3项。派出境外考察、设计团组1287天（12人次）。完成设计文件142册。

（二）技表执行情况。2019年，公路事业部完成各类技表、调度通知337项，其中自揽159项、集团指令164项、境外项目14项；完成总体通知单519项，其中自揽205项、集团指令297项、境外项目17项；合计856项。

（三）生产经营指标完成情况。2019年，公路事业部完成新签合同额2.41亿元（含总承包1.24亿元），合同进款1.38亿元（含总承包0.33亿元），完成营业额1.33亿元。

【代表性工程项目】

一、公路项目

（一）赤曹线（G508）滦州至青坨营段工程。该工程是国道赤曹线的重要路段，是唐山干线路网的重要组成部分，始于滦县滦州镇山深国道G205，止于唐港高速青坨营互通匝道与G508交叉处，主线全长51.145km，连接线全长4.005km。采用一级公路标准，设计速度80km/h，路基宽度

24.5m。全线设置大中桥9座、小桥4座、涵洞62道、分离式立交4座、平面交叉16处，总投资约26.1亿元。2019年9月开工建设，截至年底已完成路基工程约24%、桥梁工程约23%、涵洞工程约20%。

（二）北京至秦皇岛高速公路遵化至秦皇岛段工程上跨京哈铁路立交桥。该工程是京秦高速公路节点工程，桥梁全长652m；采用双向四车道高速公路标准，设计速度80km/h，桥梁宽26～32.15m；建安费约2.04亿元。该桥依次上跨既有京哈铁路上下行、津山铁路下行线、龙山联络线上下行、津山铁路上行线；桥梁采用（68+78）m转体钢箱梁转体T构+（61+119+61）m预应力混凝土转体连续箱梁（对转）+38m简支T梁+2×66m预应力混凝土转体T构+3×30m连续T梁。2019年12月完成方案设计并通过北京铁路局审查。

（三）天津市津汉公路改造工程上跨北环、大北环铁路立交桥工程。该工程是津汉公路改造的节点工程，桥梁全长275.4m；采用双向四车道一级公路标准，设计速度80km/h，桥梁宽37.14m；概算总额约2.0亿元。该桥依次上跨大北环和北环铁路共4条铁路，斜交50.7°。跨铁路主桥采用2×85m预应力混凝土转体连续梁，分幅错孔设置，对转施工，单幅转体重量约1.4万t。该桥是公路事业部在地震Ⅷ度区设计跨径最大的混凝土梁式转体桥。2019年4月完成初步设计，10月完成施工图送审稿。

呼北国家高速公路山西隰县至吉县段、G2003太原绕城高速公路义望至凌井店段第XEH标段、国道G342晋城市过境段改线工程、京秦高速公路北戴河新区支线涉铁工程等项目情况见“主要工程项目”篇。

二、市政项目

（一）京雄城际铁路雄州路立交工程。该工程为既有雄州路改建工程，始自既有雄州路与盛唐小区交口北侧，下穿京雄城际铁路雄安动车所咽喉区，止于北侧雄州路牌楼，全长0.94km。采用双向六车道城市主干路标准，设计速度60km/h，主路两侧设置地面辅道和掉头车道，路基宽度45.5m，总投资约1.3亿元。设计内容包含道路工程、地道工程、照明工程、景观绿化、交通安全设施、泵站工程、过轨管廊工程等。2019年2月完成施工图设计咨询版，2019年4月通过河北省交通厅审查，2019年10月完成施工图设计。

（二）同翔高新技术产业基地五显片区配套道路工程。该工程是同翔高新产业基地市政基础设施建设的重要组成部分，包括四期工程、六期工程和陈前路、纵一路延伸段。四期工程包括龙泉路、新埔路、郭山南二路3条城市次干路和郭山南路、新霞路、前垵路、横四路、横五路、纵一路、纵二路7条城市支路，道路总长约9.016km，设计速度30（40）km/h，红线宽度12～40m，概算总额约3.23亿元；六期工程包括陈前东路、横一路、横二路、纵三路、纵四路5条城市支路，道路总长约2.312km，设计速度20（30）km/h，红线宽12m和22m；概算总额约0.64亿元；陈前路全长2.153km，采用城市支路标准，设计速度30km/h，红线宽22m，概算总额约0.79亿元；纵一路延伸段全长0.442km，采用城市支路标准，设计速度20km/h，红线宽12m，概算总额约0.11亿元。工程内容包括道路工程、交通工程、照明工程、市政管线工程、缆线沟工程、绿化工程、桥涵工程等。2019年4月完成四期工程初步设计；7月完成六期工程初步设计、陈前路初步设计；8月完成纵一路延伸段初步设计。

（三）佳木斯市高新区新建道路一期工程。该工程包括佳木斯市高新区铃铛麦街、科技大道及兴国路3条路，道路全长6.473km；采用城市主干路标准，设计速度40km/h。铃铛麦街与益海粮油铁路专用线平交，上跨二粮库铁路专用线、规划铁路泉林线、新建牡佳铁路、既有佳富铁路、佳木斯物流园区3条铁路，道路全长2.45km，道路宽26m，总投资约1.62亿元。科技大道上跨规划铁路泉林线，新建牡佳铁路，既有佳富铁路，道路全长2.35km，道路宽30m，总投资约1.31亿元；兴国路道路全长1.673km，道路宽15～40m，总投资约1.21亿元。2019年7月完成铃铛麦街施工图设计，10月科技大道开工建设，12月完成兴国路调整施工图送审稿。

（四）江西新建长埈工业园区望北大道（坚磨大道—宏图北大道）工程。该工程始自坚磨大道交叉口，下穿规划望德路、南昌绕城高速公路、南昌枢纽西环铁路、规划庙前路，止于宏图北大道，道路全长1.46km。采用双向六车道城市主干路标准，设计速度50km/h，红线宽58～64.2m，概算总额约2.94亿元。工程内容包括道路、桥涵、交通设施、给排水、照明、通信、绿化、高速公路保通、铁路四电拆改等。2019年4月完成初步设计并通过南昌铁路局组织的初步设计审查，8月通过南昌市新建区发改委组织的初步设计审查，12月初步设计通过批复。

（五）江西永修县万宝路新建工程。该工程位于永修县湖东新区，道路全长1.64km，采用双向六车道城市主干路标准，设计速度50km/h，红线宽36m。上跨京九铁路、昌九城际铁路主桥采用（95+160+95）m双塔单索面斜拉桥，桥梁宽34.5m；引桥跨径（30+30）m，单幅桥宽14.75m，总投资约2.95亿元。2019年9月完成施工图设计文件送审稿。

（六）深圳黄木岗综合交通枢纽黄木岗立交改造工程。黄木岗枢纽是深圳既有地铁7号线，在建地铁14号线，规划地铁24号线3线换乘枢纽，包括轨道交通工程、市政工程和前期工程3部分，公路事业部承担黄木岗立交改造工程。该工程由原四层立交改造为“一桥一隧”立交，采用东西向笋岗西路下穿，南北向华富路上跨，地面辅道平交的立交方案，其中笋岗西路改造长度约1.5km，其中下沉隧道长度约930m；华富路改造长度约1.1km，其中高架桥长度约288m。采用双向六车道城市主干道标准，地面辅道三车道，设计速度60km/h。其中华富路高架桥采用分幅设计，孔跨布置为（39.5+42+125+43.5+38）m，主跨采用125m钢结构下承式拱桥。2019年5月完成总体设计，10月完成初步设计。

（七）聊城经济技术开发区黑龙江路跨徒骇河大桥工程。该工程西起规划财干路和安业路路口，向东跨越滨河大道西、徒骇河、滨河大道东，东至黑龙江路和庐山路交叉口，道路全长0.84km，采用双向八车道城市主干路标准，设计速度60km/h，红线宽60～65m。跨徒骇河特大桥全长252m，桥梁宽46m，桥梁面积约11592m^2，孔跨布置为(46+160+46)m，主跨采用160m钢结构中承式桁架拱桥，总投资约4.27亿元。2019年10月完成初步设计，12月完成施工图设计。

（八）石家庄正定县河北大道穿越既有京广铁路工程。该工程是河北大道西延节点工程，采用双向六车道一级公路标准，兼具城市主干路功能，设计速度60km/h。采用顶进框构下穿京广铁路双线和西环铁路双线，框构桥长48.11m，桥梁宽45m，（6.5+13.5+13.5+6.5）m四孔连体结构，斜交斜做，面积约2165m^2，总投资约1.26亿元。2019年3月完成施工图设计，6月框构顶进就位，8月竣工验收。

（九）石家庄解放大街下穿直通线立交工程。该工程是石家庄解放大街节点工程，采用双向四车道城市主干路标准，设计速度50km/h，道路宽30m。下穿石家庄直通线处顶进1座（16+13）m二孔连体框构桥，斜交斜做，框构桥长25.28m，桥梁宽32m，面积约809m^2，总投资约0.5亿元。2019年2月完成方案设计，4月完成施工图设计。

即墨区鳌东路上跨胶济铁路工程、风情大道改建工程（金城路—湘湖路）等项目情况见“主要工程项目”篇。

三、境外项目

（一）援约旦萨尔特公路升级改造项目。该项目是中国对外援助项目，全长约12.5km，采用双向四车道二级公路标准，设计速度40（30）km/h，路基宽18.8m。包括路基、路面、桥涵、排水、照明工程及安全设施。采用本土化实施援助模式，由约旦方负责组织设计施工，中方项目管理公司对约方设计文件、招标程序、施工建设及基金拨付等进行有限外部监管。2019年3月集团公司与广州万安建设监理有限公司联合体中标项目管理，9月与约方签订项目实施协议。

（二）援赞比亚姆皮卡市政道路项目。该项目位于赞比亚穆钦佳省的姆皮卡市，是赞比亚首都卢萨卡通往坦桑尼亚的国家主干道T2公路的重要组成部分。工程始自姆皮卡市交通管理称重站，止于姆皮卡Mazingo Hotel北侧交叉口，道路全长7.5km，采用双向四车道城市主干路标准，设计速度60km/h，道路宽22m。该项目是中国对外援助项目，集团公司与广州万安建设监理有限公司组成联合体负责项目建设管理。2019年项目进入全面建设阶段，项目管理组对材料采购、设备安装、施工进度质量、工程变更审查、合同计量支付等进行全过程管理，2019年5月通过商务部中期验收，截至2019年底已完成路基、涵洞和路面基层施工。

四、咨询项目

（一）呼北国家高速公路山西离石至隰县段。该工程起自吕梁市柳林县石占沟，止于交口县与隰县分界的麦地山，路线全长83.213km，采用双向四车道高速公路标准，设计速度80km/h，路基宽25.5m；车鸣峪、交口2条连接线全长22.121km，双向二车道二级公路标准，设计速度60km/h，路基宽12m。全线设置桥梁77座（特大桥1座、大中桥76座），总长21429m，隧道6座（其中特长隧道1座、长隧道2座、中短隧道3座），总长9165m，互通式立交5处（预留1处），服务区1处、停车区2处，通道53处。公路事业部承担两阶段设计咨询审核工作，2019年8月完成初步设计咨询报告并召开初步设计审查会，11月通过交通运输部初步设计批复。

（二）国道341线平顺县境内王庄至晋豫省界段。该工程是《国家公路网规划2013—2030年》60条东西横线中第39横线的重要组成部分，路线全长36.844km，采用双向二车道二级公路标准，设计速度60km/h，路基宽12m，设置大中桥17座，隧道7座（其中特长隧道1座），超限检测站1处，隧道管理站2处，总投资约23.8亿元。公路事业部承担两阶段设计咨询审核工作，2019年5月完成施工图设计咨询报告。

（三）汉港公路（港城大道至中南五街）工程下穿蓟港铁路安全评估项目。汉港公路是沟通天津中心城区和滨海新区的南北向主干道，下穿蓟港铁路段是其控制性节点工程，采用双向六车道一级公路标准，设计速度60km/h。安全评估内容包括汉港公路主线左右幅桥梁、2处互通匝道、2处排水顶管和2处电力拉管施工对蓟港铁路既有京津塘高速公路特大桥的安全性影响。采用MIDAS/GTSNX软件建立有限元模型，采用桩界面单元反映桩—土间复杂耦合变形方法，通过建模分析，提出下穿工程对铁路安全性影响的评价结论、施工监测和安全控制建议以及施工注意事项等，对工程施工提供指导。2019年10月完成安全性影响评估报告。

五、总承包项目

（一）浙江330国道永康段上跨金温货线铁路桥设计施工总承包。该工程是330国道永康段改造工程的节点工程，桥梁全长246m，桥宽33m，采用双向六车道一级公路标准，设计速度100km/h，跨铁路处采用4×30m+4×30m预应力混凝土后张小箱梁，先简支后连续结构。公路事业部为该工程的总承包单位，2019年6月完成桥梁主体及附属结构施工，11月完成桥面铺装施工。

（二）湖州经济技术开发区旄儿港路工程（下穿商合杭、宁杭、宣杭铁路等EPC项目）。该工程包括旄儿港路和旄儿港路东延2条道路。旄儿港路下穿宁杭高铁、宣杭铁路和在建商合杭高铁，采用分幅设计，A线全长1.255km，B线全长1.649km，城市次干路标准，设计速度30km/h，道路宽度均为10.5m；旄儿港路东延下穿宣杭铁路，采用分幅设计，C线全长107.393m，D线全长126.05m，城市支路标准，设计速度30km/h，道路宽度均为15m。工程内容包括路线、路基、路面、桥梁、给排水等。公路事业部为该工程的总承包单位，2019年7月中标，8月签订EPC总承包合同，10月完成施工图设计并开工建设。

六、配合铁路项目

（一）公铁立交工程。2019年先后承担沿江高铁、杭绍台铁路、昌景黄铁路、京雄城际铁路、雄商铁路、京沈高铁、哈佳铁路、京唐铁路、潍莱高铁、匈塞铁路、印尼雅万高铁等40余个铁路项目和敬业铁路专用线、华电国际天津开发区分公司铁路专用线、唐山唐曹小集物流有限公司专用线等铁路专用线的公铁立交工程设计工作。

（二）枢纽配套道路工程。2019年先后承担深圳市黄木岗综合交通枢纽、京沈客专星火枢纽、昌景黄铁路南昌枢纽站前工程等配套市政道路工程设计工作。

（三）铁路物流中心工程。2019年先后承担天津新港北集装箱中心站、西堤头、京唐港、曹妃甸等铁路物流中心的铺面设计工作。

七、配合轨道交通、云轨等市政项目

2019年先后配合广州、深圳、绍兴、杭州等轨道交通和云轨等市政项目的投标、设计及咨询工作。

【质量管理及成果】

（一）完善技术管理体系。一是补充和修订工程总承包技术管理实施细则等3项技术管理办法。二是编制涉铁工程安全评估和第三方监测2项标准模板。三是修订设计文件扉页编制规定1项。四是搜集整理公路行业和境外项目政策文件及办法。

（二）坚持质量会议制度。一是召开季度总工例会4次。二是召开季度质量点评会4次，完成4期案例库。三是组织项目负责人交流会5次。四是坚持方案预审会制度。五是坚持专家会制度，组织事业部专家会9次，申请集团公司专家会3次。六是组织设计回访1次。七是召开配合施工年度交流会1次。

（三）技术质量管理措施。一是做好技术策划，制定23项重点工作并严格落实。二是对18个参与的在建铁路项目和自揽重点项目进行质量安全排查和整改销号，不断提升质量安全意识。三是宣贯集团公司安全红线、质量红线办法，并将要求纳入

“复核审核要点”。四是组织所长专题研讨所级技术管理思路。五是组织地质、桥梁专业研讨改进专业间互提资料要求。六是通过归集外部审查、配合施工、质量点评等质量信息加强总结、持续改进。七是开展330国道上跨铁路桥总承包项目总结交流，提升总承包管理水平。八是扎实开展质量月、科技周和安全月活动，通过科技创新板报、答题、征集论文、技术总结等提升全员质量安全意识。九是坚持QC小组活动，2019年注册1个QC小组，获2019年集团公司优秀QC小组1项，获铁道工程建设协会优秀质量管理成果二等奖1项，优秀质量管理成果优秀奖1项。

（四）体系管理维护措施。一是强化目标管理，制定事业部三体系目标、指标及管理方案并进行季度总结。二是结合职业健康安全体系转版，对修订版管理手册和程序文件进行培训。三是强化体系过程管理，编制“设计资料要求”明确体系资料内容要求。四是加强监督检查，组织体系检查2次、总承包项目安全检查1次、消防安全培训演练1次。五是动态更新“公路事业部风险管理表”并完成年度总结。六是完成环境和职业健康安全管理体系危险源及法律法规的更新识别、合规性评价。七是完成顾客满意度评价。

（五）项目获奖情况。2019年公路事业部获得集团公司优秀设计特等奖1项、一等奖1项、二等奖2项和优秀咨询二等奖2项；获得中铁股份优秀设计一等奖1项、三等奖3项和优秀咨询1项；获得天津市“海河杯”优秀设计二等奖1项、三等奖2项；获得国家行业级优秀设计二等奖1项。

【推广采用新技术】

（一）BIM技术研究应用。公路BIM小组以Audodesk软件包（Civil3D、Revit、Infraworks等）为基础，结合“山区高速公路互通式立交设计BIM应用研究”科研课题和生产项目，对公路BIM技术进行深入研究。独立完成常规公路市政项目三维模型建立、宣传动画制作和简单效果图制作。2019年完成援卢旺达基加利市道路改造、援利比里亚杜博曼大道立交桥、隰吉高速公路立交互通试验段、深圳黄木岗枢纽立交改造等BIM建模工作，积累了公路市政项目三维建模经验。同时开展施工模拟仿真技术研究，结合施工进度完成简单的市政结构拆除、重建等施工模拟仿真。

（二）公路项目安全评价技术。公路项目安全性评价系统升级至V3.0版，通过组织新版软件使用培训，学习该软件智能化指标运算、交互线形设计和自动生成报告等新功能，同时加强公路项目安全评价关键技术研究，持续提升公路项目安全评价技术能力，为拓展公路项目安全评价业务奠定基础。

（三）路面新材料应用。在隰吉高速公路隧道路面设计中采用露石水泥混凝土新型路面结构，该结构具有耐久、防滑、耐火、无烟、低噪音等特点，有利于隧道运营安全。

（四）智慧交通系统运用。在黄木岗枢纽立交改造工程中，以路灯灯杆为载体打造多功能智慧路灯，形成城市传感网络，全面感知道路交通运行状况，为交通、公安、城管等部门采集数据提供支撑，为后期自动驾驶和智慧城市升级改造提供硬件基础。

（五）轻质材料在路基设计中的应用。京雄高速公路下穿霸徐铁路立交工程在U形槽基坑开挖后采用分区回填轻质泡沫土、EPS块等轻质材料，使高铁桥墩处加减载保持平衡，满足施工过程中有砟轨道桥梁墩台顶位移要求，保证铁路安全；天津南站二期配套市政道路下穿京沪高铁项目，在高铁桥梁水平投影两侧以外10m范围内人行道路堤及路床采用换填泡沫轻质土并分步开挖回填方案，并对泡沫轻质土进行局部防水设计，避免基坑开挖和填筑路堤的大幅增减载，最大限度减小施工和运营对高铁桥梁桩基的影响。

（六）采用综合措施处治充填瓦斯煤矿风井。在G342晋城一级路三沟互通路堑挖方段有王台铺矿废弃二号风井1处，井内充填瓦斯和有毒气体。为避免直接开挖造成风井内瓦斯爆炸、爆燃、中毒等事故发生，经多方案比选，采用不间断带水钻孔、灌氮气排气（瓦斯）、注浆循环作业等综合措施对废弃风井进行处治，保证路堑开挖安全，处治效果较好。

（七）高烈度区大吨位转体桥梁抗震技术。天津津汉公路上跨北环、大北环铁路立交桥项目中，为满足大吨位桥梁在高烈度软土地区的抗震设计要求，将常规墩梁固结刚构体系改为设有支座的连续梁体系。通过采用新型三级设防摩擦摆减隔震支座达到良好的减隔震效果。对于此类具有非线性特征的减隔震支座，在E1和E2地震力作用下采用时程法进行抗震分析。通过仿真计算模拟，该支座消能效果较好，能够确保墩柱、基础的结构安全。本技术可为高烈度区桥梁抗震设计提供参考、借鉴。

（八）桩基后压浆技术在软土地区桥梁设计中的应用。天津津汉公路上跨北环、大北环铁路立交桥项目，为减少桥梁在高烈度软土地区桩基长度采用桩基后压浆技术，通过对桩端和桩侧预埋注浆管，合理确定各土层侧摩阻力影响系数以及注浆压力，并辅以自平衡法检测施工后桩基的实际承载力，实现对注浆效果的检验。此技术的应用有效缩短桥梁桩基长度约30%，在确保结构安全的同时，经济性显著提高。

（九）耐候钢在钢箱梁桥设计中的应用。京秦高速公路遵化至秦皇岛段上跨京哈铁路立交桥采用（68+78）m转体钢箱梁结构，桥面宽32.15m，为解决钢箱梁维修养护对铁路的运营干扰问题，通过全面研究耐候钢的性能特点、施工和养护方法，并对比分析耐候钢与普通钢全寿命周期的造价指标，创新地在钢箱梁设计中采用Q345qENH耐候钢新型材料，既能降低桥梁全寿命周期造价，又能最大限度减少后期钢箱梁维护对京哈铁路的运营干扰。耐候钢的应用可为同类项目提供可借鉴的经验。

（十）自动化监测技术在滑坡勘察中应用。在G342晋城一级路滑坡处治勘察过程中采用自动化监测云平台，通过综合利用不同的传输方式，将多种现场监测仪器、检测设备、无线传感器通过物联网技术联通起来，实现监测数据的自动采集和实时传输，保证了数据的真实性、完整性和实时性，为滑坡稳定性评价和处治提供了及时准确的变形监测数据信息。

【科研、标准化与业务建设】 2019年公路事业部共承担6个科研课题，其中延续课题5个、新立项集团公司内部课题1个。完成“公铁立交勘察设计作业指导书”等3个科研课题结题工作，其中“大吨位独塔单索面非对称转体施工混合梁斜拉桥结构研究”课题通过天津市交委组织的结题验收，达到国际领先水平；2019年获实用新型专利2项。

【职工培训与人才队伍建设】

（一）培训情况。2019年共组织事业部（室）级培训35班次（965人次），参加外部行业协会培训12班次（31人次）。2人参加在南开大学法学院举办的脱产法务培训班。完成导师带徒结对、培养和考核，促进青年职工成长成才。

（二）人才队伍建设。2019年，公路事业部1人入选国铁集团“百千万人才”专业拔尖人才，新推荐专业拔尖人才1人。选拔经营部部长1人、副总工程师1人。选派2人分别到人力资源部（组织部）和生产经营中心挂职锻炼，促进多岗位经验积累。

【综合管理】

（一）体制改革。积极响应两级管控要求，有序推进事业部内设机构调整，将原综合办公室、计经室、技术室整合调整为办公室、经营生产与科技部，进一步明确岗位职责，理顺管理关系。为进一步理顺生产组织关系、促进专业融合、减少接口管理、提高生产效能，积极探索综合性专业设计所的设置。

（二）制度建设。2019年，制定事业部领导班子议事决策机制，管理岗位工作职责、生产经营管理、“三位一体”实施细则，总承包技术管理、员工绩效管理等20项制度办法，不断完善管理机制，促进管理转型。

（三）经营开发。一是加强市场开发力度，经营区域不断拓展，全年共参与投标100余项。二是紧盯市场前沿，依托集团公司综合优势，积极承揽北沿江高铁启东公铁两用桥引道工程、潍坊市胶济铁路上跨桥、徐州市解放北路咨询等前期工作，积极追踪南京江宁区站前路工程、天津汉南路等市政工程，及时跟进嵊州涉铁工程总承包等业务。三是强化风险管理，推进债权清理。通过发催款函、律师函等多种形式，积极与业主方面联系，债权签认率达到100%，存量风险债权压缩30%，无新增风险债权。

（四）生产管理。一是强化激励，促进效率提高。完善产值分配办法，调动职工积极性。将生产计划兑现率纳入设计所考核要素，不断强化技表执行力。二是全力做好川藏铁路咨询，调配骨干资源开展川藏铁路施工道路咨询审核。三是努力推进配合铁路公铁立交、配合轨道交通、总承包项目等工作。四是有序组织隰吉高速公路修改施工图、太原西北二环高速公路完善初步设计和长治G309项目工可方案研究等高等级公路工作。五是统筹抓好晋城G342一级路、隰吉高速公路、赤峰综合交通枢纽等国内项目和援老挝湄公河公路等境外项目的配合施工工作，服务质量不断提升。六是继续加强与相关供方合作，放大生产能力，并加强考核评价规范委外管理。七是修订应急管理等安全办法，制定湖州旄儿港路工程总承包安全管理办法，持续抓好既有线作业、委外单位安全管理，做好交通安全、办公区域安全管理等，确保安全生产无事故。

（五）综合管理。增强综合管理服务理念，工作作风持续转变。一是强化年度重点工作督查督办，推进年度目标与发展规划融合。二是推动制度执行和责任落实，严格履行决策制度，强化业财融合节支降耗，促进提质增效目标实现。三是推进全面预算管理，细化预算执行。四是制定员工绩效管理办法，进一步激发职工工作积极性。五是规范带薪休假计划、申请、审批、统计，保障职工休假权利。六是持续加强保密管理、综合治理，不断提升法律意识，全年未发生相关责任事故。七是持续加强后勤管理服务水平，有序完成搬迁工作，不断强化设备及低值易耗品管理。

（六）精神文明建设。一是扎实开展“不忘初心、牢记使命”主题教育，取得了重要的思想、制度和实践成果；结合主题教育以观影、组织辽沈战役纪念馆等红色教育基地培训、整理共享单车志愿服务等活化党员教育方式提高学习质量；党委与所属支部、室所部签订党风廉政责任书，全体职工签署廉洁从业承诺书，对廉政风险点进行经常性警示提醒，全年无违规违纪现象发生；开展党员创先争优活动，有2名党员分别获得集团公司优秀党务工作者和优秀共产党员标杆称号，3名党员获得机关党委优秀共产党员称号，公路市政院党总支获得集团公司先进党组织称号。二是工会积极开展展示精品成果劳动竞赛，获得二等奖和三等奖各2项；组织参加集团公司第二届总体汇报比赛；组织参加集团公司工会系列球赛、棋牌类比赛、新中国成立70周年职工合唱比赛、职工书画摄影展、“三八”健康杯比赛、读书征文活动等，自行组织元宵节趣味活动、趣味寻宝、健步走等活动，职工业余生活丰富多彩；有2人分别被评为集团公司先进生产标兵、先进生产者，设计二所被评为集团公司先进集体；2人被评为集团公司优秀工会工作积极分子；1人获评先进女职工；事业部工会被评为集团公司模范职工之家，设计三所工会小组被评为集团公司模范职工小家。三是团支部组织了青年科技论文评选，录制团支部拜年视频，制作新中国成立70周年合唱背景视频，1人被评为集团公司优秀团干部，BIM小组被评为优秀青年组织。

【重要学术活动及论文】 2019年，公路事业部职工在各类期刊上共发表论文7篇。

（齐志芹　胡春丽　刘浩）

·资产事业部·

【概述】 2019年，依据中国铁设党〔2019〕17号文件，集团公司撤销行管部（保卫部）与研发基地指挥部，组建资产经营事业部（简称资产事业部）。资产事业部负责集团公司资产经营开发、既有资产运营运行与资本运作等经济类业务；负责集团公司武装、保卫、集体户口等工作；负责集团公司职能管理部门、党群部门及质量安全中心的物资、设备、低值易耗、办公等消耗品采购，公务用车管理，固定资产实物账管理和后勤服务。

资产事业部设党委书记1人、总经理1人、副总经理2人，下设综合办公室、机关事务服务中心、物业运营服务中心、资产经营室、资产开发室、研发基地建设指挥部、“三供一业”指挥部。截至2019年底，资产事业部在岗29人。

办公地址：天津自贸试验区（空港经济区）东七道109号C1-206。

联系电话：022-60373303。

【资产经营与开发工作】

（一）**基础管理工作。**根据集团公司有关文件要求，组建成立资产经营和资本运作具体组织机构，与企法部、发展部、组织部等有关部门沟通，以期进一步理清有关职责边界；按照集团公司整体部署，着手编制2020年市场调研和“十四五”规划子课题。

（二）**加强对集团公司既有土地房产的经营开发研究。**事业部组建成立后，按照“资产不闲置、持续有收入、开发有价值”的资产盘活原则，结合2018年集团公司“经营开发课题”的研究，特别是针对既有资产经营开发的现状分析、开发思路及原则、开发方案建议思路和研究成果，对可以进行资产经营开发的地块进行深入研究细化。

（三）**加强对既有资产的管理工作。**完成重庆购房后的后续工作，在前期经过多轮谈判沟通降低419万元的基础上，2019年会同房地产开发公司完成各项税费的缴纳工作，办理完成全部购房手续；完成新建大连分院的房地产证办理；结合“三供一业”分离移交工作，对集团公司0%、35%、70%、100%的产权职工住宅进行梳理，针对相关问题与住建委进行全面对接，避免将来移交后集团公司遗留问题的发生。

（四）做好集团公司房屋大维修工作。编制完成2019年集团公司房屋建筑物大维修建议计划，结合半年多的实施情况，编制完成调整建议计划；完成2019年集团公司房屋大维修工程完成投资2354.4万元的目标。圆满完成搬迁后既有园区房屋整修工作，在满足安全质量的前提下，通过加强投资控制，降低工程投资304万元。2019年完成主体教育立行立改涉及的房屋整修工作以及涉及正达南体育馆羽毛球场地塑胶地面整修等近10个项目。

（五）其他资产经营开发工作。做好搬迁后职工入住白领公寓工作，根据搬家的实际情况，及时退租租赁工商银行北站支行四层、五层集中办公场地，节省费用66万元。配合总公司审计组，报送集团公司土地房产等相关资料、后勤服务类合同档案，惠州房产债权追缴情况及法院相关文件。

【机关事务工作】

（一）武装、防汛工作。完成集团公司民兵整组工作，组建基干民兵分队（100人）、后勤保障民兵分队（31人），相关材料按规定及时上报；2019年春节、八一建军节2次对企业在职和退休军队转业干部92人进行家访慰问。发挥人防工程的战备效益，定期对院属人防工程进行维护保养，受到天津市人防办好评。完成2019年天津地区园区防汛工作。

（二）国家安全工作。完成人民防线组织机制建设工作，完善组织建设，制定相关岗位职责。全年配合海外部完成境外安全教育20余次。在集团公司局域网刊登以国家安全基础知识为主要内容的献出资料2篇、宣传短片1部，撰写题为《提高政治站位，维护国家利益不受侵犯》稿件1篇。积极配合天津市国家安全局开展相关工作，收集相关信息。根据国铁集团和天津市国家安全局有关要求，开展出国人员回国访谈工作。

（三）内部治安保卫工作。配合集团公司信访办做好信访人员上访控制工作和集团公司职工大会的安保工作。与公安特警和河北分局治安科沟通，做好集团公司搬迁过程中及大院整修期间的治安保卫工作；及时与河北区北站管理办公室联系沟通集团公司搬迁后职工停车问题；完成了与空港属地派出所的工作对接。2019年起草完成包括反恐预案、内部治安管理办法在内的5个管理文件。

（四）集体户口。完成集团公司集体户口管理工作，2019年新入职员工落户120人，解决职工的新生儿落户17人。为解决集团公司集体户口职工，其子女在空港经济区办理入学、入托，多次与河北区和空港经济区的人口服务管理中心沟通协商，提交相关材料，解决集团公司职工集体户口迁移的工作。

（五）通信管理。完成空港园区2700余部铁路专网固话的安装、调试及各单位（部门）专网号码分配。完成2019年专业技术等级调整后，职工移动号码加入集团网的工作，以及2019年各生产单位的通信费用结转工作。组织职工代表对话费套餐进行研究，经过与中国移动天津公司多次进行商谈，确定了经济、合规的话费套餐。集团公司总部搬迁至空港园区后相关业务空港经济区和河北区开放了办理业务的营业厅，职工可就近办理相关业务。

（六）**机关公务用车管理。**截止到2019年底，礼仪车组共进行派车1300余次，车辆安全无事故全年行驶28万km。按照公安交管部门要求，安排集团公司公车驾驶员签订交通安全保证书，提醒、协助集团公司公车驾驶员进行年检工作171人。制作集团公司公车准驾证571张，完成集团公司交办的公务机动车燃油卡等问题的检查工作。上报国铁集团集团公司所属各单位公务用车基本信息。

（七）**机关部门设备低耗采购管理工作。**经广泛征询机关部门的建议，根据采购需求，结合今年的具体情况，梳理、确立采购规则及执行方法。按照工作职责，事业部成立采购执行小组和采购审批小组，截至2019年底，完成司办布置的全部采购项目，满足了新入职员工、部门工作的需要。确立2019年的用款、增值、汇款、报销等的方式程序，保证了工作的有效衔接。

（八）**能源消耗统计工作。**落实国铁集团和天津市节能降耗、降低成本、提高效益的要求，及时上报相关数据。2019年，办公纸张消耗1440532元，燃气消耗2183695元，燃油消耗7959963元，用水1223687元，用电6998974元，合计19806851元。

【物业运营工作】 先后制定下发《空港园区“园区卡”管理办法》等涉及园区运营各个方面的14项管理制度。餐饮服务，入住新园区7个月以来，完成了工作日接近2000名职工的就餐组织管理、近100次的对外接待用餐工作。接驳车服务，根据职工选择交通工具的数据分析、现实情况和天气变化等原因及时改变巡游车发车频次和停靠地点，满足了近1000名职工的上下班需要。物业管理，安排中标物业企业提前进驻，开展前期服务工作，先后组织开展了开荒、环境清整、设备试用检查、安保推演、服务方案对接等工作，后期会议服务、安保服务、秩序管理、卫生管理、楼宇电视维护等工作质量得到提升，保证了园区良好的生产环境和工作秩序。

【“三供一业”移交工作】 截至2019年底，涉及分离移交改造的正式协议已经全部完成，资产管理责任主体的移交除北京因政策变化外全部完成，资产划转除物业资产等待政策外全部移交完成。改造工作除北京外，廊坊、天津、唐山和大连在全面进行，年底前基本完成改造工作。

【指挥部建设筹备工作】

（一）**研发基地一期运营筹备工作。**建设指挥部组织各筹备工作组于3月初完成全部搬迁筹备工作，3月27日完成了集团公司总部搬迁工作。搬迁后园区运营规范有序，园区的生产环境、生活环境得到了广大职工的肯定。

（二）**研发基地二期建设与运营筹备工作。**园区二期工程，主体工程及外檐工程、内装工程、设备安装、市政配套工程等建设工作于9月全部完成，并完成了节能及质量验收、联合验收等工作。12月底实验楼及停车楼交付投入使用。

【正达酒店经营情况】 2019年，酒店实现营业收入2553万元，利润296.5万元（不含酒店投资收益）。

（迟建明）

·上海分公司·

【概述】 上海分公司原称上海分院，成立于1992年，2017年更名为上海分公司。上海分公司是集团公司派驻上海的分支机构，为集团公司直属单位，负责集团公司在上海、浙江地区的经营和综合服务工作及华东地区项目部的生产组织和日常管理。

上海分公司下辖杭州分公司、绍兴分公司、宁波分院，设总经理1人，副总经理兼总工程师、兼任上海轨道交通项目部经理1人，副总经理兼杭州城市轨道交通项目部经理1人；下设综合办公室、计划合同部。2019年上海分公司在册职工共计11人，其中高工8人、工程师1人、高级会计师1人、助理工程师1人。

上海分公司代集团公司管理华东地区项目部，该项目部下辖上海、杭州、宁波、绍兴城市轨道交通项目部以及杭州南站综合交通枢纽设计部、上海金桥停车场物业开发设计部、杭州地下空间开发项目部；项目部设经理兼技术主管1人、副经理3人，内设综合部、总体技术部、计划合同部，各生产单位派驻的技术人员日常保持在120～150人之间。

办公地址：上海市普陀区曹杨路1040弄1号中友大厦24层。

联系电话：021-52666388。

传真：021-62164059。

【生产经营及各项指标完成情况】 2019年，华东地区项目部在上海、浙江地区主要承担轨道交通设计及咨询、综合交通枢纽勘察设计、轨道交通衍生的物业开发设计，并协助集团公司铁路项目的现场服务。全年签订合同18项，合同额13754万元，实现进款额17783万元。

【代表性工程项目】

（一）上海地区。（1）14号线金桥停车场、桂桥路站完成施工图设计，施工配合。（2）15号线陈太路停车场、梅岭北路站、大渡河路站、长风公园站完成施工图设计，配合施工。（3）18号线御桥路站及联络线完成施工图设计，配合施工。（4）崇明线金吉路站完成初步设计。

（二）杭州地区。（1）杭州轨道交通1号线（一、二、三期）、2号线一期西北段、2号线二期、4号线南延段、5号线一期、6号线一期、杭临线、1号线三期、3号线一期、4号线二期、6号线二期、7号线、机场快线施工图审查工作正常开展。（2）沪杭甬高速公路抬升工程完成施工图审查。（3）杭州5号线土建标完成施工图设计，配合施工。（4）杭州9号线一期，总体总包管理，部分土建与系统设计，全面开展施工图设计，配合施工。（5）杭州10号线一期，总体总包管理，部分土建与系统设计，全面开展施工图设计，配合施工。（6）杭富城际铁路（枫桦西路站—大坞路站）工程，总体总包管理，部分土建与系统设计，全面开展施工图设计，配合施工。（7）杭州南综合交通枢纽市政广场，部分配合施工。（8）连堡丰城地下空间开发工程，开展施工图设计。

（三）宁波地区。（1）宁波3号线一个土建标，开展施工图设计。（2）宁波4号线一个土建标，开展变更设计，配合施工。(3)宁波5号线一个土建标，开展变更设计，配合施工。(4)宁波奉化线工程轨道系统开展施工图设计。（5）宁波2号线二期、4号线、5号线一期设计咨询工作正常进行。

（四）绍兴地区。（1）杭州至绍兴城际铁路工程，勘察设计总承包，全面开展施工图设计，配合施工。（2）绍兴地铁1号线一个土建标，开展施工图设计。

（五）其他项目。配合集团公司开展余慈城际铁路二期工可报告编制、通苏嘉甬铁路工可报告编制、北沿江铁路工可报告编制、上海浦东铁路电气化工程前期研究、沪乍杭铁路调整方案预可研、嘉兴南站交通枢纽方案研究工作。

【经营管理及成果】 2019年，上海分公司本着“以市场为核心，以创新为动力，以技术为先导，以服务为手段”的经营思路，通过对市场及人力资源的分析，把重点放在巩固上海、杭州、宁波、绍兴既有市场的基础上，加大对四地新项目的经营力度，争取更多的市场份额，既做大规模又尽可能地合理统筹人力资源。在集团公司领导统一指挥及有关部门的具体领导下，精心组织投标工作，先后中标了上海市轨道交通崇明线工程金吉路站设计项目、上海浦东铁路电气化工程前期研究、宁波余慈城际铁路工可报告编制等项目。另外，配合集团公司运规院完成承接沪甬跨海通道客流预测和开行方案研究工作，与公路事业部一起联合中铁建大桥局中标嵊州市与杭绍台铁路相关三改EPC工程。同时受浙江发改委委托开展沪杭通道研究、受临海市交投委托开展杭绍台铁路临海站市政广场项目方案研究，为今后开展EPC合作打下基础。

【质量管理及成果】 2019年，上海分公司制定了质量、环境、职业安全健康目标和措施，全年围绕制定的目标开展工作，通过加强培训、完善制定管理制度、过程控制、技术交流、工作检查等多种方法抓措施的落实。全年无重大的设计质量问题和事故发生，无重大顾客抱怨，无任何安全责任事故发生，全面完成全年质量、环境、职业安全健康目标。上海轨道交通9号线三期（东延伸）工程金海路站荣获2019年“海河杯”天津市优秀勘察设计三等奖，杭州轨道交通9号线一期工程可行性研究报告获集团公司优秀工程咨询成果一等奖。

（一）加强质量管理。一是督促项目全体人员认真学习相关规范、法规并开展相应的检查工作。二是根据体系内审检查情况，全面修订上海分公司的行政管理文件、技术质量管理文件和质量、环境、职业健康安全管理体系实施细则，细化岗位职责，明确管理程序。三是加强内外部沟通，加强对总体工作的管理，督促各项目的3个体系管理工作在现场有效执行。

（二）加强现场人员培训。一是组织现场人员进行技术交流，参加集团公司组织的各种培训班、学习班。二是参加相关单位组织的技术交流等。三是按计划组织项目部人员的安全培训、岗前培训、驾驶员培训等。

【综合管理】

（一）管理工作的总体思路和原则。（1）管理工作的总体思路：坚持发展方向，统筹战略规划；事有策划，目标明确；过程控制，突出效果；制度治企，心中有戒；执行坚定，工作高效；科技创新引领发展，管理创新提升高度；以员工为本，以员工为荣。（2）管理工作的原则：以集团公司在本区域的战略发展为中心；立足浙江和上海（及周边）两大市场，适时拓展延伸；坚持将市场开发、生产经营、技术创新及管理充分融合；努力实现不同地区之间、不同业务板块之间、不同项目之间、不同生产单位之间各种服务资源间的统筹，实现地区内综合资源共享；加强与地方政府的沟通、与项目业主的沟通、与合作方的沟通、与集团公司总部的沟通、项目间和专业间的沟通，实现无障碍信息管理。实现市场开发、生产经营、技术质量、科技创新、生产安全、企业和谐6个方面的发展愿景。通过管理的持续改进，使企业良好发展，成就企业发展与员工实现自身价值的最优组合。

（二）机构调整。积极落实集团公司二级管控、推进区域机构优化调整改革举措，编制分公司“十四五”发展规划和人力资源计划，内设机构编制方案报集团公司人力资源部批准，并以《关于明确上海分公司机构编制相关事项的通知》（人资组织〔2019〕9号）下发。计划在2020年部分人员调转后实施。

（三）制度建设。承接集团公司各类管理办法。完成《上海分公司员工招聘管理暂行办法》《上海分公司生产经营管理暂行办法》《上海分公司全面预算管理暂行办法》《上海分公司行政管理手册》等管理文件的编制和修编工作。

（四）生产组织。一是承接生产组织区域化管理要求，着手建立区域化管理的工作程序，将生产经营中心和原华东地区项目部的部分管理职能逐步转移到上海分公司。二是上海、杭州、宁波、绍兴地区生产人员尽量统筹安排，兼职使用，节约人力资源。三是加强协调工作，多次组织召开现场工作会议，现场解决问题。四是在技术管理方面，按照集团公司领导提出的“横向到边，纵向到点”要求，提出“突出服务、开放式管理”的指导思想，项目部重在横向的接口和总体管理。工作重点落实到项目部自身管理、总体管理和监督各单位的体系运行，工作重心放在“服务”上，为各专业提供良好的内外部环境，各项目组重在专业内部的纵向管理。各生产单位3个管理体系等要通过项目组延伸到项目部，把各生产单位的专业负责制“对接”，实现现场与各生产单位的互动和无缝链接。五是结合“争四强、当工匠、做示范、提质量”和“保开通、保在建、保开工”主题实践活动，组织开展劳动竞赛，激发职工的劳动积极性。

（五）安全生产。加强安全教育和培训，组织消防演练，加强安全检查，加强对司机的培训和考核，配备劳动保护用品。全年未发生职工工伤事故和车辆交通事故，职工遵纪守法，无治安案件发生。

（六）后勤管理。一是重点加强制度建设，规范了住宿、通勤、后勤采购等各项工作制度。二是积极了解职工在后勤服务和生活方面的需求，采取相应措施予以解决。三是对食堂的管理模式进行优化，在饭菜的花色和质量上下功夫。四是组织开展足球、篮球、羽毛球、乒乓球、健身等各项活动，丰富了职工的业余生活。

（袁秋佳）

·华南分公司·

【概述】 广东分公司于2011年11月18日成立，2019年更名为华南分公司。分公司是集团公司在广东、广西、海南、港澳以及广铁集团、南宁局范围内的经营主体和经营窗口；是该区域范围内项目勘察、设计、咨询、监理、工程总承包等生产组织和合同管理的责任主体；是集团公司第一个具有模拟法人、自主经营、独立核算的驻外分公司。

华南分公司领导班子成员4人、副总工程师5人，下设综合管理室、计划经营管理室、技术质量管理室3个职能部门；分公司共设置15个专业，分布在综合工程设计所（6个专业）、建筑结构工程设计所（3个专业）、电信电力工程设计所（2个专业）、机械与环境工程设计所（4个专业）。截至2019年底，分公司在册职工共计120人，其中正高工2人、高级工程师41人、工程师60人，具有研究生学历68人。

办公地址：广东省深圳市南山区桃园路8号田厦金牛广场A座36层、桃园路1号西海明珠大厦F座19层。

联系电话：0755-86193228。

传真：0755-86193083。

【生产经营及各项指标完成情况】 2019年度，分公司共承担和参与41项工作，其中城市轨道交通勘察设计总承包19项、设计咨询勘察监理5项、土建及系统工点设计4项、参与集团公司组织项目5项、正在办理项目结算及运营期服务项目8项。

2019年，分公司中标深大城际线可行性研究及配套专题研究项目、深圳市域快线规划与建设方案、深圳城市轨道交通第四期建设规划调整项目、粤港澳湾区背景下深圳跨珠江通道规划研究等前期研究项目，中标10号线东延凤岗段交通站点TOD综合开发规划暨城市更新单元规定方案及深圳轨道交通NOCC二期工程可行性研究等项目。全年签订合同26项，合同额5.26亿元，完成进款2.32亿元。

【代表性工程项目】

一、代集团公司组织的重点项目

（一）勘察设计总承包项目。（1）深圳市城市轨道交通7号线工程勘察设计总承包；（2）深圳市城市轨道交通4号线三期勘察设计总承包；（3）深圳地铁10号线（原16号线）工程勘察设计总承包；（4）深圳市岗厦北综合交通枢纽工程勘察设计总承包；（5）深圳市城市轨道交通10号线二期（南延）勘察设计总承包；（6）深圳市城市轨道交通8号线一期工程勘察设计总承包；（7）深圳市城市轨道交通8号线二期工程勘察设计总承包；（8）深圳市城市轨道交通8号线三期工程勘察设计总承包；（9）深圳市城市轨道交通5号线工程西延勘察设计总承包；（10）比亚迪坪山工业园轨道交通工程勘察设计总承包；（11）深圳市坪山云轨旅游专线试验线一期工程可行性研究及勘察设计总承包；（12）深圳市大鹏云轨旅游专线试验线一期工程可行性研究及勘察设计总承包；（13）深圳市坪山云巴（胶轮有轨电车）1号线工程一期项目勘察设计总承包；（14）深圳市龙岗区现代有轨电车中心城环线工程可行性研究、勘察设计总承包；（15）深圳市城市轨道交通NOCC二期工程设计总承包；（16）深圳市平湖综合交通枢纽工程项目预可研；（17）深圳市城市轨道交通第五期建设规划；（18）深圳地铁一、二期工程视频存储90天反恐改造项目设计项目；（19）深圳10号线东延线凤岗段轨道交通站点TOD综合开发规划暨城市更新单元规定方案；（20）中山市轨道交通一号线一期工程预可研阶段。

（二）设计咨询及勘察监理项目。（1）深圳市龙华新区现代有轨电车试验线工程建设工程勘察设计监理；（2）广州市轨道交通11号线工程设计咨询（含勘察咨询）；（3）广州市轨道交通21号线工程设计咨询（含勘察咨询、监理）；（4）广州市城市轨道交通5号线东延段工程设计咨询；（5）深圳市城市轨道交通12号线工程及9号线支线勘察设计监理。

（三）工点设计项目。（1）广东佛山市南海区新型公共交通系统试验段工程；（2）广州市城市轨道交通21号线工程土建16标；（3）广州市城市轨道交通13号线二期工程土建1标；（4）广州市城市轨道交通11号线工程土建4标。

二、参与集团公司组织重点项目

（1）深圳市城市轨道交通14号线工程可行性研究及勘察设计总承包；（2）深圳市黄木岗综合交通枢纽工程；（3）深圳市大运城市综合交通枢纽勘察设计总承包；（4）广州市城市轨道交通18号线、22号线工程设计咨询。

【质量管理及成果】

（一）**管理体系运行良好。**分公司组织各专业对项目管理、勘察、设计过程进行梳理，并对过程风险进行评价。加强内部管理体系监控，推动体系管理落实到员、执行到人，顺利通过集团公司内审和联合检查。全年未发生安全、环境责任事故，较好实现年度质量任务目标，管理体系运行可控。

（二）**加强全面质量管理。**利用多种形式强化全员质量意识。通过优化和宣贯岗位职责，进一步压实质量责任。加大过程控制力度，对各专业的勘察设计过程进行补充修正，对设计文件、上下序资料严格审核。实施专业+信息化理念，持续进行“设校审”系统试点工作。充分利用分公司信息共享平台，形成以室所为单位的质量问题案例库。加强质量管理核查，勘察设计质量不断提高。

（三）**科研管理。**2019年分公司共开展11项科研课题研究，其中新立科研课题4项、延续课题7项（含结题1项）。全年购买规范388余册，专业参考书79余册，软件引进22套，软件升级2套。

【财务管理和成本控制】

（一）**执行全面预算管理。**一是依据集团公司下达的预算指标，开展精细化预算执行分析工作，并根据生产经营的变化情况，做好预算调整。二是日常财务管理工作中，突出预算管理主线，夯实资金管理基础。三是强化“量本利”实施，组织相关室所对年度经济责任制细致研究、分析，细化考核成本要素，注重发展质量与效率效益。四是加强报销流程的审核、审批管理，严把支出控制关。

（二）**持续加强财务管理。**一是严格执行新规范，根据公司生产经营工作形势和环境变化，研究解决财务核销过程中出现的问题。二是严格落实资金管理实施细则，提升财务管理工作的风险防范意识。三是认真细致做好债权债务清理工作，不断提升资产质量，降低财务风险。四是积极配合相关审计、监察部门的审计检查，顺利通过集团公司工会财务审计、分公司总经理任期中的经济责任审计。

【综合管理】

（一）**推进华南分公司组建。**根据集团公司发展改革要求，2019年年中成立了华南分公司筹备小组，统筹推进华南分公司组建工作。各项工作基本准备就绪，组建报告编制完成，整章建制工作有序推进。根据组建报告有关意见，先行加强室所管理队伍建设，夯实两级管控模式的实施基础。

（二）**规范人力资源管理。**一是制定并试行《华南分公司招聘管理办法》，保证应届毕业生和成熟人才的引进工作顺利进行。二是加强员工培训，督促各室所制订并执行培训计划，多次组织外部和内部专业技术培训。重视新员工培训，对新进员工开展管理体系和勘察设计流程培训，并针对勘察设计工作中的风险点，结合生产实际和技术应用发展，开展强化培训。

（三）**注重民主，关爱职工。**重视民主参与、民主监督，充分征求职工的意见和建议，及时解决能够落实的问题。注重职工健康管理，落实带薪休假制度。提升后勤保障水平，改善职工就餐环境，食堂餐食供应多样化。推进属地化实施，按照集团公司对分公司定位和属地化战略管理思路，及时办理新进员工的落户、社保、公积金缴纳等事项。规范公务用车管理，保密、综合治理、档案管理等各项工作取得较好成效。

（董立刚　杨俊锁　刘其华　孙平）

·江苏分公司·

【概述】 江苏分公司于2018年12月20日在南京市江宁开发区完成工商登记注册，2019年5月28日在江苏南京正式挂牌运营。江苏分公司是集团公司下属分公司，主要承担集团公司在江苏、安徽、湖北三省范围内各类生产经营活动。

集团公司批复江苏分公司设党委书记1名、总经理1名、副总经理2名、副总经理兼总工1名；2019年，实际到任副总经理1名。分公司内设综合办公室（党群工作室）、计划财务室2个管理部门，项目管理室、前期综合所、土建所、机电设备所、华中分院、安徽分院、南京分院7个生产机构；项目部（指挥部）3个（武汉地铁项目部、长沙地铁项目部、苏南沿江配合施工指挥部）。截至2019年底，江苏分公司在册职工共计9人，其中高级工程师7人、工程师2人。

办公地址：江苏省南京市建邺区汉中门大街31号华园10号。

电子邮箱：tongmu@crdc.com。

联系电话：15022401302。

【生产经营及各项指标完成情况】 2019年，江苏分公司生产经营各项指标均圆满完成。牵头中标6个项目，中标额约33523万元，实现进款8079.7万元，完成年度进款目标的155%。

【代表性工程项目】

（一）新建江苏南沿江城际铁路（南京南至常州段）。该项目为配合施工阶段，指挥部配合施工，各项工作进展顺利，受到各方好评；指挥部副指挥长、总体李金川荣获江苏省铁路2019年江苏省铁路建设特殊贡献奖。

（二）新时代江苏省铁路战略规划研究。该项目受到江苏省委省政府高度重视，于2019年12月29日在江苏南京召开项目研究中间成果咨询会，邀请中国工程院院士卢春房、交通运输部原副部长翁孟勇等9名专家对中间成果进行咨询评估，并顺利通过评估。

（三）武汉地铁咨询。主要承担武汉市21条线路长约350km轨道交通工程的设计咨询、施工图审查、深基坑设计专项审查业务，以及受政府和业主委托开展轨道交通项目工可评估、初步设计评审等工作。2019年荣获武汉市轨道交通2号线南延线工程先进单位。

【经营管理及成果】 2019年，江苏分公司贯彻落实集团公司总体经营方针，牵头中标新时代江苏省铁路战略规划研究、扬镇宁马铁路可研及勘察设计项目等共6个项目。

【质量管理及成果】 2019年，江苏分公司根据集团公司要求，并结合江苏分公司实际，启动三体系建设工作、项目质量安全检查工作、质量管理工作。

在原华中分公司基础上完成集团公司3个管理体系的承接与维护。《环境、职业健康安全管理体系文件汇编》《2019年度勘察设计质量目标、环境目标、指标及管理方案》《内部治安保卫管理规定》《2019年职业健康安全管理目标及管理方案》《安全生产责任制》《质量、环境、职业健康安全管理体系维护管理实施细则》等文件的修编。

【综合管理】 2019年，江苏分公司根据集团公司要求，并结合江苏分公司实际，启动行政管理、生产组织、制度建设工作。

（一）**生产组织管理。**一是强化内部生产组织管理，针对江苏分公司武汉区域所承担的设计、咨询和施工图审查项目，准确把握业主、总体院要求和阶段性工作重点及安排，超前筹划，合理安排人力资源，对每个项目实行动态管理。二是江苏分公司根据人力资源短缺情况，充分发挥江苏分公司内多地的人力资源优势，取长补短，实行人员互动，统一调配。

（二）**安全生产管理。**江苏分公司作为集团公司驻外生产单位，对安全的管理是吃、住、行全天候的24小时的管理，范围广、时间长，按照职业健康安全管理文件要求，加强关键环节安全管理和控制，严格体系认证程序要求。一是加强交通安全培训教育，提高遵章守纪的安全意识；二是强化驾驶员的安全行为，坚决杜绝超速、疲劳驾驶及酒后驾驶等严重违法行为，要求出车前必须对车辆进行“三检”；三是根据江苏、安徽、湖北三地夏季高温、闷热、潮湿的特点，严把食品安全关，做好防暑降温工作，要求主、副食必须从大型超市购入；四是定期、不定期地对员工进行安全工作培训教育和安全检查，做好防火、防盗和安全隐患的防治和整改，确保一方平安。2019年江苏分公司及项目部未发生任何责任事故，实现全年安全无事故。

（三）**加强制度建设。**2019年，江苏分公司启动各项规章制度建设，起草完善了《江苏分公司行政管理手册》，内容涵盖行政管理、安全生产、廉政建设等内容，规范了全体职工的工作流程和行为准则。

（童牧）

·西南分公司·

【概述】 中国铁路设计集团有限公司西南分公司成立于2019年12月18日。西南分公司是集团公司派驻重庆的分支机构，负责集团公司重庆市和四川、云南、贵州省及西藏自治区范围全业务的市场开发；配合区域内集团公司各单位市场开发等工作。

西南分公司下辖成都分公司。设公司领导班子1正2副，近期设置综合办公室、生产经营室2个机构。人员编制：办公室5人、生产经营室15人，近期编制共计23人。

办公地址：江北嘴金融城3号T1写字楼11层。

【综合管理】

（一）**公司整章建制。**承接集团公司下发的办法，公司启动编制《西南公司行政管理办法》，已编制下发《中国铁设西南公司公文暂行处理办法》《中国铁设西南公司考勤和休假暂行管理办法》等管理办法，并根据情况初步完善。

（二）**后勤管理建立。**公司在生产经营中心、人力资源部、财务部、信息中心等部门的大力支持下，已完成人事建档、信息平台搭建、财务报销审批等工作，公司人员工资、社保、年金等已能独立发放。正在沟通、解决属地化招聘人员的人事管理、社保、工资等问题。

（三）**公司开办。**公司成立后，立即进行开办工作。租用民宅3套，根据人员招聘情况，拟再增加1套；员工餐饮纳入重庆5A项目部食堂，费用按标准划拨；计划开办共计7项，费用预算合计338520元，其中涉及办公设备、低耗物品4项，申请预算合计286280元，已报集团公司发展部审批后执行。

（宋健）

子公司

CRDC

子 公 司

·铁三院公司·

【概述】 铁道第三勘察设计院有限公司（简称铁三院公司）成立于2007年，是中国铁路设计集团有限公司控股子公司，是国内涉足轨道交通、市政基础设施领域最早的咨询、审查单位之一。为实现企业持续健康发展，2019年底铁三院公司与集团公司旗下锦州铁道勘察设计院有限公司（始建于1951年，是一家资深的具有综合甲级勘察设计资质的国家高新技术企业）战略重组。重组后的铁三院公司主营业务包括铁路、市政桥梁、建筑工程的勘察、设计、咨询、工程总承包及市政基础设施施工图审查。

重组后的铁三院公司设天津北站、锦州2个园区。公司设董事长兼党委书记1名、总经理兼党委副书记1名、总工程师1名、工会主席兼副总经理1名、副总经理2名；下设综合部、计划经营部、财务部、人力资源部4个职能管理部门及项目管理室、技术质量室、咨询部、总承包部、线站所、桥梁所、房建所、电化电信所、地勘所、工程经济所10个生产部门。截至2019年底，铁三院公司在册在岗职工共计249人，其中教授级高级工程师5名、高级工程师116名、工程师56名；注册类人员达到35名，其中一级注册建筑师5名、一级注册结构师9名、一级注册建造师15名、注册岩土工程师11名、注册造价工程师9名、注册监理工程师28名、注册咨询师25名、注册公用设备工程师10名。

铁三院公司作为集团公司在津子公司，各种管理模式与集团公司深度融合，软件和硬件资源高度共享，如综合办公系统、KK及集团各研究院开发的专业软件。截至2019年底，公司固定资产净值380.0万元，其中：台式计算机298台，笔记本电脑165台、打印机88台、莱卡GPS4台、全站仪2台、电子水准仪2台、光学水准仪3台。

截至2019年底，原铁三院公司承担过20多项国内城市轨道交通项目施工图审查工作，社会信誉良好。主要项目：天津地铁1号线东延工程场段、4号线工程、8号线一期工程；南京地铁1、2、3、10、12号线工程；杭州地铁1、3、4、6号线工程；武汉地铁1、2、6、8、11、12、16号线工程；沈阳地铁9号线一期工程；常州地铁1号线一期、2号线一期工程；厦门地铁2号线工程等项目。

原锦州公司完成了高台山至阜新至锦州铁路扩能改造工程，蒙西至华中地区铁路煤运通道工程浩勒报吉至三门峡段浩吉铁路与包西铁路联络线工程，九江市城西港区铁路专用线新建工程，东营港疏港铁路工程，新建锡林浩特至乌兰浩特铁路工程，新建巴彦乌拉至新邱地方铁路、集宁至通辽铁路扩能改造工程，哈尔滨至牡丹江铁路电气化改造工程，牡丹江至佳木斯铁路电气化改造工程，朔黄铁路管内房建综合专业规划、可研、设计工程，叶赤锦承联络线、沟海沈山联络线、盘锦市双台河子城市防洪工程铁路特大桥、山海关机务段、吉林机务段内燃改造工程，锦州站场运输调度连锁控制系统等大型工程的勘察设计。同时还完成了沈阳铁路中心医院、锦州车站及锦州南站站房、金州车站站房、葫芦岛及葫芦岛北车站站房、白城车站站房、抚顺车站站房、铜陵车站站房、阜新车站站房、兴城温泉水疗馆、锦州站西高层住宅、锦州开发区办公大楼、锦州市安居小区工程，铁路物流中心及各类铁路专用线等大中型建筑工程勘察设计项目6500余项。

办公地址：天津市河北区中山路10号（北站园区）；辽宁省锦州市凌河区和平路四段20号（锦州园区）。

联系电话：022-26179255（北站园区）；0416-2553077（锦州园区）。

电子邮箱：pdltsdi@vip.163.com（北站园区）。

【生产经营及各项指标完成情况】

（一）生产任务完成情况。2019年原铁三院公司代集团公司管理12个地区铁路咨询项目部和南昌局涉铁工程总承包项目部，组织并承担集团公司管控施工图审核项目70余个、勘察设计项目3个、涉铁工程总承包项目8个。重点组织完成池州至黄山高速铁路施工图审核、南宁国际空港综合交通枢纽工程施工图审查、九江市城西港区铁路专用线工程总承包等项目投标工作；池黄铁路、渝黔铁路等项目站前工程施工图审核、鲁南高铁曲菏段等项目四电及相关工程施工图审核、郑州南站等项目站房工程施工图审核，同时组织完成其他项目剩余施工图、变更设计审核；京张铁路等8个年内开通项目静、动态验收配合工作；河北太行钢铁集团有限公司专用铁路工程、唐山港陆物流有限公司铁路专用线工程、河南沈丘公铁水联运物流中心铁路专用线工程勘察设计工作；南昌地区总承包项目勘察设计、现场管理工作。

（二）各项指标完成情况。2019年，铁三院公司牵头组织开展南昌局涉铁工程总承包业务开发，通过招投标先后承揽九江市城西港区铁路专用线等7个EPC项目，中标金额总计约34亿元（其中作为联合体牵头人项目3个，中标金额约6.81亿元）；代集团公司签订铁路咨询、勘察设计合同额4631万元。铁三院公司独立签订铁路咨询及勘察设计、市政咨询（强审）合同额1309万元；签订产品产业化合同额5826万元。

原锦州公司全年完成生产总值14865.48万元，其中勘察设计及咨询5648.13万元；签订合同143项，合同额12769.77万元，其中签订勘察设计及咨询合同123项，合同额10215.36万元；完成工程总承包项目合同额0.245451亿元，2019年度已验工0.871981亿元（累计进款0.871981亿元），工程进展顺利。在建工程监理项目23个，其中完成项目10个，跨年项目13个，完成产值总计150万元，工程进款额99.5万元。

【代表性工程项目】

一、咨询业务类

（一）池州至黄山高速铁路。2019年9月集团公司中标该项目，承担施工图审核工作。该项目自宁安客专池州站引出，向东经九华山、太平湖，在黄山景区北门以西设黄山西站，出站后向南接入在建昌景黄铁路黟县东站，利用昌景黄铁路引入黄山北站，黟县东至黄山北根据运输能力适应性预留远期建设三、四线条件。工程范围为自池州站（含）至黟县东站（含），新建正线全长125.1km（含池州站改造工程）。全线设池州、九华山、黄山西、黟县东4座车站，其中池州站为既有车站，黟县东站为在建车站，九华山站、黄山西站为新建车站。项目的计划总工期为4.5年。2019年完成站前及部分站后工程施工图审核，提出多项重大优化方案。

（二）重庆至黔江高速铁路。2018年12月集团公司中标该项目，承担施工图审核工作。该项目位于重庆市境内，线路起自重庆站，经巴南、南川、武隆、彭水，终至黔江站，正线全长265km，设站8座，其中新建6座。同步建设重庆东动车所动车出入线段、重庆枢纽东环联络线。2019年完成站前及部分站后工程施工图审核，提出多项重大优化方案。

（三）北京至张家口铁路。该项目东起北京北站，终至张家口市，正线全长173.964km，其中北京市境内70.503km，河北省张家口市境内103.461km。集团公司2015年12月中标该项目JZSTS-01标段（北京市境内），承担施工图审核工作。线路正线长70.503km，其中桥梁长20.408km，占线路总长的28.946%；隧道长20.264km，占线路总长的28.74%；路基长29.832km，占线路总长的42.31%。正线设车站5座。2019年完成剩余施工图和变更设计审核及配合静、动态验收工作。该铁路于2019年底建成通车。

（四）崇礼铁路。集团公司2016年8月中标该项目，承担施工图审核工作。线路长52.840km，其中桥梁长16.833km，占线路总长的31.9%；隧道长22.737km，占线路总长的43%；路基长13.27km，占线路总长的25.1%。全线设车站2座（其中赵川南站为预留车站）。2019年完成剩余施工图和变更设计审核及配合静、动态验收工作。该铁路于2019年底建成通车。

（五）新建重庆至昆明高速铁路（云贵段）。集团公司2017年6月中标该项目YKZX-2标段，承担勘察设计咨询工作。线路长220km，其中桥梁长68.9km，占线路总长的31.3%；隧道长126.9km，占线路总长的57.7%。2019年完成部分地勘监理、专题研究（咨询）、初步设计咨询等工作。

（六）新建鲁南高速铁路日照至曲阜段。集团公司2016年2月中标该项目，承担初步设计咨询、施工图审核工作。线路正线全长约239.16km。其中桥梁长178.444km，占线路总长的74.6%；隧道长20.7km，占线路总长的8.46%。2019年完成剩余施工图和变更设计审核及配合静、动态验收工作。该铁路于2019年11月建成通车。

（七）新建金华至宁波铁路。集团公司2016年9月中标该项目，承担初步设计咨询、施工图审核工作。线路正线长度为185.349km，其中桥梁长54.213km，占线路总长的29.25%；隧道长99.462km，占线路总长的53.66%。2019年完成站前工程剩余施工图及变更设计、动车运用所工程施工图审核工作。

二、勘察设计类

（一）刚果（布）大洋铁路维修改造项目（施工图）。刚果大洋铁路始建于1921年，线路全长511.3km，单线，内燃牵引，轨距为1067mm。由于年久失修，加之战乱影响，事故频发，机车多数损坏，导致运量较低。本次维修主要工程内容为采取必要的维修措施恢复大洋铁路的运输能力，通过购置大功率机车、统一到发线有效长度、优化运输组织等方法，适当提升铁路运输能力，同时配备必要的维修养护机具，辅以中国先进经验，保证铁路长久健康运营，实现大洋铁路公司扭亏为盈。全线共设置42个车站，新购置货运机车10台，新购买货车100辆，其中包括40辆平车、20辆棚车、40辆21m长的原木车厢。工程总投资344635973美元（不含税）。

（二）东营港疏港铁路工程（施工图）。东营港疏港铁路工程位于山东省东营市，主要作用是服务东营港货物运输，带动港城经济区的发展和沿线地方经济发展，为地区发展提供能源保障。年运量近期1630万t，远期3070万t。线路分别接轨于德大铁路（利津南站）和黄大铁路（利津站），途经利津县、河口区、东营港经济开发区，线路全长114.24km，全线共设车站7座，特大、大、中桥梁共计36座，总长37178.63m。该铁路等级为Ⅱ级、正线数目为单线、限制坡度4‰。工程投资56.8亿元。

（三）通大线新设自动闭塞区间逻辑检查系统工程（施工图）。该项目建设完成通大线自动闭塞区间共计20个车站、2个中继站、1个集中楼、403个闭塞分区的区间逻辑检查功能。针对既有技术设备现状，主要针对区间自动闭塞电路进行技术改造，增加逻辑检查功能，其他配套设备（如信号集中监测、CTC/TDCS等）进行适应性修改。工程总投资2192.06万元。

（四）内蒙古红山物流园区铁路专用线改造工程（施工图）。该铁路专用线起于赤峰站东专线专17-1道岔，线路全长4.82km。本次改建段落为专用线K1+500—K2+900段，改建总长1.4km；包括铁路线路工程、桥梁工程、路基工程、轨道工程、拆除工程及其他附属工程等。工程总投资6755万元。

（五）白山综合客运枢纽工程（可行性研究）。该项目作为白山市结合沈白线高铁白山东站建设的以客运中转、换乘为主要功能的城市交通中心，充分发挥高铁站对该地块的带动作用，实现交通枢纽的“零换乘”以及高铁站与市政客运枢纽的一体化设计，秉承城站一体、可持续发展规划理念将白山客运枢纽打造成生态和谐、方便旅客、综合发展的城市客运中心。该项目建设内容主要包括汽车客运站房，换乘中心、站前广场及地下停车场、地上综合停车场及附属设施。

该项目占地总规模为231729.44m^2（约347.60亩，不含高铁站房占地），其中汽车客运站房、公交枢纽、站前广场和绿地总占地面积195396.44m^2（约308.09亩），鹤大线北侧立交桥及地下停车场出口占地面积36333m^2（约54.5亩）。规划总建筑面积69600m^2（不含高铁站房），其中地上总建筑面积22800m^2，包含汽车客运站房10000m^2，长途客车维修保养点5500m^2，公交枢纽站房3600m^2；地下总建筑面积46880m^2，为站前广场地下一层停车场面积。地上构筑物：长途客运接发车场雨棚5000m^2。工程总投资9亿元。

（六）辽宁大唐国际葫芦岛热电厂铁路专用线新建工程（总承包）。该铁路专用线由马仗房站龙港端咽喉区（CK0+000=葫支线K9+400）引出，在电厂内设电厂站（CK4+340）。该项目采用货物交接，即电厂站双方进行货物交接；整列到达电厂的煤炭经过马仗房站直接进入电厂装卸线，返回的空列直接通过马仗房站，整列到发的列车由本务机车取送，直进直出。线路全长4.591km，路基工程总长3.723km，特大桥1座（868.03m），框构小桥1座（182.90m^2），涵洞7座（101.59横延米）。

【质量管理及成果】

（一）加强质量管理。一是建立、健全技术质量培训考核制度。全年组织公司级培训讲座11次、各专业业务学习讲座62次、公司级考核2次、各专业知识竞赛3次。二是按季度召开质量工作会议，每半年组织公司内部审核，对于发现的问题及时提出纠正意见并建立档案。三是以三体系管理为抓手、信息月报为窗口，强化质量管理与控制。四是不定期对在建项目的图纸及文件组织专业会审，发现问题立刻纠正并制定相应的奖惩措施，对设计中能够发明新方法予以奖励。

（二）完善三体系。修订原《锦州公司质量、环境、职业健康安全管理手册》《锦州公司质量、环境、职业健康作业指导书》。年初组织原锦州公司各部门共同完成公司质量、环境、职业健康三体系运行情况监督及Q、E体系变更结合审核，审核结果为“通过综合评价，受审核方的QES管理体系在审核范围内能够保持有效运行，符合审核准则要求”。

【科研、标准化与业务建设】 一是作为“面向轨道交通基础设施运营安全的网络化智能预警监测系统研发”承担单位之一，申报2019年天津市重点研发计划科技支撑重点项目，项目已中标，并签订了任务合同书，正在开展当中。二是按照集团公司安排，主持编制国铁集团标准规范《铁路工程施工审核管理细则》（Q/CR 9100—2019），于2019年3月发布实施。三是根据“关于下发集团公司培训教材开发计划的通知”要求，主持编制集团公司级教材《咨询工程师培训教材》，已送集团公司审查。

【推广采用新技术】

（一）**天然源面波法。**在隧道勘察方面由于隧道埋深较大、地形起伏较大、地质条件复杂，采用物探技术天然源面波法全线贯通勘察，可大大提高勘察精度和效率，缩短外业时间。同时与传统地震勘探相比，天然源面波不需要人工震源，节省了人力，减少了费用，提高了效率。

（二）**奥维地图地质应用。**在勘察外业地质调绘中，运用奥维卫星地形图进行野外地质调绘，将CAD线位图同坐标同比例导入奥维地图中，通过卫星图片展示的地形地貌可粗略判定不良地质及地质灾害的发育条件，再到现场精准调查，可大大减少外业工作量，在适当减少调绘面积的基础上做到精准地质调绘。

【综合管理】

（一）**机构调整。**2019年底铁三院公司重组工作基本完成，集团公司批准公司成立党委，并对公司机构设置和管理岗位编制进行了批示。公司领导班子共6人，下设14个部所室。为适应公司重组后发展和当前生产经营需要，公司各管理岗位迫切需要及时配置人员到位，年底公司着手启动选人用人工作。

（二）**制度建设。**按照集团公司对铁三院公司的新定位、新要求，正在编制《项目管理室组织机构、分工及岗位职责》《铁三院公司项目管理人员管理暂行办法》。

（三）**党建工作。**党支部建设进一步加强，完成支部委员会换届工作，全面落实从严治党的各项部署，以组织实施“三会一课”质量年活动推进项目管理室党建工作，牢固树立并坚决做到“两个维护”，增强了全体党员政治意识、大局意识、核心意识、看齐意识；加强党员教育管理，围绕中心工作，充分发挥党员的先锋模范作用，有力促进了各项任务目标的完成。

修订公司“三重一大”实施细则，理清党委会、董事会、经理层决策权责边界，完成“党建入章”，进一步明确党组织在公司法人治理结构中的法定地位。主持修订公司“三重一大”实施细则，厘清党委会、董事会、经理层决策权责边界，完成“党建入章”，进一步明确党组织在公司法人治理结构中的法定地位。

（四）**加强经营管理。**一是巩固主营铁路勘察业务，根据市场情况和公司自身实际最大限度满足客户需求和长远利益，持续提升设计质量和服务水平，依托锦州公司在既有市场上的品牌效应，提升企业竞争力，扩大市场占有率，做好项目储备。二是着力拓展海外设计市场，探索海外市场将作为铁三院公司的战略发展方向，进军非洲的铁路市场的步伐会越走越坚定。三是大力发展工程总承包业务，发挥自己的地域和资源优势，进一步巩固和开辟市场。四是逐步发展城市轨道交通业务，依托集团公司强有力的市场及技术支持，加大资源投入，逐步强化对前期设计方案的把握能力。

（五）强化安全生产。一是组织岗前安全培训、定期安全培训，强化安全意识教育。二是与各生产部门签订“安全责任认定书”，制定“安全事故应急预案”，确保安全责任管理落实到人。三是定期组织各部门负责人员轮流进行安全隐患排查工作，防患于未然。

（六）加强财务管理。严格财务制度，加强发票管理，加大监督检查力度，确保资金安全。加强成本管理，厉行节约，通过精细化管理，减小成本支出。充分运用好高新企业政策，用足国家允许的福利政策，提高企业效益和职工收益。

（七）加强精神文明建设。一是扎实开展“不忘初心、牢记使命”主题教育。把主题教育作为加强政治思想建设的契机，精心制定“三方案一计划”，召开党委会、领导小组会9次，确保主题教育有序开展。班子集中学习研讨19次，有效提升了领导班子理论素养。班子成员召开座谈会9场、访谈职工96人次，集中解决了制约公司改革发展、关系职工切身利益的问题。二是推动“三会一课”质量年落实落地。以抓实基层党建为导向，建立党委、组织管理、党员三级微信群，打通两级党组织开展“三会一课”质量年工作各环节，从严制定验收考核标准，在完成初验的基础上增加了二次验收环节，进一步解决了支部存在的各类细小问题。三是严格落实党风廉政建设责任制。坚持把党风廉政建设作为全面从严治党的重要内容，每季度对正科职以上管理干部的11项廉政月报内容进行综合分析，及时把握廉政建设动态。将党员干部廉政建设和“一岗双责”纳入经营业绩一体化考核内容，进一步推动党风廉政建设责任落实。四是深化创先争优，发挥引领作用。以集团公司转型发展为牵引，以“改革促发展、先行展作为”主题活动为载体，扎实推动“三保三增”攻坚战。

【重要学术活动及论文】 2019年，铁三院公司科技人员在省部级科技刊物发表论文11篇。

表10-1 铁三院公司2019年完成重点项目统计表

序号	项目名称	工作阶段	完成时间
1	池州至黄山高速铁路	施工图审核	正在进行中
2	重庆至黔江高速铁路	施工图审核	正在进行中
3	北京至张家口铁路	施工图审核	正在进行中
4	崇礼铁路	施工图审核	正在进行中
5	新建重庆至昆明高速铁路（云贵段）	施工图审核	正在进行中
6	新建鲁南高速铁路日照至曲阜段	施工图审核	正在进行中
7	新建金华至宁波铁路	施工图审核	正在进行中

续表

序号	项目名称	工作阶段	完成时间
8	宣城市城东联圩活水工程——解放河补水暗涵下穿商合杭高铁设计、采购、施工（EPC）总承包合同	总承包	正在进行中
9	S313（45省道）婺城至兰溪段改建工程（兰溪段）上跨金千铁路公铁立交工程（EPC项目）总承包	总承包	正在进行中
10	江西新建长堎工业园区望北大道（坚磨大道—宏图北大道）工程勘察设计、采购、施工（EPC）总承包	总承包	正在进行中
11	永修县万宝路新建工程勘察、设计、采购、施工总承包	总承包	正在进行中
12	南昌市双港大街上跨昌北站立交桥改造工程勘察、设计、采购、施工总承包（EPC）项目	总承包	正在进行中
13	滨江高新技术产业园路网项目总承包	总承包	正在进行中
14	宜春至温汤（宜春大道段）旅游公路及武功山大道拓宽改造涉铁工程项目勘察、设计、施工一体化总承包	总承包	正在进行中
15	九江市城西港区铁路专用线工程总承包（勘察、设计、施工、采购）	总承包	正在进行中
16	贵溪市公跨铁（高速）立交桥工程勘察、设计、施工一体化总承包（EPC）工程	总承包	正在进行中
17	九江市城西港区铁路专用线新建工程	初步设计 施工图	初步设计鉴修已基本完成，施工图设计正在进行中
18	高台山至阜新至锦州铁路高台山至新邱段扩能改造工程	施工图清概	正在进行中
19	河钢乐亭钢铁项目外围综合管廊（EPC）总承包工程涉铁工程勘察设计	施工图	正在进行中
20	东营港疏港铁路工程	变更设计	正在进行中
21	辽宁大唐国际葫芦岛热电厂“上大压小”项目铁路专用线新建工程	施工图 总承包	正在进行中
22	大唐阜新煤制气铁路专用线在新邱站扩能改造工程委托建设管理补充协议	施工图	正在进行中
23	中俄东线天然气管道工程（长岭—永清）铁路穿越施工图设计、投资预算及相关评估报告编制技术服务	可研 初步设计 施工图	正在进行中
24	内蒙古能源发电投资集团有限公司右中发电厂铁路专用线新建工程	施工图 总承包	正在进行中
25	赤峰经济开发区马林有色金属产业园铁路专用线	施工图 变更设计	正在进行中
26	锦州市中环西路续建工程跨铁路桥设计服务	施工图	正在进行中
27	白音华高精铝板带厂铁路专用线	施工图	正在进行中
28	白山市综合客运枢纽项目	可研	正在进行中
29	葫芦岛市通武线建昌绕城公路跨魏塔铁路1#、2#分离式立交桥工程	施工图	已完成

续表

序号	项目名称	工作阶段	完成时间
30	集通铁路至赤大白铁路联络线工程	施工图	已完成
31	内蒙古红山物流园区铁路专用线改造工程（桥北棚户区段路基改桥）	施工图	正在进行
32	鸡西站客运设施改造工程	施工图	已完成
33	赤大白铁路2020年房建专业维修工程	施工图	已完成
34	赤峰至大板至白音华铁路2020年桥涵、路基及附属维修工程	施工图	已完成
35	刚果大洋铁路大修工程	可行性研究	已完成
36	唐山港陆钢铁有限公司铁路专用线工程	可行性研 初步设计 施工图	施工图设计 正在进行中
37	河北太行钢铁集团有限公司铁路专用线工程	可行性研究 初步设计施工图	施工图设计 正在进行中
38	华能滇东矿区铁路及运销工程	预可研	已完成
39	杭州经绍兴至台州铁路—房屋施工图设计	施工图	正在进行中
40	铁南大街框构桥及输煤地道新建工程	施工图	已完成
41	哈局图佳线信号联锁设备更新改造工程（中家店、杏树）	施工图	已完成
42	沈山线青堆子、绕阳河、石山分区所综合自动化系统大修工程	施工图	已完成
43	通大线新设自动闭塞区间逻辑检查系统工程	施工图	已完成
44	盘锦瑞东石化贸易有限公司储库铁路专用线改造工程	施工图	已完成
45	锦州职工培训基地改造工程	施工图	已完成

表10-2　铁三院公司2019年获国家专利项目统计表

序号	专利名称	专利类型	专利号
1	处理铁路桥涵过渡段的压缩土板	实用新型	ZL201821145433.6
2	铁路线上作业道砟踩踏安全防护板	实用新型	ZL201821613565.7
3	一种大跨度框构桥挺进过程既有铁路的防护结构	实用新型	ZL201821146446.7
4	一种移动触网插接式电连接装置	实用新型	ZL201821160919.7

续表

序号	专利名称	专利类型	专利号
5	一种用于模块化房屋建筑结构的支撑柱	实用新型	ZL201821200758.X
6	一种正面敷设式轨道电容枕	实用新型	ZL201821146413.0
7	中小桥及涵洞测量器	实用新型	ZL201821619843.X
8	一种在山坡上拆除及架设铁路桥梁的方法	发明	ZL201810288206.7

（杨铭）

·监理公司·

【概述】 天津新亚太工程建设监理有限公司（简称监理公司）是中国铁路设计集团有限公司控股的具有独立法人资格的有限责任公司，在天津市工商行政管理局注册，注册资本金2000万元。

监理公司拥有住房和城乡建设部审核颁发的工程监理综合资质，可承担所有专业工程类别建设工程项目的工程监理业务，可开展相应类别建设工程的项目管理、技术咨询等业务。监理公司业务范围包括铁路、公路、工业与民用建筑、地下建筑、岩土、市政及城市交通（含地下铁道）、通信工程建设监理及技术咨询、技术服务；劳务服务。

监理公司领导班子设党委书记、董事长1人，总经理1人，副总经理2人，总工程师1人。公司下设综合办公室、人力资源管理部、财务管理部、生产经营管理部、质量安全管理部。监理任务由公司组建的监理项目部完成，监理项目部实行项目总监负责制，总监由公司任命。

截至2019年底，公司在册职工共计74人，其中现场一线专业技术人员49人（包含高级职称35人、中级职称10人），占职工总数的66%；聘用、返聘及劳务外包人员共计757人，其中退休返聘109人、劳务外包人数为648人。

监理公司作为中国铁路设计集团有限公司监理业务的主责单位和归口部门，在监理公司注册的各类执业资格证：建设部注册监理工程师101人，注册设备监理工程师1人，注册造价工程师4人，注册一级建造师28人；注册岩土工程师1人；交通部注册监理工程师20人，注册专业监理工程师19人；铁路注册监理工程师404人，铁路总监理工程师101人；国家注册安全工程师11人，注册咨询工程师7人。

办公地址：天津市河北区岷江路10号南院。

联系电话：022-26178921。

电子邮箱：tjxyt@sina.com。

【生产经营及各项指标完成情况】

（一）经济指标。 2019年实现合同成交额17497万元、营业收入16857万元、利润2925万元，较好地完成了集团公司和董事会下达的各项目标任务。

（二）信用指标。 在国铁集团组织的上半年信用评价中综合评价为B类，下半年信用评价中综合评价为A类。各项目监理工作得到了建设单位的认可。

（三）安全质量。 2019年公司质量、安全、环境3个体系运行正常，内审报告表明“三体系”各项管理工作均处于受控状态，年度的“三体系”管理目标基本实现。2019年7月通过长城（天津）质量保证中心3个体系的认证工作，三体系管理正常运行。

【代表性项目】 2019年度监理公司承担的主要监理项目共计40个，其中新开项目6个、续建项目16个、收尾项目18个。

（一）新开项目。（1）新建北京至唐山铁路北京至宝坻（不含）段站前工程JTJL-3标段；（2）新建铁路磨丁至万象南站（DK0+000—DK413+600）线路轨道工程及轨道相关工程Laos-China PGJL标段；（3）天津地铁7号线一期（赛达路站—喜峰道站）工程土建监理第3合同段；（4）新建成都至自贡高速铁路（不含DK24+055—DK39+406）施工监理CZJL-2标段；（5）南宁市轨道交通5号线一期工程弱电系统监理；（6）新建湖州至杭州西至杭黄高铁连接线（不含先期开工段）施工监理HHLJXJL-5标段。

（二）续建项目。（1）新建珠海市区至珠海机场城际轨道交通拱北至横琴段（含珠海情侣路南段主线改造代建工程）施工监理；（2）广东佛山地铁一期工程2号线监理4、5标；（3）广珠城际新增和更换声屏障及电缆槽盖板改造工程监理；（4）新建朝阳至秦沈高铁凌海南站铁路联络线工程监理CLJL-3标段；（5）新建牡丹江至佳木斯铁路工程MJJL-8标段监理；（6）新建牡丹江至佳木斯铁路先行工程MJXXJL1标段；（7）泰国高铁曼谷至呵叻段项目监理；（8）中老磨万铁路第1标监理；（9）滨海新区轨道交通B1线一期工程车辆段、运营中心项目监理；（10）天津地铁10号线工程土建监理第2合同段；（11）新建太原至焦作铁路山西段施工监理TJJL-6标段；（12）中国铁路设计院集团有限公司研发基地二期工程施工监理；（13）乌鲁木齐轨道交通1号线工程土建施工监理04合同段；（14）新建珠海市区至珠海机场城际轨道交通横琴至珠海机场段HJJL-1标监理项目；（15）新建珠海市区至珠海机场城际轨道交通横琴至珠海机场段HJJL-2标监理项目；（16）新建杭州地铁4号线二期工程土建施工监理JL4-2-4标段监理项目。

（三）收尾项目。（1）新建哈尔滨至佳木斯铁路HJJL-4标段施工监理；（2）新建哈尔滨至牡丹江铁路HJJL-4标段施工监理；（3）新建北京至沈阳铁路客运专线辽宁段站前工程JSLNJL-1、5标段监理；（4）新建唐山至曹妃甸铁路工程监理标；（5）天津地铁5号线工程土建监理第2合同段；（6）天津地铁5号线工程土建监理第4合同段；（7）新建石家庄至济南铁路客运专线SJJL-9标段；（8）新建龙口至烟台铁路工程施工监理JL-3标段；（9）重庆至贵阳铁路扩能改造工程监理7标（YQJL-7）；（10）新建西安至成都铁路西安至江油段（陕西境内）工程监理XCJL-6标段；（11）新建宝鸡至兰州铁路客运专线工程（甘肃段）BLJL-7标段；（12）新建青岛至荣成城际铁路工程施工监理QRJL-3标段；（13）新建北京至沈阳铁路客运专线河北段（不含先期开工段）站前工程施工监理IV标；（14）新建商丘至合肥至杭州铁路监理12标；（15）新建郑州至周口至阜阳铁路河南段监理5标；（16）鲁南高铁RLJL-3标监理项目；（17）穗莞深城际轨道交通项目东莞至深圳段施工监理；（18）新建蒙西至华中地区铁路煤运通道站前工程监理7标。

【经营工作】 2019年，监理公司明确“有所为有所不为”的经营思路，注重对招标项目的评估，精心筹划结合人力资源状况确定重点经营目标。一是做好在手项目，加强与建设单位的沟通，发挥中国铁设品牌优势，积极争取建设单位对公司的信任与支持，顺利中得京唐铁路3标、天津地铁7-3、成自高铁2标、南宁5号线弱电、湖杭高铁5标。二是积极开拓海外市场，配合集团公司顺利中得磨万铁路铺轨标。

【质量管理成果】

（一）**“三体系”有效运行。**监理公司制定、颁布“三体系”管理目标和管理方案，各部室、监理项目部结合各自工作的特点、难点及重大危险源，认真分解和承接监理公司“三体系”管理目标，贯彻执行管理措施。在国铁集团组织的综合评价中，公司被评为B类。2019年公司的质量、环境、职业健康安全3个管理体系有效运行，扎实推进3个体系独立认证相关工作。

（二）**管理改进情况。**一是持续提高合同履约能力。通过加强对投标前主要监理人员的调查了解，主动沟通联系，提高项目中标后主要监理人员合同履约率。二是开好月度生产例会。重视会前的信息收集和分析工作，职能部室及时发现存在问题和不足，及时帮助解决。认真总结当月工作，周密安排下月工作重点。三是全面加强培训工作。公司加强对各级管理人员的培训，全面提升各级管理人员的职业道德素养和全面履职能力。四是建立奖惩机制，公司定期组织评比考核，奖励先进、激励后进，重在激发各项目总监、驾驶员等的积极性、主动性和创造性，不断提升监理服务水平和安全责任意识。五是继续推动监理部的标准化建设与管理。深刻理解总公司关于4个标准化的深刻内涵，结合监理公司工作实际，研究、推动监理部的标准化建设与管理，试行公司项目交底和监理部建设验收制度。

【综合管理】

（一）**生产管理。**一是加强项目建点工作，推动监理项目部标准化建设，逐步统一标识标牌、岗位职责、管理制度、管理图表，通过抓驻地、设备等硬件建设和管理制度、监理文件编制等软件建设，保证监理工作高起点、高标准起步。二是主动调配人员，强化现场管控，各项目监理任务扎实推进。三是坚持月度生产例会，及时掌握监理项目部的工作状况，协调解决监理项目部提出的问题；统筹公司现有资源，努力保证各项目对人力资源的基本需求。四是加强调研检查工作，公司领导带领职能部室到同行业单位调研，学习先进管理经验，探求生产组织新途径；深入监理项目部调研，检查现场工作，总结现场经验，查找存在差距，提出整改意见。五是开展优秀监理日记评比，在全公司推广优秀监理日记，引导和提高监理资料记录水平。六是加强收尾项目管理工作，2019年度共9个项目通车，公司逐项目研究，及时调整收尾项目资源配置，有效降低成本支出。七是加大激励力度，提高职工责任意识和工作积极性。继续实施总监奖励金制度，发挥总监作用，充分调动监理项目部人员工作积极性；颁布实施驾驶员安全奖励金管理规定，激励公司驾驶员提高安全意识。八是理顺泰国铁路项目与集团公司管理关系，确定监理合同，为顺利开展监理工作奠定了基础。九是高度重视信用评价和业主考核评比，兑现公司奖励。朝凌、郑阜、磨万在建设单位的信誉评价中均排名第一，3个项目总监被建设单位推荐参加全路A级总监评选。

（二）**安全质量管理。**公司高度重视安全质量管理，成立安管室，强化安全管理工作。公司领导按区域分管项目，深入现场宣贯公司安全质量管理的规章制度，检查安全质量及各项规章制度落实情况；专家组深入现场帮助指导，查找问题，制定整改措施；

按时召开季度安委会，分析总结安全形势，针对工作特点明确安全工作重点；认真开展安全生产检查和安全隐患排查，形成问题库，进行销号管理；项目总监履职尽责，加大对现场的巡查力度，发现问题及时解决整改，加强方案审查、风险源控制，对高风险工点，布置精兵强将，安排专人盯控，确保现场安全质量。

（三）人才队伍建设。推进公司劳动用工管理依法合规，确定人才分类管理方案，完善公司招聘办法，修订薪酬待遇管理规定和奖金分配管理办法，规范劳动合同文本。加大人才引进力度，引进9名成熟人才，并与3名应届毕业生签订合同。

（四）行政管理。强化战略引领，积极与集团公司发展规划部对接，总结公司2018—2020年发展规划成果，启动监理公司“十四五”战略规划研究；充分发挥法律咨询的作用，加强重大决策法律论证以及重要文件合法性、合规性审查，对劳动纠纷、生产事故、意外事件等事项，先充分咨询律师后再作决策，有效防控法律风险；注重合同管理，认真开展合同评审，降低合同风险，提升合同履约能力；推进信息化建设，合作开发监理公司综合管理信息化系统，提升公司信息化水平。

（五）财务管理。一是推动全面预算管理有效实施，采取自下而上、自上而下的有效方式，多次沟通和修改、完善，保障预算管理贴近实际；二是制订公司债权债务催收计划，落实责任人，定期召开会议通报进度成果，调整催收措施，保障债权债务清理工作实现预计目标；三是加大成本控制力度，针对收尾项目，及时撤销合并，优化人员、车辆、办公和生活用房，实现各类资源高效利用；四是加强委外试验管理工作，有效控制成本；五是认真执行公司设备、低值易耗品管理规定，规范采购程序，降低采购成本，加强设备和低值易耗品的调拨使用，保障公司设备的有效运转，有效降低非人力成本支出；六是认真开展公务用车违规行为自查自纠活动，查找存在问题，制定整改措施并逐一落实。

（六）精神文明建设。扎实开展“不忘初心、牢记使命”主题教育，开展集中学习和自学，组织学习研讨，交流学习心得；结合中心工作科学制定调研课题，深入调查研究，广泛听取职工意见建议，刀刃向内剖析检视问题，开展批评和自我批评，制定措施抓好整改落实。完善监理公司章程，将党建工作总体要求纳入公司章程，明确党组织在公司法人治理结构中的法定地位；认真执行“三重一大”等议事制度，落实支委会前置研究要求，严格落实议事程序、规范记录纪要格式，坚持集体研究、民主决策。通过“周学周考”活动，以考促学，提升全体党员理论素养；认真落实“三会一课”制度，党支部书记给全体党员上党课2次；按照机关党委“创岗建区”“党员示范岗”活动的具体安排，开展“党建联网、党员亮牌”活动。

加强党风廉政建设。落实一岗双责，领导班子成员结合分管部室和监理部，通过廉政谈话、廉洁从业教育、走访建设单位和施工单位等方式开展廉政建设工作；坚持开展岗前和定期廉洁从业谈话，对公司新加入的员工，开展了廉洁从业教育；对部分重点项目，公司与总监签订了廉洁承诺书，总监与每一位监理人员签订了廉洁承诺书。

围绕新中国成立70周年，依托监理手机报、微信群平台，充分宣传典型人物、事迹和公司重大事件，营造积极向上的舆论氛围；扎实开展谈心谈话等思想交流工作，深入监理现场，以一对一、集体座谈等形式，听取现场人员工作和生活的实际情况，提出意见或建议，对存在的问题帮助解决，对暂时不能解决的问题给予答复。

推进和谐企业建设。坚持开展现场慰问、走访慰问重病职工、走访职工家庭、为困难职工捐款等活动，协助解决职工实际困难，增强集体意识。支持工会结合工作开展劳动竞赛、"健步走"、羽毛球赛、趣味项目等职工文体活动。

【获奖情况】 2019年，监理公司承担的滨北线松花江公铁两用桥改建工程、西成客专跨西宝客专特大桥、哈齐铁路客运专线四电系统集成及相关工程和客运信息系统工程荣获中国施工企业管理协会颁发的2018—2019年度国家优质工程奖。

（陈志刚）

·产业化公司·

【概述】 飞泰交通科技有限公司（简称产业化公司）是中国铁路设计集团有限公司全资子公司，于2018年12月28日成立，注册资金5000万元。公司立足铁路及轨道交通基础行业，以研发、创新、科技、集成为引领，以集团公司多元化业务为依托，围绕工程产业化、产品产业化、技术产品一体化等为客户提供优质产品和服务。公司主营范围：交通、市政及建筑工程相关材料、产品、设施、设备及软件的研发、生产、集成、购销、代理；交通、市政及建筑工程领域的技术研发、转让、咨询、服务；交通、市政及建筑工程的勘察、测绘、设计、施工、监测、检测、承包、招标代理、劳务服务；普通货运；企业管理咨询服务、项目管理；物业管理、会展服务；货物及技术进出口业务。

根据发展规划的第一阶段（2018—2020年）设想，产业化公司定位为服务孵化平台，目标是形成产业化业务规模。围绕集团公司发展目标，产业化公司近期应立足有序过渡、做好服务、加强培育。重点着力于总承包产业链、集团公司专利转化、协助各生产院产品转化及市场拓展等方面。产业化公司主要负责集团公司产业化发展的相关政策及管理制度起草、集团公司产业化发展子规划起草，组织与产业化业务发展有关的内外部沟通、联络与协调工作，组织科技成果产业化项目的前期评估、产业化模式选择、产业化全过程的监督指导、管理与检查工作等。

产业化公司设总经理1人、副总经理1人；下设综合部、市场部、研发部、财务部、鄱阳县分公司，控股铁设（济南）电气设备有限公司。截至2019年底，公司在册职工共计11人，其中具有高级及以上职称9人、中级职称2人。

2019年10月14日，注册成立飞泰交通科技有限公司鄱阳县分公司。分公司位于江西省鄱阳县，设公司负责人1人、财务负责人1人、联络员1人。

2019年12月27日，注册成立铁设（济南）电气设备有限公司。该公司为产业化公司控股子公司，注册资金7000万元，位于山东省济南市；子公司领导班子成员中董事长兼公司法人1人、副总经理2人（含财务总监）由产业化公司担任，总经理1人、副总经理1人由济南局担任。子公司经营范围：铁路电气化接触网系统设备、城市轨道交通供电系统设备、电力金具的设计、制造、销售、代理和售后服务；高铁设施设备的维修、保养；铁路专用设备、机车车辆配件、机械设备（不含特种设备）及配件、桥梁支座、非专控通信设备、照明设备、电气设备的设计、制造、销售、代理、安装、检测、维修、咨询、技术成果转让以及其他按法律、法规、国务院决定等规定未禁止和不需经营许可的项目。

公司地址：天津市河北区月牙河街岷江路10号D座。

联系电话：022-26179028。

电子邮箱：feiti@crdc.com。

【产业化业务指标完成情况】 2019年集团公司产业化业务实现合同额4.1亿元，完成年度目标2.8亿元的146%，进款额3.9亿元，完成年度目标2.4亿元的164%；其中产业化公司新签合同额1.26亿元、营业收入5326万元、进款额4035万元。

产业化公司配合生产院参与投标32次，签订产销合同55份、产购合同29份。

【代表性产业化项目】

一、与集团公司直接签订合同的产品

（一）飞泰交通科技有限公司鄱阳县分公司生产双块式轨枕。 2019年5月28日，公司总经理办公会通过《昌景黄铁路江西段轨枕厂建设工程可行性研究报告》，并报执行董事审核同意后上报集团公司批准，6月17日集团公司决策通过了产业化公司关于建立昌景黄铁路轨枕厂的提案，同意在鄱阳成立分公司。8月15日产业化公司、线站院、中铁二十三局集团轨道交通工程有限公司签订轨枕项目框架协议。2019年9月16日，产业化公司发文成立鄱阳县分公司和鄱阳轨枕项目部，并于10月14日在鄱阳完成分公司注册，11月13日与江西鄱阳工业园区管委会签订入院企业（租赁）协议书；鄱阳轨枕项目部管理采用产业化公司与线站院合作共管模式。截至12月底，轨枕厂基本建设已完成，轨枕已预制成功。

（二）阳大总承包卸污设备。 2019年4月根据阳大铁路现场工期需要，机械环工院按“阳大铁路阳泉东动车所I类变更总包甲供物资采购任务书”要求实施真空卸污单元采购任务。产业化公司配合机械环工院起草“机环院关于由飞泰公司为阳大铁路总承包项目提供真空卸污装置的申请”，经2019年第12次机环院党政联席会集体审议通过，报总包事业部采购部审批。2019年8月2日，产业化公司与集团公司签订阳大总承包卸污设备销售合同，合同额107.2万元。

二、与铁路局合作成立合资企业

（一）铁设（济南）电气设备有限公司。 国铁集团下发《京沈客专自主化智能高铁综合试验成果产业化落实单位》，明确“简统化的新型高速铁路接触网”产业化单位为中国铁路设计集团有限公司，要求形成路内产研一体化。产业化公司成立后，联合电化电信院对接触网零部件行业进行了深入调研，实地考察6家接触网制造企业，结合调研情况，编写《简统化的新型接触网产业化可行性研究报告》，并于2019年11月25日提交集团公司总经理办公会审议通过。12月11日，产业化公司、济南铁路物资工业集团有限公司召开铁设（济南）电气设备有限公司创立大会暨第一次股东会、董事会、监事会，会上选举林德福为公司董事长兼法人，苗昌伟为监事会主席，并选举其他董事、监事。12月27日，产业化公司接触网零部件制造控股子公司——铁设（济南）电气设备有限公司在山东省济南市注册成功。

（二）与沈阳局合资共建声屏障制造企业。 2019年3月25日，集团公司第7次总经理办公会同意集团公司与沈阳局集团公司合资合作开发声屏障产品意向，成立了以副总经理沈荣发为组长的谈判研究工作团队，团队经过大量的市场调研和多次与沈阳局的商谈，明确了合作模式、合资公司股比、收益分配等一系列工作。2019年9月30日，公司与沈铁工业公司完成了声屏障可行性研究报告，12月2日，集团公司第28次总经理办公会审议通过产业化公司与沈铁工业公司组建合资公司方案。

（三）与沈阳局、中铁九局合资共建轨道板制造企业。 2019年3月25日集团公司第7次总经理办公会，同意集团公司与沈阳局集团公司合资合作开发轨道板产品意向。2019年8月30日，公司与沈铁工业公司、中铁九局完成了轨道板可行性研究报告初稿，主要内容是对吉林吉铁轨枕公司进行股份制改造。9月至12月，公司与沈铁工业公司根据运费成本等情况，反复论证选择轨道板生产场地，最终拟在吉林省辉南县朝阳镇新建轨道板厂，并重新编写可行性研究报告。

【质量管理及成果】 一是制定、颁布产业化公司质量、环境、职业健康安全3个管理体系的管理手册、相关程序文件，并据此有效运行；于2019年9月17日通过中国质量认证中心（CQC）的专家评审，并于11月1日获得认证证书。二是公司所属各单位结合各自工作特点，分解和承接产业化公司“三体系”管理目标，贯彻执行管理措施，效果显著。

【综合管理】

（一）加强产业化业务管理。一是加强产业化产购产销合同管理。制定颁布《产业化公司产销产购合同管理办法》，规范公司产品采购合同、产品代理销售协议、产品委托加工协议等示范文本，促进产业化公司和各研究院在招投标、合同签订等过程的规范管理。二是扎实推进产业化机制建设，产业化机制研究结题并形成《产业化综合管理办法（初稿）》，为产业化业务持续健康发展初步奠定基础。

（二）加强产品质量安全管理。一是编制《产业化公司供方管理办法》，并持续维持、更新公司合格供方库，从产品供应商源头严把质量关。二是编制《产业化公司产品质量安全管理办法（暂行）》，完善公司技术管理制度，提升全员产品质量责任意识。三是在2019年“三保三增”攻坚战中，公司重点针对商合杭高铁、京雄城际铁路、大张高铁、郑阜高铁4个项目，对销售的产品进行相关核查。按照工作策划，完成产业化公司相关业务工厂核查并形成总结报告，各项销售产品质量可控。

（三）持续提升行政管理水平。一是整章建制规范管理。2019年，产业化公司制定发布制度及办法30项，为公司的健康运营、业务的规范推进提供保障。二是取得法律支持保证业务依法合规。签约长协律师事务所，并组织专题培训，进一步强化产业化业务风险把控。三是完善公司劳动用工管理。规范在册职工劳动合同，确定人才分类管理方案，研究制定相关管理制度。四是通过培训为人员转型赋能。公司组织法律答疑、CRCC认证、新型产业化产品介绍等各类培训交流累计8次，参加人员覆盖全公司，使产业化人员呈现由专业设计人才向产业化业务综合人才转变的良好势头，为做好岗位工作打好基础。

（四）加强党的建设。一是完善党组织机构。2019年4月9日，公司成立党支部，8月16日成立支部委员会；截至2019年底，党员共有10人。二是落实集团公司产业化战略部署，深入开展“不忘初心、牢记使命”主题教育，以“把集团公司产业化业务做大做强”为目标，明确班子成员、部门负责人廉政责任，强化“一岗双责”意识。完成党支部书记落实党建责任制2019年重点任务14项，召开支部大会19次、支委会8次，支部书记讲党课2次。三是通过支部学习、开展“创岗建区”、党日活动等，进一步提升党员党建知识水平，夯实了党支部建设。四是扎实开展主题教育，11月25日国铁集团第三巡回指导组深入产业化公司党支部查阅资料、与党支部书记访谈，指导组对党支部主题教育资料给予高度认可，对党支部各项工作成果给予肯定。五是2019年11月12日成立中国铁路工会飞泰交通科技有限公司委员会和经费审查委员会，开展多次工会活动，丰富职工生活，保障职工合法权益。

（崔晓瑜　苗昌伟）

·沈阳公司·

【概述】 沈阳铁道勘察设计院有限公司（简称沈阳公司）是中国铁路设计集团有限公司控股的子公司。

沈阳公司经营范围包括铁路工程、建筑工程、市政工程勘察、设计、工程总承包，工程地质、水文地质勘察及工程测量、工程技术咨询、工程监理；具有铁道行业甲（Ⅱ）级、市政行业（桥梁工程、城市隧道工程、轨道交通工程）专业甲级、建筑行业（建筑工程）乙级设计资质；工程勘察专业类（岩土工程）甲级、工程测量乙级资质；铁路、城市轨道交通、市政公用工程甲级工程咨询资质；铁路工程、市政工程甲级，房建工程乙级工程监理资质。

沈阳公司设党委书记兼董事长、纪委书记1人，总经理兼副董事长、党委副书记1人，副总经理兼工会主席1人，副总经理1人，总工程师1人。公司职能部门设有综合管理部、人力资源及财务部、技术质量管理部；生产部门设有线路运输设计所、桥梁设计所、城市轨道交通设计所、建筑及电气化设计所、通信信号设计所、信息中心、工程经济所、地质勘察所、工程管理部、工程监理所、生产经营中心。截至2019年底，沈阳公司在册职工223人，其中专业技术人员189人，包括正高级工程师5人、高级工程师109人、工程师54人；研究生学历48人、大学本科学历157人；一级注册建筑师3人、一级注册结构工程师9人、注册监理工程师47人、注册造价工程师10人、一级注册建造师9人，注册土木（岩土）工程师3人、注册咨询（投资）工程师19人、注册电气工程师2人、注册公用设备工程师2人、注册安全工程师3人。

公司主要设备有全球卫星定位接收仪、电子全站仪、电子数字水准仪等测绘仪器；钻机、土工试验等仪器；计算机、文整、运输车辆等设备。

办公地址：辽宁省沈阳市沈河区北站路110甲2号。

联系电话：024-62041057。

路电：031-41057。

网址：www.tsdig.com/syy。

【生产经营及各项指标完成情况】 2019年沈阳公司完成国铁集团有限公司、沈阳局集团公司、市政和地方大中型基建更改项目116项，其中方案及预可研设计1项、可行性研究项目59项、初步设计1项、施工设计55项；实现营业收入2.16亿元，利润总额1835万元；全年新签合同额1.72亿元。

【质量管理及成果】

（一）管理体系持续改进。根据《质量管理体系要求》（GB/T 19001—2016）、《环境管理体系规范及使用指南》（GB/T 24001—2016）、《职业安全管理体系规范》（GB/T28001—2011）的要求，完成新版管理手册的修订工作，通过外审扩大范围第二次监督审核，取得了新的质量、环境、职业健康安全管理体系认证证书，公司管理体系保持有效运行。

（二）围绕公司重点项目，开展质量检查。一是按照国铁集团、中国铁设集团公司、沈阳局集团公司的要求，对公司设计范围内的隧道隔墙及防护门进行专项检查。对查出问题的摩天岭隧道、老獾顶隧道疏散通道口隔墙进行整改，并对所有隧道防护门和检查门加装2根防脱链，保证铁路安全运营。二是按照中国铁设集团公司要求，对公司铁路项目的信号设计质量安全隐患开展全面排查。三是组织开展设计文件质量大检查活动。通过对沈阳局集团公司“三供一业”分离移交（沈阳市）供水、物业维修改造工程、沈丹辽溪铁路电气化改造工程、昆山西路与304国道连通高架桥工程、沈阳地铁10号线一期工程质量检查活动，增强了技术人员的质量意识。

（三）科技创新成效显著。2019年，沈阳公司新增科研课题9项，结题17项，在研课题14项；获批发明专利2项；获省部级优秀勘察设计奖3项，获集团公司优秀勘察设计奖4项。

（四）产业化取得新突破。产业化项目“具有泄露电流监测功能分段绝缘器技术”在长春车辆段开行时速160km动力集中电动车组配套设施改造工程中实际应用，并成功签订合作开发合同，实现产业化收入3万余元，初步形成收益。

（五）通过高新企业再认证。完成高新技术企业第三次再认证申报工作，并成功通过辽宁省高新技术企业认定，为公司享受所得税优惠政策创造了必要条件。

【推广采用新技术】

（一）一种巨型岩堆下部永久冰冻层电加热融化方法技术。关键技术：在融冰区域先打出多个融冰孔，在孔内设置钢花管，钢花管中放置缠绕有保温电缆的PVC加热管，通电使管内升温，最终达到融化永久冰冻层的目的。该发明通过上述方法，解决岩堆中的永久冰冻层的解冻融化，使冰层融化引起的岩堆沉降、变形在隧道施工前释放，消除水库蓄水后冰冻层融化变形对铁路施工及运营造成的安全隐患，确保铁路施工运营安全。

（二）一种新型设置排水沟的方法技术。关键技术：（1）框构主体施工基坑开挖前，在开挖面的四周布设大口井降水；（2）在铁路两侧分别开挖工作坑，分别作滑板、后背梁、后顶背等，然后预制A框构桥与B框构桥主体，在框构桥顶部作防水层；（3）施作两铁路线间的路基防护桩及抗移桩；（4）对既有铁路线分别采用纵横抬梁加固线路；（5）待框构桥混凝土达到设计强度后，从两侧工作坑同时顶进A框构桥与B框构桥；（6）拆除线路加固设施，铺设线下道砟，恢复线路；（7）顶进就位后，将两框构桥间的线间排水沟结构与两个刃角用钢筋混凝土补齐，使得线间排水沟结构的顶板顶为铁路线间排水沟的沟底，从而保证线间排水的通畅。使用该方法，可有效解决顶进时铁路线间排水的问题，从而保证既有线运营的安全，为今后的其他框构桥施工提供参考。

【综合管理】

（一）安全管理。公司紧紧围绕“防风险、除隐患、遏事故”活动主题，扎实开展“安全生产月”系列活动，牢固树立安全发展理念，夯实安全基础，细化目标责任，强化监督检查，深化隐患排查，以法制化、标准化、规范化、系统化的方式推进安全生产，公司安全生产形势稳定向好。

（二）人力资源管理。一是按照集团公司机构编制有关原则，调整公司机构及人员，调整后公司运行良好。二是根据《中国铁设职级体系与基本工资制度实施办法》，制定《沈阳公司职级体系与基本工资制度实施办法》。三是发布《沈阳铁道勘察设计院有限公司员工招聘管理办法》，进一步规范员工招聘管理工作。

（三）财务管理。如期办理了集团公司与沈阳局交叉持股的资产评估及备案，进行债权、债务清理的确认及申报；按要求完成国家审计署和国铁集团审计部对集团公司各项专项审计资料的报送工作。

（四）党建工作。公司党委把政治建设放在首位，认真学习贯彻习近平新时代中国特色社会主义思想和党的十九届四中全会精神，坚决做到“两个维护”。贯彻落实上级党组织的各项部署，扎实开展“不忘初心、牢记使命”主题教育活动，自觉担当起“交通强国、铁路先行”历史使命，积极推进以“争四强、当工匠、做示范、提质量”为主题的党内主题教育实践活动。各党支部积极落实“三会一课”质量年实施方案，组织生活标准化、规范化得到提高；积极开展“创岗建区”活动，充分发挥党支部战斗堡垒作用和党员先锋模范带头作用。加强党风廉政建设，通过典型案例进行教育提醒，自觉落实中央八项规定精神。

（五）工会工作。组织弘扬爱国奋斗精神、建功立业新时代暨迎新春职工歌咏比赛、“庆祝新中国成立70周年职工合唱比赛”和“我和我的祖国——沈阳公司庆祝中华人民共和国成立70周年知识竞赛”等系列活动，激发广大职工的爱国情怀；以“我的岗位无差错、我的工作不返工”为主题，在“营口自贸区至鲅鱼圈疏港铁路新建工程项目”组织开展劳动竞赛活动，进一步增强全员质量意识，提高了劳动生产效率；组织“三八”健康杯、迎新年台球、足球、歌咏、摄影、知识答题等系列活动，职工体育健康活动多样化、群众化、普及化；完成职工、退休人员医疗保险由铁保转入沈阳市医保工作。

【重要学术活动及论文】 2019年，沈阳公司科技人员在省部级科技刊物发表论文12篇。

表10-3　沈阳公司2019年完成主要勘测设计项目统计表

序号	项目名称	设计阶段
1	沈丹铁路凤凰城至金山湾段扩能改造工程及下马塘等7站到发线延长工程	可行性研究 一阶段施工设计
2	沈阳市第二热力供暖公司供暖管线穿越铁路防护涵工程	一阶段施工设计
3	铁岭长青生物质热电联产项目热力管道穿越京哈线铁道防护涵工程	可行性研究 一阶段施工设计
4	通辽至霍林河铁路电气化改造（通辽车辆段功能完善工程）	可行性研究 一阶段施工设计
5	通辽至霍林河铁路电气化改造（珠斯花至贺斯格乌拉电气化改造工程）	可行性研究 一阶段施工设计
6	通辽至霍林河铁路电气化改造（通辽车辆段能力加强工程）	可行性研究 一阶段施工设计
7	通霍、通大、通四线新设自动闭塞区间逻辑检查系统工程	可行性研究 一阶段施工设计
8	沈阳工务段新建沈阳高铁维修车间工程	可行性研究 一阶段施工设计
9	二广高速集宁至阿荣旗联络线草高吐（通兴界）至乌兰浩特段公路跨越白阿铁路及通霍铁路立交桥工程	可行性研究 施工图设计
10	辽溪线K41+801等5处道口平改立工程	一阶段施工设计
11	内蒙古自治区科右中旗兴通铁路专用线改扩建工程	施工图设计
12	沈阳铁路局“三供一业”分离移交（丹东房产段）供水、物业维修改造工程	施工图设计
13	沈阳铁路局“三供一业”分离移交（沈阳市）供水、物业维修改造工程	施工图设计

续表

序号	项目名称	设计阶段
14	长春市西安桥改造工程勘察、设计	施工图设计
15	长春市供热管线下穿长春北站62线及75干线防护涵工程	施工图设计
16	吉林鑫达钢铁有限公司铁路专用线改扩建工程	可行性研究 施工图设计
17	华晨宝马大东工厂扩能项目铁路专用线工程可行性研究报告编制	可行性研究
18	白城工业园区梅花生物铁路专用线新建工程	施工图设计
19	引绰济辽工程管线穿越铁路工程勘察设计	可行性研究 初步设计 施工图设计
20	长春车辆段接建预检预修库工程勘察设计	施工图设计
21	沈丹铁路凤凰城至金山湾段扩能改造工程及下马塘等7站到发线延长工程	可行性研究 一阶段施工设计
22	沈阳市第二热力供暖公司供暖管线穿越铁路防护涵工程	一阶段施工设计

表10-4　沈阳公司2019年勘察设计获奖项目（省部级及以上）统计表

序号	工程名称	类别	获奖等级	颁奖单位
1	长春地铁1号线一期工程北环路站—庆丰路站、庆丰路站—一匡街站、一匡街站—长春火车北广场站、长春火车北广场站—长春火车南广场站区间隧道	优秀设计	二等奖	天津市勘察设计协会
2	沈西工业走廊火石岗至渤海铁路工程地质勘察	优秀勘察	三等奖	天津市勘察设计协会
3	辽宁中电投本溪热电厂“上大压小新建工程”铁路专用线新建工程	优秀总承包	二等奖	天津市勘察设计协会

表10-5　沈阳公司2019年科研、标准化与业务建设项目统计表

序号	项目名称	类别	备注
1	一种新型设置排水沟的方法	发明专利	国家知识产权局
2	一种巨型岩堆下部永久冰冻层电加热融化方法	发明专利	国家知识产权局
3	综合管理系统通过信息系统安全等级保护二级测评	信息安全	—

（刘东波）

·内蒙古公司·

【概述】 内蒙古铁道勘察设计院有限公司（简称内蒙古公司）是中国铁路设计集团有限公司控股的子公司。是内蒙古自治区成立较早、规模较大的以铁道行业为主、涉足建筑行业、市政公用行业的综合性勘察设计单位。公司持有国家住房和城乡建设部、自治区住房和城乡建设厅、自治区自然资源厅、中国工程咨询协会、自治区工程咨询协会等颁发的工程设计证书，包括铁道行业甲（Ⅱ）级、市政行业（桥梁工程）专业甲级、建筑行业（建筑工程）甲级；工程勘察证书包括工程勘察专业类（岩土工程）甲级、工程勘察专业类（工程测量）乙级；测绘乙级；工程咨询单位不同专业的甲级和乙级资信证书、工程造价咨询甲级等资格证书9个。在已取得的资质范围内开展勘察设计、工程咨询、工程造价咨询、工程总承包、工程项目管理等业务。

截至2019年底，公司有各类专业技术人员172人，其中高级职称75人、中级职称57人；一级注册建筑师3人、一级注册结构工程师4人，二级注册建筑师2人、二级注册结构工程师1人，注册造价工程师9人、注册土木工程师（岩土）4人、注册公用设备工程师5人、注册电气工程师5人、注册咨询工程师（投资）20人，工人技师1人。

公司勘测设备齐全，技术先进。主要有GPS全球卫星定位仪、全站仪、水准仪、经纬仪、钻机、土工试验各种配套仪器仪表等设备；配置齐全的各类专业勘测设计软件，档案、资料室设备齐全，档案管理达到国家二级标准。

公司地址：内蒙古自治区呼和浩特市车站西街11号。

电话：0471-2244153。

传真：0471-6912757。

网址：www.zthhsj.com.cm。

【生产经营及各项指标完成情况】

（一）**2019年生产经营情况。**全年完成工业及民用建筑方案设计文件约17.4万m^2、初步设计约0.4万m^2，施工图设计约1.9万m^2；完成方案设计19项，预可研、可研98项，初步设计17项，施工图设计97项。

2019年主要完成工作如下。（1）呼和浩特地铁2号线一期工程场段剩余施工图设计和现场配合施工等任务，另外派出近30名骨干参与集团公司地铁项目部、工程总承包项目部工作。（2）勘察设计主营业务以服务蓝天保卫战、货运增量行动等为重点，加快推进呼铁局沿线热源改造、公主岭煤棚、二道河煤棚及马场壕、河北邯郸、徐水等多条铁路专用线项目勘察设计；快速完成集通电化大板机务段施工图及集通电化大林段初步设计、京原线电化北京局管内的全部施工图设计；完成呼铁局及相关铁路公司80余项小型基建、更新改造及客货运设施配套、应急抢险等项目。（3）工程总承包以特变电工将军戈壁露天矿铁路专用线、云南宣威磷电铁路专用线、黑猫化工呼和温都尔铁路专用线以及内蒙古昶龙大路西铁路专用线等项目为重点，并以华北油气分公司东胜气田建设项目杭西线穿越铁路工程等短平快项目作辅助，加强现场施工组织管理和技术服务，克服困难，3个项目实现了按计划开通的目标。（4）工程咨询业务得到进一步拓展，与铁三院公司合作完成玉磨铁路站后施工图、成昆铁路改造站后施工图咨询等项目。（5）乌海市铁路网规划、内蒙古自治区沿黄旅游铁路规划等以良好的服务得到乌海市、自治区发改委相关领导的表扬；在蒙古国开展的中铝蒙古煤电铝网一体化项目、噶顺苏海图至甘旗毛都、中蒙俄中通道研究等项目也按阶段计划顺利完成。（6）主动参与23个各类项目的公开招标，中标18项，中标率78%。签订新建内蒙古昶龙大路西铁路专用线、伊金霍洛旗诃额伦路下穿东乌铁路立交桥工程等6个项目的勘察设计合同；加强与集团公司相关研究院、铁路局、铁路公司的联系配合，新签咨询合同7个。在维护好传统市场的同时，继续巩固河北地区、新疆地区和神华集团的市场，于2019年10月底与呼和局集团蒙铁公司下设的俊通设计院签署战略合作协议，为维护传统市场业务特别是承担呼铁局管内路外涉铁项目畅通渠道。

（二）2019年各项经济指标完成情况。全年实现营业收入1.337亿元，实现利润总额430万元。完成线路折算公里96km；完成新线测量175km，既有线测量136km，完成地质勘探5200实钻米。

（三）技术服务完成情况。全年进行各类服务共计为384次，其中技术交底78次、交桩32次、施工配合168次、验槽58次、验收46次，完成工程回访2次。顾客反馈意见均为满意，未收到书面投诉意见。

【代表性工程项目】

（一）新建内蒙古昶龙大路西铁路专用线工程及环保储煤棚工程。该项目在大路西站设昶龙装车场。昶龙装车场设筒仓装车线1条，有效长1672m；设机车走行线1条；筒仓装车线上设装车系统、固化抑尘系统、动态轨道衡；另在筒仓北侧设储煤棚，通过皮带系统实现快速定量装车；装车场预留集装箱装车线1条及集装箱堆场，装车有效长950m；设内燃机待线1条，有效长70m。专用线接轨处设安全线1条，有效长50m；设边修线1条，有效长70m；设本务机车机待线2条，有效长均为110m。另外大路西站预留到发线3条，有效长1700m，并预留立交疏解的条件。项目投资17087万元（不含筒仓装车部分）。

（二）内蒙古呼铁对外经济技术合作集团有限责任公司二连木五线扩能改造。该项目的建设是落实“一带一路”发展战略、提高中欧班列过境能力、建设中蒙俄经济走廊的重要举措；是满足口岸运输需求、带动地区经济发展的有效措施；是优化车站作业流程、提高铁路口岸作业效率的必要手段；是呼铁外经集团公司迈入亿元企业的关键环节。

新建837道和839、840道主要办理集装箱换装，经研究比较采用正面吊方案；对货位硬化区进行优化分块分区设计（分正面吊通道区、散堆装摆放区、空箱区和通站道路），并优化铺面结构层设计、节省投资约200万元。该项目赢得呼和局集团公司和呼铁外经集团信任，为公司后续施工图设计奠定基础。

（三）化德长顺工业园区铁路专用线。该项目位于内蒙古自治区乌兰察布市化德县境内，化德站南约500m处。化德站为集通线上的中间站，站中里程K108+819。该专用线接轨于化德站集宁端咽喉，向西引出1条牵出线，有效长1050m，在牵出线与到发线之间增设渡线1条。从牵出线上向东引出长顺装卸场，装卸场内设1条尽头式装卸线，有效长1050m；内燃机车整备线兼边修线1条，有效长122m；预留1条尽头式装卸线，有效长1050m。集装箱作业场总面积为25744m²，采用正面吊装卸。

（四）公主岭市隆盛热电有限公司半封闭煤棚。该工程位于吉林省公主岭市隆盛热电有限公司场区东北，建筑单体为半封闭储煤棚。总长461.10m、总宽68.10m、总高30.5m（均指建筑外皮尺寸），设计使用年限50年。用途为将卸煤站台及部分专用线包覆于棚内，以满足御煤作业的环保要求。

由于场地限制，储煤棚为大体量网壳结构，中间西侧山墙开42.75m×27m大洞，附近内力传递复杂，风载效应较难确定。设计时采用多套不同建模方案和软件，进行空间整体建模分析与上部分开建模分析对比取内力包络、以支柱顶和底为不同嵌固端分析取内力包络，进行设计和优化；采用通用有限元软件进行整体模拟，最终确定出内力传递复杂部位，并采取相应加强技术措施，将用钢量、技术复杂程度、施工难度等控制在合理的范围内，取得较好的经济效益。

（五）包头市110国道跨华建铁路专用线立交桥工程。该项目位于包头市北侧青山区110国道中段，为110现状国道拓宽改造为60m宽城市主干道项目。

为解决110国道拓宽与华建铁路专用线平面交叉角度小、跨度要求大、铁路技术条件限制多、平交条件差等诸多困难，设计采用（35+53+35）m等截面连续钢箱梁结构跨越华建铁路专用线。上部桥梁采用分幅设计，单幅断面采用分离式双箱钢箱梁的结构形式；下部结构采用预应力混凝土三柱式和两柱式门架墩，最大跨径达到19.6m，盖梁采用L形截面，基础采用承台接桩基础。护栏采用HA级混凝土结构防撞栏杆。施工方案为现场浇筑基础、桥墩，统一架梁的方法施工，施工基础时，靠近既有线侧需打防护桩防护。架梁时，按照钢箱梁施工顺序，在桥墩两侧需架设临时支架，保证焊接时绝对安全。项目总投资5354.5万元。

（六）隆盛煤化工呼和温都尔铁路专用线。该专用线主要承担内蒙古黑猫煤化工有限公司煤化工项目原料和产品运输任务，项目的功能定位是为企业货运服务的铁路专用线。专用线发送量近期为230万t、远期为500万t，到达量近期为70万t、远期为300万t。该专用线接轨于呼和温都尔站西咽喉（策克端）北侧，向西并行临策线走行2km后折向北，穿过圣牧养牛场区后折向西进入黑猫煤化工园区设黑猫站，新建线路全长4.594km。

【质量管理及成果】

（一）加强质量管理。一是加强业务学习，建立每周四下午固定技术业务学习制度，提升设计人员的整体素质和水平。二是严肃考核制度，提升员工创先争优积极性。2019年度先后对新建武安市裕华钢铁有限公司专用线等7个项目发生质量问题的相关专业和人员进行通报批评和处罚，对京原电化等10余个受到业主表扬的项目和人员进行通报表扬并给予一次性奖励，激发了员工争先创优的工作积极性。三是加强管控措施，提升公司的质量管理水平。通过对质量分析会上提出的多项共性问题和老问题加强督查督办，落实责任部门和整改措施，使质量分析会更加务实有效；加强过程控制，注重项目的方案评审，恢复纸质图纸复核、审核流程，对所有出院文件进行文件会审，保证文件出院质量；逐步建立标准化设计和标准化图库，以提升设计效率，提高设计文件质量。

（二）加强体系建设。适时修订三标一体化管理手册，保证体系的适宜性和有效性，确保质量、职业健康安全和环境管理体系得到全面有效运行。2019年下半年公司开展3个体系内部审核，并于12月通过第三方质量、环境管理体系的换版审核和职业健康安全管理体系的监督审核。认真落实集团公司“安全大检查”的各项工作部署，深入开展安全大检查活动，根据公司实际情况，制订“安全生产月”“夏季安全生产工作”等活动的计划安排，开展2次外业安全专项检查工作。全年没有发生质量安全事故。

（三）质量管理成果。“新建包头至满都拉（巴音花至满都拉段）铁路工程”获内蒙古自治区测绘学会优秀测绘工程银奖，“乌海海勃湾区桌子山街公铁立交桥改造工程”获“2018年度内蒙古自治区优秀工程勘察设计奖”市政、交通公用工程项目二等奖；“丰镇市大西街下穿京包铁路立交桥工程”获“2018年度内蒙古自治区优秀工程勘察设计奖”市政、交通公用工程项目三等奖。“长大下坡道列车周期制动检算程序”获得全国铁路青年科技创新奖，11人次获得集团公司青年科技论文奖，其中设计人员编制的软件“长大下坡道列车周期制动自动检算系统”获得铁总青年科技奖。与北泡轻钢建材有限公司合作开发的“金属结构风雪屏障”取得国家知识产权局2项实用新型专利。

【推广采用新技术】 一是公司的铁道分院指定专人负责部门内的科技创新，积极推进“长大下坡道列车周期制动检算程序”“隧道病害整治设计辅助软件”2个软件申请软件著作权，推进“铁路防护栅栏标准设计”申请实用新型专利。路基专业“金属结构风雪屏障”专利成果正在包满线推广应用。二是进一步推动BIM应用研究，邀请业内专家来院内举办1期针对铁道工程方向的BIM应用讲座；公司BIM小组完成呼市地铁二号线场段部分单体建筑模型并交付指导施工；公司派员参加铁路BIM联盟年会。三是继续引进国内最大最权威的云知识库“中国知网”，全年共检索526030次，下载各专业论文4266篇，拓宽了技术人员的视野。四是完成协同平台的升级换版工作，协调软件公司开发人员2次到院里与各部门就软件功能升级改进问题进行深入探讨，使之更加合理、易于使用；移动客户端的应用实现随时随地处理事务。

【综合管理】

（一）**生产组织绩效明显**。一是充分利用勘察设计生产协作系统，进一步严密技表的制订和过程的监控，强化计划调度的执行力度和人力资源的利用精度。二是坚持生产周例会制度，强化各生产分院领导、项目主管院副总对本院相关项目专业的生产组织、技术质量管理、过程控制的监督指导作用和责任。三是加强项目前期策划前瞻性，制定有针对性的目标管理措施，确保重点项目的质量和进度。

（二）**推进企业管理改革**。一是按照集团公司管理要求与上级批复，在公司党委的统一部署下，有序开展体制建设，优化组织架构。完成机关部门、生产业务机构和人员的优化调整，新组建生产保障部、质量安全部，整合各部门岗位职责；以专业融合、减少接口协调为原则，将勘察分院路基专业整合到铁道分院；鼓励各分院制定符合自己分院专业管理的所长选拔任用制度，选拔出一批具有管理潜质的一线职工任职分院专业所长。二是进一步完善公司管理制度体系。2019年制定并发布科技奖评选办法、全面预算管理暂行办法、差旅费管理办法、职级体系与基本工资制度实施办法、公司职工工作时间休假及考勤管理办法、领导人员交流管理暂行办法、修订发布“八个应急预案”等17项企业内部管理控制制度文件。三是各项管理进一步规范和细化。全年召开党委会48次、总经理办公会15次，集体研究决策重大事项，决策程序进一步民主规范；主题教育期间领导班子建立问题库62项，经领导班子集体研究梳理分析纳入领导班子立行立改问题清单36项，目前已经整改完成。

（三）**加强财务管理**。财务基础工作进一步规范。一是严格执行并进一步完善各项内部控制管理制度。严格执行全面预算管理制度，成本费用得到有效控制；严格执行大额资金划拨联签制度，强化资金风险防范，通过《费用发票审核办法》，严格费用审批程序，强化财务日常监督。二是面对生产经营压力，统筹谋划制定措施，保证公司正常运营，积极与银行联系，办理银行授信，加强廉政风险防控，财务管理更加规范。

（四）加强政治思想建设。认真学习贯彻党的十九大和十九届二中、三中、四中全会精神，不断增强“四个意识”，坚定“四个自信”，做到“两个维护”，深入开展“不忘初心、牢记使命”主题教育，聚焦交通强国、铁路先行使命任务，深化强基达标、提质增效工作主题，围绕全年工作目标，开展“三保三增”攻坚战，在集团公司党委和内蒙古公司党委的正确领导下，全体干部职工同舟共济、奋勇拼搏、攻坚克难，推动公司改革发展取得新成效，突出抓重点、补短板、强弱项，特别是坚决打好防范化解重大风险、重大顾客抱怨的攻坚战动员令，深入推进安全管理、质量管理、科技创新、内部管理、生产经营、工程总承包、城市轨道交通业务发展和党建等各项重点工作，以实际工作效果来实现内蒙古公司向更高质量、更有效率、更可持续发展。党员领导干部“四个意识”不断强化，党风廉政建设、“一岗双责”进一步加强。

（五）加强人才队伍建设。一是加强专业培训，积极组织各类技术讲座培训、鼓励外出送培、观摩学习。公司及分院两级开办培训班53班次。二是积极开展“三比两保一控制”“聚焦目标、三带三推三比”“双保”等活动。三是组织开展专业技术职务任职资格评审。四是2019年公司招收2名应届毕业生。

（六）加强和谐企业建设。一是关心职工生活、足额划拨工资并缴纳各类保险、企业年金和住房公积金，增加食堂及生活补贴。二是注重人文关怀，继续安排部分职工带薪休养；认真组织职工体检；积极组织开展帮扶救助和职工及家属病老探望的活动。三是注重文化建设，合理铺排活动计划，广泛开展各类有益职工健康生活的文体活动。

（七）加强信息安全管理。使用勘测设计协作系统，全面提升网络应用、办公自动化水平，科学优化生产流程，促进勘察设计生产、经营管理、质量管理体系运行的有机结合，进一步提高工作效率，保密工作得到强化。

【重要会议及学术活动】 2019年4月，参加内蒙古勘察协会2019年会；5月，参加中国勘察设计协会2019高质量发展年会，参加中国工程咨询协会地铁委员会成立大会；6月，参加中国工程咨询协会2019年会。

表10-6 内蒙古公司2019年完成勘测设计项目统计表

序号	项目名称	阶段	工作时间	
			开始	完成
1	二连中蒙俄大宗货物供应链物流中心工程	预可研	2019年1月	2019年2月
2	新建内蒙古昶龙大路西铁路专用线工程	预可研、可研、初步设计、施工图	2019年1月	2019年2月
3	峰峰集团有限公司铁路运营分公司羊二作业站专用铁路改扩建工程	预可研	2019年1月	2019年1月
4	新建铁路保定市徐水区瑞达投资有限公司铁路专用线	可研	2019年1月	2019年2月

续表

序号	项目名称	阶段	工作时间	
			开始	完成
5	新建北联电吴四圪堵铁路专用线工程	预可研	2019年1月	2019年2月
6	新建北联电高头窑煤矿万吨列及集运系统工程	预可研	2019年1月	2019年2月
7	中蒙跨境铁路满都拉口岸铁路连接线	预可研	2019年1月	2019年2月
8	新建蒙虹机车走行线工程	可研、施工图	2019年1月	2019年3月
9	新建邯郸市峰峰矿区华羽物流有限公司专用铁路	可研	2019年4月	2019年6月
10	新建铁路七苏木国际物流园铁路货运枢纽项目（一期工程）	预可研	2019年2月	2019年3月
11	恒诺实业有限公司液化线	施工图	2019年3月	2019年3月
12	包西线水害复旧工程	施工图	2019年2月	2019年3月
13	内蒙古呼铁对外经济技术合作集团有限责任公司二连木五线扩能改造工程	施工图	2019年4月	2019年5月
14	北方联合电力有限责任公司和林发电厂2×600MW空冷机组工程铁路专用线	施工图	2019年2月	2019年4月
15	新建铁路沪昆线羊场支线小箐站宣威磷电铁路专用线	施工图	2019年3月	2019年6月
16	化德长顺工业园区货场专用线	初步设计	2019年5月	2019年6月
17	新陶线新建通信光缆	可研	2019年4月	2019年5月
18	鄂尔多斯市蒙元煤炭有限公司点石沟铁路专用线	可研	2019年5月	2019年7月
19	集二线THDS设备更新及通道改造工程	可研	2019年6月	2019年6月
20	新建河北华信特种钢铁有限公司铁路专用线工程	可研	2019年5月	2019年7月
21	中国铁路呼和浩特局集团有限公司应用空气源热泵替代沿线站区燃煤锅炉节能综合改造项目	可研	2019年2月	2019年3月
22	纳林河二号井装车站至博大实地货场铁路专用线	可研	2019年5月	2019年6月
23	内蒙古华云新材料古城湾铁路专用线工程	初步设计	2019年7月	2019年9月
24	特变电工新疆能源有限公司将军戈壁露天矿铁路专用线工程（双线自闭）	可研、初设、施工图	2019年4月	2019年5月
25	新建察素齐供电车间办公房屋工程	可研、施工图	2019年5月	2019年5月
26	新建铁路河北永洋特钢集团有限公司临洺关铁路专用线	可研	2019年9月	2019年11月

续表

序号	项目名称	阶段	工作时间	
			开始	完成
27	黑猫煤化工呼和温都尔铁路专用线	可研、初设、施工图	2019年5月	2019年6月
28	包西站区南侧道路及排水改造工程	施工图	2019年9月	2019年9月
29	铁路线路简易防护栅栏（防护栅栏通用图）	施工图	2019年9月	2019年9月
30	沙河至午汲铁路上泉站改造工程	可研	2019年9月	2019年10月
31	新建李五兴煤矿铁路专用线工程	预可研	2019年9月	2019年10月
32	新建铁路七苏木物流枢纽铁路专用线工程	可研	2019年8月	2019年10月
33	临哈铁路沙害治理工程	可研	2019年8月	2019年9月
34	鄂尔多斯政德运销大路西铁路专用线工程	预可研	2019年9月	2019年11月
35	新建铁路内蒙古联中营泰白彦花铁路专用线	预可研	2019年9月	2019年11月
36	集通电化工程初步设计（林西至大阪段）	初步设计	2019年1月	2019年10月
37	中煤纳林和二号矿井铁路工程（补定测、施工图）	施工图	2019年4月	2019年10月
38	集宁至通辽电化工程（大板机务段初步设计）	初步设计	2019年1月	2019年10月
39	呼和浩特市城市轨道交通2号线一期工程——场段BM设计一期工程	施工图	2019年1月	2019年7月
40	呼和浩特市市区至新机场轨道交通工程补充方案研究	方案研鉴	2019年3月	2019年7月
41	新建中国神华能源股份有限公司轨道机械化维护分公司包头大型机械维修中心工程	预可研	2019年4月	2019年5月
42	内蒙古智能煤炭有限责任公司35kV集电线路下穿朔准铁路勘察设计工程	施工图	2019年7月	2019年9月
43	内蒙古电力（集团）有限责任公司包头供电局10kV电缆下穿包白线K144+260m套管工程	施工图	2019年11月	2019年12月
44	甘德尔街公铁立交桥补充设计	施工图	2019年8月	2019年9月
45	诃额伦路道路连接线工程	初步设计、施工图	2019年8月	2019年8月
46	乌海市车站南路下穿海拉线立交桥改造工程	可研	2019年10月	2019年11月
47	赤峰松山区旅游专线下穿赤大白铁路立交桥工程	可研	2019年11月	2019年12月
48	省道311线朝阳至建丰农场段公路与包白线交叉工程	施工图	2019年5月	2019年6月

续表

序号	项目名称	阶段	工作时间	
			开始	完成
49	包头市110国道跨华建铁路专用线立交桥工程	初步设计、施工图	2019年3月	2019年5月
50	省道217线海勃湾绕城段工程与海拉铁路交叉工程	可研、初设	2019年4月	2019年5月
51	省道220线罕达罕至乌兰不统段公路铁路交叉处2座框架桥设计	初步设计	2019年10月	2019年12月
52	察汗淖至棋盘井一级公路下穿三新铁路和东乌铁路立交桥工程	初步设计	2019年10月	2019年11月

表10-7 内蒙古公司2019年科研、标准化项目统计表

序号	部门	项目名称	负责人
1	铁道分院	长大下坡道列车周期制动检算程序	李宵寅

（张勐）

·吉林公司·

【概述】 吉林铁道勘察设计院有限公司（简称吉林公司）是中国铁路设计集团有限公司控股的子公司。吉林公司始建于1951年1月，是吉林省内唯一经住建部、国家发改委、原铁道部批准的具有铁道勘察设计、工程咨询、工程监理、工程总承包资格的甲级勘察设计咨询企业。截至2019年底，公司持有工程咨询4个甲级和1个乙级咨信评价、勘察设计5个甲级资质和3个乙级资质、工程监理2个甲级资质和1个乙级资质；具有铁路综合工程及市政桥隧及城市轨道交通工程、建筑工程的咨询、勘察、设计、监理、工程总承包能力。

吉林公司设党委书记（兼董事长、纪委书记）1人、总经理（兼副董事长、党委副书记）1人、副总经理2人（其中1人兼工会主席，1人兼总工程师）、副总工程师5人、副总会计师1人；下设铁道工程设计所、桥梁及地下工程设计所、建筑工程设计所、工程经济所、监理部、工程管理部6个生产部门和综合管理部（内设党群办、电算室）、技术质量管理部（内设档案室）、计划经营部、财务部、人力资源部5个职能管理部门。截至2019年底，公司有在册职工172人，其中专业技术人员159人，包括高级工程师69人、工程师39人；本科及以上学历161人；持有执业资格证书83人次，其中一级注册结构师3人、注册土木工程师（岩土）2人；吉林省工程勘察设计青年大师1人。

2019年，公司引进了Midas FEA土木工程仿真分析软件、Midas Gen通用的空间有限元结构分析与设计系统等软件，并对公司管理信息系统、协同设计系统进行了更新升级。公司装备主要有GPS、全站仪、电子水准仪、小型无人机、彩色绘图仪、扫描仪、投影仪、复印机、各类服务器和台式计算机、便携式计算机等勘测设计、办公自动化设备以及文整、运输车辆等设备。

办公地址：吉林省吉林市昌邑区中兴街56号。

联系电话：0432-66122187。

网址：www.crdc.com/jly。

【生产经营及各项指标完成情况】 2019年，公司完成各类勘察设计项目130项，其中方案及预可研6项、可研24项、初步设计1项、施工图90项、施工图审核7项。实现营业收入17720万元，其中勘察设计3539万元、工程监理622万元、工程总承包13559万元；完成产值15152万元，其中勘察设计3742万元、工程监理424万元、工程总承包10986万元；合同成交额8990万元（含与集团公司签订），其中勘察设计5453万元、工程监理2044万元、工程总承包1493万元；进款额16292万元（含集团公司付款），其中勘察设计5953万元、工程监理524万元、工程总承包9815万元；线路设计折算公里25km，地质钻探实际完成850标准米。

【代表性工程项目】

（一）五大连池风景区生态矿泉产业基地铁路专用线新建工程（预可研）。该工程位于黑龙江省中北部，接轨于北黑线五大连池站，在园区内设场内站，继续向北设矿泉站；新建正线线路长17.99km。工程总投资8.65亿元。

（二）中俄滨海2号能源铁路运输项目新建工程（可行性研究）。该工程位于吉林省延边朝鲜自治州珲春市境内，项目接轨于图珲长地方口岸铁路珲春南站煤炭货物的宽轨换装线上，并向西延伸引入场内站，新建走行线1.451km。场内站近期设计LNG装卸线2条，直线有效长850m，满足整列停放要求；珲春南站新增宽轨到发线2条，有效长850m。工程投资1.81亿元。

（三）中东铁路兴安岭螺旋展线蒸汽时代火车文旅专线工程（可行性研究）。该工程位于牙克石市博克图镇，博克图镇是一个具有百年历史的文明古镇，文化积淀深厚，修建中东铁路时期，留下了兴安岭螺旋展线、百年机车库等历史文化遗址。

该设计线路修复改建长度19.628km，设计速度按60km/h、20km/h，路基宽度维持既有标准，困难地段按国铁IV级标准执行，新建博克图观光站、川岭站2座，修建沙力乘降所、新南沟乘降所2座，到发线有效长度均为200m，满足列车会让、旅客乘降等需求。对沿线钢轨磨耗、压溃、扣配件缺失、轨枕破损，路基边坡冲刷、崩塌落石，桥涵主体结构开裂、腐蚀，涵洞护底、护坡、桥梁护锥破损，桥涵淤堵，隧道内衬起皮、漏浆等病害进行整治修复。工程总投资1.67亿元。

（四）呼伦贝尔东北阜丰生物科技有限公司铁路专用线新建工程（施工图）。该工程位于内蒙古自治区扎兰屯市高台子村东北侧，接轨于滨洲线高台子站，走行1.6km进入厂区，新建专用线全长4.411km。改建高台子站正线2条、到发线3条、牵出线1条、油库线2条；厂内站采用纵列式站型，直线平面，布置2个场，其中卸煤场设重车线、空车线、走行线、货物线各1条，货物装卸场设到发线（兼货物线）2条、正线1条、集装箱货物线2条、包装成件货物线1条。工程总投资1.66亿元。

（五）沈局大口钦站等8处货场改造工程（可行性研究、施工图）。该工程共涉及白阿线、吉舒线、京哈线、拉滨线、陶舒线、长白线及长图线8处货场。主要工程内容为货场线路改造，新建硬化面，通信、信号、电力、接触网改造，站场设施，消防设施，房屋设施及拆除工程等。总投资5692万元。

（六）通辽至四平铁路、沈吉线新设自

动闭塞区间逻辑检查系统工程（施工图）。（1）通辽至四平铁路。工程共涉及通四线自动闭塞区间共计16个车站（含现有逻辑检查需改造2个车站、中继站2个车站）、288个闭塞分区的区间逻辑检查。工程总投资1429.96万元。（2）沈吉线。工程共涉及沈吉线自动闭塞区间共计5个车站、83个闭塞分区的区间逻辑检查。工程总投资420.69万元。

（七）大连市光明路延伸工程（跨越铁路部分）（施工图）。该工程位于大连市甘井子区，光明路延伸工程主线南侧起点顺接大连湾海底隧道工程，北至201国道，主线全长7.0m。全线共2次跨越铁路，分别为201国道立交上跨沈大线、东方路互通上跨铁路甘井子站。

201国道互通上跨沈大线公铁立交桥由主线桥、A匝道桥、D匝道桥3座桥组成，桥梁面积4956.2m²，主线桥采用2-45m预应力混凝土T构，转体施工，转体重量6500t，匝道桥采用钢箱梁结构，下部结构采用花瓶墩、承台桩基础。东方路互通上跨甘井子站公铁立交桥由主线桥（分左、右幅桥）、C匝道桥、G匝道桥4座桥组成，桥梁面积10265.4m²，4座桥均分别上跨甘井子站9条铁路线，上部结构采用预应力混凝土连续梁结构，支架现浇施工，下部结构采用花瓶墩、承台桩基础。工程总投资约3.9亿元。

（八）吉林省东部高速铁路规划必要性研究报告。该研究报告为吉林省发改委委托并重点关注的研究课题，对于吉林省发改委统筹编制吉林省东部高速铁路规划提供必要的数据支撑。报告针对吉林省东部地区的经济特征、人口分布特点以及既有主要交通情况，以相关上位规划为基础，科学合理地提出了吉林省东部高速铁路的建设必要性，并对建设必要性进行了系统的分析论证，为地方政府的决策部署提供必要的数据支持。

（九）杭州地铁9号线一期工程动力照明系统（施工图）。该工程位于杭州市，共4个地铁站点。其中，四季青站为双岛四线换乘车站，总建筑面积为34341m²；钱江路站为地下三层侧式车站，总建筑面积为20063m²；艮山东路站为地下二层岛式车站，站后设单停车线，总建筑面积为23191m²；渔人码头站为地下二层岛式车站，总建筑面积为17211m²。

（十）乡道灰牛线朱家庄至G109线段二级公路改造工程上跨大秦铁路立交桥工程施工监理。该项目桥全长638m，为21孔30m预应力小箱梁结构，设计速度60km/h，设计荷载为公路-I级，标准段桥面宽度为12m。该工程于3月开工，建设周期为12个月。

（十一）茂名石油化工有限公司铁路调车机车信号与监控安全隐患整治项目工程总承包。该项目位于广东省茂名市茂名石化铁运分部，包括茂名石化铁运分部工业站、袂花站、金塘站3个站场（含专用线）及8台调车机车信号与监控的安全隐患治理，主要实现以上3个站场及相关机车的调车作业安全监控、道口安全监控以及调车作业通知单的远程打印、机车音视频、LKJ装置、STP等系统数据传输、机车运行数据分析、报表等功能。

【质量管理及科技创新】

（一）持续推进质量管理。一是组织召开年度质量工作会议，部署年度质量工作计划，针对各专业突出案例进行详细解析；二是有效推进协同设计平台使用，提高办公效率，完善技术流程；三是加强变更设计管理，保证规范化、标准化；四是编制发布质量简报，及时梳理质量问题，客观分析原因并提出改正措施。

（二）加强科技创新，增强企业竞争力。一是积极开展科研立项，持续进行研究开发和技术成果转化，科研立项30项，当年结题

28项；二是成立省级劳模创新工作室，发挥示范引领作用，把科研与工程设计紧密结合，引领专业技术进步；三是探索BIM技术发展途径，成功举办公司首届BIM技术应用大赛；四是开展档案管理数字化建设研究，逐步进行企业数字化转型。2019年，公司完成铁路、市政、监理等甲级资质延续，高新技术企业再次申报成功，提升了企业品牌形象，促进企业科技转型。

（三）继续完善三体系建设。按照IS045001：2018职业健康安全体系新版文件要求，完成体系管理手册修改编制工作。

（四）科技创新及质量管理成果。2019年，吉林公司获国家级铁道行业优秀设计三等奖1项、吉林省优秀设计三等奖1项，吉林省优秀咨询一等奖1项、二等奖1项、三等奖2项，集团公司优秀咨询三等奖1项；成功申报实用新型专利8项；通过吉林省勘察设计企业AAA级信誉复评。

【推广采用新技术】 线站专业完成环渤海地区软土地基处理实践验证，技术趋于成熟；运规专业立足东北深入研究地区路网、中朝韩国际通道的同时，完成了对长三角地区的初步探索；机辆专业对时速160km复兴号动车组进行深入学习，并在实际项目中得到应用；测绘专业引进了GNSS连续运行基准站技术，实现了吉林省内外业测量坐标标准化；地质专业参与川藏铁路项目咨询工作，提升专业能力；信号专业首次实现了高铁站与普速站的站间透明，初步涉足高铁列控系统领域；桥梁专业在防护涵下穿高速铁路安全评估中，首次应用GTS软件进行三维仿真分析，评估报告中增加三维可视模型及计算分析结果，提高了产品质量；隧道专业首次参与高速铁路隧道设计，对高铁隧道设计的技术标准、设计原则、具体措施有了较深的认识，保持了公司隧道设计能力；建筑专业首次进行珲春国际口岸海关联检总体规划，积累了极为宝贵的经验；土建、电力专业在BIM技术开发应用上有所突破，进行站房投标和正向辅助设计；环保专业配合通灌线增设环保设施，为通灌线顺利通过国家验收打下坚实基础；城轨专业在宁波骆驼北站出入口首次运用顶管设计，提高了设计水平。

【综合管理】

（一）企业改革与发展。进一步完善公司法人治理结构，召开十八次股东会及三届一次董事会监事会，进行董事会及监事会换届选举，重新聘任经理层人员；进一步理顺决策流程和职责权限，修订、完善公司总经理议事规则，规范经理层运作；编制公司“十四五”（2021—2025年）发展规划纲要，围绕公司转型发展目标，提前分析“十四五”时期公司所面临的形势任务。

（二）生产经营。调研分析区域市场和行业发展态势，规范经营管理行为，维护传统市场，拓展目标市场，积极开发新兴业务，以多种形式打入新地域、新市场，为企业战略转移奠定基础；强化全过程服务意识，提高技术管理服务效率；将管理体系融入生产流程，强化员工履行程序意识，合理配置资源，通过信息化管理手段实现对项目的有效管控。

（三）行政管理。全年制定修订33项管理制度文件，召开11次行政管理工作会议，确保工作决策和措施的有效落实；加强成本管理，促进增产节约，挖掘降低工程成本的潜力，努力推进全成本核算，以赢利为导向促进公司各项管理工作；实施全面预算管理，加强过程管控，促进业财融合，控制支出，严控劳务采购，努力提高经济效益；强化资金管控，严格履行资金审批程序，尤其是涉及“三重一大”的资金使用；加强债权清理，及时组织签认，清收债权，加速资金回笼，规避经营风险及财务风险。

（四）安全生产。一是完善职业健康与安全管理体系。发布实施《安全生产责任制》《2019年吉林公司安全生产重点工作》《吉林公司危险源辨识与风险评价表》《劳动防护用品管理办法》《吉林公司质量安全监督检查规定》《吉林公司质量红线管理办法》等安全管理文件。二是深入开展安全生产月、安全隐患排查整治、安全生产大检查、隧道疏散通道口等安全隐患排查活动。

（五）人才队伍建设。一是修订实施《吉林公司职级体系与基本工资制度实施办法》《长期驻外人员薪酬暂行办法》等人力资源管理制度，畅通职工发展通道；二是落实公司发展战略，引进应届毕业生、成熟人才5人；三是完成执业资格人员的延续注册工作，规避用人风险，保证了资质延续；四是组织或参加各种形式学习培训136人（906人次），覆盖率达到81.4%；五是职工基本医疗保险转入省医保，确保职工参保利益最大化，补充医疗保险参保沈阳局，缴费降低，报销比例略有上涨。

（六）精神文明建设。积极开展“我的岗位无差错、我的岗位不返工”和“练内功、闯市场、出精品”主题实践活动；两级组织以“四比四保”劳动竞赛为载体，发挥共产党员先锋模范作用，涌现出一批贡献突出的先进集体和个人，全年共评选出8名优秀共产党员，其中3人获评集团公司优秀共产党员，1人获评集团公司优秀共产党员标兵；全年共评选出6名先进生产者，其中3人获评集团公司先进生产者。

【重要学术活动及论文】 2019年，吉林公司科技人员在省部级科技刊物发表论文12篇。吉林公司参加主要学术活动：（1）4月11日，王纳群总经理、范伟部长在长春东北亚铁路公司参加中国地方铁路协会调研会；（2）7月11日，王纳群总经理在北京参加中国勘察设计协会举办的第三届中国工程勘察设计行业创新发展高峰论坛；（3）11月10日，王纳群总经理、运规专业负责人郭立卓参加长三角轨道交通一体化发展高峰论坛。

表10-8　吉林公司2019年完成重点勘察设计项目统计表

序号	项目名称	阶段
1	吉林省东部高速铁路规划必要性研究报告	可行性研究
2	沈局大口钦站等8处货场改造工程	施工图
3	新建内蒙古伊泰生态农业有限公司铁路专用线货物雨棚工程	施工图
4	中俄滨海2号能源铁路运输项目新建工程	可行性研究
5	中东铁路兴安岭螺旋展线蒸汽时代火车文旅专线工程	可行性研究
6	茂名石油化工有限公司铁路调车机车信号与监控安全隐患整治项目	施工图
7	赤峰高新技术产业开发区发展大道上跨叶赤铁路、赤元公路立交桥新建工程	可行性研究

续表

序号	项目名称	阶段
8	沈吉线新设自动闭塞区间逻辑检查系统工程	施工图
9	呼伦贝尔东北阜丰生物科技有限公司铁路专用线新建工程	施工图
10	珲春国际口岸海关联检总体规划	方案研究
11	通辽至四平铁路新设自动闭塞区间逻辑检查系统工程	施工图
12	国道（G202）上跨沈吉线（K366+161）邵家公铁立交桥改建工程	可行性研究
13	杭州地铁9号线一期工程动力照明系统	施工图
14	长春市轨道交通线网规划（2018—2035）——既有铁路利用及线网关系研究专题	专题研究
15	沈吉线西阳至马相屯段水害整治工程	施工图
16	五大连池风景区生态矿泉产业基地铁路专用线新建工程	预可行性研究
17	长春市伊通河北北段综合治理工程（滨河交通部分）	初步设计
18	公铁并行地段安全隐患整治工程	施工图
19	大连市光明路延伸工程（跨越铁路部分）	施工图
20	国道丹阿线（G331）新华至英安段与长珲城际铁路立交桥工程	施工图
21	吉林天池钼业有限公司铁路专用线新建工程	方案研究
22	首钢工业站至曹妃甸实业港务有限公司铁路联络线改造工程	施工图
23	齐北线K176立交桥靓化工程	施工图
24	梅河口市县道黑大东连线季家公铁立交桥改建工程	施工图

表10-9　吉林公司2019年勘察设计获奖项目（省部级及以上）统计表

序号	项目名称	奖项等级	颁奖单位
1	辽源至长春铁路新建工程	优秀设计三等奖	国家铁路局
2	长春市机场大道上跨长吉城际铁路立交桥新建工程	优秀设计三等奖	吉林省勘察设计协会

表10-10 吉林公司2019年度获得国家专利项目统计表

序号	项目名称	专利号	类别
1	一种新型连续钻杆	ZL201821163454.0	实用新型专利
2	一种龙门吊防风系揽座	ZL201821163444.7	实用新型专利
3	一种新型地铁无枕式整体道床	ZL201821163488.X	实用新型专利
4	一种铁路货物线轨道结构	ZL201821163485.6	实用新型专利
5	铁路全电子微机联锁结合ZPW-2000系列电码化编码电路	ZL201821173434.1	实用新型专利
6	一种基于GSM-R微基站的智能集约化电源系统	ZL201821163496.4	实用新型专利
7	铁路站间闭塞光电一体化通信传输设备	ZL201821163445.1	实用新型专利
8	一种多层混凝土框架结构顶部的加层钢框架柱脚节点	ZL201821169589.8	实用新型专利

表10-11 吉林公司2019年度完成科研项目统计表

序号	项目名称	主持人
1	一种铁道车辆库房专用门	郭立卓
2	铁路货物线道床盖板	胡研
3	无人机航拍视频加入铁路轴线及相关信息方法的研究	李春波
4	一种地质工程用取样装置	郑思远
5	采用挡板结构的钻具打捞辅助器	姜淼
6	一种辅助水准尺在钢轨上滑动的装置	赵佳亮
7	吉林市市域铁路规划研究	王汉平
8	一种铁路货场散堆货物协作运输系统	胡研
9	一种窄轨铁路单开道岔装置	李桐
10	防灾系统告警电路的优化设计	王志新
11	一种新型机车上砂设备	席磊
12	一种新型机车废砂的收集装置	吴清超

续表

序号	项目名称	主持人
13	软土富水地区深基坑支护方法的研究	张云天
14	长大框构桥中继间顶进工法研究	董建武
15	横向加宽D形施工便梁在岔区线路加固中的应用研究	邵永生
16	铁路车辆库房新型屋顶天窗研究	张志维
17	一种新型电气开关、插座面板技术研究	徐之尚
18	一种建筑结构楼面板的加固结构分析研究	李爽
19	钢筋混凝土结构加固在铁路工程中应用及设计的研究	李国威
20	一种新型建筑给排水管连接装置研究	张呈烨
21	智能SPWM变频器的研究	许传中
22	火灾自动报警系统的简化应用及设计的研究	张宁
23	一种精准控制的节能型铁路货场灯塔研究	王沫力
24	铁路小型办公用房通风降温外墙研究	申家骏
25	一种便携式建筑设计用水平尺研究	王佳琪
26	一种地铁建筑施工用支撑装置技术研究	于长龙
27	地铁区间隧道相互交叉叠落影响分析研究	段忠良
28	矩形顶管技术在地铁出入口的应用研究	王洪利
29	一种新型地铁通风空调配电方案研究	孙语
30	活塞效应下隧道埋深对地铁站通风效果的影响的研究	王海磊

（王洪密）

学会协会

CRDC

学会协会

·铁道学会·

【概述】 天津市铁道学会（简称铁道学会）成立于1978年12月28日，挂靠在中国铁路设计集团有限公司，受天津市科学技术协会（以下简称市科协）和天津市社团管理局领导与监督管理，受中国铁道学会的业务指导。学会负责会员及会员单位管理、学术交流、技术培训、科学普及、决策咨询、成果展览、技术咨询服务、发表学术论文、推荐表彰优秀科技成果及科技人才、科技工作者状况调查及反馈。

铁道学会下设秘书处。截至2019年底，会员总计1050人（其中包括高级会员20人），团体会员单位16个，分布在天津市铁道、市政、公路、地下铁道、建设施工、职业教育等行业。

【学会动态】 （1）2019年10月10日，天津市科学技术协会第九次代表大会在天津礼堂开幕。中央政治局委员、天津市委书记李鸿忠，中国科协党组书记、常务副主席、书记处第一书记怀进鹏出席并讲话，市委常委、市委教育工委书记于立军主持开幕式。会议宣读了表彰天津市优秀科技工作者标兵、天津市优秀科技工作者、天津青年科技奖获得者决定的通报，选举产生了220名九届委员。铁道学会组织推荐天津市科学技术协会第九次代表大会正式代表4名、委员1名。（2）2019年12月20日，在天津城建大学召开了“天津市土木工程学会成立七十周年庆典暨第一届京津冀协同发展土木工程创新科技论坛”。中国铁路设计集团有限公司作为天津市土木工程学会的理事单位（铁道分会）、天津市铁道学会作为兄弟学会，组织26位理事及技术人员代表与各界来宾约400人出席了庆典大会。

【学术交流】

（一）依靠铁三院技术交流平台，定期组织技术交流讲座。先后邀请北京交大任爽教授、中铁检验认证中心（CRCC）认证专家杨广英等开展专题讲座7次，300余人参加。

（二）结合行业特点，积极参加专业性年会、行业性研讨会。组织参加中国铁道学会举办的川藏铁路技术论坛、重载铁路运输组织技术交流会、中国土木工程学会第十三届全国土力学及岩土工程学术大会等会议及征文活动计16次。

（三）发挥地域优势，加强与其他科技社团的学术交流。2019年4月25—26日，由北京企业技术开发研究会联合中关村丰台园管委会共同主办，北京铁道学会、天津市铁道学会、河北省铁道学会联合协办的“2019京津冀智能交通技术创新协同发展学术研讨会”在北京园博园丽维赛德会议中心召开。

与天津市土木工程学会合作，组织会员单位人员参加《公路钢筋混凝土及预应力混凝土桥涵设计规范》宣贯会、挪威岩土工程研究院（NGI）刘忠强博士“岩土工程可靠度设计与机器学习”学术报告会等专题讲座。组织参观天津南开大学百年校史主题展、天津大学“水下地震模拟振动台阵（双子台）”活动。

（四）响应科协号召，“学术月”活动见成效。根据各会员实际需要，开展讲座、论坛、座谈、培训、参观、青年专业技术人员汇报比赛、项目设计经验交流会等学术月活动30项，约1500人次参加了专业性活动，成效显著。

【科普活动】 以服务大众为目的，充分利用科技周、科普日活动，宣传科普知识，传播先进生产技术和科学管理经验，提高全民科学文化素质。

（一）发挥会员单位优势，开展形式多样的科普宣传活动。5月18—25日围绕“智能时代 科技强市 全域科普”“科技强国 科普惠民——全民共享中国铁路高质量发展成果”主题举办第33届科技周活动。9月14—20日举办主题为“礼赞共和国、智慧新生活”的全国科普日活动。

（二）不断夯实科普基础、专家作用逐渐增强。铁道学会推荐中国铁设王立暖、王会永、冷景岩、肖锐、陈继太5位科普专家志愿者参与编写《了不起的中国高铁建造》。

从中国铁设、中铁六院选择优秀志愿者，向中国铁道学会科普人才库推荐12名成员入库。

【学会作用】 坚持学会宗旨，发挥学会技术优势和桥梁纽带作用，积极牵线搭桥，大力开展“三服务”工作，促进会员及企业科技进步。

（一）服务政府。学会组织会员单位经过组织推荐、考察公示、理事会审议等程序，推荐天津市科学技术协会第九次代表大会正式代表4名、委员1名。

（二）服务会员。（1）在天津市科协、中国铁道铁学会组织的2019年“最美科技工作者”推荐活动中，推荐2名候选人到中国铁道学会参与评选。（2）向天津市科协推荐天津市优秀科技工作者候选人4名。（3）指导中国铁设2名市科协青年人才托举工程入选者担任学组组长，参与组建“天津市青年科技工作者学会”等。（4）强化信息沟通，及时公布活动通知，收集转发中国铁道学会、天津市其他社团的学术交流信息，答复会员其他咨询需求等。（5）学会秘书处为学会全体理事及团体会员单位、部分会员赠阅《铁道知识》杂志，扩展发放到建设工地一线。

【自身建设】

（一）完善组织管理及法人治理。与天津市科协科技社团党委签订“2019年天津市社会组织党建工作责任书”；先后完成天津市所属科技社团收费清查报告、铁道学会开展“不忘初心、牢记使命”主题教育情况报告、铁道学会党支部成员任职情况自查报告、国铁集团财务部关于铁道学会不规范行为专项治理清查报告、学协会经费管理使用情况自查统计监察工作等。

（二）坚持“党建强会”建设。组织完成2019年度铁道学会九届理事会党支部专题讲党课活动，安排中国铁设所属9人党员理事进行集中学习活动；铁道学会理事会党支部参加了市科协社团党委6月26日在宝坻区冯家庄村党史馆开展的“守初心、铸忠魂、爱祖国、作贡献”主题党日活动；参加市科协科技社团党委“不忘初心、牢记使命”主题教育暨党建工作和阵地建设交流会等。

（三）发挥互联网+作用。利用中国铁道学会会员管理系统，规范会员信息动态管理。利用联络员QQ群、市科协QQ群、微信群等，实现信息即时交流与共享。

（四）撤销天津市铁道学会秘书处。撤销天津市铁道学会秘书处，天津市铁道学会由中国铁设科技部代管。

【站点调查】 作为中国科协的科技工作者状况调查站点，铁道学会精心组织调研，准确反馈科技工作者现实状况，提出建议意见。

（一）按时完成中国科协问卷调查。完成中国科协组织的“科技规划纲要调查”“科技工作者健康状况和人才计划调查”、天津市科协“科技人力资源与思想状况调查”等活动。

（二）及时采编调查报告。编写4篇调查报告，为中国科协《科技界情况》和天津市科协《科技工作者建议》提供素材。

（三）参加中国科协专门培训。参加4月15—18日在湖南省长沙市举办的2019年全国科技工作者状况调查站点培训班，并被评为优秀调查单位及调查员。

（王桂珍）

·集团公司体协·

【概述】 中国火车头中国铁路设计集团有限公司体育协会（简称集团公司体协）是中国火车头体育协会的团体会员。集团公司体协由31人组成，其中包括主席1人、副主席4人、秘书长1人、副秘书长1人、成员24人。

2019年，集团公司体协紧密围绕集团公司高质量发展和职工队伍建设，融入中心、服务大局，落实《中华人民共和国体育法》和《全民健身条例》，参与组织全民健身进程，积极开展形式多样的文化体育活动，激励广大干部职工以饱满的热情和健康的体魄，凝心聚力为实现集团公司的高质量发展作出新的贡献。

【群众性体育活动】 2019年，集团公司体协充分发挥活动的阵地优势和协会的骨干带头作用，以体育比赛、多元化体育活动为引领，加大职工普惠体育项目力度。筹备成立职工篮球和毽球协会，组队参加全路桥牌比赛和天津市职工羽毛球比赛，承办第八届华北六省市桥牌团体赛，完成空港园区职工体育活动设施采购安装工作。相继组织举办了第十六届职工球类比赛系列活动（篮球、羽毛球、乒乓球、毽球比赛）、第二届职工健步走通信赛、第38届“三八”健康杯体育竞赛活动，以及2019年度桥协杯、网络和迷你桥牌比赛等体育活动。坚持以集团公司直属及基层工会职工之家为依托，开展丰富多样的文体活动，引导职工自觉健身、快乐健身、科学健身，提高了全体职工参与健身的活动热情，凝聚了广大职工“当好主人翁、建功新时代”的正能量。

【获奖单位】

一、集团公司第16届职工球类比赛系列活动获得前八名名单

篮球比赛（男子组）

第一名：土建院
第二名：总包事业部
第三名：线站院
第四名：工经院
第五名：机环院
第六名：建筑院
第七名：测绘院
第八名：城交事业部、信息院（并列）

羽毛球比赛（混团组）

第一名：地勘院一队
第二名：城交事业部一队

第三名：测绘院、机环院联队
第四名：电信电化院一队
第五名：沈阳公司
第六名：运规院一队
第七名：建筑院二队
第八名：土建院一队

乒乓球比赛（男子组）

第一名：总包事业部
第二名：铁三院公司
第三名：城交事业部
第四名：土建院
第五名：集团公司办公室
第六名：地勘院
第七名：科技部
第八名：内蒙古公司

乒乓球比赛（女子组）

第一名：地勘院二队
第二名：测绘院
第三名：铁三院公司
第四名：土建院
第五名：线站院
第六名：城交事业部
第七名：总包事业部
第八名：运规院

毽球比赛（男子组）

第一名：地勘院二队
第二名：总包事业部二队
第三名：土建院
第四名：公路事业部
第五名：总包事业部一队
第六名：地勘院一队
第七名：电化电信院
第八名：工经院

毽球比赛（女子组）

第一名：地勘院一队
第二名：土建院
第三名：铁三院公司
第四名：电化电信院
第五名：公路事业部一队
第六名：机关联队
第七名：总包事业部
第八名：地勘院二队

二、2019年度集团公司“桥协杯”职工桥牌比赛

甲级队前九名和乙级队前三名的代表队获得本年度甲级队称号

甲级团体

第一名：城交事业部
第二名：集团公司机关一队
第三名：工程实验室
第四名：公路事业部
第五名：线站院一队
第六名：内蒙古公司
第七名：总包事业部一队
第八名：线站院二队
第九名：运规机环联队

乙级团体

第一名：工经院一队
第二名：总包事业部二队
第三名：建筑院

（许秀峰）

·集团公司老科协·

【概述】 中国铁路设计集团有限公司老科学技术工作者协会（简称集团公司老科协）成立于1996年。2019年，集团公司老科协设会长、副会长各1人，秘书长、常务副秘书长各1人，理事12人，其中常务理事5人。截至2019年底，集团公司老科协共有会员246人。

【加强组织建设】 在集团公司党委领导下，积极为生产单位年轻党员讲传统、讲党课、讲科技创新。发挥老科协组织优势，服务科技工作者，面向社会提供公共服务，加强对科技工作者的政治引领，加大对科协工作的支持力度，修订和建立了10余项规章制度，形成长效机制。

【协会活动】

（一）主办“中国老科协铁道分会京津协作区会议”。会议于2019年10月28—29日在天津召开，中国老科协铁道分会及各单位代表30余人参加会议。

（二）积极组织参加全国老科技工作者日。按照中国老科协为庆祝新中国成立七十周年和中国老科协成立三十周年要求，开展以“欢庆七十年、奉献新时代”为主题的“欢乐庆”活动，参加集团公司离退休部举办的以“《我和我的祖国》——赞美祖国、共享康乐”为主题的老年人体育节文体活动，编演了男女声小合唱《十送红军》，同时还参与了象棋、围棋、飞镖、拱猪、桥牌、门球等比赛。

（三）慰问老科技工作者常态化。随时关注在津的部分中国铁设老科协会员，关心他们的身体和生活状况，耐心为他们解疑释惑，帮助他们解决实际困难，体现党组织和老科协的关爱。

（四）主动融入设计集团中心工作，取得实质性成效。建立了服务于集团公司生产任务的“老科技工作者骨干数据库”“网上科技工作者之家”及科普综合平台。一年来，老科协向外输送各类型技术人才、专家40余人次参加设计、施工咨询和评审活动。

积极引导会员通过网络交流、微信沟通等方式，加强与老科技工作者的信息交换、工作联系和情感交流。

宋如河同志荣获中国老科协铁道分会先进工作者称号。

（陈树全）

·集团公司关工委·

【概述】 中国铁路设计集团有限公司关心下一代工作委员会（简称集团公司关工委）是在集团公司党委领导下以离退休老同志为主体的群众性工作组织，办公室设在离退休部综合管理室。集团公司关工委设主任1名，常务副主任1名，秘书长1名，副秘书长3名。

集团公司关工委按照上级组织的工作部署，紧密围绕“交通强国、铁路先行”，践行社会主义核心价值观，深化“传承红色基因，争做时代新人”主体教育活动，配合集团公司有关部门做好青年员工岗位成才工作，为促进集团公司高质量发展作出贡献。

【贯彻落实市、全路关工委会议精神】 一是及时将市关工委、全路关工委领导批示和有关会议精神向集团公司主管领导汇报并组织集团公司关工委常务班子学习。二是贯彻关工委关于“不忘初心、牢记使命”主题教育学习部署。三是根据会议精神及上级要求，结合关工委工作实际，对开展核心价值观、岗位成才、组织建设工作进行督促落实。

【关心青年员工】 一是开展理论学习。配合集团公司团委组织团干部、青年员工重点学习了党的十九大精神和习近平重要讲话，深刻认识铁路和集团公司转型发展面临的新形势、新要求，切实把思想统一到上级组织和集团公司工作部署上来。二是配合和支持团委开展读书活动。关工委积极向青年推荐好书、好文章，向青年团员配发书籍，组织开展读书会、分享交流等活动。三是选树典型引领青年成长成才。集团公司各关工委重点开展了“岗位成才”

培训工作，8个中层单位成立了岗位成才指导组，充分发挥老同志技术和经验优势，配合相关单位组织青年员工深入开展学技练功、技能竞赛、技术攻关等活动。配合团委与新员工建立一对一联系，编写新员工入职培训教材。四是深入开展社会主义核心价值观教育。开展十九大精神学习和形势宣讲74场次，共有1342人次参加。9月29日，集团公司关工委、团委联合组织召开庆祝新中国成立70周年青年员工与“老领导、老专家”座谈会，邀请4名老领导、老专家与来自一线的青年代表进行座谈交流。配合团委通过局域网对青年员工进行核心价值观教育。

【关心住宅区青少年】 一是深化“传承红色基因，争做时代新人”主体教育实践活动。组织老同志深入社区开展宣传教育活动。二是开展读书教育活动。鼓励青少年多读有益书，激发青少年的历史责任感。三是关心青少年健康成长。6个基层关心小一代工作小组认真组织退休老同志，利用各住宅区离退休职工活动站开展以“学党史、颂党恩、跟党走”为主题的答题活动。教育引导青少年“爱祖国、爱人民、爱劳动、爱科学、爱社会主义”，帮助他们树立正确的人生观、价值观。协助社区举办“四点半学校”，利用学生空余时间，教育引导中小学生健康成长。推广“微善行动”“绿色环保进家庭、进社区”的做法，让“五老”精神在社区活动中增放异彩。

【自身建设】 一是进一步完善“关团联手”工作机制。重在关工委主动，以工作机制为突破，与有关部门深度融合，党委领导、部门各司其职，关工委协调，关心下一代工作合力。二是继续加强集团公司关工委基层组织建设，逐步消灭“空白点”，形成“纵到底、横到边”的集团公司、中层单位、基层社区“三级网络”格局。8个中层单位党委成立了关心下一代领导小组和岗位成才“指导组”，由班子成员、管理人员、专家和老同志组成，合计139人。在离退休党支部中成立关心下一代工作小组，根据工作需要，2019年新变更了1个关心下一代工作小组，合计27人，稳固基层工作组织，保持工作的覆盖面，提升工作效率和效果，为加强和改进关工委工作奠定良好基础。

（吕正）

人　物

CRDC

人 物

·领导干部名册·

集团公司领导干部

党委书记、董事长	刘为群
党委副书记、副董事长、总经理	曾鸣凯
党委副书记、纪委书记	单万水
副总经理、总工程师、党委委员	孙树礼
副总经理、党委委员	何松林
副总经理、党委委员	沈荣发
总会计师、党委委员	曾 波（2019年9月免职）
副总经理、党委委员	方天滨
副总经理、党委委员	贺挨宽
工会主席、党委委员	李 龄
总会计师、党委委员	王敬孝（2019年9月任职）
副总经理、党委委员	巫伟军
副总经理、党委委员	张利国（2019年3月免职）
副局级干部	王云鹏
副局级调研员	刘来明
副局级调研员	郭珠远

集团公司董事会、监事会

序号	姓名	董事监事职务	单位	职务	备注
1	刘为群	董事长	中国铁路设计集团有限公司	党委书记	
2	刘　辉	副董事长	中国中铁股份有限公司	副总裁	
3	曾鸣凯	副董事长	中国铁路设计集团有限公司	总经理、党委副书记	
4	陈耀明	董事	中国铁路总公司	中国铁路经济规划研究院有限公司董事、副总经理、党委委员	
5	夏喜全	董事	中国铁路总公司	财务部副主任	
6	李凤超	董事	中国中铁股份有限公司	安全生产总监兼安全生产部部长	
7	孙树礼	董事	中国铁路设计集团有限公司	副总经理、总工程师	
8	王敬孝	董事	中国铁路设计集团有限公司	总会计师	
9	李　龄	职工董事	中国铁路设计集团有限公司	工会主席	
10	单万水	监事会主席	中国铁路设计集团有限公司	党委副书记、纪委书记	
11	丛华滋	监事	中国铁路总公司	中国铁路总公司审计和考核局专员、副局长兼审计项目部主任	
12	李　平	监事	中国中铁股份有限公司	财务部部长	
13	殷　琨	职工监事	中国铁路设计集团有限公司	工会副主席	
14	刘贺长	职工监事	中国铁路设计集团有限公司	审计部部长	

集团公司副总工程师、总建筑师、副总经济师

单位	职务	姓名	备注
集团公司	副总工程师	蒋先国	
	副总工程师	王长进	
	副总工程师	李树德	
	总建筑师	周铁征	
	副总工程师	索晓明	
	副总工程师	康学东	
	副总工程师	胡叙洪	
	副总工程师	王召祜	
	副总工程师	贾广志	
	副总工程师	李秉涛	
	副总工程师	赵　斗	
	副总工程师	李华良	
	副总工程师	李爱东	
	副总工程师	朱占国	
	副总工程师	李南秋	
	副总工程师	杨立新	
	副总工程师	张　涵	
	副总工程师	张西泽	
	副总工程师	秦宝来	
	副总工程师	王立暖	
	副总工程师	杨贵生	
	副总工程师	杨德修	
	副总工程师	孙海富	
	副总工程师	郑贺民	2019年9月任职
	副总经济师	李　洪	2019年4月任职

集团公司行政职能部门负责人

单位	职务	姓名	备注
司办	主任	顾庆涛	
	副主任	郭景武	2019年4月任职
	副主任	孙建发	
	副主任	宋纪五	兼信访办主任
企法部	部长	侯经文	2019年4月任职
	副部长	李广厚	2019年4月任职
	副部长	孙衍福	2019年4月任职
发展计划部	部长	王卓宽	2019年4月任职
	副部长	杨　虹	2019年7月任职
	副部长	娄宇欣	2019年4月任职
科技部（全职办）	部长	张　涵	2019年4月免职
	部长	陈后军	2019年4月任职
	副部长	周云翔	兼全质办主任
	副部长	侯占林	
	副部长	付新平	2019年4月免职
财务部	部长	朱家勤	
	副部长	陈宗智	
	副部长	王加富	
人力资源部	部长	林　玲	
	副部长	李　东	
	副部长	郭景武	2019年4月免职
	副部长	牛会想	
	副部长	黄保民	2019年6月任职

续表

单位	职务	姓名	备注
审计部	部长	刘贺长	
离退休部	部长	王越明	
	副部长	韩景春	
监察部	部长	李　峰	兼
生产经营中心	主任	李　洪	2019年4月任职
	副主任	曹　虎	兼，2019年4月任职
	副主任	张　东	2019年4月任职
	副主任	白鸿国	2019年4月免职
	副主任	郭卫忠	2019年4月免职
	副主任	王立中	2019年4月免职
	副主任	宋顺忱	2019年4月任职
质量安全中心	主任	杨德修	兼，2019年4月任职
	副主任	付新平	2019年4月任职
	副主任	张振宇	2019年4月任职

集团公司党群部门及中层党群组织负责人

单位	职务	姓名	备注
党办	主任	苏学功	2019年4月免职
	主任	顾庆涛	2019年4月任职
组织部	部长	林　玲	兼
	副部长	郭景武	兼，2019年4月免职
	副部长	黄保民	兼，2019年6月任职
宣传部	部长	王文奇	
	副部长	邹俊戈	2019年12月免职
	副部长	张玉文	2019年12月任职
纪委	副书记	李　峰	
	纪检监察室主任	李　力	
	信访和审理室（办公室）主任	张玉文	2019年12月免职
工会	副主席	殷　琨	
	生产宣教部部长	高春梅	2019年5月退休
	生产宣教部部长	陈梦晖	2019年6月任职
	办公室主任	张焕斌	2019年12月退休
	组织民管部部长	张　洪	
	工会综合部部长	邹俊戈	2019年12月任职
团委	书记	吴梦芹	
机关党委	书记	王金委	
	纪委书记	王金委	兼
	工会主席	张　洪	兼
离退休部党工委	书记	王越明	

续表

单位	职务	姓名	备注
总包事业部党委	书记	张利国	兼，2019年3月免职
	副书记	孟宪军	
	纪委书记	孟宪军	兼
	工会主席	孟宪军	兼
海外事业部党委	书记	苏学功	2019年4月任职
	副书记	毕爱增	兼，2019年6月任职
	纪委书记	苏学功	兼，2019年4月任职
	工会主席	姜贤平	兼，2019年6月任职
城交事业部党委	书记	庞兰文	
	副书记	王　浩	
	纪委书记	庞兰文	兼
	工会主席	温智勇	兼
公路事业部党委	副书记	辛建忠	兼，2019年4月任职
	工会主席	郑永红	兼，2019年4月任职
资产事业部党委	书记	刘金喜	2019年4月任职
	副书记	邹炳举	兼，2019年4月任职
	纪委书记	刘金喜	兼，2019年7月任职
线站院党委	书记	陈德江	
	副书记	王卓宽	兼，2019年4月免职
	副书记	孙玉辰	兼，2019年10月任职
	纪委书记	陈德江	兼
	工会主席	王　辉	兼

续表

单位	职务	姓名	备注
地勘院党委	书记	李　刚	
	纪委书记	李　刚	兼
	工会主席	兰树增	兼，2019年7月免职
	工会主席	马　立	兼，2019年7月任职
测绘院党委	书记	侯经文	2019年4月免职
	书记	郭利军	2019年6月任职
	副书记	刘　成	兼，2019年6月任职
	纪委书记	侯经文	兼，2019年4月免职
	纪委书记	郭利军	兼，2019年6月任职
	工会主席	刘向军	兼，2019年6月免职
	工会主席	兰树增	兼，2019年7月任职
土建院党委	书记	张春明	
	副书记	王　祯	兼，2019年4月免职
	副书记	白鸿国	兼，2019年4月任职
	纪委书记	张春明	兼
	工会主席	李敬增	兼，2019年11月免职
建筑院党委	书记	汪　洋	
	副书记	陈后军	兼，2019年4月免职
	副书记	王　祯	兼，2019年4月任职
	纪委书记	汪　洋	兼
	工会主席	杨　强	兼
电化电信院党委	书记	朱志营	
	副书记	周宪宝	兼
	纪委书记	朱志营	兼
	工会主席	刘金瑞	兼，2019年1月任职

续表

单位	职务	姓名	备注
机环院党委	书记	张明启	
	副书记	薛林海	兼，2019年9月免职
	副书记	杨丙峰	兼，2019年10月任职
	纪委书记	张明启	兼
	工会主席	邢天祥	兼
广东分公司党委	书记	刘向军	2019年6月任职
	副书记	何　伟	兼，2019年6月任职
	纪委书记	刘向军	兼，2019年6月任职
	工会主席	李永福	兼，2019年9月任职
铁三院公司党委	书记	穆文光	2019年11月任职
	副书记	田中春	兼，2019年11月任职
	纪委书记	穆文光	兼，2019年11月任职
	工会主席	林红卫	兼，2019年11月任职

集团公司生产单位负责人

单位	职务	姓名	备注
总包事业部	总经理	张利国	2019年3月免职
	副总经理	孟宪军	
	副总经理	孙玉辰	2019年10月免职
	副总经理	武贯军	
	副总经理	李建威	
	副总经理	袁爱庆	2019年6月任职
	副总经理	陈海东	2019年9月任职
	总工程师	杨德修	兼，2019年4月免职
	总工程师	袁爱庆	兼，2019年6月任职
海外事业部	部长	郭卫东	2019年1月免职，此前任海外部部长
	总经理	毕爱增	2019年4月任职
	副总经理	苏学功	兼，2019年4月任职
	副总经理	姜贤平	2019年4月任职
	副总经理	高颂东	2019年4月任职
	总工程师	王文博	2019年8月任职
城交事业部	总经理	王　浩	2019年4月任职
	副总经理	庞兰文	兼，2019年4月任职
	副总经理	胡世东	2019年4月任职
	副总经理	杨松龄	2019年4月任职
	副总经理	王世清	2019年4月任职
	副总经理	温智勇	2019年4月任职
	副总经理	宋金彪	2019年6月任职
	总工程师	王世清	兼

续表

单位	职务	姓名	备注
公路事业部	总经理	辛建忠	2019年4月任职
	副总经理	杨存亮	2019年4月任职
	副总经理	郑永红	2019年4月任职
	总工程师	张伟康	2019年4月任职
资产事业部	总经理	邹炳举	2019年4月任职，此前任行管部部长
	副总经理	刘金喜	2019年4月任职
	副总经理	宋久涛	2019年4月任职
	副总经理	于　峰	2019年4月任职，此前任行管部副部长
线站院	院长	王卓宽	2019年4月免职
	院长	孙玉辰	2019年10月任职
	副院长	陈德江	兼
	副院长	王　辉	
	副院长	李洪斌	2019年6月免职
	副院长	郑子涛	
	副院长	袁　伟	2019年10月任职
	总工程师	李荣华	
土建院	院长	王　祯	2019年4月免职
	院长	白鸿国	2019年4月任职
	副院长	张春明	兼
	副院长	李敬增	2019年11月免职
	副院长	肖世伟	2019年4月任职
	副院长	宋顺忱	2019年4月免职
	副院长	侯军红	2019年4月任职
	总工程师	苏　伟	

续表

单位	职务	姓名	备注
地勘院	副院长	李　刚	兼
	副院长	苗洪波	
	副院长	张玉才	2019年10月免职
	副院长	马　立	
	副院长	兰树增	兼，2019年7月免职
	副院长	崔庆国	
	副院长	隋孝民	2019年11月任职
	总工程师	陈则连	
运规院	院长	吕建军	
	副院长	肖荣国	
	副院长	李鸿战	
	总工程师	聂英杰	
工经院	院长	吴学军	
	副院长	才志奇	2019年2月退休
	副院长	杨悦林	
	副院长	林大海	2019年6月任职
	总工程师	李胜利	
建筑院	院长	陈后军	2019年4月免职
	院长	王　祯	2019年4月任职
	副院长	汪　洋	兼
	副院长	黄保民	2019年6月免职
	副院长	杨　强	
	副院长	孙红峰	2019年6月任职
	总工程师	陶　然	

续表

单位	职务	姓名	备注
电化电信院	院长	周宪宝	
	副院长	朱志营	兼
	副院长	刘金瑞	
	副院长	庚　旭	2019年1月任职
	总工程师	崔校玉	
机环院	院长	薛林海	2019年9月免职
	院长	杨丙峰	2019年10月任职
	副院长	张明启	兼
	副院长	邢天祥	
	副院长	于　越	
	总工程师	沈志军	
信息化院	院长	于　炀	2019年4月任职
	副院长	时　瑞	2019年4月任职
	副院长	柴成元	2019年4月任职，此前任档案馆馆长
	总工程师	侯继伟	2019年4月任职
测绘院	院长	郭利军	2019年6月免职，转任测绘院党委书记
	院长	刘　成	2019年6月任职，此前任副院长兼总工程师
	副院长	侯经文	兼，2019年4月免职
	副院长	刘向军	2019年6月免职
	副院长	卜庆颢	
	副院长	康占龙	2019年7月任职
	总工程师	张冠军	2019年7月任职，此前任副院长
工程实验室	主任	王长进	兼
	副主任	齐春雨	

续表

单位	职务	姓名	备注
上海分公司	总经理	赵　卫	
	副总经理	李小江	
	副总经理	赵丙君	
华南分公司	总经理	何　伟	
	副总经理	刘向军	兼，2019年6月任职
	副总经理	赵金峰	2019年7离职
	副总经理	李永福	2019年8月任职
	副总经理	郭现钊	
	总工程师	侯军红	2019年4月免职
	总工程师	郭现钊	兼，2019年4月任职
江苏分公司	总经理	方天滨	兼，2019年1月任职
	副总经理	赵　卫	兼，2019年1月任职
	副总经理	周秀峰	2019年1月任职
西南分公司	总经理	郭卫忠	2019年4月任职
	副总经理	张玉才	2019年10月任职
东北分公司	筹备组组长	王超生	2019年10月任职
	筹备组组员	时宝玉	兼，2019年10月任职
	筹备组组员	李洪杰	兼，2019年10月任职

集团公司子公司负责人

单位	职务	姓名	备注
沈阳公司	党委书记、董事长	王超生	兼纪委书记，2019年10月免职
	党委书记、董事长	汤　波	兼纪委书记，2019年10月任职， 此前任副董事长、总经理
	副董事长、总经理	孙学海	兼党委副书记，2019年10月任职
	副总经理	赵纪勋	兼工会主席
	副总经理	金发良	
	总工程师	王　禹	
吉林公司	党委书记、董事长	孙文峰	兼纪委书记
	副董事长、总经理	王纳群	兼党委副书记
	副总经理	王忠国	兼工会主席
	副总经理	杜英杰	
	总工程师	杜英杰	兼
内蒙古公司	党委书记、董事长	陈慧勇	兼纪委书记
	副董事长、总经理	王晨生	兼党委副书记
	副总经理	李　强	兼工会主席
	总工程师	张亚东	
铁三院公司	董事长	穆文光	2019年11月任职， 此前任原铁三院公司董事长、总经理
	总经理	田中春	2019年11月任职
	副总经理	胡建业	2019年11月任职
	副总经理	郭玉峰	2019年11月任职
	副总经理	林红卫	2019年11月任职
	总工程师	李怀鉴	2019年11月任职

续表

单位	职务	姓名	备注
监理公司	董事长	王　笑	
	总经理	王　笑	兼
	副总经理	孙志强	2019年1月任职
	副总经理	王　君	
	副总经理	张保祥	
	总工程师	张保祥	兼，2019年1月任职
产业化公司	总经理	李　波	
	副总经理	王大军	

·人才榜·

全国工程勘察设计大师名录

史玉新　王俊峰　许再良
蒋先国　王长进　孙树礼

省部级工程勘察设计大师名录

天津市：黄桂兴　孙树礼　屈晓辉
胡叙洪　索晓明　李树德
辽宁省：汤　波
吉林省：孙学海

新世纪百千万人才工程国家级人选名录

索晓明　蒋先国

国家级有突出贡献的中青年专家

叶启民

享受政府特贴名录

孙树礼　孙学海　汤　波　索晓明
胡叙洪　蒋先国　周铁征

全路有突出贡献中青年专家名录

索晓明　屈晓辉

天津市杰出人才

孙树礼

铁路总公司“百千万人才”领军人物

孙树礼　王长进　李树德
蒋先国　索晓明　周铁征

铁路总公司“百千万人才”专业带头人

刘为群　曾鸣凯　胡叙洪　王召祜
闫红亮　陈则连　崔维孝　聂英杰
崔校玉　朱正清　那艳玲　韩祖杰
沈荣发　赵　斗　苏　伟　方天滨
张西泽　罗　健　何永发　马志富

天津市有突出贡献专家名录

闫红亮　苏　伟

天津市授衔专家名录

孙树礼

詹天佑大奖名录

孙树礼

詹天佑成就奖名录

孙树礼　王长进　李树德　蒋先国

詹天佑青年奖名录

于　炀　那艳玲　闫红亮　杨绪坤
王　祯　王海忠　牛会想　肖世伟

赵　斗　韩祖杰　张　雷　冷景岩
高文峰　郭　郦　孙大斌　尤德祥
徐凌雁　耿敬春

中国铁设詹天佑专项基金杰出人才奖

牛会想　闫红亮　王海忠　李国和
崔维孝　马志富　那艳玲　宋顺忱
石德斌　施　威　赵建峰　李鸿战
张立学　薄海青　郭容昱　侯军红
刘振田　赵　海　李永福　郭　郦
田万俊　隋孝民　娄振光　杨振龙
邹志胜　朱正清　张继清　赵凤林
张冠军　宋绪国　左　峰　陈新军
李永德　宋健鹏　孙红峰　马静波
王　炜　刘冀钊　孟庆余　李平苍
高明明　伍卫凡　梁　永　孙兆军
陈兴强　陈效星　牛远志　何永发
龙许友　刘桂卫　徐永明　张海兵

茅以升铁道工程师奖名录

胡叙洪　王长进　周铁征　郭珠远
蒋先国　李树德　王召祜　李秉涛

天津市中青年科技创新领军人才

韩祖杰

天津市“131 人才”工程第一层次人选名录

蒋先国　胡叙洪　闫红亮　王海忠
韩祖杰　肖世伟　张　雷　赵　海
高文峰　冷景岩　郭　郦　罗　健
禚　一　董志杰　耿敬春

天津市优秀科技工作者

蒋先国

铁路青年托举人才

黄大中　王伟华

（人力资源部）

·光荣榜·

2019年度集团公司及个人获得的荣誉称号

一、集体荣誉称号

●全国“安康杯”竞赛优胜班组

昌景黄安徽段项目部

●铁路“火车头”奖杯

工经院工经一室

●天津市“工人先锋号”

运规院经济规划研究所

●全国铁路先进女职工集体

测绘院航遥所制图室

●2017—2018年全国青年文明号

机环院环评所

线站院站三室

●全国铁路五四红旗团委

测绘院团委

●全国铁路五四红旗团支部

电化电信院团总支

线站院团总支

二、个人荣誉称号

●全国铁路劳动模范

韩祖杰

●铁路“火车头”奖章

陈兴强　李亚辉　钟　京　龙许友

赵长石　浑铁链　周庆立　余　洋

●全国铁路巾帼标兵火车头奖章、全国铁路先进女职工

余　洋

●全国铁路先进女职工工作者

李永红

●第十八届“铁路青年五四奖章”

王伟华

●全国铁路优秀共青团干部

朱德余

●全国铁路优秀共青团员

苗　桦

2019年度集团公司先进生产（工作）者、先进集体

一、先进生产（工作）标兵

刘东磊　田万俊　肖　锐　邓　洪

邹志胜　苏　林　程建华　巩鹏飞

白占雄　杨　旭　李秉涛　周秀峰

宋健鹏　张　上　雷朋涛　张　磊

张浩亮　陈志刚　魏定龙　刘　涛

黄政斌

二、标兵集体

川藏铁路指挥部

总包事业部昌景黄铁路（安徽段）工程总承包项目部

海外事业部印尼雅万高铁项目部

土建院创新研发所

运规院运输组织研究所

生产经营中心生产管理室

工程实验室航测遥感实验室

线站院线一所

建筑院设备所

信息化院网络室

测绘院第五测绘研究所

地勘院工程测试中心

工经院工经一室

集团公司办公室督办室

吉林公司桥梁及地下工程设计所

内蒙古公司咨询分院

铁三院公司计经部（锦州）

三、先进生产（工作者）

来　琳　杨建国　张有华　贾崔库
王　建　张继清　杨毅秋　王明昇
王海玉　刘　越　王伟鹏　王力冰
梁学荣　徐　宁　陈亚兵　董入凯
孙　坤　李金川　蔡君君　李中海
高增增　胡碧英　杨鹏程　李　刚
张世亮　邓建义　鲍晓东　高永海
李建伟　孙克滨　赵林杰　陈耀辉
谢　鹏　谢春喜　张云龙　葛玉辉
左家强　张　海　张志国　黄建川
朱洪伟　马云飞　王雨权　于德新
康亚强　郭晓晨　张　鹏　周宪宝
周　锋　闫俊俊　王亚彬　韩柱先
许鸿谦　安中伟　陈立杨　邱世超
郤志艳　魏　征　刘　伟　肖经柱
赵　原　鞠同军　林德福　吴瑞国
于　浩　杨庆云　赵云岩　陈田喜
赵争乾　罗　猛　董建武　马　旭
高媛媛　李　洪　姜祥海　常杰峰
王　兵　孙智超　刘　猛　李京涛
訾士雄　石灿义　李树伟

四、先进集体

总包事业部盐通铁路工程总承包项目工程部
总包事业部克塔铁路工程总承包项目部
城交事业部深圳项目团队
城交事业部城市轨道交通（天津）项目部
公路事业部设计二所
资产事业部“三供一业”分离移交工作指挥部
线站院轨道所
地勘院地勘一所
测绘院精密测量研究所创研室
土建院桥三所
建筑院创意研发所
电化电信院通信信息所
电化电信院电力所
机环院给排水所
华南公司建筑结构所
华南公司电信电力所
铁三院公司咨询部
监理公司牡佳客专八标项目监理部
沈阳公司桥梁所

2019年度集团公司优秀共产党员标兵、优秀共产党员、优秀党务工作者、先进党组织

一、优秀共产党员标兵

张　涵　菅三虎　蒋亚磊　王志新
汤　杰　邓建义　张云龙　杨　斌
周　斌　赵　畅　邓　洪　张玉才
刘志强

二、优秀共产党员

杨贵生　李广伟　彭　超　初　晓
李治国　张　晶　刘海中　刘亚宁
管健安　刘志雄　杜彦军　王正松
胡奇凡　李得昌　王民治　王玉国
韩传玉　徐　宁　姚章军　乔勇强
王　健　张　艳　赵亚桐　程俊杰
陈修平　杨蕾蕾　罗伟钊　张宝坡
张光明　王学刚　李建伟　祁晓雨
王衍汇　王立新　段文旭　张　民
周文明　喻　巧　张英杰　岳文波
王云成　郭　江　牛远志　王俊杰
张少朋　满高峰　张　弛　吴根存
商耀兆　康亚强　侯　凯　张朋成
周鸿彪　王海忠　于　超　孙　鹏
马志远　王　宁　屠亚维　王　鑫
张义龙　王晓阳　伏　蓉　牛永效

张振京 罗积胜 唐 鹏 宋 鹏
石 波 魏 征 陈 刚 杨 光
梁明海 方真貌 陈志刚 高继东
林德福 伊平非 佟佳鑫 郎剑平
秀连勇 郝利军 李军胜 李 彬
邵遂胜 马 旭 刘 伟 赵国光
孙喜晶 张成志 韩鹏飞 王建坡
徐大志 李树伟 韩景春 朱学军
陈佩华 尹开兴 赵焕营 谷文林
徐国富 车克范 邵程顺 孙海鹏
任宝水 赵 萍 鞠庆东 杨嘉盛
王长旺

三、优秀党务工作者

孟宪军 李 刚 郭利军 尹银轩
刘占友 马胜双 王建双 宋顺心
樊志敏 吕建军 刘占峰 高 峰
董延喜 李平苍 刘洪占 钟 京
王斌晓 刘红娇 王 闯 臧立秋
闫利成 贾春雷 牛会想 崔士平
曹莉萍 刘洪印 秦纪祥

四、先进党组织

总包事业部党委
地勘院党委
测绘院党委
总包事业部安徽省区域建设指挥部党支部
总包事业部汕汕铁路工程项目部党支部
总包事业部阳大铁路工程项目部党支部
海外事业部泰国铁路项目部党支部
城交事业部线规所党支部
公路事业部第二党支部
资产事业部第一党支部
线站院线一所党支部
线站院站三所党支部
工经院党支部
运规院党支部
地勘院原位测试队党支部
地勘院地勘三所党支部
地勘院职能党支部
测绘院五所党支部
测绘院航遥所党支部
测绘院综合所党支部
土建院创研党支部
建筑院创研所党支部
电化电信院电气化党支部
电化电信院电力所党支部
机环院机械所党支部
信息化院党支部
铁三院公司房建所党支部
沈阳公司桥梁设计所党支部
内蒙古公司勘察分院党支部
吉林公司桥地党支部
办公室党支部
人力资源部党支部
宣传部联合党支部
离退休部离退休四党支部
离退休部退休一党支部

五、党内优质品牌

张成志质量监督检查工作法
田万俊高铁总包创新先锋团队
黄木岗枢纽“晨明”创新先锋队
轨道所党支部AI创研组
张云龙北斗创新应用技术团队
桥三党支部“‘一带一路’先锋”
创研所党支部客站新理念实践先行团
信号党支部创研先锋队
机辆所党支部BIM攻坚小组

2019年度集团公司工会工作先进集体和优秀个人名单

一、模范职工之家

土建院工会

电化电信院工会
工经院工会
建筑院工会
测绘院一所工会
地勘院一所工会
公路事业部工会
机关工委办公室工会

二、模范职工小家

城交事业部：建筑设计所、土建结构设计所、环水机辆设计所、线路规划设计所、工程经济设计所

公路事业部：设计三所工会小组

工经院：第三工会小组

运规院：物流所工会小组

地勘院：沈白地勘项目工会小组、川藏铁路地勘监理与咨询工会小组

测绘院：滨海 B1 线第三方监测项目组工会小组、综合服务保障组工会小组

土建院：土建院第六工会小组、土建院第八工会小组

建筑院：土建二所工会小组、设备所工会小组

电化电信院：机关工会小组、电气化工会小组、电力工会小组

机械环工院：机辆所工会小组

信息化院：档案馆工会小组

华南分公司：电信电化所工会小组

监理公司：京唐铁路 JTJL-3 标监理项目部工会小组、磨万监理站工会小组

吉林公司：铁道工程设计所第一小组、桥梁及地下设计所第二小组

机关工委：科管室工会小组、质监室工会小组

三、优秀工会工作者

郑永红　韩兴广　卢　义　高欣梅
姜　华　刘金瑞　李金乐　杨悦林
龙立新

四、优秀工会积极分子

王以娟　程保青　柴海峰　高文阳
王义民　初　晓　李宏刚　马　泉
王春田　于　雷　王　雪　李敬梅
吴海艳　孙　卓　徐彩彩　刘　颖
雷　旻　张婷婷　崔秀龙　姚丽萍
朱红锋　李大成　张艳满　张晓琦
高世蕊　赵美玲　刘祁杰　薛　毅
朱兴航　徐　皓　刘永高　郭　乐
焦艳龙　陈　亮　段景成　王志发
齐会影　辛民高　段秀武　王　磊
杨鹏飞　年春霖　赵振洋　郭　江
蓝　航　郭　磊　张秋月　王　浩
邢　雨　赵　稳　刘华琛　季伟强
刘鹏宇　于全魁　司　航　关祎鹏
郑修凯　方　旌　晋　钰　刘嫦娥
苗　桦　崔小岳　王建东　谢晨娟
陈立杨　丁　浩　宋　琪　牛永效
孙先强　马　力　孟　栋　罗生博
丁秀和　刘　敏　刘云龙　尹燕君
徐宏伟　王　婉　宁　杰　崔晓瑜
宋为人　于　婷　张昆朋　范志鹏
孙　娟　史志强　王业承　杨国栋
王玲玲　周渤文　董建武　张忠义
苏燕舞　马连强　李彦民　鞠红霞

五、2019年度集团公司先进女职工、先进女职工集体名单

●先进女职工

赵序春　陆　涛　马　丽　张　方
董秀竹　周　晶　郑习羿　那艳玲
李红霞　袁英爽　李　丽　韩金秀
郭柳贞　李　立　宗俊雅　胡碧英
胡艳君　王　俏　龙永芳　翟　倩
赵亚品　王金艳　郑文芳　周　琦
花　梅　王砺文　姚亚茹　赵　辉

卢　瑛	韩艳丽	杨丽芳	郭雅婕
任　慧	卢　静	柴天娇	张凤瑞
王　帆	郭焕晓	张海瑜	王　华
李永红	李照华	邹晋华	袁秋佳
王丽云	刘兵兵	冯震虹	谭诗佳
米晓霞	李　昕	姜雪晶	金晓颖
刘家含	王亚楠	温启昕	李小慧
李彩月	李雪威	梁仙菊	卢慧丽
曹丽萍	曹小冬		

●先进女职工集体

地勘院中心实验室水土组地勘院财务室
测绘院航测遥感研究所
机械环工院环水保信息化平台项目团队
信息化院信息中心图像室
信息化院档案馆、沈阳公司建筑室
内蒙古公司建筑院建筑所
机关工委资金结算所

（资料统计截至2019年12月31日，资料来源：集团公司党委组织部、工会、团委）

统计资料

CRDC

2019年集团公司勘察设计经济技术指标（营业额）

万元

单位	企业营业额	勘察设计营业额														
		合计	建设项目													三大部类
			小计	铁路工程	城市轨道交通工程	市政公用工程	公路工程	综合交通枢纽工程	铁路站房工程	其他工程	国（境）外工程	咨询业务		生产单位自揽工程		
												合计	国外工程	合计	咨询业务	
中国铁设	2928244.53	490807.91	487708.81	217501.88	120499.06	6736.43	9721.31	1260.00	4642.34	4133.82	41504.18	21959.44	9852.00	59750.35	25127.63	3099.10
集团本部	2864956.28	455921.46	452822.36	196681.00	116215.00	4345.92	8940.09	1260.00	4200.00	384.00	41029.00	20017.00	9852.00	59750.35	25127.63	3099.10
沈阳公司	18352.51	15895.28	15895.28	9361.68	2530.86	1058.82	39.39		37.34	2867.19						
吉林公司	15152.56	3742.18	3742.18	2067.75	617.20	901.14	16.97			44.52		94.60				
锦州公司	14694.49	5648.13	5648.13	2477.65		187.55	32.00		405.00	731.31	475.18	1339.44				
内蒙古公司	15088.69	9600.86	9600.86	6913.80	1136.00	243.00	692.86			106.80		508.40				

2019年集团公司非勘察设计经济技术指标（营业额）

万元

单位	非勘察设计营业额												
	合计	院揽工程					自揽工程					工程监理（监理公司）	其他法人
		小计	工程承包		工程项目管理		小计	工程监理	工程承包	岩土工程	产品和技术转让		
			合计	国外工程	合计	国外工程							
中国铁设	2437436.62	2337005.82	2336855.82		150.00	150.00	83776.77	1323.77	43992.26	921.48	37539.26	14101.36	2552.67
集团本部	2409034.82	2309927.79	2309777.79		150.00	150.00	82453.00		43992.26	921.48	37539.26	14101.36	2552.67
沈阳公司	2457.23	2054.89	2054.89				402.34	402.34					
吉林公司	11410.38	10986.49	10986.49				423.89	423.89					
锦州公司	9046.36	8548.82	8548.82				497.54	497.54					
内蒙古公司	5487.83	5487.83	5487.83										

2019年集团公司勘察设计经济技术指标（产量）

单位	完成铁路项目工作量								地质勘探		
	线路（折算公里）	正线长度（km）							实钻米		物探（标准点）
		预可行性研究	初测	可行性研究	定测	初步设计	补充定测	施工图	钻探	触探	
中国铁设	1795.3	2889.2	1655.9	2810.5	1956.7	1768.7	442.3	1392.1	1108867.6	79760.0	7016480
集团本部	1572.9	1969.3	1534.6	2054.2	1763.5	1668.5	329.3	1217.8	1095759.3	79760.0	7016480
沈阳公司	83.0	31.0	39.0	54.3	31.8	15.3	66.2	59.4	5202.5		
吉林公司	25.2	284.1	33.5	33.5	5.3		23.9	29.2	340.0		
锦州公司	8.8	14.0		521.4	10.7	0.6	7.4	10.1	2427.8		
内蒙古公司	105.4	590.8	48.8	147.1	145.4	84.3	15.5	75.6	5138.0		

2019 年集团公司勘察设计、工程咨询成果获奖项目统计

序号	主持单位	获奖项目名称	获奖等级	颁奖单位
1	上海公司	上海轨道交通 11 号线工程	国家级第十六届詹天佑中国土木工程大奖	中国土木工程学会、中国科学技术发展基金会、詹天佑土木工程科技发展基金
2	华南公司	深圳市轨道交通 7 号线工程	国家级第十六届詹天佑中国土木工程大奖	中国土木工程学会、中国科学技术发展基金会、詹天佑土木工程科技发展基金
3	线站院	新建铁路大同至西安客运专线工程（太原南—西安北）	国家级第十六届詹天佑中国土木工程大奖	中国土木工程学会、中国科学技术发展基金会、詹天佑土木工程科技发展基金
4	建筑院	新建铁路杭州至长沙客运专线杭州南站站房工程	2019 年“海河杯”天津市优秀勘察设计奖一等奖	天津市勘察设计协会
5	建筑院	援越南越中友谊宫	2019 年“海河杯”天津市优秀勘察设计奖二等奖	天津市勘察设计协会
6	建筑院	哈尔滨站改造工程（哈站站房及雨棚工程）	2019 年“海河杯”天津市优秀勘察设计奖二等奖	天津市勘察设计协会
7	土建院	石济客专济南黄河公铁两用桥	2019 年“海河杯”天津市优秀勘察设计奖一等奖	天津市勘察设计协会
8	土建院	新建石家庄至济南铁路客运专线桥梁设计	2019 年“海河杯”天津市优秀勘察设计奖一等奖	天津市勘察设计协会
9	土建院	北京市中低速磁浮交通示范线（S1 线）（石厂至金安桥段）桥梁设计	2019 年“海河杯”天津市优秀勘察设计奖一等奖	天津市勘察设计协会
10	公路事业部	太原卧虎山路改建工程跨石太客专及石太铁路立交桥	2019 年“海河杯”天津市优秀勘察设计奖二等奖	天津市勘察设计协会
11	土建院	长春至白城铁路扩能改造工程桥梁设计	2019 年“海河杯”天津市优秀勘察设计奖二等奖	天津市勘察设计协会
12	土建院	新建呼和浩特至准格尔铁路工程桥梁设计	2019 年“海河杯”天津市优秀勘察设计奖二等奖	天津市勘察设计协会
13	公路事业部	佳木斯市政道路学府街公铁立交工程	2019 年“海河杯”天津市优秀勘察设计奖三等奖	天津市勘察设计协会

续表

序号	主持单位	获奖项目名称	获奖等级	颁奖单位
14	公路事业部	高平至沁水高速公路工程	2019年“海河杯”天津市优秀勘察设计奖三等奖	天津市勘察设计协会
15	土建院	介休市介休东站站前广场与市内道路连接线铁路高架桥工程	2019年“海河杯”天津市优秀勘察设计奖三等奖	天津市勘察设计协会
16	机环院	罗湖区小区排水管网改造工程（2014年、2016年、2016年第二批）	2019年“海河杯”天津市优秀勘察设计奖二等奖	天津市勘察设计协会
17	城交事业部	北京市中低速磁浮交通示范线（S1线）工程	2019年“海河杯”天津市优秀勘察设计奖一等奖	天津市勘察设计协会
18	电化电信院	天津铁路枢纽西南环线扩能改造工程四电系统设计	2019年“海河杯”天津市优秀勘察设计奖一等奖	天津市勘察设计协会
19	城交事业部	大连市地铁1号线二期工程	2019年“海河杯”天津市优秀勘察设计奖一等奖	天津市勘察设计协会
20	电化电信院	天津市轨道交通基于通信列车控制系统替代固定闭塞关键技术示范项目1号线信号系统设计	2019年“海河杯”天津市优秀勘察设计奖一等奖	天津市勘察设计协会
21	城交事业部	石家庄市轨道交通3号线一期工程（首开段）给排水及消防系统	2019年“海河杯”天津市优秀勘察设计奖二等奖	天津市勘察设计协会
22	机环院	上海轨道交通9号线金桥停车场及综合开发	2019年“海河杯”天津市优秀勘察设计奖二等奖	天津市勘察设计协会
23	城交事业部	石家庄市城市轨道交通3号线一期工程——石家庄站后地下停车场站场、线路、轨道优化设计	2019年“海河杯”天津市优秀勘察设计奖二等奖	天津市勘察设计协会
24	城交事业部	石家庄市城市轨道交通3号线一期工程石家庄站后（地下）停车场施工图设计	2019年“海河杯”天津市优秀勘察设计奖二等奖	天津市勘察设计协会
25	城交事业部	天津地铁6号线调整及新建延伸线工程西站枢纽设计	2019年“海河杯”天津市优秀勘察设计奖二等奖	天津市勘察设计协会
26	沈阳公司	长春地铁1号线一期工程北环路站—庆丰路站、庆丰路站——一匡街站、一匡街站—长春火车北广场站、长春火车北广场站—长春火车南广场站区间隧道	2019年“海河杯”天津市优秀勘察设计奖二等奖	天津市勘察设计协会
27	城交事业部	上海轨道交通9号线三期（东延伸）工程金海路站	2019年“海河杯”天津市优秀勘察设计奖三等奖	天津市勘察设计协会

续表

序号	主持单位	获奖项目名称	获奖等级	颁奖单位
28	城交事业部	大连地铁 1 号线医大二院站建筑、结构、环控、给排水设计	2019 年“海河杯”天津市优秀勘察设计奖三等奖	天津市勘察设计协会
29	城交事业部	厦门市轨道交通 1 号线一期工程莲花路口站通风空调系统设计暨蒸发冷凝机组冷源应用	2019 年“海河杯”天津市优秀勘察设计奖三等奖	天津市勘察设计协会
30	城交事业部	厦门市轨道交通 1 号线一期工程土建 2 标文灶站、莲花路口站地下结构设计	2019 年“海河杯”天津市优秀勘察设计奖三等奖	天津市勘察设计协会
31	城交事业部	厦门市轨道交通 1 号线一期工程土建 2 标地下区间设计	2019 年“海河杯”天津市优秀勘察设计奖三等奖	天津市勘察设计协会
32	城交事业部	石家庄市城市轨道交通 3 号线一期工程新百广场站结构设计	2019 年“海河杯”天津市优秀勘察设计奖三等奖	天津市勘察设计协会
33	城交事业部	台山核电厂一期取水隧洞工程 1、2 号取水隧洞及进出口构筑物设计	2019 年“海河杯”天津市优秀勘察设计奖三等奖	天津市勘察设计协会
34	地勘院	天津铁路枢纽西南环线扩能改造工程地质勘察	2019 年“海河杯”天津市优秀勘察设计奖二等奖	天津市勘察设计协会
35	地勘院	长春至白城铁路扩能改造工程地质勘察	2019 年“海河杯”天津市优秀勘察设计奖二等奖	天津市勘察设计协会
36	沈阳公司	沈西工业走廊火石岗至渤海铁路工程地质勘察	2019 年“海河杯”天津市优秀勘察设计奖三等奖	天津市勘察设计协会
37	地勘院	天津地铁 6 号线红旗南路站、北站站（换乘站）工程勘察	2019 年“海河杯”天津市优秀勘察设计奖三等奖	天津市勘察设计协会
38	土建院	北京市中低速磁浮交通示范线（S1）路基结构设计	2019 年“海河杯”天津市优秀勘察设计奖二等奖	天津市勘察设计协会
39	土建院	长白铁路扩能改造工程路基加固、地下水路堑及支挡结构设计	2019 年“海河杯”天津市优秀勘察设计奖	天津市勘察设计协会
40	测绘院	京雄城际铁路工程航测遥感信息化示范应用	2019 年“海河杯”天津市优秀勘察设计奖一等奖	天津市勘察设计协会
41	测绘院	新建北京至天津滨海新区铁路宝坻至滨海新区段精密工程控制测量	2019 年“海河杯”天津市优秀勘察设计奖二等奖	天津市勘察设计协会
42	测绘院	深圳市城市轨道交通 14 号线精密工程控制测量	2019 年“海河杯”天津市优秀勘察设计奖二等奖	天津市勘察设计协会

续表

序号	主持单位	获奖项目名称	获奖等级	颁奖单位
43	地勘院	新建铁路云桂线（云南段）红石岩隧道工程质量第三方检测	2019 年“海河杯”天津市优秀勘察设计奖一等奖	天津市勘察设计协会
44	城交事业部	厦门市轨道交通 1 号线一期工程文灶站给排水及消防系统设计	2019 年“海河杯”天津市优秀勘察设计奖二等奖	天津市勘察设计协会
45	电化电信院	天津地铁 6 号线一期工程西站站供配电系统设计	2019 年“海河杯”天津市优秀勘察设计奖三等奖	天津市勘察设计协会
46	电化电信院	越中友谊宫智能化系统（含舞台音响系统）	2019 年“海河杯”天津市优秀勘察设计奖一等奖	天津市勘察设计协会
47	电化电信院	天津地铁 1 号线东延工程 FASBAS 及综合安防系统设计	2019 年“海河杯”天津市优秀勘察设计奖二等奖	天津市勘察设计协会
48	电化电信院	石家庄市城市轨道交通 3 号线一期工程首开段通信系统设计	2019 年“海河杯”天津市优秀勘察设计奖二等奖	天津市勘察设计协会
49	电化电信院	上海 9 号线三期（东延伸）工程通信系统设计	2019 年“海河杯”天津市优秀勘察设计奖三等奖	天津市勘察设计协会
50	沈阳公司	辽宁中电投本溪热电厂“上大压小新建工程”铁路专用线新建工程总承包	2019 年“海河杯”天津市优秀勘察设计奖二等奖	天津市勘察设计协会
51	电化电信院	青荣城际铁路公网覆盖工程总承包	2019 年“海河杯”天津市优秀勘察设计奖三等奖	天津市勘察设计协会
52	实验室	京雄城际铁路站前工程 BIM 设计及应用	2019 年“海河杯”天津市优秀勘察设计奖一等奖	天津市勘察设计协会
53	信息化院	铁总主数据中心工程 BIM 全生命周期建设管理应用	2019 年“海河杯”天津市优秀勘察设计奖三等奖	天津市勘察设计协会
54	地勘院	新建沈阳至丹东铁路客运专线工程地质勘察	2017—2018 年度铁路优秀工程勘察设计奖一等奖	国家铁路局
55	地勘院	新建哈尔滨至齐齐哈尔铁路客运专线工程地质勘察	2017—2018 年度铁路优秀工程勘察设计奖二等奖	国家铁路局
56	测绘院	新建长沙至昆明铁路客运专线（湖南段）精密工程控制测量	2017—2018 年度铁路优秀工程勘察设计奖二等奖	国家铁路局

续表

序号	主持单位	获奖项目名称	获奖等级	颁奖单位
57	地勘院	新建天津至保定铁路工程地质勘察	2017—2018 年度铁路优秀工程勘察设计奖三等奖	国家铁路局
58	测绘院	新建张家口至唐山铁路工程测量	2017—2018 年度铁路优秀工程勘察设计奖三等奖	国家铁路局
59	线站院	新建沈阳南站工程站场设计	2017—2018 年度铁路优秀工程勘察设计奖一等奖	国家铁路局
60	线站院	新建张家口至唐山铁路工程线路设计	2017—2018 年度铁路优秀工程勘察设计奖一等奖	国家铁路局
61	线站院	新建天津至秦皇岛铁路客运专线工程总体设计	2017—2018 年度铁路优秀工程勘察设计奖一等奖	国家铁路局
62	土建院	新建哈尔滨至齐齐哈尔铁路客运专线松花江四线铁路 77m+3×156.8m+77m 连续梁拱桥设计	2017—2018 年度铁路优秀工程勘察设计奖一等奖	国家铁路局
63	电化电信院	新一代客票系统二期工程设计	2017—2018 年度铁路优秀工程勘察设计奖一等奖	国家铁路局
64	电化电信院	“六所一中心”信号系统工程设计	2017—2018 年度铁路优秀工程勘察设计奖一等奖	国家铁路局
65	建筑院	新建沈阳南站站房工程设计	2017—2018 年度铁路优秀工程勘察设计奖一等奖	国家铁路局
66	线站院	新建天津至保定铁路引入天津枢纽、保定地区总体设计	2017—2018 年度铁路优秀工程勘察设计奖二等奖	国家铁路局
67	线站院	新建青岛至荣成城际铁路工程线路设计	2017—2018 年度铁路优秀工程勘察设计奖二等奖	国家铁路局
68	土建院	新建兴县至保德地方铁路一期工程瓦塘至冯家川段高墩大跨桥梁设计	2017—2018 年度铁路优秀工程勘察设计奖二等奖	国家铁路局
69	城交事业部	新建长沙至昆明铁路客运专线（湖南段）隧道设计	2017—2018 年度铁路优秀工程勘察设计奖二等奖	国家铁路局
70	电化电信院	新建哈尔滨至齐齐哈尔铁路客运专线四电集成设计	2017—2018 年度铁路优秀工程勘察设计奖二等奖	国家铁路局

续表

序号	主持单位	获奖项目名称	获奖等级	颁奖单位
71	机环院	新建天津至保定铁路曹庄动车运用所工程设计	2017—2018 年度铁路优秀工程勘察设计奖二等奖	国家铁路局
72	线站院	新建京津城际延伸线天津至于家堡工程总体设计	2017—2018 年度铁路优秀工程勘察设计奖三等奖	国家铁路局
73	线站院	新建张家口至唐山铁路工程轨道工程设计	2017—2018 年度铁路优秀工程勘察设计奖三等奖	国家铁路局
74	吉林公司	辽源至长春铁路新建工程设计	2017—2018 年度铁路优秀工程勘察设计奖三等奖	国家铁路局
75	线站院	滨绥线牡丹江至绥芬河扩能改造工程总体设计	2017—2018 年度铁路优秀工程勘察设计奖三等奖	国家铁路局
76	地勘院	新建青岛至荣成城际铁路工程路基设计	2017—2018 年度铁路优秀工程勘察设计奖三等奖	国家铁路局
77	地勘院	新建沈阳至丹东铁路客运专线路基防冻胀设计	2017—2018 年度铁路优秀工程勘察设计奖三等奖	国家铁路局
78	地勘院	新建张家口至唐山铁路特殊路基工点工程设计	2017—2018 年度铁路优秀工程勘察设计奖三等奖	国家铁路局
79	土建院	新建张家口至唐山铁路桥梁工程设计	2017—2018 年度铁路优秀工程勘察设计奖三等奖	国家铁路局
80	土建院	东北东部铁路新建丹大快速铁路桥梁设计	2017—2018 年度铁路优秀工程勘察设计奖三等奖	国家铁路局
81	城交事业部	东北东部铁路新建前阳至庄河段小净距隧道设计	2017—2018 年度铁路优秀工程勘察设计奖三等奖	国家铁路局
82	城交事业部	新建张家口至唐山铁路工程燕山隧道设计	2017—2018 年度铁路优秀工程勘察设计奖三等奖	国家铁路局
83	城交事业部	新建沈阳至丹东铁路客运专线锦江山隧道设计	2017—2018 年度铁路优秀工程勘察设计奖三等奖	国家铁路局
84	电化电信院	新建沈阳至丹东铁路客运专线四电集成设计	2017—2018 年度铁路优秀工程勘察设计奖三等奖	国家铁路局

续表

序号	主持单位	获奖项目名称	获奖等级	颁奖单位
85	机环院	新建沈阳南站工程给排水设计	2017—2018 年度铁路优秀工程勘察设计奖三等奖	国家铁路局
86	城交事业部	新建北京站至北京西站地下直径线前三门隧道防灾疏散救援通风系统设计	2017—2018 年度铁路优秀工程勘察设计奖三等奖	国家铁路局
87	机环院	新建长沙至昆明铁路客运专线工程（湖南段）给排水工程设计	2017—2018 年度铁路优秀工程勘察设计奖三等奖	国家铁路局
88	公路事业部	高平至沁水高速公路工程	2018 年公路交通优秀勘察奖三等奖	中国公路勘察设计协会
89	公路事业部	高平至沁水高速公路工程	2018 年公路交通优秀设计奖二等奖	中国公路勘察设计协会
90	公路事业部	高平至沁水高速公路工程	2018 年山西省公路交通优秀设计奖二等奖	山西省住房和城乡建设委
91	测绘院	印尼雅加达至万隆高速铁路工程测量	2019 年天津市优秀测绘工程奖一等奖	天津市测绘学会
92	测绘院	新建杭州经绍兴至台州铁路轻型激光雷达勘测	2019 年天津市优秀测绘工程奖二等奖	天津市测绘学会
93	测绘院	既有南广铁路精测网复测及线路平纵断面复测拟合	2019 年天津市优秀测绘工程奖三等奖	天津市测绘学会
94	建筑院	新建济南至青岛高速铁路济南东客站屋盖工程项目超限抗震设防专项	2018 年天津市优秀工程咨询一等奖	天津市工程咨询协会
95	机环院	新建牡丹江至佳木斯铁路客运专线工程水土保持方案报告书	2018 年天津市优秀工程咨询二等奖	天津市工程咨询协会
96	运规院	沪甬铁路跨杭州湾通道规划研究	2018 年天津市优秀工程咨询三等奖	天津市工程咨询协会
97	公路事业部	牡丹江市太平路下穿牡丹江站工程可行性研究报告	2018 年天津市优秀工程咨询三等奖	天津市工程咨询协会
98	线站院	北京至雄安新区城际铁路调整可行性研究报告	2019 年中铁股份优秀工程咨询成果奖一等奖	中铁股份有限公司
99	电化电信院	铁路总公司主数据灾备中心选址方案研究	2019 年中铁股份优秀工程咨询成果奖一等奖	中铁股份有限公司
100	运规院	优化完善京津冀及雄安新区铁路规划扎实推进重点项目实施方案	2019 年中铁股份优秀工程咨询成果奖一等奖	中铁股份有限公司
101	机环院	新建北京至沈阳铁路客运专线（辽宁段）（弃渣场补充）水土保持方案	2019 年中铁股份优秀工程咨询成果奖一等奖	中铁股份有限公司

续表

序号	主持单位	获奖项目名称	获奖等级	颁奖单位
102	机环院	中国铁路总公司主数据中心节能报告	2019 年中铁股份优秀工程咨询成果奖一等奖	中铁股份有限公司
103	华南公司	深圳市岗厦北综合交通枢纽工程可行性研究报告	2019 年中铁股份优秀工程咨询成果奖一等奖	中铁股份有限公司
104	城交事业部	巴基斯坦拉合尔轨道交通橙线工程可行性研究报告	2019 年中铁股份优秀工程咨询成果奖一等奖	中铁股份有限公司
105	铁三院公司	新建铁路杭州至长沙铁路客运专线（浙江段）施工图审核	2019 年中铁股份优秀工程咨询成果奖一等奖	中铁股份有限公司
106	运规院	新建江苏南沿江城际铁路可行性研究报告	2019 年中铁股份优秀工程咨询成果奖二等奖	中铁股份有限公司
107	建筑院	新建青岛至连云港铁路工程青岛西站站房及站场设施工程深化方案	2019 年中铁股份优秀工程咨询成果奖二等奖	中铁股份有限公司
108	建筑院	北京铁路枢纽丰台站改建工程（站房）项目超限抗震设防专项	2019 年中铁股份优秀工程咨询成果奖二等奖	中铁股份有限公司
109	运规院	山东省高速铁路可持续发展规划专题研究	2019 年中铁股份优秀工程咨询成果奖二等奖	中铁股份有限公司
110	机环院	大连地铁车辆检修综合实施方案	2019 年中铁股份优秀工程咨询成果奖二等奖	中铁股份有限公司
111	机环院	深圳市城市轨道交通 14 号线环境影响报告书	2019 年中铁股份优秀工程咨询成果奖二等奖	中铁股份有限公司
112	城交事业部	地铁 8 号线胶州北站地下空间建设工程可行性研究报告	2019 年中铁股份优秀工程咨询成果奖二等奖	中铁股份有限公司
113	公路事业部	山西省集中连片特困地区（天镇县）省道马走线马市口至瓦天口段公路改建工程咨询报告	2019 年中铁股份优秀工程咨询成果奖二等奖	中铁股份有限公司
114	机环院	郑州机务段（北院）检修工序再造工程可行性研究	2019 年中铁股份优秀工程咨询成果奖二等奖	中铁股份有限公司
115	运规院	潍坊北站高铁物流研究	2019 年中铁股份优秀工程咨询成果奖二等奖	中铁股份有限公司

续表

序号	主持单位	获奖项目名称	获奖等级	颁奖单位
116	机环院	新建石家庄至衡水至沧州至黄骅港城际铁路（衡水至黄骅港段）环境影响报告书	2019 年中铁股份优秀工程咨询成果奖三等奖	中铁股份有限公司
117	机环院	新建北京至雄安新区城际铁路环境影响报告书	2019 年中铁股份优秀工程咨询成果奖三等奖	中铁股份有限公司
118	运规院	通苏嘉甬铁路通道嘉甬段跨湾运量预测与开行方案研究	2019 年中铁股份优秀工程咨询成果奖三等奖	中铁股份有限公司
119	测绘院	济南至青岛高速铁路测量咨询评估	2019 年中铁股份优秀工程咨询成果奖三等奖	中铁股份有限公司
120	运规院	上海—重庆（成都）—乌鲁木齐双层集装箱通道研究	2019 年中铁股份优秀工程咨询成果奖三等奖	中铁股份有限公司
121	城交事业部	南京至句容城际轨道交通工程可行性研究报告	2019 年中铁股份优秀工程咨询成果奖三等奖	中铁股份有限公司
122	运规院	胶济通道运输能力优化配置研究	2019 年中铁股份优秀工程咨询成果奖三等奖	中铁股份有限公司
123	铁三院公司	新建张家口至呼和浩特铁路施工图审核	2019 年中铁股份优秀工程咨询成果奖三等奖	中铁股份有限公司
124	电化电信院	哈尔滨铁路枢纽 GSM-R 网络规划	2019 年中铁股份优秀工程咨询成果奖三等奖	中铁股份有限公司

2019年集团公司软件著作权登记统计

序号	软件著作权名称	登记号	登记日	编制人
1	基于CRDC_RIM的市政地下管线自动建模软件V1.0（CRDC_RIM_Pipline）	2019SR0019712	2019-1-7	赵　文　韩祖杰　黄　漪　王　华　宁新稳　张　恒
2	城市轨道交通车站出入口设计软件1.0	2019SR0054457	2019-1-16	王力冰　孙　明　王　欢　魏英洪　邱世超　李润瑶　王民治　刘　哲　靳瑞杰
3	多尺度小波分解软件V1.0	2019SR1041032	2019-1-16	刘振明　刘　英　刘文才　董　晋　宗传志　王　银　许广春　张雨飞　季淞达
4	企业工时定额自动统计计算软件V1.0	2019SR0069001	2019-1-21	刘　航　王开怀　张国栋　彭　涛
5	基于单桩荷载试验的桩筏基础沉降预测分析软件	2019SR0074477	2019-1-22	陈洪运　郭帅杰　宋绪国
6	原位孔内剪切试验数据管理与计算分析系统	2019SR0083265	2019-1-23	李　鹏　朱晴晴
7	基于BIM技术的铁路框架箱涵设计系统	2019SR0080913	2019-1-23	王　祯　苏　伟　齐成龙　苗永抗
8	基于3DEXPERIENCE平台的给水排水管道自动连接软件V1.0	2019SR0086915	2019-1-24	王明智　马敏杰　李江雯　裴　露　李晓辰　耿一迪　车跃龙　陈为民　李楠楠　王永强　席尚东
9	铁路移动激光扫描系统——轨道检测软件	2019SR0109173	2019-1-30	许　磊　谭　兆　秦守鹏　刘　成　李亚辉　洪江华　匡团结　林勇威　张志刚
10	铁路移动激光扫描系统——接触网检测软件	2019SR0109161	2019-1-30	秦守鹏　许　磊　谭　兆　牟春霖　李亚辉　洪江华　林勇威
11	铁路测绘成果质量检查与评价系统	2019SR0155746	2019-2-19	谷洪业　张冠军
12	铁路航测调绘片自动制作系统	2019SR0155752	2019-2-19	周文明　甘　俊　王大刚　范登科　王　娇　马　帅　邓继伟　翟　旭　赵振洋　宗伟丽　李平苍　张良会
13	无人机视频巡线系统	2019SR0155758	2019-2-19	王　凯　高文峰　张玲玲
14	Lidar航测既有线横纵断面制作软件	2019SR0155738	2019-2-19	宗伟丽　周文明　甘　俊　赵　海　李平苍　张良会　崔晓瑜　马　帅　翟　旭　邓继伟
15	铁路货运量预测辅助信息系统软件	2019SR0158886	2019-2-20	高明明　王　俏　南敬林　聂英杰　吴其刚　杨鹏程　陈　波　唐永政
16	铁路移动激光扫描系统——限界检测软件	2019SR0185130	2019-2-26	谭　兆　许　磊　秦守鹏　李亚辉　洪江华　林勇威

续表

序号	软件著作权名称	登记号	登记日	编制人
17	基于进度图的铁路施工组织管理系统 V1.0	2019SR0257088	2019-3-18	王　华　韩祖杰　宁新稳　赵　文　黄　漪　张　恒　王　娇
18	铁路工程施工图设计电子文件管理系统 V1.0	2019SR0285315	2019-3-27	王　华　韩祖杰　宁新稳　赵　文　黄　漪　张　恒　王　娇
19	高铁路基沉降计算软件 V1.0	2019SR0311710	2019-4-8	郭帅杰　宋绪国　陈洪运
20	高速铁路噪声源综合分析软件 V1.0	2019SR0327589	2019-4-12	胡文林　王少林　何　宾　刘冀钊
21	铁路工程地质柱状图自动成图系统 V1.0	2019SR0328513	2019-4-12	李　鹏　李国和　齐春雨　黄大中
22	混凝土结构截面承载力曲线绘制及验算软件 V1.0	2019SR0843848	2019-4-15	张继清　宋　冉　郭剑勇　刘　瑜　王秀妍　崔　涛
23	装配式地下结构智能化设计计算软件	2019SR0751131	2019-4-15	张继清　王秀妍　郭剑勇　宋　冉　崔　涛　刘　瑜
24	铁路电力辅助设计软件统一平台	2019SR0469807	2019-5-16	彭　涛　张国栋　高汝英　刘　航　户其晓　王明明　张　运　郭晓龙　赵　畅
25	瑞雷面波分层提取软件[简称：LEWESCRDC]V1.0	2019SR0947149	2019-5-25	秦海旭　许广春　李志华　于立波
26	铁路工程物探成果管理及综合解译图形平台 V1.0	2019SR0536661	2019-5-29	赵广茂　于立波　祁晓雨　王　银　黄大中　李　鹏
27	小波神经网络（WNN）沉降预测软件	2019SR0568401	2019-6-4	葛玉辉　薛　骐
28	铁路工程地质剖面图成图系统 V1.0	2019SR0617295	2019-6-17	李　鹏　李国和　黄大中　齐春雨
29	铁路环境振动数据处理软件	2019SR0684615	2019-7-3	陈洪运　郭帅杰　宋绪国
30	列控工程数据综合管理平台	2019SR0799935	2019-8-1	杨　帆　关晓磊　张　昱　王海忠　关　胜　武长海　闫俊俊　梁朝辉　张　陶　杨瑞宇　倪建军　杨　莉　邹　枫　孔令宽　王　林　闫宇航　龚　炯　马作泽　张兆中
31	航遥测绘技术质量管理系统[简称：CRDC-HCIQMS]V1.0	2019SR0816888	2019-8-6	王大刚　赵振洋　高文峰　王　娇　甘　俊　李平苍　张良会　邓继伟　周文明　马　帅　翟　旭
32	多轨 DInSar 沉降监测数据处理系统[简称：CRDC_SARSTTTCHER]V1.0	2019SR0857411	2019-8-19	赵振洋　王大刚　翟　旭　周文明　甘　俊　邓继伟　马　帅　李平苍　张良会　宗伟丽　吕晓煜　崔晓瑜

续表

序号	软件著作权名称	登记号	登记日	编制人
33	GNSS 数据质量检查及管理软件[简称：GNSS 数据质量检查及管理]V1.0	2019SR0857464	2019-8-19	范朋飞 谢春喜 袁士涛 张天航 许 磊 谢 鹏 吴会军 赵梦杰
34	铁路 BIM 模型交付 IFC 标准检验软件 1.0	2019SR0877690	2019-8-23	朱天华 朱晴晴
35	高铁桥墩临近荷载沉降影响计算软件 PIAS	2019SR0898992	2019-8-29	苏 伟 孟繁增 禚 一 刘洪占 王 旭 顾津申 邸 昊 杨学林 魏剑峰
36	测绘劳保管理系统 V0.1.0	2019SR0991458	2019-9-25	谷洪业
37	创岗建区组织测评打分系统 V0.1.0	2019SR0991473	2019-9-25	谷洪业
38	静力水准仪自动化监测数据处理系统 V1.0	2019SR0992276	2019-9-25	薛 骐
39	Tunnel Front Slope Design Software[简称：TFSD]	2019SR1011357	2019-9-30	冯山群 王 浩 吴 浩 吕宝伟 刘 超 杨昌贤 席博阳
40	Tunnel Side Slope Design Software[简称：TSSD]	2019SR1011338	2019-9-30	冯山群 王 浩 段程鹏 王世清 刘 超 马永昌 赵 青
41	Service Tunnel Site Selection Software [简称：STSS]	2019SR1013569	2019-9-30	冯山群 王 浩 孟庆余 曾 青 翁东郁 刘 超 霍思逊
42	基于 GIS 桌面版无人机巡线系统[简称：UAVGIS]V1.0	2019SR1018143	2019-10-8	王 凯 高文峰 邓继伟 尹传恒 葛玉辉 张英杰 岳 亮 高 帅 赵罗明 聂虎啸
43	铁路涵洞辅助设计系统 V1.0	2019SR1045495	2019-10-15	白鸿国 苏 伟 张兴华 刘洪占 宋毓澜
44	铁路桥梁三维自动刷坡设计系统 V1.0	2019SR1045506	2019-10-15	白鸿国 苏 伟 张兴华 刘洪占 宋毓澜
45	高速铁路 CRTSI 型双块式无砟轨道 BIM 快速建模软件	2019RS1123247	2019-12-3	—
46	铁路施工测量系统软件	2019SR1160199	2019-12-3	—
47	接地电阻检测嵌入式软件 V1.0	2019SR0177844	2019-12-11	王开怀 户其晓 彭 涛 王明明 赵丽娜 闫小伟 李欣阳 胡文达
48	高铁梁场车载自主养护系统 V1.0	2019SR1243467	2019-12-17	田承昊 尉文婷 陶 然 周康喆 倪晋峰 翁 凯 郭峻嘉 李 冲
49	免外接电源的无人值守智慧区间房屋系统 V1.0	2019SR1243589	2019-12-17	田承昊 于军港 苗 盛 陶 然 常 虹 郑修凯 李洪达 刘宝康

续表

序号	软件著作权名称	登记号	登记日	编制人
50	交通建筑能耗综合监测及多功能控制系统V1.0	2019SR1243459	2019-12-17	田承昊 王 祯 张文超 乔 越 徐宁波 何浩博 殷启阳 张天明
51	境外铁路工程坐标转换软件[简称:CRDC_ACC]V1.0	2019SR1073804	2019-10-23	谭 兆 匡团结 洪江华 郑雪峰 秦守鹏 张云龙 江 浩 郭 江 邹 鑫 尹传恒 马 泉 魏 好
52	铁路精测网精度指标统计软件V1.0	2019SR1188633	2019-11-22	牟春霖 张冠军 梁 永 谢春喜 张天航 喻 巧 孟凡超 赵梦杰
53	基础奖金管理系统V1.0	2019SR1188730	2019-11-22	牟春霖 谢春喜 张天航 范朋飞 杨李龙 吴会军 吴 超 喻 巧
54	铁路立交工程施工形变控制自动化监测数据发布系统V1.0	2019SR1187211	2019-11-21	杨云洋 李亚辉 梁 永 杨登科 陈 涛 李明军 江 浩 陈 倜 丁 方 张鹏海 王龙超 马 硕
55	CRDC惯导轨道检测小车数据采集APP软件V1.0	2019SR1187217	2019-11-21	杨双旗 杨云洋 谷洪业 洪江华 郑雪峰 匡团结 李亚辉 薛 骐
56	综合监测后台服务系统V1.3	2019SR1190078	2019-11-22	杨云洋 杨双旗 谷洪业 薛 骐
57	全站仪自动化监测数据采集系统V4.0	2019SR1188693	2019-11-22	杨云洋 杨双旗 谷洪业 薛 骐
58	CRDC惯导轨道检测小车中控数据采集软件V1.0	2019SR1190716	2019-11-22	杨云洋 薛 骐 谷洪业 杨双旗
59	铁路外部环境巡检APP系统[简称:CRDC_RRSYS]V1.0	2019SR1140416	2019-11-12	王大刚 赵振洋 甘 俊 周文明 刘孟涵 李广宇 马 帅 翟 旭 吕晓煜

2019年集团公司获批专利统计

序号	专利名称	专利类型	专利申请号	公告日	发明人
1	一种用于隧道预埋槽道的一体式支架	实用新型	201820652997.2	2019-1-1	林森斌 李敬梅 杨毅秋 田巧焕 信磊磊 田小芳 祁寒 林家桢 李光京
2	一种预制装配式地连墙结构	实用新型	201820674726.7	2019-1-1	张桂杨 张继清 王世清 崔涛 郭剑勇
3	一种具有聚脲的重防腐体系桥梁支座	实用新型	201820824915.8	2019-1-4	王祯 苏伟 孙大斌 王红续 李宇 刘洪占 高双全 张雷 王庆培 史英杰 付璐璐 常迎雨 曹铁成
4	一种具有石墨烯锌的重防腐体系桥梁支座	实用新型	201820824917.7	2019-1-4	王祯 苏伟 李宇 王红续 孙大斌 刘洪占 高双全 王庆培 史英杰 付璐璐 常迎雨 曹铁成
5	高速铁路简支梁伸缩缝监测装置	实用新型	201820287361.2	2019-1-4	彭理 张天航 魏传军 郭静静 陈倜 余乐义 翟文博 康建国 李明军 阳鹏华
6	一种抗台风、防渗漏的金属屋面系统	实用新型	201820342286.5	2019-1-4	陶然 沈月荣 吴国恩 王颖 陈俊臣 刘爱森
7	一种铁路声屏障复合材料单元板	实用新型	201820916176.5	2019-1-8	佟春双 周继超 王文学 赵哲 石玉川 张海瑜 申耀国
8	一种多功能通风装置	实用新型	201820461222.7	2019-1-11	邹志胜 孙兆军 朱建章 高辉 宋和平 孙永强 洪玉阳 郝鹏飞
9	一种复合式高铁站台的挡土墙结构	实用新型	201820978504.4	2019-1-11	赵振利 刘学广 黄建勇 傅小斌 陶然 沈月荣 刘明 于全魁 杨芮
10	全自动车辆段信号ATC系统架构	实用新型	201820972397.4	2019-1-15	王喜军 张天赋 鞠帅 关胜 武长海 王小飞 刘金瑞 贾利生 赵亮 边兴悦 郑剑锋
11	一种电子式避雷器监测装置	实用新型	201820931438.5	2019-1-22	李波 喻勇高 黄海浪 邵明 魏建忠 尚国旭
12	一种便于散热的新型箱式变电站箱体	实用新型	201821193441.8	2019-1-29	马静波 王源山 崔小岳 王开怀 王明明
13	新型城轨道岔转辙器	实用新型	201820972386.6	2019-2-22	田苗盛 杨宝峰 刘道通 曹宇泽 陈敦昌 王书卫 安然
14	一种地下结构施工缝的防水构造	实用新型	201820532312.0	2019-2-22	王达麟 林森斌 李敬梅 吕宝伟 张继清 王世清 陈换利 于升才

续表

序号	专利名称	专利类型	专利申请号	公告日	发明人
15	一种适用于软土地区既有线路的置换桩加固结构	实用新型	201820895670.8	2019-2-26	王　祯　魏毅强　曹　全　陈天艳　王　彦　苏　伟　宋顺忱　张　军　孟繁增　禚　一
16	一种新型手持式电动凿毛工具	实用新型	201820941139.X	2019-2-26	王　祯　苏　伟　卢文良　牛远志　彭加欣　周岳武　薛　杰　吴长发　王　琦　刘　龙
17	一种用于节段预制拼装梁的临时预应力装置	实用新型	201820942832.9	2019-2-26	王　祯　苏　伟　周岳武　刘　凯　张　雷　李　艳　邢　雨　浑铁链　牟兆祥　王江波
18	一种城市轨道交通区域设备纵深集中的信号系统	实用新型	201820124872.2	2019-02-26	王喜军　左　飞　武少峰　张天赋　南　迪　刘培顶
19	一种轨道交通的再生能利用系统	实用新型	201821012373.0	2019-3-1	杨嘉琛　董志杰　杨振龙　邢晓乾　张喜海　刘　聪　胡　斌　吴　越
20	隧道洞口位置自动化比选的BIM设计方法	发明	201610498721.9	2019-3-5	冯山群　马永昌　王　浩　孟庆余　郭剑勇　陈换利
21	铺轨前线路纵断面优化设计方法	发明	201610614232.5	2019-3-5	李顶峰　孔国梁　常　成　李静波
22	基于AT供电方式馈线电流矩阵法判断AT短路故障区段的方法	发明	201711314151.4	2019-3-5	董志杰　陈兴强　崔校玉　杨振龙　邢晓乾　李　波　姚晓云　刘　聪　王　芳
23	一种铁路声屏障结构	发明	201610319336.3	2019-3-16	周继超　薛林海　石玉川　刘冀钊　孙凤珍　朱正清　申耀国
24	铺轨前线路平面优化设计方法	发明	201610614302.7	2019-3-19	李顶峰　孔国梁　常　成　李静波
25	一种仿生螺旋网壳的构成方法	发明	201610581606.8	2019-3-19	田承昊　董　城　孙红峰　赵建华　刘　明
26	用于铁路移动三维扫描的里程编码计安装结构	实用新型	201820757305.0	2019-3-19	覃　兆　许　磊　秦守鹏　李亚辉　李新增　马　泉　江　浩　郭　江　邹　鑫　尹传恒
27	一种二次导流过滤减震的水泵集成装置	实用新型	201721801419.2	2019-3-19	邹志胜　朱建章　余海燕　孙兆军　胡学问　张亚静　高　辉　李　猛
28	一种全站仪的保护罩装置	实用新型	201821266535.3	2019-3-26	薛　骐　杨云洋　谷洪业　杨双旗　匡团结
29	CRTSⅢ型轨道板加工偏差检测方法	发明	201610409638.X	2019-3-29	许　磊　王长进　李新增　李亚辉　谭　兆　谷洪业　石德斌　康占龙　铁骊山
30	高铁桥梁沉降超限区段轨道高程调整量计算方法	发明	201710924383.5	2019-3-29	黄大中　李国和　齐春雨　王洪波　高增增　李　鹏　牛永效

续表

序号	专利名称	专利类型	专利申请号	公告日	发明人
31	一种维护简便的污水提升装置	实用新型	201821279990.7	2019-4-2	邹志胜　周　添　孙兆军　朱建章　高　辉　陶　然　张亚静　魏立功　沈　忱
32	一种石墨基柔性铜导体接地装置及其制备方法与应用	发明	201711170511.8	2019-4-5	孙震洋　陈　玲　范海江　张嗣宇　张　涛　孙　巍
33	一种快速施工的铁路大直径盾构隧道轨下结构	实用新型	201821228722.2	2019-4-9	张继清　唐　伟　李得昌　冯天炜　高　翔
34	一种户外管道加热器	实用新型	201821449996.4	2019-4-9	毛　竹　唐　虎　许　冰　苏自强　王家海　王银船　马　辉　董文亮　宋　旭
35	一种建筑用抗震支架	实用新型	201821461342.3	2019-4-9	毛　竹　唐　虎　薛　璐　王　欣　周　谞　杨　乐　何燕清　贺　帅　王　强　王万会
36	一种虹吸式排水系统	实用新型	201821449980.3	2019-4-16	毛　竹　马　辉　孙英辉　赵序春　许　冰　张宝群　沙黛诺　唐　虎　蓝　宇
37	一种混凝土轨枕下的弹性垫板	实用新型	201821274747.6	2019-4-19	徐凌雁　徐　鹏　王会永　王伟华　郭丽娜　许吉锭　王　博　厉敏辉
38	一种自动开启天窗	实用新型	201821461310.3	2019-4-23	毛　竹　唐　虎　孙英辉　王　枢　肖文辉　杨　华　杨　芮　朱纯瑶　李　磊
39	高速磁浮运行控制系统	实用新型	201821647148.4	2019-5-3	何永发　周宪宝　刘金瑞　闫俊俊　陈瑞朝　王海忠　齐亚娜　张　昱　孙屹枫
40	预制桩静力压桩中沉桩阻力的计算方法	发明	201610784369.5	2019-5-10	郭帅杰　宋绪国　齐春雨　陈洪运
41	一种用于自动化监测中防止全站仪死机的装置	实用新型	201821267903.6	2019-5-14	薛　骐　杨云洋　谷洪业　杨双旗　匡团结
42	一种既有盾构隧道管片结构加固方法	发明	201710029859.9	2019-5-17	唐　伟　张继清　王世清　李得昌　王乐明
43	车站室外平台检查口防水系统	实用新型	201821624743.6	2019-5-17	孙紫强　高　兴　孙　明　李　垚　毕书孟　吕　贺
44	一种超深竖井基坑的支撑体系	实用新型	201821481424.4	2019-5-17	唐　伟　张继清　王乐明　万自强　贾　辉
45	一种预制墙幅存储移动车架	实用新型	201821516382.3	2019-5-17	杨贵生　王洪昌　张　舵　杨毅秋　李敬梅
46	一种地铁车站热回收型通风空调系统	实用新型	201821565355.5	2019-5-17	孙　超　刘　越　那艳玲　刘学志　张本利　池　东
47	一种电气化铁路接触网上隔离开关的紧急操作装置	实用新型	201821384050.4	2019-5-17	李　波　邓　洪　陈　伟　黄海浪　邵　明　刘　浅

续表

序号	专利名称	专利类型	专利申请号	公告日	发明人
48	一种节段预制拼装式的铁路预应力混凝土连续梁桥	实用新型	201820942862.X	2019-5-31	王 祯 苏 伟 周岳武 施 威 孙大斌 牛远志 尹春燕 谢远超 浑铁链 李恩良
49	一种低噪声低振动旋入钻头	实用新型	201821523761.5	2019-6-7	唐 虎 王 健 陶 然 薛 璐 王 欣 靳 磊 周 谞 张小波 全大龙 刘鹏宇
50	一种预应力现浇混凝土抗拔桩	实用新型	201821287243.8	2019-6-11	唐 虎 王 健 米宏广 余 洋 刘 明 孙俊岭 陶 然 陈后军 毋英俊 田承昊
51	基于北斗短报文的列车运行控制系统	实用新型	201821663908.0	2019-6-14	何永发 周宪宝 刘金瑞 王海忠 闫俊俊 齐亚娜 张 昱 王 林
52	用于分段式真空管道交通运输系统的分隔门系统	实用新型	201821821473.8	2019-7-2	李晓兵 胡叙洪 刘长和 刘红娇
53	一种高速铁路车站信号装置	实用新型	201821886567.3	2019-7-5	王海忠 王哲浩 耿振楠 莫志松 周宪宝 郝腾飞 何永发 顾 蕾 关 胜 张 昱
54	地铁区间的排水装置	实用新型	201821693214.1	2019-7-19	刘学志 叶 健 杨伟帅 胡世东 高国忠 乔国亮
55	一种明挖装配式铁路隧道结构	实用新型	201821556158.7	2019-7-19	崔 涛 张继清 王世清 刘 瑜 张桂扬 郭剑勇 宋 冉 王秀妍
56	一种地层速度测试方法	发明	201810008321.4	2019-7-23	刘振明 许广春 王 银 刘世奇 韩 松 唐筱蜂
57	一发多收地震 CT 数据采集触发装置	实用新型	201821941167.8	2019-7-23	张雨飞 刘振明 郝 明 王 银 陈承申
58	基于横承式便梁的既有铁路轨道加固方法	发明	201710826971.5	2019-7-30	王 祯 张骥翼 徐洪权 曹云明 牛远志 王 福 丁宇坤 宋顺忱 王福在 王 悦 赵志清 王砺文 陈心亮 赵建军 魏 峰 徐建威 夏 宁
59	具有泄水抗浮功能的隧道检查井	发明	201610627500.7	2019-7-30	张 弛 孟庆余 李铁钟 高树峰 吴小策 曾 青 吴 强 杨昌贤
60	一种塔梁预制拼装式的预应力混凝土斜拉桥	实用新型	201820941171.8	2019-7-30	王 祯 苏 伟 周岳武 张 雷 孙宗磊 季伟强 李 艳 杨欣然
61	一种铁路路基减隔振结构	实用新型	201821565032.6	2019-8-6	孙树礼 陈洪运 宋绪国 郭帅杰
62	一种基于公共数据的遥感影像地形图制图法	发明	201610705455.2	2019-8-9	杜 辉 王长进 赵 海 肖慧琴

续表

序号	专利名称	专利类型	专利申请号	公告日	发明人
63	一种用于不锈钢防护栏总成的连接件	实用新型	201822090116.5	2019-8-16	毛　竹　董文亮　刘　晨　包　静　苏自强　全大龙　杨　聍　兰泓静　杨　杰
64	一种不锈钢防护栏总成	实用新型	201822090118.4	2019-8-16	毛　竹　董文亮　刘　晨　包　静　苏自强　全大龙　杨　聍　兰泓静　杨　杰
65	一种加固客运专线粉细沙地基的设备及加固方法	发明	201611259060.0	2019-8-20	王武刚　宋绪国
66	一种连续槽形梁拱桥	实用新型	201821559545.6	2019-8-27	王　祯　苏　伟　孙宗磊　孙大斌　邓江涛　冯国军
67	一种冷凝器热回收型风冷氟泵机房专用空调装置	实用新型	201821874120.4	2019-9-3	张亚静　朱建章　邹志胜　孙兆军　陶　然　高　辉　提常亮　沈　忱
68	一种专用热回收盘管型风冷氟泵机房专用空调装置	实用新型	201821873321.2	2019-9-3	张亚静　朱建章　于世平　邹志胜　孙兆军　陈后军　张红玲　赵云波
69	一种电磁加热供水设备	实用新型	201821731660.7	2019-9-3	邹志胜　孔华彪　王义成　孙兆军　张亚静　陶　然　郭立凯　邹文思
70	一种板换热回收型风冷氟泵机房专用空调装置	实用新型	201821874118.7	2019-9-3	张亚静　朱建章　邹志胜　孙兆军　陶　然　刘　江　李　猛　周鸿彪
71	便于整体组装多向可调的空间网格支座	发明	201611093406.4	2019-9-13	田承昊　董　城　米宏广　孙红峰　陈后军　李　力
72	带有控制单元及空气状态监测模块的一体式射流风机箱	实用新型	201822175462.3	2019-9-13	徐　驰　刘　扬　那艳玲　刘　越　张亚卓　耿　坚　王　斌
73	光伏一体化地铁高架车站环境调节系统	实用新型	201920317366.X	2019-9-13	江崇旭　刘　越　那艳玲　张亚卓　张本利　冯山群
74	一种地铁盾构隧道加固用装配式结构	实用新型	201822071409.9	2019-9-13	张继清　郭剑勇　宋　冉　王秀妍　张桂扬　崔　涛
75	一种新型接触网定位立柱装置	实用新型	201821897161.5	2019-9-13	罗　健　韩凌青　陈　伟
76	一种电磁采暖设备	实用新型	201821699128.1	2019-9-13	孔华彪　邹志胜　王义成　孙兆军　陶　然　刘　江　潘　飞　林昊宇
77	一种承插式水泥立柱装配式围墙	实用新型	201920039822.9	2019-9-13	陶　然　赵光伟　侯　凯　胡立萍　赵振利　傅小斌　沈月荣　胡海江　李　鹏
78	一种侧销式楔形自锁连接的外挂装配式围墙	实用新型	201821683962.1	2019-10-8	唐　虎　陶　然　杨　聍　韩　俊　兰泓静　杨　泽　刘昕宇　史琛灿　王光宇　张　义
79	基于BIM技术的预应力混凝土连续梁设计方法	发明	201610821902.0	2019-10-15	王　祯　苏　伟　冯　沛　苗永抗

续表

序号	专利名称	专利类型	专利申请号	公告日	发明人
80	一种下锚施加预应力的型钢混凝土梁	实用新型	201821683075.4	2019-10-25	唐　虎　米宏广　陶　然　余　洋　刘　明　孙俊岭
81	一种正销式楔形自锁连接的外挂装配式围墙	实用新型	201821683952.8	2019-10-29	唐　虎　毛　竹　陶　然　王大凯　张学哲　吴宝鑫　梁晓东　何金明　吴　凡
82	一种正销式弧形卡口连接外挂装配式围墙	实用新型	201821683083.9	2019-10-29	唐　虎　毛　竹　陶　然　康亚强　卢　涛　包　静　冉圣锴　王昊尘
83	一种无人机地面像控点标志牌	实用新型	201822069615.6	2019-11-1	葛玉辉　高文峰　尹传恒　赵罗明　聂虎啸　王　凯　张英杰　岳　亮　高　帅
84	一种基于复合腕臂的接触网系统	实用新型	201920177883.1	2019-11-5	蒋先国　罗　健　邓　洪　陈　伟　古晓东　韩凌青　张　琦
85	一种复合材料接触网腕臂定位装置	实用新型	201920178819.5	2019-11-5	蒋先国　罗　健　邓　洪　陈　伟　古晓东　韩凌青　张　琦
86	一种适用于轨道吸音板的安装连接装置	实用新型	201920108290.X	2019-11-8	郭　郦　徐　鹏　胡叙洪　孙海富　李　洪
87	基于遥感技术的黄土冲沟溯源侵蚀范围预测方法	发明	201610851714.2	2019-11-26	刘桂卫　李国和　王在岭　郭晓亮　周勇军
88	多功能便携式铁路移动三维扫描仪安装支架	实用新型	201822048555.X	2019-11-26	秦守鹏　许　磊　谭　兆　李亚辉　洪江华

2019年集团公司QC优秀成果获奖情况统计

序号	主持单位	获奖项目名称	获奖等级	颁奖单位
1	测绘院	提高地铁竖向位移外业监测效率	铁道行业	铁道企协
2	线站院	提高内业调查资料整理效率	铁道行业	铁道企协
3	土建院	提高雅万高铁简支梁桥墩景观效果	铁道行业	铁道企协
4	线站院	研发铁路物流中心铺面辅助设计系统	铁路工程建设行业	铁建协
5	公路事业部	提高高沁高速公路K27深路堑边坡稳定性	铁路工程建设行业	铁建协
6	土建院	降低杭绍台铁路椒江特大桥主桥造价	铁路工程建设行业	铁建协
7	公路事业部	提高昌黎县东外环路下穿铁路框构顶进施工进度及精度	铁路工程建设行业	铁建协
8	线站院	铁路无砟轨道施工信息化管理平台开发	铁路工程建设行业	铁建协
9	城交事业部	大范围邻接既有线衔接结构及施工方法研究	铁路工程建设行业	铁建协
10	城交事业部	提高轨道专业设计文件内部审核的合格率	铁路工程建设行业	铁建协
11	测绘院	提高航摄外业工作效率	铁路工程建设行业	铁建协
12	机环院	提高雨水收集设施的集水效果	铁路工程建设行业	铁建协
13	城交事业部	城市轨道交通工程建设其他费编制统一规定研究	铁路工程建设行业	铁建协
14	地勘院	提高地震反射法的数据处理精度	天津市	天津质协
15	地勘院	降低自由膨胀率试验的返工率	天津市	天津质协
16	土建院	高速铁路桥梁结构健康监测系统研发	天津市	天津质协
17	办公室	提高督查督办工作成效	天津市	天津质协
18	运规院	减少线路纵断面数据提取工作耗时	天津市	天津质协
19	工经院	提高轨料运输概算编制效率	天津市	天津质协
20	线站院	提高路基填筑一次合格率	天津市	天津质协
21	地勘院	提高上下钻效率——新型钻杆接头	天津市	天津质协
22	总包事业部	提高克塔高速大桥1-112m系杆拱系梁施工质量	天津市	天津质协

续表

序号	主持单位	获奖项目名称	获奖等级	颁奖单位
23	工经院	提高架梁工期计算效率	天津市	天津质协
24	测绘院	提高山区二等水准测量效率	天津市	天津质协
25	运规院	缩短客专、城际铁路国民经济评价耗时	天津市	天津质协
26	线站院	缩减动车段与维修基地用地规模	天津市	天津质协
27	土建院	提高泰国铁路框架式桥墩设计效率	天津市	天津质协
28	工经院	提高箱梁制存梁场台座数量的设计效率	天津市	天津质协
29	线站院	跨既有铁路箱梁架设的安全管理	天津市	天津质协
30	线站院	优化不良地质体线路方案	天津市	天津质协

附　　录

CRDC

附　录

集团公司行政 2019 年发文目录
（摘录）

序号	发文日期	文号	标题
1	2019 年 3 月 15 日	中国铁设〔2019〕12 号	关于印发《空港园区有关管理规定（暂行）》的通知
2	2019 年 4 月 26 日	中国铁设〔2019〕19 号	关于印发《境外项目质量计划编制指导意见》的通知
3	2019 年 7 月 12 日	中国铁设〔2019〕29 号	关于印发《集团公司项目管理“三位一体”实施指导意见》的通知
4	2019 年 7 月 15 日	中国铁设〔2019〕30 号	关于印发《中国铁路设计集团有限公司战略合作协议管理办法》的通知
5	2019 年 7 月 22 日	中国铁设〔2019〕31 号	关于印发《中国铁路设计集团有限公司管理课题管理办法》的通知
6	2019 年 7 月 24 日	中国铁设〔2019〕34 号	关于下达《中国铁路设计集团内部资源交易管理办法（暂行）》的通知
7	2019 年 8 月 5 日	中国铁设〔2019〕35 号	关于印发《中国铁路设计集团有限公司生产经营管理暂行办法》的通知
8	2019 年 10 月 15 日	中国铁设〔2019〕40 号	关于印发《中国铁路设计集团有限公司制度管理办法》的通知
9	2019 年 11 月 14 日	中国铁设〔2019〕44 号	关于下达《中国铁路设计集团有限公司公务用车配备使用管理规定（暂行）》的通知
10	2019 年 11 月 29 日	中国铁设〔2019〕46 号	关于下达《中国铁路设计集团有限公司设备及低值易耗品管理暂行办法》的通知
11	2019 年 12 月 13 日	中国铁设〔2019〕49 号	关于下达《中国铁路设计集团有限公司海外业务综合管理暂行办法》的通知

集团公司党委2019年发文目录
（摘录）

序号	文号	标题
1	中国铁设党〔2019〕10号	中国铁设党委关于开展“改革促发展、先行展作为”主题教育活动的通知
2	中国铁设党〔2019〕11号	中国铁设党委关于印发《中国铁路设计集团有限公司挂职管理办法》的通知
3	中国铁设党〔2019〕12号	中国铁设党委关于印发《中国铁路设计集团有限公司关于防止领导人员“带病提拔”的实施办法》的通知
4	中国铁设党〔2019〕13号	中国铁设党委关于印发《中国铁路设计集团有限公司领导人员交流管理暂行办法》的通知
5	中国铁设党〔2019〕14号	中国铁设党委关于印发《中国铁路设计集团有限公司领导人员能上能下实施办法（试行）》的通知
6	中国铁设党〔2019〕15号	中国铁设党委关于印发《中国铁路设计集团有限公司所属单位中层管理人员选拔任用工作责任追究及有关事项报告暂行办法》的通知
7	中国铁设党〔2019〕17号	关于公布集团公司下属一级机构优化调整方案的通知
8	中国铁设党〔2019〕18号	关于开展建设标杆企业三年行动计划编制工作的通知
9	中国铁设党〔2019〕23号	关于公布集团公司职能管理部门、党群部门、生产业务机构内设机构设置及管理岗位编制的通知
10	中国铁设党〔2019〕24号	中国铁设党委关于组织开展庆祝中华人民共和国成立70周年系列活动工作方案的通知
11	中国铁设党〔2019〕25号	中国铁设党委关于设立“不忘初心、牢记使命”主题教育领导小组及办公室的通知
12	中国铁设党〔2019〕26号	中国铁设党委印发《关于开展“不忘初心、牢记使命”主题教育的实施方案》的通知
13	中国铁设党〔2019〕27号	中国铁设党委关于命名表彰优秀共产党员标兵、优秀共产党员、优秀党务工作者、先进党组织和党内优质品牌的决定
14	中国铁设党〔2019〕28号	关于公布集团公司职能管理部门、党群部门、生产业务机构和其他有关机构主要管理职责的通知
15	中国铁设党〔2019〕36号	中国铁设党委关于强化党支部分类定级、晋位升级的实施意见
16	中国铁设党〔2019〕37号	关于印发《中国铁设党委关于进一步加强流动党员教育管理的实施办法》的通知
17	中国铁设党〔2019〕38号	关于公布中国铁路设计集团有限公司领导工作分工的通知
18	中国铁设党〔2019〕40号	中国铁设党委关于印发深入贯彻落实《中共中央政治局贯彻落实中央八项规定实施细则》的措施的通知
19	中国铁设党〔2019〕42号	中国铁路设计集团有限公司党委关于明确党群机构编制的通知
20	中国铁设党〔2019〕51号	关于印发《中国铁设所属党委工作考核评价办法（试行）》的通知

续表

序号	文号	标题
21	中国铁设党〔2019〕52号	关于印发《中国铁设党委落实〈国铁企业党支部建设工作细则〉的工作措施》的通知
22	党办〔2019〕10号	关于进一步激励集团公司广大干部担当作为的具体措施
23	党办〔2019〕11号	中国铁设党委办公室转发国铁集团党组关于在“三保三增”中加强党内问责的通知
24	党办〔2019〕13号	关于开展2019年度各级党组织书记抓基层党建述职评议考核工作的实施方案